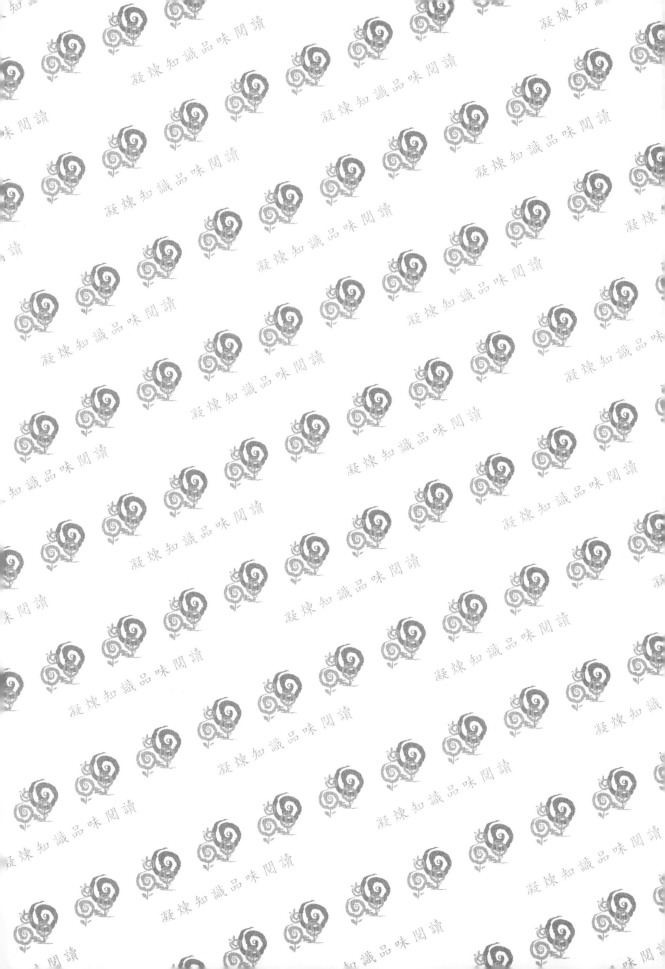

總體經濟學題庫

Macroeconomics

謝德宗 著

五南圖書出版公司 印行

作者序

　　自從作者開始在台大經濟系授課起，長期以講授《總體經濟學》與《貨幣銀行學》兩門攸關總體經濟活動的課程為主，迄今超逾30年。在授課過程中，作者初始使用外文教科書，再依課程內容引進實際經濟現象，融合理論推演與實務運用，誘發修課學生學習興趣。隨著時間推演，作者總結多年教學成果，先後撰寫三本總體教科書。自2008年以來，金融海嘯與新冠肺炎接踵而至，國際金融局勢巨變，作者遂大幅調整原書內容，全新面貌或能配合目前國際金融現狀發展。

　　總體理論是描述總體經濟環境發展的學門，處處潛藏玄機與奧妙之處。為讓學習總體理論者精確掌握理論脈動，作者在授課過程中，逐步建立自己的題庫，提供學生配合課本內容逐一練習。直到2005～2007年間，作者應邀在證券發展基金會講授「總體經濟與金融市場」課程，為因應學員應考證券分析師需求，遂將庫存題目印製講義供學員演練。爾後，再經整理與分類，於2007年正式將《總體經濟學題庫解析》付梓。時間飛逝，14年瞬息即過，作者曩昔早已累積多年的自己考題，為配合《總體經濟學》以嶄新面貌問世，決定同步修訂原書，除將題庫內容逐一配合教科書章節外，更去蕪存菁提升題目品質與難度，重新以《總體經濟學題庫》出版。

　　新版題庫的特色是配合《總體經濟學》的章節內容，提供研習總體理論者在閱讀課文後，練習題庫將能循序逐一釐清觀念、觸類旁通，徹底掌握課文脈動與每一細節。尤其是題庫每章的進階選擇題部分，則是作者講授總體理論30餘年累積的期中與期末考試題，係屬每章觀念的綜合。每逢考試期間屆臨，為因應翻書考試，作者總是竭盡心力出題，當屬經典試題。讀者若能融會貫通，對於研讀總體理論必然助益匪淺。

　　最後，作者深深感謝近兩年來選修總體理論課程的幾位優秀學生，他們追根究柢探討每題答案誤謬之處，提出他們的思考方法，大幅減低答案錯誤機率，也讓我再次修改許多題目內容。此外，本書封面與封底係作者父親謝州融先生親手描繪的畫作，「哲人日已遠，典型在夙昔」作者多年來出版書籍，均以父親的油畫為封面，除因畫風唯美，也為彰顯父親的心血之作，而他已於去年9月離世，睹畫思人，徒留無窮思念。

謝德宗

台大社會科學院研究室

2021年9月12日

CONTENTS 目 錄

作者序

1 導論

1.1 總體理論關注的議題

1. 有關總體理論探討內容，何者正確？　(a) 探討影響體系福祉與產業獲利的因素　(b) 分析國內外相關商品與勞務價格的決定因素　(c) 探討影響通膨與所得分配的因素　(d) 研究影響一國通膨、就業與產出變化的因素

2. 有關總體理論涵蓋的內容，何者錯誤？　(a) 影響勞動市場出現失業率的因素　(b) 油價相對其他商品價格上漲的原因　(c) 體系內出現通膨的原因　(d) 各國經濟成長率為何不同

3. 有關總體理論內容的敘述，何者正確？　(a) 總體理論立基於個體經濟行為　(b) 總體理論完全與個體理論分離　(c) 總體理論係基於個體理論基礎　(d) 總體理論是個體理論的分支

4. 何種議題並非總體理論關注的範圍？　(a) 2015 年第一季經濟成長率 0.89%　(b) 鴻海集團 2020 年營收將超過四兆元　(c) 2005 年全球經濟成長率預期將由 2004 年的 3.3% 提高至 3.7%　(d) 預期 2020 年的國內經濟成長率為 1.36%

5. 總體理論通常關注何種議題？　(a) 經濟成員在經濟活動中扮演的角色　(b) 體系內各部門的營運績效　(c) 在無政府部門下，人們擬定決策的模式為何　(d) 經濟成員如何進行跨國投資活動

6. 針對下列四個敘述：(1) 總體理論係以所得與物價為研究核心、(2) 實證經濟學旨在探討

政策決定、(3) 經濟穩定與成長主要是由政府主導的議題、(4)Adam Smith 的「看不見的手」係指政府機能。何者錯誤？　(a) 1 與 2　(b) 1 與 3　(c) 2 與 3　(d) 2 與 4

7. 何者屬於規範性分析的敘述？　(a) 油電補貼政策會扭曲資源配置，所以並不恰當　(b) 提高稅率未必可以增加政府稅收　(c) 一般而言，通膨率與失業率兩者間具有抵換關係　(d) 油價每上升 1%，物價上升通常會超過 1%

8. 總體理論研究某組經濟變數的決定與變化，該組變數值須具有何種性質？　(a) 個體值　(b) 邊際值　(c) 部分值　(d) 累加值

9. 為提高經濟理論推理的可能性，經濟學者從事何種標的研究，必須假設主要的經濟總數為固定值？　(a) 政府預算赤字　(b) 總體理論　(c) 國際收支　(d) 個體理論

10. 體系陷入循環性失業困境，勢將面臨何種問題？　(a) 體系顯然脫離均衡狀態　(b) 經濟資源閒置未充分利用　(c) 屬於社會問題而非經濟問題　(d) 屬於個體成員配置資源的問題

11. 在日常經濟活動中，人們勢將面臨各種經濟問題，何種原因可能錯誤？　(a) 價格機能失靈　(b) 人類慾望無窮　(c) 資源有限　(d) 政府運作失靈

12. 探討體系內景氣循環與成長趨勢的經濟理論，係屬於何者的範圍？　(a) 規範經濟學　(b) 實證經濟學　(c) 總體理論　(d) 個體理論

13. 經濟理論分析某事件對單一市場衝擊，若是忽略對其他市場造成的外溢效果，此種分析方式稱為：　(a) 一般均衡分析　(b) 部分均衡分析　(c) 流量均衡分析　(d) 充分均衡分析

14. 有關總體模型的敘述，何者正確？　(a) 描述總體經濟環境僅會存在一個正確的總體模型　(b) 所有總體模型均是基於相同假設　(c) 經濟學者經常使用不同模型來解釋不同的總體經濟問題　(d) 使用總體模型的目的在於顯示內生變數如何影響外生變數

15. Adam Smith (1776) 在《國富論》嚴厲批判重商主義，何種說法正確？　(a) 提倡重商主義的國家當時是英國的敵國　(b) 歧視商人　(c) 金與銀並非國家真正財富　(d) 他較偏好紙幣而非黃金

16. 總體模型包括內生與外生變數，有關兩者性質，何者正確？　(a) 開始進入討論總體模型運作，兩種變數均是固定值　(b) 在總體模型中，外生變數與內生變數將是相互影響　(c) 內生變數將由總體模型運作來解釋　(d) 內生變數變化將會改變外生變數

17. 何種經濟變數屬於存量概念？　(a) 台灣全年進口石油數量　(b) 台灣證券交易所每日交易量　(c) 台塑股票流通數量　(d) 張三豐每日消費牛奶數量

18. 何種數據是流量概念而非存量概念？　(a) 2020 年 3 月家庭擁有的房屋價值　(b) 2017 年的台灣人口數量　(c) 2000 年台灣的股票總值　(d) 2019 年的出口數量

19. 總體理論必須擁有個體理論基礎的理由，何者錯誤？　(a) 研究總體經濟活動必須考慮個別成員決策　(b) 政府決策將會追求效用極大　(c) 總體變數僅是描述許多個別決策的

加總　(d) 為了解決定總投資的因素，必須考慮個別廠商如何決定建立工廠

20. 有關人們持有貨幣餘額與獲取薪資所得間的差異性，何者正確？　(a) 貨幣為流量概念，而所得為存量概念　(b) 貨幣為存量概念，而所得為流量概念　(c) 兩者皆是存量概念　(d) 兩者均能用於消費，故同屬流量概念

21. 有關個體與總體理論的差異性，何者正確？　(a) 前者關注商品供需，後者則是關注勞務供需　(b) 前者關注各種商品價格，後者則是關注通膨　(c) 前者關注個別消費者，後者則是國家整體　(d) 前者關注全國性議題，後者則是關注全球性議題

22. 某國擁有眾多優秀傑出經濟學者，卻未必執行更好的總體政策，理由為何？　(a) 經濟學者對實際經濟活動了解非常貧乏　(b) 在經濟學者的抽象模型中，只有少數方法能夠運用到實際世界　(c) 經濟學者同意的政府政策非常少　(d) 經濟政策通常由政客決定，而非由經濟學者決定

23. 有關經濟理論的敘述，何者錯誤？　(a) 研究選擇行為的科學　(b) 著重於規範性政策討論　(c) 探討稀少資源的最適配置　(d) 現代經濟學奠基者為 Adam Smith

24. 有關實證經濟學的敘述，何者正確？　(a) 針對經濟現象或經濟政策效果進行客觀分析　(b) 著重「應該如何」的討論　(c) 所獲致結論無法驗證　(d) 以主觀價值判斷探討經濟議題

25. 有關總體經濟學主要研究目標，何者正確？　(a) 預測體系在未來將如何運作　(b) 分析目前的總體經濟資料　(c) 發展能夠在未來更加了解體系運作的新資料　(d) 做出有關體系如何運作的一般陳述

26. 有關經濟政策實證分析的敘述，何者正確？　(a) 檢視政策的經濟結果，但不說明這些結果是否必要的問題　(b) 檢視政策的經濟結果，同時說明這些結果是否必要的問題　(c) 相較於規範分析，在經濟學者間將會產生較小的一致性意見　(d) 在經濟政策問題中係屬於較為罕見

27. 體系達成均衡將意味著何種狀況成立？　(a) 體系內沒有失業存在　(b) 體系內所有市場供需趨於相等　(c) 物價將不會隨著時間而變　(d) 政府支出等於稅收，亦即政府預算平衡

28. 日本福島爆發核安危機，台灣「聞核色變」，再度掀起「核四是否停建？」的爭論。有關研究「台灣是否該繼續興建核四」是屬於何種經濟學的研究範疇？　(a) 規範經濟學　(b) 實證經濟學　(c) 個體經濟學　(d) 唯真經濟學

29. 有關實證經濟學的敘述，何者錯誤？　(a) 以客觀事實來解釋經濟現象的因果關係　(b) 研究公務員加薪對振興經濟的影響，將是實證經濟學的研究範疇　(c) 實證經濟學又稱「總體經濟學」　(d) 實證經濟學也稱「唯真經濟學」

30. 有關實證經濟學的敘述，何者正確？　(a) 針對經濟現象或政策效果進行客觀分析　(b) 著重「應該如何」的討論　(c) 所獲結論無法驗證　(d) 以主觀價值判斷探討經濟議題

31. 某經濟學者評估貿易自由化對本國影響，何種說法是規範性論述？ (a) 進口關稅削減將降低關稅收入 (b) 簽署自由貿易協定使得實質產出上升 (c) 農業部門因市場開放而受損 (d) 政府應該推動政策來提升本國農產品競爭力

32. 有關「加總」的敘述，何者正確？ (a) 計算實質 GDP 是基於名目 GDP 與物價指數的過程 (b) 累加個別經濟變數而得到總體數字的過程 (c) 預測 GDP 組成分子的過程 (d) 蕭條發生的預測過程

答案：

1. (d)	2. (b)	3. (c)	4. (b)	5. (d)	6. (d)	7. (a)	8. (d)	9. (d)	10. (b)
11. (d)	12. (c)	13. (b)	14. (c)	15. (c)	16. (c)	17. (a)	18. (d)	19. (b)	20. (b)
21. (c)	22. (d)	23. (b)	24. (a)	25. (d)	26. (a)	27. (b)	28. (a)	29. (c)	30. (a)
31. (d)	32. (b)								

1.2 總體循環流程與景氣循環的衡量

一、景氣循環的特質

1. 某國勞動市場就業與景氣循環將是呈現何種關係？ (a) 就業與景氣循環同步發生 (b) 就業與失業同屬順景氣循環 (c) 就業為順景氣循環，失業與景氣循環則是同步發生 (d) 就業為順景氣循環，失業為逆景氣循環

2. 總體理論探討體系內自然產出變動，係屬於何種理論的範圍？ (a) 景氣循環理論 (b) 經濟成長理論 (c) 有效需求理論 (d) 就業理論

3. 有關體系出現完整循環週期順序，何者正確？ (a) 復甦、繁榮、衰退、蕭條 (b) 蕭條、衰退、復甦、繁榮 (c) 衰退、繁榮、蕭條、復甦 (d) 復甦、繁榮、蕭條、衰退

4. 某國主計總處發布景氣循環已經脫離谷底，隱含該國競技活動逐步邁向何種環境？ (a) 衰退 (b) 繁榮 (c) 復甦 (d) 蕭條

5. 總體理論稱國內實質產出呈現不規則波動現象為何？ (a) 通貨緊縮 (b) 景氣循環 (c) 通貨膨脹 (d) 經濟成長

6. 總體理論通常如何定義景氣衰退？ (a) 實質 GDP 下跌至少超過一年 (b) 實質產出下跌至少超過六個月 (c) 實質產出滑落至長期趨勢線以下 (d) 實質產出滑落至長期趨勢線以下至少超過一個月

7. 一般而言，主導景氣循環與經濟成長交互波動的因素為何？ (a) 儲蓄 (b) 政府預算赤字 (c) 投資支出 (d) 貿易帳盈餘

8. 有關國發會編製國內景氣指標的性質，何者正確？ (a) 衡量一般景氣之綜合性指標 (b) 年增率及失業率是領先指標的最佳參考指標 (c) 景氣對策信號出現紅燈將意味著景氣欠佳 (d) 所有指標皆是每季公布一次

9. 體系出現景氣復甦跡象，廠商將會率先採取何種活動？ (a) 增加投資擴建廠房 (b) 提高資本設備使用率 (c) 紛紛到海外投資 (d) 增加採購機器設備

10. 有關景氣循環特徵，何者正確？ (a) 歷史上每次景氣波動幅度都大致相同 (b) 歷史上景氣波動週期都相當規律，大致上相同 (c) 當經濟成長率高於長期趨勢時，表示體系處於衰退期 (d) 失業率與景氣呈反向變動

11. 景氣動向指標是將選取的統計數列經過一些處理，合併成一個綜合指數時間數列，不但反映景氣變動方向，且能顯示景氣變動幅度。何者不包括在處理過程？ (a) 季節調整 (b) 標準化因子調整 (c) 加權平均調整 (d) 企業股利調整

12. 景氣循環的高峰有何特質？ (a) 實際開始上升的點 (b) 自然產出與實際產出差距最大的點 (c) 自然產出和實際產出相等的點 (d) 實際產出高於自然產出的期間

13. 國發會發布領先指標內容應具有何種性質？ (a) 與景氣循環緊密相連 (b) 放大景氣循環移動趨勢 (c) 上下波動將領先景氣循環移動 (d) 上下波動將與景氣循環同步移動

14. 有關景氣循環的描述，何者正確？ (a) 當經濟成長率低於長期趨勢，表示經濟正位於擴張期 (b) 同時指標相對領先指標更能預測景氣波動 (c) 每次景氣波動歷程時間長短固定 (d) 每次景氣波動幅度都會有差異

15. 有關景氣循環的敘述，何者錯誤？ (a) 具有一定規律，可透過研究歷史資料來預測 (b) 變化過程中的消長變化有可能是永久性 (c) 是指整體經濟活動的波動變化，而非單一特定變數 (d) 是指整體經濟活動持續重複擴張與收縮的現象

16. 有關景氣循環的描述，何者正確？ (a) 每次景氣波動幅度不固定 (b) 每次景氣循環都以 15 個月為週期 (c) 同時指標比領先指標更能預測景氣波動 (d) 經濟成長率低於長期趨勢，表示體系正處於擴張期

17. 下列敘述，何者正確？ (a) 只有開發中國家才會面臨景氣波動 (b) 大部分廠商在景氣繁榮期間面臨訂單增加 (c) 景氣循環發生的最大因素為投資支出變動 (d) 實質國內生產毛額通常與失業率變化同向變動

18. 擴張期是指景氣脫離谷底（不含谷底）到達高峰的期間；而收縮期是指景氣脫離高峰（不含高峰）逐漸衰退到谷底的期間。下表是為台灣景氣循環谷底與高峰的認定。表中谷底（或高峰）的月分代表整個月都是谷底（或高峰）

循環次序	谷底	高峰
第一次循環	1954 年 11 月	1955 年 11 月
第二次循環	1956 年 9 月	1964 年 9 月
第三次循環	1966 年 1 月	1968 年 8 月

第一次循環的收縮期持續幾個月？ (a) 9 (b) 10 (c) 11 (d) 12

19. 景氣循環可視爲何種現象？　(a) 偏離短期均衡　(b) 總需求無法等於短期總供給的狀況　(c) 體系必須經歷而無法避免的現象　(d) 偏離長期均衡

20. 政府在經濟活動中發揮的影響，何者正確？　(a) 政府活動與政策將能影響體系運作績效　(b) 政府從事經濟活動，將是總體理論起源的主要原因之一　(c) 政府決策無法影響私部門經濟活動運作　(d) 若無政府部門存在，私部門運作模式將缺乏效率

21. 某國決策者包括家計單位與廠商，兩者在經濟活動中的運作，何者錯誤？　(a) 在商品市場中，家計部門是需求者，廠商是供給者　(b) 在因素市場中，家計部門是買方，廠商是賣方　(c) 家計部門從商品市場交易中取得商品與勞務　(d) 廠商從因素市場交易中取得因素使用權

答案：

1. (d)　　2. (b)　　3. (a)　　4. (c)　　5. (b)　　6. (b)　　7. (c)　　8. (a)　　9. (b)　　10. (d)
11. (d)　　12. (b)　　13. (c)　　14. (d)　　15. (b)　　16. (a)　　17. (b)　　18. (a)　　19. (d)　　20. (a)
21. (b)

二、景氣對策信號與指標

1. 景氣循環落在長期趨勢線下方的遞減部分，經濟環境將處於何種狀況？　(a) 景氣燈號閃爍藍燈　(b) 蕭條　(c) 復甦　(d) 景氣燈號閃爍紅燈

2. 國發會發布景氣預測指標正好落在高峰與谷底之間，顯示國內經濟環境爲何？　(a) 衰退　(b) 繁榮　(c) 復甦　(d) 蕭條

3. 何者屬於落後指標？　(a) 製造業銷售值　(b) 躉售物價指數變動率　(c) 失業率　(d) 製造業員工平均每月薪資變動率

4. 國發會經研處編製景氣指標，並未包含何者在內？　(a) 景氣動向指標　(b) 景氣對策信號　(c) 營業氣候測驗點　(d) 產業景氣調查

5. 預測景氣方法中，屬於「質」的調查爲何？　(a) 景氣動向指標　(b) 景氣對策信號　(c) 產業景氣調查　(d) 受僱員工薪資調查

6. 證券分析師預估股市未來走勢，採用何種指標將能全面衡量景氣變化？　(a) 股價指數　(b) 國內產出毛額　(c) 物價指數　(d) 長期債券利率

7. 政府與民間投入大量人力與物力判定景氣位置。此種衡量景氣循環的工作，在台灣是由何種機構執行？　(a) 國家發展委員會　(b) 主計總處　(c) 經濟部　(d) 財政部

8. 元大投顧以景氣領先指標預估股市前景，何者不在考慮範圍內？　(a) 製造業新接訂單變動率　(b) 失業率　(c) 台灣地區房屋建築申請面積　(d) 股價變動率

9. 國發會製作景氣動向指標，何者是同時指標？　(a) 製造業員工平均每月工作時數　(b) 躉售物價指數變動率　(c) 海關出口值變動率　(d) 票據交換金額變動率

10. 國發會選擇經濟成長率、工業生產指數變動率、製造業生產指數變動率、票據交換金

額變動率等變數，作為預測景氣循環的指標時，將是屬於何種性質？ (a) 領先指標 (b) 同時指標 (c) 擴張指標 (d) 落後指標

11. 有關景氣對策信號代表的意義，何者錯誤？ (a) 紅燈表示景氣過熱 (b) 黃紅燈表示景氣活絡 (c) 黃燈表示景氣穩定 (d) 藍燈表示景氣衰退

12. 國發會編製領先指標，包括一組經濟變數的加權評等分數。何者未包含在內？ (a) 躉售物價指數變動率 (b) 消費者信心指數 (c) 房屋建築申請面積 (d) M_{1B} 成長率

13. 有關景氣對策信號內容的敘述，何者錯誤？ (a) 包含九項指標 (b) 分為五種燈號 (c) 每種燈號的分數不同，紅燈分數最高 (d) 景氣不好是指連續出現在 9 分以下

14. 有關國發會編製景氣對策信號的敘述，何者正確？ (a) 由五項指標構成 (b) 有四種信號 (c) 有五個檢查值 (d) 藍燈表示目前景氣不佳

15. 國發會發布景氣對策信號呈現紅燈，何者正確？ (a) 景氣呈現穩定狀態 (b) 景氣處於繁榮過熱 (c) 央行應採寬鬆政策 (d) 財政部須維持適度寬鬆的財政政策

16. 何種景氣對策信號將反映景氣衰退現象？ (a) 綠燈 (b) 藍燈 (c) 黃燈 (d) 紅燈

17. 台灣的景氣對策信號由黃燈轉為藍燈，將會出現何種現象？ (a) 央行須改採緊縮政策 (b) 國內景氣邁向復甦 (c) 國內景氣邁向衰退 (d) 央行無須調整貨幣政策

18. 經濟日報登載台灣的景氣對策信號連續出現 10 個綠燈，此係代表國內景氣循環持續呈現何種狀況？ (a) 景氣穩定 (b) 景氣欠佳 (c) 景氣衰退 (d) 景氣活絡

19. 何種景氣對策燈號最能反映蕭條？ (a) 紅燈 (b) 黃燈 (c) 綠燈 (d) 藍燈

20. 何種景氣對策信號出現，政府須採取強力振興景氣政策？ (a) 綠燈 (b) 紅燈 (c) 藍燈 (d) 黃燈

21. 何者是民間機構編製的台灣景氣指標？ (a) 營業氣候測驗點 (b) 景氣對策信號 (c) 景氣動向指標 (d) 產業景氣調查

22. 國發會每月編製景氣綜合判斷分數與信號，代表「景氣微熱」係指何種信號標幟？ (a) 黃紅燈 (b) 紅綠燈 (c) 黃綠燈 (d) 黃藍燈

23. 體系內景氣循環呈現持續性發展，則產出變動主要是因其何種成分受到衝擊？ (a) 循環成分 (b) 季節成分 (c) 不規則成分 (d) 趨勢成分

24. 在景氣循環理論中，Kitchin 循環是代表何種循環？ (a) 建築循環 (b) 設備投資循環 (c) 存貨循環 (d) 長期循環

25. 某國國發會在 2018 年 1 月發布 2017 年 12 月分景氣概況指出，國內景氣對策信號之綜合判斷分數降至 16 分，燈號轉為藍燈，此係反映何種訊息？ (a) 景氣轉向衰退 (b) 景氣脫離欠佳狀況 (c) 景氣邁向穩定發展 (d) 景氣趨於活絡

26. 何者不是景氣同時指標綜合指數的六項因素之一？ (a) 工業生產指數變動率 (b) 躉售物價指數變動率 (c) 製造業銷售值 (d) 製造業員工平均每月薪資變動率

27. 體系景氣過熱的對策信號是何種顏色？ (a) 紅燈 (b) 黃燈 (c) 綠燈 (d) 藍燈

28. 在景氣循環過程中，何者屬於同步指標？ (a) 失業率 (b) 股價指數 (c) 經濟成長率 (d) 耐久財訂單指數

29. 何種燈號轉變係顯示景氣有好轉現象？ (a) 由黃藍燈轉藍燈 (b) 由綠燈轉藍燈 (c) 由黃紅燈轉黃藍燈 (d) 由黃藍燈轉綠燈

30. 除通膨率外，何種經濟指標也適合衡量景氣波動？ (a) 最高最低所得倍數 (b) 失業率 (c) 外匯存底 (d) 綠色國民所得

31. 何種濟變數與景氣擴張呈反向變動？ (a) 股價 (b) 物價水準 (c) 利率 (d) 失業率

32. 景氣動向指標是將選取的統計數列經過一些處理，合併成一個綜合指數時間數列，不但可以反映景氣變動方向，且可顯示景氣變動幅度。下列何者不包括在處理過程？ (a) 季節調整 (b) 標準化因子調整 (c) 加權平均調整 (d) 企業股利調整

33. 國發會發布的 2018 年 7～8 月景氣對策信號，顯示景氣連續兩月呈現穩定跡象，則應該是何種燈號？ (a) 綠燈 (b) 藍燈 (c) 黃紅燈 (d) 黃綠燈

答案：

1. (a)	2. (a)	3. (c)	4. (c)	5. (c)	6. (b)	7. (a)	8. (b)	9. (d)	10. (b)
11. (c)	12. (b)	13. (d)	14. (d)	15. (b)	16. (b)	17. (c)	18. (a)	19. (d)	20. (c)
21. (a)	22. (a)	23. (d)	24. (c)	25. (a)	26. (b)	27. (a)	28. (b)	29. (d)	30. (b)
31. (d)	32. (d)	33. (a)							

1.3 進階選擇題

1. 體系出現景氣衰退，通常係指何種現象？ (a) 實際產出低於自然產出的期間 (b) 景氣號閃爍紅燈期間 (c) 從景氣循環高峰到谷底的期間 (d) 景氣燈號從藍燈轉向紅燈的期間

2. Adam Smith (1776) 在《國富論》積極主張採取自由貿易與減少貿易障礙，何者是主要因素？ (a) 只對英國有利 (b) 幫商人講話 (c) 某種宗教的信仰 (d) 促進經濟繁榮、增進了解、減少敵意

3. 何者是實證經濟學的範疇？ (a) 台灣應與中國加強經貿往來，才能持續經濟成長 (b) 國內失業率過高，行政院推出〈公共就業服務法〉進行紓解 (c) 卡奴生活陷入困境，金管會要求銀行與卡奴協商償債問題 (d) 央行降低利率有助於減輕廠商投資成本

4. 有關實證經濟學的敘述，何者正確？ (a) 基於主觀價值分析經濟政策的決定 (b) 研究應該如何決策的問題 (c) 或稱唯真經濟學 (d)「政府基於提升消費誘因，評估降低所得稅率幅度」是實證經濟學範圍

5. 何者是實證經濟學的討論範圍？ (a) 降低利率有助於提升投資誘因 (b) 決策當局應維持貿易順差持續成長 (c) 決策當局應維持高經濟成長率 (d) 台灣應與中國維持經貿活

動持續成長

6. 何者與實證經濟學的研究有關？ (a) 目前金融市場利率太低 (b) 景氣衰退導致失業率上升 (c) 對學生而言，微軟作業軟體的價格偏高 (d) 政府應該發放三倍券來振興景氣

7. 財政部委託某教授就擴大公共支出方案進行實證分析，何種報告內容正確？ (a) 探討政策效果，但未涉及是否需要這樣的政策 (b) 探討政策結果，同時強調是否需要該類政策 (c) 相較規範分析更不容易達成共識 (d) 必須考慮價值判斷因素

8. 何者屬於實證經濟學的範疇？ (a) 銀行為擴大放款規模，流血搶標國營事業貸款，無力照顧弱勢的房屋貸款戶，央行遂採取道德說服，要求銀行搶標國營事業貸款不要「破壞行情」 (b) 台灣經濟成長動力來自外銷，而匯率對維持外銷競爭力具有關鍵作用。當亞洲國家貨幣對美元持續貶值時，台幣當然跟進貶值，否則相對他國貨幣升值，勢必不利於商品出口 (c) 經濟部國貿局統計顯示，兩岸貿易在 1987～2020 年間共成長超過 50 倍，中國躍居台灣的第一大貿易夥伴、第一大出口市場，顯示戒急用忍政策有存在必要 (d) 新冠肺炎來襲，人們足不出戶，民間消費萎縮明顯減少服務業需求，關廠或裁員情形日益嚴重

9. 經濟學者驗證人們的投資行為，發現人們偏好投資居家附近公司的股票（稱為 Home Bias），何種原因較不可能存在？ (a) 人們缺乏理性 (b) 購買居家附近公司股票的交易成本較低 (c) 人們比較愛本鄉本土 (d) 法律規定

答案：

1. (c) 2. (d) 3. (d) 4. (c) 5. (a) 6. (b) 7. (a) 8. (d) 9. (a)

chapter **2**

國民所得的衡量

2.1 國民會計帳

2.1.1 生產方法（GNP 與 GDP）

1. 在 1940 年代率先建立國民會計帳戶的衡量方式，而被譽為「國民所得會計之父」的學者？　(a) Adam Smith　(b) Simon Kuznets　(c) J. M. Keynes　(d) P. A. Samuelson

2. 有關衡量一國 GDP 的方法，何者正確？　(a) 體系內支付所有勞工薪資或所有廠商獲取的總利潤　(b) 體系內對所有商品支出或提供所有勞務生產獲取的所得　(c) 體系內所有廠商利潤的總和或所有家計部門消費商品與勞務支出的總和　(d) 體系內所有人的所得總和或對最終商品與勞務支出的總和

3. 有關衡量一國實質 GNP 的方法，何者正確？　(a) 在固定期間內，最終商品和勞務的市場價值總和　(b) 以固定幣值衡量當期生產最終商品與勞務的市場價值總和　(c) 以當年物價指數衡量的全國產出總值　(d) GDP 扣除折舊後的餘額

4. 主計總處衡量台灣 GDP 的方式，何者正確？　(a) 廠商在當期生產所有商品與勞務的市場總值　(b) 廠商當期生產所有商品的市場總值　(c) 廠商在當期生產過程每一階段創造附加價值的累加　(d) 廠商在當期生產商品的附加價值累加

5. 在計算國民所得過程中，主計總處累加所有生產過程中創造的附加價值，將與何者有關？　(a) 等於零售價格　(b) 等於零售價格與批發價格的差額　(c) 等於中間財價格的

加總　　(d) 等於批發價格

6. 主計總處在衡量 GNP 的過程中，何種處理有待商榷？　(a) 以貨幣單位衡量　(b) 避免重複計算　(c) 公部門與私部門移轉支付均不計入 GNP　(d) 必須考慮債券與股票交易金額

7. 在固定期間內，體系內生產的 GDP 係指何者？　(a) 廠商生產所有商品與勞務的市場總值　(b) 廠商生產最終商品與勞務的市場總值　(c) 廠商生產最終商品的附加價值總和　(d) 廠商生產商品與勞務的因素成本總和

8. 紡紗廠向農民購進棉花 1,000 元，向台電購進電力 200 元，向其他企業購進其他物料 300 元，然後將棉花紡成棉紡售與織布廠，售價 2,000 元，則中間財價值為何？　(a) 500 元　(b) 1,000 元　(c) 1,500 元　(d) 2,000 元

9. 何種現象將讓台灣的 GDP 出現擴大趨勢？　(a) 迪化街的地下金融交易盛行　(b) 休閒的設算價值下降　(c) 台灣海峽上的非法魚獲交易增加　(d) 台北市政府擴大清除淡水河汙染物的支出

10. 封閉體系放棄鎖國政策後，其 GNP 與 GDP 將會產生分歧，兩者差異與何者有關？　(a) 折舊　(b) 國外因素所得淨額　(c) 出口淨額　(d) 出口補貼與課徵關稅

11. 台灣高鐵與高雄捷運在興建過程中，均曾引進大量泰勞，兩家公司支付泰勞薪資，將會造成台灣國民所得帳的何種項目變化？　(a) 國內生產毛額　(b) 國民生產淨額　(c) 因素所得　(d) 個人所得

12. 本國經濟成員從事何種活動，生產成果將是 GNP 的一環？　(a) 趙敏從事家庭生產活動的價值　(b) 光華商場出售舊書收入　(c) 張三豐支付安裝武當山道宮鐵窗的費用　(d) 旅居海外子女匯款給國內父母

13. 主計總處衡量 GDP 必須納入何者在內？　(a) 家庭工作與撫育兒童等非市場化商品的設算價值　(b) 台商在中國投資利得匯回台灣　(c) 地下經濟活動的估計價值　(d) 國人在香港炒作港股的資本利得

14. 主計總處衡量台灣國民所得或產值，何者須從 GNP 中排除？　(a) 駐外商務及外交人員之薪資所得　(b) 在台菲傭與泰勞的薪資所得　(c) 兆豐銀行紐約分行的盈餘　(d) 永慶房屋仲介賺取的佣金

15. 有關國內生產毛額 GDP 與國民生產毛額 GNP 的敘述，何者正確？　(a) 兩者同屬流量概念　(b) 外資炒做台股利得必須納入 GDP，國人炒做港股利得無須納入 GNP　(c) 液晶面板出口值變動會影響 GDP，但液晶電視出口值變動不會影響 GNP　(d) 液晶電視出口值變動會影響 GNP，但液晶面板出口值變動不會影響 GDP

16. 裕日公司買進汽車零件價值 $10,000，支付工人 $10,000 方能組裝好一部汽車。爾後，裕日將這部車以 $22,000 賣給消費者，則其創造附加價值為何？　(a) $2,000　(b) $12,000　(c) $20,000　(d) $22,000

17. 何種經濟活動結果須從計算 GDP 的過程中排除？　(a) 張無忌在台大當研究助理的每月薪資 35,000 元　(b) 趙敏炒作台股賺取價差 93,000 元　(c) 黃蓉下班後兼差獲取工資 8,000 元　(d) 某教授自用房屋設算每月租金 12,000 元

18. 下列四個項目：(1) 購買舶來品、(2) 農民留供自己食用的農產品、(3) 支付外勞薪資、(4) 政府發放災難救助金，會被納入國內生產毛額 GDP 者，共有幾項？　(a) 一項　(b) 二項　(c) 三項　(d) 四項

19. 經濟成員在當期從事各種經濟活動，何者將會影響 GDP 變化？　(a) 鴻海派駐中國的工程師的薪資所得　(b) 郭靖出售遠紡股票的資本利得　(c) 合庫標售不良債權所得價款　(d) 合迪公司代銷中古車的傭金

20. 有關 GDP 與 GNP 的敘述，何者正確？　(a) 新增存貨價值列為名目 GDP 的加項　(b) 新增存貨價值列為名目 GNP 的減項　(c) 新增存貨價值對實質 GDP 沒有貢獻　(d) 新增存貨價值對實質 GNP 沒有貢獻

21. 國民生產毛額 GNP 是指在固定期間內，本國國民生產最終商品與勞務，透過市場交易價值的總和，何者應包括在本國 GNP 內？　(a) 進口汽車總值　(b) 華碩短期派駐新加坡之台籍工程師薪資　(c) 菲傭在台工作薪資　(d) 外資炒做台股價差

22. 在其他條件不變下，有關 GDP 與 GNP 的敘述，何者錯誤？　(a) 舊車銷售商營業額增加對 GDP 沒有貢獻　(b) 進口車商營業額增加必須計入 GNP　(c) 個人間的舊車交易對名目 GDP 沒有貢獻　(c) 從支出面計算名目 GNP，不包括原物料出口值

23. 何種活動成果需納入台灣的 GNP，卻不屬於 GDP 的內涵？　(a) 台灣進口韓國手機的價值　(b) 台塑前往越南投資盈餘匯回台灣　(c) 世曦工程公司到東南亞承包工程　(d) 美林證券炒做台股的資本利得

24. 台灣棒球大聯盟調高外籍球員薪水，外籍球員也將其匯回母國，此舉對國民會計帳造成影響，何者正確？　(a) 台灣 GDP 增加，但不影響 GNP　(b) 台灣 GDP 與 GNP 同時增加　(c) 台灣 GNP 增加，但不影響 GDP　(d) 對國民會計帳毫無影響

25. 有關開放體系國民會計帳戶變化，何者正確？　(a) 體系開放程度愈大，GNP 必定大於 GDP　(b) 趙敏在 2017 年投資港股 100 萬元並持有至 2018 年，將引起 2017 年投資支出變化　(c) 高僑出口產品滯銷，持有非意願性存貨累積，將屬於投資支出增加　(d) 在其他項目不變下，某國淨出口值愈高，其 GDP 愈低

26. 張無忌受僱於礦場開採煤炭，礦場將煤炭賣到鋼鐵廠，鋼鐵廠用煤炭作為能源，製造鋼板賣給建設公司，建設公司用鋼板建造住宅賣給消費者。在這個經濟流程中，何種商品需求屬於最終需求？　(a) 煤礦工人的勞動　(b) 建築公司購買的鋼板　(c) 煤炭　(d) 住宅

27. 何種經濟活動將對國民所得造成影響？　(a) 信義房屋仲介中古屋成交值與名目國民所得無關　(b) 華碩出口主機板總值增加，名目國民所得隨之增加　(c) 國防部增加採購美

國軍備支出，政府支出與國民所得同時增加 (d) 國內股市交易值頻創新高，並不影響名目國民所得

28. 國民所得與國民生產毛額的差額為何？ (a) 存貨與折舊 (b) 公司未分配盈餘 (c) 國外因素所得淨額 (d) 折舊與間接稅淨額

29. 在其他條件不變下，台商前往越南設廠，將獲取盈餘匯回台灣，此一設廠活動產生影響為何？ (a) 越南 GNP 增加幅度超過 GDP (b) 越南 GDP 減少，台灣的 GNP 增加 (c) 越南 GDP 增加，台灣的 GNP 不變 (d) 越南的 GDP 增加，而台灣的 GNP 增加

30. 何種事件將會導致台灣的 GDP 下降？ (a) 孫太太辭去工作，做全職家庭主婦 (b) 國泰建設今年在陽明山蓋 10 棟別墅，但因景氣蕭條卻連一戶也沒賣出 (c) 台南市政府為防治口蹄疫疫情，補助養豬戶 2,000 萬元 (d) 王老闆以 10 萬元向某畫家訂購一幅畫，旋即以 30 萬元轉售出去

31. 國泰建設為蓋房子，購入大批鋼筋，是以在生產過程中，鋼筋的性質為何？ (a) 誘發性需求，計入 GDP 中 (b) 消費財，計入 GDP 中 (c) 中間財，不計入 GDP (d) 最終商品，計入 GDP 中

32. 某公司在年初擁有 15 部筆記型電腦，年度中淘汰 6 部，年底盤點有 20 部，則該公司年底筆記型電腦之淨投資為何？ (a) 5 部 (b) 6 部 (c) 11 部 (d) 20 部

33. 在國民會計帳中，有關廠商持有存貨的概念，何者正確？ (a) 存貨一定賣得掉 (b) 存貨已經完成生產過程 (c) 存貨屬於中間財，為避免重複計算，無須計入當年 GDP (d) 存貨係指未出售的產品、或尚未生產完畢的在製品與原料

34. 哈日公司邀請中森可口子來台開演唱會，門票收入 800 萬元，中森可口子酬勞 400 萬元，體育館租金為 40 萬元，哈日公司僱用台灣員工薪水 100 萬元，則該演唱會為台灣創造 GDP 和 GNP 分別為何？ (a) 600 萬、350 萬 (b) 700 萬、400 萬 (c) 800 萬、400 萬 (d) 850 萬、300 萬

35. 武陵桃花源僅生產三種商品，在 2019 年的產出（亦是消費量）與價格分別是 (P_1, Q_1) = (5, 20)、(P_2, Q_2) = (10, 25)、(P_3, Q_3) = (15, 10)，則桃花源的國內產出毛額為何？ (a) 600 (b) 700 (c) 500 (d) 850

36. 麵包店增加僱用麵包師傅創造的價值將等於： (a) 麵包價格 (b) 麵包師傅的邊際產量 (c) 麵包師傅的邊際產量減去麵包的邊際成本 (d) 麵包師傅的邊際產量乘上麵包價格

37. 何者將會增加台灣在 2012 年的國內生產毛額 GDP？ (a) 張無忌在 2012 年 6 月以 40 萬元出售持有的 2005 年份豐田汽車 (b) 張三豐在 2012 年年初前往中國工作，當年稅前所得為 200 萬元 (c) 張無忌在 2012 年買進價值 600 萬元的新房子 (d) 股素素在 2012 年 9 月賣出持有的美股獲利 10 萬元

38. 下列何者是中間財？ (a) 出口的手機 (b) 出口的手機鏡頭 (c) 進口的手機鏡頭 (d) 機器人

39. 2008 年的何種活動應該包含在 2008 年的國內生產毛額？　(a) 出售 1990 年國泰建設建造的中古屋　(b) 2008 年豐田汽車生產線上使用的汽車零件　(c) 2008 年買進台積電股票的成交值　(d) 2008 年永慶房屋仲介中古屋佣金

40. 有關國內生產毛額 GDP 的敘述，何者正確？　(a) 就是國民生產毛額　(b) 與國民生產毛額差距為「折舊」　(c) 係以「國境內」為基礎計算生產總值　(d) 係以「國籍」為基礎計算生產總值

41. 以產出方法計算的 GDP 將為何？　(a) 直接累加全國廠商銷售金額　(b) 將全國廠商銷售金額減去原物料等中間財成本後相加　(c) 將全國廠商銷售金額扣除原物料成本與薪資成本後相加　(d) 將全國廠商銷售金額減去原物料成本、薪資成本與利潤後相加

42. 某開放體系在 2018 年最終產品與勞務生產總值為 5,000 億元，而最終產品與勞務銷售額為 4,000 億元，則該國 2018 年的 GDP 或 GNP 為何？　(a) GDP 為 5,000 億元　(b) GDP 為 4,000 億元　(c) GNP 為 5,000 億元　(d) GNP 為 4,000 億元

43. 遠東紡織向農民購進棉花 1,000 元，支付台電電費 200 元，向其他企業購進其他物料 300 元，而後將棉花紡成棉紡以 2,000 元賣給織布廠，中間財價值為何？　(a) 500 元　(b) 1,000 元　(c) 1,500 元　(d) 2,000 元

44. 依據定義顯示，某國的 GDP 與 NDP 間的差額顯然與何者無關？　(a) 折舊　(b) 國外因素所得淨額　(c) GNP 與 NNP 間的差額　(d) 維持資本存量不變的替換投資

45. 某國主計總處發布國內生產毛額 GDP 為 1,000 億元，國民生產毛額 GNP 為 800 億元，何者正確？　(a) 本國貿易出現順差 200 億元　(b) 本國貿易陷入逆差 200 億元　(c) 本國因素在國外所得超過外因素參與國內生產的報酬　(d) 本國因素在國外獲取報酬小於外國因素參與國內生產的報酬

46. 有關國內生產毛額（GDP）的敘述，何者正確？　(a) 計算一國所有成員生產的產值　(b) 計算所有中間財的市場價值　(c) 只含有固定期間內的生產最終商品與勞務的行為　(d) 涵蓋所有市場性與非市場性活動的價值

47. 聖瑪莉麵包烘培麵包過程中花費 10 萬元買糖，15 萬元買麵粉，5 萬元買香料，30 萬元支付工資，40 萬元支付租金，而其生產的附加價值為 80 萬元。試問聖瑪莉麵包售價為何？　(a) 110 萬　(b) 180 萬　(c) 100 萬　(d) 150 萬

48. 某外籍女祕書與老闆結婚，婚後為節省公司成本，繼續擔任祕書工作而不支薪，此一轉變將會產生何種影響？　(a) GNP 與 GDP 同時減少　(b) GDP 不變，而 GNP 減少　(c) GNP 增加，而 GDP 不變　(d) GNP 不變，GDP 減少

49. 有關國內生產毛額的敘述，何者錯誤？　(a) 泰勞在台工作所得必須計入台灣 GNP　(b) 購買兆豐股票支付手續費要計入 GDP　(c) GNI 係以成本衡量一國生產總值　(d) 台灣每人工時縮短，無法從 GDI 顯現出來

50. 主計總處估計台灣國內產出毛額 350,000，而台灣工程師在美國矽谷工作產值 42,000 並

匯回台灣。同一期間，泰勞在台灣工作產值 36,000 也匯回泰國。台灣在該年的國民產出毛額爲何？　(a) 356,000　(b) 344,000　(c) 428,000　(d) 272,000

51. 經濟國際化蔚爲風潮，生產因素在國際間具有高度移動性，國外因素所得淨額是指何者而言？　(a) 本國因素在國外所得扣除外國因素在國內所得　(b) 本國因素在國內所得扣除外國因素在國內所得　(c) 本國因素在國外所得扣除外國因素在國外所得　(d) 本國因素在國內所得扣除外國因素在國外所得

52. 有關體系內附加價值的決定，何者正確？　(a) 累加所有中間財市場價值　(b) 計算當年的 GDP 變動比例　(c) 累加當年所有家計部門的收入　(d) 廠商銷貨收入扣除進貨成本

53. 農夫們種植小麥收成後，以 10,000 元賣給嘉新麵粉，嘉新麵粉將小麥磨成麵粉賣給統一麵包 25,000 元，統一麵包再製造麵包零售給消費者 45,000 元，則嘉新麵粉與統一麵包創造的附加價值各爲何？　(a) 25,000 元、45,000 元　(b) 15,000 元、20,000 元　(c) 25,000 元、20,000 元　(d) 15,000 元、45,000 元

54. 廣達在 2005 年產銷電腦 1,000 億元，製造過程使用原料（中間財）300 億元、繳交貨物稅 50 億元、支付員工薪水 500 億元，則該公司在 2005 年創造附加價值爲何？　(a) 1,000 億元　(b) 700 億元　(c) 650 億元　(d) 150 億元

55. 何者是計算國內生產毛額（GDP）的方法？　(a) 將所有工人的薪資全部累加　(b) 將所有最終商品與勞務的數量全部累加　(c) 將所有最終商品與勞務的市場價值全部累加　(d) 累加所有最終財貨與勞務的市場價值，再扣除生產這些商品與勞務的成本

56. 有關國民生產毛額（GNP）的敘述，何者錯誤？　(a) 所有產業營業額加總將會大於 GNP　(b) 全國產業營業額總值比 GNP 更適合評估一國的就業人數　(c) 國民生產毛額 GNP 將會大於國內生產毛額 GDP　(d) 體系內所有最終商品與勞務的市場價值加總

答案：

1. (b)	2. (d)	3. (b)	4. (c)	5. (a)	6. (d)	7. (b)	8. (c)	9. (d)	10. (b)
11. (a)	12. (c)	13. (c)	14. (b)	15. (a)	16. (b)	17. (b)	18. (c)	19. (d)	20. (a)
21. (b)	22. (c)	23. (b)	24. (a)	25. (c)	26. (d)	27. (b)	28. (d)	29. (d)	30. (a)
31. (c)	32. (a)	33. (d)	34. (c)	35. (c)	36. (d)	37. (c)	38. (c)	39. (d)	40. (c)
41. (b)	42. (c)	43. (b)	44. (b)	45. (d)	46. (b)	47. (a)	48. (d)	49. (d)	50. (a)
51. (a)	52. (d)	53. (b)	54. (b)	55. (c)	56. (c)				

2.1.2 支出方法（GNE）

1. 主計總處使用支出方法衡量國內產出毛額，係累加體系內所有最終商品與勞務的支出而得，不過將排除何者？　(a) 家計部門支出　(b) 廠商購買原料支出　(c) 政府支出　(d) 外國人在本國的支出

2. 張無忌為自製書架而購買一些木板，而木板是木材廠將原木切割而成，原木則是伐木工人以勞動換取。在此，何種商品將須計入國民所得帳的消費者最終需求？　(a) 伐木工人的勞務　(b) 原木　(c) 木板　(d) 書架

3. 若由支出方法分析個人消費支出、國內私人淨投資、淨輸出及政府對商品與勞務支出，四者之和為何？　(a) 國民總生產值　(b) 國民淨生產值　(c) 個人所得　(d) 個人可支配所得

4. 政府提供勞務通常未在市場銷售，有關其價值的處理方式，何者正確？　(a) 需從衡量 GDP 的過程中排除　(b) 政府估計其市場價值，用以衡量其對 GDP 的貢獻　(c) 政府課稅可用於衡量政府勞務的貢獻　(d) 政府勞務係以其生產成本來評價

5. 聚隆纖維在 2009 年底有 20 部電腦，2010 年中折舊 3 部，並再購入 5 部電腦，何者正確？　(a) 2010 年電腦存量為 25 部　(b) 2010 年固定資本形成毛額為 5 部　(c) 2010 年固定資本形成毛額為 8 部　(d) 2010 年電腦存量為 28 部

6. 聚隆在 2019 年初，擁有資本存量 10 億元，並投資 15 億元購買新設備，值迄年底，該公司持有資本存量 20 億元。該公司在 2019 年的資本折舊與淨投資分別為何？　(a) 5 億元及 10 億元　(b) 10 億元及 5 億元　(c) 10 億元及 15 億元　(d) 5 億元及 15 億元

7. 主計總處估算民間消費支出，將不包含何者？　(a) 耐久財支出　(b) 家庭購買中古屋支出　(c) 勞務支出　(d) 非耐久財支出

8. 政府消費支出，將包括何者在內？　(a) 政府購買商品與勞務　(b) 軍人的撫卹金　(c) 紓困救濟金　(d) 公教人員月退俸

9. 健保局從上班族每月薪資扣除健保費，此係屬於何種性質？　(a) 賦稅　(b) 民間消費支出　(c) 投資支出　(d) 非消費性支出

10. 主計總處估算體系內投資毛額，何者將被剔除？　(a) 當期添購的機器設備　(b) 當期建造的建築物　(c) 當期存貨增加　(d) 當期增加投資的股票

11. 何者是國內產出毛額的投資支出？　(a) 和泰公司當期汽車存貨增加　(b) 元大投信買進台塑股票金額　(c) 三豐建設購買建地支出　(d) 黃蓉投資理財支出

12. 有關投資支出性質的敘述，何者錯誤？　(a) 淨投資等於固定期間內廠商採購資本財的總額　(b) 淨投資＝毛投資－折舊　(c) 淨投資等於在固定期間的資本累積　(d) 在 GNP 或 GDP 中，體系內投資支出係指毛投資

13. 何者不是總體理論所稱的投資活動？　(a) 高僑在中科建築廠房　(b) 友訊購買新機器設備　(c) 文曄增加存貨　(d) 合庫購買聯電公司債

14. 主計總處衡量體系內投資毛額，何者不宜列入考慮？　(a) 張無忌購買當期落成的新屋出租　(b) 大華建設當期建造落成的豪宅　(c) 福特公司當期增加的汽車存貨　(d) 央行當期增加發行的貨幣

15. 總體理論衡量國內產出毛額，何者不是投資支出？　(a) 鴻海買入乙盛股票　(b) 和泰汽

車今年未賣出的 500 輛汽車　(c) 高僑在中科新建辦公大樓　(d) 奇美電子在南科擴建廠房

16. 何者不屬於國內產出毛額的投資支出？　(a) 購買公司股票　(b) 對新廠房與設備的支出　(c) 家計部門購買新房屋　(d) 廠商存貨變動

17. 台灣訂購法國幻象 2000 戰機於 1996 年開始交機，該交易係採「貨到一年後付款」分次付清，則在 1996 年構成台灣的國內產出毛額的項目中，何者將會增加？　(a) 投資　(b) 政府支出　(c) 出口　(d) 進口

18. 某國主計總處統計某年的消費支出為 3,367、耐久財支出為 480、非耐久財支出 1,194，當期勞務支出為何？　(a) 1,693　(b) 2,463　(c) 2,083　(d) 1,983

19. 某國政府在 2019 年建造一條收費的高速公路，造價為 20 億元，而當年收費達 5 億元。這將促使 2019 年的國內生產毛額如何變化？　(a) 增加 5 億元　(b) 增加 20 億元　(c) 增加 25 億元　(d) 沒有變化

20. 有關折舊在經濟活動中扮演的角色，何者錯誤？　(a) 毛投資和淨投資的差額　(b) 國內生產毛額與國內生產淨額的差異　(c) 國民生產毛額和國民生產淨額的差異　(d) 廠商當期毛利和淨利間的差額

21. 在總體理論中，台塑當年持有存貨發生變動，將是反映何種現象？　(a) 台塑的資本存量變動　(b) 台塑在當年生產與銷售產品總值的差額　(c) 台塑預擬投資支出變動　(d) 台塑在當年製造產品但未出售的總值

（22.）～（23.）聚隆纖維在 2019 年初有 30 部電腦，年中購入 8 部電腦，到年底淘汰部分不堪使用後，尚剩下 35 部電腦。

22. 聚隆在 2019 年的電腦毛投資為：　(a) 8 部　(b) 5 部　(c) 35 部　(d) 30 部

23. 聚隆在 2019 年的電腦淨投資為：　(a) 8 部　(b) 5 部　(c) 35 部　(d) 30 部

24. 台灣在 2015 年的資本存量扣除 2014 年的資本存量後，何者正確？　(a) 2015 年的淨投資　(b) 2015 年的折舊　(c) 2015 年的存貨累積　(d) 2015 年的投資毛額

25. 在國民會計帳中，當廠商持有存貨發生變動，何者正確？　(a) 此係屬於毛投資支出，但需從淨投資支出排除　(b) 可為正值或負值　(c) 由於未曾出售，故需從國內產出毛額剃除　(d) 有些是中間財，故僅有部分才能計入國內產出淨額中

26. 某國在 2006 年出現貿易逆差（即進口大於出口），何者正確？　(a) 當年出現淨資本流入　(b) 當年出現超額商品供給　(c) 政府當年預算淪為赤字　(d) 當年出現產出大於支出的狀況

27. 廠商當期累積未銷售的商品，國民會計帳將如何處理？　(a) 視為投資而計入 GDP　(b) 視為消費而計入 GDP　(c) 既非消費也非投資，但需計入 GDP　(d) 只有這些商品屬於耐久財才能計入 GDP

28. 某國政府面臨預算赤字，對外貿易維持平衡，私部門目前處於何種狀態？　(a) 出現超

額投資 (b) 投資等於儲蓄 (c) 出現超額儲蓄 (d) 無從確定投資與儲蓄大小

29. 台塑石化宣布即將調整汽油價格，吸引人們競相前往加油，國民會計帳中的何種支出將會增加？ (a) 耐久財消費 (b) 準耐久財消費 (c) 非耐久財消費 (d) 勞務支出

30. 計算國內生產毛額應該加入何種項目？ (a) 家庭主婦提供的家事勞務 (b) 仲介股票交易獲取的手續費 (c) 移轉性支付 (d) 舊屋交易成交值

31. 某國在 2005 年底的實質國內生產毛額（GDP）為 5,000 億元，而人口為 1,000 萬人，到了 2006 年底的實質國內生產毛額為 5,500 億元，人口為 1,100 萬人。基於這些資訊，何者正確？ (a) 2006 年生活水準高於 2005 年 (b) 2006 年生活水準較 2005 年退步 (c) 2006 年間實質 GDP 成長率高於人口成長率 (d) 2006 年與 2005 年的生活水準相同

32. 有關可支配所得的敘述，何者正確？ (a) 個人所得扣除個人直接稅的剩餘部分 (b) 個人所得扣減政府福利支出的剩餘部分 (c) 個人所得扣除儲蓄的剩餘部分 (d) 個人所得扣減消費所剩餘的部分

33. 錸德在本季生產 2,000 萬片 DVD，但僅售出 1,500 萬片，剩餘未出售的 500 萬片被列為庫存。依據以上資訊，這些被列為庫存的 DVD 價值： (a) 不計入當季國內生產毛額（GDP） (b) 計入當季國內生產毛額（GDP）的投資項 (c) 計入當季國內生產毛額（GDP）的消費項 (d) 被列為當季國內生產毛額（GDP）的統計誤差

34. 有關投資的敘述，何者正確？ (a) 淨投資增加將引起產能擴大 (b) 凡由人口增加帶來的投資將屬於誘發性投資 (c) 總投資扣除資本財折舊稱為毛投資 (d) 證券投資是實體投資

35. 阿瘦皮鞋廠今年進行擴廠，何者正確？ (a) 計入 GDP 中的民間消費支出 (b) 計入 GDP 中的公共部門投資支出 (c) 計入 GDP 中的民間投資支出 (d) 不能計入 GDP，因廠房屬於中間財

36. 某國今年的民間投資為 600 億，政府投資為 200 億，折舊為 150 億。該國今年淨投資為何？ (a) 450 億 (b) 400 億 (c) 800 億 (d) 650 億

37. 嘉裕西服生產西裝價值 500 萬，但因景氣不佳僅售出 300 萬，剩餘 200 萬作為存貨。此一狀況對今年 GDP 的影響為何？ (a) GDP 增加 500 萬，民間消費支出增加 300 萬，國內投資支出增加 200 萬 (b) GDP 增加 100 萬，民間消費支出增加 100 萬 (c) GDP 增加 300 萬，民間消費支出增加 300 萬 (d) GDP 增加 500 萬，民間消費支出增加 500 萬

38. 某國處於貿易平衡狀態，則該體系國民儲蓄會等於何者？ (a) 政府預算赤字扣除國內投資 (b) 國內投資加政府預算赤字 (c) 國內投資減進口 (d) 國內投資加政府預算盈餘

39. 從支出面計算 GDP，將不包括下列何者？ (a) 原物料出口值 (b) 機器出口值 (c) 公務員薪資 (d) 利潤

40. 聚隆纖維為擴大產能籌建新廠，分別在 2008 年透過法院以 5,000 萬元標購一間法拍廠房，並向某公司買進舊機器設備一批 1,000 萬元，同時再向國內設備廠商購買新出爐的機器設備 3,000 萬元。依據上述資料，聚隆纖維為擴大產能，對 2008 年台灣固定資本投資貢獻為何？ (a) 1,000 萬元 (b) 3,000 萬元 (c) 4,000 萬元 (d) 9,000 萬元

41. 張無忌說今年省吃儉用節省 100 萬，其中 45 萬當成頭期款向小華購買 30 年舊公寓，並以 15 萬投資台塑股票，剩下 40 萬認購任職公司的現金增資股票。在其他條件不變下，張無忌上述操作行為對今年國民所得帳的投資支出貢獻多少？ (a) 0 萬元 (b) 40 萬元 (c) 55 萬元 (d) 100 萬元

42. 在國民所得帳中，存貨變動的性質為何？ (a) 消費，此係消費行為造成商品存貨變動 (b) 投資，此係廠商支出的一部分 (c) 不計入當期 GDP（國內生產毛額），此係存貨可能不是當期生產的商品 (d) 儲蓄，此係必須由廠商的儲蓄來融通存貨變動

答案：

1. (b)	2. (d)	3. (b)	4. (d)	5. (c)	6. (a)	7. (b)	8. (a)	9. (d)	10. (d)
11. (a)	12. (a)	13. (d)	14. (d)	15. (a)	16. (a)	17. (d)	18. (a)	19. (c)	20. (d)
21. (a)	22. (a)	23. (b)	24. (a)	25. (b)	26. (a)	27. (a)	28. (c)	29. (c)	30. (b)
31. (d)	32. (a)	33. (b)	34. (a)	35. (c)	36. (d)	37. (a)	38. (b)	39. (d)	40. (b)
41. (b)	42. (b)								

2.1.3 所得方法（GNI）

1. 某國的國民生產淨額為 100 億美元，國民所得為 80 億美元，兩者差額 20 億美元可能為何？ (a) 資本折舊 (b) 間接稅淨額 (c) 政府移轉支出 (d) 國外因素淨所得

2. 經濟學者採取因素所得方法估計國民生產毛額，須將何者排除在外？ (a) 工資 (b) 地租 (c) 利潤 (d) 存貨

3. 在固定期間，某國成員獲取工資、租金、利息與利潤的加總將是何種概念？ (a) 國內生產毛額 (b) 國民生產淨額 (c) 國民所得 (d) 可支配所得

4. 在計算國民所得時，國民所得帳採取何種方式較為適宜？ (a) 支出方法 (b) 因素所得方法 (c) 最終產出方法 (d) 分配方法

5. 華碩在今年股東會通過將去年盈餘發放每股 4 元現金股息，此一決議將會影響國民所得帳的何種項目？ (a) 企業移轉支付 (b) 國民生產淨額 (c) 國民所得 (d) 個人所得

6. 有關構成國民所得帳的因素所得項目，何者正確？ (a) 必須設算家庭主婦從事家庭生產活動的價值 (b) 公司分配去年盈餘給股東，將是今年的國民所得 (c) 受雇人員所得所占比例最小 (d) 自用住宅需設算租金收入

7. 選舉年到來，立法委員競相提案通過發給中低收入戶老人生活津貼，此係何種性質支

出？　(a) 購買勞務支出　(b) 移轉性支出　(c) 公債支出　(d) 經常帳支出

8. 何種項目將納入國民產出淨額 NNP，卻不包括在國民所得 NI 中？　(a) 間接稅淨額　(b) 折舊　(c) 公司所得稅　(d) 未分配盈餘。

9. 主計總處計算 2018 年國民所得帳，應該排除何種項目？　(a) 李四購買一幅張大千的荷花圖　(b) 張三豐購買台機電股票支付的手續費　(c) 初鹿牧場每年消費自己生產的牛羊蔬果價值　(d) 張無忌設算自有房屋的租金

10. 在計算國民所得會計帳的過程中，退休金與救濟金等收入應計入何種項目？　(a) 國民生產毛額　(b) 國民生產淨額　(c) 國民所得　(d) 個人所得

11. 國內生產淨額扣除何種項目會成為國民所得？　(a) 折舊　(b) 個人應繳納的租稅　(c) 企業間接稅　(d) 營利事業所得稅

12. 某國實施加值型營業稅制，稅率訂為 5%。該國麵包的產銷鏈如下：農夫們無償取得種子種植小麥，收成後以 100 元出售給嘉新麵粉廠，該麵粉廠加工製成麵粉後，以 150 元出售給統一麵包廠，該廠商製成麵包以 300 元出售給消費者。在此產銷流程中，政府課徵的營業稅總額為何？　(a) 5 元　(b) 7.5 元　(c) 10 元　(d) 15 元

13. 下列四者有幾項將被納入國內生產毛額？　(1) 美商 google 在彰化設分公司　(2) 持有台塑分配到的股息收入　(3) 公司接受政府紓困補貼　(4) 鴻海前往印度設廠生產　(a) 一項　(b) 二項　(c) 三項　(d) 四項

14. 詠淇在西餐廳駐唱的月薪 5 萬元，後來嫁給伊建而成為專職主婦，此種身分轉變對國民所得帳影響為何？　(a) 不影響國內產出毛額　(b) 國內產出毛額增加 5 萬元　(c) 國民所得減少 5 萬元　(d) 此與國民所得無關，但與國民福祉有關

15. 某國公布國內相關總體資料如下：政府支出 1,100、稅收 900、儲蓄 340 與淨出口 90，則國內廠商使用最終產出的部分為何？　(a) 110　(b) 200　(c) 50　(d) 30

16. 主計總處從國民所得角度出發，在計算個人所得的過程中，如何處理營利事業所得稅與個人所得稅？　(a) 前者列為加項，後者列為減項　(b) 前者列為減項，後者列為加項　(c) 前者不列計，後者列為減項　(d) 前者列為減項，後者不列計

17. 某教授採取因素所得方法計算國內生產毛額，涵蓋項目包括哪些？　(a) 民間消費支出、國內投資毛額、政府支出、淨出口值　(b) 工資、租金、利息、利潤、折舊　(c) 最終消費財價值、投資財價值、政府產出值、淨出口值　(d) 民間消費支出、民間投資支出、總出口值、設備折舊值

18. 主計總處從因素所得方法衡量 GNP，何者須排除在外？　(a) 利息　(b) 地租　(c) 利潤　(d) 移轉性支付

19. 何者為「貿易依存度」的定義？　(a) 進口總額／出口總額　(b)（進口總額＋出口總額）／國民生產毛額　(c)（出口總額－進口總額）／（進口總額＋出口總額）　(d)（出口總額－進口總額）／國民生產毛額

20. 人們獲取可支用所得將分配在何種用途？ (a) 消費與儲蓄 (b) 消費與投資 (c) 儲蓄與投資 (d) 消費、儲蓄與投資

21. 在其他條件不變下，政府增加福利支出，將會產生何種結果？ (a) 國民生產毛額與國民生產淨額增加 (b) 國民生產淨額與國民所得增加 (c) 國民所得與個人所得增加 (d) 個人所得與個人可支配所得增加

22. 某國公布 2018 年國民生產毛額為 120 億元，國內生產毛額為 110 億元，兩者差額可能與何者有關？ (a) 政府補貼為 10 億元 (b) 國外因素淨所得為 10 億元 (c) 該國替換投資為 10 億元 (d) 國內淨投資為 10 億元

23. 某國 GNP 為 3,600 億元、物價指數為 120、人口為 300 萬人，每人實質 GNP 為何？ (a) 1,200 元 (b) 1,000 元 (c) 960 元 (d) 940 元

24. 何者將會增加個人所得？ (a) 廠商擴大保留盈餘 (b) 政府降低全民健保費率 (c) 上市公司加發現金股息 (d) 財政部提高公司所得稅率

25. 國內總消費、國內總儲蓄與國內總稅收三者總和，將趨近於何種項目？ (a) 國民所得（NI） (b) 個人所得（PI） (c) 國內產出淨額（GDP） (d) 國民所得毛額（GNI）

26. 有關國民所得的概念，何者錯誤？ (a) 國民所得係依因素成本計算的生產淨額 (b) 國民生產淨額＝租金＋利息＋利潤＋地租＋折舊 (c) GNP＝GDP＋國外因素所得淨額 (d) 可支用所得將等於消費支出加儲蓄

27. 下列敘述，何者錯誤？ (a) 國民所得是依因素成本計算的國民生產總值 (b) 由國內生產淨額計算國民所得，個人的移轉所得列為減項 (c) 舊貨交易金額不屬於國內產出淨額 (d) 政府估計經濟福利，負產品需列為減項

28. 主計總處公布國民所得帳資料如下：進口 80、出口 100、非公司企業所得 8、民間消費支出 90、政府消費支出 30、民間利息與財產所得 10、公司未分配盈餘 10、股東紅利 9、營利事業所得稅 4、受僱人員薪資 80、國內資本形成毛額 60、國內資本形成淨額 40。何者正確？ (a) GNP＝180、NNP＝180、NI＝121 (b) GNP＝200、NNP＝180、NI＝121 (c) GNP＝121、NNP＝180、NI＝121 (d) GNP＝200、NNP＝121、NI＝180

29. 某國公布 2018 年國民所得統計資料如下：國民所得 600、間接稅 50、個人所得 400、個人所得稅 80、資本折舊 50，則當年 GDP 為何？ (a) 700 (b) 620 (c) 570 (d) 500

30. 某國公布 2019 年國民所得為 450 億元，可支用所得 385 億元，企業間接稅 32 億元，資本折舊 46 億元，則當年 GDP 為何？ (a) 913 億元 (b) 528 億元 (c) 757 億元 (d) 463 億元

31. 有關體系內個人可支用所得的說法，何者正確？ (a) 從個人所得扣除個人所得稅與非消費性支出 (b) 個人可支用所得通常大於個人所得 (c) 個人可支用所得將包括公司盈餘，但不包括紅利 (d) 個人可支用所得並不包括政府的福利支出

32. 由流出（leakages）等於注入（injections）的架構分析國民所得帳，若國內投資為 I，淨

出口為 NX，民間個人儲蓄為 S，則政府預算盈餘等於： (a) I + NX – S　(b) I – NX – S　(c) I + NX + S　(d) I – NX + S

33. 某國民間消費支出 200 億元、國內投資毛額 30 億元、政府支出 50 億、資本折舊 20 億元、淨輸出 10 億元、輸入 10 億元，則國民生產淨額為何？ (a) 290 億元　(b) 280 億元　(c) 270 億元　(d) 260 億元

34. 震旦行在 2015 年從韓國進口 100 台電視機，買入價格每台 7,500 元，隨即於當年以每台 13,500 元賣出 80 台，其餘預期在 2006 年以每台 12,000 元賣出，該項交易活動對 2005 年台灣 GDP 影響為何？ (a) 1,350,000 元　(b) 1,080,000 元　(c) 750,000 元　(d) 480,000 元

35. 裕日生產汽車成本包括勞工薪資 5 萬元、車體 10 萬元、引擎零件 15 萬元、輪胎及其餘額為 5 萬元，再以每部汽車 50 萬元售出給消費者，則台灣 GDP 將增加多少？ (a) 50 萬元　(b) 55 萬元　(c) 65 萬元　(d) 85 萬元

36. 高林實業進口某商品價值為 1,000 萬元，繳納關稅 200 萬元，在國內大潤發賣場以 1,500 萬元賣出，則台灣的國民所得增加為何？ (a) 300 萬元　(b) 500 萬元　(c) 400 萬元　(d) 200 萬元

37. 某國主計總處發布 2017 年國民所得帳資料包括：國民所得為 840 億元、資本折舊 90 億元、國外因素所得淨額 60 億元、間接稅 30 億元、營利事業所得稅 80 億元、個人所得稅 40 億元，該國 GDP 為何？ (a) 900 億元　(b) 1,080 億元　(c) 1,020 億元　(d) 960 億元

38. 開放體系的本國投資將等於何者？ (a) 淨資本流入　(b) 本國儲蓄加上淨資本流出　(c) 本國儲蓄　(d) 本國儲蓄加上淨資本流入

39. 在封閉體系中，國民儲蓄將等於何者？ (a)（可支配所得－消費支出）－（稅收－政府支出）　(b)（可支配所得－消費支出）＋（政府支出－稅收）　(c)（可支配所得－消費支出）＋（稅收－政府支出）　(d)（消費支出－可支配所得）＋（政府支出－稅收）

答案

1. (b)	2. (d)	3. (c)	4. (b)	5. (d)	6. (d)	7. (b)	8. (a)	9. (a)	10. (d)
11. (c)	12. (c)	13. (a)	14. (c)	15. (c)	16. (d)	17. (b)	18. (d)	19. (b)	20. (a)
21. (d)	22. (b)	23. (b)	24. (c)	25. (d)	26. (b)	27. (b)	28. (b)	29. (a)	30. (b)
31. (a)	32. (a)	33. (c)	34. (d)	35. (a)	36. (b)	37. (a)	38. (d)	39. (c)	

2.2 物價指數的衡量

1. 有關 GDP 平減指數的定義，何者正確？ (a) 名目 GDP 除以實質 GDP　(b) 名目 GDP 除以實質 GDP 再乘以 100　(c) 實質 GDP 除以名目 GDP　(d) 實質 GDP 除以名目 GDP

再乘以 100

2. 對台灣而言，2005 年進口油價飆漲，對國內經濟活動影響為何？ (a) GDP 平減指數漲幅超過 CPI (b) GDP 平減指數漲幅小於 CPI (c) GDP 平減指數漲幅等於 CPI (d) GDP 平減指數漲幅略小於 CPI

3. 何種敘述錯誤？ (a) 若名目 GDP 不變，GDP 平減指數與實質 GDP 呈反向變動 (b) 今年消費者物價指數 CPI 為 100，則今年物價上漲率為零 (c) CPI 膨脹率大於 GDP 平減指數上漲率 (d) CPI 膨脹率小於 GDP 平減指數上漲率

4. 總體理論區分實質與名目國內生產毛額，主要目的為何？ (a) 決定政府規模是否成長 (b) 衡量名目利率變動 (c) 評估經濟福利是否改變 (d) 評估實際生產活動是否變化

5. 主計總處公布台灣在 2018 年的實質 GDP 增加，何者正確？ (a) 名目 GDP 也增加 (b) 實質產出增加 (c) 物價維持不變 (d) 名目產出出現遞減現象

6. 在其他條件不變下，台灣從日本進口豐田汽車價格上漲，將會產生何種結果？ (a) 台灣的 GDP 平減指數上升 (b) 台灣消費者物價指數上升 (c) 台灣的名目國內生產毛額上升 (d) 台灣的實質國內生產毛額下降

7. 智利僅生產漁獲與銅礦兩種最終財，去年（基期）兩者價格均為 1，今年價格與產量分別為 $(P_x, Q_x) = (2, 3)$、$(P_y, Q_y) = (3, 2)$，兩種商品的兩年產量相同，則今年 GDP 平減指數為何？ (a) 200 (b) 220 (c) 240 (d) 260

8. 台灣在 2000 年經濟成長率 5.9%，工業及服務業產值占國內生產毛額比例分別為 33% 及 64%，此兩產業值成長率分別為 5% 及 6%，則農業部門對當年經濟成長率的貢獻為何？ (a) 0.4% (b) 0.2% (c) 0.6% (d) 0.5%

9. 某國在 2014 年物價指數為 110，總產出為 330 億元；2015 年物價指數變成 125，總產出為 500 億元，則 2015 年的實質產出成長率為何？ (a) 25% (b) 21.2% (c) 50% (d) 33.3%

10. 某國在 2016 年 GDP 平減指數為 125，實質國內生產毛額為 1,000 億元，當年名目國內生產毛額為何？ (a) 800 億元 (b) 125,000 億元 (c) 1,250 億元 (d) 8 億元

11. 某國在 2004 年名目 GNP 為 1,000 億元，GNP 平減指數為 100；而 2005 年名目 GNP 為 1,100 億元，GNP 平減指數為 110。就實質 GNP 而言，2005 年相對 2004 年而言： (a) 相等 (b) 低 (c) 高 (d) 視通膨率高低而定

12. 太平洋島國諾魯以甲乙丙三種商品作為計算消費者物價指數的一籃商品，假設基期為 2010 年，依據下表計算 2015 年的消費者物價指數 CPI 為： (a) 123 (b) 128 (c) 125 (d) 126

	2010		2015	
	價格	數量	價格	數量
甲物品	$10	8	$14	10
乙物品	$25	4	$30	5
丙物品	$12	25	$15	20

13. 某國在 2000 年的名目 GDP 是 600 兆元，物價指數是 100；在 2005 年的名目 GDP 是 750 兆元，物價指數是 150。依據 2000 年物價水準，2005 年的實質國內生產毛額爲何？ (a) 400 兆元　(b) 500 兆元　(c) 900 兆元　(d) 1,125 兆元

14. 某國公布名目 GDP 成長 33.9%，實質 GDP 成長 1.1%，何者正確？　(a) GDP 平減指數上漲 32.8%　(b) 消費者物價指數上漲 32.8%　(c) 躉售物價指數上漲 32.8%　(d) 最終商品平均物價上漲 35%

15. 東歐某國在 2014 年物價指數爲 150，2015 年物價指數爲 165，則該國在 2015 年的通膨率爲何？　(a) 10%　(b) 15%　(c) 20%　(d) 150%

16. 某國在 1987 年的消費者物價指數 CPI 爲 160，1988 年 CPI 爲 180，1989 年 CPI 爲 198，1989 年物價上漲率爲何？　(a) 10%　(b) 20%　(c) 18%　(d) 38%

17. 某國在 1997 年通膨率爲 5.5%，1998 年通膨率是 4%，1999 年通膨率是 6%。在其他情況不變下，某商品在 1997 年初的價格爲 5 元，邁入 2000 年初，該商品平均定價爲何？ (a) 5.8 元　(b) 6.0 元　(c) 6.2 元　(d) 6.4 元

18. 在 2004～2005 兩年間，某國名目 GDP 由 2,000 億元增加爲 2,400 億元、GDP 平減指數由 110 增加爲 135，何者正確？　(a) 實質 GDP 增加　(b) 實質 GDP 減少　(c) 實質 GDP 不變　(d) 無法確定

19. 某國在 1996 年名目 GDP 爲 74,775.40 億元，若按 1991 年價格計算，實質 GDP 爲 65,176.25 億元，是以 1996 年的 GDP 平減指數爲何？　(a) 100　(b) 1.147　(c) 114.7 (d) 87.2

20. 主計總處統計以 1991 年爲基期，1994 年的 CPI 爲 111.9，1995 年爲 116.1。1994～1995 年的通膨率爲何？　(a) 116.1%　(b) 111.9%　(c) 100%　(d) 3.8%

21. 東加王國在 2005 年名目 GNP 爲 2,600 億元，實質 GNP 爲 2,000 億元，該年物價指數爲何？　(a) 77　(b) 130　(c) 160　(d) 1.3

22. 以消費者物價指數 CPI 衡量一國物價，何者錯誤？　(a) 對股市而言，CPI 指數上揚高於預期應視爲利空　(b) CPI 容易反映物價上漲，但不易反映物價下跌現象　(c) CPI 指數上揚代表通膨壓力增高，利率調升可能性愈高　(d) CPI 是以與消費者有關之商品及勞務價格統計出來的物價變動指標

23. Paasche 物價指數是以何期的數量為權數進行加權計算的物價指數？ (a) 終期 (b) 基期 (c) 當期 (d) 平均期

24. 何種物價指數又稱為隱性物價指數？ (a) 消費者物價指數 (b) 躉售物價指數 (c) 國內生產毛額平減指數 (d) 核心物價指數

25. 何種物價指數是用來反映大宗物資，包括原料、中間財及進出口商品的批發價格？ (a) 消費者物價指數 (b) 躉售物價指數 (c) 國內生產毛額平減指數 (d) 核心物價指數

26. 凱楠汽車代理瑞典 VOLVO 汽車價格上漲，何種物價指數影響最大？ (a) 消費者物價指數 (b) 躉售物價指數 (c) 國內生產毛額平減指數 (d) 核心物價指數

27. 某國僅生產蘋果與橘子兩種商品，在 2002 年與 2007 年的價格與產量分別為 $(P_a, Q_a) = (0.5, 4)_{2002}$、$(P_a, Q_a) = (1, 5)_{2007}$、$(P_o, Q_o) = (1, 3)_{2002}$、$(P_a, Q_a) = (1.5, 5)_{2007}$。若以 2002 年為基期，2007 年的 GDP 平減指數將趨近於何值？ (a) 1.5 (b) 1.7 (c) 1.9 (d) 2.0

28. CPI 的衡量係取決於何種計算方式？ (a) 所有商品與勞務價格的平均值 (b) 一籃商品與勞務的每年變動價格，相對於相同籃子商品與勞務的基期價格 (c) 固定一籃商品與勞務的價格，相對於相同籃子商品與勞務的基期價格 (d) 名目 GDP 相對實質 GDP

29. 某國僅生產蘋果（a）與橘子（o）兩種產品，在 2002 年與 2007 年的成交價格與數量分別為 $(P_a, Q_a) = (0.5, 10)_{2002}$、$(P_a, Q_a) = (1, 5)_{2007}$、$(P_o, Q_o) = (1, 5)_{2002}$、$(P_o, Q_o) = (0.5, 10)_{2007}$。有關該國在 2002～2007 年間經濟情勢變化，何者錯誤？ (a) 名目國民所得成長率是 0 (b) 實質國民所得成長率是 25% (c) 通膨率為 25% (d) 2007 年的消費者物價指數是 115

30. 廠商與政府購買的商品價格上漲，將會反映在何種指數變化？ (a) 反映在 CPI 指數，但不影響 GDP 平減指數 (b) 反映在 GDP 平減指數，但對 CPI 指數無影響 (c) 同時反映在 CPI 指數與 GDP 平減指數上 (d) 對 CPI 指數與 GDP 平減指數均無影響

31. 油價飆漲推動台灣進口商品價格上漲，將對國內物價指數造成影響，何者正確？ (a) 將會反映在 CPI 指數上漲，但對 GDP 平減指數無影響 (b) 將會反映在 GDP 平減指數上漲，但對 CPI 指數無影響 (c) 同時帶動 CPI 指數與 GDP 平減指數上漲 (d) 對 CPI 指數與 GDP 平減指數均無影響

32. 不同於 GDP 平減指數，CPI 指數將包括哪些商品價格在內？ (a) 廠商購買的商品 (b) 政府購買的商品 (c) 出口財 (d) 進口財

33. CPI 指數係屬於何種指數？ (a) Laspeyres 物價指數 (b) Paasche 物價指數 (c) Laspeyres 數量指數 (d) Paasche 數量指數

34. GDP 平減指數係屬於何種指數？ (a) Laspeyres 物價指數 (b) Paasche 物價指數 (c) Laspeyres 數量指數 (d) Paasche 數量指數

35. 不同商品價格以不同數量遞增，何種物價指數將上漲愈快？ (a) Fisher 的理想指數 (b) GDP 平減指數 (c) CPI (d) Paasche 指數

36. 央行使用何種物價指數監測物價變動，進而作爲調整貨幣政策依據？　(a) 消費者物價指數　(b) 躉售物價指數　(c) 國內生產毛額平減指數　(d) 核心物價指數

37. 台灣在 2007 年面臨進口油價飆漲，國內生產毛額平減指數上漲幅度：　(a) 等於 CPI　(b) 低於 CPI　(c) 大於 CPI　(d) 無法確定與 CPI 的關係

38. 主計總處計算台灣消費者物價指數，何種商品將被考慮在內？　(a) 原物料價格　(b) 進口消費財價格　(c) 機器設備價格　(d) 匯率

39. 某國 GDP 平減指數等於：　(a) 名目 GDP 除以實質 GDP　(b) 名目 GDP 減實質 GDP　(c) 名目 GDP 除以人口　(d) 名目 GDP 減人口

40. 「核心物價指數」的定義爲何？　(a) 扣除受季節影響之蔬果時菜與能源等商品後的消費財價格　(b) 僅考慮食衣兩類的商品價格　(c) 加入環境汙染造成的外部性價格　(d) 加上休閒娛樂價值的消費財價格

41. 消費者物價指數（CPI）可能高估人們生活成本，何種原因錯誤？　(a) 計算上的偏誤　(b) 替代上的偏誤　(c) 商品品質改變的偏誤　(d) 新產品未納入 CPI 的偏誤

42. 某國在 2018 年底的實質產出爲 5,000 億元、人口爲 2,000 萬人；2019 年年底的實質產出爲 5,610 億元、人口爲 2,200 萬人。依據以上資訊，該國 2019 年的平均每人實質產出成長率爲何？　(a) 12%　(b) 10%　(c) 8%　(d) 2%

43. 就基期年而言，何者正確？　(a) GDP 平減指數的值等於 CPI 的值　(b) 通膨率爲正值　(c) 通膨率爲負值　(d) 通膨率爲零

44. 下列敘述，何者錯誤？　(a) 實質產出指以基期價格衡量的最終商品與勞務的價值　(b) 名目產出指以當期價格衡量的最終商品與勞務的價值　(c) GDP 平減指數可表示基期價格相對當期價格的比率　(d) GDP 平減指數可衡量物價變動

45. 趙敏在 2007 年及 2008 年的薪資分別爲 75 萬元及 80 萬元，2008 年物價較 2007 年上漲 10%，何者正確？　(a) 2008 年的實質所得高於 2007 年　(b) 2008 年的實質所得低於 2007 年　(c) 兩年的實質所得相同　(d) 哪一年的實質所得較高，需視通膨率而定

46. 某國僅生產橘子與番茄的價格與數量資料如下表所示，基期年爲 2018 年。根據該表，該國 2019 年的國內生產毛額 GDP 平減指數年增率爲：

年	橘子價格	橘子數量	番茄價格	番茄數量
2018	$1	100	$2	100
2019	$2	200	$2	300

(a) 25%　(b) 50%　(c) 75%　(d) 100%

47. 比較不同期間的消費者物價變化是：　(a) 控制價格變化以計算產量變化　(b) 控制產量變化以計算價格改變　(c) 價格與數量都是當期　(d) 價格與數量都是基期

48. 某國公布 2016～2017 年的名目國內生產毛額（支出面）相關資料如下：

	2016 年	2017 年
民間消費	90	80
資本形成	30	40
政府消費	30	20
商品及服務輸出	100	120
商品及服務輸入	50	60
GDP 平減指數（2011 年 = 100）	100	102

該國在 2017 年的實質經濟成長率為何？　(a) 0.67%　(b) 1.045%　(c) −1.045%　(d) −0.67%

49. 有關 GDP 平減指數與消費者物價指數 CPI 的敘述，何者錯誤？　(a) CPI 衡量固定商品組合的價格變化　(b) GDP 平減指數包括國外生產的商品　(c) GDP 平減指數是採變動權數　(d) GDP 平減指數與 CPI 的走勢接近

50. 體系的經濟成長率出現負值，何者正確？　(a) 名目產出必然減少　(b) 實質產出確定減少　(c) 實質利率將會上升　(d) 物價必然下跌

51. 張無忌在 1990 年以 30 元購買一個麵包。1990 年與 2010 年的消費者物價指數若分別為 60 與 150，而麵包價格是釘住消費者物價指數等比率調整，則 2010 年的麵包價格約為何？　(a) 30　(b) 50　(c) 60　(d) 75

52. 某國在 2010 年（基期年）的名目產出為 100 億元，2011 年的名目產出與實質產出分別為 120 億元與 110 億元，何者正確？　(a) 2011 年經濟成長率為正值，而且 GDP 平減指數大於 100　(b) 2011 年經濟成長率為正值，而且 GDP 平減指數小於 100　(c) 2011 年經濟成長率為負值，而且 GDP 平減指數大於 100　(d) 2011 年的經濟成長率為負值，而且 GDP 平減指數小於 100

53. 政府選擇消費者物價指數衡量生活成本，可能產生何種結果？　(a) 將能正確衡量通膨的負面效果　(b) 通常高估通膨造成的負面效果　(c) 必然低估貨膨形成的負面效果　(d) 消費者物價指數無法用於衡量生活成本

54. 有關名目產出與實質產出兩者間的互動關係，何者正確？　(a) 兩者呈現同向變動　(b) 兩者呈現反向變動　(c) 前者增加，但後者卻可能遞減　(d) 兩者間毫無關聯性

55. 某國在 2013 年的 GDP 平減指數為 125，實質 GDP 為 1,000 億元；2014 年 GDP 平減指數為 200，實質 GDP 為 800 億元，何者正確？　(a) 2014 年的名目 GDP 為 1,600 億元　(b) 2014 年的名目 GDP 為 400 億元　(c) 2013 年的名目 GDP 為 800 億元　(d) 2013 年的名目 GDP 為 2,000 億元

56. 主計總處計算消費者物價指數，應該納入何種項目？　(a) 一國所生產的所有物品與勞務　(b) 一國所生產的所有物品　(c) 一般家庭日常主要消費的商品與勞務　(d) 政府消費支出

57. 在其他條件不變下，有關國民所得與物價關係的敘述，何者正確？　(a) 實質產出將隨基期改變而改變　(b) 實質產出與基期更動無關　(c) GDP 平減指數不會隨基期更改而變動　(d) 名目產出會隨基期更改而變動

58. 某國的油條與消費者物價指數長期呈同比率變動。2010 年一根油條售價 10 元，依據行主計總處公布歷年的消費者物價指數，油條在 1962 年售價為何？　(a) 10 元 ×(CPI$_{2010}$ – CPI$_{1962}$)　(b) 10 元 ×(CPI$_{1962}$ – CPI$_{2010}$)　(c) 10 元 ×(CPI$_{2010}$ / CPI$_{1962}$)　(d) 10 元 ×(CPI$_{1962}$ / CPI$_{2010}$)

59. 某國經濟成長率為零，何者正確？　(a) 名目產出成長率大於通膨率　(b) 名目產出成長率等於通膨率　(c) 名目產出成長率小於通膨率　(d) 名目產出成長率等於實質產出成長率

60. 國民所得與物價兩者間的互動關係，何者正確？　(a) 名目產出與實質產出同向變動，物價將呈現上漲　(b) 名目產出與實質產出同向變動，物價將呈現滑落　(c) 名目產出增加而實質產出遞減，物價將呈現上升　(d) 名目產出遞減，而實質產出增加，物價將呈現上漲

61. 在其他條件不變下，某國稻米價格大幅上漲，何者正確？　(a) GDP 平減指數與消費者物價指數都會上升　(b) GDP 平減指數與消費者物價指數都會下降　(c) GDP 平減指數與消費者物價指數不受影響　(d) GDP 平減指數不受影響，但消費者物價指數上漲

62. 有關物價指數的敘述，何者正確？　(a) 在商品售價未變下，商品品質提高將會提高消費者物價指數　(b) 消費者物價指數通常低估物價上漲對消費者的傷害　(c) 物價指數無法反應商品品質變化　(d) 名目利率漲幅大於實質利率漲幅，表示通膨率不斷降低

63. 何種事件發生將讓消費者物價指數與 GNP 平減指數同時變動？　(a) 進口嬰幼兒奶粉價格上漲　(b) 台船公司提高船隻售價　(c) 台灣某電腦廠商調降平板電腦價格　(d) 台灣向美國採購戰鬥機價格上升

64. 某國在 1990～1991 年僅生產西瓜與芭樂的價格與數量資料，基期年為 1990 年。根據該表，該國 1991 年的實質經濟成長率為何？

年	西瓜價格	西瓜數量	芭樂價格	芭樂數量
1990	$3	200	$2	200
1991	$4	200	$3	300

(a) 10%　(b) 20%　(c) 40%　(d) 60%

答案：

1. (b)	2. (b)	3. (d)	4. (d)	5. (b)	6. (b)	7. (c)	8. (a)	9. (d)	10. (c)
11. (a)	12. (d)	13. (b)	14. (a)	15. (a)	16. (a)	17. (a)	18. (b)	19. (c)	20. (d)
21. (b)	22. (b)	23. (c)	24. (c)	25. (b)	26. (a)	27. (b)	28. (c)	29. (d)	30. (b)
31. (a)	32. (d)	33. (a)	34. (b)	35. (d)	36. (a)	37. (b)	38. (b)	39. (a)	40. (a)
41. (a)	42. (d)	43. (d)	44. (c)	45. (b)	46. (a)	47. (b)	48. (c)	49. (c)	50. (b)
51. (d)	52. (a)	53. (b)	54. (c)	55. (a)	56. (c)	57. (b)	58. (d)	59. (d)	60. (c)
61. (a)	62. (c)	63. (c)	64. (b)						

2.3 社會福祉的衡量

1. 下列敘述，何者正確？　(a) 國民所得是累加生產過程中，創造附加價值的國民生產值　(b) 由國內生產淨額計算國民所得，企業間接稅是列爲減項　(c) 舊車與中古屋交易額將可計入國內生產淨額　(d) 計算某國經濟福利時，政府從事災後重建支出將需列入淨經濟福利

2. 針對國民所得概念應用之敘述，何者錯誤？　(a) 國民所得成長將可反映商品品質改善　(b) 國民所得變化顯示商品或勞務結構變化　(c) 國民所得變化部分可以反映生產技術進步　(d) 國民所得無法反映地下金融交易活動的價值

3. 政府進行跨國生活水準比較，選擇何種指標比較適合？　(a) 名目 GDP　(b) 實質 GDP　(c) 每人名目國民所得　(d) 每人實質國民所得

4. 何者可用做衡量一國經濟成長的指標？　(a) 實質 GNP 成長率　(b) 加權股價指數成長率　(c) 貿易餘額成長率　(d) 貨幣供給年成長率

5. 國發會設算休閒價值並且併入國民所得，將會產生何種衝擊？　(a) 國民所得變小　(b) 國民所得變大　(c) 國民所得不受影響，因爲休閒的機會成本爲零　(d) 經濟福祉的衡量指標將會下降

6. Nordhaus 與 Tobin 提出經濟福利衡量 MEW、Samuelson 提出經濟福利淨額 NEW，用於衡量經濟福利，何者必須扣除？　(a) 生產造成的社會成本　(b) 休閒　(c) 圖書館價值　(d) 未上市產品價值

7. 政府以「經濟福利衡量」MEW 或「國內產出毛額」GDP 來衡量經濟福祉，兩者主要差異，何者錯誤？　(a) 扣除折舊　(b) 設算休閒價值　(c) 扣除維護環境不變的政府支出　(d) 設算非市場活動的價值

8. 國發會選擇國內生產毛額作爲衡量台灣經濟福利的指標，可能會忽略：(1) 黑市活動、(2) 生活品質、(3) 環境品質、(4) 外國人在台所得等因素。何者正確？　(a) 1、2、3、4　(b) 1、2、3　(c) 1、3　(d) 2、3

9. 政府檢視國民所得數據時，何種解讀正確？ (a) 國民所得將能反映家庭生產活動的經濟價值 (b) 國民所得無法顯示體系內商品與勞務結構的變化 (c) 國民所得將能反映體系內技術進步狀況 (d) 商品品質改善將會反映在國民所得成長

10. 何種現象會高估國民生產毛額？ (a) 地下經濟活動盛行 (b) 休閒的設算價值上升 (c) 未上市產品交易值增加 (d) 整治環境汙染支出增加

11. 國內生產毛額係全體因素努力的成果，何者與國民福祉有關，卻未涵蓋在國內生產毛額中？ (a) 所得分配不均帶來社會不安 (b) 休閒價值的衡量 (c) 環境汙染等外部成本存在 (d) 機器設備折舊的提存

12. 行政院主計總處發布資料顯示：台灣地區所得分配的貧富差距持續擴大，此將隱含台灣的 Gini 係數變化爲何？ (a) 愈大 (b) 不受影響 (c) 接近 0 (d) 接近於 1

13. 每人平均所得的定義是指： (a) 國民所得除以人口總數 (b) 國民所得除以物價水準 (c) 可支配所得除以勞動力 (d) 可支配所得除以就業人口總數

14. 衡量一國所得分配狀況的指標，何者最屬適當？ (a) Lorenz 曲線 (b) 每人國民所得 (c) Engel 係數 (d) 痛苦指數

15. 何種概念無法反映所得分配狀況？ (a) 每人國民所得 (b) Lorenz 曲線 (c) Gini 係數 (d) 最高所得組之所得相對最低所得組之所得的倍數

16. Gini 係數係由 Lorenz 曲線導出，可用於衡量一國所得分配的不均程度。試問台灣地區的 Gini 係數近年來係呈現何種變化趨勢？ (a) 愈來愈接近 0 (b) 愈來愈接近 −1 (c) 愈來愈小 (d) 愈來愈大

17. 體系內的淨值係針對何者而言？ (a) 總資產扣除總負債的存量 (b) 總資產扣除總負債的流量 (c) 總所得扣除總支出的存量 (d) 總資產的存量

18. 有關形容「不患寡而患不均」概念的敘述，何者最爲正確？ (a) 寡代表單身或配偶死亡 (b) 均代表均衡 (c) 表示所得分配惡化值得擔心 (d) 表示經濟成長結果需要平均

19. 何種產業的產值在目前占國內生產毛額的比率最低？ (a) 農業 (b) 工業 (c) 製造業 (d) 服務業

20. 在所得分配理論中，何種學派主張機會平等相對所得平均還要重要，政府應該強調個人權利，確保每人擁有相同機會？ (a) 效用主義學派 (b) 自由主義學派 (c) 自由意志主義學派 (d) 理性預期學派

21. 實質 GDP 相對名目 GDP 將是衡量一國經濟福祉的較好指標，何者正確？ (a) 實質 GDP 排除外銷商品與勞務的價值 (b) 實質 GDP 包括政府福利支出的價值 (c) 實質 GDP 係在維持物價不變下，衡量商品與勞務數量的變動 (d) 實質 GDP 是調整匯率變動後的商品與勞務的價值

22. 何種因素將讓國內生產毛額（GDP）的衡量失眞？ (a) 國內市場結構爲獨占市場 (b) 忽略國內公司海外獲利 (c) 國內路邊攤商增加 (d) 稅率增加以及通膨

2.4 進階選擇題

1. 某國主計總處發布 1998 年 GDP 是新台幣 60 兆元、物價指數 100、美元對台幣匯率為 1：30；而 2000 年 GDP 是新台幣 70 兆元、物價指數 140、美元對台幣匯率為 1：35。若以 1998 年物價為基期，有關 2000 年經濟狀況的敘述，何者錯誤？　(a) 實質 GDP 是 2 兆美元　(b) 實質 GDP 是 50 兆元台幣　(c) 以美元衡量的名目 GDP 將無成長　(d) 以美元衡量的實質 GDP 將出現衰退

2. 行政院主計總處預估 2004 年的實質經濟成長率為 4.1%，消費者物價較 2003 年微幅上漲 0.38%，係 2001 年以來，物價首度止跌回升。此種預估隱含何種涵義？　(a) 台灣的生產力下降　(b) 名目 GDP 成長 4.48%　(c) 國民福祉等量下降　(d) 名目 GDP 成長 3.72%

3. 某國主計總處採取支出方法衡量一國的國民所得，GDP ＝ C＋I＋G＋X－Z，何種敘述正確？　(a) (X－Z) > 0 將反映國內生產不足　(b) 該式係小型開放體系達成均衡的條件　(c) 該國陷入貿易赤字與政府預算赤字的雙赤字窘境，必然凸顯處於超額儲蓄狀況　(d) 國內支出超過 GDP，將面臨貿易逆差現象

4. Kuznets 與 Stone 在計算國民所得帳過程中，容易犯下錯誤為何？　(a) 國民所得係從因素成本角度計算的國民生產值　(b) 在國內生產淨額固定下，個人繳納所得稅上升，可支用所得將會下降　(c) 金融資產服務公司拍賣銀行逾放屋，獲取手續費收入必須列入 GDP　(d) 在國民所得 NI 固定下，政府補貼農產品愈多，GDP 將會愈大。

5. 政府以 GNP 衡量體系福祉，將面臨許多缺失，因而出現淨經濟福祉 NEW 的指標。何種說法正確？　(a) GNP 包括生產過程中提存的折舊值，卻未包括防治汙染支出值　(b) 一國失業率居高不下，GNP 與 NEW 必然等幅下降　(c) 家庭主婦採取商品密集方式從事家庭生產活動，NEW 值必然大於 GNP 值　(d) 一國貨幣化程度愈低，其 NEW 值將遠高於 GNP 值

6. 主計總處發布「2003 年的 GDP 可達 10 兆 1,876 億元，每人 GDP 為 13,167 美元，台幣對美元匯率為 34.1 美元；2004 年可再增加 604 美元，亦即每位國民生產的價值可增加約新台幣 2 萬元」。依據該項訊息，何種說法正確？　(a) 新台幣匯率升值、實質 GDP 成長　(b) 實質 GDP 成長、新台幣匯率貶值　(c) 實質 GDP 衰退、新台幣匯率升值　(d) 實質 GDP 成長、新台幣匯率不變

7. 台積電訊當期提存折舊，將對經濟活動發揮何種影響？　(a) 提存足額折舊有助於擴大

產能 (b) 提存折舊不足，將讓產能出現縮小狀況 (c) 改變提存折舊方式，對國內生產淨額將無影響 (d) 賺取毛利和淨利的差額即是折舊值

8. 高林實業在 2003 年進口韓國汽車 100 輛，買入價格每台 75 萬元，旋即於當年以每輛 135 萬元賣出 80 輛，其餘汽車預期在 2004 年以每輛 120 萬元賣出，這些交易活動對 2003 年國民所得帳造成的影響，何者正確？ (a) 存貨投資增加 2,400 萬元 (b) 國民所得增加 4,800 萬元 (c) GDP 增加 10,800 萬元 (d) 貿易餘額順差 7,500 萬元

9. 某國主計總處發布 2002 年的總體相關資料：政府支出為 580 億元、租稅收入為 430 億元、投資 750 億元、儲蓄 850 億元、進口 390 億元。針對這些資料，有關該國在 2002 年的經濟狀況描述，何者正確？ (a) 政府預算出現盈餘 (b) 國內總供給超過總需求 (c) 出口為 340 億元 (d) 出現貿易順差

10. 半導體龍頭台積電召開股東會通過將去年稅後盈餘分配部分現金股息，此一決議案將影響何種所得概念？ (a) 國民生產淨額與國民所得 (b) 國民所得與個人所得 (c) 個人所得與個人可支用所得 (d) 國內產出毛額與國民產出毛額

11. 行政院主計總處預期明年名目 GDP 成長 10%，實質 GDP 卻僅成長 3%。兩者出現差異的可能理由為何？ (a) GDP 成長較官方預期緩慢 (b) 實際 GDP 成長較官方預期為快 (c) 預期明年將發生物價上漲現象 (d) 預期明年將發生物價下跌現象

12. 針對開放體系國民所得概念的敘述，何者正確？ (a) 國民生產毛額必定大於國內生產毛額 (b) 德榮公司在去年投資高僑股票 100 萬元並持有至今年，並於今年領取現金股息 5 萬元，該股息應計入今年國民所得的利潤 (c) 在國民所得計算上，非意願性存貨增加也算是投資 (d) 在其他項目不變下，一國淨出口愈高，其 GDP 愈低

13. 三豐建設在 2003 年 1 月動工興建 10 棟透天別墅，並於 2003 年底前完工。為簡化起見，不論何時售出，每棟成交價格均為 500 萬元，佣金收入為零。此建案在 2002 年以預售方式售出 3 棟，在 2003 年售出 5 棟，均於 2003 年 12 月底前完成交屋；2003 年底留下餘屋 2 棟，該建案對 2003 年 GDP 貢獻為何？ (a) 2,500 萬元 (b) 3,500 萬元 (c) 4,000 萬元 (d) 5,000 萬元

14. 世界三大男高音的帕瓦羅蒂於 2000 年 12 月 14 日在台中舉辦世紀告別巡演最後一場。台中市主辦單位當天出售門票收入 12,000 萬元，支付帕瓦羅蒂酬勞 800 萬元，支付其隨行人員搭乘新加坡航空的機票支出 250 萬元，台中體育場租金 540 萬元，支付主辦公關公司員工薪水 200 萬元與雜項支出 300 萬元。依據這些資料，該項演唱會對 2000 年台灣國民所得帳影響，何者正確？ (a) GDP 與 GNP 同時增加 12,000 萬元 (b) 外國因素所得是 800 萬 78 元 (c) 國民所得 NI 增加 1,040 萬元 (d) GDP 增加金額超過 GNP 1,050 萬元

15. 在創造 GDP 過程中，廠商將損耗機器設備、製造環境汙染與消耗自然資源。為精確衡量當年增加的福利淨值，經濟學者提出各種概念。何者正確？ (a) 廠商加速提存設備

折舊，將擴大資本支出帶動總需求增加，進而擴大未來產能　(b) 爲解決登革熱問題，政府擴大編列衛生署預算支出，雖可擴大 GDP，卻無從提升 NEW　(c) 台灣林業砍伐樹木愈多，將擴大林業產值 GDP 增加值　(d) 綠色國民所得帳基於跨代角度，從 GNP 扣除生產過程中耗盡自然資源的成本　(e) 在綠色 GNP 與 NEW 概念中，前者認爲政府擴大支出將會提升體系福祉，而 NEW 卻認爲未必如此

16. 某封閉農業小國生產稻米、玉米與大豆三種消費財，三者在 2018～2019 年的價格與數量分別如下表所示，而且以 2018 年爲基期。有關該國在 2019 年的經濟活動結果，何者錯誤？

	2018		2019	
	價格	數量	價格	數量
稻米	$15	20	$20	22
玉米	$25	30	$30	25
大豆	$30	25	$30	30

(a) 名目 GDP 成長率爲 16.11%　(b) 2019 年的實質 GDP 爲 1,855　(c) 實質 GDP 成長率爲 3.06%　(d) GDP 物價平減指數爲 112.67%

17. 政府以 GNP 衡量體系經濟福祉，將存在許多缺失，因而衍生淨經濟福祉（NEW）指標來補強。何者錯誤？　(a) GNP 不僅涵蓋生產過程中提存的資本設備折舊，也包括防治汙染支出值　(b) 金融海嘯重創景氣，「無薪休假」與「薪餉四成」盛行，將讓 GNP 與 NEW 同時下降　(c) 在其他條件不變下，家庭主婦居家料理餐點，將讓 NEW 值小於 GNP 值　(d) 一國市場化程度愈低、物物交易盛行，NEW 值將會遠高於 GNP 值

18. 主計總處評論某年國民會計帳內容，何者正確？　(a) 投機客炒作舊屋導致房價高漲引發民怨，促使央行積極打房因應，導致房屋成交值萎縮，並不影響 GDP　(b) 美股狂飆不止吸引大戶競相炒作美股，獲利匯淺而帶動台灣的 GDP 成長　(c) 外資炒作台股獲利匯淺將會降低台灣 GNP，而本土投信炒作台股失利卻不影響台灣 GDP　(d) 政府爲抑制新冠肺炎，擴編衛生署預算，將帶動 GNP 與 NEW 同時上升

19. 某自給自足封閉小國僅生產蘋果、稻米與大豆三種消費財，三者在 2018～2019 年的價格與數量分別如下表所示，而該國是以 2018 年爲基期。有關該國在 2019 年的經濟活動結果描述，何者錯誤？

	2018		2019	
	價格	數量	價格	數量
蘋果	$20	15	$25	20

	2018		2019	
	價格	數量	價格	數量
稻米	$15	20	$20	25
大豆	$30	20	$25	15

(a) 名目 GDP 成長率為 14.58%　(b) 通膨率為 106.25　(c) 實質 GDP 成長率為 2.083%
(d) GDP 物價平減指數上漲率為 12.24%

20. 裕隆在 2019 年以每輛 100 萬元進口 100 輛 Toyota 汽車，當年即以 150 萬元賣出 80 輛，剩下 20 輛則到 2020 年才以 130 萬元出售。裕隆的上述營運行為將造成影響，何者錯誤？　(a) 2019 年的 GNP 將因進口 1 億元的 Toyota 汽車而下降 1 億元　(b) 2019 年的民間耐久財支出擴張 1.2 億元　(c) 2019 年的存貨投資增加 2,000 萬元　(d) 2019 年的國民所得增加 4,000 萬元

21. 在生產過程中，廠商耗損機器設備，必須提存折舊，何者正確？　(a) 廠商採取加速折舊，將會增加營運成本，從而減少獲利與加速資金外流　(b) 折舊是廠商的儲蓄來源，也是可貸資金供給的重要一環　(c) 廠商改採加速折舊，將會加速累積資本　(d) 廠商採取加速折舊，將會加速累積內部資金

22. 上市公司汎德永業是台灣代理保時捷（Porsche）的進口車商，在 2020 年進口保時捷新車 100 輛，每台買入價格 200 萬元，當年以每輛 300 萬元熱銷 80 輛（個人戶買入 60 輛、公司戶買入 20 輛），剩餘汽車預期在 2021 年將以每輛 250 萬元賣出。這些交易活動影響 2020 年的台灣國民所得帳，何者錯誤？　(a) 2020 年的投資增加 1 億元　(b) 2020 年的耐久財支出增加 18,000 萬元　(c) 2020 年的 GNI 增加 8,000 萬元　(d) 2020 年的存貨累積為 5,000 萬元

23. 有關開放體系國民所得帳戶內容變化，何者錯誤？　(a) 在其他項目不變下，某國出口淨額愈高，其 GDP 愈低，但是 GNP 愈高　(b) 舊車銷售商營業額增加與 GDP 無關，但舊車進口商當年累積的庫存將須計入 GNP　(c) 華碩生產筆電滯銷須計入 GDP，而當年進口零組件未用完也須計入 GNP　(d) 國泰金控操作台股獲利 100 億元與台灣 GDP 無關，但操作美股獲利 10 億美元則須計入台灣 GNP

24. 某軟體科技公司的資本設備是筆記型電腦，在 2019 年初擁有 15 部，當年中淘汰 6 部，會計師在該年底盤點還有 20 部電腦。有關該公司在 2019 年的投資行為變化，何者錯誤？　(a) 當年累積的資本存量為 26 部筆電　(b) 當年淨投資為 5 部筆電　(c) 當年替換投資為 6 部筆電　(d) 當年毛投資為 11 部筆電

25. 經濟國際化與金融自由化蔚為風潮，外籍勞工與跨國資金在國際間的移動性大幅躍升，此一現象對本國經濟活動影響，何者正確？　(a) 某國貿易出現順差，將反映該國存在

過度投資現象 (b) 本國因素在國內所得扣除外國因素在國內所得，將導致 GDP 大於 GNP (c) 央行在美國運用外匯資產的孳息增加，將會擴大本國總供給 (d) 跨國資金台灣炒股獲取龐大利得，將讓台灣 GDP 增加，但是本國 GNP 卻是下降

26. Simon Kuznets 與 Richard Stone 在計算國民所得帳的過程中，容易犯的錯誤為何？ (a) 國民所得係從因素成本角度計算的國民生產值 (b) 在國內生產淨額固定下，個人繳納的所得稅上升，可支用所得將會下降 (c) 金融資產管理公司競相拍賣銀行的逾放屋，獲取的手續費收入不應列入 GDP (d) 在國民所得（NI）固定下，政府對農產品的補貼愈多，GDP 將會愈大

27. 在經濟發展過程中，體系內機器設備、生活環境與自然資源將會受到某一程度損耗。為維護體系不因追求發展而遭破壞，衡量一國淨福利變化的方法頻頻出爐。針對下列現象衍生結果的說法，何者錯誤？ (a) 廠商進行機器設備重置投資，僅能維持產能不變，對刺激景氣復甦與擴大產能並無助益 (b) 為解決高雄氣爆問題，政府耗費鉅資進行重建，短期將帶動 GDP 擴張，但無法提升 NEW (c) 上市半導體大廠日月光追求擴大產值，卻是排放汙水汙染後勁溪，迫使政府編列預算整治河川。兩者行為帶動 GDP 大幅成長，但綠色 GDP 卻有可能出現衰退 (d) 政府擴大支出整治空氣汙染，此係擴張性財政政策，透過乘數果帶動 NDP、NEW 與綠色 GDP 同步增加

28. 武陵桃花源僅生產 A、B 與 C 三種消費財，三者在 2017～2018 年的價格與數量分別如下表所示。桃花源若以 2017 年為基期，有關 2018 年的敘述，何者錯誤？

	2017		2018	
	價格	數量	價格	數量
A 物品	$15	10	$20	12
B 物品	$20	15	$18	25
C 物品	$25	20	$20	15

(a) 名目 GDP 成長率為 4.21% (b) GDP 物價平減指數為 93.84 (c) 實質 GDP 成長率為 13.053% (d) 消費者物價指數為 91.58

答案：

1. (a) 2. (b) 3. (d) 4. (d) 5. (d) 6. (a) 7. (b) 8. (b) 9. (c) 10. (c)
11. (c) 12. (c) 13. (d) 14. (d) 15. (b) 16. (d) 17. (c) 18. (c) 19. (b) 20. (a)
21. (d) 22. (d) 23. (a) 24. (a) 25. (c) 26. (c) 27. (d) 28. (c)

chapter **3**

儲蓄與投資的互動

3.1 Keynes革命與消費函數

1. 某國研究機構以橫斷面資料驗證本國消費函數爲 $C = 2,000 + 0.58Y$，由該函數衍生的說法，何者錯誤？ (a) 實際的 *APC* 必然小於 1 (b) *MPS* 與經濟成長無關 (c) 不論景氣如何起落，影響消費支出的絕對值相同 (d) *APS* 將隨經濟成長而遞增

2. 某研究機構以時間數列資料驗證台灣消費函數爲 $C = 0.6Y$，何者正確？ (a) 景氣燈號由綠燈轉進黃紅燈，平均消費傾向將出現遞減 (b) 不論景氣燈號如何變化，平均儲蓄傾向不受影響 (c) 實際的平均儲蓄傾向可能會超過 1 (d) 邊際儲蓄傾向將與邊際傾向相同

3. 某研究機構以橫斷面資料驗證本國消費函數，結果證實存在自發性消費，何種結果錯誤？ (a) 平均消費傾向將隨景氣燈號由綠燈轉爲黃紅燈而遞增 (b) 平均儲蓄傾向將隨所得增加而遞增 (c) 邊際消費傾向與邊際儲蓄傾向會隨所得增加而遞增 (d) 平均消費傾向大於邊際消費傾向

4. 下列敘述，何者錯誤？ (a) 公司獲利良好而全面調薪，引發員工擴大消費，此係誘發性消費 (b) 依據 Keynes 的消費函數型態，*MPC* < *APC* (c) 體系內所得分配愈平均，整體的邊際消費傾向將愈高 (d) 體系達成自然就業，人們的未雨綢繆心思愈濃厚，誘發性消費將會減少

5. 體系出現何種現象，將造成誘發性消費增加？ (a) 股市飆漲促使人們累積巨額財富

(b) 景氣閃爍藍燈引發物價滑落　　(c) 消費者預期景氣燈號將由綠燈轉向黃紅燈　　(d) 經濟成長促使未來所得攀升

6. 何者將引導人們的消費支出沿著消費曲線移動？　(a) 消費者的財富大幅累積　(b) 立法院通過提高所得稅的免稅額　(c) 油價飆漲推動預期通膨上升　(d) 廠商調整薪資提高人們的所得

7. 體系出現何種狀況將引導消費曲線平行下移？　(a) 預期股市持續多頭走勢　(b) 個人所得稅率降低　(c) 物價下降　(d) 新冠肺炎方興未艾，人們未雨綢繆心思趨濃

8. 何者將推動體系內消費曲線平行上移？　(a) 金融海嘯重創景氣，引發人們縮衣節食　(b) 景氣持續落在紅燈區，促使老闆加薪而提升勞工所得　(c) 所得分配平均化擴大總體邊際消費傾向　(d) 所得稅制的免稅額與寬減額大幅調高

9. 何者將會誘使人們提高儲蓄傾向？　(a) 所得分配平均化提升總體邊際儲蓄傾向　(b) 人們快速累積財富　(c) 低利率時代來臨　(d) 景氣燈號持續在藍燈區徘徊而無改善跡象

10. 依據 Keynesian 消費函數，廠商調薪提高人們的可支配所得，從而改變消費支出，何者錯誤？　(a) MPC 將因廠商加薪而出現變動　(b) APC 將因廠商加薪而下降　(c) 帶動人們增加誘發性消費支出　(d) 消費曲線不會移動

11. 在 Keynesian-Cross 模型中，消費曲線若落在 45 度線上方，何種狀況不會發生？　(a) 平均儲蓄傾向為正值　(b) 體系出現負儲蓄　(c) 平均消費傾向大於 1　(d) 平均儲蓄傾向小於邊際儲蓄傾向

12. 由 Keynes 短期消費函數 $C = a + bY$ 衍生的性質，何者錯誤？　(a) 儲蓄的所得彈性將是 $\frac{1-b}{APS}$　(b) 消費曲線的斜率為正，而平均消費傾向曲線則為負值　(c) 平均儲蓄傾向會等於邊際消費傾向　(d) 消費的所得彈性小於 1

13. 在簡單 Keynesian 模型中，何種狀況會出現負儲蓄？　(a) 可支配所得大於消費支出　(b) 可支配所得等於消費支出　(c) 可支配所得小於消費支出　(d) 資產增加大於負債增加

14. 有關廠商的邊際投資傾向（MPI）的敘述，何者正確？　(a) 廠商自發性投資支出占所得的比例　(b) 景氣循環變化引起廠商調整投資比例　(c) Keynes 指稱的「動物本能」改變，引發廠商調整投資傾向　(d) 所得變動引發廠商增加投資支出

15. 在 Keynesian-Cross 模型中，有關消費曲線與 45 度線的關係，何者正確？　(a) 消費曲線斜率通常相對陡峭　(b) 人們儲蓄若恆為零，兩條曲線將會重合　(c) 消費曲線落在 45 度線下方的部分，平均儲蓄傾向為負值　(d) 消費曲線將與 45 度線平行

16. 中經院估計台灣的邊際消費傾向為常數，何者正確？　(a) 收支平衡點不存在　(b) 邊際儲蓄傾向亦為常數　(c) 平均消費傾向將隨景氣循環而遞增　(d) 人們的所得增加，平均消費傾向將等比例擴大

17. 就短期而言，一國的平均消費傾向 APC、平均儲蓄傾向 APS、邊際消費傾向 MPC 與邊際儲蓄傾向 MPS 四者間的彼此關係，何者正確？　(a) $MPC + APC = 1$　(b) $MPS + MPC = 1$　(c) $APS / APC = 1$　(d) $MPS \times APC = 1$

18. Keynes 的消費函數若為 $C = C_a + bY_d$，C 消費，Y_d 可支配所得，何者正確？　(a) $0 < C_a < 1$　(b) $0 < bY_d < 1$　(c) $C_a < 0$　(d) $C > 0$

19. 有關 Keynes 的基本社會心理法則隱含的意義，何者正確？　(a) $0 < MPS < 1$　(b) $0 < APC < 1$　(c) $\frac{\partial MPS}{\partial Y} > 1$　(d) $\frac{\partial MPC}{\partial Y} > 0$

20. 某國消費函數型態為 $C = a + bY - cY^2$，何種性質正確？　(a) $\frac{\partial APC}{\partial Y} > \frac{\partial MPC}{\partial Y}$　(b) $\frac{\partial APS}{\partial Y} > \frac{\partial MPS}{\partial Y}$　(c) $MPC + MPS = 1$　(d) $APS < MPS$

21. Keynesian 模型顯示的消費與儲蓄關係，何者錯誤？　(a) $APC + APS = 1$　(b) $MPC + MPS = 1$　(c) $0 < MPC < 1$　(d) $0 < APS < 1$

22. Keynes 消費函數為 $C = C_a + bY_d$，Y_d 是可支配所得。由該函數衍生的性質，何者正確？　(a) MPC 隨所得增加而遞減，$0 < APC < 1$ 且為常數　(b) $0 < MPC < 1$ 且為常數，而 APC 會隨所得增加而遞減　(c) MPS 會隨所得增加而遞增，$0 < APS < 1$ 且為常數　(d) $0 < MPS < 1$ 且為常數，APS 會隨所得增加而遞減

23. 某國邊際消費傾向是 0.75，內政部對年長者額外發放老人年金 100，可能引發何種現象？　(a) 消費曲線平行上移 100　(b) 儲蓄曲線平行上升 100　(c) 實際消費支出可能增加 100　(d) 實際儲蓄必然增加 25

24. 某國主計總處運用橫斷面資料估計本國儲蓄函數為 $S = -500 + 0.25Y$。當所得為 $Y = 10,000$，何者正確？　(a) $MPC = 0.85$　(b) $APC = 0.8$　(c) $APS = 0.25$　(d) $MPS = 0.75$

25. 某國消費函數為 $C = 100 + 0.8Y$，在何種情況下，APC 將會小於 1？　(a) $Y > 200$　(b) $Y > 300$　(c) $Y > 500$　(d) $Y > 600$

26. 某研究機構驗證本國消費函數為 $C = a + b[Y - t(Y - D_0)]$，$t$ 是所得稅率，D_0 是免稅額。由該函數衍生的說法，何者正確？　(a) 政府提高免稅額 D 將降低人們消費　(b) 每元所得將有 a 元用於消費　(c) 邊際儲蓄傾向大於平均儲蓄傾向　(d) 所得增加將有 $b(1-t)$ 用於增加消費

27. 台北市的消費函數為 $C = 1,500 + 0.75Y$，當人們的實際所得為 $Y = 3,000$，何者正確？　(a) 實際消費為 3,750，實際儲蓄為 -750　(b) 實際消費為 3,250，實際儲蓄為 250　(c) 實際消費為 2,750，實際儲蓄為 250　(d) 實際消費為 3,000，實際儲蓄為零

28. 某太平洋島國的儲蓄函數為 $S = -150 + 0.2Y$，有關該島國的經濟現狀，何者錯誤？　(a) 自發性消費為 150　(b) 當 $Y = 1,000$ 時，平均消費傾向為 0.95　(c) 當 $Y = 500$ 時，可支配所得將等於消費支出　(d) 消費支出曲線的斜率為 0.8

29. 張無忌的邊際儲蓄傾向為 20%，消費支出與可支用所得的收支平衡點是 100 萬元。當張無忌的可支用所得為 125 萬元，消費支出為何？ (a) 105 萬元 (b) 120 萬元 (c) 125 萬元 (d) 150 萬元

30. 某國平均消費傾向等於邊際消費傾向，何者正確？ (a) 自發性消費等於零 (b) 邊際消費傾向等於零 (c) 自發性投資等於零 (d) 邊際儲蓄傾向等於零

31. 在其他條件不變下，某國可支用所得增加 100，人們將擴大儲蓄 25，何者正確？ (a) 消費曲線將會向上移動 75 (b) 儲蓄曲線將會向上平移 25 (c) 邊際儲蓄傾向為 0.25 (d) 自發性消費增加 75

32. 某國消費函數為 $C = 100 + 0.8Y_d$、可支用所得 $Y_d = Y - T$、租稅函數為 $T = 0.5(Y - D_0)$，Y 是國民所得。該國若以國民所得為計算基礎，其邊際消費傾向為何？ (a) 0.1 (b) 0.2 (c) 0.4 (d) 0.8

33. 某國消費函數為 $C = 100 + 0.8Y$，當均衡所得為 $Y^* = 1,000$ 時，何者錯誤？ (a) 實際平均儲蓄傾向 0.1 (b) 實際邊際消費傾向 0.9 (c) 實際儲蓄為 100 (d) 實際邊際儲蓄傾向 0.2

34. 趙敏在第四台工作的每月薪資為 10,000 元，消費支出為 8,000 元。假設該台調整其每月待遇為 15,000 元，趙敏也將消費支出增加為 10,000 元，則其邊際儲蓄傾向為何？ (a) 0.2 (b) 0.4 (c) 0.6 (d) 0.8

35. 某國儲蓄函數 $S = -50 + 0.1Y_d$，Y_d 是可支用所得，何者正確？ (a) 邊際消費傾向為 0.9 (b) 自發性消費支出為 –50 (c) 可支用所得 $Y_d = 0$，儲蓄也是 $S = 0$ (d) 若 $Y_d = 80$ 時，平均消費傾向為 0.8

36. 某國消費函數為 $C = 500 + 0.5Y$，生產函數為 $Y = 5N^{0.5}K^{0.5}$，$K = 100$、$N = 100$，何者錯誤？ (a) 平均消費傾向是 1.25 (b) 平均儲蓄傾向是 0.25 (c) 儲蓄函數是 $S = -500 + 0.5Y$ (d) 實際儲蓄為 –250

答案：

1. (a)	2. (b)	3. (c)	4. (d)	5. (d)	6. (d)	7. (d)	8. (d)	9. (d)	10. (a)
11. (a)	12. (c)	13. (c)	14. (d)	15. (b)	16. (b)	17. (b)	18. (d)	19. (a)	20. (c)
21. (d)	22. (b)	23. (c)	24. (b)	25. (c)	26. (d)	27. (a)	28. (c)	29. (b)	30. (a)
31. (a)	32. (c)	33. (c)	34. (c)	35. (a)	36. (b)				

3.2 Keynesian-Cross模型

3.2.1 基本模型運作與均衡

1. 下列敘述，何者正確？　(a) 某國事前儲蓄大於預擬投資，均衡所得趨於遞減　(b) 乘數原理說明誘發性支出變動，將推動均衡所得呈倍數變化　(c) 加速原理反映廠商投資支出將取決於利率加速變動　(d) 投資的加速原理發揮淋漓盡致，乘數效果將會愈小

2. 無政府部門的桃花源達成均衡，何者錯誤？　(a) 桃花源總支出等於產出　(b) 廠商的非意願性存貨累積爲零　(c) 廠商的非意願性存貨累積等於人們的實際儲蓄　(d) 人們的消費等於桃花源的產出扣除預擬投資支出

3. 就 Keynesian-Cross 模型而言，體系內總供給曲線將呈現何種型態？　(a) 隨著實質產出增加而呈現正斜率　(b) 在未達自然就業前，產出變動不會引起物價調整　(c) 在每一物價水準下，實質產出均爲固定值　(d) 實質產出增加，物價將呈現遞減

4. 依據 Keynesian-Cross 模型，體系達成均衡，何者錯誤？　(a) 總支出曲線與 45 度線相交　(b) 廠商的非意願性存貨累積爲零　(c) 消費支出與投資支出總和等於自然產出　(d) 消費支出將是產出扣除投資支出的差額

5. 在 Keynesian-Cross 模型中，體系內產出等於預擬支出，將處於何種環境？　(a) 預擬儲蓄超過預擬投資　(b) 廠商持有存貨均屬意願性　(c) 人們的實際儲蓄爲零　(d) 廠商持有意願性存貨累積爲零

6. 依據 Keynesian-Cross 模型，在何種環境下，體系將邁向均衡？　(a) 實際投資等於實際儲蓄　(b) 消費曲線與 45 度線重合　(c) 預擬投資等於預擬儲蓄　(d) 廠商持有意願性存貨累積爲零

7. 在 Keynesian-Cross 模型中，人們預擬儲蓄 240、廠商預擬投資 220，該國此時將面臨何種環境？　(a) 廠商將擴張投資支出至 240，促使體系達成均衡　(b) 產出呈現擴張趨勢，邁向實際投資等於實際儲蓄　(c) 預擬儲蓄超過預擬投資，意味著儲蓄曲線將會上升　(d) 非意願性存貨累積遞增，廠商將進行減產與裁員

8. 依據 Keynesian-Cross 模型，某國主計總處公布目前的實際儲蓄超過實際投資，此時該國將面臨何種調整？　(a) 廠商面臨非意願性存貨劇減　(b) 商品市場出現超額需求　(c) 產出與就業逐步下降中　(d) 廠商擁有擴張產出的誘因

9. 依據 Keynesian-Cross 模型，某國目前產出超過預擬支出，何種經濟情勢正在發展中？　(a) 廠商實際投資超過人們預擬儲蓄　(b) 民間支出曲線逐步上移中　(c) 景氣燈號將從綠燈轉向黃紅燈　(d) 廠商快速累積非意願性存貨

10. 某國經濟環境符合 Keynesian-Cross 模型的說法：$Y = C + I$、$C = 200 + 0.9Y$、$I = 50$。在其他條件不變下，人們未雨綢繆而提高邊際儲蓄傾向爲 0.25，何者正確？　(a) 均衡所

得擴大　(b) 實際儲蓄毫無變化　(c) 消費支出增加　(d) 自發性支出乘數擴大

11. 某國主計總處發布經濟情勢報告揭露當前總支出超過總產出，依據 Keynesian-Cross 模型，該國景氣預期將如何變化？　(a) 廠商安全庫存急速下降中　(b) 總支出曲線出現下移現象　(c) 景氣燈號將由綠燈轉向藍燈　(d) 廠商準備縮減產能與裁員

12. Keynesian 學派認為，體系內實際產出低於均衡所得，未預擬存貨投資與產出將如何變化？　(a) 前者為負值；後者會下降　(b) 前者為負值；後者會增加　(c) 前者為正值；後者會下降　(d) 前者為正值；後者會增加

13. 在 Keynesian-Cross 模型中，廠商全面調高物價，將對體系造成何種影響？　(a) 總支出曲線上移，消費曲線維持不變　(b) 消費曲線上移，總支出曲線不動　(c) 總支出曲與消費曲線同時上移　(d) 總支出曲線與消費曲線同時下移

14. 某國邊際消費傾向為 0.9，廠商預擬投資為，而均衡產出為 1,000。面對新冠肺炎疫情衝擊，體系均衡所得劇降為 800，人們實際儲蓄將變為何？　(a) 100　(b) 90　(c) 80　(d) 70

15. 桃花源無政府與國外部門存在，消費函數型態為：$C = 200 + 0.75Y$，廠商投資支出為 $I = 50$。何種經濟情勢係屬正確？　(a) 儲蓄函數為 $S = -200 - 0.75Y$　(b) 投資支出乘數為 5　(c) 實際平均儲蓄等於 0.25　(d) 均衡所得等於 1,000

16. 在 Keynesian-Cross 模型中，引導開放體系邁向均衡的因素，何者正確？　(a) 透過物價充分調整　(b) 非預擬存貨變動　(c) 透過匯率調整　(d) 透過功能性財政調整

17. 在封閉體系 Keynesian-Cross 模型中，$Y = C + I$、$C = 20 + bY$、$I = I_0$。廠商恆常性擴大投資支出 $\Delta I = 5$，促使均衡所得增加 $\Delta Y = 50$ 而成為 550，則期初投資支出 I_0 為何？　(a) 15　(b) 20　(c) 25　(d) 30

18. 在 Keynesian-Cross 模型中，$Y = C + I$、$C = a + bY$、投資淨額 I_0，Y 為 NNP。假設我們改採國民產出毛額衡量概念，定義 Y 為 GNP、I 為投資毛額，何者錯誤？　(a) 均衡 NNP 與 GNP 差額恰好是折舊　(b) GNP 定義下的均衡消費與 NNP 定義下的均衡消費之差額恰好是「邊際消費傾向乘上折舊」　(c) 兩種所得概念下的邊際消費傾向仍然相等　(d) 無論採取毛投資或淨投資概念，對總體均衡分析結果均無影響

19. 依據簡單 Keynesian-Cross 模型，體系均衡所得將由何者決定？　(a) 政府預算達成平衡　(b) 廠商的期末存貨累積為零　(c) 循環性失業率為零　(d) 總支出函數與原點出發的 45 度線相交

20. 簡單 Keynesian-Cross 模型的投資支出乘數大於 1，何種理由正確？　(a) 稅收增加改善政府預算赤字　(b) 儲蓄增加導致利率下跌　(c) 自發性消費支出增加　(d) 誘發性消費支出存在

21. 某國所得為 900，消費將為 720。一旦所得躍升為 1,200，消費將增加至 960。另外，該國今年預擬投資 $I_0 = 500$。依據這些資訊，在 Keynesian-Cross 模型下，何者錯誤？

(a) 自發性消費為零　(b) 邊際消費傾向為 0.8　(c) 今年的實際平均消費傾向為 0.9
(d) 該國今年的均衡所得為 2,500

22. 有關 Keynesian 模型特質的敘述，何者錯誤？　(a) 有效需求將決定體系的產出　(b) 消費函數是所得的遞增函數　(c) 體系內供給將創造有效需求　(d) 物價僵化，總供給曲線呈現水平型態

23. 某國邊際消費傾向為 $MPC = 0.75$，廠商擴大恆常性投資 $\triangle I = 100$，將導致何種結果？
(a) 新投資增加 100，消費支出不變，總計產出增加 100　(b) 新消費支出增加 100，但無新投資出現，合計產出擴張 100　(c) 同時增加新投資 100 與新消費支出 300，合計產出擴張 400　(d) 新消費支出增加 400，但無新投資，產出合計增加 400

24. 某國經濟結構可用 Keynesian-Cross 模型描述：$Y = C + I$，消費函數為 $C = 60 + bY$、投資函數為 $I = I_0 + dY$。在其他條件不變下，人們提高邊際儲蓄傾向，可能出現何種結果？　(a) 均衡所得增加　(b) 實際儲蓄反而會減少　(c) 消費支出擴大　(d) 投資支出乘數上升

25. 依據簡單 Keynesian-Cross 模型，儲蓄函數為 $S = -1,200 + 0.2Y$，廠商將期初投資 $I_0 = 5$ 擴大為 $I_1 = 15$。在其他條件不變下，此舉對經濟活動衝擊，何者錯誤？　(a) 投資乘數為 5　(b) 實際儲蓄增加 10　(c) 均衡所得增加 50　(d) 實際消費增加 35

26. 某封閉體系總體模型為：$Y = C + I$、消費函數為 $C = 80 + 0.75Y$、投資支出為 $I = 120$。有關該體系經濟環境變化，何者正確？　(a) 體系達成均衡，$Y = 800$、$C = 800$　(b) 廠商恆常性擴大投資支出 20，消費支出將增加 140　(c) 體系達成均衡，平均儲蓄傾向為 0.25　(d) 廠商將投資支出從 120 擴增為 240，投資支出乘數仍為 4

27. 某國邊際消費傾向 $MPC = 0.75$，廠商恆常性增加投資支出 $\triangle I = 5$ 億元，則邊際儲蓄傾向 MPS、自發性支出乘數 k 及所得增加 $\triangle Y$ 分別為何？　(a) $MPS = 0.25$、$k = 1.25$、$\triangle Y = 20$ 億元　(b) $MPS = 0.25$、$k = 5$、$\triangle Y = 25$ 億元　(c) $MPS = 4$、$k = 2$、$\triangle Y = 10$ 億元　(d) $MPS = 0.25$、$k = 4$、$\triangle Y = 20$ 億元

28. 某國主計總處估計本國消費函數為 $C = 20 + 0.6Y$、投資函數 $I = 30 + 0.3Y$。政府恆常性擴大支出 100 單位，將對第二期經濟活動衝擊，何者錯誤？　(a) 消費增加 80　(b) 廠商將增加投資 30　(c) 儲蓄將增加 40　(d) 所得增加 100

29. 依據 Keynesian-Cross 模型，某國發布景氣閃爍黃紅燈，總支出逐漸超越總產出，何種狀況已經出現？　(a) 廠商持有存貨逐漸出現非意願性累積，景氣燈號即將轉向紅燈　(b) 超額商品需求帶動景氣走向紅燈　(c) 廠商保有意願性存貨大幅遞增，景氣轉弱趨於綠燈　(d) 儲蓄超過消費與投資的總和，景氣趨於攀升

30. Keynes 認為體系未達到自然就業時，總供給曲線應為水平線，此時國民所得決定於何種因素？　(a) 總供給　(b) 總需求　(c) 物價水準　(d) 國際景氣

31. 何種現象顯示景氣燈號即將由綠燈轉向黃紅燈？　(a) 廠商降低持有安全庫存　(b) 廠商

迅速累積非意願存貨　(c) 廠商持有安全庫存意願不變　(d) 廠商擴大持有安全庫存

32. Keynesian-Cross 模型指出，體系內預擬總支出與總產出不等，將透過何種調整機能，促使實際總支出等於總產出？　(a) 物價調整　(b) 存貨調整　(c) 就業調整　(d) 利率調整

答案：

1. (a)	2. (c)	3. (b)	4. (c)	5. (b)	6. (c)	7. (d)	8. (c)	9. (d)	10. (b)
11. (a)	12. (b)	13. (d)	14. (c)	15. (d)	16. (b)	17. (d)	18. (b)	19. (d)	20. (d)
21. (c)	22. (c)	23. (c)	24. (b)	25. (d)	26. (b)	27. (d)	28. (a)	29. (b)	30. (b)
31. (d)	32. (b)								

3.2.2 乘數分析

1. 體系內自發性支出增加透過乘數效果，促使所得呈倍數增加。何者變化將會引發自發性支出變動？　(a) 景氣繁榮帶動所得增加，誘使廠商擴大投資支出　(b) 廠商調薪增加勞工所得，刺激消費支出擴大　(c) 政府擴大支出振興徘徊藍燈區的景氣　(d) 匯率貶值擴大本國出口

2. 有關乘數原理的敘述，何者錯誤？　(a) 投資支出增加引起產出倍數變化　(b) 自發性消費增加引起所得倍數變化　(c) 消費財需求增加引起投資支出倍數變化　(d) 所得增加可能是自發性支出變動的若干倍

3. 針對乘數原理的相關說法，何者正確？　(a) 誘發性消費支出增加引起所得倍數增加　(b) 政府支出變動引起所得同向倍數變動　(c) 所得增加引起進口倍數變化　(d) 出口財需求增加引起誘發性投資支出變化的倍數

4. 某研究機構驗證本國近年來的總支出曲線，發現斜率愈來愈趨於陡峭。何種解釋將可接受？　(a) 政府預算赤字愈來愈大　(b) 廠商投資支出的所得彈性變大　(c) 人們的邊際消費傾向愈小　(d) 邊際進口傾向愈大

5. 有關影響支出乘數效果的因素中，何者正確？　(a) 通膨或通縮　(b) 政府福利支出　(c) 邊際消費傾向　(d) 誘發性消費增加

6. 何者將會擴大體系內支出乘數？　(a) 邊際消費傾向下降　(b) 邊際進口傾向下降　(c) 稅率提高　(d) 投資的所得彈性下降

7. 支出乘數係指民間支出主動增加才會引發乘數效果，而引發前者變動的因素為何？　(a) 所得增加　(b) 利率下降　(c) 物價上漲　(d) 景氣燈號由藍燈一路轉向黃紅燈

8. 有關支出乘數的定義，何者正確？　(a) 實質產出除以自發性支出　(b) 自發性支出變動除以實質產出變動　(c) 自發性支出除以實質產出　(d) 實質產出變動除以自發性支出變動

9. 何種現象將造成支出乘數下降？　(a) 新冠肺炎重創景氣，人們未雨綢繆趨於濃厚　(b) 政府大幅提高投資抵減比例　(c) 政府提高免稅額與寬減額　(d) 景氣燈號由綠燈滑落藍燈

10. 有關乘數效果的敘述，何者正確？　(a) 政府加稅降低廠商可用資金，導致減少投資超過稅收增加　(b) 政府擴大支出引起總需求增加　(c) 政府發行公債融通預算赤字，造成廠商縮減投資超過政府支出　(d) 上市公司獲利大躍進，全面調薪引起總需求增加

11. 有關乘數分析的限制，何者錯誤？　(a) 假設體系景氣徘徊於藍燈環境　(b) 假設邊際支出傾向小於 1　(c) 假設自發性支出與其他型態支出毫無關聯性　(d) 假設誘發性支出變動擴大總需求而引發所得變動

12. 有關乘數原理的敘述，何者正確？　(a) 儲蓄增加帶動投資增加，進而引發產出增加　(b) 開放體系支出乘數大於封閉體系支出乘數　(c) 增加支出 100 與減稅 100 的乘數效果相同　(d) 單一平衡預算乘數意味著政府同時增加支出與課稅 100，所得將會增加 100

13. 主計總處觀察 2020 年的國內總支出曲線斜率相對 2019 年陡峭，可能反映在 2020 年發生何種現象？　(a) 新冠肺炎疫情改變邊際儲蓄傾向　(b) 政府大幅調低所得稅率　(c) 廠商投資的所得彈性變小　(d) 所得稅的免稅額度提高

14. 在其他條件不變下，某國廠商將投資毛額由 $I = 10$ 萬元恆常性擴張至 15 萬元，促使均衡所得由 $Y = 100$ 萬元躍升為 120 萬元。此即隱含消費函數型態為何？　(a) $C = 10 + 0.8Y$　(b) $C = 20 + 0.75Y$　(c) $C = 25 + 0.6Y$　(d) $C = 15 + 0.5Y$

15. 有關 Keynesian-Cross 模型的敘述，何者正確？　(a) 政府租稅和支出政策帶動自發性投資增加　(b) 產出變動造成自發性消費增加　(c) 產出變動刺激自發性投資增加　(d) 政府加稅或減少支出，將會抵銷自發性投資增加

16. 在乘數─加速數模型的景氣循環理論中，b 是邊際消費傾向、a 是加速數，兩者對所得波動的影響為何？　(a) 只有 b 具影響力　(b) 只有 a 具影響力　(c) b 與 a 均具影響力　(d) b 與 a 均無影響力

17. 依據 Keynesian-Cross 模型，邊際消費傾向與支出乘數存在何種關係？　(a) 互補關係　(b) 替代關係　(c) 正向關係　(d) 反向關係

18. 開放體系的租稅、投資支出與淨出口均屬固定值，邊際消費傾向為 0.6，則廠商擴大出口帶來的乘數值為何？　(a) 0　(b) 2　(c) 1.5　(d) 2.5

19. 依據 Keynesian 學派說法，無政府桃花源的均衡所得是由何者決定？　(a) 實際儲蓄等於實際投資　(b) 預擬儲蓄等於預擬投資　(c) 自發性支出成長率等於邊際消費傾向　(d) 自發性支出成長率等於儲蓄率

20. 某封閉體系總體模型如下：$C = 50 + 0.8(Y - T)$、$I = 100 + 0.1Y$、$G = 150$，$T = 0$。該國均衡所得為何？　(a) 2,000　(b) 2,100　(c) 2,500　(d) 3,000

21. 不論所得水準為何，某國政府固定課稅 100 單位。財政部長宣稱，為振興景氣，如果政

府減稅 1 單位，均衡所得將增加 1.5 單位。依據 Keynesian-Cross 模型，在無誘發性投資下，該國邊際消費傾向估計爲何？　(a) 0.2　(b) 0.3　(c) 0.4　(d) 0.6

22. 某國政府支出與稅收淨額均爲固定值，邊際儲蓄傾向爲 0.25，邊際進口傾向爲 0.25。政府執行緊縮平衡預算，同時降低支出與稅收淨額 100，均衡所得變化如何？　(a) −200　(b) 75　(c) −100　(d) 400

23. 某國消費函數爲 $C = 20 + 0.6Y$，投資 $I = 15$，政府支出 $G = 10$，出口 $X = 10$，進口 $M = 5 + 0.1Y$，則總支出 AE 爲何？　(a) $AE = 60 + 0.7Y$　(b) $AE = 60 + 0.5Y$　(c) $AE = 50 + 0.5Y$　(d) $AE = 50 + 0.7Y$

24. 在 Keynesian-Cross 模型中，封閉體系的投資無加速效果，而且採取累進所得稅制度，則其平衡預算支出乘數爲何？　(a) 大於 1　(b) 等於 1　(c) 小於 1　(d) 不確定

25. 在 Keynesian-Cross 模型中，政府同時擴大支出或減稅各一單位，兩者對均衡所得影響爲何？　(a) 兩者都無法提高均衡所得　(b) 政府支出效果較大　(c) 減稅效果較大　(d) 兩者效果相同

26. 何者將與政府支出乘數呈正相關？　(a) 邊際所得稅率　(b) 邊際儲蓄傾向　(c) 邊際消費傾向　(d) 邊際進口傾向

27. 依據 Keynesian 學派看法，某國景氣燈號由綠燈轉爲黃紅燈，將會產生何種結果？　(a) 政府支出增加　(b) 誘發性民間支出增加　(c) 出口增加　(d) 政府稅收減少

28. 有關支出乘數效果的敘述，何者正確？　(a) 誘發性支出變動導致均衡所得倍數同方向變動　(b) 自發性支出變動導致均衡所得倍數同方向變動　(c) 誘發性支出變動導致均衡所得倍數反方向變動　(d) 自發性支出變動導致均衡所得倍數反方向變動

29. 封閉體系政府原先課徵 100 單位定額稅，現若減稅 20 單位，均衡所得將增加 160 單位。依據簡單 Keynesian 模型，該國邊際消費傾向爲何？　(a) 1/3　(b) 1/2　(c) 2/3　(d) 8/9

答案：

1. (c)	2. (c)	3. (b)	4. (b)	5. (c)	6. (b)	7. (d)	8. (d)	9. (a)	10. (b)
11. (d)	12. (d)	13. (b)	14. (b)	15. (d)	16. (c)	17. (c)	18. (d)	19. (b)	20. (b)
21. (d)	22. (a)	23. (c)	24. (c)	25. (b)	26. (c)	27. (d)	28. (b)	29. (d)	

3.2.3 小型開放體系模型

1. 在開放體系 Keynesian-Cross 模型中，邊際消費傾向爲 0.8、邊際輸入傾向爲 0.2，體系均衡所得爲 600；其餘各項支出、租稅與輸出均與所得無關。財政部以加稅融通支出 100，將促使均衡所得變爲何？　(a) 700　(b) 500　(c) 550　(d) 650

2. 行政院主計總處公布某年資料顯示：政府支出爲 560 億，租稅收入爲 320 億，且投資與儲蓄相等。試問體系將處於何種環境？　(a) 政府預算盈餘 240 億　(b) 政府預算赤字

140 億 (c) 貿易帳逆差 240 億 (d) 貿易帳盈餘 140 億

3. 經濟部國貿局估計台灣的貿易依存度,係採取何種定義? (a) 出口 / GDP (b) 進口 / GDP (c) 貿易餘額 / GDP (d) 貿易總額 / GDP

4. 在何種情況下,平衡預算乘數將會最大? (a) 封閉體系 (b) 開放體系 (c) 封閉體系且考慮投資受所得影響 (d) 封閉體系且投資為固定值

5. 何種事件將會降低開放體系的國民所得? (a) 貿易順差 (b) 預算赤字 (c) 未雨綢繆 (d) 事前投資大於事前儲蓄

6. 小型開放體系的結構式模型為:$Y = C + I + G + X - Z$,$C = a + bY$,$Z = d + mY$,該國的政府支出乘數為何? (a) $(1 - b - m)^{-1}$ (b) $(1 + b - m)^{-1}$ (c) $(1 - b + m)^{-1}$ (d) $(1 - b)^{-1}$

7. 開放體系的邊際進口傾向為 0.1、邊際稅率為 0.25、邊際消費傾向為 0.8,財政部增加支出 500 萬,均衡產出增加數量為何? (a) 1,250 萬 (b) 2,000 萬 (c) 1,500 萬 (d) 1,000 萬

8. 經濟部鼓勵竹科高科技廠商擴大出口 15 億元,而出口乘數為 1,則均衡所得變化為何? (a) 增加 50 億元 (b) 減少 50 億元 (c) 增加 15 億元 (d) 增加 60 億元

9. 小型開放體系陷入景氣蕭條谷底,Keynesian 學派認為政府應採取何種策略,才能脫離困境? (a) 增稅並獎勵出口 (b) 增稅並開放進口 (c) 減少政府支出與刺激出口 (d) 增加政府支出與縮減進口

10. 某國總體模型可表示為 $Y = C + I + X - Z$、消費函數 $C = 10 + 0.9Y$、投資 $I = 0$、出口 $X = 100$、進口函數 $Z = 5 + 0.1Y$。就 Keynesian-Cross 模型而言,廠商擴大投資 15,在該國達成均衡時,何種結果錯誤? (a) 均衡所得上升至 600 (b) 出現貿易順差 35 (c) 平均消費傾向為 0.851 (d) 平均進口傾向為 0.1083

11. 相對於封閉體系的乘數而言,開放體系的政府支出乘數將屬於何種狀況? (a) 前者較大 (b) 前者較小 (c) 兩者相同 (d) 無從確定

12. 某國持續發生貿易盈餘,將會反映何種趨勢變化最為明顯? (a) 失業率擴大 (b) 通膨率擴大 (c) 國內持續生產過剩 (d) 總需求下降

13. 在開放體系 Keynesian-Cross 模型中,政府預算維持平衡,當本國出現貿易盈餘,體系將出現何種情況? (a) 投資大於儲蓄 (b) 投資等於儲蓄 (c) 出現超額儲蓄現象 (d) 無從確定投資與儲蓄間的關係

14. 國內盛行韓劇而導致邊際進口傾向上升,將會產生何種結果? (a) 進口增加與均衡所得 (b) 出口降低與均衡所得下降 (c) 乘數上升與均衡所得降低 (d) 乘數降低與均衡所得下降

15. 某國邊際消費傾向為 0.8,自然產出為 1,000 元,並且存在通膨缺口 10 元。政府若追求無通膨的自然產出,何種策略正確? (a) 增加政府支支 10 元或減稅 12.5 元 (b) 縮減財政支出 12.5 元或增稅 10 元 (c) 緊縮政府支出 10 元或增稅 10 元 (d) 緊縮政府支出

10 元或增稅 12.5 元

16. 某國投資與出口總和低於儲蓄與進口總和，而且政府預算平衡，則將出現何種狀況？
(a) 產出將下跌　(b) 產出將上漲　(c) 超額總需求將發生　(d) 總支出將增加

17. 有關政府支出乘數的敘述，何者錯誤？　(a) 邊際儲蓄傾向愈高，政府支出乘數愈小
(b) 封閉體系僅課徵定額稅，政府支出乘數將大於邊際儲蓄傾向的倒數　(c) 所得稅的邊際稅率愈高，政府支出乘數愈低　(d) 開放體系的政府支出乘數會大於封閉體系的政府支出乘數

18. 在其他條件不變下，開方體系擴大出口，將會產生何種結果？　(a) 降低均衡所得
(b) 均衡所得不受影響　(c) 均衡所得上升　(d) 無法確定對均衡所得影響

19. 食安事件讓人們對國產品喪失信心，將讓邊際進口傾向與政府支出乘數如何變動？
(a) 邊際進口傾向上升，政府支出乘數變大　(b) 邊際進口傾向下降，政府支出乘數變大
(c) 邊際進口傾向上升，政府支出乘數變小　(d) 邊際進口傾向下降，政府支出乘數變小

答案：

| 1. (d) | 2. (c) | 3. (d) | 4. (c) | 5. (c) | 6. (c) | 7. (d) | 8. (c) | 9. (d) | 10. (c) |
| 11. (b) | 12. (c) | 13. (c) | 14. (d) | 15. (d) | 16. (b) | 17. (b) | 18. (c) | 19. (c) | |

3.2.4 節儉的矛盾性

1. 依據 Keynesian-Cross 模型，在各種所得水準下，人們的未雨綢繆心思日益濃厚，產生影響為何？　(a) 消費曲線上移　(b) 儲蓄曲線下移　(c) 實質產出下降　(d) 廠商持有安全庫存遞減

2. Keynes 提出「節儉的矛盾性」，係指人們預擬儲蓄愈多，實現儲蓄反而更少。在分析過程中，投資函數若與所得無關，則將產生何種結果？　(a) 消費減少，所得亦減少
(b) 消費減少，所得不變　(c) 儲蓄不變，所得減少　(d) 儲蓄不變，所得不變

3. 金融海嘯重創台灣景氣，人們未雨綢繆心思轉趨濃厚，何種結果如何變化？　(a) 支出乘數上升　(b) 支出曲線斜率趨於陡峭　(c) 實際儲蓄不變或減少　(d) 均衡所得增加

4. 有關「節儉的矛盾性」的內涵，何者正確？　(a) 未雨綢繆將能擴大產出　(b) 景氣燈號持續閃爍紅燈，人們增加儲蓄將可促使物價滑落　(c) 儲蓄意願提高將引起儲蓄曲線下移　(d) 人們將增加的儲蓄全部窖藏，勢必不利經濟活動運行

5. 有關「節儉的矛盾性」衍生的意義，何者正確？　(a) 縮衣節食將引起儲蓄曲線上移，從而增加均衡產出　(b) 消費支出增加將排擠投資，進而降低均衡所得　(c) 未雨綢繆將讓儲蓄率上升，進而提高均衡所得　(d) 新冠肺炎提高儲蓄率，將降低均衡所得，反而降低實際儲蓄

6. 體系發生「節儉的矛盾性」現象，合理原因為何？　(a) 合成謬誤之例　(b) 節省的消費

全被窖藏，造成體系總需求減少 (c) 人們節省消費勢必減少政府稅收，擴大政府預算赤字 (d) 乘數推導錯誤

7. 體系出現「節儉的矛盾性」的充分條件，何者正確？ (a) 儲蓄為利率的函數 (b) 出口為所得的函數 (c) 自發性消費大於零 (d) 投資與所得呈正相關

8. 體系出現「節儉的矛盾性」隱含的意義為何？ (a) 人們將縮減的消費支出全部窖藏，將可降低通膨壓力 (b) 人們擴大消費將會排擠投資，進而降低經濟成長率 (c) 人們提高儲蓄率，將有助於經濟成長 (d) 人們未雨綢繆心思趨濃，將會降低均衡所得，反而減少實際儲蓄

9. 台灣社會很難出現「節儉的矛盾性」現象，何種理由正確？ (a) 人們喪失節儉的美德 (b) 台灣是均富社會 (c) 台灣實施全民健保 (d) 台灣金融市場健全發展

10. 政府鼓勵人們儲蓄，然而 Keynes 的理論卻指出「節儉的矛盾性」可能存在，何種意涵正確？ (a) 人們提高儲蓄意願勢必縮減消費支出，反而降低所得，導致儲蓄減少 (b) 景氣燈號持續閃爍紅燈，必須鼓勵人們消費，方能誘使廠商增產 (c) 體系處於自然產出，唯有人們緊縮支出，才能融通投資所需資金 (d) 無論景氣燈號為何，該現象永遠無法用理論說明或解釋

11. 在何種情況下，體系將會發生「節儉的矛盾性」？ (a) 體系景氣持續閃爍紅燈 (b) 體系處於自然產出狀態 (c) 體系景氣持續在藍燈區徘徊 (d) 資本設備利用率滿載

12. 在簡單 Keynesian 模型中，新冠肺炎造成人們宅在家中，消費意願驟減且未雨綢繆心思濃厚，何種情形最可能發生？ (a) 支出乘數變小 (b) 貨幣乘數變小 (c) 平衡預算乘數變大 (d) 進口消費傾向變大

13. 「人人追求節儉致富，體系卻可能陷入貧窮困境」，何種說法或可接受？ (a) 景氣處於藍燈境界，儲蓄增加卻是窖藏，造成廠商的非意願性存貨急遽累積 (b) 景氣處於紅燈區，儲蓄增加造成景氣反轉，人們的財富將會縮水 (c) 財富是儲蓄的累積，人們只有節儉才能致富，體系不可能掉落貧窮困境 (d) 當每人同時增加儲蓄，經過累加為總體儲蓄也是增加，上述說法無法成立

答案：

1. (c)　　2. (c)　　3. (c)　　4. (d)　　5. (d)　　6. (b)　　7. (d)　　8. (d)　　9. (d)　　10. (a)

11. (c)　　12. (a)　　13. (a)

3.3 財政政策

3.3.1 政府預算與財政政策效果

一、政府預算性質與內涵

1. 在政府預算制度與社會安全制度中，何者並非屬於自動穩定因子？ (a) 累進所得稅 (b) 政府失業保險給付 (c) 政府預算平衡 (d) 隨著景氣調整的投資抵減

2. 某國預算存在自動穩定因子，隨著景氣燈號滑落藍燈區，將會發揮何種效果？ (a) 所得稅收與政府福利支出同時增加 (b) 所得稅收增加，政府支出減少 (c) 所得稅收減少，政府失業保險給付增加 (d) 政府預算赤字下降

3. 何者不是政府執行資本門支出的範圍？ (a) 公債利息支出 (b) 政府支付公務員月退俸 (c) 公債到期還本支出 (d) 政府擴大捷運系統建設支出

4. Keynesian 學派對政府實施財政政策的看法，何者正確？ (a) 執行穩定經濟活動的「功能財政」，是以政府預算無須每年平衡 (b) 財政政策應關注預算本身的穩定因子，而非主動改變政府收支 (c) 政府應該執行收支平衡的「健全財政」，降低干擾民間活動 (d) 政府預算應該重視財政收支平衡

5. 基於所得稅的內在穩定因子而產生的財政盈餘，將被視為： (a) 財政拖累 (b) 財政紅利 (c) 生產者剩餘 (d) 消費者剩餘

6. 財政部舉債融通公共支出增加，此種預算政策稱為： (a) 赤字預算 (b) 資本預算 (c) 平衡預算 (d) 零基預算

7. 何者不屬於緊縮財政政策？ (a) 減少社會福利支出 (b) 削減公共投資 (c) 減少對企業補貼 (d) 降低營業稅

8. 有關政府支出乘數的敘述，何者正確？ (a) 政府增加支出，將隨時間經過而呈倍數擴張 (b) 政府支出與民間消費支出存在倍數關係 (c) 政府增加支出，促使所得倍數增加 (d) 政府支出增加，促使稅收呈現倍數增加

9. 何者屬於自動穩定因子？ (a) 失業救濟金 (b) 租稅減免 (c) 最低工資法 (d) 年金制度

10. 某國預算制度存在顯著的自動穩定因子，實質產出增加對稅收產生的影響為何？ (a) 下降比率大於實質產出變動率 (b) 下降比率小於實質產出變動率 (c) 上升比率超過實質產出變動率 (d) 上升比率小於實質產出變動率

11. 何種政府預算制度缺乏緩和景氣循環的自動穩定因子？ (a) 所得稅 (b) 營業稅 (c) 失業保險制度 (d) 統籌分配稅款

12. 何者並非社會福利制度的一環？ (a) 國民年金制度 (b) 全民健康保險 (c) 失業保險與貧窮救濟 (d) 退休撫卹制度

13. 依據 Keynesian-Cross 模型，某國租稅制度係採課徵定額稅，何者錯誤？　(a) 政府支出乘數大於採取累進所得稅制　(b) 預算制度缺乏自動穩定因子　(c) 稅制屬於累退稅制 (d) 政府支出乘數與定額稅大小呈反向變化

14. 某國存在顯著內在穩定措施，則實質產出上升，稅收將如何變化？　(a) 下降比率超過實質產出變動率　(b) 下降比率小於實質產出變動率　(c) 上升比率超過實質產出變動率 (d) 上升比率小於實質產出變動率

答案：

1. (c)　2. (c)　3. (b)　4. (a)　5. (b)　6. (a)　7. (d)　8. (c)　9. (a)　10. (c)
11. (b)　12. (d)　13. (d)　14. (c)

二、政府預算變動效果

1. 某國廠商投資決策全憑「動物本能」（animal spirits），政府除課徵定額稅外，每元所得將再加徵 0.2 元租稅。政府擴大支出 1,000 億元，導致均衡所得增加 1,250 億元，則邊際消費傾向為何？　(a) 0.25　(b) 0.45　(c) 0.5　(d) 0.75

2. 立法院通過調高所得稅條例中的免稅額 ΔD，將會產生何種結果？　(a) 增加的免稅額將全部儲蓄（$\Delta S = \Delta D$）　(b) 增加的免稅額將全部消費（$\Delta C = \Delta D$）　(c) 消費將增加 $\Delta C = b\Delta D$，b 是邊際消費傾向　(d) 消費將增加 $\Delta C = tb\Delta D$，t 是所得稅率

3. 比較定額稅制與比例稅制，在「動物本能」的投資行為下，政府採取平衡預算支出的乘數，何者正確？　(a) 兩種稅制的乘數均等於一　(b) 定額稅的乘數小於比例稅的乘數 (c) 定額稅的乘數大於比例稅的乘數　(d) 比例稅的乘數大於一

4. 在某國的 Keynesian-Cross 模型中，$C = 40 + 0.4(Y - T)$，$I = 50$，$G = 50$，$T = T_0 + t_1 Y$。當體系達成均衡，政府預算維持平衡，則定額稅 T_0 與邊際稅率 t_1 可能為何？　(a) $T_0 = 5$；$t_1 = 0.1$　(b) $T_0 = 10$；$t_1 = 0.1$　(c) $T_0 = 5$；$t_1 = 0.2$　(d) $T_0 = 10$；$t_1 = 0.2$

5. 在考慮所得重分配效果後，財政部採取平衡預算支出對體系造成影響，何者正確？ (a) 等量增加政府支出與課稅，將會等量排擠私部門投資　(b) 等量增加福利支出與課稅，產生乘數效果為零　(c) 等量減少政府支出與課稅，產生乘數效果將等於 –1　(d) 等量減少福利支出與課稅，將會緊縮整體消費支出

6. 景氣燈號持續閃爍藍燈，財政部採取何種政策組合，將可發揮最大擴張產出效果？ (a) 同時增加公共支出與提高免稅額　(b) 同時減稅與降低免稅額　(c) 同時增加政府支出與定額稅　(d) 增加福利支出與降低免稅額

7. 租稅乘數通常小於政府支出乘數，何種原因正確？　(a) 許多富人逃稅　(b) 減稅造成預算赤字　(c) 減稅增加可支用所得，當中有部分被儲蓄　(d) 減稅造成政府支出減少

8. 某國平衡預算支出乘數為 1，財政部加稅 100 億元全部用於公共投資，何者正確？ (a) 均衡所得增加 100 億元　(b) 儲蓄增加 100 億元　(c) 消費增加 100 億元　(d) 均衡所

得增加 200 億元

9. 財政部同步降低支出與定額稅 100 萬元，對體系均衡所得影響，何者正確？ (a) 增加 100 萬元 (b) 不變 (c) 減少 100 萬元 (d) 視經濟結構參數而定

10. 某國邊際消費傾向是 0.8，租稅制度 $T = 0.2(Y - D_0)$，D_0 是免稅額。政府同時擴大支出與降低免稅額 360 萬，預期將造成何種結果？ (a) 預算赤字擴大 372 萬 (b) 均衡所得增加 840 萬 (c) 均衡所得增加 100 萬 (d) 降低免稅額的乘數是 4

11. 景氣燈號持續展現藍色憂鬱，政府執行何種政策組合，將能發揮最大振興產出效果？ (a) 同時擴大政府支出與加稅 (b) 同時增加政府支出與減稅 (c) 增加發放老人年金與降低免稅額增加課稅 (d) 同時減少政府支出與提高免稅額

12. 封閉體系政府採取課稅融通支出，產生平衡預算乘數為 1，則課稅型態可能為何？ (a) 定額稅 (b) 累進稅 (c) 比例稅 (d) 累退稅

13. 在維持政府預算赤字規模不變下，何種政策將發揮最大產出擴張效果？ (a) 提高免稅額 (b) 福利支出增加 (c) 減稅 (d) 投資的租稅抵減

14. 政府採取 (1) 在公開市場買回公債、(2) 提高所得稅率、(3) 降低進口管制、(4) 減少公共投資支出等策略，何者將能縮減膨脹缺口？ (a) 1、2 (b) 1、3 (c) 2、4 (d) 2、3、4

15. 政府支出與稅收等量增加，$\Delta G = \Delta T$ 可能增加等量所得，何種理由可能正確？ (a) 政府支出與稅收存在互補性 (b) 消費者規避繳稅 (c) 課稅降低可支用所得，導致投資與儲蓄同時降低 (d) 平衡預算支出增加，將帶動總支出增加（$\Delta G - b\Delta T$），b 是邊際消費傾向

16. 有關 Keynesian 學派主張的內容，何者正確？ (a) 體系實際產出維持在自然產出水準 (b) 政府應縮減支出來降低排擠民間支出 (c) 供給面因素變化對產出有極大影響 (d) 當政府增加支出，引發產出增加幅度更大

17. 在 Keynesian-Cross 模型中，財政部擴大一單位支出，對體系均衡產出影響為何？ (a) 增加一單位 (b) 增加超過一單位 (c) 增加少於一單位 (d) 不確定

18. 在其他條件不變下，人們的邊際消費傾向是 0.8，所得稅率 0.1，政府同步擴大福利支出 R 與提高免稅額 D，$R = D = 100$ 萬元，預期將對體系產生何種衝擊？ (a) 消費增加 200 萬元 (b) 均衡所得維持不變 (c) 所得增加 314.286 萬元 (d) 政府預算赤字縮小

19. 針對下列四項敘述：(1) 加速原理強調所得變動對投資支出的影響、(2) 在蕭條經濟體系下，Keynes 認為人們提高儲蓄意願，將會降低國民所得、(3) 在 Keynesian-Cross 模型中，邊際消費傾向與邊際儲蓄傾向之和等於 1、(4) 由國民生產淨額求算國民所得時，政府補貼公營企業應列為減項。何者正確？ (a) 1、2、3 (b) 1、2、4 (c) 2、3、4 (d) 1、3、4

20. 某國政府支出 $G = G_0$，而租稅函數為 $T = T_0 + 0.1(Y - D_0)$。該國的際消費傾向為 0.8，邊

際進口傾向爲 $m = 0.12$。政府採取平衡預算支出，同時增加支出與稅收淨額 $\Delta G = \Delta T = 300$，對體系產生衝擊，何者錯誤？　(a) 消費增加 120　(b) 產出增加 150　(c) 預算赤字減少 15　(d) 進口增加 18

21. 財政部提高所得稅率，將會產生何種結果？　(a) 提高乘數與均衡所得　(b) 降低乘數與提高均衡所得　(c) 提高乘數與降低均衡所得　(d) 降低乘數與均衡所得

22. 桃花源的總體結構式模型如下：消費函數 $C = 200 + 0.8(Y - T_N)$、投資函數 $I = 100$、政府支出 $G = 400$、淨租稅 $T_N = 500$。下列敘述，何者錯誤？　(a) 自發性消費爲 200　(b) 均衡產出 1,750　(c) 政府擴大支出爲 500，均衡所得爲 2,000　(d) 租稅乘數爲 –4

23. 某國消費函數爲 $C = 150 + 0.8Y_d$、可支配所得 $Y_d = Y - T$、投資函數爲 $I = 200 + 0.2Y$、政府支出 $G = 350$、租稅函數 $T = 100 + 0.5Y$。財政部透過修改所得稅法加稅 $\Delta T = 200$，則均衡所得變動爲何？　(a) –400　(b) –300　(c) –200　(d) –100

24. 有關於平衡預算乘數的敘述，何者正確？　(a) 政府支出與稅收淨額等額同向變動，對均衡所得產生的乘數效果　(b) 政府支出增加以等額公債融通，對均衡所得產生的乘數效果　(c) 政府支出增加以等額貨幣融通，對均衡所得產生的乘數效果　(d) 政府支出扣除稅收後，對均衡所得產生的乘數效果

25. 投資支出乘數大於定額稅的乘數，主要原因爲何？　(a) 部分減稅金額轉爲儲蓄　(b) 投資支出會累積人力資本　(c) 減稅導致政府預算赤字　(d) 減稅導致貨幣供給減少

26. 某國政府課稅 500,000，並執行政府支出 350,000 與移轉支出 100,000，但無利息支出或公共投資支出。該國政府預算將呈現何種狀況？　(a) 出現預算盈餘 75,000　(b) 出現預算盈餘 50,000　(c) 處於預算平衡狀態　(d) 出現預算赤字 75,000

27. 在 Keynesian 模型中，狀況①政府租稅制度僅有定額稅（$T = T_0$）的狀況；②政府租稅制度包括定額稅與誘發性租稅收入 $T = T_0 + t(Y - D_0)$。試問自發性投資乘數的相對大小爲：　(a) ① > ②　(b) ① < ②　(c) ① = ②　(d) 資料不足，無法確定

答案：

1. (a)　2. (d)　3. (c)　4. (d)　5. (d)　6. (a)　7. (c)　8. (a)　9. (d)　10. (b)
11. (b)　12. (a)　13. (b)　14. (d)　15. (d)　16. (d)　17. (b)　18. (c)　19. (a)　20. (a)
21. (d)　22. (b)　23. (a)　24. (a)　25. (a)　26. (b)　27. (a)

3.3.2 緊縮缺口與膨脹缺口

1. 有關體系內自然產出的說法，何者正確？　(a) 無失業的國內生產毛額　(b) 超過自然就業的國內生產毛額　(c) 潛在的國內生產毛額　(d) 具有膨脹缺口的產出

2. 某國自然產出超過實際產出，意味著該國處於何種狀況？　(a) 該國景氣處於紅燈區　(b) 廠商面臨安全庫存遞減狀況　(c) 存在緊縮缺口　(d) 該國廠商面臨調高價格壓力

3. 體系內的 GNP 缺口等於： (a) 名目 GNP – 實質 GNP (b) 潛在 GNP – 實質 GNP (c) 本年 GN – 上年 GNP (d) 短期 GNP – 長期 GNP

4. 有關缺口分析的敘述，何者正確？ (a) 總體政策目標在於追求自然就業 (b) 總體政策目標在於追求物價穩定 (c) 總體政策目標在於追求自然就業與物價穩定 (d) 體系出現膨脹缺口，政府應採取擴張性財政政策消除

5. 台灣面臨緊縮缺口 100，邊際消費傾向為 0.8，則將出現何種狀況？ (a) 實際所得較自然產出少 80 (b) 均衡所得較自然產出少 100 (c) 經濟部鼓勵廠商出口 80，均衡所得將達到自然產出 (d) 財政部增加支出 100，體系就可達到自然產出

6. 體系內實際所得為 1,000 億元，邊際消費傾向為 0.8，若要達到自然產出 1,200 億元，政府應採何種策略？ (a) 增加公共支出 40 億元 (b) 減少課稅 40 億元 (c) 減少公共支出 50 億元 (d) 增加課稅 50 億元

7. 某國的自然產出為 $y^* = 600$ 億，而實際所得為 $y = 400$ 億，此舉反映目前處於何種境界？ (a) 處於過度就業 (b) 存在膨脹缺口 (c) 存在緊縮缺口 (d) 政府須採取緊縮政策

8. 在 Keynesian-Cross 模型下，本國均衡所得為 $y^e = 1,600$，自然產出為 $y^* = 2,400$，邊際消費傾向為 0.75。政府追求達成自然就業境界，應該增加支出為何？ (a) 100 (b) 200 (c) 400 (d) 800

9. 體系面臨緊縮缺口 80，將出現何種現象？ (a) 實際所得較自然產出少 80 (b) 自然產出較實際所得少 80 (c) 增加自發性支出 80，可解決緊縮缺口 (d) 減少政府稅收 80，將可解決緊縮缺口

10. 某國面臨膨脹缺口 500，意味著目前處於何種環境？ (a) 名目所得將是反映實質產出增加 (b) 實際所得超過自然產出 500 (c) 總支出超過對應自然產出的支出 500 (d) 自然產出超過均衡所得 500

11. 體系內 $C = 100 + 0.8Y$、$I = 500$、自然產出為 $Y^* = 7,500$，何者正確？ (a) 體系存在緊縮缺口，有效需求不足 2,500 (b) 當所得 $Y = 5,000$ 時，事前儲蓄為 4,500 (c) 投資乘數為 5 (d) 體系不會出現節儉矛盾性

12. 依據 Keynesian-Cross 模型，$Y = C + I = (80 + 0.8Y) + 120Y$，自然產出 $Y^* = 800$，體系將面臨何種環境？ (a) 膨脹缺口 200 (b) 緊縮缺口 200 (c) 膨脹缺口 40 (d) 緊縮缺口 40

13. 某國商品市場均衡式為：$Y = a + c(Y - T_N) + I + G$，$R$ 是政府移轉支出、G 是政府支出、租稅函數 $T_N = T_0 + tY - R$。下列敘述，何者正確？ (a) 政府租稅乘數 $\frac{-c}{1-c}$ (b) 政府移轉支出乘數 $\frac{c}{1-c(1-t)}$ (c) 政府平衡預算乘數 $\frac{1}{1-c}$ (d) 政府可採取降低 R、降低稅率 t、增加定額稅 T_0 或這些活動組合紓解緊縮缺口

14. Keynes 宣稱在體系蕭條時，政府甚至可將紙鈔裝入空啤酒桶，再將啤酒桶置於廢棄礦

坑坑道中，炸塌礦坑坑道，任由民間挖掘。試問 Keynes 的目的是：　(a) 讓他家的挖礦事業賺錢　(b) 激發民間投資意願　(c) 增加政府權力　(d) 故意與奧地利學派唱反調

15. 某國邊際消費傾向爲 0.8，自然產出爲 1,000 元，並且存在膨脹缺口 10 元。政府追求無通膨的自然就業，則應採何種措施？　(a) 縮減支出 10 元或增稅 12.5 元　(b) 緊縮支出 12.5 元或增稅 10 元　(c) 降低支出 10 元或增稅 10 元　(d) 擴大支出 10 元或減稅 12.5 元

16. Keynes 主張體系陷入蕭條，政府應該擴大支出以激勵投資誘因，何種原因正確？　(a) 激發民間投資意願　(b) 增加政府權力　(c) 鼓勵建築業承包公共工程　(d) 唯有與理性預期學派主張不同才能發揮效果

17. 某國物價在短期呈現僵化，何者正確？　(a) 總需求曲線爲水平線　(b) 短期總產出由總需求決定　(c) 貨幣中立性在短期成立　(d) 短期總產出等於自然產出

18. 封閉體系的總體模型如下：$C = C_0 + 0.8(Y - T)$，$I = I_0$，$G = G_0$，$T = T_0$。假設體系目前均衡所得爲 $y^e = 2,000$，爲求達到自然就業，政府須再增加支出 $\Delta G = 200$，則自然產出爲何？　(a) 2,200　(b) 2,500　(c) 3,000　(d) 3,200

19. 膨脹缺口意指：　(a) 實質所得超過名目所得　(b) 名目所得超過實質所得　(c) 實質所得超過潛在產出　(d) 潛在產出超過實質所得

20. 立法院提高免稅額造成的乘數效果，將與何者呈現正相關？　(a) 邊際所得稅率　(b) 邊際儲蓄傾向　(c) 邊際進口傾向　(d) 邊際投資傾向

21. 某國實施累進所得稅制度，何者正確？　(a) 稅率將隨所得增加而攀升　(b) 總稅負與所得無關　(c) 平均稅率將隨所得增加而遞增　(d) 平均稅率與所得無關

22. 有關 Keynesian 模型的敘述，何者正確？　(a) 膨脹缺口是指自發性支出低於維持自然產出之數量　(b) 平均消費傾向小於邊際消費傾向　(c) 平均儲蓄傾向小於邊際儲蓄傾向　(d) 政府支出乘數小於租稅乘數

23. 財政部採取何種措施，將能消除緊縮缺口？　(a) 在公開市場買回公債　(b) 提高稅率　(c) 減少進口管制　(d) 擴大公共投資

答案：

1. (c)	2. (c)	3. (b)	4. (c)	5. (d)	6. (a)	7. (c)	8. (b)	9. (c)	10. (c)
11. (c)	12. (c)	13. (c)	14. (b)	15. (a)	16. (a)	17. (b)	18. (c)	19. (c)	20. (c)
21. (a)	22. (c)	23. (d)							

3.4 可貸資金理論

3.4.1 利率決定理論

1. 古典學派的實質可貸資金理論指出，廠商尋求投資的資金來源將與何者有關？ (a) 人們的當期儲蓄 (b) 家庭累積的存款餘額 (c) 銀行機構放款 (d) 央行增加發行的貨幣供給

2. 依據可貸資金理論，體系內景氣燈號陷入藍色憂鬱，均衡利率將如何變化？ (a) 不受影響 (b) 呈現下降趨勢 (c) 變化方向不確定 (d) 呈現上漲趨勢

3. 立法院在 2006 年通過 8 年 800 億元治水方案，該方案付諸實施之際，金融市場將面臨何種衝擊？ (a) 債券供給曲線左移 (b) 可貸資金需求曲線右移 (c) 可貸資金供給曲線右移 (d) 債券需求曲線左移

4. 有關體系內利率決定的敘述，何者錯誤？ (a) 開放體系將需考慮國際資金報酬率均等原則 (b) 古典學派提出實質可貸資金理論來決定體系內實質利率 (c) Keynesian 學派認為貨幣市場達成均衡，將會決定貨幣利率 (d) 利率期限結構係指金融市場上國內外利率的差距

5. 在金融體系中，盈餘單位出借資金都要求收取利息，如何解釋該現象？ (a) 購買力貶值風險 (b) 信用風險 (c) 盈餘單位的可用資金減少，而赤字單位的可用資金增加 (d) 利息可視為赤字單位的贈與

6. 依據可貸資金理論，預期通膨率下降將對金融市場造成何種衝擊？ (a) 債券需求增加 (b) 可貸資金需求減少 (c) 實質利率下降 (d) 貨幣利率下降

7. 依據可貸資金理論，何種因素將導致利率下跌？ (a) 民間儲蓄率下降 (b) 國內投資環境改善 (c) 政府赤字不斷攀升 (d) 企業保留盈餘增加

8. 依據實質可貸資金理論，金融市場達成均衡，利率將與何者有關？ (a) 貨幣需求等於貨幣供給 (b) 投資等於儲蓄 (c) 資本供給等於資本需求 (d) 非意願性存貨累積為零

9. 有關金融市場利率決定與變化，何者正確？ (a) 古典學派認為廠商擴大投資，將會導致利率下降 (b) Keynesian 學派認為均衡利率取決於流動性偏好與貨幣供給 (c) Keynesian 學派認為體系內所得增加，利率將會下降 (d) 依據實質可貸資金理論，人們降低持有貨幣意願，將會引導實質利率下降

10. 合庫放款採取基本利率加碼的定價方式。在此，基本利率係指何者而言？ (a) 相當於金融業拆放款利率 (b) 使用信用額度必須支付的利率 (c) 信用最佳者所需支付的放款利率 (d) 一般借款者必須支付的利率

11. 在利率期限結構理論中，收益曲線係指何者間的關係？ (a) 債券持續期間與債券成交量 (b) 債券期限與市場利率 (c) 債券價格與債券成交量 (d) 貨幣利率與貨幣數量

12. 有關金融市場利率決定的敘述，何者錯誤？　(a) 古典學派認為利率取決於可貸資金供需　(b) Keynesian 學派認為利率將由貨幣市場供需決定　(c) 跨國資金移動將促使國際資金報酬率趨於相等　(d) 利率期限結構係指反映國際間金融市場發生利率差異的關係

13. 有關一國物價、利率與景氣循環關係的敘述，何者錯誤？　(a) 通膨率是影響利率的重要因素之一　(b) 名目利率 = 實質利率 + 通膨率　(c) 停滯性膨脹為物價與景氣循環間關係的特例　(d) 景氣繁榮容易推動名目利率上升

14. 依據 Fisher 方程式，央行每月公布體系內實質利率，將是名目利率與何者的差額？　(a) 實際通膨率　(b) 金融業拆款利率　(c) 預期消費者物價指數膨脹率　(d) 股價指數變動率

15. 依據 Fisher 效果，央行理監事會決議提高貨幣成長率，不僅容易引爆通膨，也會帶來何種結果？　(a) 名目利率上升　(b) 貨幣利率滑落　(c) 實質利率上升　(d) 名目與實質利率同時上升

16. 國際油價飆漲推動預期通膨率攀升，對可貸資金市場造成何種衝擊？　(a) 可貸資金供給減少，而需求將會增加　(b) 可貸資金供需同時減少　(c) 可貸資金供給增加，而需求將會減少　(d) 可貸資金供給與需求僅受利率影響，而與預期通膨率無關

17. 某國實際通膨率高於預期通膨率，就實際實質利率相對預期實質利率而言，將出現何種現象？　(a) 高　(b) 相同　(c) 低　(d) 必須考慮其他因素才能確定兩者高低

18. 有關體系內貨幣利率與實質利率間的互動關係，可用何者表示？　(a) Barro-Ricardo 定理　(b) Laffer 曲線　(c) Fisher 方程式　(d) Gibson 矛盾

19. 遠東紡織在某年曾經發行一年期的無息債券面額為 1,000 元，並在市場上以 50 元折價出售。張無忌持有該債券，獲取的到期報酬率為何？　(a) 5%　(b) 10%　(c) 50%　(d) 100%

20. 在其他條件不變下，何者將吸引投資人願意購買公司債？　(a) 綜合券商提高債券交易手續費率　(b) 預期市場利率趨於上升　(c) 油價暴漲導致預期金價快速上揚　(d) 預期其他資產報酬率下降

21. 所有債券的利率在一年中由 5% 躍升至 10% 後，趙敏將會較偏好持有何種債券？　(a) 1 年後到期的債券　(b) 5 年後到期的債券　(c) 10 年後到期的債券　(d) 20 年後到期的債券

22. 油價飆漲促使人們預期通膨率躍升為 20%，而黃蓉適用的所得稅率為 30%。假設遠紡公司債票面利率為 10%，黃蓉投資該債券的稅後實質報酬率為何？　(a) –17%　(b) –13%　(c) –10%　(d) –7%

23. 張無忌使用台新銀行的現金卡，其放款利率若為 13%，預期通膨率為 7%，則其承擔的實質利率為何？　(a) 11%　(b) 6%　(c) 17%　(d) 5%

24. 南美阿根廷長期處於高通膨環境，實際通膨率一直維持在 100%，金融市場利率也飆高

至 110%。隨著油價崩盤扭轉通膨情勢，人們預期通膨率也下降為 90%，則實質利率為何？　(a) 20%　(b) 15%　(c) 10%　(d) 5%

25. 面對金融環境緊縮，土銀將基本放款年利率由 3% 向上調整一碼，則新利率水準為何？
(a) 3.1%　(b) 3.125%　(c) 3.25%　(d) 3.5%

26. 在任何既定名目利率下，人們預期通膨上漲，將會產生何種結果？　(a) 借款成本上升，借款意願下降　(b) 實質利率上漲　(c) 債券供給曲線將會左移　(d) 可貸資金供給曲線左移

27. 在既定名目利率下，人們預期通膨下跌，何種正確？　(a) 實質借款成本上漲導致借款意願下降　(b) 實質利率上漲超過預期通膨率下跌　(c) 廠商增加發行債券　(d) 債券價格上漲

28. 在既定名目利率下，人們預期通膨上漲，對債券市場影響為何？　(a) 債券價格上漲　(b) 實質利率上漲　(c) 債券供給曲線右移　(d) 人們將增加投資債券

29. 在既定名目利率下，人們預期通膨上漲，將會產生何種結果？　(a) 債券發行者的實質清償成本上漲　(b) 債券投資人獲取的實質報酬上漲　(c) 債券發行者的實質成本負擔下降　(d) 債券需求曲線右移

30. 有關名目利率與實質利率之間的關係，何者正確？　(a) 名目利率 = 實質利率 + 貨幣成長率　(b) 名目利率 = 實質利率 + 預期通膨率　(c) 名目利率 = 重貼現率 + 通膨率　(d) 名目利率 = 實質利率 + 重貼現率

31. 有關名目利率的敘述，何者正確？　(a) 人們在金融市場實際面對的利率　(b) 人們在金融市場實際面對的利率加上預期通膨率　(c) 人們在金融市場實際面對的利率扣除預期通膨率　(d) 人們在金融市場實際面對的利率除以預期通膨率

32. 財政部標售國庫券的收益率由 5.27% 下降至 5.22%，則收益率：　(a) 增加 5 個基點（basis point）　(b) 增加 0.5 個基點　(c) 減少 5 個基點　(d) 減少 0.5 個基點

33. 債券價格與收益率間的關係為何？　(a) 呈現同向移動　(b) 由於債券票面利息固定，債券收益率不會變動　(c) 兩者呈現反向移動　(d) 兩者相互獨立無關

34. 債券價格上漲將會導致何種結果？　(a) 債券供給量增加　(b) 債券供給曲線左移　(c) 債券需求曲線右移　(d) 收益率增加

35. 債券供給曲線呈現正斜率的原因，何者錯誤？　(a) 隨著債券價格上漲，債券投資人傾向於賣出債券　(b) 債券價格上漲，債券收益率增加　(c) 由於公司尋求融資，債券價格愈高愈吸引公司發行債券募集資金　(d) 債券價格愈高將吸引投資人加入空頭陣營，賣出愈多債券

36. 債券需求曲線呈現負斜率的原因，何者正確？　(a) 隨著債券價格滑落，投資人持有債券的報酬增加　(b) 債券價格下跌，債券收益率下降　(c) 當債券價格滑落時，債券將缺乏吸引力　(d) 債券價格愈高促使債券報酬率愈高，將吸引投資人加入多頭陣營

37. 債券市場出現超額供給，何種狀況將會出現？　(a) 債券價格趨於上漲，而收益率則會下跌　(b) 債券價格趨於滑落，債券收益率上升　(c) 債券價格趨於上漲，但是收益率持平　(d) 債券價格與收益率將會下跌

38. 債券市場出現超額需求時，何者正確？　(a) 債券價格將會上漲，不過收益率則趨於下跌　(b) 債券價格將會下跌，債券收益率上升　(c) 債券價格將會上漲，但是收益率持平　(d) 債券價格與收益率同時上升

39. 在其他因素不變下，政府預算赤字擴大，何者正確？　(a) 債券需求將會增加　(b) 債券價格將會上漲　(c) 債券供給將會增加　(d) 債券收益率趨於下跌

40. 在其他因素不變下，政府預算出現盈餘，何者正確？　(a) 債券需求將會減少　(b) 債券價格趨於上漲　(c) 債券供給將會增加　(d) 債券價格將下跌

41. 下列敘述，何者正確？　(a) 當利率上升，持有債券到期日愈長，其報酬率愈高　(b) 當利率大幅上升，持有債券報酬率可能為負　(c) 相較於長期債券，短期債券價格及到期收益率的波動性較大　(d) 利率下降將導致持有債券面臨資本損失

答案：

1. (a)	2. (b)	3. (b)	4. (d)	5. (b)	6. (d)	7. (d)	8. (b)	9. (b)	10. (c)
11. (b)	12. (d)	13. (b)	14. (c)	15. (a)	16. (a)	17. (d)	18. (c)	19. (d)	20. (d)
21. (a)	22. (b)	23. (b)	24. (a)	25. (c)	26. (b)	27. (a)	28. (c)	29. (c)	30. (b)
31. (a)	32. (c)	33. (c)	34. (a)	35. (b)	36. (a)	37. (b)	38. (a)	39. (c)	40. (b)
41. (b)									

3.4.2 影響利率變動的因素

一、均衡利率的變動

1. 金融市場利率呈現攀升趨勢，投資人將如何調整決策？　(a) 將手中貨幣轉向持有債券　(b) 降低貨幣在資產組合中的比率　(c) 出售股票轉買債券，持有貨幣意願未受影響　(d) 出售缺乏流動性的資產，轉向持有更多債券與現金

2. 有關金融市場利率變化的敘述，何者正確？　(a) 實質利率取決於貨幣市場供需　(b) 實質利率上升將加速體系資本累積　(c) 大國擴張政府支出，將讓國際金融市場利率下跌　(d) 央行提高貨幣成長率，最終將導致貨幣利率下降

3. 有關某國金融市場運作結果的敘述，何者正確？　(a) 可貸資金市場失衡將引起債券價格變動　(b) 貨幣市場失衡將引發實質利率變動　(c) 金融市場失衡將引發預期通膨率變動　(d) 債券價格和貨幣利率呈正相關

4. 有關金融市場利率變動的敘述，何者錯誤？　(a) 古典學派認為人們強化未雨綢繆心思將導致利率下跌　(b) 基層金融出現擠兌將促使貨幣利率下跌　(c) 實質可貸資金理論

認為廠商投資意願擴大，將帶動實質利率攀升　(d) 資金供需雙方採取理性預期形成，Fisher 效果將會成立

5. 就可貸資金理論而言，何者會推動金融市場利率上漲？　(a) 人們的時間偏好轉為重視未來消費　(b) 本國出現資金外流　(c) 政府預算赤字下降　(d) 央行買進可轉讓定期存單

6. 央行理監事會議通過調高貨幣成長率，在不同期間將引發各種效果，何者正確？　(a) 流動性效果促使短期利率下降　(b) 所得效果帶動長期利率下跌　(c) 物價水準效果促使短期利率下跌　(d) 預期通膨效果促使短期利率下跌

7. 在央行提高貨幣成長率影響利率的動態過程中，其他效果若大於流動性效果，預期通膨也能迅速反應，則貨幣利率將如何變化？　(a) 上升　(b) 下跌　(c) 持平　(d) 不確定

8. 依據可貸資金理論，何者將造成國內利率下降？　(a) 人們對未來不確定性的疑慮擴大　(b) 銀行緊縮放款額度　(c) 財政部提高免稅額度　(d) 政府預算赤字擴大

9. 元大證券的債券部門探究金融市場利率攀升的原因，何種可能性最大？　(a) 人們的實質所得下降　(b) 央行降低法定準備率　(c) 央行在公開市場買回可轉讓定存單　(d) 人們的貨幣需求上升

10. 元大債券基金經理人解讀債券價格上漲現象，何種說法正確？　(a) 主計總處公布台灣投資率上升　(b) 央行調降重貼現率　(c) 財政部停止贖回公債　(d) 消費者信心趨於樂觀

11. 國內金融市場利率逐步攀升，預期將會產生何種影響？　(a) 人們將緊縮自發性支出　(b) 央行將同步收縮貨幣供給　(c) 人們擴大持有貨幣餘額　(d) 人們將增加持有債券數量

12. 隨著景氣燈號邁入黃紅燈區域，廠商對未來景氣趨於樂觀，預期將會產生何種結果？　(a) 擴大投資與增加發行公司債　(b) 降低計畫的預期報酬率與增加投資　(c) 戒慎恐懼而緊縮投資與減少發行公司債　(d) 降低產品價格與增加投資

13. 富邦證券的債券部門評估引起威盛公司債價格上漲的因素，何種可能性最高？　(a) 大型企業競相發行公司債募集資金　(b) 央行調高重貼現率　(c) 威盛的信用風險溢酬上升，促使殖利率上升　(d) 油價滑落造成預期通膨率下降

14. 名目利率與國庫券利率呈現同時上漲，此種現象將與何者發生衝突？　(a) 經濟成長提高貨幣需求　(b) 預期通膨率上漲　(c) 持有國庫券風險上升　(d) 國庫券發行量減少

15. 在其他條件不變下，人們未雨綢繆心思濃厚，由可貸資金理論可推估何種結果？　(a) 債券需求增加引起實質利率下降　(b) 可貸資金供給減少　(c) 債券價格下跌　(c) 實質利率上升不利於投資增加

16. 依據貨幣性可貸資金理論內涵，何者正確？　(a) 儲蓄與投資同時增加，實質利率將會上升　(b) 央行緊縮貨幣供給，實質利率將會上升　(c) 財政部發行公債融通預算赤字，

實質利率將會上升　　(d) 景氣繁榮擴大投資意願，實質利率將會下跌

17. 依據可貸資金理論，可貸資金需求者就是債券市場的：　(a) 債券供給者　(b) 債券需求者　(c) 訂價者　(d) 經紀商

18. 依據可貸資金理論內容，何者正確？　(a) 人們未雨綢繆心思濃厚，債券價格將會滑落　(b) 貨幣供給減少將會通動貨幣利率上升　(c) 政府預算出現盈餘，會使實質利率上漲　(d) 景氣蕭條引發通縮，將會推動實質利率上漲

19. 依據古典學派觀點，何者正確？　(a) 實質利率是由貨幣供需共同決定　(b) 可貸資金市場出現超額供給，實質利率將會上升　(c) 廠商預期投資的獲利能力增加，債券供給增加、實質利率上升　(d) 人們對貨幣的需求主要是對貨幣有流動性偏好

20. 在其他條件不變下，儲蓄者決定提升儲蓄意願，則由可貸資金理論將可推出何種結果？　(a) 投資與均衡實質利率趨於下降　(b) 經濟成長率下降　(c) 本國匯率將會升值　(d) 均衡實質利率下降，投資則會增加

21. 在其他條件不變下，人們的貨幣需求增加，但央行控制貨幣供給不變，則會出現何種結果？　(a) 利率上漲　(b) 利率不變　(c) 利率下降　(d) 利率未必會變，但物價必然上漲

22. 某國貨幣市場達成均衡，在其他條件不變下，一旦物價上漲5%，將會產生何種結果？　(a) 名目貨幣需求上升5%，因而降低均衡利率　(b) 名目貨幣需求減少5%，因而提高均衡利率　(c) 實質貨幣供給上漲5%，因而降低均衡利率　(d) 實質貨幣供給降低5%，因而提高均衡利率

23. 依據實質可貸資金理論，體系內景氣擴張將會產生何種影響？　(a) 儲蓄增加與實質利率上漲　(b) 投資增加與實質利率下降　(c) 儲蓄減少與投資增加促使實質利率上漲　(d) 消費與投資增加促使實質利率上漲

24. 依據貨幣性可貸資金理論，央行增加貨幣供給將會產生何種影響？　(a) 貨幣利率下降，而實質利率上漲　(b) 貨幣利率下跌，實質利率持平　(c) 貨幣利率與實質利率同時下跌　(d) 實質利率不變，貨幣利率賞漲

利用下列圖型回答（25.）～（27.），兩個圖形描述均衡利率與均衡所得存在逆向關係。

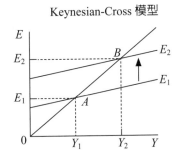

Keynesian-Cross 模型

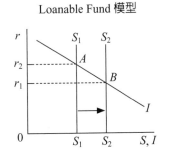

Loanable Fund 模型

25. 在 Keynesian-Cross 模型中，體系從 A 點移動至 B 點，將是何者變動促使預擬支出移動的結果？　(a) 所得增加　(b) 所得下降　(c) 利率上漲　(d) 利率下降

26. 在可貸資金市場模型中，體系從 A 點移動至 B 點，將是何者變動促使預擬支出移動的結果？　(a) 所得增加　(b) 所得下降　(c) 利率上漲　(d) 利率下降

27. 在 Keynesian-Cross 模型中，預擬支出增加是何者變化的結果，而在可貸資金模型中，儲蓄增加又是何者變化的結果？　(a) 前者是租稅增加，後者是實質貨幣餘額增加　(b) 前者是利率下降，後者是所得增加　(c) 前者是流通速度下降，後者是政府支出增加　(d) 前者是利率上漲，後者是所得減少

答案：

1. (b)	2. (b)	3. (a)	4. (b)	5. (b)	6. (a)	7. (a)	8. (a)	9. (d)	10. (b)
11. (d)	12. (a)	13. (d)	14. (d)	15. (a)	16. (c)	17. (a)	18. (b)	19. (b)	20. (d)
21. (a)	22. (d)	23. (d)	24. (b)	25. (d)	26. (a)	27. (b)			

二、貨幣利率、實質利率與預期通膨率

1. 依據貨幣數量學說與 Fisher 效果，央行提高貨幣成長率 1%，將會產生何種結果？
(a) 通膨率上升 1%，名目利率上漲低於 1%，實質利率下跌超過 1%　(b) 通膨率與名目利率均上升 1%，實質利率不變　(c) 通膨率上漲 1%，名目利率上升超過 1%，實質利率下跌低於 1%　(d) 通膨率與名目利率上漲均低於 1%。實質利率下跌超過 1%

2. 預期通膨率係指何者而言？　(a) 實質利率減去名目利率　(b) 名目債券支付的名目利率減去指數化債券支付的實質利率　(c) 名目利率加上實質利率　(d) 指數化債券支付的利率減去名目債券支付的名目利率

3. 日本銀行在 2013 年初宣布採取「通膨目標機制」，希望透過極度量化寬鬆來擺脫通縮陰霾。假設該機制實施帶動預期通膨率上升為 2%，在名目利率不變下，實質利率將如何變動？　(a) 上升 2%　(b) 下降 2%　(c) 漲或跌都低於 2%　(d) 不受影響

4. 依據 Fisher 方程式，人們預期通膨率上升 1%，將會產生何種結果？　(a) 短期債券的實質利率上漲 1%　(b) 短期債券的名目利率上漲 1%　(c) 短期債券的實質利率下降 1%　(d) 短期債券的名目利率下降 1%

5. 實質利率將會等於何者？　(a) 放款者實際收到的放款利率　(b) 名目利率加上實際通膨率　(c) 名目利率減去預期通膨率　(d) 名目利率

6. 體系內名目利率是 1%，而預期通膨率是 5%，實質利率為何？　(a)5%　(b)6%　(c)–4%　(d)–5%

7. 體系內預期通膨率上升 2%，而實質利率下降 1%，何者正確？　(a) 名目利率上漲 2%　(b) Fisher 效果成立　(c) 名目利率上漲 1%　(d) Harrod 效果成立

8. 有關通膨率的敘述，何者正確？　(a) 如果通膨率超過名目利率，則存款購買力一定上

升 (b) 如果通膨率超過名目利率，則存款購買力一定下降 (c) 事後的實質利率高於事前的實質利率 (d) 事後的實質利率低於事前的實質利率

9. 有關利率的敘述，何者正確？ (a) 名目利率高於事後的實質利率 (b) 名目利率等於事後的實質利率 (c) 名目利率低於事後的實質利率 (d) 實際通膨率愈高，事後的實質利率愈低

10. 財政部發行某期中央公債，在 2013 與 2014 年的名目利率分別爲 1.1% 與 1.2%，而通膨率分別爲 0.9% 與 1.4%，何者正確？ (a) 公債的實質利率分別爲 –0.2% 與 0.2% (b) 公債的實質利率分別爲 0.2% 與 –0.2% (c) 公債的實質利率分別爲 –0.2% 與 –0.2% (d) 實質利率不可能爲負，是以兩年的實質利率均爲正 0.2%

11. 張無忌去年前往銀行存款 100 萬元，利率爲 2%。去年市場預期今年的通膨率是 1%，不過一年後的實際通膨率爲 3%，何者正確？ (a) 原先預期存款的實質利率爲 2%，結果事後的實質利率爲 3% (b) 一年後取得本息 102 萬元，購買力低於一年前的 100 萬元 (c) 原先預期存款的實質利率爲 1%，結果事後的實質利率爲 0% (d) 一年後取得本息 103 萬元，購買力高於一年前的 100 萬元

12. 趙敏前往台銀存入一年期定存 1,000 元，一年後本息爲 1,100 元。在這一年中，消費者物價指數由 100 上升爲 104。在此情況下，實質利率爲何？ (a) 4% (b) 6% (c) 8% (d)10%

13. 有關實質利率的敘述，何者正確？ (a) 事後的實質利率不爲負值 (b) 事後的實質利率與名目利率呈反向變動 (c) 在通縮期間，事後的實質利率大於名目利率 (d) 在通縮期間，事後的實質利率小於名目利率

14. 央行想要藉由變動名目利率來改變實質利率，何者正確？ (a) 通膨率必須維持不變 (b) 名目利率變動必須要超過預期通膨率變動 (c) 預期通膨率必須變動 (d) 預期通膨率變動必須等於名目利率變動

15. 未預期通膨率係指何者而言？ (a) 預期通膨率減去實際通膨率 (b) 預期通膨率除以實際通膨率 (c) 實際通膨率減去預期通膨率 (d) 實際通膨率除以預期通膨率

16. 某國人們的預期通膨率爲 2%，而主計總處公布的實際通膨率爲 4%，則未預期通膨率爲何？ (a) 1% (b) 9% (c) –1% (d) 1.25%

17. 某國人們的預期通膨率爲 5%，未預期通膨率爲 4%，則實際通膨率爲何？ (a) 1% (b) 9% (c) –1% (d) 1.25%

18. 某國人們的預期通膨率爲 5%，未預期通膨率爲 –2%，則實際通膨率爲何？ (a) 2% (b) 1% (c) –2% (d) 1.67%

19. 實質利率係指何者而言？ (a) 名目利率加上預期通膨率 (b) 名目利率除以預期通膨率 (c) 名目利率減去預期通膨率 (d) 預期通膨率除以名目利率

20. 某國金融市場的名目利率爲 5%，而人們的預期通膨率爲 2%，則預期實質利率爲何？

(a)7%　(b)3%　(c) −2.5%　(d) −3%

21. 某國金融市場的名目利率爲 2%，而主計總處公布的實際通膨率爲 2%，則投資人可以取得的實際實質利率爲何？　(a) 4%　(b) 0%　(c) −2%　(d) −2%

22. 某國的名目利率 i 與實質利率 r 發生差異，何者正確？　(a) 貨幣需求取決於實質利率　(b) 消費取決於實質利率　(c) 消費取決於名目利率　(d) 兩者差異反映實際通膨率爲正

23. 有關指數化債券（indexed bond）的說法，何者正確？　(a) 支付實質利率　(b) 指數化是連結經濟成長率　(c) 指數化是連結預期通膨率　(d) 支付名目利率

答案：

1. (b)　2. (b)　3. (b)　4. (b)　5. (c)　6. (c)　7. (c)　8. (b)　9. (d)　10. (b)

11. (b)　12. (b)　13. (c)　14. (b)　15. (c)　16. (c)　17. (b)　18. (b)　19. (c)　20. (b)

21. (d)　22. (b)　23. (a)

3.5 進階選擇題

1. 某國消費函數爲 $C = 100 + 0.8Y_d$、淨投資 $I = 40$、政府支出 $G = 60$、稅收 $T = 50$、自然產出 $y^* = 1{,}000$，則緊縮缺口 DG 與政府預算平衡乘數 k_b 分別爲何？　(a) $DG = 200$、$k_b = 5$　(b) $DG = 40$、$k_b = 5$　(c) $DG = 200$、$k_b = 1$　(d) $DG = 40$、$k_b = 1$

2. 某國縮減式總體模型爲：$y = \dfrac{a - cT_0 + cR_0 + ctD_0 + I_0 + G_0}{1 - c(1 - t)}$，均衡所得小於自然產出 $y^e < y^*$。政府追求達成自然產出目標，採取何種組合將可發揮最大效果？　(a) 降低福利支出 R_0、提高稅率 t、增加政府支出 G_0　(b) 提高稅率 t 與免稅額 D_0、增加政府支出 G_0　(c) 增加福利支出、降低稅率 t 與免稅額 D_0　(d) 降低稅率 t 與定額稅 T_0、提高政府支出 G_0 與免稅額 D_0

3. 某研究機構估計本國儲蓄函數爲 $C = -150 + 0.2\,(Y - T)$，所得稅法規定租稅函數爲 $T = 10 + 0.1Y$、$G = 100$，$I = 20$，而目前所得 $Y = 1{,}000$。何種結果正確？　(a) 自發性消費爲 150　(b) 實現的消費爲 868，實現的儲蓄爲 −130　(c) 平均儲蓄傾向爲 0.138　(d) 政府預算盈餘爲 10

4. 台北市政府研考會估算台北市經濟活動的總體模型爲：$C = 700 + 0.7Y$、$I = 500 + 0.1Y - 1{,}000r$、$r = 2\%$、自然產出爲 $Y^* = 7{,}500$。有關台北市總體經濟環境的描述，何者正確？　(a) 面臨緊縮缺口，有效需求不足 2,500　(b) 實際所得 $Y = 5{,}000$ 時，實現儲蓄爲 500　(c) 投資支出乘數爲 5　(d) 市長推動節儉運動奏效，儲蓄總額上升

5. 台灣的 TFT-LCD 產業預估在 2003 年第四季將出現未預期存貨遞減，則對台灣在 2004 年的經濟活動將造成何種影響？　(a) 實際產出呈現擴張　(b) 實際產出呈現下降　(c) 投資支出必然擴大　(d) 將會出現膨脹缺口

6. 某名校教授建立 Keynesian-Cross 模型討論某國經濟均衡，設定消費與投資函數分別為 $C = a + bY$、$I = c + dY$。該國經濟活動具有穩定性，有關函數設定的性質，何者正確？ (a) $\dfrac{\partial APC}{\partial Y} > \dfrac{\partial API}{\partial Y}$ (b) $\dfrac{\partial MPS}{\partial Y} = \dfrac{\partial MPI}{\partial Y}$ (c) $MPI > MPS$ (d) $APS > API$

7. 某研究機構驗證該國儲蓄與投資行為，獲得儲蓄函數為 $S = -100 + 0.2Y$、投資函數為 $I = -200 + 0.3Y$，何者錯誤？ (a) $C = 100 + 0.8Y$ (b) 均衡所得為 $Y = 1,000$ (c) 不會出現節儉的矛盾性 (d) 無法達成均衡

8. 面對 2003 年的 SARS 風暴，政府補貼每部計程車 500 加侖汽油作為顧客流失的損失。該部分支出來自挪用公共建設支出，此種操作發揮的影響，何者正確？ (a) 兩者均屬政府支出，效果將會一致 (b) 均衡國民所得呈現暫時性減少 (c) 具有恆常性擴張效果 (d) 對經濟活動毫無影響

9. 某國消費函數為 $C = a + c(Y - T_N)$、租稅函數 $T_N = T_0 + t(Y - D_0) - R_0$、投資函數為 $I = I0$、政府支出 $G = G_0$，D_0 是免稅額、R_0 是福利支出。何者錯誤？ (a) 政府執行健全財政，平衡預算乘數等於 1 (b) 政府採取平衡預算支出（$\Delta R_0 = \Delta T_0$），對經濟活動將無影響 (c) 政府預算具有降低景氣波動效果 (d) 政府調整支出結構（$\Delta G_0 = -\Delta R_0$），產生乘數為 $\dfrac{1 - b}{1 - (1 - t)c}$

10. 澎湖縣的消費函數為 $C = 500 + bY$，期初投資為 $I = I0$，而自然產出 $y^* = 6,000$。如果澎湖縣政府增加恆常性公共支出 100，將促使均衡產出由 4,000 擴張為 4,500。針對上述資訊，有關澎湖縣經濟現狀的描述，何者錯誤？ (a) 期初投資支出為 300 (b) 期初平均儲蓄傾向為 0.075 (c) 期初面臨緊縮缺口 2,000 (d) 縣政府在期初必須增加支出 400，才能邁向自然產出境界

11. 封閉體系總體模型如下：消費函數 $C = 100 + 0.75(1 - t)Y$，投資支出 $I = 150$，政府支出 $G = 250$。何者將反映該國均衡狀態？ (a) $Y = 1,250$、可支配所得 1,000、民間儲蓄 = 150 (b) $Y = 1,250$、可支配所得 850、民間儲蓄 400 (c) $Y = 1,250$、可支配所得 850、民間儲蓄 250 (d) $Y = 1,250$、可支配所得 1,000、民間儲蓄 150

12. 理論上，主計總處估計本國消費函數為 $C = 20 + 0.8(Y - T)$。財政部實施加稅 $\Delta T = 100$，在考慮消費者可能反應後，實務上對所得造成影響範圍可能為何？ (a) 0 或 $-400 \geq \Delta Y > -500$ (b) 0 或 $-300 \geq \Delta Y > -400$ (c) 0 或 $-200 \geq \Delta Y > -300$ (d) 0 或 $-100 \geq \Delta Y > -200$

13. 主計總處估計本國消費函數為 $C = 20 + 0.8(Y - T_N)$、$T_N = T_g - R$ 是淨租稅、R 是政府移轉支出。就 Keynesian-Cross 模型來看，該國增加發放老人年金 $R = 1,000$，考慮年長者取得年金後的可能因應，主計總處評估所得可能出現波動範圍為何？ (a) 0 或 $-2,000 \geq \Delta Y > -3,000$ (b) 0 或 $-3,000 \geq \Delta Y > -4,000$ (c) 0 或 $5,000 \geq \Delta Y > 4,000$ (d) 0 或 $-1,000 \geq \Delta Y > -2,000$

14. 某國金融市場利率變動符合 Fisher 效果的說法,而金融海嘯重創全球景氣,也讓該國的消費者物價指數膨脹率由 2000 年的 3%,在 2001 年遽降為 –1%,在其他條件不變下,金融市場利率將如何變化? (a) 貨幣利率與實質利率同時下跌 4% (b) 貨幣利率與實質利率同時下跌 1% (c) 貨幣利率下跌 4%,實質利率下跌 1% (d) 貨幣利率下跌 1%,實質利率不變

15. 兆豐票券評估貨幣市場資金供需變化,何者正確? (a) 央行在外匯市場買超,將會增加資金需求 (b) 台銀發行可轉讓定存單到期,將提升資金供給 (c) 春節期間的通貨發行淨額激增,將帶動資金供給上升 (d) 股票市場出現多頭走勢,將會帶動資金需求增加

16. 依據利率理論內容,何者正確? (a) 張無忌要求附加信用風險溢酬,將以高價投資興櫃股票 (b) 垃圾債券報酬率偏高,係為補償通膨風險溢酬的緣故 (c) 趙敏投資上市股票要求較低報酬率,係因其具有高度流動性 (d) 預期通膨率上升將會推動實質利率上漲。

17. 大華證券債券部門基於實質可貸資金理論研判利率走勢,何種看法正確? (a) 貨幣供需係決定中長期利率的主要因素 (b) 央行的貨幣政策將主導中長期實質利率走勢 (c) 可貸資金供需取決於儲蓄率與投資率 (d) 貨幣供需變動將會改變長期實質利率走勢

18. 實務上,台灣金融市場利率與通膨率間的互動關係屬多元性質。行政院主計總處發布 2001 年消費者物價指數下跌 0.01%,係過去 16 年來首度物價下跌,而 2001 年 12 月的 CPI 跌幅達 1.69%,更是 36 年以來的最低水準。何種說法錯誤? (a) Fisher 效果若是成立,貨幣利率與通縮率將等幅下跌 (b) 銀行並未調降消費金融利率,此係反映 Harrod 效果在主導台灣金融市場 (c) 廠商的可貸資金需求若對利率變動完全不敏感,Fisher 效果將反映貨幣利率下跌 (d) 可貸資金需求具有完全利率彈性,Mundell-Tobin 效果將會成立

19. 為因應空前的景氣衰退與投資意願低落,台灣央行自 2000 年 12 月 29 日迄 2001 年 12 月 28 日間,連續 12 次調降重貼現率,消費者物價指數在同期間也一路下滑,此種現象對金融市場造成何種衝擊? (a) 廠商借款的實質利率負擔必然減輕 (b) Fisher 效果不會成立 (c) 名目利率呈現下滑趨勢 (d) 消費金融利率依然持平,是以消費者的借款利息負擔不變

20. 某國貨幣市場目前利率為 1.5%,人們原先預期消費者物價膨脹率為 0.5%,而主計總處卻發布實際消費者物價下跌 0.1%。該國金融市場若屬效率市場,而且 Fisher 效果成立。此則訊息將對市場利率造成衝擊,何者正確? (a) 市場利率將變為 1.49% (b) 市場利率將變為 1% (c) 市場利率將變為 0.9% (d) 無從確定市場利率變化

21. 國際油價飆漲帶動某國消費者物價由下跌翻轉為上漲,人們預期通膨也由 $\pi^e = -1\%$ 反轉上漲為 $\pi^e = 1.5\%$。該國金融市場利率原先為 $i = 2.5\%$,通膨預期翻轉將讓名目利率如

何變化？ (a) 如果 Fisher 效果成立，名目利率將上漲為 $i = 4\%$ (b) 如果 Fisher 效果成立，名目利率將上漲為 $i = 5\%$ (c) 如果 Mundell-Tobin 效果成立，名目利率可能上漲超過 $i = 5\%$ (d) 如果 Harrod 效果成立，名目利率將上漲至 $i = 4\%$

22. 桃花源處於自然產出狀態 $y^* = 1,000$，該地消費函數為 $C = 200 + 0.8y - 1,000r$，投資函數為 $I = 150 - 2,000i$，r 與 i 是實質利率與貨幣利率。桃花源爆發通膨讓人們預期通膨由 $\pi^e = 0$ 上漲為 $\pi^e = 1.5\%$。依據實質可貸資金理論，桃花源通膨對利率影響，何者錯誤？ (a) Fisher 效果將會成立 (b) Mundell-Tobin 效果顯示金主將因通膨必須負擔較大部分通膨稅 (c) 均衡貨幣利率上升為 5.5% (d) 均衡實質利率下降為 4%

23. 某國金融市場預期消費者物價膨脹率為 -0.18%，相較前一年同期的 -0.01% 更趨緊縮，而該預期也獲得官方機構證實。如果該國名目利率變化符合 Harrod 效果的說法，在其他條件不變下，當年利率相較去年將出現何種變化？ (a) 名目利率與實質利率同時下跌 0.18% (b) 名目利率與實質利率同時下跌 0.17% (c) 名目利率下跌 0.17%，實質利率上升 0.01% (d) 名目利率不變，實質利率上升 0.18%

24. 財政部賦稅改革委員會研議將稅制 $T_N = T_0 + t(y - D_0) - R_0$ 調整為 $T_N = t(y)(y - D_0) - r(y)y$，$\frac{\partial t}{\partial y} > 0 > \frac{\partial r}{\partial y}$。其他條件不變下，經由立法院通過實施後，何種影響正確？ (a) 具有擴張效果 (b) 勢必改變 IS 曲線斜率 (c) 政府預算赤字擴大 (d) 邊際消費傾向為 b，此一稅制調整促使消費支出變動 $b(t(y) - t)(y - D_0) + b(r(y)y - R_0)$

25. 某國消費函數為 $C = 992 + 0.8y_d$，投資函數為 $I = 200 + 0.1y$。該國租稅制度為 $T = 0.1(y - 100)$，政府支出為 $G = 150$。此外，該國的實際產出為 $y = 7,000$，自然產出為 $y^* = 7,600$。有關該國現狀，何者錯誤？ (a) 目前的平均消費傾向為 0.8629 (b) 均衡所得為 7,500 (c) 出現緊縮缺口 108 (d) 政府預算盈餘 590

26. 政府執行財政政策產生的效果，何者錯誤？ (a) 政府追求所得分配平均化，對富人課稅 ΔT 並移轉給窮人 ΔR，（$\Delta T = \Delta R$），將刺激消費增加 $(b_p - b_r)\Delta T$，b_p 與 b_r 是窮人與富人的邊際消費傾向 (b) 政府等額擴大支出 ΔG 或減稅 ΔT，對預算赤字影響相同 (c) 政府調整自動穩定因子內涵，將會影響乘數效果 (d) 財政部提高免稅額將會刺激消費支出，進而提高所得

27. 景氣疲軟不振，政府卻受限於債台高築而難以舉債，採取何種政策組合將可產生較佳效果？ (a) 採取平衡預算的擴張性支出政策 (b) 削減基礎建設支出，轉為發放三倍券，刺激民間消費支出增加 (c) 提高貨物稅率來融通預算赤字，透過抑制民間消費，將資源轉為擴張政府支出 (d) 進行政府債務重整，同時縮減政府支出與課稅，釋放資源給民間使用

28. 2008 年 9 月金融海嘯重創國際景氣，各國紛紛陷入通縮，消費者物價指數 CPI 呈現緩慢下跌，通膨預期轉為負值。此種現象對金融市場衝擊，何者正確？ (a) 廠商借款支

付的實質利率隨之減輕　　(b) 市場利率降幅低於通縮率，將會提升廠商的實質融資成本
(c) 銀行並未降低小額信用貸款利率，消費者借款利息負擔不變　　(d) 通縮引導貨幣利率
下降，金主收取的實質利率也隨之遞減

29. 封閉體系的總體縮減式模型可表為：$y = \dfrac{c_0 - cT_0 + cR_0 + I_0 + G_0}{1 - c(1-t)}$，$y^* > y^a > y^e$，$y^*$、$y^a$、$y^e$
分別是自然產出、實際所得與均衡所得，而政府預算赤字為：$BD = G_0 + R_0 - T_0 - ty$。
何種說法錯誤？　　(a) 該體系存在緊縮缺口，還發生非意願性存貨累積　　(b) 為邁向自然
產出狀態，財政部將社福支出轉為基礎建設支出，，將可發揮的乘數效果　　(c) 財政部以
減稅取代增加政府支出，將可縮小預算赤字　　(d) 為求達到自然產出狀態，兼顧降低政
府部門占用 GNP 的比例，財政部應該減稅或增加福利支出

30. 某國金融市場目前的預期通膨率為 –0.18%，而主計總處發布去年實際通膨率
為 –0.01%，凸顯通縮現象惡化。在其他條件不變下，該國名目利率變化符合 Fisher 效
果的說法，目前利率相較去年將呈現何種變化？　　(a) 名目與實質利率同時下跌 0.17%
(b) 實質利率不變，名目利率下跌 0.18%　　(c) 名目與實質利率同時下跌 0.18%　　(d) 名目
利率下跌 0.18%，實質利率上升 0.01%

31. 財政部稅改會研議實施負所得稅制，除原先稅制外，並針對低收入戶增加福利支出制度
$R = r(y)(D_0 - y)$，$\dfrac{\partial r}{\partial y} < 0$。在其他條件不變下，立法院通過付諸實施，何種衝擊錯誤？

(a) 強化自動穩定因子　　(b) 改變 IS 曲線斜率　　(c) 擴大政府預算赤字　　(d) 政府支出乘
數擴大

32. 某國官方研究機構發布消費函數為 $C = 130 + 0.8Y_d$、可支配所得 $Y_d = Y - T$、投資函數為
$I = 200 + 0.2Y$、政府支出 $G = 350$、租稅函數 $T = 0.5(Y - D_0)$。金融海嘯重創景氣，財政
部決定將免稅額 $D = 100$ 恆常性提高至 $D = 200$。此舉將對該國經濟活動衝擊，何者錯
誤？　　(a) 均衡所得增加 100　　(b) 該國達成新均衡，政府預算赤字是 500　　(c) 政府支出
乘數是 4.5　　(d) 原先均衡所得是 1,800

33. 某國處於自然產出狀態 $y^* = 1,000$，消費函數為 $C = 190 + 0.8y - 1,000r$、投資函數為 $I = 160 - 2,000i$，政府支出為 $G = 30$，r 與 i 是實質利率與貨幣利率。國際油價飆漲引爆輸
入性通膨，帶動人們將通膨預期 $\pi^e = 0$ 上調為 $\pi^e = 1.5\%$。依據實質可貸資金理論，有關
該國市場利率變化情形，何者錯誤？　　(a) Mundell-Tobin 效果將會成立　　(b) 體系爆發
通膨，將讓廠商負擔較大部分的通膨稅　　(c) 貨幣利率將上漲 0.5%　　(d) 均衡實質利率
滑落為 5%

34. 政府想要激勵投資誘因，卻不想讓景氣出現過熱，規劃何種政策組合將屬可行？
(a) 採取量化寬鬆，並緊縮政府支出　　(b) 採取量化寬鬆與降低稅賦政策　　(c) 採取緊縮
貨幣政策，以及擴大公共支出　　(d) 擴大公共支出，以及採取逆風而行貨幣政策

35. 台灣的新冠肺炎疫情趨緩，刺激報復性消費出現，消費者物價指數由下跌翻轉爲上漲，人們預期通膨也由 $\pi^e = -1\%$ 逆轉爲 $\pi^e = 1.5\%$。先前的台灣金融市場利率爲 $i = 2.5\%$，通膨預期翻轉將讓名目利率如何變化？　(a) Fisher 效果成立，名目利率將上漲爲 $i = 5\%$　(b) Fisher 效果成立，目前實質利率將是 $i = 1\%$　(c) Mundell-Tobin 效果成立，名目利率上漲不會超越 $i = 5\%$　(d) Harrod 效果成立，實質利率將上漲至 $i = 4\%$

36. 金融海嘯重創國際景氣，讓各國陷入通縮環境，消費者物價指數 CPI 出現緩跌，通膨預期轉爲負值。此種現象對體系釀成衝擊，何者正確？　(a) 金融市場利率下跌，廠商借款的實質負擔減輕　(b) 依據 Mundell-Tobin 效果，市場利率降幅低於通縮率，廠商融資成本反而上升　(c) 銀行並未降低小額信貸利率，人們借款利息負擔不變　(d) 通縮帶動市場利率下滑，金主的實質收益也將遞減

37. 某國的總體縮減式模型可表爲：$y = \dfrac{c_0 + cR_0 - cT_0 + ctD_0 + I_0 + G_0}{1 - c(1-t)}$，目前狀況是 $y^* > y^a > y^e$，y^a、y^e 與 y^* 分別是實際所得、均衡所得與自然產出。該國政府預算赤字爲：$BD = G_0 + R_0 - t(y - D_0) - T_0$，$D_0$ 是免稅額度。何種說法正確？　(a) 該國存在通膨缺口與非意願性存貨累積　(b) 在維持預算規模不變下，財政部調整政府支出結構，$\Delta G_0 = -\Delta R_0$，將可降低政府預算赤字　(c) 財政部以提高免稅額取代增加政府支出，將會擴大預算赤字　(d) 財政部同時提高免稅額度與增加定額稅，，對預算赤字將無影響

38. 政府以租稅融通支出且維持預算平衡。依據實質可貸資金模型預測，何者正確？　(a) 政府支出完全排擠民間支出、實質利率不變　(b) 政府支出完全排擠民間支出、實質利率上升　(c) 政府支出不影響民間支出、實質利率不變　(d) 政府支出與民間支出呈現互補、實質利率上升

39. 某國政府建立社會安全制度，藉以維護體系穩定運行。在該制度中，政府對富裕階層加徵富人稅（ΔT），再以各種年金方式（ΔR）移轉給低收入戶，形成平衡預算支出（$\Delta T = \Delta R$），b_p 與 b_r 是低收入戶與富裕階層的邊際消費傾向，而總體邊際消費傾向是兩者的加權平均值，$b = \left(\dfrac{y_p}{y_p + y_r}\right)b_p + \left(\dfrac{y_r}{y_p + y_r}\right)b_r$。該制度落實後，何種效果有待商榷？　(a) 所得分配平均化將會提高總體邊際消費傾向 b，進而擴大支出乘數　(b) 體系總消費增加 $(b_p - b_r)\Delta T$　(c) 如果期初的政府預算平衡，隨著該制度落實，政府債務累積將會擴大　(d) 透過所得重分配效果促使 IS 曲線的斜率變得平坦

40. 某國總體縮減式模型爲：$y = \dfrac{c_0 + cR_0 - cT_0 + ctD_0 + I_0 + G_0}{1 - c(1-t)}$，目前環境是 $y^* > y^e$，y^e 與 y^* 是均衡所得與自然產出，政府預算赤字爲：$BD = G_0 + R_0 - T_0 - t(y - D_0)$，$D_0$ 是免稅額度。何者錯誤？　(a) 該國存在通膨缺口，景氣燈號將逐步移往紅燈環境　(b) 以提高免稅額取代提高定額稅（$\Delta D_0 = \Delta T_0$），將具有擴張性而引起 IS 曲線右移　(c) 在維持預算規模不變下，政府調整支出結構（$\Delta G_0 = -\Delta R_0$），有助於降低政府債務累積　(d) 同

時提高免稅額與定額稅（$\Delta T_0 = \Delta D_0$），產生乘數效果為 $\dfrac{-c(1-t)}{1-c(1-t)}$

41. 某國主計總處發布 2019 年的實際通膨率為 1%，然而 2020 年新冠肺炎讓景氣燈號掉落藍燈，扭轉人們的預期通膨率為 –1%。在其他條件不變下，該國金融市場利率變化符合 Mundell-Tobin 效果的說法，則相較去年而言，目前利率將呈現何種變化？ (a) 名目與實質利率同時下跌 2% (b) 實質利率上漲 1%，名目利率下跌 1% (c) 名目利率下跌小於 1%，實質利率上漲小於 1% (d) 名目與實質利率同時下跌 2%

42. 某研究機構發布該國消費函數為 $C = 634 + 0.8y_d$、可支配所得 $y_d = y - T_N$、投資函數為 $I = 200 + 0.2y$、政府支出 $G = 350$、租稅函數 $T_g = 100 + 0.2(y - 100)$，福利支出函數 $R = 150$。該國主計總處發布景氣燈號持續超過 10 個藍燈，在維持歲出不變下，政府決定刪減政府支出轉為發放紓困補貼（$-\Delta G_0 = \Delta R_0 = 50$），何者錯誤？ (a) 均衡所得將下降 62.5 (b) IS 曲線平行右移幅度為 62.5 (c) 政府調整支出結構引起的乘數為 1.25 (d) 政府預算赤字增加 12.5

43. 某國處於自然產出狀態 $y^* = 1,000$，消費函數為 $C = 290 + 0.8y - 1,500r$、投資函數為 $I = 210 - 2,500i$，政府支出為 $G = 100$，r 與 i 是實質與貨幣利率。然而疫情蔓延讓景氣藍燈閃爍，人們原先的通膨預期 $\pi^e = 0$ 也翻轉為通縮預期 $\pi^e = -1\%$。依據實質可貸資金理論，該國金融市場利率發生變化，何者正確？ (a) 貨幣利率將上漲至 10.625% (b) 金主獲取的實質利率將下跌至 9.625% (c) 金主獲取的實質利率將增加 0.625% (d) 廠商借款的實質負擔將減少 0.375%

44. 某國總體消費函數 $C = A + BY_d$ 係累加所有成員的消費函數而成，$C = \sum_{i=1}^{n} c_i$，$A = \sum_{i=1}^{n} \alpha_i a_i$，$B = \sum_{i=1}^{n} \alpha_i b_i$，$\alpha_i = \dfrac{y_i - t_i + r_i}{Y_d}$ 是 i 成員的所得分配權數，a_i 是 i 成員的自發性消費。b_i 是 i 成員的邊際消費傾向，而且低收入戶的 b_i 遠高於富裕階層，$b_i^p > b_i^r$。$Y_d = Y - T_N = \sum_{i=1}^{n} y_i - \sum_{i=1}^{n} t_i + \sum_{i=1}^{n} r_i$。在其他條件不變下，政府採取平衡預算支出（$\sum t_i = \sum r_i$），對富人課稅再移轉給低收入戶，何者錯誤？ (a) 所得分配 α_i 趨於平均化，總體邊際消費傾向 B 將會增加 (b) 消費曲線將因所得分配平均化而上移 (c) 該國均衡所得增加，政府債務累積趨於減少 (d) 富裕階層被課重稅，消費慾望驟減而導致 IS 曲線左移

45. 某國官方機構發布景氣燈號，半年來持續閃爍藍色憂鬱，且又面臨新冠肺炎襲擊。該國消費函數是 $C = 200 + 0.7y$，投資函數為 $I = 50 + 0.1y$。在其他條件不變下，何者正確？ (a) 儲蓄函數為 $S = -250 + 0.3y$ (b) 人們未雨綢繆心思濃厚，節儉矛盾性必然發生 (c) 實際邊際儲蓄傾向小於實際平均儲蓄傾向 (d) 新冠肺炎讓人們對景氣前景心懷憂慮，政府支出乘數勢必縮水

46. 某國投資支出固定且採定額稅制。由於低收入戶的邊際消費傾向 b_p，大於富人階層的

邊際消費傾向 b_r，政府採取平衡預算支出，何種結果錯誤？　(a) 政府支出與課稅等量增加（$\Delta G = \Delta T$），乘數效果將為 1　(b) 福利支出與課稅（$\Delta R = \Delta T$）等量增加，將毫無乘數效果可言　(c) 對富裕者課稅並等額移轉給低收入戶，（$\Delta R = \Delta T$），總體消費將增加 $(b_p - b_r)\Delta T$　(d) 政府將實質支出改為老人年金，（$-\Delta G = \Delta R$），支出乘數效果將為 -1

答案：

1. (d)	2. (d)	3. (d)	4. (c)	5. (a)	6. (b)	7. (b)	8. (b)	9. (a)	10. (c)
11. (d)	12. (a)	13. (c)	14. (d)	15. (d)	16. (c)	17. (c)	18. (d)	19. (c)	20. (c)
21. (a)	22. (a)	23. (d)	24. (b)	25. (d)	26. (b)	27. (a)	28. (b)	29. (c)	30. (b)
31. (d)	32. (c)	33. (b)	34. (a)	35. (c)	36. (b)	37. (b)	38. (b)	39. (c)	40. (a)
41. (c)	42. (b)	43. (c)	44. (d)	45. (b)	46. (b)				

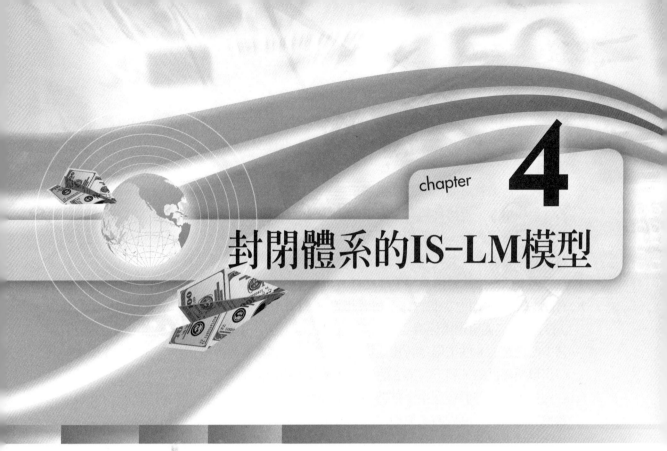

封閉體系的IS-LM模型

4.1 總體預算限制與Walras法則

1. 有關 Walras 法則內容的敘述，何者錯誤？　(a) 反映體系達成均衡所需條件　(b) 經濟成員從事總體經濟活動，需受該法則限制　(c) 體系內若有五個市場，只要討論其中四個市場是否達成均衡即可　(d) 體系內若有五個市場，其中四個市場出現超額供給，第五個市場將是處於超額需求狀況

2. 在不考慮勞動市場下，有關 Walras 法則衍生的說法，何者錯誤？　(a) 縱使貨幣與債券市場未必均衡，但是商品市場卻可能均衡　(b) 商品與債券市場雖然失衡，貨幣市場卻可能均衡　(c) 貨幣與商品市場若未均衡，也可能連累債券市場落入失衡　(d) 當債券市場處於均衡，貨幣市場將與商品市場同時出現超額需求

3. 有關 IS-LM 模型運作的特質，何者錯誤？　(a)IS 曲線顯示商品市場的流量均衡　(b)LM 曲線反映貨幣市場的存量均衡　(c)IS 與 LM 曲線交點對應的所得及利率，將反映商品市場與貨幣市場同時達成均衡　(d) 商品市場與貨幣市場達成均衡，決定的所得與利率均為實質變數

4. 下列敘述，何者錯誤？　(a) Walras 法則無法保證貨幣市場與債券市場同時達成均衡　(b) 貨幣需求的利率彈性愈大，LM 曲線將愈平坦　(c) 投資支出的利率彈性愈高，IS 曲線將愈平坦　(d) 民間支出若受實質利率及所得影響，IS 曲線斜率為正

5. 有關 Walras 法則的敘述，何者正確？　(a) 體系存在 N 個市場，當 $N-1$ 個市場達成均

衡，第 N 個市場未必達成均衡 (b) 體系內所有產業的盈餘累加爲零 (c) 體系存在 N 個產業，累加 $N-1$ 個產業的盈餘將等於第 N 個產業的虧損 (d) 該法則是體系的總預算限制式

6. 某國經濟活動若可簡化成四個總體市場，依據 Walras 法則，何種說法錯誤？ (a) 在自然就業環境下，縱使貨幣與債券市場失衡，商品市場卻可能處於均衡狀態 (b) 商品與債券市場雖然失衡，貨幣市場卻可能均衡 (c) 當債券市場與勞動市場達成均衡，央行執行 QE 而讓貨幣市場失衡，勢必引發商品市場出現非意願性存貨累積 (d) 人們從事總體經濟活動，除受個人預算限制外，也會受到 Walras 法則限制

7. 有關 Walras 法則內容的敘述，何者錯誤？ (a) 該法則係總體經濟活動達成均衡的條件 (b) 經濟成員從事總體經濟活動，將會受該法則限制 (c) 體系若有 5 個市場，只要討論其中的任選的 4 個市場是否達成均衡即可 (d) 體系若有 5 個市場，其中的 4 個市場同時出現超額供給，剩下的第 5 個市場必然陷入超額需求狀況

8. 在四個市場的總體模型中，依據 Walras 法則衍生結果的敘述，何者正確？ (a) 縱使貨幣與商品市場未必均衡，債券市場與勞動市場卻可能處於均衡 (b) Walras 法則是體系達成均衡的條件 (c) 經濟學者設定總體模型，將與 Warlra 法則是否成立無關 (d) 當商品市場與債券市場達成均衡，貨幣市場與勞動市場卻可能同時出現超額需求

9. 某國總體經濟活動可用勞動、商品（IS）、貨幣（LM）與債券（BF）市場表示。該國處於蕭條環境，物價穩定（$P=1$），各市場函數分別爲：$C = 700 + 0.8y$，$I = 50 - 2{,}000r$、$M^S = 500$、$L = 200 + 0.2y - 1{,}000r$。下列敘述，何者錯誤？ (a) 該國達成均衡時，$(r^*, y^*) = (15\%, 2{,}250)$ (b) 債券市場均衡方程式爲 $r = 15\%$ (c) 該國的 BF 曲線係爲水平線 (d) 當 Walras 法則成立時，該國總體經濟將達成均衡狀態

答案：

1. (a)   2. (d)   3. (d)   4. (d)   5. (d)   6. (a)   7. (a)   8. (a)   9. (d)

4.2 商品市場均衡（IS曲線）

4.2.1 IS 曲線的性質

1. 體系內 IS 曲線衍生的意義，何者正確？ (a) 政府支出與租稅組合達成平衡能使商品市場均衡的軌跡 (b) 利率與產出組合能使商品市場均衡的軌跡 (c) IS 曲線是由決定體系均衡利率的儲蓄與投資軌跡 (d) 體系所得與自然產出組合可讓商品市場均衡的軌跡

2. IS 曲線是反映何者均衡的變數組合？ (a) 在政府預算平衡下，租稅與政府支出組合的軌跡 (b) 在金融市場均衡下，名目貨幣餘額與物價組合的軌跡 (c) 利率與所得組合能讓貿易平衡的軌跡 (d) 利率與所得組合能讓商品市場均衡的軌跡

3. 有關體系內 IS 曲線型態變化的敘述，何者錯誤？ (a) 民間支出的所得彈性愈大，IS 曲線將愈趨於陡峭 (b) 財政部提高免稅額，IS 曲線將會右移 (c) 邊際儲蓄傾向愈小，IS 曲線斜率將變小 (d) 廠商提高工資誘使勞工消費意願上升，將帶動 IS 曲線右移

4. 有關 IS 曲線的利率彈性變化，何者正確？ (a) 投資支出的利率彈性愈小，IS 曲線的利率彈性將愈大 (b) 誘發性消費支出增加，將會擴大 IS 曲線的利率彈性 (c) 長期 IS 曲線的利率彈性顯然大於短期 IS 曲線 (d) 邊際儲蓄傾向愈小，IS 曲線的利率彈性將愈小

5. 促使體系內 IS 曲線斜率轉趨於陡峭，何種原因將是可能？ (a) 政府實施投資抵減所致 (b) 人們未雨綢繆心思趨於濃厚 (c) 央行大幅提高利率所致 (d) 所得稅率降低

6. 某國研究機構估計該國在 2020 年的民間邊際支出傾向小於 1，而且 IS 曲線有趨於平坦的趨勢。何種理由正確？ (a) 消費對利率變動轉為不敏感 (b) 新冠肺炎導致人們擴大儲蓄意願 (c) 隨著投資期間拉長，投資決策對利率變動趨於敏感 (d) 廠商的邊際投資傾向縮小

7. 某國的國發會發布廠商持有非意願性存貨出現變化，可能與何者有關？ (a) 僅出現在 IS 與 LM 曲線的交點 (b) 落在 IS 曲線上的點均會發生該現象 (c) 落在 LM 曲線上的點將會出現該現象 (d) 脫離 IS 曲線的點均會出現該現象

8. 某國經濟研究機構估計 2019 年的消費函數為 $C = 50 + 0.8y - 2,000r$、投資函數為 $I = 20 + 0.3y - 1,000r$。主計總處公布目前經濟狀態為 $(r, y) = (3\%, 300)$，何者錯誤？ (a) 產出呈現擴張趨勢 (b) 存在超額商品需求 (c) 儲蓄大於投資 (d) 廠商面臨非意願性存貨遞減

9. 某國主計總處公布 2018 年的邊際支出傾向小於 1，同時落在預估 IS 曲線的左方區域，此將反映當年環境為何？ (a) 超額儲蓄存在帶動財富快速累積 (b) 廠商面臨非意願性存貨遞減 (c) 超額投資存在隱含利率上漲壓力 (d) 廠商須以裁員減產因應

10. 體系內 IS 曲線呈現負斜率，何種理由正確？ (a) 民間支出與利率呈現正向變動 (b) 消費支出將與所得呈正向關係 (c) 投資決策與利率呈負向關係 (d) 人們繳納所得稅，促使消費支出呈反向關係

11. 台經院估計台灣的邊際支出傾向小於 1，也預測目前經濟環境落在 IS 曲線右方區域。何種推論正確？ (a) 商品市場出現超額供給 (b) 體系內出現超額投資 (c) 體系面臨利率下跌壓力，引發資金外流 (d) 廠商持有非意願性存貨遞減

12. 某國國發會驗證民間的邊際支出傾向超過 1，目前經濟環境落在 IS 曲線左方。是以預估經濟活動面臨何種變化？ (a) 廠商生產過剩 (b) 存在超額商品需求 (c) 產出呈現擴張趨勢 (d) 金融市場陷入緊縮

13. 某國經濟環境目前落在 IS 曲線左邊，何者正確？ (a) 商品市場出現超額需求 (b) 廠商將採取裁員減產動作 (c) 廠商持有意願性存貨增加 (d) 景氣可能落入藍燈區

14. IS 曲線或許可以解釋為何種狀況？ (a) 在既定所得下，促使貨幣供給與需求相等的利率 (b) 在既定利率下，促使貨幣供給等於需求的所得 (c) 在既定所得下，促使可貸資金市場達成均衡的利率 (d) 在既定所得與利率下，可貸資金將被需求的金額

15. 某國消費函數為 $C = 200 + 0.75(y - T)$，投資函數為 $I = 200 - 25r$，則 IS 曲線方程式為何？ (a) $y = 400 - 0.75T - 25r + G$ (b) $y = 1,600 - 3T - 100r + 4G$ (c) $y = 400 + 0.75T - 25r - G$ (d) $y = 1,600 + 3T - 100r - 4G$

答案：

1. (b)　　2. (d)　　3. (d)　　4. (c)　　5. (b)　　6. (c)　　7. (d)　　8. (c)　　9. (b)　　10. (c)

11. (a)　　12. (b)　　13. (a)　　14. (c)　　15. (b)

4.2.2 IS 曲線的移動

1. 在其他條件不變下，人們未雨綢繆提高邊際儲蓄傾向，將對 IS 曲線產生何種影響？ (a) IS 曲線左移 (b) IS 曲線紋風不動 (c) IS 曲線斜率變陡峭 (d) IS 曲線的利率彈性變大

2. 某國央行宣布調降利率，刺激人們擴大支出意願，將造成何種衝擊？ (a) 利率下降刺激自發性消費支出增加，引起 IS 曲線右移 (b) 投資成本下降，吸引廠商擴大投資引導 IS 曲線右移 (c) 利率下降提高人們刷卡消費誘因，帶動 IS 曲線右移 (d) 利率降低將提高邊際支出傾向

3. 政府預算通常分為經常門與資本門，有關資本門支出性質的敘述，何者正確？ (a) 公債利息支出屬於資本性支出 (b) 資本門支出將有加速資本累積效果 (c) 資本支出屬於船過水無痕的耗源性支出 (d) 資本門支出僅有擴大總需求效果

4. 某國官方機構檢視本國 IS 曲線型態發生變化，何種推理正確？ (a) 邊際支出傾向已經超過 1，扭轉 IS 曲線斜率為負值 (b) 財政部調高所得稅率，IS 曲線出現左移 (c) 投資決策與利率變化緊密相連，IS 曲線趨於平坦 (d) 消費決策忽略利率影響，IS 曲線轉而富於利率彈性

5. 某國勞工工作意願上升，將對 IS 曲線造成何種影響？ (a) 透過消費增加促使 IS 曲線右移 (b) 勞動供給增加造成工資下降，導致消費減少而引起 IS 曲線左移 (c) 與 IS 曲線變動毫無關聯性 (d) 廠商生產成本下降導致總供給增加，促使物價下跌而讓 IS 曲線左移

6. 主計總處檢視總體經濟資料，發現 2020 年國內商品市場有所異動，何種變化將屬可能？ (a) 油價飆漲改變 IS 曲線斜率 (b) 新冠肺炎重創人們信心，帶領 IS 曲線移動 (c) 未雨綢繆改變邊際儲蓄傾向，促使 IS 曲線移動 (d) 政府支出占 GDP 比例上升，引起 IS 曲線斜率變動

7. 某國官方經濟所驗證 2020 年的 IS 曲線顯著異於 2019 年，何種解釋合理？ (a) 央行採取緊縮政策，改變廠商投資決策，造成 2020 年的 IS 曲線移動 (b) 股市持續飆漲讓人們荷包滿滿，2020 年的 IS 曲線變得更具利率彈性 (c) Covid-19 蔓延導致鎖國，引發 IS 曲線左移 (d) 政府預算結構出現變化，明顯改變 2020 年的 IS 曲線斜率

8. 某教授以實際資料驗證 2020 年 IS 曲線的利率彈性遠高於 2019 年，何種解釋正確？ (a) 意外所得效果在人們消費決策過程發酵 (b) 央行降低貨幣供給的利率彈性 (c) 貿易商大幅調高邊際進口傾向 (d) 政府調高所得稅率

9. 中經院預測台灣在某年第四季的 IS 曲線將會左移，何種訊息來源的影響正確？ (a) 誘發性消費增加 (b) 台積電決定執行 240 億美元資本支出 (c) Intel 委託台灣半導體經晶圓代工的訂單增加 (d) 日劇盛行，提升哈日族對日貨的偏好

10. 某國主計總處估計本國的 IS 曲線方程式爲 $y = 300 - 1,800r$，何種（r, y）組合將會落在 IS 曲線上？ (a)（2%, 164） (b)（5%, 258） (c)（6%, 192） (d)（8%, 176）

11. 依據 Keynesian 學派模型，廠商削減短期資本支出，將對經濟活動造成何種變化？ (a) 產出下降，實質利率上升 (b) 產出與實質利率同時下降 (c) 產出與貨幣利率同時上升 (d) 產出上升，貨幣利率下降

12. 某國消費函數爲 $C = 100 + 0.75y_d$，財政部加稅 100 單位，將引起 IS 曲線左移幾單位？ (a) 25 單位 (b) 50 單位 (c) 75 單位 (d) 100 單位

13. 體系內邊際消費傾向爲 0.75，在利率不變下，廠商增加投資 18 億元，將促使 IS 曲線右移幅度爲何？ (a) 18 億元 (b) 24 億元 (c) 48 億元 (d) 72 億元

14. 在其他情況不變下，經濟部採取保護貿易政策，追根究柢是爲達成何種效果？ (a) 推動 IS 曲線右移 (b) 引起 IS 曲線左移 (c) 促使 IS 曲線斜率變得陡峭 (d) 促使 IS 曲線右移且變得平坦

15. 某國支出乘數發生變化，將會產生何種結果？ (a) IS 曲線斜率改變 (b) IS 曲線斜率與位置同時改變 (c) LM 曲線斜率改變 (d) LM 曲線斜率與位置改變

16. 某國民間支出對利率變動毫無反應，何者正確？ (a) LM 曲線缺乏利率彈性 (b) IS 與 LM 曲線呈現平行的垂直線 (c) IS 曲線完全缺乏利率彈性 (d) IS 曲線處於投資陷阱，而 LM 曲線是水平線

17. 隨著新冠肺炎疫情蔓延，人們未雨綢繆心思日益濃厚，何者正確？ (a) 乘數變小，IS 曲線的利率彈性變大 (b) 邊際儲蓄傾向遞增，IS 曲線型態不變 (c) 乘數變大，IS 曲線變陡峭 (d) 邊際儲蓄傾向遞增，IS 曲線將會左移

18. 體系內的邊際流失率（marginal leakage rate）是 0.2，當自發性預擬支出下降 300，IS 曲線將會左移，移動數量爲何？ (a) $300 (b) $1,500 (c) $75 (d) $600

19. 在何種狀況下，IS 曲線將出現投資陷阱型態？ (a) 政府預算處於平衡狀態 (b) 民間支出具有高利率彈性 (c) 廠商投資決策取決於「動物本能」 (d) 政府支出與廠商支出具

有完全替代性

20. 某國人們的邊際消費傾向遞增，將會引起 IS 曲線如何變動？ (a) 平行右移 (b) 平行左移 (c) 從其垂直截距旋轉成更陡峭 (d) 從其水平截距旋轉成更平坦

21. 某國經濟活動沿著既定的 IS 曲線移動，何種結果正確？ (a) 稅率為固定值，而政府支出卻是變動 (b) 政府支出固定，而稅率卻是變動值 (c) 政府支出與稅率均為固定值 (d) 政府支出與稅率均為變動值

22. 何種經濟變數變化不會改變 IS 曲線型態與位置？ (a) 利率 (b) 政府支出 (c) 稅率 (d) 邊際儲蓄傾向

23. 除何種狀況外，體系沿著 IS 曲線移動，何種結果正確？ (a) 預擬支出等於實際支出 (b) 預擬支出等於所得 (c) 實質餘額需求等於實質餘額供給 (d) 可貸資金供需相等

24. 某國沿著既定的 IS 曲線向左上方移動，何種狀況將會發生？ (a) 利率上漲導致貨幣需求增加 (b) 政府支出下降導致商品需求下降 (c) 利率上漲導致投資支出下降 (d) 利率上漲導致貨幣供給增加

25. 某國政府採取減稅政策，此一財政活動將會導致何者發生？ (a) LM 曲線移動，該國將沿著 IS 曲線移動 (b) IS 曲線移動，該國沿著 LM 曲線移動 (c) IS 曲線與 LM 曲線同時移動 (d) 產出變動導致貨幣需求變動，進而引起 LM 曲線移動

26. 某國政府執行債務重整，縮減預算赤字規模。依據 IS-LM 模型，此一財政活動確定產生何種結果？ (a) 投資支出下降 (b) 投資支出增加 (c) 投資支出不會變動 (d) 投資支出變化不確定

答案：

1. (c)	2. (c)	3. (b)	4. (c)	5. (c)	6. (b)	7. (c)	8. (a)	9. (d)	10. (c)
11. (b)	12. (c)	13. (a)	14. (a)	15. (a)	16. (c)	17. (a)	18. (b)	19. (c)	20. (d)
21. (c)	22. (a)	23. (c)	24. (a)	25. (b)	26. (d)				

4.3 貨幣市場均衡（LM曲線）

4.3.1 LM 曲線的性質

1. 有關人們對流動性偏好的說法，何者正確？ (a) 人們寧願保有高流動性的貨幣性資產 (b) 人們寧願放棄流動性以換取利息收益 (c) 人們寧願保有債券 (d) 人們寧願投資於缺乏流動性的資產

2. 央行經研處發布某季的台灣金融環境落在預估的 LM 曲線右方區域，該季金融體系將出現何種現象？ (a) 貨幣市場出現超額供給 (b) 金融市場呈現銀根緊縮 (c) 廠商累積非意願性存貨 (d) 債券價格出現下跌壓力

3. 「流動性陷阱」描述的金融環境爲何？　(a) 所得極低，流動性偏好的所得彈性爲無窮大　(b) 物價極低，流動性偏好的物價彈性爲無窮大　(c) 利率極低，流動性偏好的利率彈性爲無窮大　(d) 資產變現的交易成本極低，流動性偏好的成本彈性爲無窮大

4. 金融體系落入 Keynesian 流動性陷阱，LM 曲線隱含何種特質？　(a) LM 曲線缺乏利率彈性　(b) LM 曲線斜率爲正　(c) 投資人轉爲空頭，大量持有閒置餘額　(d) 人們持有貨幣是以活動性餘額爲主

5. 一般而言，金融體系落入流動性陷阱環境，金融市場將呈現何種狀況？　(a) 市場利率在高檔盤旋　(b) 債券價格在谷底徘徊　(c) 市場利率落入谷底　(d) 可貸資金市場處於緊縮狀況

6. 日本自 1980 年代末期即陷入存款零利率的流動性陷阱狀態，此時通常伴隨何種情況出現？　(a) 投資缺乏利率彈性　(b) 投資的利率彈性無限大　(c) 貨幣需求缺乏利率彈性　(d) 貨幣需求的利率彈性無限大

7. 依據資料顯示，某國在 2018～2020 年的金融環境落在 Keynesian 學派的流動性陷阱，何者將會出現？　(a) 廠商將能以極低價格發行公司債　(b) 債券價格將維持在高檔　(c) 金融市場利率將落在谷底　(d) 人們大量持有貨幣用於交易用途

8. 在 1980～1990 年代，某國經濟活動符合貨幣數量學說描述的情景，此時的 LM 曲線將呈現何種狀況？　(a) 面臨流動性陷阱　(b) 呈現缺乏利率彈性　(c) 呈現正斜率　(d) 利率彈性無窮大

9. 依據 IS-LM 模型的說法，某國的 LM 曲線斜率趨近於零，何者錯誤？　(a) 貨幣需求可能處於流動性陷阱狀態　(b) 貨幣供給可能缺乏利率彈性　(c) 人們持有貨幣係以活動餘額爲主　(d) 央行採取釘住利率策略

10. 某國金融環境落在 LM 曲線的右邊，何者正確？　(a) 可貸資金市場處於寬鬆狀態　(b) 出現超額貨幣需求　(c) 債券價格趨於上漲　(d) 利率傾向於下跌

11. 貨幣流通速度若隨利率上漲而遞增，何者正確？　(a) LM 曲線是負斜率　(b) IS 曲線是負斜率　(c) LM 曲線是正斜率　(d) IS 曲線是正斜率

12. 體系沿著既定的 LM 曲線移動，何者將維持不變？　(a) 名目貨幣供給　(b) 實質餘額　(c) 政府支出　(d) 稅率

13. 央行發行貨幣獲取的實質收益將會趨近於何者？　(a) 名目利率乘上實質貨幣餘額　(b) 貨幣成長率與實質貨幣餘額的相乘值　(c) 實質利率乘上名目貨幣餘額　(d) 貨幣成長率乘上名目貨幣餘額

14. 有關 LM 曲線呈現垂直狀態的部分，通常稱爲何種區域？　(a) Fisher 區域　(b) 古典區域　(c) Keynesian 區域　(d) Laffer 區域

15. 在何種狀況下，LM 曲線斜率將趨於平坦？　(a) 邊際消費傾向愈大，民間支出對利率敏感度愈高　(b) 貨幣需求對利率與實質產出敏感度愈高　(c) 流動性偏好對利率敏感度

愈高，對實質產出敏感度愈低　　(d) 貨幣需求對利率與實質產出的敏感度愈低

16. LM 曲線斜率隱含的直覺，何者正確？　　(a) 隨著利率上漲，貨幣供給與所得增加 (b) 隨著利率上漲，投資與所額遞減　(c) 隨著所得增加，貨幣需求增加導致利率上漲 (d) 隨著所得增加，貨幣需求遞減引起利率遞減

17. LM 曲線是顯示何者的組合？　　(a) 租稅與政府支出　　(b) 名目貨幣餘額與物價水準下跌 (c) 利率與所得組合能夠帶領實質貨幣餘額市場達成均衡　(d) 利率與所得組合能夠帶領 商品與勞務市場達成均衡

18. LM 曲線是顯示何種組合而與實質貨幣餘額市場均衡一致？　　(a) 通膨與失業率　　(b) 物 價與實質產出　(c) 利率與所得　(d) 利率與實質貨幣餘額

19. 某國貨幣市場運作適用貨幣數量學說，LM 曲線將如何變化？　　(a) 呈現正斜率且持續 右移　(b) 呈現負斜率且持續右移　(c) 呈現垂直線　(d) 呈現水平線

20. 在傳統 IS-LM 模型中，LM 曲線呈現水平線的可能原因，何種錯誤？　　(a) 央行採取釘 住利率措施　(b) 投機性貨幣需求的利率彈性趨於無窮大　(c) 央行採取順風而行政策 (d) 人們的貨幣需求全部為活動餘額

21. 何種敘述與既定的 LM 曲線一致？　　(a) 利率上漲導致貨幣需求增加　(b) 利率下降導致 投資支出增加　(c) 利率下降導致貨幣供給增加　(d) 產出增加導致貨幣需求增加

22. 某國貨幣需求函數為 $\frac{M^d}{P}=0.5y-100r$，而央行完全控制貨幣供給，則 LM 曲線斜率為 何？　(a) 0.001　(b) 0.005　(c) 0.01　(d) 0.05

23. 某國的實質貨幣餘額需求與貨幣供給均不受利率影響，則 LM 曲線型態將如何變化？ (a) 呈現正斜率　(b) 呈現負斜率　(c) 呈現水平線　(d) 呈現垂直線

答案：

1. (a)　　2. (b)　　3. (d)　　4. (c)　　5. (c)　　6. (d)　　7. (c)　　8. (b)　　9. (c)　　10. (b)
11. (c)　　12. (b)　　13. (b)　　14. (b)　　15. (c)　　16. (c)　　17. (c)　　18. (c)　　19. (c)　　20. (d)
21. (d)　　22. (b)　　23. (d)

4.3.2 LM 曲線的移動

1. 某國人民將所得的 25% 以貨幣餘額保有，在利率不變下，央行增加貨幣供給 100 億元， 促使 LM 曲線右移幅度為何？　　(a) 400 億元　(b) 25 億元　(c) 75 億元　(d) 100 億元

2. 在何種情況下，金融市場將陷入流動性陷阱環境？　　(a) 央行實施逆風行政策的結果 (b) 央行控制貨幣數量，讓利率自由浮動的結果　(c) 貨幣需求缺乏利率彈性　(d) 央行 採取釘住利率措施

3. 油價飆漲帶動人們預期通膨率攀升，此舉將促使平面上的 LM 曲線如何變化？　　(a) 左 移　(b) 右移　(c) 不變　(d) 斜率變得愈陡峭

4. 依據 IS-LM 模型，央行意圖降低利率，採取何種公開市場操作將屬正確？ (a) 購買債券促使 IS 曲線右移 (b) 購買債券帶動 LM 曲線右移 (c) 出售債券引起 IS 曲線右移 (d) 出售債券讓 LM 曲線右移

5. 某國貨幣市場運作結果，何者正確？ (a) 在短期，貨幣市場均衡將決定名目產出 (b) 電子貨幣盛行將會降低貨幣需求，促使 LM 曲線右移 (c) 就長期而言，貨幣市場均衡決定物價水準 (d) 央行採取釘住利率措施，LM 曲線將會缺乏利率彈性

6. 農曆春節來臨，人們增加貨幣需求，將造成何者變動？ (a) 人們需金孔急係用於消費，IS 曲線將會右移 (b) 貨幣需求增加係屬季節性因素，將促使 LM 曲線左移 (c) LM 曲線將因季節性貨幣需求增加而缺乏利率彈性 (d) 貨幣需求增加引起可貸資金供給減少，促使實質利率上升

7. 體系內貨幣市場陷入資金緊縮，何種結果不會出現？ (a) 債券市場出現超額供給 (b) 廠商將減少發行公司債，促使公司債價格上升 (c) 貨幣市場利率上升，促使債券價格趨於下降 (d) 可貸資金需求增加

8. 某國金融市場利率高於均衡值，將發生何種狀況？ (a) 實質餘額需求超過供給 (b) 實質餘額供給超過需求 (c) 債券價格趨於下跌 (d) 實質餘額需求將會增加

9. 金融體系落在流動性陷阱環境，將會發生何種情景？ (a) 流動性偏好將缺乏利率彈性 (b) 貨幣政策的利率傳遞過程將會失靈 (c) 短期金融資產的實質利率偏高 (d) 債券價格滑落至谷底

10. 有關央行增加貨幣供給也無法降低利率的現象，何種說法錯誤？ (a) 人們在債券市場扮演空頭，大量持有投機性貨幣餘額 (b) 人們持有貨幣是作為交易用途，與利率毫無關聯 (c) 債券價格可能位於高檔 (d) 此種情況稱為流動性陷阱

11. 某國政治局勢動盪不安，引發人們增加持有預防性貨幣餘額，此舉產生衝擊為何？ (a) 實質利率下跌 (b) 債券價格上漲 (c) LM 曲線出現左移 (d) 可貸資金供給減少

12. 體系內實質產出下降，將會造成何種結果？ (a) 沿著貨幣需求曲線向下移動 (b) 沿著貨幣需求曲線向上移動 (c) 貨幣需求下降，帶動 LM 曲線右移 (d) 貨幣需求減少，LM 曲線維持不變

13. 某國所得 $y = 4,000$，實質貨幣餘額 $\left(\dfrac{M}{P}\right) = 600$。隨著該國所得上升到 $y = 4,200$，何者正確？ (a) 不論何種狀況，相同實質貨幣餘額不再被需求 (b) 在利率未變下，相同實質貨幣餘額將再次被需求 (c) 利率上升某一幅度，相同實質貨幣餘額將被再次需求 (d) 利率下降某一幅度，相同實質貨幣餘額將被再次需求

14. 如下圖所示，貨幣市場目前利率為 2%，將會發生何種情況？

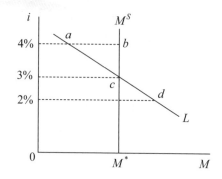

(a) 貨幣市場資金過剩，推動利率下跌　　(b) 人們賣出持有的債券，推動利率上漲
(c) 人們增加消費支出，促使利率上漲　　(d) 貨幣市場處於均衡狀態，利率不會變動

15. 相較一般情況而言，體系陷入流動性陷阱，將會出現何種現象？　(a) 實質所得與債券價格較高　(b) 實質利率與債券價格較低　(c) 實質所得較高且債券價格較低　(d) 貨幣利率較低且債券價格較高

16. 央行採取緊縮貨幣政策，金融體系將出現何種變化？　(a) 通膨率立刻下降　(b) 名目利率在短期內下降　(c) 名目利率在長期會下降　(d) 實質餘額在短期將會增加

17. 體系內實質貨幣供給的定義為何？　(a) 以商品衡量的貨幣存量而非貨幣　(b) 只有強力貨幣存量　(c) 只有流通中的實質通貨價值　(d) 實際的貨幣數量而非官方公布的數量

18. 某國貨幣需求函數為 $\frac{M^d}{P} = 2{,}200 - 200i$，貨幣供給 $M^S = 2{,}000$，物價 $P = 2$，均衡利率為何？　(a) 2%　(b) 4%　(c) 6%　(d) 8%

19. 某國貨幣需求函數為 $\frac{M^d}{P} = 2{,}200 - 200i$，貨幣供給 $M^S = 2{,}000$，物價 $P = 2$。在物價固定下，央行增加貨幣供給至 $M^S = 2{,}800$，均衡利率將如何變動？　(a) 下降 4%　(b) 下降 2%　(c) 下降 1%　(d) 維持不變

20. 某國貨幣需求函數為 $\frac{M^d}{P} = 2{,}200 - 200i$，貨幣供給 $M^S = 2{,}000$，物價 $P = 2$。在物價固定下，央行想將利率釘住在 $i = 7\%$，則應該設定貨幣供給為何？　(a) 2,000　(b) 1,800　(c) 1,600　(d) 1,400

21. 某國金融體系潛藏破產風險攀升，將可預期看到何種結果？　(a) 所得與利率上升　(b) 貨幣需求與利率下降　(c) 貨幣需求與利率下降　(d) 貨幣供給上升與利率下降

22. 某國人們的預期變動將會推動景氣循環，則可預期觀察到何種結果？　(a) 貨幣供給將與利率呈正相關　(b) 利率將與所得呈負相關　(c) 政府支出與所得呈負相關　(d) 利率與所得呈正相關

23. 在 IS-LM 模型中，人們預期通膨下降，將會產生何種結果？　(a) 降低所得與利率　(b) 降低所得，但是利率維持不變　(c) 降低利率，但是所得維持不變　(d) 提高利率與

降低所得

24. 某國貨幣需求函數為 $\dfrac{M^d}{P} = 0.5y - 100i$，而央行增加貨幣供給$\Delta M^S = 100$，則在利率已知下，LM 曲線移動幅度為何？ (a) 左移 100 (b) 左移 200 (c) 右移 100 (d) 右移 200

25. 每逢農曆春節蒞臨，人們擴大貨幣需求，此種現象將釀成何種結果？ (a) 人們基於增加持有交易性貨幣餘額是為擴大消費，將帶動 IS 曲線右移 (b) 央行維持貨幣供給不變，金融市場將呈現資金緊俏現象 (c) 人們增加交易性貨幣需求，促使貨幣需求的所得彈性擴大，LM 曲線斜率在此期間將轉為陡峭 (d) 體系將沿著 LM 曲線向上移動

26. 央行在公開市場買進公債造成影響，何者錯誤？ (a) 相當於公債貨幣化 (b) LM 曲線右移 (c) LM 曲線斜率趨於陡峭 (d) 此係屬於權衡性貨幣政策

答案：

1. (a) 2. (d) 3. (a) 4. (b) 5. (b) 6. (b) 7. (b) 8. (b) 9. (b) 10. (b)

11. (c) 12. (d) 13. (c) 14. (b) 15. (d) 16. (c) 17. (a) 18. (c) 19. (b) 20. (c)

21. (c) 22. (d) 23. (a) 24. (d) 25. (b) 26. (c)

4.4 總體經濟均衡

1. 有關 IS-LM 模型的合理動態假設為何？ (a) 體系永遠落在 IS 與 LM 曲線上 (b) 體系永遠落在 IS 曲線上，僅是緩慢移動到 LM 曲線上 (c) 體系永遠落在 LM 曲線上，僅是緩慢移動到 IS 曲線上 (d) 貨幣市場調整迅速，但是債券市場調整緩慢

2. 依據 IS-LM 模型的合理動態假設，央行執行緊縮政策，何種結果正確？ (a) 利率立即上漲，而後不再進一步變動 (b) 利率立即上漲，再隨著時間經過趨於下跌 (c) 利率逐步穩定上漲到新均衡水準 (d) 利率初期不會變動，隨後突然上升到新均衡值

3. 考慮動態調整的 IS-LM 模型，央行執行緊縮政策，將會導致何種結果？ (a) 利率立即上漲，而所得立即下降 (b) 利率立即上漲，而所得在初期不變 (c) 利率逐步上漲，所得則逐步減少 (d) 所得立即下跌，然後引起利率緩步上漲

4. 考慮動態調整的 IS-LM 模型，財政部緊縮支出，將會導致何種結果？ (a) 利率立即上漲，而所得立即下降 (b) 利率立即上漲，而所得在初期不會變 (c) 利率與所得逐步下跌 (d) 所得緩步下跌，而所得則立即減少

5. 有關 IS-LM 兩條曲線的敘述，何者正確？ (a) 投資陷阱將讓 IS 曲線成為水平線 (b) 投資陷阱將使 LM 曲線缺乏利率彈性 (c) 流動性陷阱將扭轉 IS 曲線為垂直線 (d) 流動性陷阱將讓 LM 曲線變成水平線

6. 某國的 IS-LM 兩條曲線初期相交於 Keynesian 區域，政府擴張支出將會產生何種結果？ (a) 所得增加、利率上升 (b) 所得增加、利率不變 (c) 所得與利率均不變 (d) 所得不

變、債券價格上升

7. 某國的 IS-LM 曲線初期相交於 Keynesian 區域，央行實施量化寬鬆將會產生何種結果？
(a) 所得增加、債券價格下跌　(b) 所得增加、利率下降　(c) 債券價格與利率均不變
(d) 所得不變、利率上升

8. 依據 IS-LM 模型，何者正確？　(a) 人們的財富累積，將促使 IS-LM 兩條曲線右移
(b) 央行貨增加幣供給，可能引起 IS 曲線右移，而 LM 曲線左移　(c) 政府支出增加若
以發行公債融通，將會帶動 LM 曲線右移　(d) IS-LM 兩條曲線交點反應一國總需求量

9. 在 IS-LM 模型中，體系達成短期均衡，何種狀況正確？　(a) 體系落在 IS 曲線上的任
何點　(b) 體系將落在自然產出上　(c) 體系落在 LM 曲線上的任何點　(d) 體系將落在
IS-LM 兩條曲線交點

10. 在正常狀況的 IS-LM 模型中，何種現象正確？　(a) 緊縮貨幣供給將降低通膨率，進而
引起實質利率下降　(b) 貨幣供給減少將引起物價下跌，進而降低所得　(c) 人們緊縮誘
發性消費，將會降低所得　(d) 廠商增加自發性投資支出，將推動利率上漲

11. 某國邊際支出傾向小於 1，在 IS 曲線不變下，LM 曲線右移，新均衡呈現的特點為何？
(a) 所得與利率同時降低　(b) 所得提高，利率降低　(c) 所得降低，物價上漲　(d) 所得
與物價同時提高

12. 在 IS-LM 模型中，體系期初均衡所得與利率為 (r_0, y_0)，某種衝擊改變均衡狀態為 $(r_1,
y_1)$，而 $y_1 > y_0$、$r_1 > r_0$，何種衝擊不可能產生該結果？　(a) 投資意願擴大所致　(b) 儲
蓄意願低落所致　(c) 投機性貨幣需求減少所致　(d) 政府支出擴大的結果

13. 農曆春節來臨，人們勢必擴大貨幣需求，此舉將釀成何種結果？　(a) 人們增加持有貨
幣用於消費，促使 IS 曲線右移　(b) 央行控制貨幣數量不變，將促使 LM 曲線左移
(c) LM 曲線在此期間將變得缺乏利率彈性　(d) 此舉僅是造成 LM 曲線上點的移動

14. 政府租稅函數為 $T = T_0 + t(y - D_0)$，央行設定的貨幣供給函數為 $M^S = M_0 + m_1 y - m_2 i$。何
種說法錯誤？　(a) 財政部調整稅率 t 將改變 IS 曲線斜率　(b) 財政部調低免稅額 D_0，
將引起 IS 曲線左移　(c) 央行調整 m_1 係數，將是執行權衡性貨幣政策　(d) 央行調整
M_0 將促使 LM 曲線移動

15. 某國的 IS 曲線右移 150 億元，LM 曲線也同時右移 100 億元，新均衡點將呈現何種結
果？　(a) 所得增加少於 150 億元，而利率將會滑落　(b) 所得增加 150 億元，而利率將
維持不變　(c) 所得增加超過 150 億元，利率趨於上升　(d) 所得增加少於 150 億元，而
利率則會上漲

16. 某國商品與貨幣市場均衡方程式如下：
$y = C(y, r) + I(r, y) + G_0$
$\dfrac{M}{P_0} = L(i, y)$

$C_r, I_r, L_i < 0 < C_y, I_y, L_y$，$C_y + I_y > 1$。基於上述模型，何者正確？ (a) IS 曲線呈現負斜率 (b) LM 曲線將是負斜率 (c) IS 曲線有可能是正斜率 (d) LM 曲線可能為正斜率或負斜率

17. 某國 IS 曲線為 $y = 1,700 - 100r$，貨幣需求函數為 $\left(\dfrac{M}{P}\right)^d = y - 100\,i$，貨幣供給為 $M^S = 1,000$，物價為 $P = 2$。在預期通膨率 $\pi^e = 0E$，央行提高貨幣供給為 $M^S = 1,200$，均衡所得與利率如何變化？ (a) 所得增加 200，利率下跌 2% (b) 所得增加 100，利率下跌 1% (c) 所得增加 50，利率下跌 0.5% (d) 所得增加 200，利率將維持不變

18. 體系目前的所得與利率組合，係處於 $S = I$ 且 $M > L$ 的環境，可能會發生何種變動？ (a) 貨幣利率趨於下跌 (b) 金融市場呈現緊縮狀態 (c) 意願性存貨出現累積 (d) LM 曲線將會緩步右移

19. 某國目前的所得與利率組合係落在 $S > I$ 且 $M = L$ 的狀況，何種情景將會出現？ (a) 實質利率趨於下跌 (b) 非意願性存貨遞減 (c) 廠商增加裁員與減產 (d) IS 曲線逐步右移

20. 體系若從 $S = I$ 且 $M > L$ 的所得與利率組合位置出發，移向較高所得與利率的均衡組合，此是何者變化造成的結果？ (a) 投資需求曲線右移 (b) 央行擴大貨幣供給 (c) 政府縮減購買商品與勞務支出 (d) 儲蓄曲線向下移動

21. 某國目前的產出與利率讓其脫離 IS 曲線與 LM 曲線的運作，何者正確？ (a) 該國生產等於需求 (b) 債券供給等於債券需求 (c) 該國金融市場處於均衡狀態 (d) 廠商持有非意願性存貨累積不為零

22. 某國貨幣需求函數為 $\dfrac{M^d}{P} = 2.200 - 200i$，貨幣供給 $M^S = 2,000$，物價 $P = 2$。假捨物價水準固定，央行增加貨幣供給至 $M^S = 2,800$，均衡利率將如何變動？ (a) 下降 4% (b) 下降 2% (c) 下降 1% (d) 維持不變

23. 一般而言，某國的 IS 與 LM 曲線將可共同決定何種變數？ (a) 僅有所得一項變數 (b) 僅有利率一項變數 (c) 同時決定所得與利率 (d) 所得、利率與物價

24. 某國均衡所得與利率受到商品市場與實質貨幣餘額市場的影響為何？ (a) 兩個市場同時發揮正向影響 (b) 前者發揮正面影響，後者發揮負面影響 (c) 兩個市場同時發會負面影響 (d) 前者發揮負面影響，後者發揮正面影響

25. IS-LM 模型通常是適用於何種狀況？ (a) 只有短期 (b) 只有長期 (c) 短期與長期均可適用 (d) 僅適用於決定物價

針對下列圖型回答（26.）～（27.）

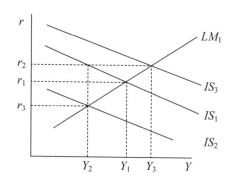

26. 基於上述圖形，從均衡利率與所得組合（r_1, y_1）出發，政府支出增加將會產生新的均衡利率與所得組合為何？　(a)（r_2, Y_2）　(b)（r_3, Y_2）　(c)（r_2, Y_3）　(d)（r_3, Y_3）

27. 基於上述圖形，從均衡利率與所得組合出發，政府採取減稅措施，將會產生新的均衡利率與所得組合為何？　(a)（r_2, Y_2）　(b)（r_3, Y_2）　(c)（r_2, Y_3）　(d)（r_3, Y_3）

28. 在 IS-LM 模型中，政府緊縮支出將對預擬支出、所得、貨幣需求與均衡利率造成何種影響？　(a) 四者全部減少　(b) 四者全部增加　(c) 預擬支出與所得減少，而貨幣需求與利率增加　(d) 預擬支出與所得增加，而貨幣需求與利率減少

29. 在 IS-LM 模型中，LM 曲線若完全缺乏率彈性，政府支出增加引起均衡所得增加為何？
(a) $\dfrac{G}{1-MPC}$　(b) 大於零，但是小於 $\dfrac{G}{1-MPC}$　(c) G　(d) 零

30. 某國的 $MPC = 0.75$ 且採取課徵定額稅，當政府擴張支出 100 時，在既定利率下，IS 曲線右移幅度為何？　(a) 100　(b) 200　(c) 300　(d) 400

31. 傳統 IS-LM 模型對體系內總供給曲線的隱含假設為何？　(a) 由於物價浮動，AS 曲線呈現缺乏物價彈性　(b) 體系存在大量失業與超額產能，AS 曲線具有完全物價彈性水平線　(c)AS 曲線是落在自然產出的垂直線　(d) 工資與物價僵化下，AS 曲線是正斜率

32. 某國經濟活動目前落在 IS-LM 曲線上運作，何者錯誤？　(a) 體系生產等於需求　(b) 債券供給等於債券需求　(c) 貨幣需求等於貨幣供給　(d) 廠商持有意願性存貨累積為零

33. 在 IS-LM 模型中，預期通膨率下降（預期通縮率上升）將會導致何種結果？　(a) 產出與名目利率上升　(b) 產出與名目利率下降　(c) 產出上升與名目利率下降　(d) 產出下降與名目利率上升

34. 在其他條件不變下，新冠肺炎造成體系出現預期通縮，將透過何者衝擊經濟活動？
(a) 降低貨幣需求而移動 LM 曲線　(b) 增加貨幣需求而移動 LM 曲線　(c) 在既定名目利率下，提高實質利率而降低預擬投資　(d) 在既定名目利率下，降低實質利率而增加預擬投資

35. IS-LM 模型假設預期通膨率為零，一旦預期通膨率轉為負值，將會出現何種狀況？
    (a) IS 曲線左移　(b) IS 曲線右移　(c) LM 曲線左移　(d) LM 曲線右移

36. 在 IS-LM 模型中，某國預期通膨率下降（預期通縮率增加），將會造成何種結果？
    (a) 產出與名目利率同時增加　(b) 產出與名目利率同時下降　(c) 產出增加，而名目利率下降　(d) 產出下降，而名目利率上漲

37. 在其他條件不變下，某國發生預期通縮率，將透過何者影響經濟活動？　(a) 降低貨幣需求而促使 LM 曲線移動　(b) 增加貨幣需求而引起 LM 曲線移動　(c) 在任何既定名目利率下，提高實質利率而降低民間支出　(d) 在任何既定名目利率下，降低實質利率而增加預擬投資

38. 依據傳統 IS-LM 曲線，若未考慮財富效果因素，新冠肺炎疫情氾濫，引發某國物價出現滑落，將會影響何者變動？　(a) LM 曲線右移　(b) LM 曲線斜率趨於陡峭　(c) IS 曲線左移　(d) IS 曲線斜率變得平坦

39. 傳統 IS-LM 模型隱含假設體系內，總供給曲線型態為何？　(a) 由於物價浮動，是以總供給曲線為垂直線　(b) 由於物價固定，是以總供給曲線為水平線　(c) 由於工資與物價固定，是以總供給曲線呈現正斜率　(d) 產出供給固定

40. 某國的 IS 曲線函數為 $y = 1{,}700 - 100r$，LM 曲線函數為 $y = 500 + 100i$。在預期通膨率 $\pi^e = 0$，該國均衡所得與利率將為何？　(a) $y = 1{,}100$，$r = 6\%$　(b) $y = 1{,}200$，$r = 5\%$　(c) $y = 1{,}000$，$r = 5\%$　(d) $y = 1{,}100$，$r = 5\%$

41. 某國的 IS 曲線函數為 $y = 1{,}700 - 100r$，貨幣需求函數為 $\left(\dfrac{M}{P}\right)^d = y - 100i$，貨幣供給 $M^S = 1{,}000$，物價水準 $P = 2$。在預期通膨率 $\pi^e = 0$，央行增加貨幣供給至 $M^S = 1{,}200$，均衡所得與利率將為何？　(a) $y = 200$，利率下降 2%　(b) $y = 100$，利率下降 1%　(c) $y = 50$，利率下降 0.5%　(d) $y = 200$，利率維持不變

答案：

1. (c)	2. (b)	3. (b)	4. (c)	5. (d)	6. (b)	7. (c)	8. (d)	9. (d)	10. (d)
11. (b)	12. (c)	13. (b)	14. (c)	15. (c)	16. (c)	17. (c)	18. (a)	19. (c)	20. (a)
21. (d)	22. (b)	23. (c)	24. (b)	25. (a)	26. (c)	27. (b)	28. (a)	29. (d)	30. (d)
31. (b)	32. (d)	33. (b)	34. (c)	35. (b)	36. (b)	37. (c)	38. (a)	39. (b)	40. (a)
41. (c)									

4.5 進階選擇題

1. 央行經研處估計 LM_1 曲線為 $\dfrac{M_0}{P} = \alpha_1 y - \beta_1 i$，而台經院估計 LM_2 曲線為 $\dfrac{M_0}{P} = \alpha_2 y - \beta_2 i$。當央行執行量化寬鬆，何者正確？　(a) 假設 $\beta_1 = \beta_2$、$\alpha_1 < \alpha_2$，LM_1 曲線平移幅度大於

LM_2 曲線平移動幅度　　(b) 假設 $\beta_1 > \beta_2$、$\dfrac{\alpha_1}{\beta_1} = \dfrac{\alpha_2}{\beta_2}$，$LM_1$ 與 LM_2 曲線平移幅度相同

(d) 假設 $\dfrac{\alpha_1}{\beta_1} = \dfrac{\alpha_2}{\beta_2}$，$LM_1$ 與 LM_2 曲線垂直移動幅度相同

2. 武陵桃花源的商品與貨幣市場均衡方程式分別爲 $y = (C_r + I_r)r + (C_y + I_y)y + G_0$ 與 $l_r\, r + l_y\, y = m_0 + m_1\, r + m_2\, y$，$C_r, I_r, l_r < 0 < C_y, I_y, l_y$。基於上述模型，有關桃花源經濟環境的描述，何者正確？　　(a) 桃花源的消費與投資愈富於利率彈性，IS 曲線斜率愈小　　(b) 人們儲蓄愈具於所得彈性，IS 曲線斜率愈小　　(c) $m_2 < 0$ 意味著央行採取順風而行政策 (d) 假設 $l_y = m_2 > 0$ 意味著 LM 曲線缺乏利率彈性

3. 依據 IS-LM 模型，某國央行採取釘住利率措施，當投資支出曲線移動導致投資增加 25，而 Keynesian-Cross 模型的乘數效果爲 3，則對所得影響爲何？　　(a) 至少增加 25 (b) 所得增加範圍落在 0～75 之間，尚須取決於 LM 曲線的利率彈性　　(c) 所得變動幅度取決投資曲線移動導致 LM 曲線移動幅度大小　　(d) 所得變動最大幅度等於 3 乘上投資支出變動量，而後者取決於 LM 曲線的利率彈性

4. 某位篤信 Keynesian 學派的教授建立 Hicks-Hansen 模型分析經濟環境變化，在推理過程中，何者須受質疑？　　(a) 景氣藍燈持續閃爍，物價僵化而設定爲 $P = P_0$　(b) 將 IS 曲線函數設定爲 $I_0 = S(y)$，正好符合該國落在投資陷阱的說法　　(c) 將 LM 曲線設定爲 $r = r_0$ 也可反映該國落入流動性陷阱困境　　(d) 貨幣政策在該模型發揮的效果將不遜於財政政策

5. 某位偏愛新古典思維的教授檢視總體經濟活動變化，採取設定 IS-LM 模型分析，將對模型附加條件，何者錯誤？　　(a) 貨幣僅作爲交易媒介，設定 LM 曲線函數爲 $234 = a + 0.3y$ 當可接受　　(b) 賦予貨幣扮演價值儲藏角色，設定 LM 曲線函數爲 $565 = b - 0.25y$ 也無不可　　(c) 消費與投資支出屬於長期決策，應設定成具有高利率彈性　　(d) 政府支出屬於流量，貨幣數量則是存量，是以貨幣政策相對財政政策具有效果

6. 某國的商品與貨幣市場均衡方程式分別爲 $y = C(y - T_0) + I(r, y) + G_0$，$\dfrac{M}{P} = m = l(r, y)$，$I_r, l_r < 0 < C_y, l_y$。基於上述模型，有關該國經濟環境的描述，何者錯誤？　　(a) $I_r = 0$ 將讓節儉矛盾性不會出現　　(b) 在 $I_r = 0$ 且 $S_y > I_y$ 的環境下，節儉的矛盾性將會出現 (c) 在 $S_y < I_y$ 的環境下，政府支出增加將促使 IS 曲線左移　　(d) 在 $l_r = I_r = 0$ 的環境下，自發性投資增加推動利率上升，導致誘發性投資減少，總投資仍將增加

7. 某國政府研判經濟情勢變化後，何種看法錯誤？　　(a) 財政部推動稅改，調整 $T = T_0 + ty$ 的稅制爲 $T = t(y - D_0)$，將引起 IS 曲線平行右移　　(b) 在蕭條期間，Keynesian-Cross 模型的支出乘數將等於 IS-LM 模型的支出乘數　　(c) LM 曲線在某段期間趨於完全利率彈性，意味著金融市場落在古典區域上　　(d) 隨著調整期間拉長，LM 曲線將愈富於利率彈性

8. 某國財政部稅改會研議實施負所得稅制，除原先稅制 $T = T_0 + ty$ 外，再增加 $R = r(D_0 - y)$ 的福利支出制度。該國央行採取釘住利率措施，一旦該項稅改付諸實施，何種衝擊錯誤？　(a) 強化預算當中隱含的自動穩定因子　(b) 勢必改變 IS 曲線斜率　(c) 政府預算赤字擴大　(d) 政府支出乘數增加

9. 某國財政部訂定租稅制度為 $T = T_0 + t(y - D_0)$，而央行執行的貨幣供給函數為 $M^S = M_0 + m_1 y + m_2 i$。有關兩者內涵變化的影響，何者正確？　(a) 調整稅率 t 將會影響自動穩定因子，而且改變 IS 曲線斜率　(b) 調整免稅額 D_0 除強化內在安定措施外，也會改變 IS 曲線斜率　(c) 央行調整 m_1 係數屬於權衡性貨幣政策　(d) 央行調整 M_0 將是變動貨幣法則

10. 某國國會通過所得稅制為 $T = t(y - D_0)$，D_0 是免稅額。另外，央行理監事會決議國內貨幣供給函數為 $M^S = M_0 + m_1 y + m_2 i$。依據這些資訊，何者錯誤？　(a) 財政部調高 2019 年的免稅額 D_0，不會影響 IS 曲線斜率　(b) 稅率調整係強化自動穩定因子的方法　(c) 央行決議調整 m_1 係數，將會改變 LM 曲線斜率　(d) 央行調整 M_0 係屬於改變貨幣法則

11. 某國央行估計流動性偏好函數為 $l = 220 + 0.4y - 900i$，而貨幣供給函數為 $M^S = 220 + 1,500i + 0.1y$，目前經濟環境為 $(i, y) = (5\%, 480)$。何者正確？　(a) 央行實施逆風而行的貨幣法則　(b) 央行調整貨幣供給函數為 $M^S = 350 + 1,500i + 0.1y$，代表執行量化寬鬆政策　(c) 貨幣市場目前處於資金寬鬆狀況　(d) 貨幣市場目前面臨超額商品供給狀況

12. 某國央行經研處驗證該國的 LM 曲線具有完全利率彈性，何種可能性錯誤？　(a) 此係處於 Keynesian 區域，債券價格可能處於高檔　(b) 央行實施無限量化寬鬆，而讓利率維持在某一水準　(c) 人們持有貨幣主要作為交易用途　(d) 央行採取逆風而行政策

13. 某研究機構驗證該國邊際民間支出傾向小於 1，而官方資料證實目前經濟環境落在 IS 曲線左方區域。有關該國經濟環境的推論，何者正確？　(a) 出現過度儲蓄現象　(b) 廠商的意願性存貨出現累積　(c) 景氣出現擴張現象　(d) IS 曲線將會緩慢左移

14. 在固定期間，廠商購買機器設備與消費者購買耐久財，何者錯誤？　(a) 人們購買舊屋自住是耐久財支出，將會引起 IS 曲線右移　(b) 預擬與實現投資的差別就在非意願性存貨累積或遞減　(c) 廠商從事替換投資，無法引起 IS 曲線移動　(d) 人們購買新車是耐久財支出，勢必引起 IS 曲線右移

15. 某經濟研究機構設定 Hicks-Hansen 模型為 $y = C(r, y) + I(r, y) + G_0$，$\frac{M}{P} = m = l(i, y)$，$i = r + \pi^e$。針對上述模型內容，何種說法正確？　(a) $C_y + I_y < 1$ 將意味著 IS 曲線相對缺乏利率彈性　(b) 當 $C_y + I_y > 1$ 時，經濟環境落在 IS 曲線右邊，將意味著廠商面臨非意願性存貨累積　(c) 人們預期通膨率 π^e 上漲，IS 曲線維持不變，而 LM 曲線呈現左移　(d) $-1 < l_i < 0$，而 l_i 值變化將反映央行決定調整貨幣法則

16. 某國主計總處公布去年國民會計帳顯示，廠商持有存貨出現累積，何者可能正確？ (a) 景氣燈號已經由黃藍燈轉為藍燈，廠商累積存貨將屬意願性，並已反映在去年的 IS 曲線右移　(b) 廠商累積存貨若屬非意願性，景氣燈號預期將滑落藍燈區域　(c) 廠商持有存貨若是中間財或半成品型態，主計總處計算國內產出淨額必須剔除　(d) 廠商持有存貨累積，必然引起去年的 IS 曲線左移

17. 某研究機構驗證本國消費與投資函數為 $C = 200 + 0.75y - 1,500r$ 與 $I = 50 + 0.35y - 2,500r$，而政府支出為 $G = 30$。央行採取釘住利率措施，將利率 $r = 10\%$ 調低為 $r = 8\%$。依據上述資訊，何者錯誤？　(a) 央行調降利率後，均衡所得為 200　(b) 該國的 IS 曲線呈現正斜率　(c) 期初均衡係為不穩定均衡點　(d) 央行調降利率，經濟活動將呈現發散，無法收斂到均衡點

18. 某國景氣頻頻閃爍藍燈，物價滑落遲緩甚至趨於僵化。某機構設定總體模型僅考慮商品、貨幣與債券三個市場，而消費函數 $C = 780 + 0.65y$，投資函數 $I = 130 - 2,000r + 0.15y$、政府支出 $G = 50$、實質貨幣供給 $m^S = \dfrac{M}{P} = 500$、流動性偏好函數 $l = 100 + 0.1y - 3,000i$。下列敘述，何者錯誤？　(a) 體系達成均衡，$(r^*, y^*) = (2\%, 4,600)$　(b) 債券市場均衡式為 $0.1y + 5,000i = 560$　(c) 該國 BF 曲線斜率為 $\dfrac{di}{dy} = -0.00002$　(d) Walras 法則成立隱含體系達成均衡

19. 依據 Hicks-Hansen 模型，某國 IS-LM 兩條曲線期初相交於 Keynesian 區域，何種結果錯誤？　(a) 人們持有貨幣係以閒置餘額為主　(b) 人們在金融市場扮演空頭角色，大量持有投機性貨幣餘額　(c) 央行增加貨幣供給，將被人們全部納入交易餘額，促使所得與利率維持不變　(d) 政府擴張支出僅會增加所得，債券價格持平不變

20. 依據 IS-LM 模型的動態調整過程，某國貨幣市場屬於效率市場，政府擴張支出引發的變動過程，何者錯誤？　(a) IS 曲線右移首先引起產出增加，體系再沿著新的 IS 曲線邁向新均衡點，利率上漲將部分排擠民間支出　(b) IS 曲線右移將引起體系沿著 LM 曲線邁向新均衡點　(c) 貨幣市場恆處於均衡狀態，政府擴張支出帶動利率與所得沿著 LM 曲線逐步遞增　(d) 體系永遠落在 LM 曲線上，政府支出增加不會脫離 IS-LM 兩條曲線的交點

21. 某國的 LM 曲線斜率近似於零，由此衍生的涵義，何者錯誤？　(a) 可能是央行實施無限量化寬鬆釘住利率的結果　(b) 人們在金融市場偏空操作，持有貨幣絕大多數作為投機用途　(c) 可能是央行執行「順風而行」貨幣法則的結果　(d) 債券價格處於高檔，人們持有貨幣主要是作為活動餘額

22. 某國期初的 IS 曲線為 $y = 1,700 - 10,000r$，流動性偏好函數為 $l = y - 10,000i$，貨幣供給為 $M^S = 1,000$，物價為 $P = 1$，預期通膨率 $\pi^e = 0$，Fisher 方程式為 $i = r + \pi^e$。爾後，央

行將貨幣供給提高至 $M^S = 2,000$，引起物價與預期通膨率上漲爲 $P = 2$ 與 $\pi^e = 2\%$。何者錯誤？ (a) 期初均衡所得爲 1,350，均衡利率爲 3.5% (b) 央行執行寬鬆政策後，均衡所得變爲 1,450，貨幣利率變爲 4.5% (c) 央行執行寬鬆政策後，貨幣利率上漲至 4.5%，而實質利率則下跌至 2.5% (d) 央行執行寬鬆政策後，貨幣利率與實質利率同時上漲至 4.5%

23. 某國目前的經濟環境是脫離 IS-LM 兩條曲線上運作，何種反應正確？ (a) 商品市場的生產等於支出 (b) 依據 Warlas 法則，債券市場處於均衡狀態 (c) 依據效率市場臆說，該國經濟活動將迅速回到 LM 曲線上運作 (d) 廠商持有非意願性存貨累積爲零

答案：

1. (a)　　2. (a)　　3. (b)　　4. (d)　　5. (b)　　6. (d)　　7. (c)　　8. (d)　　9. (a)　　10. (d)

11. (b)　　12. (d)　　13. (c)　　14. (a)　　15. (c)　　16. (b)　　17. (a)　　18. (d)　　19. (c)　　20. (a)

21. (d)　　22. (d)　　23. (c)

chapter 5

貨幣政策與財政政策效果的爭論

5.1 貨幣政策效果

1. 就傳統貨幣政策而言，央行執行寬鬆政策，將經由何種管道影響經濟活動？ (a) 利率管道 (b) 價格管道 (c) 匯率管道 (d) 信用管道

2. 依據 IS-LM 模型，央行執行寬鬆貨幣政策衝擊景氣係屬間接，將透過何種傳遞管道影響實質景氣？ (a) 利率變動 (b) 實質餘額變動 (c) 物價波動 (d) 所得調整

3. 依據 IS-LM 模型，央行執行緊縮政策可能導致何種結果？ (a) 債券價格下跌 (b) 出現吸引投資支出效果 (c) 民間支出增加 (d) 實質利率下跌

4. 若無財富效果影響，央行在公開市場拋售長期公債的結果，何者錯誤？ (a) LM 曲線左移 (b) 長期利率下跌 (c) 公債價格下跌 (d) 民間支出減少

5. 在 IS-LM 模型中，央行理監事會通過執行寬鬆政策，在何種情況下，將毫無產出效果可言？ (a) 民間支出具有完全利率彈性 (b) 廠商投資決策深受利率與景氣影響 (c) 流動性偏好的利率彈性無窮大 (d) 人們持有貨幣全部作為活動餘額

6. 某國政府大幅降低租稅負擔，而央行搭配緊縮政策，此種組合將會產生何種結果？ (a) 實質利率上升，而且投資減少 (b) 貨幣利率下降，而且投資上升 (c) 實質利率與投資同時上升 (d) 貨幣利率與投資同時減少

7. 央行增加貨幣供給，在短期與長期將會產生何種結果？ (a) 不論短期或長期，所得將增加，而利率降低 (b) 所得在短期與長期均會增加，利率在長期則持平 (c) 利率在短

期與長期下降，所得在長期則持平 (d) 在短期，利率下降而所得增加，但兩者在長期均不變

8. Keynesian 學派指出何者有助於提升寬鬆貨幣政策效果？ (a) 人們的未雨綢繆心思增強 (b) 邊際進口傾向增加 (c) 所得稅稅率提高 (d) 貨幣需求的所得彈性上升

9. 為讓景氣脫離新冠肺炎籠罩陰影，政府可採何種政策來振衰起敝？ (a) 降低免稅額與寬減額 (b) 央行調高重貼現率 (c) 央行從公開市場買回定存單 (d) 採取健全財政操作

10. 何種民間支出的利率彈性，將讓央行執行貨幣政策效果最強？ (a) 4 (b) 3 (c) 2 (d) 1

11. 某國央行執行非傳統貨幣政策的量化寬鬆（QE），主要是想引發何種結果？ (a) 改變自然產出 (b) 刺激人們擴大消費支出，引起 IS 曲線右移 (c) 引起 LM 曲線右移，大幅降低貨幣利率 (d) 大幅增加可貸資金，吸引廠商擴大投資

12. 對比貨幣政策與財政政策的時間落後，何者錯誤？ (a) 貨幣政策的內部落後較財政政策為短 (b) 貨幣政策效果直接明確，且時間落後短 (c) 財政政策的外部落後較短且執行效果明確 (d) 財政政策的認知落後較貨幣政策為長

13. 體系處於 Keynesian 流動性陷阱環境，將會存在何種可能性？ (a) 人們持有貨幣全數為活動餘額 (b) 金融市場利率處於高檔 (c) 政府擴大支出將面臨全額排擠效果 (d) 貨幣政策的利率傳遞過程將喪失功能

14. 某小國採取鎖國政策，經濟活動變化與政府的權衡性政策密切相關，而且政策效果將即時顯現。該國在 1999～2001 年的 GDP、利率與物價指數的資料如下表所示，試以 IS-LM 模型判斷可能發生何種現象？ (a) 財政部在 2000 年採取減稅政策 (b) 央行在 2000 年採取寬鬆貨幣政策 (c) 財政部在 2001 年採取擴張支出政策 (d) 央行在 2001 年採取緊縮貨幣政策

時間	GDP（兆元）	金融市場利率（%）	物價指數
1999	320	5.5%	100
2000	290	3%	100
2001	250	4.5%	100

15. 人們的流動性偏好忽略利率變化的影響，反而廠商投資意願卻極為重視利率變動的衝擊。何者正確？ (a) LM 曲線相對 IS 曲線具有利率彈性 (b) 貨幣政策效果相對顯著 (c) 人們持有貨幣多數屬於閒置餘額 (d) 財政與貨幣政策都缺乏實質效果

16. 某國國發會發布景氣燈號為藍燈，央行決定運用貨幣政策振衰起敝，何種環境組合將可發揮最佳效果？ (a) 民間支出具高利率彈性，貨幣供給缺乏利率彈性 (b) 貨幣需求與

民間支出缺乏利率彈性　　(c) 投資支出具高所得彈性，貨幣需求具高利率彈性　　(d) 貨幣供給與投資支出具高利率彈性

17. 依據 IS-LM 模型，在其他條件不變下，一旦非貨幣性資產流動性降低，將會造成何種影響？　　(a) 利率上升促使 IS 曲線右移　　(b) IS 曲線左移，產出下降　　(c) 貨幣需求下降促使 LM 曲線右移　　(d) 貨幣需求增加促使 LM 曲線左移

18. 在何種情況下，貨幣政策對所得幾乎無作用？　　(a) 利率對超額貨幣供需反應較小；投資與消費對利率反應遲鈍　　(b) 利率對超額貨幣供需反應較小；民間支出對利率反應敏感　　(c) 利率對超額貨幣供需反應敏感；投資支出對利率反應強烈　　(d) 利率對超額貨幣供需反應迅速；民間支出對利率反應緩慢

19. 相較於財政政策，央行執行貨幣政策面臨何種時間落後較為輕微？　　(a) 認知落後與決策落後　　(b) 決策落後與執行落後　　(c) 執行落後與效驗落後　　(d) 效驗落後與認知落後

20. 貨幣政策影響經濟活動將需經過冗長落後期，主要原因為何？　　(a) 貨幣政策計畫需經立法院通過，再呈報總統施行　　(b) 貨幣政策透過利率變動發生效果，但央行調整利率決策的速度緩慢　　(c) 利率變動要能影響廠商決策，然而投資案規劃時間冗長，難以迅速執行　　(d) 利率變動要能影響人們決策，但消費決策早就決定，無法迅速改變

21. 依據傳統 IS-LM 模型，若無財富效果，某國落入 Keynesian 學派流動陷阱的結果，何者錯誤？　　(a) 貨幣政策的利率傳遞機能失靈　　(b) 多數投資人進入股市採取偏空操作，持有投機餘額遽增　　(c) 金融市場的貨幣利率在低檔徘徊　　(d) 債券價格跌無可跌，落在至谷底

22. 在 IS-LM 模型中，何者將強化貨幣政策影響產出的效果？　　(a) 投資支出的所得彈性擴大　　(b) 長期民間支出的利率彈性擴大　　(c) 貨幣需求的利率彈性無窮大　　(d) 廠商盛行「動物本能」的投資決策

23. 依據傳統 IS-LM 模型，某國若無財富效果影響，物價上漲將會引發何種結果？　　(a) 實質利率上升　　(b) Keynes 效果為負值　　(c) IS-LM 兩條曲線同時左移　　(d) 實質餘額增加

24. 股票市場崩跌而邁入空頭走勢，將會發生何種狀況？　　(a) 投資人持有投機餘額遽增　　(b) 利率將會邁向高檔　　(c) 債券價格高漲而逼近投資陷阱　　(d) 人們將持有貨幣全部轉為活動餘額

25. 央行採取逆風而行法則，對經濟活動產生衝擊，何者錯誤？　　(a) 此即釘住利率政策　　(b) 政府支出乘數效果極小化　　(c) 景氣持續亮起藍燈，央行將會增加貨幣供給　　(d) 政府擴張支出的排擠效果極大化

26. 依據 IS-LM 模型，央行增加貨幣供給將會釀成何種結果？　　(a) 名目利率下跌，所得增加　　(b) 實質利率與物價同時上漲　　(c) 實質利率下跌緊縮民間支出　　(d) 貨幣利率與債券價格同時下跌

27. 某國的 IS 曲線方程式為 $y = C(y - T) + I(r) + G$，而 LM 曲線呈現正斜率。政府執行健全

財政，等量增加課稅與支出 $\Delta T = \Delta G$，將會出現何種結果？　(a) 產出、利率、消費與投資均未變動　(b) 產出與利率上升，消費與投資下降　(c) 產出與利率下降，而消費與投資增加　(d) 產出、利率、消費與投資全都上漲

28. 某國投資函數為 $I = c - dr$，而實質貨幣需求函數為 $l = ey - fr$。如果貨幣政策影響總需求相對強而有力，d 與 f 值將分別為何？　(a) d 值大而 f 值小　(b) d 值與 f 值都小　(c) d 值小而 f 值大　(d) d 值與 f 值都大

29. 在 IS-LM 模型中，貨幣傳遞機能是指貨幣供給增加，引起商品與勞務需求增加的過程為何？　(a) 貨幣餘額增加直接用於支出　(b) 透過降低利率刺激投資增加　(c) 透過提高利率吸引民間支出增加　(d) 透過政府增加購買商品與勞務

30. 傳統 IS-LM 模型認為，貨幣傳遞機能運作是貨幣供給變化透過影響何者來達成？　(a) 政府預算規模調整　(b) 投資支出融通　(c) 預算赤字融通　(d) 課稅制度變動

31. 在 IS-LM 模型中，貨幣傳遞機能是央行增加貨幣供給，進而增加商品與勞務需求的過程，該過程為何？　(a) 實質餘額調整機能　(b) 藉由降低利率刺激投資支出增加　(c) 藉由提高利率來刺激投資支出增加　(d) 藉由政府增加對商品與勞務的支出

32. 政府增加課徵所得稅，而央行藉由增加貨幣供給來防止所得下滑，則將發生何種狀況？　(a) 消費與投資維持不動　(b) 消費增加而投資減少　(c) 投資增加而消費減少　(d) 消費與投資同時減少

33. 廠商投資與人們的貨幣需求均與利率息息相關，何者正確？　(a) 兩者均取決於實質利率　(b) 兩者均取決於名目利率　(c) 投資取決於實質利率，貨幣需求則與名目利率相關　(d) 投資取決於名目利率，貨幣需求則與實質利率相關

34. 在其他條件不變下，央行調整貨幣供給顯著影響總需求，將與何者有關？　(a) 貨幣需求的所得彈性較大　(b) 貨幣需求的利率彈性較小　(c) 人們持有貨幣多數用於投機　(d) IS 曲線較陡

35. 某國貨幣需求一旦低於某利率 r^* 即趨於無限，高於 r^* 則為零，則 LM 曲線將是何種型態，且何種政策對產出毫無影響？　(a) LM 曲線為垂直線，而財政政策失靈　(b) LM 曲線為水平線，而財政政策無效　(c) LM 曲線為垂直線，而貨幣政策失靈　(d) LM 曲線為水平線，而貨幣政策無效

36. 央行無法採取何種措施來振興景氣？　(a) 公開市場買進債券　(b) 降低證券交易稅率　(c) 降低重貼現率　(d) 降低法定準備率

37. 央行執行貨幣政策與債券市場間的關係為何？　(a) 量化寬鬆將讓債券市場邁向空頭走勢　(b) 緊縮貨幣政策將使債券價格看漲　(c) 央行調降存款準備率，債券市場將邁向多頭走勢　(d) 貨幣政策僅影響貨幣市場，與債券市場毫無關聯性

38. 國內景氣燈號持續在藍燈區徘徊，政府能夠採取的政策很多，但不包括：　(a) 提高重貼現率　(b) 通過獎勵投資條例，提供投資抵減　(c) 對私部門減稅或補貼　(d) 在公開

市場買進公債

39. 政府債務貨幣化是指：　(a) 政府歲入大於歲出，向民間贖回公債　(b) 政府舉債向民間借貸　(c) 央行發行貨幣直接融通預算赤字　(d) 央行發行貨幣購買公債

40. 自 1980 年代末期，日本利率水準早已瀕臨於零，在此情形下討論 IS-LM 模型政策效果，何者正確？　(a) 瀕臨流動性陷阱，財政政策效果顯著　(b) 近似流動性陷阱，貨幣政策效果顯著　(c) 近似節儉的矛盾性，貨幣政策效果顯著　(d) 近似節儉的矛盾性，貨幣政策失靈

41. 政府追求擴大產出水準，卻又希望降低利率，何種政策較可能達陣？　(a) 擴張政府支出　(b) 緊縮福利支出　(c) 央行買進可轉讓定存單　(d) 提高法定準備率

42. 從 1980 年代末期起，日本的名目利率已經趨近於零，然而日本安倍首相祭出三支箭，要求日本銀行提高貨幣成長率，其目的為何？　(a) 降低實質利率　(b) 製造負的名目利率　(c) 降低預期通膨　(d) 降低貨幣需求

43. 某國景氣長期在藍燈區徘徊，在何種情況下，財政政策相對貨幣政策更具效果？
(a) 投資具有高利率彈性　(b) 民間支出具有高利率彈性　(c) 貨幣需求對利率愈有彈性
(d) 貨幣需求具有高所得彈性

44. 「某國利率滑落谷底，貨幣需求的利率彈性趨於無窮大，央行增加再多貨幣數量，也將被人們的貨幣需求吸收，利率難以下降」，此種現象稱為？　(a) 貨幣中立性　(b) 貨幣幻覺　(c) 排擠效果　(d) 流動性陷阱

45. 依據 Keynesian 理論，貨幣市場處於「流動性陷阱」，央行以量化寬鬆刺激景氣的效果很有限，理由為何？　(a) 利率下降無法刺激投資支出　(b) 增加貨幣供給難以引導利率下降　(c) 人們將新增貨幣全部用於交易　(d) 債券價格處於高檔，廠商興趣缺缺

針對下列圖型，回答（46.）～（47.）

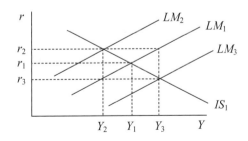

46. 基於上述圖形，從均衡利率與所得（r_1, Y_1）出發，央行降低貨幣供給，產生新均衡利率與所得組合為何？　(a)（r_2, Y_2）　(b)（r_3, Y_2）　(c)（r_2, Y_3）　(d)（r_3, Y_3）

47. 基於上述圖形，從均衡利率與所得（r_1, Y_1）出發，央行增加貨幣供給，產生新均衡利率與所得組合為何？　(a)（r_2, Y_2）　(b)（r_3, Y_2）　(c)（r_2, Y_3）　(d)（r_3, Y_3）

48. 依據 IS-LM 模型，央行增加貨幣供給的流向為何？　(a) 透過降低所需的利率幅度，讓財富持有者願意在其閒置餘額中增加持有全部新增貨幣　(b) 一旦達成新均衡，新增貨幣將分別由交易餘額與投機餘額吸收　(c) 透過提高所得所需幅度，透過增加活動餘額吸收新增貨幣　(d) 在所有利率之下，只有投機餘額均為零，新增貨幣將全部投入增加交易餘額

49. 在其他條件不變下，某國經濟環境落在 LM 曲線的古典區域運作，來自貨幣供給變動引起的所得變化，何者正確？　(a) 可用方程式 $\Delta Y = \dfrac{\Delta M}{k}$ 表示其結果，k 是流通速度的倒數　(b) 所得變化幅度超過體系落在 LM 曲線中間區域運作的結果　(c) 將與貨幣流通速度等比例變動　(d) 如同貨幣數量學說顯示的變化結果一樣

答案：

1. (a)	2. (a)	3. (a)	4. (b)	5. (c)	6. (a)	7. (d)	8. (d)	9. (c)	10. (a)
11. (b)	12. (b)	13. (d)	14. (d)	15. (b)	16. (a)	17. (d)	18. (d)	19. (a)	20. (d)
21. (d)	22. (b)	23. (b)	24. (a)	25. (a)	26. (a)	27. (b)	28. (a)	29. (b)	30. (b)
31. (b)	32. (c)	33. (c)	34. (b)	35. (d)	36. (b)	37. (c)	38. (a)	39. (b)	40. (a)
41. (c)	42. (a)	43. (c)	44. (d)	45. (b)	46. (a)	47. (d)	48. (b)	49. (b)	

5.2 財政政策效果

1. 財政部想要振興景氣跳脫景氣藍燈區，何種工具卻非其掌控範圍？　(a) 調整公共支出　(b) 擴大投資抵減範圍　(c) 降低利率　(d) 提高免稅額與寬減額

2. 在何種環境下，政府擴大支出或可避免排擠效果扯後腿？　(a) 人們持有貨幣係以閒置餘額為主　(b) 民間支出與政府支出存在替代性　(c) 央行搭配逆風而行政策　(d) 財政部搭配加稅融通以刺激所得擴張

3. 內政部縮減社會福利支出，對經濟活動將釀成何種衝擊？　(a) 利率降低且儲蓄增加　(b) 利率降低且改變 IS 曲線斜率　(c) 利率降低且所得稅淨額增加　(d) 所得增加且投資增加

4. 某國景氣燈號持續落入藍色憂鬱，政府擴張支出意圖振興景氣，卻導致投資支出縮水，此種現象可能原因為何？　(a) 財政政策的傳遞過程失靈　(b) 廠商決策掉落投資陷阱窘境　(c) 人們籠罩在貨幣幻覺陰影下　(d) 政府支出與民間支出互為替代而引發排擠效果

5. 某國金融市場滑落流動性陷阱窘境，何種政策對產出發揮較強效果？　(a) 貨幣政策無效，財政政策較強　(b) 貨幣政策較強，財政政策失靈　(c) 貨幣與財政政策均有影響力　(d) 貨幣與財政策僅能影響物價而無實質效果

6. 在何種環境下，政府擴張支出的影響效果偏弱？　(a) 流動性陷阱　(b) 人們持有貨幣以

活動餘額爲主　(c) 廠商採取「動物本能」的投資決策模式　(d) 公私部門支出存在互補性

7. 貨幣學派師承古典學派，認爲體系在短期出現何種現象，將屬正確？　(a) LM 曲線陡峭，唯有貨幣政策才能讓其移動　(b) IS 曲線具有高利率彈性，唯有貨幣政策才能使之移動　(c) LM 曲線具高利率彈性，唯有財政政策才能使之移動　(d) IS 曲線平坦，唯有貨幣政策才能讓其移動

8. 財政部擴大預算赤字，將對投資決策造成何種衝擊？　(a) 廠商將因利率上漲而縮小投資規模　(b) 投資決策與政府預算赤字乃是獨立事件　(c) 資本支出將因拉入效果而增加　(d) 資本支出變動端視投資的利率彈性及所得彈性相對大小而定

9. 金融科技進步讓人們減少貨幣需求，此時政府採取擴大支出策略，兩者互動結果爲何？　(a) 所得減少　(b) 所得變動不確定　(c) 利率上升　(d) 債券價格變化莫測

10. 人們儲蓄意願不變，而廠商投資決策僅與利率有關。政府採取債務重整，削減預算赤字，產生效果爲何？　(a) 勢必產生排擠效果，降低投資支出　(b) 透過利率下降而擴大投資意願　(c) 唯有投資缺乏利率彈性，才可能吸引投資增加　(d) 唯有投資的利率彈性才能決定投資增減

11. 依據 IS-LM 模型，財政部追求健全財政，採取平衡預算支出，將產生何種效果？　(a) 所得與利率增加　(b) 所得與利率下降　(c) 物價與利率下跌　(d) 物價與所得下降

12. 依據 Keynesian 模型，執政黨爲落實競選承諾，積極推動福利國概念。在其他條件不變下，將會發生何種結果？　(a) 產生拉入效果，擴大產出與就業　(b) 產出與利率同時上漲　(c) 出現排擠效果，造成產出與利率下跌　(d) 物價下跌而產出增加

13. 某國景氣深受新冠肺炎重創，其商品市場相關方程式包括 $y = C + I + G$、$Y = C_0 + 0.8(Y - T_N)$、$I = 200$、$G = G_0$，$T_N = T_g - R$。LM 曲線爲：$\frac{100}{P} = 0.2y - 1,000i$。在此種經濟結構下，政府追求跳脫藍色燈號困境，採取何種政策的效果最佳？　(a) 增加政府支出 G_0　(b) 減稅 T_g　(c) 調降利率 r　(d) 增加福利支出 R

14. 財政學派認爲唯有財政政策有效，貨幣政策毫無作用，何種原因正確？　(a) LM 曲線出現流動性陷阱，或 IS 曲線缺乏利率彈性　(b) 人們沒有投機性貨幣需求，IS 曲線則是水平線　(c) LM 曲線與 IS 曲線同時富於利彈性　(d) 人們將持有貨幣全部用於交易，而 IS 曲線則出現投資陷阱

15. 就 IS-LM 模型而言，比較貨幣政策與財政政策效果，何者正確？　(a) 金融市場滑落流動性陷阱環境，貨幣政策相對有效　(b) 廠商投資決策與利率無關，貨幣政策較有效　(c) 貨幣市場供需變化強烈衝擊利率，財政政策相對具有效果　(d) 貨幣市場供需缺乏利率彈性，財政政策相對有效

16. 依據 IS-LM 模型，財政擴張引發所得增加，何者正確？　(a) 乘數效果永遠小於

Keynesian-Cross 模型　　(b) 除非 LM 曲線呈現垂直線，否則乘數效果將小於 Keynesian-Cross 模型　　(c) 除非 LM 曲線呈現水平線，否則乘數效果將小於 Keynesian-Cross 模型　　(d) 不論在何種狀況，只要財政擴張與民間支出具有替代性，乘數效果將會大於 Keynesian-Cross 模型

17. 某國投資需求一旦低於某利率 $r*$ 下，將趨於無限，高於 $r*$ 則消失為零，則 IS 曲線的型態為何，而且何種政策對產出影響失靈？　　(a) IS 曲線為垂直線，而貨幣政策失靈　　(b) IS 曲線為水平線，而貨幣政策無效　　(c) IS 曲線為垂直線，而財政政策失靈　　(d) IS 曲線為水平線，而財政政策無效

18. 某國的 IS-LM 兩條曲線初始相交於投資陷阱區域，政府緊縮預算赤字以抑制通膨壓力，可能發揮結果為何？　　(a) 所得下降、利率上升　　(b) 所得下降、債券價格不變　　(c) IS 曲線右移，LM 曲線左移　　(d) 所得與利率同時下降

19. 比較 IS-LM 模型與 Keynesian-Cross 模型，政府擴大支出引發所得遞增，何者正確？　　(a) 後者未考慮利率變化，產出擴張效果超過正常的 IS-LM 模型　　(b) 除非 LM 曲線缺乏利率彈性，否則前者的產出擴張將大於後者　　(c) 除非 LM 曲線掉落流動性陷阱，否則前者的產出擴張效果大於後者　　(d) 除非 IS 曲線處於投資陷阱，否則後者的產出擴張效果將小於前者

20. 比較 IS-LM 模型與 Keynesian-Cross 模型，前者的財政擴張效果通常小於後者，何者正確？　　(a) 前者將因利率上漲而排擠民間支出，後者的民間支出則與利率無關　　(b) 前者造成利率下降而擴大民間支出，後者的民間支出則不受利率影響　　(c) 前者帶動較高投資而讓利率上漲，後者的投資純屬自發性　　(d) 前者因利率可變而吸引民間支出，後者則因利率固定而不影響民間支出

21. Keynesians 學派認為體系出現景氣循環的主要來源為何？　　(a) 總需求衝擊　　(b) 逆向供給衝擊　　(c) 新冠肺炎衝擊　　(d) 金融海嘯

22. 政府運用財政與貨幣政策來紓緩景氣循環波動，此即稱為：　　(a) 總需求管理　　(b) 總供給管理　　(c) 穩定所得管理　　(d) 總體審慎措施

23. 財政部的擴張政策何以經常衍生排擠效果？　　(a) 政府支出增加引來央行緊縮貨幣供給因應　　(b) 政府支出增加推動利率上漲，削弱投資意願　　(c) 政府支出增加引起貨幣需求增加，降低投資股票意願　　(d) 政府支出增加伴隨稅負加重，民間財富減少而縮減支出

24. 有關流動性陷阱的敘述，何者錯誤？　　(a) 在流動性陷阱區域，人們將大量持有投機性餘額　　(b) 體系落入流動性陷阱，政府運用財政政策的效果極佳　　(c) 金融市場處於流動性陷阱環境，人們持有貨幣多數屬於交易餘額　　(d) 央行採取釘住利率，隱含 LM 曲線出現類似流動性陷阱的狀況

25. 台灣在 2003 年的失業率高達 5.17%，立法院配合通過僅在當年實施「700 億元拯救失業方案」，並以發行公債融通，對台灣經濟活動影響為何？　　(a) 2003 年的所得增加

(b) 2004 年的利率上漲　(c) 2003 年的利率變動不確定　(d) 2004 年的所得增加

26. 財政部發行公債融通暫時性支出增加 10 億元，邊際消費傾向若為 0.75，依據 Ricardo 等值理論，在其他條件不變下，產出增加為何？　(a) 0 億元　(b) 10 億元　(c) 20 億元　(d) 40 億元

27. 政府預算赤字擴大對經濟活動造成影響為何？　(a) 公債餘額將會出現遞減現象　(b) 將對民間支出產生拉入效果　(c) 投資支出變化與預算赤字的融通方式無關　(d) 投資支出變化取決於投資對利率及產出變化的敏感性

28. 財政部考慮恆常性擴大公共支出，何種概念正確？　(a) 發行公債或課稅融通，均會形成擴張效果　(b) 發行公債融通將發揮財富效果，進而再刺激消費支出增加　(c) 在物價持平下，發行貨幣融通將造成金融環境寬鬆　(d) 採取調整稅率融通，將會導致 AD 曲線平行移動

29. 某國民間支出函數為 $E = c - dr$，流動性偏好函數為 $L = ey - fr$。財政政策影響總需求若相對具有顯著效果，則 d 與 f 值分別為何？　(a) d 值大，而 f 值小　(b) d 值與 f 值都趨近於零　(c) d 值小，而 f 值大　(d) d 值與 f 值都大

30. 依據 IS-LM 模型，某國身處古典區域，財政部擴張支出對經濟活動影響為何？　(a) 利率上漲、產出不變　(b) 出現部分排擠效果，不過產出還是增加　(c) 利率下降、產出減少　(d) 產生拉入效果，產出增加

31. 依據 Keynesian 理論，何種政策組合短期將可提高封閉體系實質產出，卻對利率影響微弱？　(a) 政府實質支出增加，貨幣供給減少　(b) 政府實質支出與貨幣供給同時減少　(c) 政府實質支出減少，貨幣供給增加　(d) 政府實質支出與貨幣供給同時增加

32. 某國商品與貨幣市場相關訊息為 $S_r < I_r < 0$、$S_y > I_y > 0$，$L_r < 0 < L_y$。在其他條件不變下，財政部執行政策，何種效果正確？　(a) 擴大支出將促使所得增加與利率上漲　(b) 調高所得稅制中的免稅額，將促使所得下降與利率上漲　(c) 縮減福利支出並不影響所得與利率　(d) 加徵定額稅將降低所得與提高利率

33. 何種政府支出將同時影響總需求與總供給？　(a) 軍公教人員薪資支出　(b) 社會福利支出　(c) 發放三倍券　(d) 公共投資支出

34. 財政部擴大支出 100 億元，央行配合緊縮貨幣供給 100 億元，確定將發生何種結果？　(a) 產出下降　(b) 產出變化不確定　(c) 利率上漲　(d) 債券價格上漲

35. 某教授設定 IS 曲線方程式為 $y = C(y) + I(r) + G$。央行增加貨幣供給或財政部擴大支出，對經濟活動產生影響，何者正確？　(a) 兩者都將增加消費支出　(b) 兩者均會擴大投資支出　(c) 兩者同時提高利率與所得　(d) 兩者同時降低利率與債券價格

36. 在其他條件不變下，投資需求曲線右移顯示在每一可能利率下，廠商提高廠房與設備支出 10 億元，何者正確？　(a) IS 曲線右移幅度等於 10 億元乘上乘數　(b) IS 曲線右移或左移將取決於儲蓄曲線的斜率　(c) 提高所得超過 10 億元，但是同時或將提高或降低

利率　(d) 在完全利率彈性的 LM 曲線案例下，將促使 IS 曲線可能移動幅度最大

37. 在其他條件不變下，某國經濟環境落在 LM 曲線的古典區域運作，何者錯誤？　(a) 任何藉由引發 IS 曲線右移來提高均衡所得水準的意圖將不可能成功　(b)「貨幣才是最重要的」論點獲得最大支持　(c) Keynesian-Cross 模型的乘數值為零　(d) 既有的貨幣存量全部被人們的投機餘額吸收

38. 依據 IS-LM 模型，在何種狀況下，政府支出擴張將無法產生最大所得增加？　(a) 預算赤字係以避免利率上漲的方式融通　(b) 預算赤字是由發行公債而由人們購買融通　(c) 預算赤字融通伴隨著擴張性貨幣政策　(d) 預算赤字是以增加適當貨幣供給數量方式融通

39. 在其他條件不變下，某國經濟環境落在 LM 曲線的 Keynesian 區域運作，何者錯誤？　(a) 民間支出增加提高的均衡所得，將等於支出增加數量乘上普通乘數 $(1-c)^{-1}$　(b) 提高所得的最有效率方法是擴張貨幣供給　(c) 政府支出增加的擴張所得效果不會被任何利率上漲程度抵銷　(d) 所得增加帶來大量交易數量，在目前利率下，可能從閒置餘額中抽取，故需有額外資金調解

答案：

1. (c)	2. (a)	3. (c)	4. (d)	5. (a)	6. (b)	7. (a)	8. (d)	9. (d)	10. (b)
11. (a)	12. (b)	13. (a)	14. (a)	15. (c)	16. (c)	17. (d)	18. (d)	19. (a)	20. (a)
21. (a)	22. (a)	23. (b)	24. (c)	25. (b)	26. (a)	27. (d)	28. (a)	29. (c)	30. (a)
31. (d)	32. (a)	33. (d)	34. (c)	35. (a)	36. (a)	37. (d)	38. (b)	39. (a)	

5.3 排擠效果與拉入效果

1. 政府擴張支出衍生排擠效果顯然與何者有關？　(a) 擴張財政支出無法移動 LM 曲線所致　(b) 擴張財政支出可能伴隨利率上漲所致　(c) 體系或許落在流動性陷阱環境　(d) 體系景氣處於藍燈的憂鬱

2. 排擠效果意指政府部門擴張，可能會引發何種結果出現？　(a) 所得上升帶動消費支出增加，進而排擠投資支出　(b) 利率上漲迫使廠商緊縮投資支出　(c) 利率上漲迫使投資支出減少，轉而擴大消費支出　(d) 政府部門擴張將擴大缺乏效率現象，反而造成產出減少

3. 有關財政政策引爆排擠效果的原因，何者正確？　(a) 體系景氣處於紅色燈號環境　(b) 政府移轉支出利益超過從事公共建設利益　(c) 公共支出將取代私人支出　(d) 私人投資收益遠大於政府投資收益

4. 政府提供全民營養午餐，若是引發直接完全排擠效果，何者錯誤？　(a) 政府支出乘數是 1　(b) 總支出曲線不會移動　(c) 人們削減午餐支出等於政府增加的營養午餐支出

(d) 人們是極端理性者

5. 在何種環境下，財政部執行赤字預算，將可避免排擠效果？　(a) 央行執行逆風而行法則，搭配財政支出擴張　(b) 民間支出決策將政府行為納入考慮　(c) 實質餘額效果發揮作用　(d) 央行採取釘住利率措施

6. 政府規劃大型公共建設計畫，內部評估可能產生排擠效果，何者將是重要考量？
(a) 央行採取順風而行法則　(b) 台灣的國際市場競爭力　(c) 政府執行平衡預算制度
(d) 民間支出的利率敏感性

7. 立法院在 2005 年通過 8 年 800 億元治水方案預算，財政部評估採取何種融通策略，將讓排擠效果極大化？　(a) 央行盈餘繳庫融通　(b) 公債融通　(c) 貨幣融通　(d) 公債貨幣化

8. 在景氣亮出藍燈期間，政府通常採取哪些政策來振興景氣？　(a) 加稅、增加社會福利支出、減少企業投資抵減　(b) 減稅、緊縮社會福利支出、減少企業投資抵減　(c) 減稅、增加公共支出、擴大企業投資抵減　(d) 加稅、減少公共支出、增加獎勵企業投資補貼

9. 財政政策引爆排擠效果現象，何者正確？　(a) 央行搭配緊縮政策引發利率上漲，將是產生直接排擠效果的主因　(b) 政府支出與民間支出存在替代關係　(c) 人們持有貨幣餘額全部用於交易，排擠效果極小化　(d) 人們在決策過程中，並未考慮政府部門行為

10. 就短期與長期而言，政府加稅將會產生何種效果？　(a) 短期將降低所得與利率，長期則維持兩者不變　(b) 短期將降低所得，長期則增加消費與降低投資，但所得不變
(c) 短期將降低所得，長期則降低消費與增加投資，但所得不變　(d) 不論短期或長期，所得與利率均會降低

11. 除邊際支出傾向外，其他條件相同的兩個體系面對同樣貨幣供給增幅，擁有較小邊際支出傾向的體系將會出現何種狀況？　(a) 較小產出增幅和較大利率降幅　(b) 較大產出增幅和較小利率降幅　(c) 較大產出增幅和較大利率降幅都較大　(d) 產出增幅和利率降幅都較小

12. 體系處於藍燈閃爍環境，政府採取赤字預算政策，在何種情境下，將不易引發排擠效果？　(a) 政府支出與民間支出係為完全替代　(b) 民間支出完全缺乏利率彈性　(c) 央行採取釘住利率措施　(d) 貨幣需求與供給對利率變動完全不敏感

13. 體系內物價呈現僵化，在何種環境下，財政部擴張支出，必然釀成排擠效果？　(a) 政府支出與民間支出屬於互補品　(b) 政府支出以貨幣融通　(c) 貨幣供給與需求完全缺乏利率彈性　(d) 民間支出缺乏利率彈性

14. 體系景氣逐漸滑落藍燈環境，此時在何種情境下，政府採取赤字預算的排擠效果將會極小化？　(a) 公私部門經濟活動彼此具有互補性　(b) 廠商評估投資計劃，將融通利率列為首要考慮　(c) 央行採取逆風而行法則　(d) 人們持有的貨幣絕大多數是活動餘額

15. 一般而言，政府採取「公債貨幣化」策略，勢將引發人們恐懼，主要是此舉可能衍生何種結果？ (a) 資產泡沫化 (b) 可能因此釀成通膨 (c) 央行發行貨幣換取公債，可能釀成通縮 (d) 超額貨幣供給將讓金融市場掉落流動性陷阱

16. 在何種情境下，政府擴大預算赤字將會衍生直接排擠效果？ (a) 政府減稅勢必同時縮減支出 (b) 政府擴大支出將會擴大進口，從而排擠國內生產 (c) 公共財與私有財彼此互為完全替代品 (d) 政府部門與民間部門互為獨立個體，彼此決策毫無關聯性

17. 在何種狀況下，若未考慮間接排擠效果，政府增加支出將完全反映由支出乘數預測的產出效果？ (a) 金融市場利率固定，且總供給曲線缺乏物價彈性 (b) 金融市場利率固定，且總供給曲線具有完全物價彈性 (c) 金融市場利率上漲，且總供給曲線缺乏物價彈性 (d) 金融市場利率上升，且總供給曲線具有完全物價彈性

18. 縱使體系落在水平 LM 曲線的區域，古典學派認為只要 IS 曲線能隨著何者變動而移動，政府干預經濟活動仍無必要？ (a) 物價（Pigou 效果） (b) 失業（實質餘額效果） (c) 利率（Keynes 效果） (d) 匯率（預期效果）

19. 有關體系內實質產出發生變化的敘述，何者正確？ (a) 技術進步帶動實質產出增加 (b) 央行執行量化寬鬆引起實質產出增加 (c) 政府發放三倍券，將擴大實質產出 (d) 政府減稅將促使實質產出增加

20. 在何種狀況下，財政部擴大支出或將避免遭遇排擠效果？ (a) 央行搭配緊縮貨幣供給 (b) 央行維持貨幣供給不變 (c) Fisher 財富效果存在 (d) 央行採取順風而行法則

21. 在何種情境下，財政部執行 8 年 800 億治水方案，將遭遇完全排擠效果？ (a) 治水方案無法改變金融市場利率 (b) 治水方案未能移動 LM 曲線 (c) 治水方案造成 IS 曲線左移 (d) 搭配央行採取順風而行法則

22. 在其他條件不變且財政政策有效下，依據 IS-LM 模型，政府增稅的效果為何？ (a) 所得增加 (b) 所得減少 (c) 物價上漲 (d) 利率上漲

23. 從 Keynesian-Cross 模型延伸到 Hicks-Hansen 模型，政府支出乘數將會縮小的理由為何？ (a) 利率上漲造成民間消費與投資減少 (b) 由於物價上漲造成民間消費與投資減少 (c) 由於利率上漲造成資金緊縮 (d) 由於物價上漲降低人們的購買力

24. 有關政府支出產生「排擠效果」的說法，何者正確？ (a) 政府擴大支出引起匯率貶值，擴大出口而排擠國內需求 (b) 政府增加支出引起所得增加，帶動消費增加，進而排擠儲蓄 (c) 政府增加支出推動利率上漲，進而降低民間支出 (d) 政府增加支出推動利率上漲，降低投資誘因，造成稅收減少

25. 政府以課徵定額稅融通預算赤字，可能造成何種結果？ (a) 民間消費受到排擠 (b) 可支配所得維持不變 (c) 利率下降 (d) 物價上漲

26. 在其他條件不變下，政府的財政政策有效。依據 IS-LM 模型，在何種狀況下，政府減稅將讓均衡所得擴張幅度最大？ (a) 邊際消費傾向愈低 (b) 貨幣需求的所得彈性下降

(c) 貨幣需求的利率彈性極小　(d) 民間支出的利率彈性上升

27. 新冠肺炎肆虐促使政府擴大預算赤字因應，勢必影響均衡產出，基本上與何者釀成的效果雷同？　(a) 儲蓄減少　(b) 儲蓄增加　(c) 消費減少　(d) 投資減少

28. 政府增加支出以擴張體系內總需求，擴張幅度不可能因何者而打折扣？　(a) 政府支出的乘數效果　(b) 利率上漲的排擠效果　(c) 租稅提高的所得效果　(d) 國內物價上漲的跨國替代效果

29. 政府擴大支出在短期與長期將會產生何種效果？　(a) 在短期將會提高所得與利率，但在長期維持兩者不變　(b) 在短期提高所得，但在長期將降低投資而維持所得不變　(c) 在短期提高所得，但在長期降降低消費而維持所得不變　(d) 不論是短期或長期，將會提高所得與利率

30. 依據 Ricardo 等值理論，政府減稅但未減少支出，何者正確？　(a) 政府儲蓄減少，民間儲蓄也減少　(b) 政府儲蓄減少，民間儲蓄增加　(c) 政府儲蓄增加，民間儲蓄也增加　(d) 政府儲蓄增加，民間儲蓄減少

31. 何者最能代表 Keynesian 經濟學的觀點？　(a) 政府舉債融通支出，人們將預期未來稅負增加　(b) 降低所得稅不僅增加總需求，也可能增加總供給　(c) 減稅不會造成物價上升　(d) 減稅將讓人們增加消費支出

32. 當體系趨近於何種環境，排擠效果會變強？　(a) 產能過剩與資源閒置　(b) 接近自然就業　(c) 貿易部門或淨出口很小　(d) 大型開放體系

33. 有關政府預算赤字融通方式的敘述，何者錯誤？　(a) 政府可發行公債融通財政赤字　(b) 依據 Keynesian 學派理論，稅賦融通政府支出增加會影響民間消費　(c) 依據 Keynesian 學派理論，公債融通政府支出增加不會影響民間消費　(d) 貨幣融通容易發生通膨

34. 有關通貨膨脹稅的內涵，何者正確？　(a) 物價上漲讓人們持有貨幣的實質購買力下降　(b) 物價上漲讓政府課徵的名目租稅增加　(c) 物價上漲讓政府額外課徵的公司所得稅增加　(d) 物價上漲讓政府對企業增加課徵資本利得稅

35. 在固定期間內，某國出現政府預算赤字，公債市場將如何變動？　(a) 公債供給減少　(b) 公債價格趨於上漲　(c) 公債利率趨於上漲　(d) 公債需求減少

36. 某國政府增加支出 10 億元，總需求卻不是提高 10 億元，原因可能是體系出現何種現象？　(a) 同時存在乘數效果與排擠效果　(b) 存在乘數效果，但無排擠效果　(c) 存在排擠效果，但無乘數效果　(d) 並非乘數效果或排擠效果可以解釋

37. 政府執行總體政策穩定景氣，何者正確？　(a) 權衡性政策都有時間落後問題　(b) 政府執行權衡政策可立即奏效　(c) 只有貨幣政策有時間落後問題，財政政策沒有　(d) 只有財政政策有時間落後問題，貨幣政策沒有

38. 何種變化將會降低廠商投資成本？　(a) 政府增加支出，央行緊縮貨幣供給　(b) 政府縮

減支出，央行發行可轉讓定存單　　(c) 政府減少支出，央行買進公債　　(d) 政府擴大支出，央行對銀行進行融通

39. 依據 Keynesian 學派觀點，貨幣政策對提高所得是無能為力，何者錯誤？　　(a) 貨幣政策不能迫使利率低於目前水準　　(b) 體系已經落在流動性陷阱　　(c) 無法降低債券價格　　(d) 體系沿著 LM 曲線完全彈性的部分運作

答案：

1. (b)	2. (b)	3. (c)	4. (a)	5. (d)	6. (d)	7. (b)	8. (c)	9. (b)	10. (c)
11. (a)	12. (c)	13. (c)	14. (a)	15. (b)	16. (c)	17. (b)	18. (b)	19. (a)	20. (d)
21. (c)	22. (b)	23. (a)	24. (c)	25. (a)	26. (b)	27. (a)	28. (a)	29. (b)	30. (b)
31. (d)	32. (b)	33. (d)	34. (a)	35. (c)	36. (a)	37. (a)	38. (c)	39. (d)	

5.4 財富效果

1. 政府初始以課稅融通支出，現在則改以發行公債融通，此一轉變將會產生所得重分配，獲利者是誰？　　(a) 退休者　　(b) 高納稅者　　(c) 剛踏入社會的年輕人　　(d) 在學學生

2. 依據 Ricardo 等值理論，政府減稅刺激消費的政策無效，此係消費者：　　(a) 面臨貸款限制　　(b) 誠實納稅，並有很高的列舉扣除額　　(c) 有良好消費與儲蓄習慣　　(d) 有遠見，可完全預期到政府負債隱含未來稅負增加

3. 依據 Ricardo 等值理論，政府採取赤字預算減稅對消費影響為何？　　(a) 當期消費和未來消費不變　　(b) 當期消費增加而未來消費減少　　(c) 當期消費與未來消費均增加　　(d) 當期消費和未來消費皆減少

4. 某些經濟學者認為，政府減稅不會影響民間消費，此一主張符合：　　(a) Say 法則　　(b) Wagner 法則　　(c) Pareto 最適　　(d) Ricardo 等值理論

5. 依據 Ricardo 等值定理，何者正確？　　(a) 政府支出對長期及短期民間消費影響相同　　(b) 政府支出以發行貨幣或課稅融通，對民間消費影響相同　　(c) 政府支出以發行債券或課稅融通，對民間消費影響相同　　(d) 在開放或封閉體系，政府支出對民間消費影響相同

6. 政府發行公債融通暫時性支出增加 10 億元，邊際消費傾向為 0.75。在其他條件不變下，依據 Ricardo 等值理論，產出將增加多少？　　(a) 0 億元　　(b) 10 億元　　(c) 20 億元　　(d) 40 億元

7. 何者是 Ricardo 等值理論的論點？　　(a) 人們隨興做消費決策　　(b) 消費者面臨借款限制　　(c) 人們並未預期未來所得　　(d) 人們對消費決策有跨期規劃

8. 有關政府預算赤字融通方式產生的效果，何者錯誤？　　(a) 經常舉債融通可能導致政府以債養債　　(b) 依據 Ricardo 等值理論，貨幣融通與公債融通對體系均衡的影響相同

(c) 經常使用貨幣融通容易釀成通膨　(d) 租稅融通會對私部門產生負的財富效果

9. 體系內實質貨幣餘額透過流動性偏好理論與 Pigou 效果進入 IS-LM 模型，當物價下跌導致較高所得，而利率將如何變化？　(a) 利率上漲　(b) 利率降低　(c) 利率不變　(d) 利率變化不確定

10. 體系內爆發非預期通縮將會改變總需求，主要理由為何？　(a) 將財富從債權人重分配至債務人，從而提高消費　(b) 將財富從債權人重分配至債務人，從而降低消費　(c) 將財富從債務人重分配至債權人，從而降低消費　(d) 將財富從債務人重分配至債權人，從而提高消費

11. 有關 Pigou 效果的內涵，何者正確？　(a) 物價滑落增加實質餘額，消費者感覺較窮而緊縮支出　(b) 物價下跌增加實質餘額，消費者感覺購買力增加而擴大消費　(c) 物價下跌增加實質餘額，廠商感覺購買力增加而擴大投資　(d) 該效果通常被認為是體系能夠自我矯正的充分證據。

12. Pigou 效果存在將對經濟活發揮影響，何者正確？　(a) 物價下跌促使實質餘額增加，引起 LM 曲線右移，促使利率下降來刺激民間支出　(b) 擴大實質餘額發揮刺激消費支出效果　(c) 透過減稅來誘發消費者增加消費支出　(d) 物價下跌促使消費者減少誘發性消費，進而引起 IS 曲線左移

13. 依據 Pigou 效果，人們的消費支出可能與何者連結？　(a) 利率與預期貨幣餘額變動　(b) 實際與預期貨幣餘額差異的變動　(c) 所得與預期貨幣餘額變動　(d) 租稅與預期貨幣餘額變動

14. 體系內物價變動影響實質財富而造成的效果，可稱為：　(a) Keynes 效果　(b) Pigou 效果　(c) Fisher 效果　(d) Say 效果

15. 有關 Pigou 效果在經濟活動發揮影響的流程，何者正確？　(a) 促使利率上漲，進而削減總需求　(b) 物價下跌擴大人們的實質租稅負擔，進而降低消費支出　(c) 物價下跌促使實質餘額增加，進而帶動總需求 AD 曲線與 IS 曲線右移　(d) 促使實質貨幣餘額增加，直接刺激消費支出擴大

16. 有關 Pigou 效果對經濟活動影響，何者正確？　(a) 總需求曲線斜率為零，總供給曲線為垂直線　(b) 總供給曲線斜率為零，總需求曲線為垂直線　(c) 總需求與總供給曲線均缺乏物價彈性　(d) 總需求曲線呈現負斜率，總供給曲線則不受影響

17. 古典學派認為透過 Pigou 效果，將可解決有關總需求曲線斜率的爭議，何者正確？　(a) 物價下跌促使 IS 曲線左移　(b) 物價下跌促使總需求曲線左移　(c) 總需求曲線將具有物價彈性　(d) 物價下跌促使總需求曲線右移

18. 在何種情境下，以 Pigou 效果矯正景氣衰退可能無效？　(a) 預期通膨發生　(b) 預期通縮將會持續　(c) 投資陷阱　(d) 央行不會擴張貨幣供給

19. 體系存在所得重分配效果，何者正確？　(a) 窮人的邊際消費傾向大於富人，所得重分

配將可提高消費　(b) 物價上漲讓債權人更趨富裕，誘使他們增加消費　(c) 物價上漲讓債務人更為貧窮，將降低他們的消費能力　(d) 物價滑落讓債權人更趨富裕，誘使他們減少消費

20. 有關 Pigou 效果的說法，何者正確？　(a) 短期將降低所得與利率，長期則維持兩者不變　(b) 短期將降低所得，長期則增加消費與降低投資，並維持所得不變　(c) 短期將降低所得，長期則降低消費與增加投資，並維持所得不變　(d) 不論短期或長期，將會降低所得與利率

21. 有關 Pigou 效果的說法，何者正確？　(a) 物價下跌讓廠商持有的實質貨幣餘額增加，有能力增加投資　(b) 物價下跌引起實質貨幣餘額增加，民間消費因而擴大，帶動 IS 曲線右移　(c) 物價下跌引起實質貨幣餘額增加，帶動 LM 曲線右移，促使利率下跌而增加投資　(d) 物價下跌擴大實質貨幣餘額，促使 IS 與 LM 曲線右移，利率變動無法確定，民間支出變化不確定

22. 有關 Pigou 效果的說法，何者正確？　(a) 物價下跌增加實質餘額，將會影響貨幣需求與引起 LM 曲線左移，進而降低所得　(b) 物價下跌增加實質餘額，促使 LM 曲線右移，從而增加所得　(c) 物價下跌增加實質餘額，引發消費支出增加，帶動 IS 曲線右移，從而增加所得　(d) 物價下跌增加實質餘額，刺激政府擴張支出，帶動 IS 曲線右移，從而增加所得

23. 假設實質貨幣餘額透過流動性偏好理論與 Pigou 效果進入 IS-LM 模型，則物價水準下跌將會產生何種結果？　(a) 僅有 LM 曲線移動　(b) 僅有 IS 曲線移動　(c) IS 與 LM 曲線同時移動　(d) IS 曲線與 LM 曲線均不會移動

24. 流動性偏好理論與 Pigou 效果將實質貨幣餘額引進 IS-LM 模型，則物價下跌將會產生何種結果？　(a) 較高所得與較高利率　(b) 較高所得與較低利率　(c) 較高所得與利率不變　(d) 較高所得與利率變化不確定

25. 有關大蕭條的債務通縮理論（debt-deflation theory）內容，何者正確？　(a) 非預期通縮重分配財富，進而縮減對商品與勞務支出　(b) 非預期通縮重分配財富，進而增加消費支出　(c) 預期通縮重分配財富，進而縮減消費支出　(d) 預期通縮重分配財富，進而增加消費支出

26. 債務通縮理論解釋非預期通縮造成所得下降的理由，何者正確？　(a) 非財富將從債務人移轉至債權人，而後者的消費傾向較小　(b) 財富將從債務人移轉至債權人，而後者的消費傾向較大　(c) 財富將從債權人移轉至債務人，而後者的消費傾向較小　(d) 財富將從債權人移轉至債務人，而後者的消費傾向較大

27. 某國出現非預期通縮藉由重分配財富，改變體總需求，何者正確？　(a) 財富將從債權人移轉至債務人，從而提高消費　(b) 財富將從債權人移轉至債務人，從而降低消費　(c) 財富將從債務人移轉至債權人，從而降低消費　(d) 財富將從債務人移轉至債權人，

從而提高消費

28. 在何種狀況下，Pigou 效果可能喪失作用？　(a) 可貸資金理論成立　(b) 流動性陷阱存在　(c) 人們預期通縮來臨　(d) 央行穩定貨幣供給

答案：

1. (a)	2. (d)	3. (a)	4. (d)	5. (c)	6. (a)	7. (d)	8. (b)	9. (d)	10. (c)
11. (b)	12. (b)	13. (a)	14. (b)	15. (d)	16. (d)	17. (c)	18. (b)	19. (d)	20. (c)
21. (b)	22. (c)	23. (c)	24. (d)	25. (a)	26. (a)	27. (a)	28. (c)		

5.5 政策組合效果

1. 政府支出採取何種方式融通，將與貨幣供給變化無關？　(a) 央行盈餘繳庫　(b) 銀行買入公債，再向央行申請擔保融通　(c) 發行公債由人們買入　(d) 發行公債由央行買入

2. 政府預算赤字擴大，央行若增加持有財政部發行的國庫券數量，何者將是最不可能發生的情況？　(a) 政府支出的排擠效果縮小　(b) 政府支出的排擠效果擴大　(c) 物價上升　(d) 利率降低

3. 依據封閉體系的 IS-LM 模型，政府等額縮減支出與提高免稅額，對體系影響為何？　(a) 此係屬於寬鬆財政政策　(b) 利率下降、產出減少　(c) IS 曲線將會右移　(d) 政府預算赤字將會擴大

4. 台灣在 2001 年的經濟成長率為 −2.2%，財政部執行短期擴張支出以振興景氣，並拜託央行共襄盛舉買進公債，則對利率走勢影響為何？　(a) 當期利率上漲　(b) 當期利率下降　(c) 下期利率會下降　(d) 下期利率變動不確定

5. 央行經研處評估適合執行貨幣政策的環境，何種環境組合將能發揮最大產出效果？　(a) 貨幣需求與民間支出的利率彈性愈大　(b) 貨幣需求與投資需求的利率彈性愈小　(c) 貨幣需求的利率彈性愈大，民間支出缺乏利率彈性　(d) 貨幣需求的利率彈性愈小，投資需求的利率彈性愈大。

6. 某國民間支出函數為 $E = C(y) + I(r)$。央行緊縮貨幣供給，或財政部縮減支出，將會產生何種效果？　(a) 前者推動利率上漲，後者降低利率；兩者都會減少消費　(b) 前者降低利率，後者引起利率上升；兩者都會增加投資　(c) 前者縮減投資，後者降低消費，兩者促使利率上升　(d) 前者增加消費，後者降低投資，兩者促使利率下降

7. 比較財政政策與貨幣政策效果，在缺乏財富效果運作下，何者正確？　(a) 投資支出的利率彈性愈大，政府支出效果將遭到排擠效果抵銷　(b) 民間支出的所得彈性愈大，政府支出的排擠效果將會愈大　(c) 體系處於流動性陷阱環境，量化寬鬆透過降低利率，將可刺激民間支出增加　(d) 財政政策相對貨幣政策更具立竿見影效果，效果也能持之以恆

8. 依據 IS-LM 模型，何種政策組合將可維持景氣綠燈不變？ (a) 將削減的政府資本支出，轉爲發放老人年金 (b) 削減政府預算規模，配合央行等幅量化寬鬆 (c) 擴大政府消費支出，配合調高免稅額 (d) 緊縮政府消費支出，搭配降低免稅額與寬減額

9. 某封閉體系的經濟活動表現與政府的權衡性政策息息相關。該國在 2020 年出現景氣衰退 –2.01%，金融市場利率也滑落至 1.5%。此種現象可能反映政府已經採取何種政策？ (a) 緊縮貨幣政策與擴大支出 (b) 緊縮政府支出搭配降低免稅額 (c) 緊縮貨幣政策與提高免稅額 (d) 政府支出擴張搭配公債貨幣化

10. 在既定產出水準下，「緊縮貨幣—寬鬆財政」政策組合相較「寬鬆貨幣—緊縮財政」政策組合，將會隱含何種結果？ (a) 較低利率 (b) 較低投資水準 (c) 較高租稅水準 (d) 較低政府支出水準

11. 財政部執行赤字預算係由央行繳庫盈餘充分融通，何者錯誤？ (a) 利率維持固定 (b)IS-LM 兩條曲線同時右移 (c) 產出增加，而利率持平 (d) 此即政府債務貨幣化

12. 政府採取「緊縮貨幣—寬鬆財政」組合，作爲推動經濟發展策略，主要立基於何種評價？ (a) 低成長率，但在未來有較多商品與勞務 (b) 目前公共財多於未來私有財 (c) 目前私有財多於未來公共財 (d) 目前公共財與私有財大於未來公共財與私有財

13. 政府採取「寬鬆貨幣—緊縮財政」政策組合廣爲社會接受，係因人們採取何種偏好？ (a) 低成長率，目前享有較多商品與勞務 (b) 目前公有財多於未來私有財 (c) 目前私有財多於未來公有財 (d) 目前公有財與私有財大於未來公有財與私有財

14. 某國投資函數爲 $I = I(r, y)$，政府想在短期增加投資，又想將景氣維持在綠燈區，最佳政策組合爲何？ (a) 量化寬鬆，增加政府支出 (b) 減少貨幣供給，大幅加稅 (c) 增加貨幣供給，縮減預算赤字 (d) 緊縮貨幣供給，擴大福利支出

15. 某國民間支出函數爲 $E = C(r, y_d) + I(r, y)$，$y_d = y - T_N$。政府加稅，而央行以緊縮政策因應，將產生何種效果？ (a) 利率變化不確定，但所得減少促使消費與投資下降 (b) 利率下降刺激消費與投資增加 (c) 利率上漲，所得增加，而消費與投資變化不確定 (d) 利率下跌，所得增加，消費與投資同時增加

16. 某國景氣處於綠燈環境，政府若想提升投資意願，卻不願意景氣躍升爲黃紅燈，則應採取何種政策組合？ (a) 採取量化寬鬆與維持預算赤字不變 (b) 採取量化寬鬆與擴大預算赤字 (c) 採取量化寬鬆與縮減預算赤字規模 (d) 緊縮政府預算規模與穩定貨幣數量不變

17. 政府同時擴大預算赤字與執行量化寬鬆，將會產生何種結果？ (a) 所得上升，利率變動不確定 (b) 所得下降，利率變動不確定 (c) 利率上升，所得變動不確定 (d) 利率下降，所得變動不確定

18. 某國政府追求穩定景氣，但又想要加速國內資本累積，應該考慮執行何種政策？ (a) 執行量化寬鬆，但維持預算赤字不變 (b) 大幅融通銀行體系，同時擴大預算赤字

(c) 釋出郵匯局轉存款，但是大幅所減預算赤字　　(d) 穩定貨幣數量不變，同時緊縮政府支出

19. 某國的民間支出函數為 $E = C(r, y) + I(r, y)$，政府同時擴張支出與執行量化寬鬆，對經濟活動影響，何者正確？　(a) 債券價格下跌　(b) 利率上漲　(c) 民間支出減少　(d) 產出增加

20. 某國的民間支出函數為 $E = C(r, y_d) + I(r, y)$，$y_d = y - T_N$。央行在公開市場發行可轉讓定存單，而政府採取減稅政策，對經濟活動影響，何者正確？　(a) 債券價格上長　(b) 利率上漲　(c) 民間支出增加　(d) 產出增加

答案：

1. (c)	2. (b)	3. (b)	4. (c)	5. (d)	6. (a)	7. (a)	8. (b)	9. (b)	10. (b)
11. (d)	12. (c)	13. (b)	14. (c)	15. (a)	16. (c)	17. (a)	18. (c)	19. (d)	20. (b)

5.6　進階選擇題

1. 某國在 2018 年的景氣變化與政府的權衡性政策息息相關，產出成長 3.07%，而市場利率則呈現持續攀升（一年期定存 2%）。此種經濟數據可能反映何種狀況？　(a) 寬鬆貨幣政策與擴大公共支出　(b) 以課稅融通公共支出增加　(c) 量化寬鬆與福利支出成長　(d) 發行公債融通預算赤字擴張

2. 某國消費函數可表為 $C = C(r, y, a)$，$a = \dfrac{M}{P} + \dfrac{E(y)}{rP}$ 是實質資產餘額。何者錯誤？　(a) 實質餘額效果出現，將會擴大消費函數的利率彈性　(b) 物價下跌引起 Pigou 效果，促使實質利率下跌，而擴大消費支出　(c) 實質資產餘額受物價與利率變動影響，將會改變消費曲線斜率　(d) 利率與所得變動將會改變消費曲線的利率彈性

3. 某國僅有股票單一資產 $a = \dfrac{E(y)}{rP}$，股市榮枯強烈影響人們消費活動，何者錯誤？　(a) 景氣紅燈閃爍提升上市公司獲利，股利 $E(y)$ 變化將會改變 IS 曲線的利率彈性　(b) 景氣持續陷入藍色憂鬱重創公司獲利，將促使 IS 曲線左移　(c) 景氣持續閃爍藍燈引發人們通縮預期，股價重挫將再強化 Fisher 財富效果　(d) IS 曲線的利率彈性將因股市日益繁榮而下降

4. 某國儲蓄函數為 $S = a + br$、投資函數為 $I = c + dy$，$b, c, d > 0 > a$，r 是實質利率，y 是所得。假設央行採取釘住利率措施，財政部執行債務重整，將會產生何種結果？　(a) 導致投資支出減少　(b) 導致儲蓄增加　(c) 該國屬於不穩定體系，遭遇衝擊將無法收斂至均衡　(d) 儲蓄與投資同時減少

5. 某立法委員在立法院國事論壇，建議政府採取暫時減稅但維持支出不變。若依 Keynesian 學派觀點，該國回歸均衡的最終結果為何？　(a) 所得未必擴張，預算赤字卻

因此而擴大　　(b) 金融環境趨於緊縮　　(c) IS 曲線右移至新位置　　(d) 產生排擠民間消費效果

6. 某國國發會綜合各部會意見，擬定採取權衡性政策的建議案，理論上，何者錯誤？
(a) 人們消費活動考慮 Pigou 效果影響，央行執行量化寬鬆，將促使 IS-LM 兩條曲線同時移動　　(b) 體系落入 LM 曲線的 Keynesian 區域，央行採取寬鬆政策將不影響利率
(c) 體系處於投資陷阱困境，財政政策將屬無能　　(d) 體系掉落流動性陷阱，財政部擴大支出不會引爆交易性排擠效果

7. 某國景氣連續閃爍 10 個藍燈，其商品市場方程式包括 $C = 350 + 0.6y + 0.1m$、$I = 100$、$G = 150$；貨幣市場均衡為 $\frac{M_0}{P} = m = 0.3y - 2{,}100r$。何者錯誤？　　(a) 人們持有貨幣多數作為投機用途　　(b) 體系陷入投資陷阱困境　　(c) 央行執行量化寬鬆，將引起 IS-LM 兩條曲線右移　　(d) IS 曲線具有利率彈性，但缺乏所得彈性

8. 某國民間支出函數為 $E = C(r, y_d) + I(r, y)$，政府執行擴張政策，何者出現機率極低？
(a) 央行搭配順風而行政策，排擠效果達到最大　　(b) 發放三倍券容易引發直接排擠效果
(c) 政府編列預算擴建南港軟體科學園區，可能衍生拉入效果　　(d) 效率金融市場調整迅速，擴張支出政策將讓體系沿著 LM 曲線移動

9. 新冠肺炎來襲重創台灣景氣，何種現象可能出現？　　(a) LM 曲線將因物價趨跌而左移
(b) IS 曲線將因 Pigou 效果存在而左移　　(c) 物價滑落帶動實質餘額增加，從而刺激消費增加　　(d) 物價與所得變動將視景氣衰退幅度而定

10. 下表是某國近三年來的實質產出與利率的資料，假設三年來的經濟活動變化與政府採取權衡性政策有關，則政府曾經採取何種政策活動？

時間	實質產出（兆元）	金融市場利率	物價指數
1999	620	5.5	100
2000	590	7%	100
2001	750	7%	100

(a) 2000 年曾經採取寬鬆銀根政策　　(b) 2000 年曾經採取赤字財政政策　　(c) 2001 年曾經採取擴張性財政政策　　(d) 2001 年曾經採取貨幣融通的赤字財政政策

11. 總體理論充斥各種影響經濟活動的財富效果，何者正確？　　(a) 景氣頻頻閃爍藍燈，體系透過 Pigou 效果運作改變人們的貨幣需求　　(b) 在景氣繁榮期間，Fisher 財富效果將會擴大民間消費支出更趨於擴大　　(c) 利率誘發的財富效果將造成 IS 曲線移動　　(d) 實質餘額效果存在將使 IS 曲線移動

12. 在 1970 年代，經濟學家熱衷討論各種類型財富效果，何者錯誤？　　(a) 央行執行量化寬

鬆，將透過 Pigou 效果促使 IS-LM 兩條曲線同時右移　(b) 景氣藍燈閃爍，Fisher 財富效果將會緊縮民間消費支出　(c) 意外所得效果將讓 LM 曲線更具利率彈性　(d) 物價下跌引爆實質餘額效果，將促使 IS 曲線右移

13. 有關權衡性政策效果的敘述，何者正確？　(a) 某國央行執行逆風而行政策，政府擴大支出將會產生拉入效果　(b) 貨幣需求的利率彈性愈低，擴張性財政政策愈有效　(c) 廠商投資缺乏利率彈性，貨幣政策將能充分影響實質產出變動　(d) 在流動性陷阱下，量化寬鬆政策將不影響債券價格

14. 政府同時增加政府支出與緊縮貨幣供給，預期將產生何種結果？　(a) 利率上升，總需求及物價變動不確定　(b) 總需求增加與物價上漲，利率不變　(c) 總需求、物價與利率均下降　(d) 總需求及利率下降，物價上漲

15. 有關政府支出增加可能引發完全排擠效果的說法，何者錯誤？　(a) 此係公私部門支出呈現完全替代所致　(b) IS 曲線可能缺乏利率彈性所致　(c) LM 曲線缺乏利率彈性所致　(d) Ricardo 等值理論成立

16. 政府預算限制融通方式多元化，何者正確？　(a) 政府發行公債由官股銀行購買，將對金融體系形成緊縮效果　(b) 政府公債由央行購買，相當於向人們課徵通膨稅　(c) 央行直接發行貨幣融通政府支出的膨脹性融通，相當於向人們課徵鑄幣稅　(d) 財政部發行公債而由人們購買，對體系不會造成緊縮效果

17. 有關央行透過公開市場操作執行貨幣政策的說法，何者錯誤？　(a) 央行執行量化寬鬆，除特別追求降低利率外，也將重視貨幣數量擴張　(b) 傳統貨幣政策係透過影響利率下降，擴大消費支出來發揮效果　(c) 非傳統貨幣政策並不考慮利率變化，而是強調貨幣數量變化透過 Pigou 效果來影響民間支出　(d) 傳統貨幣政策強調公開市場操作係在影響 LM 曲線移動，而量化寬鬆政策則係重視公開市場操作能否移動 IS 曲線

18. 某研究機構設定總體縮減式模型如下：$\Delta Y = a + b\Delta M + c\Delta G + d\Delta T$，$\Delta Y$ 是產出變動，ΔM 為貨幣供給變動，ΔG 為政府支出變動，ΔT 為租稅變動。如果唯財政論者成立，則縮減式的估計係數符號應為何？　(a) $b = 0$，$c < 1$，$d < 0$　(b) $b > 0$，$c > 1$，$d > 0$　(c) $b = 0$，$c > 1$，$d < 0$　(d) $b = 0$，$c > 1$，$d = 0$

19. 某國儲蓄函數型態為 $S = -100 + 0.2y - 0.3a$、投資函數為 $I = 200 + 0.1y$，$a = \dfrac{M}{P} + \dfrac{E(y)}{rP}$ 是實質資產，y 是所得。該國目前環境落在 Keynesian 區域，央行執行量化寬鬆的結果，何者錯誤？　(a) 投資將因利率下跌而增加　(b) 投資將因所得增加而擴大　(c) 該國產出維持不變　(d) 貨幣政策將引起 IS-LM 兩條曲線右移

20. 某國 IS 曲線方程式為：$y = C(y, a) + I(r, y) + G$，$a = \dfrac{M}{P} + \dfrac{E_0}{rP}$，$E_0$ 是固定股息。在穩定通膨下，央行增加貨幣供給或財政部擴大支出，將對經濟活動發揮衝擊，何者正確？　(a) 兩種政策均會擴大消費與投資支出　(b) 財政政策必然造成排擠投資支出效果

(c) 財政政策將會促使利率上漲，透過財富效果而導致消費支出下降　(d) 貨幣政策對產出的衝擊效果，相對財政政策對產出的影響具有確定性

21. 某國景氣循環深受政府的權衡政策影響。該國政府公布 2019 年的產出呈現成長，而金融市場利率卻是持平。依據 IS-LM 模型，此種經濟情勢將反映該國政府在當年可能執行過何種政策組合？　(a) 財政部調低稅率刺激投資意願，但由央行搭配「逆風而行」政策　(b) 財政部擴大公共支出，並以加徵等額稅來支應　(c) 政府發行公債融通預算赤字，但由民間機構買進持有　(d) 政府擴大基礎建設支出，並以央行繳庫盈餘融通

22. 某國政府幕僚蒐集相關經濟活動訊息，據以擬定政策建議。理論上，執行何種建議無法產生下列結果？　(a) 民間支出深受 Pigou 效果影響，央行在貨幣市場買進可轉讓定存單，IS-LM 兩條曲線因而右移　(b) 該國落入嚴重通縮環境，縱使量化寬鬆可以降低貨幣利率，卻難以刺激投資意願　(c) 民間支出缺乏利率彈性，卻存在高所得彈性，政府擴大支出將會產生拉入效果　(d) 景氣藍燈閃爍讓該國滑落投資陷阱，政府擴大預算赤字勢必衍生排擠效果

23. 某研究機構估計消費與投資函數為 $C = 500 + by + 0.1m$、$I = 100 + dy + 0.2m$，m 是實質餘額，$b + d < 1$。依據這些訊息，何者錯誤？　(a) 該國經濟環境顯然掉落投資陷阱　(b) 財政部以官股銀行繳庫盈餘融通支出，將帶動 IS-LM 兩條曲線右移　(c) 擴大公共支出將無排擠效果　(d) 央行執行量化寬鬆將透過實質餘額效果，刺激民間支出增加

24. 在何種狀況下，政府支出將讓產出擴張效果趨於極小？　(a) 政府擴大資本支出，將與民間投資存在互補效果　(b) 政府發放消費券部分替代民間消費，但是搭配央行的「順風而行」政策　(c) 政府全額補貼學生營養午餐，搭配央行的「逆風而行」政策　(d) 財政部發行公債融通支出，而官股銀行卻向央行融通來購買公債

25. 封閉體系景氣變化深受政府的權衡政策影響。該國公布 2020 年景氣陷入藍燈境界，但是金融市場利率卻維持平穩。依據 IS-LM 模型，此種經濟情勢將反映政府在當年可能執行過何種政策組合？　(a) 財政部執行債務重整，而央行搭配緊縮政策　(b) 財政部擴大公共支出，並由央行搭配量化寬鬆　(c) 政府發行公債融通預算赤字，並由銀行買進持有　(d) 政府擴大紓困支出，並以央行繳庫盈餘融通

26. 某國政府幕僚蒐集經濟活動訊息，據以擬定政策建議。理論上，執行何種建議將會產生下列結果？　(a) 民間消費支出深受 Pigou 效果影響，央行發行可轉讓定存單，將會帶動 IS-LM 兩條曲線右移　(b) 該國持續處於藍燈環境，即使央行執行寬鬆政策降低貨幣利率，也難以誘發民間支出　(c) 民間支出缺乏利率彈性，但卻具有高度所得彈性，政府實施赤字預算將會釀成排擠效果　(d) 景氣低迷讓該國掉落投資陷阱，政府擴大公共建設勢必衍生排擠效果

27. 在 2000～2003 年間，某國景氣受到 911 恐怖事件衝擊陷入景氣藍燈境界，而主計總處估計商品市場相關函數為 $C = 500 + 0.6y_d$、$I = 50$、$G = 100$、$T = 20 + 0.1y$。至於央行

估計的流動性偏好函數爲 $L = 0.2y - 800i$。依據這些資訊，政府採取何種判斷，係屬正確？　(a) 財政部擴張支出促使利率上漲，將會削減民間支出意願　(b) 央行執行量化寬鬆引導利率下降，透過刺激民間支出而增加產出　(c) 財政部提高免稅額與寬減額，而央行配合調節性貨幣政策，將推動金融市場利率上升　(d) 財政部提高投資抵減額度，再配合央行的逆風而行政策，將擴大民間支出占 GDP 的比例

28. 財政部與央行密切配合穩定經濟活動，何種政策搭配結果錯誤？　(a) 財政部擴大支出，央行配合實施量化寬鬆，將導致金融市場利率變化不確定　(b) 財政部加稅，央行採取調節性貨幣政策因應，將不影響產出　(c) 財政部緊縮支出，央行跟進採取逆風而行政策，勢必引起政府部門占 GDP 比例上升　(d) 財政部提高免稅額與寬減額，央行採取逆風而行政策，將可穩定產出水準

29. 某國主計總處估計消費函數爲 $C = a + 0.7y_d$、投資函數爲 $I = I_0 + 0.1y$。該國政府支出 $G = G_0$，租稅函數爲 $T_N = 0.1(y - D_0) - R_0$，D_0 是免稅額，R_0 是福利支出。另外，央行估計流動性偏好函數爲 $l = l_0 - bi$，貨幣供給是 $M = M_0$。依據這些資訊，何種政策效果正確？　(a) 政府發放三倍券，將引發利率上漲，不會排擠民間支出　(b) 央行執行量化寬鬆將引導利率下降，刺激民間支出增加　(c) 財政部提高免稅額將帶動 IS 曲線左移，引起所得下降　(d) 央行執行量化寬鬆，將能化解新冠肺炎對實質經濟的衝擊

30. 爲因應新冠肺炎釀成龐大失業潮，美國聯準會在 2020 年三月宣布實施無限量化寬鬆（infinite QE）。有關該訊息隱含的衝擊，何者錯誤？　(a) 實施無限量化寬鬆，係改變原先減購公債的決策，此種貨幣法則調整將會改變 LM 曲線的斜率　(b) 實施無限量化寬鬆，勢必造成資金更趨泛濫　(c) LM 曲線將因該項政策變化而持續右移　(d) 執行無限量化寬鬆若係買進公債，即是政府債務貨幣化

31. 某國中央政府在 2019 年編列 2020 年總預算，內容將會影響 2020 年經濟活動，何者正確？　(a) 以擴大發放三倍券取代基礎建設支出，將可刺激內需與擴大未來產能　(b) 在預算規模不變下，強化租稅結構與景氣循環的關係，將會改變 IS 曲線斜率　(c) 在預算歲入來源中，要求央行增加繳庫盈餘，將不影響貨幣市場運作　(d) 政府歲入編列由官股銀行與央行增加繳庫盈餘融通，兩者產生的影響效果相同

32. 人們擬定消費決策將考慮 Pigou 效果的影響，何者錯誤？　(a) 百貨公司周年慶將所有商品以兩折出售，吸引人們瘋狂採購，即是反映 Pigou 效果發揮作用　(b) 金融市場利率徘徊低檔難以再降，而央行依然執行量化寬鬆，即在體現 Pigou 效果的威力　(c) Pigou 效果源自於物價下跌擴大實質餘額增加，引導利率下降而刺激消費支出增加　(d) 央行執行量化寬鬆，將透過 Pigou 效果而帶動 IS 與 LM 曲線同時右移

33. 政府想要激勵投資誘因，卻不願看到景氣出現過熱，則規劃何種政策組合將屬可行？　(a) 採取量化寬鬆政策，並緊縮政府支出　(b) 採取量化寬鬆政策與降低稅賦政策　(c) 採取緊縮貨幣政策，以及擴大公共支出　(d) 擴大公共支出，以及採取逆風而行貨幣

政策

34. 全球資金氾濫外溢至台灣金融市場也深陷「流動性陷阱」環境，而爲因應景氣蕭條，何種權衡政策結果可能錯誤？　(a) 傳統貨幣政策將無法透過利率下降管道，來改變廠商投資行爲　(b) 財政政策也將束手無策，難以發揮實質影響效果　(c) 央行執行量化寬鬆，將透過 Pigou 效果發揮實質影響力　(d) 政府發放三倍券，可能會與民間消費存在完全替代關係，從而產生直接排擠效果

35. 某國政府執行各種類型財政政策，何種政策效果有待商榷？　(a) 對董事長層級課稅 ΔT，並移轉給路上遊民 ΔR，$\Delta T = \Delta R$，將會擴大總消費 $(b_p - b_r)\Delta T$，b_p 與 b_r 是遊民與董事長的邊際消費傾向　(b) 調整政府實質支出的結構，對最終的政府預算赤字並無影響　(c) 財政部調整個人所得稅率與營利事業所得稅率，將會改變 IS 曲線斜率　(d) 財政部提高免稅額，將會引起 IS 曲線平行右移

36. 央行經研處緊盯金融環境變化情勢，並提出報告說明，何種說法錯誤？　(a) 央行理監事會決議將「順風而行」法則調整爲「逆風而行」法則，此舉將會改變 LM 曲線斜率　(b) 央行每年將盈餘繳交國庫，財政部也用於融通社福支出，此舉必然推動市場利率上漲　(c) 投資人預期股市即將回檔，投資態度轉換爲「空頭」，此舉將會增加投機性貨幣需求　(d) 官股銀行買進公債，並以公債擔保向央行申請重貼現，將會引起 LM 曲線右移

37. 某國遭到新冠肺炎衝擊而百業蕭條，而其商品市場均衡方程式包括 $C = C_0 + 0.6(y - T) + 0.1m$、$I = 200$、$G = G_0$，而貨幣市場均衡則爲：$\frac{M_0}{P} = 0.2y - 1,000i$，$m = \frac{M}{P}$ 是實質餘額。在此種經濟結構下，何種敘述錯誤？　(a) 體系落入投資陷阱，是以貨幣政策無法刺激產出增加　(b) 財政政策與貨幣政策均可解決蕭條問題　(c) IS 曲線缺乏利率彈性，而 LM 曲線則爲正斜率　(d) 量化寬鬆將透過 Pigou 效果影響消費支出

38. 某研究機構估計本國消費函數爲 $C = a + 0.65y_d$、投資函數爲 $I = b + 0.1y$。該國政府支出 $G = g$，租稅函數爲 $T_N = t(y - D_0) - R_0$，D_0 是免稅額，R_0 是福利支出，t 是稅率。另外，央行經研處估計貨幣需求函數爲 $l = l_0 - l_1 r + l_2 y$，名目貨幣供給爲 $M^S = d$。新冠肺炎來襲，造成國內景氣燈號連續數月閃爍藍燈，政府持續出招因應，何者錯誤？　(a) 政府紓困補貼旅遊產業，並不影響其他產業的預擬投資　(b) 央行執行寬鬆政策引導利率滑落，將能振興凋敝的景氣　(c) 政府同時提高免稅額與發放三倍券（$\Delta D_0 = \Delta R_0$），帶動 IS 曲線右移幅度爲 $\left(\frac{(1+t)0.65}{0.25 + 0.65t}\right)$　(d) 本國處於投資陷阱環境，貨幣政策完全失

39. 新冠肺炎肆虐釀成龐大失業潮，美國聯準會在 2020 年 3 月宣布實施無限量化寬鬆（infinite QE），迅速引爆資金狂潮。此一政策將醞釀何種結果？　(a) 無限量化寬鬆大幅降低利率，擴大民間支出誘因，不僅改變 IS 曲線斜率而且持續右移　(b) 無限量化寬

鬆帶動 LM 曲線持續右移，低利率刺激民間支出遞增　　(c) 無限量化寬鬆將貨幣餘額塞滿人們荷包，引爆 Pigou 效果而擴大消費，推動 IS 曲線持續右移　　(d) 無限量化寬鬆是央行發行貨幣直接融通財政部，屬於通膨融通

40. 某國人民分為富裕階層與低收入戶兩個族群，消費函數分別為 $C_r = a_r + b_r (y_r - T) + c_r m$ 與 $C_p = a_p + b_p (y_p + R_0) + c_p m$，$a_r > a_p$、$b_r < b_p$、$c_r < c_p$。租稅函數為 $T = T_0 + t(y_r - D_0)$，D_0 是免稅額，R_0 為福利支出，t 是稅率，$y = y_r + y_p$。投資函數 $I = I_0$，實質餘額是 $m = \frac{M_0}{P}$，而流動性偏好函數為 $m = l_0 + l_1 y - l_2 r$，政府預算初始處於平衡狀態，景氣落在藍燈環境。依據上述訊息，何者錯誤？　　(a) 政府執行平衡預算支出（$\Delta T_0 = \Delta R_0$），對富裕階層課徵富人稅再全部補貼低收入戶，消費支出將增加 $(b_p - b_r)\Delta T_0$ 政府預算出現盈餘　　(b) 央行執行寬鬆政策帶動 IS-LM 兩條曲線分別右移 $\frac{(c_r + c_p)}{1 - (1-t)b_r}$ 與 $(l_1)^{-1}$，引起利率下降而擴大投資支出　　(c) 政府等額變動 $\Delta D_0{\uparrow} = \Delta T_0{\downarrow}$ 將屬擴張財政政策，引起 IS 曲線右移 $\frac{(1+t)b_r}{1 - b_r(1-t)}$　　(d) 央行執行量化寬鬆雖無 Keynes 效果，卻有 Pigou 效果刺激消費支出擴張

41. 某國人民擬定消費計畫，Pigou 效果居中扮演關鍵因素，何者錯誤？　　(a) 百貨公司周年慶以兩折促銷全館商品，吸引人們瘋狂血拚，此即反映實質購買力增加引爆 Pigou 效果的結果　　(b) 金融市場滑落流動性陷阱，央行依然執行量化寬鬆，此即寄望 Pigou 效果發揮威力　　(c) 量化寬鬆意圖藉由 Pigou 效果加速 LM 曲線右移，促使利率巨幅下降來刺激民間支出　　(d) 如果景氣藍燈閃爍不止，物價持續緩步趨跌，Pigou 效果將喪失作用，IS 曲線可能出現左移而讓景氣更趨惡化

42. 國家發展委員會依據 IS-LM 模型規劃政策組合，何者將可達到「提高未來產能，兼具維持景氣綠燈環境」的目標？　　(a) 央行執行量化寬鬆，而財政部削減預算赤字　　(b) 央行在公開市場賣出債券，而財政部採取減輕稅賦政策　　(c) 財政部擴大公共建設，而央行改採順風而行法則　　(d) 財政部擴大福利支出，央行則採逆風而行法則

43. 某國中央政府編列 2021 年總預算，維持 2020 年的預算規模不變，但卻調整當中的歲出與歲入結構，此舉對 2021 年經濟活動影響為何？　　(a) 將基礎建設支出轉用於照顧貧苦大眾，更能發揮擴大內需的拉入效果　　(b) 調高資本門相對經常門的支出比例，雖不影響目前的 IS 曲線位置，卻有助於擴大未來產能　　(c) 歲入來源增加官股銀行盈餘繳庫比例，將會擴大貨幣供給，帶動 2021 年的 LM 曲線右移　　(d) 在維持歲入總額不變，政府調高貨物稅收比例，並降低所得稅收比例，僅會影響總需求，對總供給毫無影響

44. 某國百業景氣橫遭新冠肺炎衝擊而陷入藍燈憂鬱。該國商品市場的相關方程式包括 $C = a + b(y - T) + 0.1m$、$I = I_0 + iy$、$G = g$，而貨幣市場均衡為：$\frac{M_0}{P} = l_0 + l_1 y - l_2 r$，$m = \frac{M_0}{P}$

是實質餘額。在此種經濟環境下，何者正確？ (a) IS 曲線具有高利率彈性，導致財政政策完全失靈 (b) 景氣藍燈引導物價緩步滑落，體系雖無 Keynes 效果出現，卻也引來 Pigou 效果 (c) 該國淪落投資陷阱環境，唯有財政政策才能振衰起敝 (d) 景氣在藍燈區徘徊，引發人們未雨綢繆心思，IS-LM 曲線因而隨之左移

45. 政府擴張支出可能招來各種效果，何者錯誤？ (a) 人們持有貨幣餘額多數屬於投機餘額，政府擴張支出勢將面臨空前的排擠效果 (b) 政府與個人間存在資訊不對稱，代理問題將讓財政政策可以發揮部分效果 (c) 公有財與私有財間若存在高度互補關係，政府擴張支出將刺激 IS 曲線再度右移 (d) Ricardo 等值理論若是成立，政府採取舉債融通與課稅融通將無差異

46. 新冠肺炎重創景氣，政府卯足全力紓困產業，導致債務快速累積，必須尋求資金來源彌補赤字缺口。純粹就融通效果而言，何者錯誤？ (a) 要求台銀與土銀等官股銀行增加盈餘繳庫融通，將引起 LM 曲線右移 (b) 央行實施公債貨幣化，將促使 LM 曲線右移 (c) 提高貨物稅率籌措財源，勢必提高廠商生產成本，將會影響總供給，但對 IS-LM 兩條曲線無影響 (d) 向銀行借款融通，並不影響 LM 曲線變動

47. 有關央行執行貨幣政策的性質，何者錯誤？ (a) 量化寬鬆擴大可貸資金供給，導引利率下降，促使 IS 曲線右移 (b) 傳統貨幣政策透過降低利率的資本成本管道，刺激民間支出而發揮效果 (c) 量化寬鬆強調貨幣餘額擴張，透過 Pigou 效果直接影響人們消費行為 (d) 傳統貨幣政策強調公開市場操作是否影響 LM 曲線移動，而量化寬鬆則關注公開市場操作能否移動 IS 曲線

（48.）～（49.）利用下列模型回答問題。

某國的總體結構式模型如下：

商品市場均衡 $y = C(r, y, a) + I(r, y) + G_0$

貨幣市場均衡 $l(r, y, a) = \dfrac{M(r)}{P}$

財富的定義如下

$$a = \frac{A}{P} = \frac{M}{P} + \frac{E(y)}{rP}$$

48. 某國的 $C_r = I_r = 0$，C_a，$l_a > 0$。何者錯誤？ (a) 央行擴張性貨幣政策將無效果 (b) IS 曲線出現投資陷阱狀況 (c) 央行執行量化寬鬆效果將會擴大產出 (d) IS-LM 兩條曲線的利率彈性將會擴大

49. 依據上述模型內容，何者正確？ (a) 物價下跌僅有引起 LM 曲線右移 (b) 量化寬鬆政策將讓 IS 曲線左移，但是 LM 曲線右移 (c) 物價下跌將同時引發 Keynes 效果與 Pigou 效果 (d) 財政部增加恆常性支出的效果，將優於央行的量化寬鬆效果

50. 美國國會在 2021 年 3 月初通過高達 1.9 兆美元的紓困案，且由聯準會購入聯邦公債融

通。此一訊息隱含的衝擊，何者錯誤？ (a) 聯準會決議購買公債，將是權衡性貨幣政策，LM 曲線斜率將因此而趨於平坦 (b) 此係財政部紓困方案搭配聯準會的量化寬鬆，IS-LM 兩條曲線將因此而右移 (c) 聯準會買進美元公債，增加美元發行，將由此而獲取鑄幣稅 (d) 聯準會買進公債即是公債貨幣化，LM 曲線因此而右移

51. 某國政府將原先稅制 $T = T_0 + ty$ 調整為 $T = t(y - D_0)$，$T_0 = D_0$ 分別是定額稅與免稅額，$y_d = Y - T$ 是可支用所得。該國央行若是釘住利率 $r = r_0$，而消費函數為 $C = a + by_d - cr$。依據上述資訊，此一稅改產生的影響，何者正確？ (a) 強化政府預算隱含的自動穩定因子 (b) 稅改是調整財政法則，直接改變 IS 曲線斜率 (c) 體系重回均衡的預算赤字縮小 (d) 消費支出增加 $b(T_0 + tD_0)$，IS 曲線將因此而右移

52. 在 2020～2021 年的 Convid 19 蔓延期間，某國消費與投資函數為 $C = C_0 + 0.7y_d + 0.1m$、$I = I_0 + 0.1y$，政府支出是 $G = G_0$、租稅淨額是 $T_N = 0.1(y - D_0) - R_0$，D_0 是免稅額，R_0 是移轉支付。另外，央行估計流動性偏好函數為 $L = l_0 - l_1 i + l_2 y$，實質貨幣供給是 $m^s = \dfrac{M}{P}$。依據這些資訊，何者正確？ (a) 政府擴大紓困 $\Delta G > 0$，推動利率上漲，將會排擠民間支出 (b) 央行採取量化寬鬆，IS-LM 兩條曲線隨之右移 (c) 政府等量提高 $\Delta D_0\uparrow = \Delta R_0\uparrow$，將引起 IS-LM 兩條曲線左移，促使利率與物價下降 (d) 體系處於投資陷阱環境，央行的貨幣政策將是無能

53. 某國政府執行各種類型財政政策，何種效果錯誤？ (a) 政府追求所得分配平均化，對富人加稅並轉用於全額補助窮人，$\Delta T\uparrow = \Delta R\uparrow$，總體消費將增加 $(b_p - b_r)\Delta T$，帶動 IS 曲線右移，$b_p > b_r$ 是富人與窮人的邊際消費傾向 (b) 政府擴大平衡預算支出，$\Delta G\uparrow = \Delta T\uparrow$，對 IS-LM 兩條曲線毫無影響 (c) 政府調整原先稅制 $T_0 = 300 + 0.2y$ 為 $T_1 = 0.25(y - 300)$，將會改變 IS 曲線斜率而且右移 (d) 政府將貨物稅由 5% 提高至 10%，並不影響 IS-LM 兩條曲線

54. 某研究機構驗證本國消費與投資函數，獲得 $C = 200 + 0.75y - 1,500r$ 與 $I = 50 + 0.35y - 2,500r$，而政府支出為 $G = 30$。央行採取釘住利率措施，將利率 $r = 10\%$ 調低為 $r = 8\%$。依據上述資訊，何者錯誤？ (a) 央行調降利率後，均衡所得為 200 (b) 該國的 IS 曲線呈現正斜率 (c) 期初均衡係為不穩定均衡點 (d) 央行調降利率，經濟活動將呈現發散，無法收斂到均衡點

55. 某國政府編列 2021 年總預算，維持 2020 年預算規模（歲出與歲入不變），但是調整預算結構。此舉對 2021 年經濟活動衝擊，何者錯誤？ (a) 緊縮基礎建設支出（$\Delta G\downarrow$），轉為擴大福利支出（$\Delta R\uparrow$），可能釀成總需求下降，兼具減緩資本累積而影響未來產能 (b) 調整租稅結構，以提高貨物稅率換取降低所得稅率，此舉將引起 IS 曲線平行右移，而 AS 曲線平行左移 (c) 調整歲入來源結構，以央行增加繳庫盈餘取代官股銀行盈餘庫，LM 曲線將會平行右移 (d) 以官股銀行或央行繳庫盈餘融通歲出，對 LM 曲線影

響迥異

56. 某國民間支出函數為 $E = C(r, y) + I(r, y)$，依據傳統 IS-LM 模型隱含的假設，何者正確？ (a) 隨著民間支出的利率彈性擴大，央行提高貨幣成長率，將會提高通膨率，導致實質利率下降，進而刺激民間支出增加 (b) 當 $C_r + I_r = 0$，央行緊縮貨幣供給，將會降低通膨率，增加貨幣的實質購買力，進而刺激民間支出增加 (c) 隨著邊際民間支出的所得彈性遞增，政府擴張支出相對容易產生拉入效果 (d) 隨著邊際民間支出傾向 $C_y + I_y$ 擴大，央行實施擴張政策的實質產出效果趨於顯著

57. 自從 2020 年爆發 Convid 19 蔓延後，國際經濟金融局勢劇變。某國央行經研處關注貨幣市場與外匯市場變化情況，提出報告說明，何者錯誤？ (a) 為因應龐大外資流入國內，央行可將「順風而行」法則調整為「逆風而行」法則，LM 曲線斜率將趨於平坦 (b) 官股銀行依循往例將盈餘繳交國庫，財政部將其投入紓困，金融市場利率將趨於上漲 (c) 股市狂飆吸引投資人偏向「多頭」操作，勢必增加持有投機性餘額 (d) 財政部將央行繳庫盈餘用於紓困，將會引起 LM 曲線右移

58. 依據 IS-LM 模型，某位股市名嘴在第四台評比財政政策效果，何者有待商榷？ (a) 央行採取膨脹性融通或公債貨幣化支援預算赤字，發揮立即效果並無差異 (b) 景氣頻頻閃爍藍燈，央行直接印鈔票融通暫時性紓困支出，金融市場貨幣利率終將上漲 (c) 人們將政府視為自己的代理人，財政政策將完全失能 (d) 財政部調整財政法則改變 IS 曲線斜率，將因提升人們支出誘因，促使 IS 曲線右移而發揮效果

59. 某國經濟部檢視商品市場發生變化的前因後果，何者錯誤？ (a) 政府調整公務人員薪水，帶動產業跟進調薪，將會提高勞工所得而擴大消費，帶動 IS-LM 兩條曲線右移 (b) 人們從事短期消費往往忽略利率影響，而廠商投資決策又採「動物本能」模式，則 IS 曲線將呈現垂直線 (c) 政府調高所得稅率，將讓 IS 曲線斜率愈趨陡峭，有助於強化財政政策效果 (d) 某國央行大幅調低利率，引爆意外所得效果，將讓 IS 曲線的利率彈性擴大，財政政策效果將會弱化

60. 某國景氣燈號陷入藍色憂鬱，物價出現滑落現象，何者錯誤？ (a) 金融市場利率在谷底徘徊，人們持有貨幣多數作為活動餘額 (b) 政府積極從事公共建設，遭致排擠效果的機率甚微 (c) 依據 Pigou 效果的說法，物價滑落提升人們持有貨幣的實質購買力，IS 曲線將會逐步右移 (d) Keynesian 學派則認為物價緩步滑落，將讓人們產生通縮預期，景氣可能更趨惡化

61. 某國人們決策若未考慮財富效果，而經濟環境落在 LM 曲線的古典區域運作，何者錯誤？ (a) 人們的流動性偏好函數若為 $l = kY$，央行增加貨幣供給對所得的影響為 $\dfrac{dY}{dM} = k^{-1}$ (b) 人們持有貨幣全部作為交易餘額 (c) 政府擴張支出將推動利率上漲，全額排擠民間支出，財政政策將是無能 (d) 央行增加貨幣供給無法降低利率，難以刺激

民間支出擴張

62. 政府尋求資金來源融通預算赤字，綜合政府支出與預算融通兩種效果，何者正確？ (a) 以國營事業繳庫盈餘融通，將先引起 IS 曲線右移（支出增加），然後再左移（繳庫盈餘增加） (b) 以加徵營業稅融通，將先引起 IS 曲線右移（支出增加），然後再左移（物價上漲降低消費支出） (c) 以官股銀行繳庫盈餘融通，將引起 IS 曲線右移（支出增加），而 LM 曲線也隨之左移（銀行放款能力下降，造成貨幣供給減少） (d) 以央行繳庫盈餘融通，將引起 IS 曲線右移（支出增加），而 LM 曲線也隨之右移（貨幣供給增加）

63. 依據 Ricardo 等值理論與其基本假設，政府執行財政政策效果，何者錯誤？ (a) 政府以課稅或舉債融通預算赤字，兩者產生結果相同 (b) 政府舉債利率遠低於人們舉債利率，導致人們偏好政府舉債，Ricardo 等值理論未必成立 (c) 政府舉債發放消費券，人們將同時增加儲蓄以因應未來租稅負債增加，金融市場利率不受影響 (d) 政府舉債補貼鰥寡孤獨廢疾者，對 IS 曲線毫無影響，卻會引起 LM 曲線右移

64. 古典學派提出 Pigou 效果回應 Keynesian 學派的挑戰，有關該效果運作的說法，何者錯誤？ (a) 景氣持續閃爍藍燈，物價緩步趨跌，Pigou 效果有如自我調節機能，將可讓體系逐步返回綠燈區域 (b) 央行執行量化寬鬆，透過利率下跌引發 Pigou 效果，催促人們衝向商品市場購物，增加消費支出 (c) 體系物價持續下跌而陷入通縮狀態，人們雖然感覺持有貨幣的購買力增加，但是通縮預期讓人們反而緊縮支出，IS 曲線卻是左移，Pigou 效果喪失作用 (d) Pigou 效果應當適用於物價一次性下跌，猶如百貨公司大拍賣，擴大人們消費支出誘因

65. 某國為紓緩 Convid 19 造成的衝擊，擴大紓困對象與金額，何種效果錯誤？ (a) 以央行繳庫盈餘額融通預算赤字，係將央行發行貨幣賺取的鑄幣稅（總產出），轉變成由政府支出產生的通膨稅（總支出） (b) 財政部以央行繳庫盈餘，或透過公債貨幣化取得資金，兩者均會引起 IS-LM 曲線右移 (c) 財政部發行公債係由銀行購買，將會引起銀行資金緊縮，促使 IS 曲線右移（預算赤字擴大）與 LM 曲線左移（貨幣需求增加） (d) 財政部加徵貨物稅來融通預算赤字，將促使 IS 曲線右移，而總供給曲線則會左移

66. 依據 IS-LM 模型，某國採取量化寬鬆搭配政府債務重整的政策組合，何種結果正確？ (a) 民間支出占 GNP 比例遞增，大幅降低體系內的公有財比例 (b) 景氣將因 IS-LM 兩條曲線同步左移而滑落 (c) 金融市場利率趨於滑落，景氣燈號可能轉為藍燈 (d) 資本累積速度將會趨緩，未來產能擴張速度下降

67. 某國人們分為富裕階層與低收入戶族群，總體消費函數可為 $C = C^R(r, y, a) + C^P(r, a, d)$，富裕者的資產（$a = \dfrac{A}{P}$）等於低收入戶的負債（$d = \dfrac{D}{P}$），$a = d$。依據 IS-LM 模型，體系落在 LM 曲線的中間區域，若是出現物價滑落，何者錯誤？ (a) 物價下跌促使實質

餘額增加，LM 曲線右移將會產生正的 Keynes 效果　(b) 當 $C_a > |C_d| > 0$，物價滑落引起 IS-LM 兩條曲線同步右移，體系出現正的 Keynes 效果與 Pigou 效果　(c) 當 $|C_d| > C_a > 0$，物價滑落將產生正的 Keynes 效果與負的 Fisher 效果　(d) 當 $C_a = |C_d|$，物價滑落僅引起 LM 曲線右移，總消費支出減少

68. 某國國發會驗證消費函數為 $C = c_0 + c_1 y + c_2 a$、投資函數為 $I = i_0 + i_1 y$，y 是所得，$a = \dfrac{M}{P} + \dfrac{E(y)}{rP}$ 是實質資產餘額。該國目前經濟環境落在 LM 曲線的中間區域，何種經濟活動變化錯誤？　(a) 商品市場處於投資陷阱環境，IS 曲線缺乏利率彈性，貨幣政策失能　(b) IS 曲線具有些微利率彈性，貨幣政策將引起 IS-LM 兩條曲線同時右移　(c) 央行增加貨幣供給將會產生 Keynes 效果與實質餘額效果　(d) 政府執行擴張支出政策，將會產生拉入效果，帶動民間支出增加

答案：

1. (b)	2. (a)	3. (d)	4. (c)	5. (a)	6. (c)	7. (a)	8. (a)	9. (c)	10. (d)
11. (d)	12. (c)	13. (d)	14. (a)	15. (b)	16. (d)	17. (a)	18. (c)	19. (c)	20. (d)
21. (d)	22. (d)	23. (b)	24. (c)	25. (a)	26. (b)	27. (d)	28. (c)	29. (a)	30. (a)
31. (b)	32. (c)	33. (a)	34. (b)	35. (b)	36. (b)	37. (a)	38. (b)	39. (c)	40. (b)
41. (c)	42. (a)	43. (b)	44. (b)	45. (a)	46. (a)	47. (a)	48. (b)	49. (c)	50. (a)
51. (d)	52. (b)	53. (b)	54. (a)	55. (b)	56. (c)	57. (c)	58. (b)	59. (a)	60. (a)
61. (d)	62. (d)	63. (d)	64. (b)	65. (c)	66. (a)	67. (d)	68. (a)		

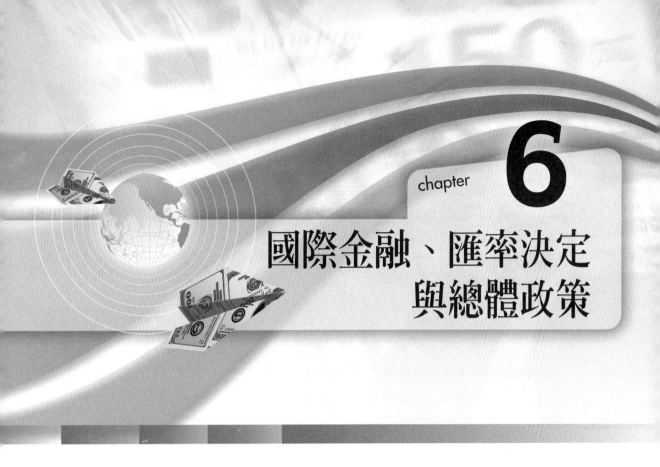

chapter 6

國際金融、匯率決定
與總體政策

6.1 國際收支帳

1. 有關國際收支帳的性質，何者正確？ (a) 國際收支餘額相當於外匯準備 (b) 包含所有外匯資產與央行持有的黃金 (c) 國際收支帳永遠平衡，意味著借方等於貸方 (d) 國際收支變動將完全反映貿易餘額變動

2. 某國經濟部發布 2020 年上半年的出口遠低於進口，何種影響已經發生？ (a) 貿易帳與金融帳同時出現赤字 (b) 跨國資金出現內流 (c) 經常帳出現赤字，而金融帳出現盈餘 (d) 經常帳與資本帳同時出現盈餘

3. 下列敘述，何者正確？ (a) 國際收支帳類似廠商的資產負債表，反映一國在固定期間的外匯收支情形 (b) 國際收支暫時失衡，唯有央行干預才能矯正 (c) 在 921 震災期間，各國捐助款項不包括在國際收支統計內 (d) 國際收支帳內準備資產的符號為負，將反映準備資產減少

4. 國際收支帳中的經常帳餘額是何者的累加？ (a) 商品帳餘額＋勞務帳餘額 (b) 商品帳餘額＋資本帳餘額 (c) 貿易帳餘額＋移轉支付帳餘額 (d) 貿易帳餘額＋資本帳餘額

5. 何種跨國交易將讓台灣金融帳出現盈餘？ (a) 台灣購買更多挪威毛衣 (b) 台灣進口更多日本汽車 (c) 投資人競相購買海外基金 (d) 美林證券匯入資金投資台股

6. 國泰人壽為獎勵員工績效，包機帶領員工赴日旅遊，旅遊支出增加如何影響國際收支帳？ (a) 經常帳出現逆差 (b) 勞務帳出現順差 (c) 金融帳出現順差 (d) 央行持有外

匯準備遞減

7. 某國的國貿局發布外貿情勢顯示，本國出口長期超越進口，國際收支帳將如何種變化？ (a) 經常帳與資本帳同時出現赤字　(b) 經常帳與金融帳同時出現盈餘　(c) 貿易帳出現赤字，而資本帳出現盈餘　(d) 貿易帳出現盈餘，而金融帳出現赤字

8. 台塑匯出大筆資金前往中國漳州投資設立電廠，對國際收支帳造成何種影響？　(a) 長期資本移動　(b) 經常帳出現逆差　(c) 金融帳出現順差　(d) 資本帳出現逆差

9. 兆豐銀行國外部評估台灣的國際收支是否平衡，採取何種指標較為適當？　(a) 貿易餘額　(b) 基本餘額　(c) 金融帳餘額　(d) 經常帳餘額

10. 某國出現何種跨國交易，對國際收支帳的經常帳餘額變化沒有影響？　(a) 統一企業從事跨國商品交易　(b) 台塑加碼投資中國的電廠　(c) 暑假期間來台的外國觀光客旅遊支出　(d) 富邦產險支付瑞士再保險的保費支出

11. 金融帳餘額變化不受何種跨國交易影響？　(a) 華碩出口筆電到美國收入 4 億美元　(b) 美商美林證券投資台積電股票 10 億美元　(c) 國泰人壽匯出 200 萬美元在美國股票市場購買微軟股票　(d) 台灣 7-11 超商店匯款 800 萬美元到中國設立 10 家分店

12. 何者不屬於國際收支帳中的資本帳項目？　(a) 債務免除　(b) 資本設備贈與　(c) 專利權取得與處分　(d) 跨國基金的證券投資

13. 若想知道高盛證券投資台股餘額，必須查詢央行發布國際收支帳的何種項目？　(a) 經常帳　(b) 資本帳　(c) 金融帳　(d) 官方準備帳

14. 某小型開放體系面臨貿易赤字，何種解決清算方式將是錯誤？　(a) 向外國人借款　(b) 出售本國資產給外國人　(c) 出售本國持有的外國資產給外國人　(d) 向本國銀行借款

15. 某國經常帳餘額意味著存在何種狀況？　(a) 本國向他國借款金額　(b) 本國與他國之間的所有交易淨流量　(c) 本國從他國進口商品數量　(d) 本國與他國之間的商品與勞務淨流量

16. 國際收支帳中的「準備與相關項目」係指何種變動？　(a) 本國銀行持有的外匯資產　(b) 央行持有的外匯準備　(c) 國際熱錢　(d) 政府預算

17. 某國政府預算維持平衡，但是國內出現超額儲蓄（oversaving），將會造成何種結果？　(a) 經常帳逆差　(b) 金融帳順差　(c) 資本帳逆差　(d) 央行持有外匯資產下降

18. 國際收支帳中的「金融帳」將與何種交易有關？　(a) 商品與勞務進出口　(b) 央行外匯資產變動　(c) 國際直接投資與證券投資　(d) 國際債務免除與資本設備贈與

19. 某國經常帳出現盈餘代表何種意義？　(a) 進口超過出口　(b) 從他國借入大量資金　(c) 出口超過進口　(d) 該國同時也有金融帳盈餘

20. 有關金融帳餘額變化的影響，何者正確？　(a) 高盛證券匯入資金投資台股，將造成金融帳順差　(b) 金融帳順差將會導致貿易帳反轉逆差　(c) 美林證券投資台股，將獲取股

息匯出台灣，引發金融帳逆差　(d) 央行調整外匯準備的美元與歐元組合，將會造成金融帳逆差

21. 在特定期間內，台灣國際收支的自主性交易借方小於貸方，將是處於何種狀況？
(a) 基本失衡　(b) 逆差失衡　(c) 順差失衡　(d) 結構性失衡

22. 央行外匯局官員看待自主性交易，何種看法錯誤？　(a) 屬於事前交易　(b) 國際收支達成平衡，自主性交易的借貸雙方相等　(c) 此係衡量國際收支失衡的最佳指標　(d) 包括進出口、單向移轉與資金移轉等項目

23. 某國國際收支達成均衡，資本帳與金融帳出現盈餘隱含何種結果？　(a) 國際收支盈餘　(b) 經常帳盈餘　(c) 經常帳逆差　(d) 官方準備資產累積

24. 鴻海集團購買專利權，而統一超商取得商標權，兩者交易將對國際收支帳的何種項目造成影響？　(a) 經常帳　(b) 資本帳　(c) 金融帳　(d) 貿易帳

25. 某小型開放體系出口 20 億元、進口是 30 億元，國內儲蓄是 25 億元，則淨資本外流為何？　(a) −25 億元　(b) −10 億元　(c) 10 億元　(d) 25 億元

26. 某國經常帳出現盈餘，將意味著何種結果？　(a) 淨對外投資為正值　(b) 跨國資金淨外流　(c) 資本帳將出現盈餘　(d) 央行持有外匯準備發生累積

27. 某國面臨淨資本外流，將意味著何種結果？　(a) 貿易總額遞增　(b) 央行持有外匯準備增加　(c) 貿易餘額順差　(d) 國際收支呈現逆差

28. 某小型開放體系的出口是 5 億元、進口是 7 億元，則何者正確？　(a) 出現貿易赤字且淨資本流入　(b) 出現貿易盈餘且淨資本流入　(c) 出現貿易赤字且淨資本外流　(d) 出現貿易盈餘且淨資本外流

29. 某國面臨淨資本外流金額將等於何種結果？　(a) 外國投資人對本國放款金額　(b) 國內投資人對外國放款金額　(c) 外國投資人對本國放款金額扣除國內投資人對外國放款金額　(d) 本國投資人對外國放款金額扣除外國投資人對本國放款金額

30. 某國面臨出口超過進口，將不會產生何種結果？　(a) 出現淨資本外流　(b) 央行持有外匯準備遞減　(c) 國內投資超過國內儲蓄　(d) 經常帳出現順差

31. 何者導致台灣的金融帳餘額逆差？　(a) 台塑擴大直接對中國的投資金額　(b) 美林證券增加匯入款投資台股　(c) 聯電取得美國 Intel 的專利權　(d) Franklin 基金投資台股獲取股息匯回美國

答案：

1. (c)	2. (c)	3. (d)	4. (c)	5. (d)	6. (a)	7. (d)	8. (a)	9. (b)	10. (b)
11. (a)	12. (d)	13. (c)	14. (d)	15. (d)	16. (b)	17. (b)	18. (c)	19. (c)	20. (a)
21. (c)	22. (c)	23. (c)	24. (b)	25. (b)	26. (a)	27. (c)	28. (a)	29. (d)	30. (c)
31. (a)									

6.2 外匯市場

6.2.1 外匯市場供需

1. 台灣外匯市場報價採取直接匯率，何者錯誤？　(a) 直接匯率上升代表國幣貶值　(b) 直接匯率與出口呈正向相關　(c) 直接匯率與進口呈正向變動　(d) 直接匯率是指以國幣表示的外幣價值

2. 經濟部透過觀察實質匯率變動來衡量本國商品的國際競爭力，何種定義正確？　(a) 以國產品價格表示的舶來品價格　(b) 以國幣表示的外幣價值　(c) 以舶來品價格表示的國產品價格　(d) 以外幣表示的國幣價值

3. 有關實質匯率的敘述，何者正確？　(a) 舶來品價格以國產品價格表示　(b) 以國幣表示的外幣價格　(c) 實質匯率大於 100，表示名目匯率應該貶值　(d) 實質匯率小於 100，表示貿易條件改善

4. 何者構成本國外匯市場供給？　(a) 統一企業支付進口大豆的貨款　(b) 鴻海清償向美國花旗銀行借款的本息　(c) 國泰人壽購買長期美國公債　(d) 央行干預外匯市場遏止國幣貶值

5. 何者不是台灣外匯市場需求的來源？　(a) 美國農業州對台灣的出口大豆與小麥　(b) 鴻海清償海外公司債的本息　(c) 人們前往日本旅遊支出　(d) 台達電前往中國崑山設廠

6. 何者構成外匯市場需求？　(a) 台積電出口八吋晶圓　(b) 皇冠圖書公司購買哈利波特著作權　(c) 國泰人壽贖回跨國基金　(d) 鴻海發行海外公司債

7. 國際物價相對台灣物價下跌，將對台灣外匯市場造成何種影響？　(a) 外匯供給曲線左移、外匯需求曲線右移　(b) 實質匯率趨於貶值　(c) 貿易條件改善　(d) 貿易帳將趨於順差

8. 名目匯率 e 代表 1 元外幣可兌換國幣數量，p 是本國物價，$p*$ 是外國物價，則實質匯率為何？　(a) $\dfrac{ep}{p*}$　(b) $\dfrac{ep*}{p}$　(c) $e+p-p*$　(d) $e+p*-p$

9. 在何種情況下，台灣將會吸引「跨國資金流入」？　(a) 台灣通膨率上升　(b) 台灣利率低於國外利率，且預期外幣升值　(c) 預期外幣升值　(d) 台灣利率高於國外利率，且預期台幣升值

10. 近年來台商跨國投資蔚為風潮，此種趨勢造成何種結果？　(a) 外匯供給增加、台幣匯率下跌　(b) 外匯需求增加、台幣匯率上漲　(c) 外匯供給增加、金融帳趨於順差　(d) 外匯需求增加、資本帳趨於逆差

11. 在浮動匯率制度下，美國消費者對日本豐田汽車需求上升，將造成何種結果？　(a) 日圓供給增加、日圓匯率貶值　(b) 日圓需求增加、美元匯率貶值　(c) 美元需求下降、美元貶值　(d) 美元需求增加、日圓貶值

12. 美國物價相對台灣物價上漲，將會影響台灣外匯市場運作，何者正確？　(a) 美元供給左移、美元需求右移　(b) 美元需求左移、美元供給右移　(c) 台幣匯率趨於上升　(d) 美元匯率趨於升值

13. 台幣兌換美元匯率 $e = \dfrac{NT}{US}$ 由 33 上升為 34，台幣匯率變動幅度為何？　(a) 貶值 3.03%　(b) 貶值 2.94%　(c) 升值 3.03%　(d) 貶值 2.97%

14. 有關台幣兌換美元匯率 $e = \dfrac{NT}{US}$ 變化的敘述，何者錯誤？　(a) $e = 30$ 下降為 $e = 29$，美元相對便宜　(b) $e = 30$ 上漲為 $e = 31$，台幣相對便宜　(c) $e = 30$ 下降為 $e = 29$，台幣升值　(d) $e = 29$ 上升為 $e = 30$，美元貶值

15. 台幣匯率 $e = \dfrac{NT}{US} = 25$，而日圓匯率 $e = \dfrac{JP}{US} = 100$，則台幣兌換日圓的匯率 $e = \dfrac{JP}{NT}$ 為何？　(a) 4　(b) 5　(c) 0.25　(d) 0.04

16. 何者將導致新台幣匯率升值？　(a) 經常帳出現逆差　(b) 台灣利率較高，吸引跨國資金流入　(c) 央行買超外匯　(d) 對外國提供援助

17. 何種跨國交易將造成台幣貶值？　(a) 高盛證券直接投資台股　(b) 聯電大量出口 8 吋晶圓　(c) 委內瑞拉向台銀清償借款　(d) 裕隆清償在歐洲發行的公司債

18. 中國人民銀行擁有龐大外匯準備，並以持有美國公債為主。隨著人民銀行決定將美國公債大量轉換為他國公債，何種結果有待商榷？　(a) 美元貶值　(b) 美國國內利率上漲　(c) 美國股市下跌　(d) 人民幣貶值

19. 何者無法削減台灣的國際收支順差？　(a) 台灣景氣燈號掉落綠燈區　(b) 美國景氣邁向繁榮　(c) 本國物價相對外國物價下跌　(d) 國內利率相對國外利率下跌

20. 在其他情況不變下，何種跨國交易將造成台幣升值？　(a) 鴻海集團積極對外進行併購　(b) 韓國擴大對台灣出口　(c) 尼加拉瓜清償向台灣借款　(d) 美林證券匯出操作台股的資本利得

21. 台灣外匯市場出現台幣兌換美元匯率升值，何種可能性錯誤？　(a) 預期新台幣兌換美元升值　(b) 國際收支逆差失衡擴大　(c) 央行賣超美元以遏止台幣貶值　(d) 國內利率持續走高

22. 兩岸關係緊張，人們未雨綢繆將資產換成美元，此舉將產生何種結果？　(a) 美元需求增加，台幣匯率貶值　(b) 美元資產流入，台幣匯率升值　(c) 金融帳趨於順差，台幣匯率升值　(d) 台幣匯率升值，有利出口、不利進口

23. 「不乾淨的浮動匯率」（dirty floating exchange rate）係指何種匯率制度？　(a) 管理浮動匯率制度　(b) 自由浮動匯率制度　(c) 固定匯率制度　(d) 釘住匯率制度

24. 台銀針對同一貨幣在各地外匯市場的匯率差異，同一時間買低賣高賺取當中的匯差，此種交易稱為：　(a) 外匯拋補　(b) 套匯　(c) 期貨外匯　(d) 外匯選擇權。

25. 外匯市場的供給是由何者組成？ (a) 外國人想要購買本國商品與勞務 (b) 本國人想要持有更多的外幣 (c) 本國人偏愛購買舶來品 (d) 本國人想要投資外國基金

26. 台幣的實質有效匯率指數若大於 100，為反映合理價位，新台幣的名目匯率應該如何調整？ (a) 升值 (b) 貶值 (c) 不受影響 (d) 無法確定變化方向

27. 下列敘述，何者錯誤？ (a) 在浮動匯率制度下，經濟活動調整是透過利率影響國內需求 (b) 聯繫匯率制度與固定匯率制度的差異是：後者的國幣發行量與央行持有外匯準備間並無聯繫關係 (c) 體系採取聯繫匯率制度，央行不對政府預算赤字融通 (d) 體系雖採固定匯率制度，但匯率並非勇傘不變，而是變動需受嚴格管制

28. 元太外匯經紀公司評引發台幣匯率升值的因素，何者錯誤？ (a) 預期國內物價漲幅高於美國物價漲幅 (b) 國際收支順差失衡擴大 (c) 央行拋售美元 (d) 國內利率持續走高

29. 美商高盛證券提升台股為看好買進等級，吸引跨國基金競相申請來台投資股票，此舉將造成何種衝擊？ (a) 出口商面臨台幣匯率升值帶來的匯損增加 (b) 美元需求增加 (c) 央行急遽累積外匯負債 (d) 金融帳餘額出現逆差

30. 在其他條件不變下，有關實質國幣匯率變化的敘述，何者正確？ (a) 本國政局不穩，將促使實質匯率升值 (b) 本國對主要進口國商品設限，將讓實質匯率貶值 (c) 本國政府預算赤字擴大，將引起實質匯率升值 (d) 本國央行提高貨幣成長率，將使實質匯率貶值

31. 台幣匯率在外匯市場面臨升值壓力，可能原因為何？ (a) 外匯市場持續出現超額美元供給，加速央行累積外匯準備 (b) 外匯市場持續出現超額美元需求，加速央行耗損外匯準備 (c) 央行為穩定台幣匯率，必須在外匯市場賣超美元 (d) 跨國基金將操作台股利得與股息大量匯出

32. 在其他條件不變下，台塑匯出鉅額資金到中國投資設廠，此舉對外匯市場影響為何？ (a) 台幣兌換美元匯率下跌 (b) 資本帳出現逆差 (c) 外匯需求增加 (d) 金融帳出現順差

33. 經濟部國貿局發布台灣貿易盈餘激增，預期何種結果將會出現？ (a) 經常帳餘額增加 (b) 資本帳餘額增加 (c) 出口商將會收到匯兌利益 (d) 央行持有外匯準備累積

34. 每年第四季是台灣出口旺季，出口持續擴大的衝擊為何？ (a) 貿易盈餘遞增 (b) 國際收支順差將會遞增 (c) 跨國熱錢持續流入 (d) 外匯市場需求增加

35. 倫敦外匯市場的英鎊報價為 1 英鎊 = 1.40 美元，紐約外匯市場的報價為 1 英鎊 = 1.38 美元。如果換匯無須支付手續費，則外匯套利者將如何操作？ (a) 在倫敦買美元、在紐約賣英鎊 (b) 在倫敦賣英鎊、在紐約買英鎊 (c) 在倫敦賣美元、在紐約買英鎊 (d) 在倫敦買英鎊、在紐約賣英鎊

36. 若名目匯率變動大於實質匯率變動，則匯率轉嫁幅度為何？ (a) 小於 1 (b) 等於 1

(c) 大於 1　(d) 不確定，需視經濟情況而定

37. 實質匯率係指何者的兌換比率？　(a) 外幣與國幣的兌換比率　(b) 舶來品與國貨的兌換比率　(c) 外幣與舶來品的兌換比率　(d) 舶來品與國幣的兌換比率

38. 廠商的未到期外幣資產或負債，遭受契約期間內未預期匯率變化，在兌換國幣產生未預期獲利或損失，稱為：　(a) 營運暴露　(b) 交易暴露　(c) 競爭性暴露　(d) 會計暴露

39. 在浮動匯率制度下，某國出現鉅額貿易赤字，外匯市場將如何變化？　(a) 國幣匯率將會下跌　(b) 國幣將會貶值　(c) 匯率固定不變　(d) 出現超額外幣供給

40. 人們預期國幣趨於貶值，外匯市場可能出現何種變化？　(a) 外匯供給增加　(b) 外匯需求減少　(c) 外匯市場供需不變　(d) 國幣兌換外幣匯率上升

41. 何者將會增加本國商品出口需求？　(a) 本國經濟成長率躍升　(b) 國幣匯率升值　(c) 本國通膨率攀升　(d) 外國經濟成長率上升

42. 何者將導致台灣的貿易條件惡化？　(a) 台幣匯率值上升　(b) 晶圓代工價格上升　(c) 進口油價上漲　(d) 台幣兌換美元匯率升值

43. 為因應新冠肺炎疫情衝擊，美國聯準會執行無限量化寬鬆引發 $e=\dfrac{NT}{US}$ 值變化，何者錯誤？　(a) 美元需求遞增，e 值呈現上漲波動　(b) 美元供給增加，e 值出現下跌趨勢　(c) 台灣央行採取逆向緊縮因應，更將加深 e 值跌勢　(d) 台灣央行跟進執行寬鬆，e 值變化不確定

44. 某國貨幣被認為高估，意味著將發生何種現象？　(a) 高估係指相對央行設定的匯率而言　(b) 以小於 1 的匯率交易　(c) 外匯市場面臨貶值壓力　(d) 目前匯率將是高於一年前的匯率

45. 某國貨幣被認為低估，意味著將發生何種現象？　(a) 低估係指相對人們相信購買力平價理論認定的匯率　(b) 低估係指相對央行設定的匯率而言　(c) 匯率是大於 1　(d) 目前匯率將是低於一年前的匯率

答案：

1. (c)	2. (a)	3. (a)	4. (d)	5. (a)	6. (b)	7. (a)	8. (b)	9. (d)	10. (b)
11. (b)	12. (b)	13. (b)	14. (d)	15. (a)	16. (b)	17. (d)	18. (c)	19. (d)	20. (c)
21. (b)	22. (a)	23. (c)	24. (d)	25. (a)	26. (b)	27. (b)	28. (a)	29. (a)	30. (d)
31. (b)	32. (c)	33. (a)	34. (a)	35. (b)	36. (a)	37. (b)	38. (b)	39. (b)	40. (d)
41. (d)	42. (d)	43. (a)	44. (c)	45. (a)					

6.2.2 外匯市場干預

1. 台灣央行放鬆外匯管制，跨國資金自由進出國境，美國聯邦準備銀行採取無限量化寬

鬆，均衡匯率 $e = \dfrac{NT}{US}$ 將如何變化？ (a) 上升 (b) 下降 (c) 不確定 (d) 不變

2. 下列敘述，何者正確？ (a) 央行編制實質有效匯率指數，採取間接匯率報價法 (b) 以間接報價法表示匯率，當有效匯率指數大於 100，表示國幣價值低估，應予升值 (c) 央行採取釘住美元的匯率政策，美元呈現弱勢將有利台灣出口 (d) 歐元區國家採取固定匯率制度，投資歐元並無匯率風險。

3. 有關匯率變動的描述，何者錯誤？ (a) 央行將匯率釘在低估國幣水準，將導致外匯準備累積 (b) 央行將匯率釘在高估國幣水準，將導致國幣供給增加 (c) 台灣採取浮動匯率制度，索羅斯旗下基金匯入台灣炒作股票，將促使台幣升值 (d) 某國實施匯率自由化，一旦國際收支持續惡化，將會引發國幣貶值

4. 為減輕新台幣對美元匯率貶值壓力，央行採取何種干預較為適當？ (a) 同時買進美元與台幣 (b) 同時賣出美元與新台幣 (c) 賣出美元及買進新台幣 (d) 買進美元及賣出新台幣

5. 美國聯準會實施無限量化寬鬆，引爆資金狂潮奔向台灣，央行可採何種外匯干預來穩定台幣匯率？ (a) 賣出美元 (b) 買入美元 (c) 降低新台幣存款利率 (d) 採取管制外匯資金流入

6. 台灣央行為穩定匯率，在外匯市場賣超美元，將會形成何種結果？ (a) 新台幣兌美元貶值 (b) 外匯市場需求增加 (c) 準備貨幣餘額減少 (d) 實質匯率貶值

7. 經濟部推動貿易自由化，採取降低關稅與開放進口政策，對外匯市場衝擊為何？ (a) 外匯需求減少與外匯供給增加 (b) 匯率升值 (c) 外匯需求增加與匯率貶值 (d) 外匯供給增加，貿易帳出現順差

8. 經濟部積極推動擴大出口方案，將對外匯市場產生何種衝擊？ (a) 匯率貶值 (b) 外匯供給增加 (c) 外匯需求增加 (d) 準備貨幣減少

9. 在其他條件不變下，台灣廠商對國際景氣前景樂觀，將會產生何種結果？ (a) 國內利率下降 (b) 台幣趨於貶值 (c) 廠商增加對外淨投資 (d) 經常帳餘額趨於減少

10. 在其他情況不變下，台灣汽車零件廠想要出口引擎，卻遭遇台幣貶值衝擊，何種結果可能出現？ (a) 零件廠喪失國際競爭力 (b) 零件廠的國際競爭力上升 (c) 零件廠出口減少 (d) 外國將喪失對台灣零件廠的信心

11. 台灣對日貿易逆差持續擴大，且不符合 Marshall-Lerner 條件，政府應當採取何種策略？ (a) 管制日本商品進口 (b) 補貼對日出口商品 (c) 限制日本商品進口及補貼對日出口商品 (d) 採取貶值策略

12. 下列敘述，何者正確？ (a) 國際收支基本失衡僅能依賴市場機能調整矯正 (b) 在國際收支帳內，準備資產的符號為正，表示一國準備資產增加 (c) 在浮動匯率制度下，經濟活動是透過利率調整機能影響國內需求 (d) 央行編制實質有效匯率指數，採取匯率

間接報價法

13. 某國的國際收支持續出現順差，政府可採取何種改善策略？　(a) 調整匯率，使貨幣貶值　(b) 降低政府支出，增加稅收　(c) 貿易管制，減少進口　(d) 央行買進可轉讓定存單，使利率下降

14. 台灣對美貿易存在鉅額順差，央行基於穩定新台幣匯率，將在外匯市場如何操作？　(a) 賣出美元　(b) 買入美元　(c) 降低美元存款利率　(d) 縮小美元匯率漲跌幅度

15. 趙敏投資美元計價的海外基金，何者可能造成投資上的匯兌損失？　(a) 台灣央行宣布緊縮政策　(b) 美國聯準會宣布調高重貼現率　(c) 美國商務部公布的通膨率低於市場預期　(d) 台灣對外貿易順差不如預期成長

16. 央行動用外匯準備干預外匯市場，減輕台幣匯率貶值幅度。在其他條件不變下，依據 Keynesian 模型可能導致何種結果？　(a) 利率下跌　(b) 物價上揚　(c) 產出增加　(d) 利率上漲

17. 某國持續出現大筆資金外逃，為穩定匯率與通膨，央行可採何種政策？　(a) 若採沖銷政策，央行增加發行定存單　(b) 若採沖銷政策，央行收回定存單　(c) 若採沖銷政策，央行發行定存單餘額不變　(d) 若未採沖銷政策，央行將收回定存單

18. 在浮動匯率制度下，央行追求匯率 $e = \dfrac{NT}{US}$ 穩定，何種操作正確？　(a) 外匯市場出現超額美元供給，則買入美元　(b) 政治紛擾日愈嚴重，央行應讓 e 值下降　(c) 外匯市場出現超額美元需求，則買入美元　(d) 若金融市場利率上升，則讓新台幣貶值

19. 下列敘述，何者正確？　(a) 沖銷外匯干預將會改變央行資產組合與銀行準備　(b) 沖銷外匯干預不會改變央行資產組合　(c) 未沖銷外匯干預將會改變銀行準備　(d) 沖銷外匯干預將維持央行外匯準備餘額不變

20. 在其他條件不變下，央行為減緩台幣升值，干預外匯市場並採完全沖銷，可能出現結果為何？　(a) 準備貨幣與外匯資產同時增加　(b) 準備貨幣減少且增加發行央行定存單　(c) 準備貨幣不變與增加發行央行定存單　(d) 準備貨幣與央行發行定存單增加

21. 廣達外銷筆記型電腦，美國進口商將於三個月後以美元付款。面對跨國資金狂潮湧入台灣，財務部應該採取何種策略因應？　(a) 購買即期美元　(b) 出售即期美元　(c) 購買遠期美元　(d) 預售遠期美元

22. 中國大陸加入 WTO 後，採取降低進口品關稅，何種衝擊正確？　(a) 人們的消費將由舶來品轉向國貨　(b) 人民幣會有貶值壓力　(c) 人民銀行追求穩定匯率，將會增加貨幣供給　(d) 人民幣會有升值壓力

23. 依據理性預期理論，人們預期央行將增加貨幣供給，何種結果產生？　(a) 國幣馬上貶值　(b) 國幣未來將貶值　(c) 國幣立即升值　(d) 國幣未來將升值

24. 央行干預台幣匯率走勢，而且改變準備貨幣，此是屬於何種狀況？　(a) 完全沖銷

(b) 未沖銷　(c) 可能改變國內利率　(d) 意圖扭轉匯率走勢

25. 跨國基金在 2020 年匯入超過 600 億美元投資台股，央行基於穩定匯率與通膨，干預外匯市場將造成何種結果？　(a) 央行持有外匯準備與發行定存單同時增加　(b) 央行持有外匯準備增加，並收回定存單　(c) 央行持有外匯準備累積，發行定存單餘額不變　(d) 央行持有外匯準備與發行定存單餘額不變

26. 某國央行追求穩定匯率與通膨，一旦貿易帳持續出現盈餘，應該如何操作？　(a) 在外匯市場買進外幣，在公開市場買進定存單　(b) 在外匯市場買進外幣，在公開市場發行定存單　(c) 在外匯市場賣出外幣，在公開市場發行定存單　(d) 在外匯市場賣出外幣，在公開市場買進定存單

27. 美國大公司規劃在台灣擴充生產線或增加持有台股，何種情況發生機率較大？　(a) 新台幣需求上升導致匯率升值　(b) 新台幣需求上升導致匯率貶值　(c) 新台幣需求下降導致匯率升值　(d) 新台幣需求下降導致匯率貶值

28. 央行採取沖銷外匯干預，將會產何種結果？　(a) 央行資產資產改變，準備貨幣持平　(b) 央行負債改變，資產面維持不變　(c) 央行資產負債表不變　(d) 央行持有外匯準備不變

29. 某國央行在外匯市場買進美元，並在公開市場發行可轉讓定存單，此係屬於何種狀況？　(a) 未沖銷外匯干預　(b) 央行資產負債表未變　(c) 沖銷外匯干預　(d) 央行改變準備貨幣

答案：

1. (b)　　2. (c)　　3. (b)　　4. (c)　　5. (b)　　6. (c)　　7. (c)　　8. (b)　　9. (c)　　10. (b)

11. (c)　12. (b)　13. (d)　14. (b)　15. (a)　16. (d)　17. (b)　18. (a)　19. (c)　20. (c)

21. (d)　22. (a)　23. (a)　24. (b)　25. (a)　26. (b)　27. (a)　28. (a)　29. (c)

6.3 匯率決定理論

6.3.1 購買力平價理論

1. 有關單一價格法則的說法，何者正確？　(a) 禁止差別訂價　(b) 透過市場運作確保相同商品在所有市場均以相同價格出售　(c) 對進口商品課稅　(d) 除非廠商證明自己狀況非常特殊，否則禁止漲價

2. 導致單一價格法則失靈的理由，何者錯誤？　(a) 各國政府課徵關稅或採取貿易限額　(b) 運輸成本　(c) 缺乏訊息　(d) 貿易財自由移動

3. 在何種狀況下，單一價格法則將能發揮作用？　(a) 僅適用於長期　(b) 僅適用於國內市場　(c) 僅適用於極短時間　(d) 僅適用於國際貿易

4. 購買力平價理論衍伸的說法，何者錯誤？　(a) 實質匯率永遠等於 1　(b) 不論在世界何處，每一元應可買到相同商品　(c) 一籃子台灣商品的美元價格應該等於一籃子美國商品的美元價格　(d) 實質匯率永遠等於名目匯率

5. 單一價格法則不適用何種型態的物品？　(a) 非貿易財　(b) 金融資產　(c) 貿易財　(d) 石油

6. 政府課徵關稅打亂單一價格法則運作效果，何種理由正確？　(a) 關稅被 GATT 標準化　(b) 關稅是對進口財課徵，且每種商品與各國間均有不同差異　(c) 關稅僅適用於商品出口國　(d) 關稅僅適用於進口財

7. 購買力平價理論與單一價格法則兩者間，何種關係正確？　(a) 兩者相互矛盾　(b) 前者解釋短期間的匯率變動，而後者則在解釋長期間的匯率變動　(c) 假設通膨具有任何有效性　(d) 將單一價格法則延伸至一籃子商品

8. 實際證據顯示，單一價格法則的適用性為何？　(a) 大部分時間都可奏效　(b) 在經濟理論上，此是最接近完美的法則　(c) 大部分時間都失靈　(d) 只在極短時間奏效

9. 購買力平價理論係決定何者的重要因素？　(a) 短期匯率　(b) 短期通膨率　(c) 長期匯率　(d) 短期利率

10. 元太外匯經紀商採取購買力平價理論的說法，預估新台幣匯率 $e = \dfrac{NT}{US}$ 變化趨勢，何者正確？　(a) 國內預期通膨率上升，e 值上升　(b) 國內進口成長率上升，e 值下降　(c) 國內股票報酬率上升，e 值下跌　(d) 美國經濟成長率上升，e 值上升

11. 購買力平價理論主要焦點為何？　(a) 決定經濟成長率的短期因素　(b) 決定物價的長期因素　(c) 決定通膨率的短期因素　(d) 決定匯率的長期因素

12. 下列敘述，何者錯誤？　(a) 購買力平價理論指出匯率變動將視兩國稅率差異而定　(b) 兩國貨幣的兌換價格即為匯率　(c) 貿易順差將讓國幣匯率存在升值壓力　(d) 經常帳持續逆差可能讓國幣匯率趨於貶值

13. 某國央行在理監事會議後發表聲明，宣告即將採取量化寬鬆政策。在其他條件不變下，該聲明將對國幣幣資產需求與匯率造成何種影響？　(a) 下降；貶值　(b) 上升；貶值　(c) 下降；升值　(d) 上升；升值

14. 台灣通膨率高於日本通膨率，而生產力成長又較日本緩慢。在其他條件不變下，長期匯率 $e = \dfrac{NT}{JP}$ 將如何變動？　(a) e 值可能上升或下跌　(b) e 值不變　(c) 匯率升值　(d) 匯率貶值

15. 有關購買力平價理論衍生的說法，何者正確？　(a) 國幣匯率與通膨率呈反比　(b) 國幣匯率與通膨率呈正比　(c) 國幣匯率與經濟成長率呈反比　(d) 預期國幣匯率與國內利率呈正比

16. 在過去一年內，台灣出現實際通縮率為 1%，而美國實際通膨率為 5%。依據相對購買

力平價理論，新反映何種變化？　(a) 台幣匯率已經升值 6%　(b) 台幣的名目匯率貶值，實質匯率升值　(c) 台灣外貿活動符合 Marshall-Lerner 條件，台灣貿易盈餘已經出現逆差　(d) 台幣匯率已經貶值 4%

17. 某國與美國期初的貿易帳處於平衡狀態。某國主計總處預估 2021 年的通縮率為 1%，美國商務部預估通膨率為 2%。依據相對購買力平價理論，何種外匯市場變動將屬錯誤？　(a) 該國貨幣匯率升值 3%　(b) 美元供給曲線右移，美元需求曲線左移　(c) 該國出口增加，進口減少　(d) 該國貨幣匯率貶值 1%

18. 美國麥當勞出售麥香堡為 7 美元，而英國售價為 5 英鎊。依據大麥克指數，兩國貨幣間的匯率應為每英鎊等於：　(a) 0.71 美元　(b) 1.40 美元　(c) 7 美元　(d) 1 美元

19. 去年迄今，主計總處公布台灣出現通縮率 2%，而美國商務部公布的通膨率為 1%。依據購買力平價理論，台幣對美元匯率應該如何變化？　(a) 升值 1%　(b) 貶值 3%　(c) 升值 3%　(d) 貶值 1%

20. 何者變化可能會導致國幣貶值？　(a) 國外物價持平，而本國通膨率上漲　(b) 市場預期國幣升值　(c) 本國利率上升　(d) 本國提高進口關稅

21. 依據購買力平價理論，央行經濟研究處檢視新台幣匯率 $e = \dfrac{NT}{US}$ 變化原因，何者正確？ (a) 國內預期通膨率上升帶動 e 值上升　(b) 國內貨幣成長率上升引導 e 值下降　(c) 國內利率上升促使 e 值下跌　(d) 外國通膨率上升促使 e 值上升

22. 依據購買力平價理論，何者錯誤？　(a) 同一貨幣經過兌換可在各國購得等量商品　(b) 各國商品同質且無運輸成本與貿易障礙，當體系達成均衡，各國貨幣對此商品的購買力均相同　(c) 3,000 元台幣可購得 1 台印表機，3,000 日圓可購得 4 台印表機，則 1 元新台幣應可兌換 4 日圓　(d) 100 美元可購得 2 個熱水壺，3,000 元台幣也可購得 2 個熱水壺，1 美元應可兌換 30 元新台幣

23. 美國麥當勞目前銷售麥香堡價格為 2.5 美元，台灣麥當勞出售麥香堡價格則為台幣 80 元。依據大麥克指數及目前的匯率 $e = \dfrac{NT}{US} = 33$，台灣的外匯市場將如何變動？　(a) 台灣的貿易餘額持續逆差　(b) 台幣匯率存在升值壓力　(c) 台幣名目匯率 e 上升　(d) 名目匯率貶值，實質匯率升值

24. 依據購買力平價理論與貨幣數量學說，何者將造成台幣貶值？　(a) 央行大幅實施量化寬鬆　(b) 央行緊縮貨幣供給　(c) 國際物價攀升　(d) 國內貨幣流通速度下降

25. 在浮動匯率制度下，人們預期台幣匯率 $e = \dfrac{NT}{US}$ 下降，何種原因可能存在？　(a) 台灣貨幣成長率高於美國貨幣成長率　(b) 台股預期報酬率低於美股預期報酬率　(c) 國人對日貨偏好逐漸轉向美國貨　(d) 台灣預期通膨率低於美國預期通膨率

26. 購買力平價理論預測某國通膨率居高不下，將會面臨何種結果？　(a) 外匯供給曲線持

續右移　　(b) 進口商大幅減少進口舶來品　　(c) 面臨貨幣貶值　　(d) 出口商可能面臨匯兌損失

27. 主計總處發布去年迄今的台灣通膨率為 2%，而美國商務部發布去年通膨率為 4%。依據購買力平價理論，台幣兌換美元匯率已經變動若干？　　(a) 升值 6%　　(b) 貶值 6%　　(c) 升值 2%　　(d) 貶值 2%

28. 購買力平價理論成立，有關名目匯率變化的敘述，何者正確？　　(a) 通膨率差異性將導致實質匯率波動，是以名目匯率持平　　(b) 名目匯率將因通膨率差異性影響實質匯率變化而擴大　　(c) 名目匯率變化將消除通膨率差異性，從而創造等幅的實質匯率變動　　(d) 名目匯率變化與通膨率差異性一致，導致實質匯率持平

29. 購買力平價理論指出決定匯率的關鍵因素是在貿易國雙方，何者扮演重要角色？　　(a) 名目利率　　(b) 通膨率　　(c) 相同商品的價格　　(d) 名目產出成長率

30. 依據購買力平價理論，某年的日圓對美元匯率從 140 下跌至 132，同期間的日本通膨率為 2%，則美國在該年的通膨率為何？　　(a) 7.71%　　(b) 3.71%　　(c) 6.00%　　(d) 2.11%

31. 有關名目匯率的說法，何者正確？　　(a) 名目匯率的倒數即是實質匯率，係以外幣表示的國幣價格　　(b) 名目匯率將以兩國通膨率的差異調整　　(c) 名目匯率以兩國利率的差異調整　　(d) 在央行未干預外匯市場下的名目匯率

32. 依據購買力平價理論，某年的日圓對美元匯率從 130 上升至 135，同期間的美國通膨率為 6%，則日本在該年的通膨率為何？　　(a) 9.85%　　(b) 2.15%　　(c) 1.25%　　(d) 11.1%

33. 美國白米每公斤售價 100 美元，日本白米每公斤售價 16,000 日圓，而名目匯率是 1 美元可換 80 日圓。何者正確？　　(a) 每公斤美國米實質匯率為 0.2 公斤日本米　　(b) 每公斤美國米實質匯率為 0.5 公斤日本米　　(c) 每公斤美國米實質匯率為 0.8 公斤日本米　　(d) 每公斤美國米實質匯率為 1.2 公斤日本米

34. 依據購買力平價理論，兩國間的實質匯率應該存在何種關係？　　(a) 固定且等於 1　　(b) 外國物價相對本國物價上漲，實質匯率將下跌　　(c) 外國物價相對本國物價下跌，實質匯率將上漲　　(d) 外國利率相對本國利率下跌，實質匯率將上升

35. 購買力平價說認為兩國貨幣的匯率調整將反映何種狀況？　　(a) 兩國財政政策變動　　(b) 兩國金融帳變動　　(c) 兩國貨幣政策變動　　(d) 兩國相對物價變動

36. 由絕對購買力平價理論衍生的說法，何者錯誤？　　(a) 本國買到商品數量將等於在外國購買數量　　(b) 在兩國買賣商品看來同樣吸引人　　(c) 名目匯率等於外國價格相對本國價格的比例　　(d) 實質匯率等於本國價格相對國際價格的比率

37. 由相對購買力平價理論衍生的說法，何者正確？　　(a) 名目匯率變動率等於兩國預期通膨率的差額　　(b) 名目匯率變動率等於兩國通膨率相乘值　　(c) 名目匯率變動率等於兩國通膨率的加總值　　(d) 名目匯率變動率等於兩國通膨率的相除值

38. 依據相對購買力平價理論，何者將讓國幣的匯率值下降？　　(a) 本國工資上漲率率低於

外國工資上漲率 (b) 本國物價高於外國物價 (c) 本國通膨率高於外國通膨率 (d) 本國利率低於外國利率

39. 依據購買力平價理論,美元對英鎊匯率升值將等於何值? (a) 英國名目利率減去美國名目利率 (b) 英國預期通膨率減去美國預期通膨率 (c) 英國實質利率減去美國實質利率 (d) 美國經濟成長率減去英國經濟成長率

40. 購買力平價理論成立,則兩國貨幣間的實質匯率值為何? (a) 大於一 (b) 小於一 (c) 等於一 (d) 等於零

41. 購買力平價理論成立。以下列資訊計算新台幣兌換港幣以及新台幣兌換日圓的匯率是否高估或低估?

	經濟學人雜誌價錢(每期)	匯率
台灣	NT$230	33(NT/US)
香港	HK$60	7.78(HK/US)
日本	¥1100	114(JP/US)

(a) 新台幣兌換港幣或日圓的匯率高估 (b) 新台幣兌換港幣匯率高估,而兌換日圓匯率則是低估 (c) 新台幣兌換港幣匯率低估,兌換日圓匯率則是高估 (d) 新台幣兌換港幣或日圓的匯率低估

42. 購買力平價理論隱含何種現象? (a) 一籃子商品在各國應以相同價格銷售 (b) 若無貿易障礙與運輸成本,一籃子商品在各國應以相同價格銷售 (c) 由於工資不同,一籃子商品在各國無法以相同價格銷售 (d) 只要商品能夠自由移動,一單位國幣在各國應該買到相同的一籃子商品

43. 依據購買力平價理論,A 國通膨率超過 B 國通膨率,何者將會成立? (a) B 國貨幣相對 A 國貨幣應該貶值 (b) B 國通膨率將上漲到等於 A 國通膨率 (c) A 國貨幣相對 B 國貨幣應該貶值 (d) A 國通膨率將滑落到與 B 國通膨率相等

44. 購買力平價理論適合用於解釋何種期間的匯率變動行為? (a) 極短期 (b) 持續 6～12 月間 (c) 持續數年的非常長期 (d) 任何期間均可適用

45. 在短期,一國貨幣的匯率是由何者決定? (a) 央行的貨幣政策 (b) 購買力平價理論 (c) 國內通膨率 (d) 外匯供給與需求

46. 有關購買力平價理論的敘述,何者正確? (a) 等同於利率平價理論 (b) 理論成立隱含名目匯率為 1 (c) 貨幣的匯率取決於兩國購買力之比 (d) 隱含名目匯率等於實質匯率

47. 某國名目匯率出現短期變動,主要歸因於何種狀況? (a) 相關國家的商品與勞務價格變動 (b) 實質匯率變動 (c) 通膨差異 (d) 經濟成長率差異

48. 在浮動匯率制度下，央行經研處檢視台幣兌換美元匯率 $e=\dfrac{NT}{US}$ 下跌的因素，何者正確？　(a) 台灣央行緊縮貨幣供給，而美國聯準會執行無限量化寬鬆　(b) 台灣利率降幅超過美國利率升幅　(c) 台灣消費者搶購蘋果手機，而美國消費者減少對台灣商品需求　(d) 美國發生通膨，而台灣出現通縮

49. 在浮動匯率制度下，人們普遍預期台幣匯率 $e=\dfrac{NT}{US}$ 上升，何者錯誤？　(a) 台灣貨幣成長率低於美國貨幣成長率　(b) 台股預期報酬率高於美股報酬率　(c) 台灣消費者強烈偏愛蘋果手機　(d) 台灣預期出現通膨，美國預期出現通縮

50. 購買力平價理論隱含兩國貨幣間的實質匯率將如何變化？　(a) 浮動但低於 1　(b) 固定且等於 1　(c) 名目匯率將大於實質匯率　(d) 隱含名目匯率貶值率等於實質匯率升值率

51. 購買力平價理論或許無法解釋各國間的價格差異，何種理由正確？　(a) 實質匯率難以計算　(b) 各國通膨率不同　(c) 非貿易財存在　(d) 名目匯率浮動

52. 有關購買力平價理論的說法，何者正確？　(a) 兩國通膨率差異與兩國貨幣間的匯率變化無關　(b) 兩國通膨率差異將引起匯率變動　(c) 匯率變動與通膨毫無關聯　(d) 通膨引發匯率變動，促使各國通膨率必須相同

53. 由購買力平價理論衍生的說法，何者正確？　(a) 實質匯率與名目匯率固定　(b) 名目匯率固定，但是實質匯率浮動　(c) 實質匯率固定，但是名目匯率浮動　(d) 實質匯率隨著兩國通膨率差異而變

54. 購買力平價理論的實證結果隱含何種現象？　(a) 通膨率愈高，貨幣升值幅度愈大　(b) 無法解釋長期匯率變動　(c) 通膨率愈高，貨幣貶值幅度愈大　(d) 通膨率與匯率間缺乏明顯連結

55. 購買力平價理論的實證結果隱含何種現象？　(a) 解釋長期匯率變動，但難以說明短期匯率變動　(b) 解釋短期匯率變動將善盡其責，但難以說明長期匯率變動　(c) 對國際貿易是很好的理論，但解釋匯率變動卻鮮少有用　(d) 通膨率與匯率升值間將呈正向相關

56. 國家間的通膨率差異將可解釋何種現象？　(a) 解釋短期匯率變動，但非長期匯率變動　(b) 解釋長期實質匯率變動，但非名目匯率變動　(c) 解釋長期匯率變動而非短期匯率變動　(d) 同時解釋短期與長期名目與實質匯率變動

57. 兆豐銀行國外部基於購買力平價理論，預測台幣對美元匯率走勢，何者正確？　(a) 短期匯率變動取決於經常帳餘額變化　(b) 實質匯率大於 100，名目匯率將面臨升值壓力　(c) 金融帳餘額是決定長期匯率趨勢的主因　(d) 預期國內外利率差額是決定有效匯率變動的主要因素

58. 有關購買力平價理論的描述，何者錯誤？　(a) 成立前提是商品為貿易財，無國際貿易障礙　(b) 匯率變動率等於相關兩國預期通膨率差額　(c) 單一價格法則的延伸　(d) 在其他條件不變下，貨幣數量學說成立，某國經濟成長率超過貿易對手國，貨幣將呈貶值

現象

59. 購買力平價理論理論對某國均衡實質匯率變化的說法，何者正確？　(a) 外國物價下跌，將引起實質匯率上漲　(b) 實質匯率與名目匯率呈反向變動　(c) 實質匯率變動與名目匯率變動無關　(d) 國內物價上漲導致實質匯率升值

60. 針對購買力平價理論的敘述，何者正確？　(a) 匯率的每日變化係在反映兩國物價差異　(b) 各國通膨率在長期趨於相同　(c) 預期匯率變動率長期將等於兩國通膨率差額　(d) 各國貨幣購買力長期趨於相等

61. 台北外匯經紀公司基於購買力平價理論評估台幣匯率走勢，選擇指標主要為何？　(a) 國際收支平衡與否　(b) 外匯市場供需變化　(c) 貿易帳餘額是否平衡　(d) 台灣與他國的相對通膨率

62. 依據購買力平價理論，主計總處公布人們預期通膨率下降，將會產生何種影響？　(a) 新台幣相對美元貶值　(b) 外匯市場美元需求增加　(c) 國內出口減少，而進口增加　(d) 新台幣匯率升值

63. 有關購買力平價理論衍生的概念，何者正確？　(a) 名目匯率等於本國價格相對外國價格的比率　(b) 名目匯率等於外國價格乘上本國價格　(c) 實質匯率等於本國價格減去外國價格　(d) 實質匯率等於外國價格相對本國價格的比率

64. 何者可能讓購買力平價理論運作失靈？　(a) 通貨膨脹　(b) 非貿易財　(c) 市場達成均衡　(d) 貿易條件改變

答案：

1. (b)	2. (d)	3. (a)	4. (d)	5. (a)	6. (b)	7. (d)	8. (c)	9. (c)	10. (a)
11. (d)	12. (a)	13. (a)	14. (d)	15. (a)	16. (a)	17. (d)	18. (b)	19. (c)	20. (a)
21. (a)	22. (c)	23. (b)	24. (a)	25. (d)	26. (c)	27. (a)	28. (d)	29. (b)	30. (a)
31. (b)	32. (a)	33. (b)	34. (a)	35. (d)	36. (d)	37. (a)	38. (c)	39. (b)	40. (c)
41. (d)	42. (a)	43. (c)	44. (c)	45. (d)	46. (c)	47. (b)	48. (a)	49. (b)	50. (b)
51. (c)	52. (b)	53. (c)	54. (c)	55. (a)	56. (c)	57. (b)	58. (d)	59. (d)	60. (c)
61. (d)	62. (d)	63. (a)	64. (b)						

6.3.2 利率平價理論

1. 在浮動匯率制度下，何者將推動台幣匯率 $e = \dfrac{NT}{US}$ 上升？　(a) 台灣貨幣成長率超越美國　(b) 台灣利率漲幅超過美國　(c) 台灣對美國的貿易帳出超　(d) 美國物價漲幅低於台灣

2. 為因應新冠肺炎疫情擴散，美國聯準會執行無限量化寬鬆，對台灣的美元市場衝擊為何？　(a) 跨國資金內流　(b) 美元需求曲線右移　(c) 台幣匯率下跌　(d) 資本帳出現順差

3. 墨西哥在 1994 年出現資本外逃美國現象，對美國金融市場造成衝擊，何者正確？
(a) 利率降低、匯率貶值　(b) 利率降低、匯率升值　(c) 利率提高、匯率貶值　(d) 利率提高、匯率升值

4. 在其他條件不變下，何者正確？　(a) 本國股市預期報酬率愈低，跨國資金外流速度愈快　(b) 本國預期通膨率愈高，國幣匯率升值幅度愈大　(c) 國人預期國幣貶值，本國利率將趨於下跌　(d) 央行持有外匯準備大幅累積，本國利率趨於上漲

5. 依據利率平價理論，何者正確？　(a) 本國利率近似於外國利率加上預期匯率變動率
(b) 本國預期國幣貶值，國內利率將低於國外利率　(c) 兩國利率差距愈小，將反映人們預期未來國幣在外匯市場有大幅升值或貶值可能　(d) 在固定匯率制度下，兩國利率將維持固定差距

6. 下列敘述，何者正確？　(a) 台灣利率漲幅超過國際漲幅，預期台幣匯率上升　(b) 台灣利率相對國外滑落，預期台幣匯率下跌　(c) 國內外股市報酬率差距為正且日益擴大，預期台幣匯率下跌　(d) 台灣利率相對國外利率上漲，預期台幣匯率貶值

7. 未拋補與拋補利率平價理論的主要差異關鍵何在？　(a) 債券市場　(b) 遠期外匯市場
(c) 可貸資金市場　(d) 即期外匯市場

8. 依據利率平價理論，在其他條件不變下，何者將造成國幣升值？　(a) 本國遠期外匯需求增加　(b) 本國遠期外匯需求減少　(c) 本國利率下降　(d) 外國利率上升

9. Soros 的量子基金在國際間流動，主要考慮因素為何？　(a) 各國經濟發程度不同
(b) 各國物價不同　(c) 各國股市預期報酬率不同　(d) 各國央行持有外匯準備不同

10. 依據貨幣學派理論，何者造成國幣升值？　(a) 金融科技進步降低人們貨幣需求　(b) 電子貨幣廣泛使用　(c) 景氣燈號滑落藍燈區　(d) 央行提高存款準備率

11. 假設台灣三個月利率為 8%，美國三個月利率為 4%，新台幣兌換美元的即期匯率 32.5。在不考慮風險下，依據拋補利率評價理論，兆豐銀行訂定三個月期台幣對美元遠期匯率為何？　(a) 32.82　(b) 31.53　(c) 32.18　(d) 33.75

12. 若美國銀行支付利率 5%，英國銀行支付利率 10%，則對匯率造成影響為何？　(a) 英鎊相對美元升值　(b) 英鎊相對美元貶值　(c) 英國對美國進口將會減少　(d) 英國對美國出口將會增加

13. 一年期台幣定存利率為 1.4%，一年期美元定存利率為 1%，目前台幣兌換美元匯率為 $e = \dfrac{NT}{US} = 29$，預期未來一年的匯率將上升至 29.5。依據上述資料，何者正確？　(a) 台幣存款利率高於美元存款，人們應選擇持有台幣存款　(b) 預期未來美元升值，人們應選擇持有美元存款　(c) 台幣存款的預期報酬率高於美元，人們應選擇持有台幣存款
(d) 美元存款的預期報酬率高於台幣，人們應選擇持有美元存款

14. 利率平價理論顯示的說法，何者正確？　(a) 利率差額等於名目匯率變動率　(b) 利率差

額等於外國物價相對本國物價的比率　(c) 利率差額等於實質匯率變動率　(d) 利率差額等於本國物價相對外國物價的比率

15. 一年期新台幣存款利率是 3%，一年期美元存款利率是 4%，而外匯市場目前匯率是 $e = \dfrac{NT}{US} = 29$，則預期未來一年的新台幣匯率走勢為何？　(a) 升值　(b) 貶值　(c) 持平　(d) e 值變化不確定

16. 台幣利率是 3%，美元利率是 5%，美元遠期匯率折價 3%。依據拋補利息套利理論，資金將如何移動？　(a) 由台灣流向美國　(b) 由美國流向台灣　(c) 無法確定資金流向　(d) 跨國資金移動不受影響

17. 跨國資金移動將會產生何種結果？　(a) 對穩定匯率具有貢獻　(b) 對於跨國間的預期報酬均等化發揮貢獻　(c) 消除套利機會　(d) 促使跨國的利率相等

18. 兩國債券風險係屬同等級，何者正確？　(a) 跨國資金可在國際間自由移動，兩國債券的預期報酬率將會相等　(b) 兩國債券報酬率永遠相等　(c) 唯有採取固定匯率制度，兩國債券的預期報酬率才會相等　(d) 唯有兩國通膨率相同，債券的預期報酬率才會相等

19. 在浮動匯率制度下，各國債券相同而且跨國資金完全移動，隨著跨國間出現套利，何者正確？　(a) 各國債券的票面利息相同　(b) 各國債券價格相同　(c) 各國通膨率相同　(d) 各國債券的預期報酬率相同

20. P_f 是 i_f 外國債券價格與支付的利率，P 與 i 是本國債券價格與支付的利率。在固定匯率制度下，兩國債券風險是同等級，何者錯誤？　(a) $i_f = i$　(b) $eP_f = P$　(c) 國外與國內債券預期報酬相等　(d) 國外與國內債券利率相等

答案：

1. (a)	2. (a)	3. (b)	4. (a)	5. (a)	6. (c)	7. (b)	8. (a)	9. (c)	10. (d)
11. (a)	12. (a)	13. (b)	14. (a)	15. (a)	16. (b)	17. (b)	18. (a)	19. (d)	20. (d)

6.4 Mundell–Fleming模型

1. 小國央行完全放鬆外匯管制，其經濟活動特質為何？　(a) 國內產出因為進行貿易而呈現固定值　(b) 本國物價固定而讓總供給曲線呈現水平線　(c) 跨國資金完全移動，促使國內利率等於國際利率　(d) 國內產出過剩而處於貿易順差狀態

2. 有關國際利率的敘述，何者正確？　(a) 等於本國利率　(b) 促使國內儲蓄等於國內投資　(c) 跨國銀行放款收取的利率　(d) 國際金融市場盛行的利率

3. 在跨國資金完全移動下，小型開放體系的實質利率永遠呈現何種狀況？　(a) 高於國際實質利率　(b) 低於國際實質利率　(c) 等於國際實質利率　(d) 等於國際名目利率

4. 小型開放體系面臨跨國資金完全移動，何種特質錯誤？　(a) 本國利率永遠高於國際利

率 (b) BP 曲線具有完全利率彈性 (c) 淨資本外流永遠等於貿易餘額 (d) LM 曲線呈現正斜率

5. 跨國基金在 2020 年匯入超過 600 億美元投資台股，而台灣外貿符合 Marshall-Lerner 條件下，將對經濟活動造成衝擊。何者正確？ (a) 貿易條件改善 (b) 出口廠商將會面臨匯兌損失 (c)IS 曲線將會左移 (d)BP 曲線維持不動

6. 小國處於貿易平衡，而且符合 Marshall-Lerner 條件。政府增加支出，在邁向充分均衡的過程中，經濟活動將現何種現象？ (a) 出現貿易帳逆差與金融帳順差 (b) 出現貿易盈餘與金融帳逆差 (c) IS 曲線不變，LM 曲線與 BP 曲線出現左移 (d) IS 曲線右移與 LM 曲線左移

7. 小國貿易餘額維持平衡，而且符合 Marshall-Lerner 條件。政府增加課稅，在達成準均衡時，經濟活動將如何變化？ (a) 出現貿易盈餘與所得增加 (b) 國內利率下降與貿易盈餘 (c) 貿易帳出現順差與 BP 曲線左移 (d) 出現貿易盈餘與金融帳順差

8. 小國處於貿易平衡狀態。某大國政府擴大對外國採購，將對小國形成何種影響？
(a) 小國出口增加，引起 IS-LM-BP 三條曲線同時右移 (b) 小國出口增加，同時引起 IS 曲 BP 兩條曲線右移 (c) 小國進口增加，引起 IS-LM 兩條曲線左移 (d) 小國景氣看好引起所得增加，擴大誘發性進口而引起 IS-BP 曲線曲線左移

9. 小國政府執行擴張支出政策，在達成準均衡時，將會產生何種結果？ (a) 國內需求擴張，導致貿易順差 (b) 所得擴張引起進口增加，擴大貿易赤字 (c) 民間配合增加儲蓄，不會影響貿易平衡 (d) 利率上漲吸引資金流入，LM-BP 兩條曲線左移

10. 小國採取浮動匯率制度，並且符合 Marshall-Lerner 條件。小國處於貿易平衡。政府增加課稅，在達成準均衡時，將會出現何種現象？ (a) IS 曲線右移，再因匯率升值而左移 (b) IS 曲線左移，貿易帳出現盈餘 (c) IS 曲線左移，但因出現貿易盈餘而帶動 LM 曲線右移 (d) LM-BP 兩條曲線將會右移

11. 台灣與美國之間的貿易活動滿足 Marshall-Lerner 條件。美國商務部預期將出現通膨，而台灣主計總處則預估將出現通縮，對台灣經濟活動影響為何？ (a) 台灣外匯市場的美元需求曲線右移，供給曲線左移 (b) IS-LM-BP 三條曲線出現左移 (c) 台灣 IS-LM 兩條曲線出現左移，BP 曲線不受影響 (d) 台灣實質匯率趨於貶值

12. 小國受到船堅炮利威脅而門戶洞開，將對 IS-LM 曲線產生何種衝擊？ (a) IS 曲線斜率轉趨陡峭而降低利率彈性 (b) 小國開放門戶引進貿易活動，商品市場規模擴大，擴大 IS 曲線的利率彈性 (c) 人們將因國家開放而有機會持有國外資產，LM 曲線趨於更具利率彈性 (d) 小國開放門戶，將讓國內利率趨近於國際利率，LM 曲線將趨近於水平線

13. 台灣外貿活動滿足 Marshall-Lerner 條件，美國物價相對台灣物價上漲，對台灣經濟活動衝擊，何者錯誤？ (a) IS-LM 兩條曲線將因實質匯率貶值而右移 (b) 實質匯率貶值

擴大貿易帳順差，帶動 IS-BP 兩條曲線右移　　(c) 台灣出口增加，進口減少，貿易餘額順差擴大　　(d) 台灣外匯市場的美元需求曲線左移，美元供給曲線右移

14. 有關大國 BP 曲線的敘述，何者正確？　　(a) 大國的生息資產具有特殊性，BP 曲線將是呈現正斜率　　(b) 大國擁有關鍵性貨幣的鑄幣權，BP 曲線將是水平線　　(c) 大國與小國的生息資產具有完全替代性，BP 曲線可能成為負斜率　　(d) 大國通常放任各國資金自由移動，BP 曲線將完全缺乏利率彈性

15. 開放體系沿著 BP 曲線上移動，將代表何種意義？　　(a) 金融帳盈餘超過經常帳赤字　　(b) 金融帳赤字超過經常帳盈餘　　(c) 國際收支處於順差狀態　　(d) 此係反映外匯市場達成均衡狀態

16. 小國未採取外匯管制，跨國資金自由移動，則 BP 曲線在 IS-LM 圖形中將呈現何種型態？　　(a) 落在自然產出的垂直線　　(b) 落在國際金融市場利率的水平線　　(c) 落在實際產出的垂直線　　(d) 落在國際物價的水平線

17. 比較開放與封閉體系的 IS-LM 模型，何種開放體系狀況正確？　　(a) IS 曲線更為陡峭　　(b) IS 曲線較具利率彈性　　(c) LM 曲線相對缺乏利率彈性　　(d) 由於國內利率趨近於國際利率，LM 曲線容易呈現水平線

18. 何者將促使 BP 曲線的利率彈性變小？　　(a) 進口的所得彈性變小　　(b) 央行管制跨國資金移動趨於嚴格　　(c) 本國儲蓄傾向上升　　(d) 出口的實質匯率彈性上升

19. 在其他情況不變下，某國外貿活動滿足 Marshall-Lerner 條件，何者將會引起 BP 曲線右移？　　(a) 國外政府對本國進行大採購　　(b) 國幣升值　　(c) 本國推動貿易自由化　　(d) 國外利率上漲

20. 在其他條件不變下，就 IS-LM-BP 模型而言，政府增加支出將產生何種效果？　　(a) 貿易帳出現赤字　　(b) 在固定匯率制度下，央行持有外匯準備增加　　(c) 在浮動匯率制度下，國幣匯率趨於升值　　(d) 不論何種匯率制度，金融帳將出現逆差

21. 就 IS-LM-BP 模型而言，某國央行部分管制跨國資金移動，何者變化將造成三條曲線同時移動？　　(a) 本國物價　　(b) 本國利率　　(c) 外國物價　　(d) 名目匯率

22. 美國聯準會採取無限量化寬鬆，跨國資金狂潮奔向台灣，造成衝擊為何？　　(a) 金融帳出現逆差　　(b) IS 曲線持續右移　　(c) BP 曲線持續右移　　(d) 台幣升值

23. 在固定匯率制度下，跨國資金移動不具完全利率彈性。依據 IS-LM-BP 模型，何者將造成國內短期利率下降？　　(a) 國外所得增加　　(b) 國外物價下跌　　(c) 央行發行定存單　　(d) 央行調降法定準備率

24. 在浮動匯率制度下，國際資金移動並非完全利率彈性，而且 Marshall-Lerner 條件成立。依據 IS-LM-BP 模型，何者將造成國內短期利率上漲？　　(a) 國外所得下降　　(b) 國外物價下跌　　(c) 央行發行定存單　　(d) 人們預期國幣升值

25. 某國外貿活動符合 Marshall-Lerner 條件，依據 IS-LM-BP 模型，人們預期國幣升值造成

短期影響為何？　(a) 本國所得增加　(b) 本國利率下降　(c) BP 曲線右移　(d) IS 曲線右移

26. 小國採取浮動匯率制度，外貿活動滿足 Marshall-Lerner 條件，當期的 IS 曲線出現左移，何種原因將屬可能？　(a) 國際物價上漲　(b) 國內物價上漲　(c) 外國對本國產品偏好上升　(d) 名目匯率貶值

27. 某封閉小國開始推動經濟國際化，何種特質變化係屬正確？　(a) 國內產出與物價將由國際市場決定　(b) 政府預算將會陷入赤字狀況　(c) 本國將面臨跨國資金湧入　(d) 商品市場將會涵蓋國產品與舶來品

28. 在符合 Marshall-Lerner 條件下，某國央行採取輕微外匯管制。當本國物價下跌，將對經濟活動產生衝擊，何者錯誤？　(a) IS 曲線左移　(b) LM 曲線右移　(c) BP 曲線右移　(d) 實質匯率升值

29. 在其他條件不變下，跨國基金在 2020 年匯入超過 600 億美元投資台股。台灣外貿符合 Marshall-Lerner 條件，此舉對經濟活動衝擊為何？　(a) 進口商將可面臨匯兌損失　(b) 實質匯率上升　(c) IS 曲線與 BP 曲線同時左移　(d) 貿易帳可能出現順差

30. 台灣外貿符合 Marshall-Lerner 條件，一旦新台幣相對外幣升值，將對經濟活動產生何種衝擊？　(a) 出口財變貴、進口財變便宜　(b) BP 曲線不受影響　(c) LM 曲線出現左移　(d) IS 曲線出現右移

31. 小國面對跨國資金完全移動，其 BP 曲線將呈現何種型態？　(a) 缺乏利率彈性的垂直線　(b) 釘住國際利率的水平線　(c) 正斜率　(d) 負斜率

32. 依據國際收支平衡曲線 BP，隨著小國所得增加，何種狀況將會發生？　(a) 進口需求增加，而出口需求不變　(b) BP 曲線出現左移　(c) 進口需求與出口需求同時增加　(d) BP 曲線斜率將趨於陡峭

33. 某國的 BP 曲線顯示利率與所得組合的軌跡，該軌跡將與何者有關？　(a) 將讓該國商品市場達成均衡　(b) 涉及貨幣市場的均衡點　(c) 外匯市場供給等於需求的均衡軌跡　(d) 該國央行對外匯管制越鬆，該軌跡的利率彈性愈小

34. 某國面對跨國資金淨移動將與何者有關？　(a) 將與國內利率扣除國外利率呈現正相關　(b) 將與國內利率扣除國外利率呈現負相關　(c) 將與匯率呈現正相關　(d) 將與匯率呈現負相關

35. 某小國人民偏愛美國蘋果手機，引起進口商從美國大量進口新款手機，將會造成何者移動？　(a) IS-LM 兩條曲線左移　(b) IS-BP 兩條曲線右移　(c) IS-BP 兩條曲線左移　(d) IS-LM-BP 三條曲線同時右移

36. 小國央行採取部分外匯管制，BP 曲線型態將為何？　(a) 負斜率　(b) 正斜率　(c) 央行釘住國內利率的水平線　(d) 完全缺乏利率彈性的垂直線

37. 某國央行外匯局檢視該國 BP 曲線趨於陡峭，何種解釋正確？　(a) 跨國資本移動的利

率彈性擴大　　(b) 跨國資本移動的利率彈性減弱　　(c) 本國進口的所得彈性變小　　(d) 小國央行放鬆對外匯管制的程度

38. 依據 Mundell-Fleming 模型，在跨國資金完全移動下，本國利率取決於何者？　(a) 本國央行完全掌控　　(b) IS 曲線與 LM 曲線共同決定　　(c) 本國儲蓄與投資　　(d) 國際金融市場利率

39. 何種因素將促使某國的 BP 曲線右移？　(a) 國內利率上升　　(b) 國外利率下跌　　(c) 新冠肺炎疫情蔓延阻礙本國商品出口　　(d) 景氣閃爍黃紅燈引起進口需求遞增

40. 何者可能促使跨國資金移動趨於完全性？　(a) 匯率波動劇烈引發匯兌風險　　(b) 不同國家資產的風險不同　　(c) 技術進步改善在國外資產的訊息品質　　(d) 央行的外匯管制

答案：

1. (c)	2. (d)	3. (c)	4. (a)	5. (c)	6. (a)	7. (b)	8. (b)	9. (b)	10. (b)
11. (d)	12. (a)	13. (a)	14. (a)	15. (d)	16. (b)	17. (a)	18. (b)	19. (a)	20. (a)
21. (a)	22. (d)	23. (d)	24. (c)	25. (b)	26. (b)	27. (d)	28. (d)	29. (c)	30. (a)
31. (b)	32. (a)	33. (c)	34. (a)	35. (c)	36. (b)	37. (b)	38. (d)	39. (b)	40. (c)

6.5 固定匯率制度

6.5.1 貨幣政策效果

1. 在固定匯率制度下，某國央行低估國幣匯率，將會引發何種狀況？　(a) 經常帳持續逆差　　(b) 外匯準備持續累積　　(c) 資本帳持續順差　　(d) LM 曲線持續左移

2. 依據 Mundell-Fleming 模型，小國採取固定匯率制度，面對跨國資金自由移動，何者將造成國內短期利率下降？　(a) 國外利率上升　　(b) 通膨率上漲　　(c) 央行增加發行定期存單　　(d) 央行降低法定準備率

3. 在固定匯率制度下，景氣燈號掉落藍燈區域，小國央行採取擴張政策，最終將引發何種結果？　(a) 國內利率下跌　　(b) 所得增加　　(c) 國幣貶值　　(d) 貿易帳逆差

4. 下列敘述，何者正確？　(a) 人們預期國幣升值，終將導致國幣升值　　(b) 預期經濟成長將導致匯率貶值　　(c) 在固定匯率制度下，依據 Mundell-Fleming 模型，小國實施財政政策無法影響景氣，而貨幣政策則能影響景氣　　(d) 在跨國資金自由移動下，小國政經情勢持續惡化，國內利率相對國際利率將持續上升

5. 美國聯準會決議緊縮貨幣供給以抑制通膨，台灣央行若無因應措施，可能出現何種狀況？　(a) 台幣相對美元升值　　(b) 台幣相對美元貶值　　(c) 台灣外匯市場的美元供給增加　　(d)LM 曲線出現左移

6. 在固定匯率制度下，何者終將造成本國貨幣供給增加？　(a) 央行在公開市場發行定存

　　單　　(b) 央行持續在外匯市場買超美元　　(c) 國外利率上升　　(d) 本國進口擴張

7. 有關一國外匯準備適足性的敘述，何者錯誤？　　(a) 體系愈開放，外匯準備需求愈大　　(b) 外匯準備的淨機會成本愈高，央行預期持有外匯準備愈高　　(c) 貿易自由化與金融自由化，央行所需外匯準備愈低　　(d) 國際收支調整能力愈高，外匯準備需求愈低

8. 某國央行採取貶值若要改善國際收支逆差，該國進口品需求彈性加上貿易對手國對該國出口品需求彈性絕對值的總和應該為何？　　(a) 大於 1　　(b) 等於 1　　(c) 小於 1　　(d) 小於等於 1

9. 在跨國資金完全移動下，小國運用權衡性政策控制國內利率，何者正確？　　(a) 透過財政或貨幣政策控制利率　　(b) 僅能透過財政政策控制利率　　(c) 僅能透過貨幣政策控制利率　　(d) 無法透過權衡性政策控制利率

10. 跨國資金自由移動且具完全利率彈性，小國的利率將取決於何種因素？　　(a) 本國央行與國際金融市場共同決定　　(b) 與大國利率緊密相連　　(c) 零　　(d) 本國央行獨自掌控

11. 面對跨國資金完全移動，小國央行考慮執行穩定匯率政策，勢必考慮可能面臨何種問題？　　(a) 貿易順差持續存在　　(b) LM 曲線與 BP 曲線將持續右移　　(c) 喪失貨幣政策獨立性　　(d) 長期陷入貿易逆差狀態

12. A 國與 B 國的各種條件相若，也同時出現大量貿易盈餘，但 A 國採取浮動匯率制度，B 國採取固定匯率制度。試問兩國將發生何種狀況？　　(a) A 國央行快速累積外匯資產　　(b) B 國匯率趨於貶值　　(c) A 國準備貨幣餘額不變　　(d) B 國準備貨幣餘額增加

13. 在固定匯率制度下，某國央行持有外匯準備快速流失中，此將意味著何種狀況發生？　　(a) 貨幣貶值壓力擴大　　(b) 貨幣升值壓力擴大　　(c) 並未蒙受匯率變動壓力　　(d) 無須改變貨幣的匯率

14. 某國央行執行穩匯率政策，何者不會發生？　　(a) 相對浮動匯率制度而言，將可促進跨國貿易　　(b) 本國與他國貨幣政策將是相互依賴　　(c) 限制擬定貨幣政策的央行官員決策　　(d) 執行貨幣政策具有獨立性

15. 某國央行執行穩定匯率政策，依據絕對購買力平價理論，何者錯誤？　　(a) 本國利率等於外國利率　　(b) 本國通膨率高於外國通膨率　　(c) 名目匯率變動率為零　　(d) 本國通膨率低於外國通膨率

16. 某國央行追求穩定匯率，將會出現何種結果？　　(a) 貨幣供給固定　　(b) 通膨率固定　　(c) 貨幣政策具有獨立性　　(d) 本國景氣無法隔絕來自國際景氣變動干擾

17. 港幣採取釘住美元的聯繫匯率制度，美國聯準會決定引導利率下降，將對香港經濟活動造成何種影響？　　(a) 總需求曲線右移　　(b) 出口下跌　　(c) 等同於採取寬鬆貨幣政策　　(d) 外資將大幅流入香港

18. 某國央行執行穩定匯率政策，而跨國資金呈現不完全移動，若是增加貨幣供給，將會造成何者移動？　　(a) LM 曲線左移　　(b) LM 曲線右移　　(c) IS 曲線左移　　(d) BP 曲線右移

19. 在固定匯率制度下，小國央行執行擴張政策造成影響為何？　(a) BP 曲線出現右移，但是貿易餘額改善　(b) 央行持有外匯準備增加　(c) 金融帳與貿易餘額同時惡化　(d) 央行必須在外匯市場買超美元

20. 在固定匯率制度下，被各國選擇作為準備貨幣的國家，其央行是否擁有貨幣政策自主性？　(a) 無　(b) 有政策自主性　(c) 只有部分政策自主性　(d) 必須從事外匯干預才有政策自主性

21. 央行追求穩定匯率在某一水準，將會面臨何種問題？　(a) 必須固定外匯準備數量　(b) 擁有控制市場利率能力　(c) 必須固定準備貨幣　(d) 缺乏貨幣政策自主權

22. 某國央行執行穩定匯率政策，將會發生何種結果？　(a) 央行政策可信度與透明度下降　(b) 強化國內利率政策　(c) 可能擴大國內通膨變異性　(d) 央行持有外匯準備處於變動狀態

23. 某國央行將匯率釘住美元，將會發生何種結果？　(a) 央行重新控制國內利率　(b) 央行可將注意力聚焦在國內貨幣政策　(c) 央行將國內利率控制權交給美國聯準會　(d) 央行若無對應措施，本國準備貨幣將處於變動狀況

24. 某國央行追求穩定匯率政策，必須負擔的成本，何者錯誤？　(a) 犧牲國內通膨率控制權　(b) 進口價格較高　(c) 必須持有鉅額外匯準備的成本　(d) 為穩定通膨而須進行沖銷的成本

25. 某國央行執行穩定匯率政策，一旦景氣掉落藍燈區，將會出現何種狀況？　(a) 央行降低國內利率以對抗景氣衰退　(b) 將貨幣貶值以刺激出口　(c) 本國債券對外國投資人缺乏吸引力　(d) 貿易帳出現逆差

答案：

1. (b)	2. (d)	3. (d)	4. (d)	5. (b)	6. (b)	7. (c)	8. (a)	9. (d)	10. (b)
11. (c)	12. (b)	13. (a)	14. (d)	15. (d)	16. (d)	17. (a)	18. (b)	19. (c)	20. (a)
21. (d)	22. (d)	23. (d)	24. (b)	25. (d)					

6.5.2 財政政策效果

1. 不論央行實施何種匯率制度，小國政府擴張支出，在達成準均衡時，何種結果正確？　(a) 利率上漲，經常帳赤字擴大　(b) 利率降低，金融帳盈餘縮減　(c) 利率上漲，經常帳盈餘擴大　(d) 利率降低，金融帳盈餘增加

2. 有關外匯市場與匯率制度的敘述，何者錯誤？　(a) 在浮動匯率制度下，外匯市場超額供給促使台幣升值　(b) 在固定匯率制度下，國際熱錢湧入台灣，將造成央行外匯準備增加　(c) 在浮動匯率制度下，本國資金大幅外流將造成匯率下跌　(d) 在固定匯率制度下，外匯市場超額需求將引起央行賣出外匯

3. 台灣是生產資訊產品大國,新台幣匯率貶值,本國廠商出口收入將如何變化? (a) 減少 (b) 增加 (c) 不變 (d) 不確定,需視出口需求彈性大小而定

4. 在固定匯率制度下,小國若轉變為大國時,財政政策效果如何變化? (a) 維持完全無效 (b) 喪失部分有效性 (c) 維持相同績效 (d) 將能獲取額外績效

5. 依據 Mundell-Fleming 模型,不論固定或浮動匯率制度,面對跨國資金自由進出國境,小國景氣落在黃紅燈區,民間支出遽增,在達成充分均衡時,對產出影響為何? (a) 兩種制度均會增加產出 (b) 前者會增加產出,而後者則無影響 (c) 不論何種制度,民間支出擴大對增加產出並無作用 (d) 前者不影響產出,後者將會增加產出

6. 某國央行執行穩定匯率政策,面對國際資金自由移動,何者正確? (a) 貨幣政策效果相對財政政策效果為小 (b) 貨幣政策與財政政策的效果相同 (c) 貨幣政策效果相對大於財政政策效果 (d) 貨幣政策與財政政策都缺乏效果

7. 某國期初處於貿易平衡狀態,政府降稅卻未緊縮支出,將會產生何種結果? (a) 造成國際資金流入與貿易順差 (b) 造成跨國資金流入與貿易逆差 (c) 造成國際資外流與貿易順差 (d) 造成跨國資金外流與貿易逆差

8. 美國特斯拉公司發表新款電動車,吸引美國消費者搶購。在固定匯率制度下,依據 Mundell-Fleming 模型將造成何種結果? (a) 所得與淨出口下降 (b) 所得與淨出口不變 (c) 所得下降但淨出口不變 (d) 所得增加但淨出口下降

9. 在固定匯率制度下,跨國資金完全移動。依據 Mundell-Fleming 模型,某國引進自動櫃員機,對貨幣需求、所得、淨出口各有何影響? (a) 貨幣需求減少;所得不變;淨出口增加 (b) 貨幣需求減少;所得與淨出口不變 (c) 貨幣需求與淨出口增加;所得不變 (d) 貨幣需求與所得增加;淨出口不變

10. 某國採取固定匯率的利益是在受高通膨折磨時,將發生何種結果? (a) 進口財不會那麼貴 (b) 建立可信的低通膨政策 (c) 政府將可依需求改變銀行體系準備 (d) 政府將會增加對國內利率控制

11. 在何種狀況下,穩定兩國貨幣間的匯率將最具有意義? (a) 兩國景氣循環呈現正向相關 (b) 兩國景氣循環呈現負向相關 (c) 兩國人口總量類似 (d) 一國持有鉅額外匯準備,另一國則無

12. 在何種狀況下,央行執行穩定匯率政策,將會面臨投機性攻擊? (a) 金融市場參與者相信央行終究會將貨幣貶值 (b) 金融市場參與者相信央行終將出售一些外匯準備 (c) 金融市場參與者相信國幣低估 (d) 本國央行將耗盡外匯準備

13. 某國受害於高通膨折磨,而想要採取固定匯率制度,則應如何操作? (a) 將國幣與擁有低通膨信譽的國家貨幣連結 (b) 將國幣與大國貨幣連結 (c) 將國幣與擁有相同通膨績效的國家貨幣連結 (d) 將國幣與仍處於金本位國家的貨幣連結

14. 下列敘述,何者正確? (a) 央行追求穩定匯率,貨幣政策將會喪失獨立性 (b) 某國實

施固定匯率制度，將無須央行存在　(c) 某國實施固定匯率制度，將僅需擁有極少的外匯準備　(d) 穩定匯率政策即是貨幣政策

15. 在何種狀況下，某國央行採取穩定匯率措施將會更好？　(a) 央行控制本身通膨，將具有強烈信譽　(b) 央行缺乏龐大外匯準備　(c) 與採取穩定匯率的國家緊密結合　(d) 本國總體經濟特質與其他採取固定匯率國家的總體經濟特質呈現反向相關

16. 某國央行實施穩定匯率措施，而且跨國資金完全移動。政府增加支出將會造成何者移動？　(a) LM 曲線左移　(b) BP 曲線右移　(c) IS 曲線左移　(d) IS 曲線右移

答案：

1. (a)　2. (c)　3. (b)　4. (b)　5. (b)　6. (a)　7. (b)　8. (d)　9. (b)　10. (b)
11. (d)　12. (a)　13. (a)　14. (d)　15. (c)　16. (d)

6.6 浮動匯率制度

6.6.1 貨幣政策效果

1. 在浮動匯率制度下，本國央行調高準備率促使利率上升，匯率將如何變化？　(a) 需視 Marshall-Lerner 條件才能確定升值或貶值　(b) 貶值　(c) 不受影響　(d) 升值

2. 某國實施浮動匯率制度，貿易盈餘每年持續擴大，此將意味著何者已經發生？　(a) IS 曲線持續左移　(b) BP 曲線持續左移　(c) 金融帳餘額將因貿易盈餘而遞增　(d) 央行的外匯準備持續累積

3. 小國採取浮動匯率制度，跨國資金自由移動，何者正確？　(a) 貨幣政策效果相對小於財政政策　(b) 貨幣政策與財政政策效果相同　(c) 貨幣政策效果相對大於財政政策　(d) 貨幣政策與財政政策都無效果

4. 在浮動匯率制度下，央行採取緊縮政策，將促使匯率如何變化？　(a) 升值　(b) 升值且與利率漲幅相同　(c) 僅影響利率但不影響匯率　(d) 貶值

5. 下列敘述，何者正確？　(a) 擴張性財政政策促使匯率上升　(b) 央行提高利率，將帶動 BP 曲線左移　(c) 本國物價相對外國物價下跌，將擴大本國進口　(d) 國人競相出國旅遊，將促使 BP 曲線右移

6. 在浮動匯率制度下，小國景氣藍燈閃爍，央行採取量化寬鬆，在達成充分均衡下，何種結果正確？　(a) 本國利率上漲　(b) 央行持有外匯準備累積　(c) 國幣貶值　(d) 金融帳出現順差

7. 央行採取貶值策略能否改善貿易收支，必須視何種條件而定？　(a) 利率平價理論　(b) 購買力平價理論　(c) 價格黃金流動機能　(d) Marshall-Lerner 條件

8. 政府採取何種策略，將能減緩國際收支順差現象？　(a) 限制商品進口　(b) 實施貨幣貶

值　(c) 增加對外投資　(d) 大幅解除外匯管制措施

9. 在浮動匯率制度下，不論小國或大國，央行採取寬鬆政策，在體系邁向充分均衡過程中，對經濟活動衝擊，何者錯誤？　(a) 國幣貶值　(b) 國際收支出現逆差　(c) 貿易帳盈餘　(d) BP 曲線將會右移

10. 在浮動匯率制度下，央行採取緊縮政策推動利率上漲，將會造成影響為何？　(a) 國幣趨於升值　(b) LM 曲線左移　(c) IS 曲線將出現右移　(d) BP 曲線不變

11. 在浮動匯率制度與滿足 Marshall-Lerner 條件下，央行增加貨幣供給，對經濟活動造成何種影響？　(a) IS 曲線左移　(b) 匯率貶值　(c) BP 曲線右移　(d) 外匯供給增加

12. 某國若欲隔絕外國高通膨干擾，則應採取何種匯率制度？　(a) 固定匯率制度　(b) 浮動匯率制度　(c) 雙元匯率制度　(d) 聯繫匯率制度

13. 某國央行採取浮動匯率制度，外貿活動符合 Marshall-Lerner 條件。央行若在公開市場買回定存單，在邁向充分均衡過程中，對經濟活動衝擊，何者正確？　(a) IS 曲線因匯率升值而左移　(b) LM 曲線左移　(c) 經常帳出現逆差　(d) 小國的 BP 曲線左移

14. 小國採取浮動匯率制度，面對國際資金自由移動，體系內均衡產出將受何者影響？　(a) 貨幣供給下降　(b) 政府支出增加　(c) 量化寬鬆　(d) 貨幣政策與財政政策都無效果

15. 美國財政部長曾經宣稱維持美元強勢對美國有好處，而聯準會也不準備升息，甚至未來還有降息可能，試問他想要達成的目標為何？　(a) 避免外國資金離開美國　(b) 幫助中國增加對美外銷　(c) 想與伊朗對抗　(d) 想增加美國的失業率

16. 依據 Mundell-Fleming 模型，某國央行採取穩定匯率政策，在面臨資本不完全移動下，採取擴張政策刺激景氣，在達成準均衡的結果為何？　(a) 所得與利率同時上升　(b) 所得與利率不變　(c) 所得上升，利率下跌　(d) 所得下跌，利率上升

17. 某國外貿活動符合 Marshall-Lerner 條件，國幣貶值可能造成影響，何者錯誤？　(a) 出口淨額將會增加　(b) IS 曲線將會右移　(c) 對進口商不利，促使進口總額增加　(d) 國人購買舶來品與服務的成本上升

18. 依據 Mundell-Fleming 模型，假設國際資本完全移動，在浮動匯率制度下，人們因新冠肺炎疫情衝擊而擴大未雨綢繆，在達成準均衡時，將會發生何種效果？　(a) 消費與所得皆減少　(b) 消費減少與淨出口增加　(c) 所得不變，淨出口增加　(d) 所得與淨出口皆不變

19. 某國經濟部積極鼓勵擴大出口來刺激景氣，而外貿活動符合 Marshall-Lerner 條件，此時央行應該設法讓匯率如何變動？　(a) 升值　(b) 貶值　(c) 穩定匯率　(d) 大幅上下波動

20. 在 Marshall-Lerner 條件成立下，國幣貶值可能對小國的 IS 與 LM 曲線產生何種影響？　(a) IS 曲線右移　(b) IS 曲線轉為掉落投資陷阱　(c) BP 曲線左移　(d) LM 曲線轉為掉落流動性陷阱

21. 在其他條件不變下，小國採取浮動匯率制度，面對跨國資金完全移動，政府支出增加（以公債融通）對均衡國民所得影響為何？ (a) 增加 (b) 減少 (c) 沒有影響 (d) 必須考慮 Marshall-Lerner 條件，才能決定決定所得變化

22. 下列敘述，何者錯誤？ (a) 開放體系無法開放國際資本移動、控制國內利率與固定其匯率 (b) 開放體系無法開放國際資本移動與控制國內利率，但是無法固定其匯率 (c) 開放體系可以開放國際資本移動與控制國內利率，同時固定其匯率 (d) 開放體系無法開放國際資本移動與預期控制其國內利率

23. 大型開放體系通常具有何種特質？ (a) 可以控制國內利率、封閉資本市場與浮動匯率的體系 (b) 可以控制國內利率、開放資本市場與浮動匯率的體系 (c) 無法控制國內利率、開放資本市場與浮動匯率的體系 (d) 可以控制國內利率、開放資本市場與固定匯率的體系

24. 某國央行宣布將在三個月內管制跨國資金外流，該項宣布可能產生何種結果？ (a) 穩定國幣匯率 (b) 大幅吸引外國投資人 (c) 導致國幣巨幅升值 (d) 導致國幣巨幅貶值

25. 某國央行頻繁使用資本管制，將會產生何種結果？ (a) 增加外國投資人風險 (b) 提高本國投資人風險 (c) BP 曲線將缺乏利率彈性 (d) 外國投資人的預期報酬率下降

26. 某國貿易活動符合 Marshall-Lerner 條件，何種策略最有可能改善國際收支？ (a) 貶值並緊縮貨幣供給 (b) 升值並減少貨幣供給 (c) 貶值並增加貨幣供給 (d) 升值並實施量化寬鬆

27. 在浮動匯率制度與跨國資金自由移動下，美國聯準會調高利率，將對台灣經濟活動造成影響，何者錯誤？ (a) 台灣的金融帳出現逆差 (b) 台幣兌換美元匯率貶值 (c) 台灣的 BP 曲線先左移後再右移 (d) 在符合 Marshall-Lerner 條件下，台灣的 IS 曲線將會右移

28. 依據 Mundell-Fleming 模型，在浮動匯率制度下，本國央行放鬆外匯管制，提高跨國資金移動性，則政府支出減少將導致何種結果？ (a) 所得增加 (b) 利率上升 (c) 國幣貶值 (d) 國際收支盈餘

29. 甲國採取純粹浮動匯率制度，乙國則採固定匯率制度。在其他條件不變下，何者正確？ (a) 國際景氣波動對甲國景氣循環衝擊較小 (b) 國外物價變動對甲國物價影響較大 (c) 甲國央行持有外匯準備波動較大 (d) 甲國匯率波動較小

30. 在浮動匯率制度下，央行採取何種操作措施將無效果？ (a) 釘住美元 (b) 調整法定準備率 (c) 在公開市場買進債券 (d) 在公開市場賣出可轉讓定存單

31. 在浮動匯率制度下，油價飆漲導致台灣陷入貿易逆差，將會造成何種衝擊？ (a) 台幣匯率趨於上升 (b) 外匯市場出現超額供給 (c) IS 曲線右移 (d) 央行持有外匯準備減少

32. 在浮動匯率制度下，央行採取公開市場買進可轉讓定存單，將會產生何種效果？

(a) 利率降低、匯率貶值　(b) 公債價格上漲、匯率升值　(c) 利率上升、匯率貶值 (d) 公債價格下跌、匯率升值

33. 某國央行採取浮動匯率制度,將會出現何種結果?　(a) 跨國交易更形容易　(b) 貨幣政策具有自主性　(c) 央行缺乏擬定貨幣政策自主權　(d) 央行擬定貨幣政策存在跨國依賴性

答案:

1. (d)　2. (b)　3. (c)　4. (a)　5. (a)　6. (c)　7. (d)　8. (c)　9. (c)　10. (a)

11. (b)　12. (b)　13. (c)　14. (b)　15. (a)　16. (b)　17. (c)　18. (a)　19. (b)　20. (a)

21. (d)　22. (c)　23. (c)　24. (d)　25. (a)　26. (a)　27. (a)　28. (c)　29. (a)　30. (a)

31. (a)　32. (a)　33. (b)

6.6.2 財政政策效果

1. 為因應新冠肺炎衝擊,美國政府(大型開放體系)擴大紓困支出,長期將對台灣(小國造成何種影響?　(a) 淨出口增加、產出增加　(b) 淨出口增加、產出不變　(c) 淨出口減少、產出減少　(d) 淨出口減少、產出不變

2. 小國政府擴大預算赤字,在達成準均衡時,將對利率與匯率衝擊為何?　(a) 利率下降、匯率貶值　(b) 利率與匯率同時下降　(c) 利率與匯率同時上升　(d) 利率提高、匯率升值

3. 在開放體系下,比較貨幣政策與財政政策效果,何者正確?　(a) 暫時性而不影響匯率預期的財政政策將促使國幣貶值　(b) 暫時性而不影響匯率預期的貨幣政策不會使國幣升值　(c) 恆常性財政政策改變匯率預期,促使產出擴張程度大於暫時性財政擴張政策 (d) 恆常性且改變匯率預期的貨幣供給變化,對產出的短期效果較暫時性貨幣政策強烈

4. 在開放體系中,國幣貶值通常可增加輸出,但初期輸出未必立即增加,反而會減少,直到相當時日後才會增加,此種現象稱為:　(a) Heckscher 效果　(b) Kuznets 效果 (c) J 曲線效果　(d) K 曲線效果

5. 在 Marshall-Lerner 條件成立下,開放體系執行權衡政策的短期效果,何者錯誤? (a) 在固定匯率制度下,跨國資金移動性愈高,貨幣政策愈有效　(b) 在固定匯率制度下,國際資金移動性愈高,財政政策愈有效　(c) 在浮動匯率制度下,國際資金移動性愈高,貨幣政策愈有效　(d) 在浮動匯率制度下,國際資金完全移動,則財政政策無效

6. 小國政府擴張支出,何種結果正確?　(a) 利率上升且擴大經常帳赤字　(b) 利率降低並縮減金融帳盈餘　(c) 利率上升並擴大經常帳盈餘　(d) 利率降低並增加金融帳盈餘

7. 在浮動匯率制度下,政府執行財政政策的乘數效果將如何變化?　(a) 增大:出口為體系的漏巵　(b) 變小:利率上升造成匯率升值　(c) 變小:利率上升造成匯率貶值

(d) 增大：利率上升造成匯率貶值

8. 在浮動匯率制度下，小國若轉變為大國時，財政政策效果如何變化？　(a) 維持完全無效　(b) 喪失部分有效性　(c) 維持相同的效率性　(d) 將可獲取額外的有效性

9. 若從小國轉為大國模型時，政府採取何種政策將可提高所得變動幅度？　(a) 固定匯率制度下的貨幣政策　(b) 固定匯率制度下的財政政策　(c) 浮動匯率制度下的貨幣政策　(d) 浮動匯率制度下的財政政策

10. 中國大陸加入 WTO 後，降低進口商品關稅，將會產生何種影響？　(a) 人們消費會由舶來品轉向國產品　(b) 人民幣面臨貶值壓力　(c) 人民銀行為穩定匯率，勢必增加貨幣供給　(d) 人民幣會有升值壓力

11. 何者有助於擴大某國的淨出口？　(a) 景氣燈號由綠燈轉向黃紅燈　(b) 台幣升值　(c) 貿易夥伴的通膨率上升　(d) 跨國資金完全移動，引起匯率波動

12. 在跨國資金完全移動下，某國採取擴張性財政政策，而央行採取穩定匯率或實施浮動匯率，將各自發揮何種結果？　(a) 不論穩定或浮動匯率，所得都會增加　(b) 在穩定匯率下，所得遞增；但在浮動匯率下，所得持平　(c) 在穩定匯率下，所得遞增；但在浮動匯率下，所得遞減　(d) 在穩定匯率下，所得持平；但在浮動匯率下，所得遞減

13. 在浮動匯率制度與跨國資金完全移動下，政府擴張支出將會引起何者移動？　(a) 只有 IS 曲線移動　(b) IS 曲線與 LM 曲線同時左移　(c) IS 曲線與 LM 曲線同時右移　(d) IS 曲線左移，而 LM 曲線左移

14. 下列敘述，何者錯誤？　(a) 在固定匯率制度下，內部平衡與外部平衡目標之間並無衝突　(b) 在固定匯率制度下，在外不平衡與內部平衡目標之間的潛在衝突將會出現　(c) 某國或許發現可能被期望降低失業率的擴張政策，卻促使所得水準過高而無法平衡貿易帳，進而產生國際收支平衡問題　(d) 在固定匯率制度與跨國資金完全移動下，本國央行將喪失獨立的貨幣政策

15. 在固定匯率制度與跨國資金不完全移動下，央行採取擴張政策將會產生何種結果？　(a) 產生國際收支盈餘，而且國內目標與外部平衡間並無衝突　(b) 產生國際收支逆差，而且國內部目標與外部平衡間存在潛在衝突　(c) 對國際收支沒有影響　(d) 將會促使 LM 曲線左移

16. 某國匯率上升具有擴張性，何種理由正確？　(a) 同時增加出口與進口　(b) 出口遞減，而進口需求增加　(c) 增加出口大於進口　(d) 增加出口，並且在既定所得水準下，降低進口需求

17. 在浮動匯率制度與跨國資金完全移動下，央行執行量化寬鬆將產生直接影響為何？　(a) 透過物價上漲影響貿易帳餘額　(b) 透過匯率貶值影響經濟活動　(c) 透過貨幣工資上漲影響勞動市場就業　(d) 透過所得增加影響金融帳餘額

18. 某國採取浮動匯率制度，而且跨國資金完全移動，何者正確？　(a) 貨幣政策無效，而

財政政策高度有效　(b) 貨幣政策高度有效，而財政政策完全無效　(c) 貨幣政策與財政政策都有效　(d) 貨幣政策相對財政政策缺乏效果

19. 某國面臨跨國資金完全移動，本國利率若高於國際利率，將會發生何種狀況？　(a) 資金外流將促使國內利率下降　(b) 資金內流將促使國內利率下降　(c) 經常帳逆差將促使國內利率下降　(d) 即使匯率是浮動，央行將被迫進行干預

20. 某國央行採取浮動匯率制度，而且跨國資金完全移動。擴張性財政政策將會產生何種結果？　(a) 所得與利率上升　(b) 利率持平，貿易餘額下降　(c) 利率下降，而所得遞減　(d) 利率上升，而貿易餘額下降

21. 在跨國資金完全移動與符合 Marshall-Lerner 條件下，小國貨幣出現貶值，一旦回到充分均衡，何者錯誤？　(a) 小國回歸期初均衡狀態　(b) BP 曲線右移　(c) IS 曲線右移　(d) LM 曲線左移

22. 在跨國資金完全移動下，國際金融市場利率上升，將會造成何種結果？　(a) 所得增加與本國利率下降　(b) 所的增加　(c) 所得增加，並且導致國際收支逆差　(d) 所得增加，並且導致國際收支盈餘

23. 小國廠商擴大自發性投資支出，將會產生何種結果？　(a) 國外資金流入本國增加　(b) 國內資金流往外國增加　(c) 降低國內利率　(d) 對匯率影響不確定

答案：

1. (b)　　2. (d)　　3. (c)　　4. (c)　　5. (a)　　6. (a)　　7. (b)　　8. (a)　　9. (c)　　10. (b)

11. (c)　　12. (b)　　13. (c)　　14. (a)　　15. (b)　　16. (d)　　17. (a)　　18. (b)　　19. (b)　　20. (b)

21. (b)　　22. (b)　　23. (a)

6.7 總需求曲線

6.7.1 總需求曲線型態

1. 某國經濟部檢視 AD 曲線缺乏物價彈性的原因，何種可能性極小？　(a) 流動性偏好缺乏利率彈性　(b) 貨幣需求的所得彈性變小　(c) 出口缺乏實質匯率彈性　(d) Keynes 效果與 Pigou 效果趨於顯著

2. 有關促使 AD 曲線成為負斜率的效果中，何者錯誤？　(a) 預期效果　(b) 實質餘額效果　(c) 國際替代效果　(d) 財富效果

3. 有關 AD 曲線型態的敘述，何者正確？　(a) 消費支出深受 Pigou 效果影響，AD 曲線斜率趨於陡峭　(b) 引發 IS-LM 曲線移動的因素，均會引起 AD 曲線移動　(c) 消費決策與 Pigou 效果無關，投資具有高所得彈性，AD 曲線將具有高物價彈性　(d) 消費支出與 Pigou 效果無關，貨幣需求具有高利率彈性，AD 曲線缺乏物價彈性

4. 何種效果與負斜率 AD 曲線的成因無關？ (a) Pigou 效果 (b) Keynes 效果 (c)Schumpeter 創新效果 (d) Mundell-Fleming 的貿易條件效果

5. 考慮 Pigou 效果影響後，體系內物價上漲，導致總需求曲線 AD 成為負斜率的原因為何？ (a) IS 曲線右移與 BP 曲線左移 (b) IS 曲線與 LM 曲線同時左移 (c) IS 曲線與 BP 曲線同時右移 (d) IS 曲線左移與 LM 曲線右移

6. AD 曲線呈現負斜率的理由，何者正確？ (a) 高物價提高廠商利潤，刺激廠商增產 (b) 低物價讓廠商產品更具吸引力，進而增加產出需求 (c) 低物價提高人們購買力，進而增加產出需求 (d) 低物價引起替代效果，進而增加產出需求

7. 何者對 AD 曲線斜率毫無影響？ (a) 消費支出的所得彈性 (b) 投資的利率彈性 (c) 流動性偏好的所得彈性 (d) 貨幣供給的物價彈性

8. 某國物價滑落促使 AD 曲線呈現負斜率，何者錯誤？ (a) 實質餘額增加，透過利率下降，正的 Keynes 效果引起投資支出增加 (b) 貿易條件改善促使貿易淨額增加 (c) 實質餘額增加引發 Pigou 效果，帶動民間消費增加 (d) 實質工資上漲促使勞工所得增加，擴大誘發性消費

9. 何者將促使 AD 曲線斜率愈趨平坦？ (a) IS 曲線的利率彈性愈大 (b) Fisher 財富效果顯著 (c) BP 曲線具有高利率彈性 (d) 貿易餘額對本國物價的彈性愈小

10. 某國廠商投資的利率彈性擴大，產生影響為何？ (a) IS-AD 兩條曲線趨於平坦 (b) IS-AD 兩條曲線趨於陡峭 (c) IS 曲線趨於高利率彈性，而 AD 曲線的物價彈性縮小 (d) IS 曲線逐漸轉向投資陷阱，而 AD 曲線則是缺乏物價彈性

11. 某國邊際支出的所得彈性愈小，IS 曲線與 AD 曲線將如何變化？ (a) 兩者平行左移 (b) 兩者的斜率轉趨陡峭 (c) 呈現水平線 (d) 利率彈性與物價彈性變大

12. 一國的 AD 曲線斜率非常重要，將可用於解釋何種現象？ (a) 消費支出對物價變動的反應 (b) 短期總供給 SAS 曲線發生變動，對物價與產出造成衝擊的大小 (c) 貨幣需求對物價變動的反應 (d) 廠商投資支出對物價變動的反應

13. 一般而言，總需求曲線呈現負斜率的理由，何者正確？ (a) 物價變動引發替代效果 (b) 所得增加產生所得效果 (c) 替代品價格變動造成的效果 (d) 物價變動帶動實質購買力變化的效果

14. 人們的消費可能對實質利率變動敏感，何種理由正確？ (a) 高利率可能提高類似汽車的耐久財成本 (b) 高利率將導致儲蓄下降 (c) 低利率將刺激耐久財支出，並且降低非耐久財支出 (d) 低利率增加儲蓄

15. 下列敘述，何者正確？ (a) 實質利率上漲將降低儲蓄的報酬 (b) 實質利率下降讓目前消費相對便宜，而且儲蓄的報酬也下降 (c) 實質利率下降，提高目前消費的成本 (d) 實質利率上漲，降低目前消費的成本

16. 總需求曲線可定義為何？ (a) 在每一通膨下，名目產出的需求數量 (b) 在每一通膨

下，實質產出的需求數量 (c) 在每一通膨下，廠商提供的產出數量 (d) 在每一實質利率下，實質產出的數 量

17. 體系發生通膨將透過何者降低總需求？ (a) 增加名目產出 (b) 提高貨幣流通速度 (c) 降低實質貨幣餘額 (d) 提高實質利率

18. 在 IS-LM-AD 模型中，某國所得發生變動產生的結果，何者正確？ (a) 引起 IS-LM 曲線與 AD 曲線同時右移 (b) 沿著既定的 IS-LM 與 AD 曲線移動 (c) IS-LM-AD 曲線不會移動，純屬三條曲線上的點移動 (d) 改變民間支出傾向，進而引起 IS 與 AD 曲線右移

19. 在推演體系內 AD 曲線的過程中，必須考慮因素為何？ (a) 商品市場均衡 (b) 貨幣市場均衡 (c) 商品市場與貨幣市場同時達成均衡 (d) 商品、貨幣與外匯等三市場同時達成均衡

20. 某國 AD 曲線呈現負斜率將與何者無關？ (a) 物價上漲降低實質購買力，民間消費減少，導致產出減少 (b) 物價上漲降低本國出口競爭力，導致產出減少 (c) 物價上漲推動貨幣工資上漲，導致生產減少 (d) 物價上漲引發利率上升，導致投資減少而縮減產出

21. 何者不是構成負斜率總需求曲線（AD）的原因？ (a) Pigou 效果 (b) 消費的跨期替代效果 (c) 貿易條件效果 (d) Fisher 財富效果

22. 總需求曲線是由 IS-LM 模型推演而來，何者正確？ (a) 由物價變動引起 IS 曲線移動推演而得 (b) 在每一新物價下，透過實質餘額變化與 LM 曲線移動推演而得 (c) 物價變動引起實質餘額與實質支出變動，引發 IS 曲線移動推演而得 (d) 當物價變動決定所得時，透過 LM 曲線右移推演而得

23. 體系內物價下跌引發何種變動係屬正確？ (a) 實質餘額增加，促使 IS 曲線與 AD 曲線右移 (b) 實質餘額增加且提高 AD 曲線的物價彈性 (c) 在每一所得上，AD 曲線斜率改變 (d) 沿著既定的 AD 曲線向右下方移動

24. 下列敘述，何者正確？ (a) 投資占總需求的比例最小，卻是最穩定的成分 (b) 消費占總需求的比例最大，且是最穩定的成分 (c) 投資占總需求的比例最大，卻是最具波動性的成分 (d) 淨出口餘額將可解釋總需求波動的大部分原因

25. 某國的 LM 曲線斜率趨於陡峭，將隱含何種結果？ (a) AD 曲線較陡，支出乘數較小 (b) AD 曲線的物價彈性擴大，支出乘數較小 (c) 人們持有貨幣餘額絕大多數作為投機用途 (d) AD 曲線的物價彈性變小，支出乘數較大

26. 就總需求曲線而言，某國物價上漲將導致產出減少，此係對何者造成影響？ (a) 先影響貨幣市場，然後再影響投資決策 (b) 名目工資上漲，促使廠商裁員減產 (c) 廠商依據勞動成本定價的加成比例提高 (d) 預期物價上升導致消費支出減少

答案：

1. (c)	2. (a)	3. (d)	4. (c)	5. (b)	6. (c)	7. (d)	8. (d)	9. (a)	10. (a)
11. (d)	12. (b)	13. (d)	14. (a)	15. (b)	16. (b)	17. (c)	18. (c)	19. (c)	20. (c)
21. (d)	22. (b)	23. (d)	24. (b)	25. (b)	26. (a)				

6.7.2 總需求曲線移動

1. 某國官方研究機構檢視當年 AD 曲線出現變化，何種判斷正確？　(a) 央行買進可轉讓定存單，引起 AD 曲線左移　(b) 財政部提高所得稅率，造成 AD 曲線變成高物價彈性　(c) 物價上漲降低實質餘額，促使 AD 曲線更具物價彈性　(d) 政府縮減預算赤字規模，引起 AD 曲線左移

2. 資產泡沫化讓人們財富縮水，對體系產生衝擊，何者正確？　(a) 財富縮水迫使 AD 曲線缺乏物價彈性　(b) 財富縮水引發未雨綢繆心思，促使 AD 曲線右移　(c) 財富縮水提升工作意願，導致 AS 曲線右移　(d) 財富縮水引起縮衣節食意念，AD 曲線因而左移

3. 何者將引導體系內總需求曲線左移？　(a) 政府大幅提高免稅額與寬減額　(b) 政府提高投資抵減，刺激廠商投資意願　(c) 央行可轉讓定存單到期收回　(d) 新冠肺炎提升人們未雨綢繆心思

4. 主計總處檢視 2018 年資料，發現該年總需求曲線出現左移，何種可能性最高？　(a) 台灣電子業出口順暢　(b) 央行積極發行可轉讓定存單　(c) 財政部大幅調低營利事業所得稅率　(d) 台積電大幅擴大資本支出

5. 主計總處調查發現 2020 年國內 AD 曲線出現左移，何種解釋正確？　(a) 台灣股價指數大漲超過 14,000 點　(b) 新冠肺炎疫情擴散，政府擴大紓困力挽狂瀾　(c) 聯準會執行無限量化寬鬆，逐漸形成資產泡沫化　(d) 新冠肺炎疫情造成各國鎖國風潮

6. 何種因素將引起 AD 曲線右移？　(a) 政府提高工資稅率，降低勞工所得　(b) 景氣燈號由黃紅燈區一路往藍燈區滑落　(c) 新冠肺炎疫情蔓延重創消費者信心　(d) 金融科技進步，降低人們持有貨幣意願

7. 主計總處檢視 2018 年的 AD 曲線右移，何種原因正確？　(a) 人們預期通縮持續擴大，從而延後消費　(b) 實質利率上升增加廠商投資成本負擔　(c) 新冠肺炎疫情擴大，迫使政府擴大紓困補貼　(d) 無限量化寬鬆釀成資產泡沫化，引發人們對景氣前景的疑慮

8. 何者將引起某國的總需求曲線 AD 平行右移？　(a) 政府降低綜合所得稅率　(b) 政府降低貨物稅率　(c) 財政部擴大投資抵減範圍　(d) 新冠肺炎疫情擴大，讓景氣燈號由黃紅燈轉變為藍燈

9. 何者不會引起某國的總需求曲線 AD 右移？　(a) 景氣由綠燈逐漸轉為黃紅燈，促使 IS 曲線右移　(b) 未雨綢繆心思趨濃，促使 IS 曲線左移　(c) 投資的邊際效率增加，促使 IS 曲線右移　(d) 央行執行量化寬鬆，促使 IS 曲線與 LM 曲線右移

10. 體系內總需求出現誘發性變化，何者正確？　(a) 總需求曲線移動或斜率變化　(b) 非所得的因素變化　(c) 決定所得的因素變動　(d) 非物價的因素變化

11. 何者對體系內 AD 曲線變化毫無影響？　(a) 央行採取逆風而行政策　(b) 立法院通過降低所得稅率　(c) 政府發放三倍券　(d) 引進外籍勞工

12. 1997～1998 年間爆發亞洲金融風暴，重創東亞各國景氣陷入衰退，此種現象對台灣 AD 曲線影響爲何？　(a) 平行左移　(b) 斜率變大且右移　(c) 物價彈性擴大　(d) 變得缺乏物價彈性

13. 廠商投資決策係採取「動物本能」模式，產生影響爲何？　(a) IS 曲線與 AD 曲線斜率趨於平坦　(b) IS 與 AD 曲線呈現垂直線　(c) IS 曲線具有高利率彈性，而 AD 曲線具有高物價彈性　(d) 財政政策效果具有完全排擠效果

14. 政府提高所得稅率後，何者正確？　(a) IS 曲線的利率彈性變大，財政政策效果弱化　(b) AD 曲線的物價彈性變小，而 IS 曲線的利率彈性變大　(c) AD 曲線與 IS 曲線同時平行左移　(d) IS 曲線的斜率變大，財政政策績效顯著提升

15. 體系內物價下跌將會產生 Keynes 效果，何種影響正確？　(a) 人們擁有貨幣的實質購買力增加，擴大消費引起 IS 曲線右移　(b) 人們的實質財富增加，促使 LM 曲線右移　(c) 廠商擁有實質餘額增加，擴大投資引起 IS 曲線右移　(d) 實質餘額增加帶動 LM 曲線右移，促使利率下跌而增加投資

16. 體系內物價下跌引發 Pigou 效果，何種影響正確？　(a) 人們持有貨幣的實質購買力增加，擴大消費帶動 IS 曲線右移　(b) 實質餘額增加引起 LM 曲線右移，造成利率下降而擴大投資　(c) 廠商擁有實質餘額增加，投資能力擴大而引起 IS 曲線右移　(d) 實質餘額增加引起可貸資金供給增加，導致利率下跌，從而擴大民間支出

17. 國際景氣擴張對國內總需求曲線 AD 衝擊爲何？　(a) 國內利率下降刺激民間支出，帶動 AD 曲線右移　(b) 推動國內利率上漲，削減民間支出而帶動 AD 曲線左移　(c) 外國購買本國出口財意願上升，刺激 AD 曲線右移　(d) 本國進口舶來品意願上升，刺激 AD 曲線左移

18. 在其他條件不變下，何者將引發總需求曲線 AD 移動？　(a) 量化寬鬆引起 AD 曲線平行左移　(b) 政府調高免稅額度，促使 AD 曲線平行右移　(c) 政府降低稅率導致 AD 曲線平行右移　(d) 貨幣需求增加促使 AD 曲線平行右移

20. 在一般情況下，央行執行量化寬鬆對 AD 曲線影響，何者正確？　(a) LM 曲線與 AD 曲線平行右移　(b) LM 曲線平行右移，AD 曲線跟著右移且物價彈性變大　(c) LM 曲線平行右移，AD 曲線不僅右移且物價彈性變小　(d) LM 曲線右移，AD 曲線移動方向不確定，物價彈性不變

21. 在其他條件不變下，財政部提高免稅額度產生影響爲何？　(a) IS 曲線左移帶動 LM 曲線右移，AD 曲線不受影響　(b) IS 曲線右移帶動 AD 曲線跟進右移　(c) IS 曲線左移，

AD 曲線不受影響　(d) IS 曲線的利率彈性擴大，而 AD 曲線的物價彈性變小

22. 在考慮 Pigou 效果影響下，體系內物價上漲造成的影響為何？　(a) LM 與 AD 曲線左移 (b) IS 曲線左移與 LM 曲線右移，AD 曲線移動方向不確定　(c) IS 曲線與 LM 曲線左移，帶動 AD 曲線左移　(d) IS 曲線與 LM 曲線左移，體系沿著 AD 曲線向左上方移動

23. 政府採取「寬鬆貨幣、寬鬆財政」政策組合發揮的影響，何者正確？　(a) IS-LM-AD 三條曲線同時右移，利率變化不確定　(b) IS-LM-AD 曲三條曲線同時左移，引起物價下跌　(c) IS 曲線左移，LM 曲線右移，AD 曲線不變，而物價持平　(d) IS-LM-AD 三條曲線同時右移，產出變化不確定

24. 在短期，央行未預期增加貨幣供給，結果為何？　(a) 產出與利率未變，物價等比例增加　(b) 產出與物價增加，利率持平　(c) 產出與物價增加，利率下跌　(d) 產出增加，但物價與利率持平

25. 人們正確預期央行增加貨幣供給，長期將導致何種結果？　(a) 產出與實質利率未變，物價等比例增加　(b) 產出與物價增加，實質利率未變　(c) 產出與物價增加，利率下跌　(d) 產出增加，物價與實質利率未變

26. 某國央行未預期增加貨幣供給，將引起總需求如何變化？　(a) 僅在短期時左移　(b) 在短期與長期均會左移　(c) 僅在長期時左移　(d) 在短期與長期同時右移

27. 何者不是總需求曲線移動的原因？　(a) 政府追求預算平衡而縮減支出　(b) 廠商對未來景氣預期變化趨於悲觀　(c) 廠商生產成本改變　(d) 景氣燈號由綠燈轉為黃紅燈

28. 某國的 IS 曲線趨於平坦，將隱含何種結果？　(a) 廠商投資的利率彈性擴大，而總需求曲線的物價彈性變小　(b) 總需求曲線的物價彈性變大，財政政策效果弱化　(c) 總需求曲線與 IS 曲線的斜率互相無關聯，財政政策績效顯著　(d) 總需求曲線缺乏物價彈性，支出乘數較小

29. 央行增加名目貨幣供給，將隱含何種結果？　(a) AD 曲線右移而且斜率較陡峭，支出乘數較小　(b) AD 曲線右移而且物價彈性變大　(c) AD 曲線不受影響，支出乘數較小　(d) AD 曲線將因此政策而轉為物價彈性無窮大

30. 在傳統的 IS-LM-AD 模型中，央行增加貨幣供給將會產生何種結果？　(a) 引起 IS-AD 兩條曲線移動　(b) 引起 AD 曲線移動，進而降低物價水準　(c) 引起 LM-AS 兩條曲線移動　(d) 引起 AD 曲線移動並且改變斜率

31. 某國外貿易活動符合 Marshall-Lerner 條件，何者將引起 IS-AD 兩條曲線出現右移？ (a) 國內物價下跌，促使實質匯率升值　(b) 政府預算赤字縮小　(c) 央行貨幣數量增加，而物價不變　(d) 國外物價上升促使實質匯率貶值

32. 某國的貨幣需求相對實質產出固定，則 AD-LM 兩條曲線斜率將是何種狀況？　(a) 兩者斜率趨於陡峭　(b) 兩者斜率趨於平坦　(c) AD 曲線斜率趨於陡峭，LM 曲線斜率趨於平坦　(d) 如果 LM 曲線呈現垂直型態，AD 曲線將是水平線

33. 某國經濟環境落在 AD 曲線右邊，何者正確？　(a) 貨幣市場出現資金緊俏　(b) 物價出現下跌壓力，促使實質匯率趨於升值　(c) 勞動市場就業趨於增加　(d) 廠商面臨非意願性存貨累積

34. 某國央行增加名目貨幣供給一倍，將在原先 AD 曲線的倍數垂直位置創造新的 AD 曲線，何者正確？　(a) 在每一物價上，將有自發性支出減少　(b) 每一產出需求與原先狀況相同的實質貨幣供給　(c) 貨幣供給增加將引起預期物價上漲與投資減少　(d) 貨幣供給上升將引起超額貨幣供給，以及衍生利率上漲

35. 某國外貿符合 Marshall-Lerner 條件，IS-AD 兩條曲線發生平行右移的原因為何？
(a) 廠商調薪增加勞工所得，促使消費增加　(b) 央行執行寬鬆政策，促使利率下降而刺激投資增加　(c) 生產力提高促使物價下降，造成實質匯率貶值，刺激淨出口增加
(d) 預期匯率升值，吸引外資流入

36. 某國央行控制貨幣數量不變，或貨幣流通速度也持平，物價驟降對經濟活動衝擊，何者錯誤？　(a) 貨幣供給與流通速度未變，對總需求沒有影響　(b) 可能是實質產出大幅增加所致　(c) 貨幣的實質購買力上升，總需求曲線右移　(d) 實質產出若未改變則名目產出將會下降

37. 在物價與貨幣數量固定下，某國貨幣流通速度下降，將對經濟活動造成何種影響？
(a) LM-AD 兩條曲線左移　(b) LM-AD 兩條曲線右移　(c) IS 曲線右移與 LM 曲線左移，AD 曲線變動不確定　(d) LM-AD 兩條曲線與貨幣流通速度無關

38. 某國物價持平而貨幣數量增加，如果總需求未變，則何者發生變化？　(a) 人們工作意願下降　(b) AS 曲線左移　(c) 實質匯率升值　(d) 貨幣流通速度遞減

39. 在何種狀況下，某國的實質貨幣餘額將可維持不變？　(a) 貨幣流通速度持平　(b) 貨幣成長率等於通膨率　(c) 貨幣數量與總供給持平　(d) 實質匯率維持不變

40. 體系發生通膨主要透過何者降低總需求？　(a) 增加貨幣流通速度　(b) 實質匯率升值
(c) 降低實質貨幣餘額　(d) 提高名目利率緊縮民間支出

41. 依據 IS-LM-AD 模型，某國的實質利率上漲，對經濟活動影響影響為何？　(a) 廠商投資獲利增加，促使 IS-AD 兩條曲線右移　(b) 民間支出下降，促使 AD 曲線左移
(c) 資金緊縮引起 LM 曲線左移，促使 AD 曲線左移　(d) 總需求曲線變化不確定

42. 依據 IS-LM-AD 模型，某國政府採取平衡預算支出減少，將會產生何種結果？　(a) IS 曲線右移，帶動 AD 曲線左移　(b) 隨著 LM 曲線左移，促使 AD 曲線左移　(c) IS 曲線左移，引起 AD 曲線左移　(d) AD 曲線不受影響

43. 依據 Keynesian 學派的 IS-LM-AD 模型，某國政府等量降低支出與稅收，何者正確？
(a) 隨著 IS 曲線右移，AD 曲線將左移　(b) 隨著 LM 曲線左移，AD 曲線左移　(c) 隨著 IS 曲線左移，AD 曲線左移固定值　(d) AD 曲線曲線將維持不動

44. 有關總需求曲線的敘述，何者錯誤？　(a) 總需求曲線為商品與貨幣市場均衡下，物價

與產出間的負向關係　(b) 貨幣供給減少促使總需求曲線左移，政府支出增加則引起總需求曲線右移　(c) 貨幣供給減少促使總需求曲線右移，政府支出增加則讓總需求曲線右移　(d) 自發性消費增加促使總需求曲線右移，自發性投資增加則引起總需求曲線右移

答案：

1. (d)	2. (d)	3. (d)	4. (b)	5. (d)	6. (d)	7. (c)	8. (c)	9. (b)	10. (a)
11. (d)	12. (a)	13. (b)	14. (d)	15. (d)	16. (a)	17. (c)	18. (b)	19. (b)	20. (b)
21. (b)	22. (d)	23. (a)	24. (c)	25. (d)	26. (d)	27. (c)	28. (d)	29. (d)	30. (d)
31. (d)	32. (c)	33. (d)	34. (b)	35. (d)	36. (c)	37. (a)	38. (d)	39. (b)	40. (c)
41. (b)	42. (c)	43. (c)	44. (c)						

6.8 進階選擇題

1. 台灣採取浮動匯率制度，而景氣在 2001～2003 年間一直閃爍藍燈。主計總處估計國內消費函數為 $C = C_0 + 08y_d$、投資函數 $I = I_0 + 0.1y$、政府支出 $G = 100$、租稅函數 $T = t(y - D_0)$、出口函數 $X = X_0 + 0.2e$、進口函數 $Z = Z_0 + 0.1y - 0.2e$，e 是匯率。貨幣市場均衡 LM 曲線為 $\frac{M_0}{P} = l_0 + 0.2y - 1{,}000i$。針對這些資訊，有關在此期間的台灣經濟環境變化，何者正確？　(a) Keynes 效果將會存在　(b) 央行實施擴張政策，體系達成準均衡，產出將會增加　(c) 財政部擴張支出，體系達成準均衡，將具有擴大產出效果　(d) AD 曲線具有完全物價彈性

2. 美國聯準會在 2005 年持續調高重貼現率（緊縮政策），而港幣採取釘住美元的聯繫匯率制度，前項政策對香港經濟活動衝擊為何？　(a) 香港 IS 曲線右移　(b) 香港 BP 曲線不動　(c) 香港進口出現萎縮　(d) 香港原來若是貿易盈餘，將會因此而縮小

3. 台北外匯經紀公司觀察台灣金融帳餘額變化，何種判斷正確？　(a) 央行調整持有外匯準備組合，將部分美元資產轉為歐元資產，此舉對台幣匯率並無影響　(b) 美商 Morgan-Stanley 投資台股獲利了結，將資金匯回美國，將造成台灣貨幣供給緊縮　(c) 美商高盛證券前進台灣股市，將引起美元匯率出現升值　(d) 國防部向美國大量採購飛彈，將造成台灣金融帳逆差

4. 美國聯準會在 2005 年決定改採緊縮貨幣政策以對抗通膨，此舉對台灣經濟活動造成的影響，何者正確？　(a) $e = \frac{NT}{US}$ 面臨下跌壓力　(b) 台灣 BP 曲線出現左移　(c) 台灣 IS 曲線出現右移　(d) 台灣貨幣供給出現遞增現象

5. 下表是某國在 2011～2012 年的 GDP 與匯率 $e = \frac{NT}{US}$ 資料，假設三年來經濟活動變化與決策當局的權衡政策有關，政策效果落後一期即可達成充分均衡。此外，台灣面臨國際

資金移動具有完全利率彈性，則決策當局曾經採取何種政策活動？　(a) 央行在 2010 年曾經採取寬鬆貨幣政策　(b) 財政部在 2010 年曾經採取擴張支出政策　(c) 央行在 2011 年曾經採取緊縮貨幣政策　(d) 財政部在 2011 年曾經採取緊縮財政政策

時間	GDP（兆元）	匯率	物價指數
2000	700	33	100
2001	700	32.5	100
2002	780	33.2	100

6. 央行採取沖銷干預外匯市場策略，何者正確？　(a) 干預外匯市場以沖銷過剩貨幣供給　(b) 在外匯市場賣出外匯以提高國內利率，避免國內資金外流　(c) 在外匯市場買賣美元資產，以調整本國貨幣供給與匯率　(d) 同時買進（賣出）外幣資產與賣出（買進）新台幣資產（如：國庫券），以緩和匯率劇烈波動，而不影響貨幣供給量

7. 香港外貿活動符合 Marshall-Lerner 條件，並且採取港幣釘住美元的聯繫匯率制度。隨著美國聯準會執行無限量化寬鬆，將對香港產生何種衝擊？　(a) 香港的 IS 曲線與 LM 曲線同時右移　(b) 香港總需求曲線右移　(c) 香港的 BP 曲線左移　(d) 香港外匯局為穩定港幣與美元間的聯繫匯率，必須賣出美元

8. 央行設定下列迴歸方程式：$e = a + b(M - M^*) + c(y - y^*) + d(i - i^*)$，匯率 $e = \dfrac{NT}{US}$，M 為台灣貨幣成長率，y 為台灣所得，i 為台灣利率，$*$ 代表對應的美國變數。依據貨幣方法，估計係數的符號應為：　(a) $b > 0$，$c > 0$，$d > 0$　(b) $b < 0$，$c < 0$，$d < 0$　(c) $b > 0$，$c < 0$，$d > 0$　(d) $b < 0$，$c > 0$，$d < 0$

9. 立法院在 2006 年通過行政院預擬執行的 8 年 800 億元治水方案。台灣是小國且採浮動匯率制度，並且符合 Marshall-Lerner 條件。假設國內物價在未來 8 年期間持平，而跨國資金自由移動。在其他條件維持不變下，此項治水方案對未來台灣經濟活動造成衝擊為何？　(a) 匯率升值　(b) 貿易帳出現盈餘　(c) 資本帳出現舜差　(d) BP 曲線右移

10. 跨國基金大量湧入國內股市，央行採取沖銷干預外匯市場策略，將對金融體系造成何種影響？　(a) 央行將會減少發行可轉讓定存單　(b) 央行在外匯市場買進外匯，透過降低國內利率，減輕國外資金內流　(c) 央行同時買進美元與賣出央行可轉讓定存單，將可緩和匯率與貨幣供給波動　(d) 央行在外匯市場買進美元，以維持匯率穩定

11. 台灣係屬小型開放體系，國際資金完全自由移動，央行自 2005 年起，逐季調高重貼現率以對抗通膨，此舉對台灣經濟活動可能造成影響，何者錯誤？　(a) 台灣的 IS-LM 曲線呈現持續右移現象　(b) 台灣貿易條件出現惡化現象　(c) 央行的外匯準備出現累積現象　(d) 台灣貿易盈餘可能出現縮小現象

12. 央行外匯局密切監控跨國資金移動的影響，何者正確？　(a) 美商摩根史坦利證券將領取的股息匯出，將造成所得帳資金外流與台灣的 GNP 下降　(b) 日商大和證券匯入資金投資台股，將引發金融帳資金內流，促使美元需求增加　(c) Google 公司選擇在彰化彰濱工業區設立研發中心，將引發資本帳順差　(d) 央行調整外匯準備組合內容，增加美元資產比例，此舉將造成台灣的國際收支逆差

13. 某國央行採取釘住美元的聯繫匯率制度，外貿活動符合 Marshall-Lerner 條件。隨著美國聯準會持續實施量化寬鬆（QE），將對該國經濟活動產生何種衝擊？　(a) 小國的 IS 曲線將因淨貿易餘額出現順差而右移　(b) 除美元外，小國對他國貨幣的名目匯率將會升值　(c) 除美元外，小國對他國貨幣的實質匯率將會升值　(d) 小國央行必須賣超美元，才能維持聯繫匯率運行

14. 台灣是小型開放體系且採部分外匯管制，對日貿易長期呈現鉅額逆差，不符合 Marshall-Lerner 條件。隨著日本安倍首相在 2013 年上台後，日本銀行實施量化寬鬆，追求達成通膨率 2% 目標。在其他條件不變下，此舉對台灣經濟活動將產生何種衝擊？　(a) 台灣的 BP 曲線左移　(b) 台灣的 IS 曲線右移　(c) 台幣兌換日圓的實質匯率出現貶值　(d) 台灣對日貿易逆差惡化

15. 美國聯準會持續執行量化寬鬆，加速國際景氣復甦，將對台灣的總需求造成何種影響？　(a) 台灣金融市場利率趨於下降，進而擴大總需求　(b) 可能推動台灣金融市場利率上漲，進而降低總需求　(c) 外國消費者可能擴大購買台灣商品，帶動總需求增加　(d) 台灣消費者將會購買更多舶來品，從而擴大總需求

16. 某小國外貿活動符合 Marshall-Lerner 條件，何者錯誤？　(a) 小國物價下跌將會引發實質匯率貶值，有利於改善貿易餘額　(b) 國際物價上漲將擴大小國貿易順差，帶動 IS 曲線右移　(c) 小國名目匯率貶值，將引起 IS 與 LM 曲線右移　(d) 小國允許跨國資金完全移動，本國物價下跌對 BP 曲線毫無影響

17. 台灣的美元市場處於均衡狀態，對美貿易符合 Marshall-Lerner 條件。美國商務部預測美國 CPI 趨於下跌，而台灣主計總處則預估台灣 CPI 持平，此一訊息將如何影響台灣的美元市場？　(a) 對美出口不變，外匯供給曲線不變；但從美進口增加，外匯需求曲線右移　(b) 同時增加對美出口與從美進口，外匯供需曲線同時右移　(c) 同時減少對美出口與從美進口，外匯供需曲線同時左移　(d) 對美出口下降引起外匯供給曲線左移，但從美國進口增加促使外匯需求曲線右移

18. 依據購買力平價理論，有關兩國間實質匯率的敘述，何者錯誤？　(a) 固定且等於 1　(b) 當外國物價下跌，而本國物價不變，實質匯率趨於升值　(c) 當本國物價下跌，而外國物價上漲，實質匯率趨於貶值　(d) 當外國利率相對本國利率上漲，實質匯率升值

19. 在浮動匯率制度下，小國央行管制跨國資金移動，但不採取沖銷政策。在景氣藍燈閃爍下，政府的權衡性政策將會產生何種結果？　(a) 財政部執行擴張支出，必然引起匯率

貶值 (b) 政府支出增加將讓匯率升值，造成貿易逆差而推動 IS 曲線左移 (c) 量化寬鬆除讓 LM 曲線右移外，並促使匯率貶值而帶動 IS 曲線右移 (d) 量化寬鬆將促使匯率升值，帶動 IS 與 BP 曲線左移

20. 隨著體系日益開放，AD 曲線型態變化方式，何者錯誤？ (a) 人們消費決策若受 Pigou 效果影響，AD 曲線的物價彈性將會變大 (b) 開放體系 AD 曲線的物價彈性將大於封閉體系 AD 曲線的物價彈性 (c) 民間支出的利率彈性愈小，AD 曲線的物價彈性愈大 (d) 貨幣需求愈缺乏利率彈性，AD 曲線的物價彈性將愈大

21. 跨國基金湧入台灣買進台股。央行追求穩定匯率與穩定通膨，將在外匯市場與貨幣市場進行操作，何種操作方式與結果正確？ (a) 央行持續買超美元並累積外匯準備，同時增加發行可轉讓定存單 (b) 央行持續賣超美元而降低持有外匯準備，同時增加買回可轉讓定存單數量 (c) 央行買超美元而累積外匯準備，維持發行可轉讓定存單餘額不變 (d) 央行不僅賣超美元，且須增加發行可轉讓定存單

22. 某國主計總處公布 CPI 膨脹率顯示，2019 年為通縮率（−2%），同期間的國際 CPI 通膨率卻 3%。此種數據公布顯示該國外匯市場變動，何者錯誤？ (a) 外匯供給增加 (b) 外匯需求減少 (c) 實質匯率貶值 (d) 貿易餘額未必改善

23. 在浮動匯率制度下，小國採取部分外匯管制，外貿活動符合 Marshall-Lerner 條件。何者錯誤？ (a) 本國物價下跌將引起 IS、LM 與 BP 三條曲線同時右移 (b) 外國物價下跌僅會引起 IS 與 LM 曲線右移 (c) 央行採取量化寬鬆，反而降低國內產出 (d) 財政部擴大預算赤字，必然造成貿易帳逆差

24. 國際金融自由化持續擴散，央行採取穩定匯率措施，將會引發何種結果？ (a) 強化財政政策效果 (b) 匯率小幅升值，央行持續累積外匯準備 (c) 央行發行的準備貨幣餘額持續增加 (d) 弱化貨幣政策效果

25. 新冠肺炎引爆大量失業潮，美國國會連續通過數項紓困方案，發行龐大公債並由聯準會購買。跨國資金狂潮蜂擁奔向台灣股市，央行基於穩定台幣匯率考量，拼命買超美元。台灣外貿活動符合 Marshall-Lerner 條件，何種結果正確？ (a) 台幣小幅升值，央行大幅累積外匯準備，BP 曲線將因資本帳鉅額順差而右移 (b) 台幣小幅升值，小型進口業者缺乏避險能力，勢必因匯率升值而陷入匯兌虧損 (c) 上市集團企業預期台幣升值，將會擴大購買遠期美元，引起遠期美元匯率的溢酬上升 (d) 央行基於穩定匯率，勢必買超美元，若無相應的沖銷措施，準備貨幣將會遽增

26. 小國貿易部門發布外貿情勢顯示出口長期超越進口，外貿活動又符合 Marshall-Lerner 條件。該國央行採取管理浮動匯率制度，追求縮減匯率波動幅度。何者出現係屬錯誤？ (a) 央行必須持續買超美元，不斷累積外匯準備 (b) BP 曲線是釘住國際金融市場利率的水平線 (c) 政府擴張支出有助於縮小貿易盈餘，但卻擴大金融帳順差 (d) 長期貿易盈餘將讓該國名目匯率呈現升值趨勢

27. 小國央行實施管理浮動匯率制度。不論高科技公司購買專利權，或超商業者取得商標權，每年均須支付國外廠商鉅額權利金。在其他條件不變下，兩種交易將造成何種影響？　(a) 購買商標權與專利權類似進口舶來品，將造成經常帳逆差　(b) 廠商從事專利權與商標權交易，顯然與 BP 曲線變化無關　(c) 廠商購買專利權與商標權用於營運，類似投資資本設備，將會造成金融帳逆差　(d) 兩種權利交易屬於自發性資本帳支出，將引起 BP 曲線左移

28. 某國貿易活動符合 Marshall-Lerner 條件。有關該國實質匯率變化影響的敘述，何者正確？　(a) 實質匯率是指兩國一籃子商品的加權物價比值，或兩國商品交換的比例　(b) 該國爆發通膨引發實質匯率貶值，有利於改善貿易盈餘　(c) 該國物價下跌引起實質匯率貶值，IS-LM-BP 三條曲線將同步右移　(d) 外國物價下跌推動實質匯率上漲，IS-BP 兩條曲線同步左移

29. 台灣央行實施管理浮動匯率制度，外匯市場的即期匯率 $e = \dfrac{NT}{US} = 29$ 逐步滑落到 $e = 28$，外貿活動符合 Marshall-Lerner 條件。在其他條件不變下，何者錯誤？　(a) 台幣的名目匯率升值，實質匯率也將同步升值　(b) 台幣升值 3.571%，而美元貶值 3.448%　(c) IS-BP 兩條曲線將同步左移　(d) IS-LM-AD 三條曲線將同步右移

30. 美國國會在 2020 年陸續通過多項紓困案，引發龐大美元資金在國際股市流竄，台股當然也在名單之內。台灣央行在 2020 年內陸續買超 800 億美元，意圖減緩匯率升值速度。此舉造成衝擊，何者錯誤？　(a) 人們應該增加持有美元負債，降低持有美元資產　(b) 進口業者需要增加預購遠期美元　(c) 央行採取全面沖銷政策，勢必擴大發行央行定存單餘額　(d) 遠期美元匯率可能出折價現象

31. 小型開放體系研究機構蒐集該國經濟活動訊息，進而提出相關說法，何者有待商榷？　(a) 小國民間支出不受 Keynes 效果與 Pigou 效果影響，國內物價滑落僅會引起 LM 曲線右移，IS-AD 兩條曲線不受影響　(b) 小國落入景氣藍燈區，實質匯率趨於貶值有助於改善貿易餘額　(c) 小國民間支出具有高所得彈性卻，缺乏利率彈性，促使 IS-AD 兩條曲線斜率趨於陡峭　(d) 小國貿易活動對實質匯率變化反應敏感，在符合 Marshall-Lerner 條件下，將會擴大 AD 曲線的物價彈性

32. 某國處於景氣藍燈環境，總體結構式模型如下：消費函數 $C = C_0 + c_1 y + c_2 m$、投資函數 $I = I_0 + i_1 y + i_2 m$，出口函數 $X = x_0 \varepsilon$，進口函數 $Z = Z_0 - z_1 y - z_2 \varepsilon$，$m = \dfrac{M}{P}$ 是實質貨幣餘額，$\varepsilon = \dfrac{eP^*}{P}$ 是實質匯率，$c_1 + i_1 - z_1 < 1$。該國外貿活動符合 Marshall-Lerner 條件，央行實施管理浮動匯率制度，而貨幣市場均衡為 $m = l_0 + l_1 y - l_2 i$。依據這些訊息，何者錯誤？　(a) IS 曲線落入投資陷阱，導致 AD 曲線缺乏物價彈性　(b) 財政部以央行繳庫盈餘融通預算赤字，IS-LM-AD 三條曲線將同步右移　(c) 國外物價上漲將引起 IS-AD 曲

線右移　(d) 景氣藍燈引發國內物價緩步滑落，IS-LM-BP 三條曲線跟進緩慢右移

33. 由購買力平價理論衍生的相關說法，何者正確？　(a) 兩國商品均是貿易財，在無貿易障礙與運輸成本下，一旦單一價格法則成立，購買力平價理論亦將成立　(b) 兩國貿易財自由移動且無貿易障礙，購買力平價理論成立隱含均衡名目匯率為 1　(c) 兩國實際通膨率間的落差，將等於預期實質匯率變動率　(d) 某國貨幣的名目匯率不變，國際物價上升或本國物價下跌，將會引起實質匯率升

34. 小國央行實施管理浮動匯率制度，目前景氣處於藍燈區，而外貿活動符合 Marshall-Lerner 條件。政府想要實施權衡性政策振興景氣，何者正確？　(a) 政府擴張支出促使匯率升值，引起 IS-LM-BP 三條曲線左移　(b) 政府擴張支出先造成貿易逆差，引起匯率貶值，再帶動 IS-BP 兩條曲線右移　(c) 央行實施量化寬鬆先帶動 LM 曲線右移，促使匯率升值後，再引起 IS-BP 兩條曲線左移　(d) 央行執行寬鬆政策促使匯率貶值，再帶動 IS-LM-BP 三條曲線同步左移

35. 某國商品市場均衡為 $y = E(r, y, m) + NX(y, \varepsilon)$，貨幣市場均衡為 $m = l(r, y)$，$E = C + I$ 是民間支出，$NX = X - \varepsilon Z$ 是出口淨額，$m = \dfrac{M}{P}$ 是實質貨幣餘額，$\varepsilon = \dfrac{eP^*}{P}$ 是實質匯率。依據這些方程式推演的 AD 曲線若發生變化，何者錯誤？　(a) 縱使民間支出缺乏利率彈性（$E_r = 0$），然而透過 Pigou 效果（$E_m > 0$）與貿易條件效果（$NX_\varepsilon > 0$），AD 曲線仍具有物價彈性　(b) 國內物價下跌將引起 IS-LM 曲線右移，但卻沿著 AD 曲線向右下方移動　(c) 國內物價下跌或國際物價上漲，透過實質匯率貶值，將引起 IS-LM-AD 三條曲線同步右移　(d) 貨幣需求的利率彈性愈低或所得彈性愈高，LM 曲線趨於陡峭，而 AD 曲線卻趨於平坦

36. 國際熱錢流竄引發各國股市狂飆，某國街頭巷尾談論股市議題不絕於耳，民間支出深受股價震盪影響。依據 IS-LM-AD 模型，何者正確？　(a) 股市震盪引爆意外所得效果，IS-LM-AD 三條曲線的斜率日益平坦，甚至持續右移　(b) 上市公司頻頻釋放利多引發股價狂飆，人們競相將資金投入股市，資金緊縮促使 LM 曲線左移，IS-AD 兩條曲線卻是不動如山　(c) 股市繁榮讓人們意外致富，勢必擴大消費；而上市公司則因股價上漲而籌資容易，積極擴大實體投資，IS-AD 兩條曲線因而右移　(d) 股市榮景將讓 IS 曲線斜率趨於陡峭，因而強化財政政策效果

37. 台灣對美貿易符合 Marshall-Lerner 條件。假設美國商務部預測消費者物價指數持續上漲，而台灣主計總處則預估消費者物價指數緩步滑落。結合兩國官方機構公布的預測，將對台灣經濟活動造成何種影響？　(a) 遠期美元供給曲線左移，遠期匯率出現溢價現象　(b) 台幣的實質匯率貶值，促使 IS-BP 兩曲線同步右移　(c) 實質匯率趨於下降，再推動名目匯率升值，促使進口大幅擴張　(d) 貿易餘額出現順差，促使央行持有外匯準備增加

38. 某國央行採取釘住美元的聯繫匯率制度，貿易活動符合 Marshall-Lerner 條件。隨著美國國會陸續通過數項紓困法案，龐大資金向全球各地外溢。此一資金浪潮對該國經濟活動產生影響，何者正確？ (a) 除美元外，國幣兌換他國貨幣將會貶值，促使其 IS-LM-BP 三條曲線同時右移 (b) 央行須在外匯市場買超美元，快速累積外匯準備；若未進行沖銷，準備貨幣餘額將會擴張 (c) 貿易帳出現順差促使 IS 曲線右移，而外匯準備增加將引起 LM 曲線左移 (d) 基於維持聯繫匯率制度運作，央行必須賣超美元，引發準備貨幣劇減而造成 LM 曲線左移

答案：

1. (c)	2. (d)	3. (a)	4. (c)	5. (b)	6. (d)	7. (b)	8. (c)	9. (a)	10. (c)
11. (a)	12. (a)	13. (a)	14. (b)	15. (c)	16. (c)	17. (d)	18. (d)	19. (c)	20. (c)
21. (a)	22. (c)	23. (c)	24. (a)	25. (d)	26. (b)	27. (d)	28. (c)	29. (d)	30. (b)
31. (a)	32. (a)	33. (a)	34. (b)	35. (c)	36. (c)	37. (b)	38. (b)		

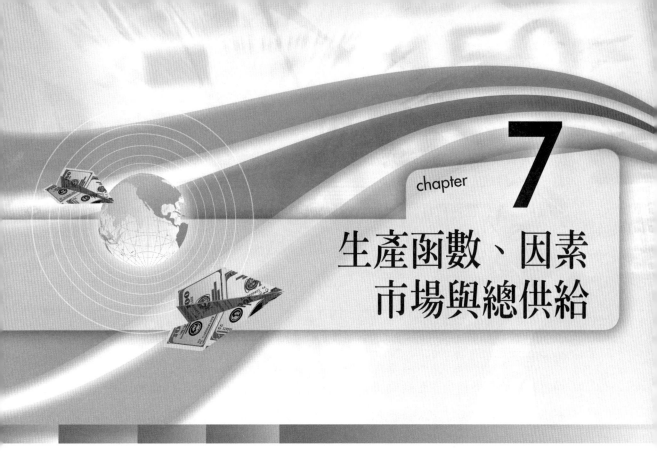

7

chapter

生產函數、因素市場與總供給

7.1 生產函數與技術進步

1. 下列敘述，何者正確？　(a) 不論長期或短期，總體理論討論體系均衡，通常假設生產函數的所有因素均屬可變　(b) 在 AD-AS 模型中，生產函數通常假設資本存量不變　(c) 自然就業係指所有勞動力均已就業的數量　(d) 在形成 AD-AS 過程中，通常假設勞動市場就業不變

2. 某國使用生產函數 $Y = AF(N, K)$ 生產，A 上升隱含何種意義？　(a) 在任何 N 與 K 的水準下，產出上升　(b) 勞動邊際產量上升　(c) 資本邊際產量上升　(d) 此係 Solow 的中性技術進步

3. 某國使用生產函數 $Y = AF(N, K)$ 生產，當中的 A 變化係反映種現象？　(a) 資本勞動比率 $\left(\dfrac{K}{N}\right)$　(b) 勞動邊際產量　(c) 資本邊際產量　(d) 技術水準

4. 有關勞動邊際產量的說法，何者正確？　(a) 勞動增加一單位引起產出增加的數量　(b) 勞動資本比率 $\left(\dfrac{N}{K}\right)$　(c) 資本勞動比率 $\left(\dfrac{K}{N}\right)$　(d) 技術水準

5. 有關資本邊際產量的說法，何者錯誤？　(a) $\left(\dfrac{\Delta Y}{\Delta K}\right)$ 即是資本增加一單位引起產出增加的數量　(b) 在技術與勞動不變下，生產函數的斜率　(c) 資本勞動比率 $\left(\dfrac{K}{N}\right)$　(d) 廠商生產規模對產出的影響

6. 資本邊際產量遞減 $MP_K = \dfrac{\partial^2 Y}{\partial K^2} = F_{KK} < 0$ 的內涵為何？　(a) 資本增加帶動產出跟著增加　(b) 隨著資本增加，MP_K 最終趨於遞減　(c) MP_K 增加產出跟著增加　(d) 隨著資本增加，MP_K 最終成為負值

7. 有關新古典生產函數性質的假設，何者正確？　(a) 勞動邊際產量遞減 $MP_N = \dfrac{\partial^2 Y}{\partial N^2} = F_{NN} < 0$　(b) 資本邊際產量遞減 $MP_K = \dfrac{\partial^2 Y}{\partial K^2} = F_{KK} < 0$　(c) 固定規模報酬，每人產出是每人資本的函數 $y = \dfrac{Y}{N} = f\left(\dfrac{K}{N}\right) = f(k)$　(d) 每人資本增加將促使每人產出加速增加，$f_{kk} > 0$

8. 新古典生產函數假設固定規模報酬，何者正確？　(a) 勞動與資本倍增，產出將會倍增　(b) 廠商係以相同速度增加使用資本與勞動　(c) 資本與勞動的邊際產量是固定值　(d) 技術水準固定

9. 新古典生產函數具有固定規模報酬，何者正確？　(a) $y = \dfrac{Y}{N} = Af\left(\dfrac{K}{N}\right) = Af(k)$　(b) 每人產出是技術水準乘以資本勞動比率　(c) 每人資本的邊際產量呈現遞增現象　(d) 廠商提高資本密集方式（$k = \dfrac{Y}{N}$）生產，將會引起每人產出減少

10. 體系使用生產函數 $Y = AF(N, K)$ 生產，當技術水準 A 上升，將會導致何種結果？　(a) 勞動邊際產量 MP_N 曲線上升　(b) 廠商將沿著 MP_N 曲線移動僱用更多勞工　(c) 資本邊際產量 MP_K 遞增　(d) 廠商將沿著 MP_K 曲線移動僱用更多勞工

11. 總體模型預測景氣擴張若源自於技術進步，將會產生何種結果？　(a) 實質工資下降　(b) 勞動供給將大於勞動需求　(c) 實質工資上漲　(d) 實質工資水準相較過去為低

12. 體系出現技術進步，將會產生何種結果？　(a) 資本邊際產量與資本勞務需求同時遞增　(b) 資本邊際產量遞增，但資本勞務需求減少　(c) 資本邊際產量與資本勞務需求同時遞減　(d) 資本邊際產量遞減，但是資本勞務需求遞增

13. 有關勞動生產力的敘述，何者正確？　(a) 此係勞動投入增加引起產出增加的數量　(b) 勞動投入愈大，勞動生產力呈現遞增趨勢　(c) 每人使用資本數量愈大，勞動生產力愈大　(d) 可用產出除以資本投入來衡量

14. 有關勞動效率的敘述，何者正確？　(a) 即勞動的邊際產出　(b) 即勞動力成長率　(c) 包括勞工的知識健康和技能　(d) 等於每人平均產出

15. 某國出現使用勞動的技術進步，何者錯誤？　(a) 此即 Harrod 的中性技術進步　(b) 勞動生產力上升，吸引廠商採取勞動密集方式升產　(c) 此即是節省資本的技術進步　(d) 貨幣工資上升

16. 何者對提升勞動生產力最有幫助？　(a) 協助廠商赴外國投資設廠　(b) 提高生育率　(c) 提高每人每日工時　(d) 鼓勵外人直接投資

17. 何者無助於提升勞動生產力？　(a) 增加固定資本累積　(b) 鼓勵研發更新生產技術　(c) 增加每人每日工時　(d) 加強勞工在職訓練

18. 在一般生產函數中，何者不是影響產出的因素？　(a) 中間財　(b) 固定資本設備　(c) 勞動投入　(d) 生產技術

19. 生產函數定義何種關係？　(a) 廠商產出與升產因素及技術　(b) 生產因素價格　(c) 生產因素價格與數量　(d) 生產的品質

20. 在生產函數 $Y = AF(N, K)$ 中，某國面臨供給衝擊而降低因素生產力，何者直接受到影響？　(a) A　(b) F　(c) N　(d) K

21. 某國使用的總體生產函數為 $Y = AN$，則該國勞動生產力為何？　(a) $1 / A$　(b) A　(c) $1 / N$　(d) N / Y

22. 某國使用的總體生產函數為 $Y = N$，則該國勞動生產力為何？　(a) $1 / N$　(b) N　(c) 1　(d) N / Y

23. 某國在 2018～2019 年間的每人實質產出成長率為 3%，就業人口占總人口比例的成長率為 –0.05%，則平均勞動生產力成長率為和？　(a) 2.95%　(b) 3.05%　(c) 0.95%　(d) –0.95%

24. 某國的每人實質產出 = 平均勞動生產力 × $\left(\dfrac{\text{就業人數}}{\text{總人口數}}\right)$，在其他條件不變下，何者將會提高每人實質產出？　(a) 女性外出工作人數減少　(b) 調降上班族強制退休年齡　(c) 資本勞動比率下降　(d) 出生率下降

25. 何者與邊際報酬概念一致？　(a) 勞動增加 10%，產出增加 10%　(b) 勞動增加 10%，產出價格增加 10%　(c) 勞動增加 10%，勞動邊際產量增加 10%　(d) 勞動增加 10%，產出增加少於 %

26. 某國出現資本節省的技術進步，將會產生何種效果？　(a) 邊際資本產出比率上升　(b) $\dfrac{\Delta Y}{\Delta K}$ 上升　(c) 淨投資增加　(d) 資本的生產力上升

27. 若生產函數具有固定規模報酬特性，在技術水準固定下，勞動生產力高低取決於：
(a) 勞動多寡　(b) 資本多寡　(c) 勞動與資本比例　(d) 勞動與資本的數量

28. 某國使用的生產函數為 $Y = f(K, AN)$，如果 A 值增加 20%，將會導致何者也增加 20%？
(a) 勞動　(b) 有效的勞動（effective labor）　(c) 產出　(d) 每人產出

29. 某國使用的生產函數為 $Y = f(K, AN)$，如果 A 值增加 20%，將隱含何種現象？　(a) 相同的產出可用低於 20% 的勞動生產　(b) 有效的勞動數量增加 20%　(c) 產出增加將少於 20%　(d) 每人產出增加超過 20%

30. 某國使用的生產函數 $Y = f(K, NA)$ 具有固定規模報酬，此即隱含在何種狀況下，產出將會增加 7%？　(a) K 或 NA 增加 7%　(b) K 與 N 增加 7%　(c) N 或 A 增加 7%　(d) N 與 A 增加 7%

31. 何者將會引起每位有效勞工的產出增加？ (a) 人口成長增加 (b) 折舊率遞增 (c) 技術進步率遞增 (d) 儲蓄率增加

7.2 勞動市場

7.2.1 因素市場需求函數

1. 體系內物價上漲造成實質工資下跌，將會產生何種結果？ (a) 勞動需求曲線左移 (b) 勞動供給右移 (c) 廠商沿著勞動需求曲線下移而僱用更多工人 (d) 名目工資下降

2. 遠東紡織響應經濟部號召，增加僱用勞工，將會產生何種結果？ (a) 勞動供給曲線右移 (b) 額外僱用勞工將以遞減速度生產商品 (c) 額外僱用勞工將以遞增速度生產商品 (d) 產出的勞動邊際成本遞減

3. 在技術與可用資源已知下，半導體產業龍頭台積電的勞動需求將取決何種因素？ (a) 勞動的貨幣工資 (b) 其他半導體廠商的勞動需求 (c) 勞動力成長率 (d) 勞動邊際產量

4. 國巨公司僱用勞工直至實質工資等於勞動邊際產量，何者正確？ (a) 就業量極大 (b) 就業量與利潤極大 (c) 利潤極大 (d) 產出極大

5. 半導體產業的勞動邊際產量函數為 $MP_N = A(400 - N)$，$A = 2$ 是生產力係數，N 是投入生產的工時。假設每單位晶元的價格是 \$3、貨幣工資是 \$18，該產業僱用的工時為何？ (a) 57 (b) 107 (c) 197 (d) 397

6. 勞動基準法訂定最低工資，將可達成何種效果？ (a) 保障僱主的最低收益 (b) 僱主支付工資的下限 (c) 必須低於市場均衡工資才有效 (d) 將可減輕失業問題

7. 某國出現勞動邊際產量上升，將會產生何種效果？ (a) 實質工資及勞動僱用量同時下降 (b) 實質工資下降與勞動僱用量上升 (c) 實際工資上升與勞動需求曲線左移 (d) 實質工資上升與勞動需求曲線右移

8. 在其他條件不變下，教師的教學技術進步而促使生產力上升，將會引發教師市場變化，何者正確？ (a) 實質工資上漲，教師需求曲線左移 (b) 實質工資上漲與教師需求曲線右移 (c) 貨幣工資下降，教師供給曲線右移 (d) 貨幣工資上升，教師供給曲線左移

9. 在其他條件不變下，勞動部依據勞動基準法訂定「工資下限」，何種結果正確？

(a) 有效的工資下限必須高於市場均衡工資　　(b) 有效的工資下限將會降低失業人數　(c) 有效的工資下限將可協助勞動市場邁向均衡　　(d) 有效的工資下限有助於增加勞動就業

10. 某國勞動市場就業增加，將與何種因素有關？　(a) 最終商品需求萎縮　(b) 勞工積極參與職業訓練而提高生產力　(c) 勞動市場由完全競爭型態轉變由工會獨賣　(d) 政府提高完全競爭勞動市場的最低工資

11. 在古典模型中，廠商僱用勞工將與何者有關？　(a) 與勞動邊際產值呈負相關　(b) 與名目工資呈正相關　(c) 與實質工資呈反向關係　(d) 與物價呈反向關係

12. 在古典模型中，個別廠商僱用勞動將落在何種狀況？　(a) 勞動邊際產量等於貨幣工資　(b) 勞動邊際產量等於實質工資　(c) 勞動邊際產量等於勞動邊際產值　(d) 勞動邊際產值等於實質工資

13. 就目前公司員工人數來看，微星科技發現勞動邊際產量超過實質工資，將如何因應？　(a) 微星已經達到利潤極大　(b) 微星繼續徵才以達到利潤極大　(c) 微星考慮裁員以達到利潤極大　(a) 微星的員工已經創造最大產值

14. 在古典模型中，技術進步提升勞動的平均與邊際產量，將會產生何種結果？　(a) 勞動需求與產出增加，物價上漲　(b) 勞動需求下降、物價下跌與產出增加　(c) 勞動需求、產出與就業增加　(d) 產出與勞動供給同時增加

15. 勞動需求與供給函數若以貨幣工資表示，何者正確？　(a) 勞動需求曲線呈現正斜率　(b) 貨幣工資增加引起勞動供給曲線右移　(c) 貨幣工資上漲導致勞動供給曲線右移　(d) 物價上漲引起勞動需求曲線右移

16. 依據古典學派，體系內物價倍增而勞動邊際產量持平，何者正確？　(a) 貨幣工資倍增　(b) 實質工資加倍　(c) 勞動的邊際產值不變動　(d) 勞動僱用量加倍

17. 某國勞動生產力驟然上升，預期不會產生何種結果？　(a) 勞動需求增加　(b) 勞動供給曲線右移　(c) 自然產出上升　(d) 實質工資上漲

18. 依據古典勞動需求理論，廠商追求利潤極大，將會僱用勞動到何種狀況？　(a) 實質工資等於勞動邊際生產力　(b) 支付勞工實質工資正好等於勞動邊際產值　(c) 勞動與資本成本相等　(d) 支付勞工實質工資等於貨幣工資

19. 在其他條件不變下，廠商追求利潤極大，在何種狀況下，不會擴大產出？　(a) 產品價格上漲　(b) 必須支付勞工的工資下降　(c) 勞動邊際產量曲線右移　(d) 勞工休閒的偏好上升

答案：

1. (c)	2. (b)	3. (d)	4. (c)	5. (d)	6. (b)	7. (d)	8. (b)	9. (a)	10. (b)
11. (c)	12. (b)	13. (b)	14. (c)	15. (d)	16. (a)	17. (b)	18. (a)	19. (a)	

7.2.2 勞動供給函數

1. 在其他條件不變下，某人簽中大樂透，將如何調整工時？ (a) 替代效果和所得效果同時出現，但替代效果大於所得效果，工時增加 (b) 同時產生替代效果和所得效果，但替代效果小於所得效果，工時減少 (c) 僅有替代效果來增加工時 (d) 僅有所得效果可能減少工時

2. 在張無忌心目中，消費與休閒均為正常財，面對實質工資上升，何種反應正確？ (a) 替代效果增加工時，所得效果減少工時 (b) 替代效果減少工時，所得效果增加工時 (c) 替代效果與所得效果同時增加工時 (d) 替代效果與所得效果同時減少工時

3. 有關正斜率勞動供給曲線成因，何者正確？ (a) 勞工重視休閒甚於薪資 (b) 工資上漲的所得效果大於替代效果 (c) 工資上漲的所得效果小於替代效果 (d) 工資上漲的所得效果等於替代效果

4. 統一企業獲利突出而調薪獎勵員工，卻造成勞工減少工時，原因可能是調薪帶來何種結果？ (a) 價格效果超過所得效果 (b) 價格效果小於所得效果 (c) 所得效果大於替代效果 (d) 所得效果小於替代效果

5. 某國勞動部驗證勞動供給曲線呈現正斜率，此即意味著在調薪過程中，將出現何種現象？ (a) 替代效果大於所得效果 (b) 所得效果超過替代效果 (c) 所得增加讓人們偏好休閒 (d) 所得效果等於替代效果

6. 人們面對調薪的反應，何者錯誤？ (a) 未必增加工時 (b) 休閒的機會成本增加 (c) 所得增加誘使人們多休閒、少工作 (d) 替代效果促使人們多休閒、少工作

7. 在古典模型中，實質工資增加將會產生何種結果？ (a) 勞動需求量增加 (b) 廠商降低勞動僱用量 (c) 廠商僱用員工未必僅考慮工資變化 (d) 勞動供給與勞動需求同時增加

8. 體系陷入藍燈閃爍，「無薪休假」與「薪餉四成」風潮四起，然而家中主要工作者反而增加工時，何種原因正確？ (a) 勞動供給曲線為負斜率 (b) 替代效果高於所得效果 (c) 所得效果超過替代效果 (d) 替代效果等於所得效果

9. 某國勞動供給曲線部分轉為負斜率，而其後彎部分的成因，何者正確？ (1) 替代效果超過所得效果 (2) 休閒價值很高 (3) 替代效果小於所得效果。何者正確？ (a) 1、2 (b) 3 (c) 2、3 (d) 1

10. 古典學派對勞動供給曲線的看法，何者正確？ (a) 正斜率勞動供給曲線將是反映所得效果大於替代效果 (b) 正斜率勞動供給曲線隱含所得效果小於替代效果 (c) 負斜率勞動供給曲線凸顯所得效果大於替代效果 (d) 缺乏工資彈性的勞動供給曲線，將是反映替代效果等於所得效果

11. 針對工資上漲產生替代效果的敘述，何者正確？ (a) 工資提高吸引勞工犧牲休閒而增加工時 (b) 工資極低將讓勞工考慮放棄休閒 (c) 工資上漲讓勞工感覺休閒很重要，將減少工時 (d) 工資上漲讓勞工無須拼命工作，即可賺取維持生存所需

12. 體系內實際通膨率低於勞工預期，失業將如何變化？　(a) 求職的邊際利益下降促使失業增加　(b) 求職的邊際利益下降促使失業降低　(c) 求職的邊際成本下降引起失業增加　(d) 求職的邊際利益與成本同時下降，無從預估失業率變化

13. 體系內物價上漲或失業率偏低，勞工通常要求廠商調薪，可能原因為何？　(a) 勞工的休閒價值上升　(b) 勞動生產力遞減　(c) 勞動需求下降　(d) 貨幣的價值遞減

14. 體系內貨幣工資與物價同時上漲 7%，而勞工並無貨幣幻覺，何者正確？　(a) 實質工資未變　(b) 增加工時的意願上升　(c) 廠商增加僱用勞工，促使產出增加　(d) 實質工資下降

15. 下列敘述，何者正確？　(a) 任何產出擴張活動將會增加就業　(b) 貨幣工資與物價等比例上升，實質工資將會上升　(c) 實質工資上漲促使勞動供給曲線右移，勞動需求曲線卻是左移　(d) 休閒若是劣等財，實質工資上漲將造成勞工增加工時

16. 個人勞動供給曲線具有高工資彈性，意味著何種狀況正確？　(a) 工資上漲產生的負所得效果微弱，促使工時增加　(b) 工資上漲將引起勞工大幅增加休閒時間　(c) 工資上漲反而引起勞動所得減少　(d) 廠商必須大幅調薪，才能增加工時

17. 有關勞動供給的敘述，何者錯誤？　(a) 就個別勞工來說，工資夠高將讓休閒時間轉趨增加　(b) 高危險性職業的薪資隱含部分風險補償，用以吸引人們投入這類工作　(c) 人力素質經常是決定工資高低的重要因素，接受教育就是累積人力資本　(d) 年薪百萬的婦女在婚後退出職場成為家庭主婦，此種決定是浪費人才，不值得鼓勵

18. 政府調低薪資所得稅率將可提高勞工淨收入，不過卻有可能何種反應？　(a) 提升工作意願促使勞動供給曲線右移　(b) 工作誘因增加引起勞動供給曲線左移　(c) 勤奮工作刺激勞動需求曲線右移　(d) 工作意願下滑導致勞動需求曲線左移

19. 趙敏追求由消費與休閒衍生的效用極大，而消費與休閒均屬正常財。假設趙敏的時薪由 110 元上升為 120 元。在其他條件不變下，趙敏的替代效果為何？　(a) 增加消費與休閒　(b) 增加消費，但減少休閒　(c) 減少消費，但增加休閒　(d) 減少消費與休閒

20. 休閒為正常財。有關負所得稅制的敘述，何者正確？　(a) 提升低收入戶工作誘因，此係增加工時的所得效果大於增加休閒的替代效果　(b) 打擊低收入戶工作誘因，此係增加休閒的所得效果大於增加工時的替代效果　(c) 提高低收入戶工作誘因，此係所得效果和替代效果都增加工時　(d) 打擊低收入戶工作誘因，此係所得效果和替代效果都減少工時

21. 某國實施負所得稅制度，休閒為若正常財，負所得稅對所得低於貧窮水準者的勞動供給影響為何？　(a) 所得效果及替代效果均增加休閒，從而降低工時　(b) 所得效果及替代效果均減少休閒，將會增加工時　(c) 所得效果增加休閒，大於替代效果減少休閒，故將降低工時　(d) 所得效果減少休閒，大於替代效果增加休閒，故將增加工時

22. 在其他條件不變下，某國總財富增加，對勞動市場將造成何種影響？　(a) 勞動供給曲

線右移，實質工資下降　(b) 勞動供給曲線右移，貨幣工資上升　(c) 勞動供給曲線左移，實質工資上升　(d) 勞動供給曲線左移，貨幣工資下降

23. 勞動供給函數若以貨幣工資表示，何者正確？　(a) 勞動供給曲線將會缺乏貨幣工資彈性　(b) 貨幣工資增加引起勞動供給曲線左移　(c) 物價上漲將引起勞動供給曲線左移　(d) 貨幣工資上漲將導致勞動供給曲線右移

24. 在古典模型中，物價與貨幣工資等比例上漲，將會導致何種結果？　(a) 勞動需求增加　(b) 實質工資下降　(c) 勞動就業量持平　(d) 廠商增加僱用勞工

25. 在短期，廠商藉由增僱員工擴張產出，直到何種狀況才停止？　(a) 勞動總產出等於零　(b) 邊際成本曲線呈現垂直線　(c) 勞動邊際產量等於零　(d) 勞動的總產出停止增加

26. 假設某國物價穩定，名目所得變動將與何者相等？　(a) 產出價值變動　(b) 就業變動　(c) 實質產出變化　(d) 實體投入數量變動

答案：

1. (d)	2. (a)	3. (c)	4. (c)	5. (a)	6. (d)	7. (b)	8. (c)	9. (c)	10. (b)
11. (a)	12. (c)	13. (d)	14. (a)	15. (d)	16. (a)	17. (d)	18. (a)	19. (b)	20. (b)
21. (c)	22. (c)	23. (c)	24. (c)	25. (b)	26. (c)				

7.2.3 勞動市場均衡

1. 在古典模型中，勞工提供工時與何者有關？　(a) 與實質工資呈正相關　(b) 與貨幣工資正相關　(c) 與通膨率呈反向關係　(d) 與經濟成長率呈反向關係

2. Keynesian 學派對勞動市場的看法，何者正確？　(a) 勞動供給曲線呈現負斜率　(b) 名目工資僵化　(c) 勞動需求取決於貨幣工資　(d) 物價自由浮動

3. 勞動供需函數若以貨幣工資表示，人們預期物價上漲，將會產生何種結果？　(a) 勞動供給與需求曲線同時右移　(b) 勞動供給與需求曲線同時左移　(c) 勞動供給曲線不變，而勞動需求曲線左移　(d) 勞動供給曲線左移，而勞動需求曲線右移

4. 在訊息完全下，貨幣工資與物價同時上漲 5%，勞工如何調整工時？　(a) 增加 5%　(b) 減少 5%　(c) 將視勞動需求的工資彈性而定　(d) 維持不變

5. 某國勞動市場的實質工資上漲，可能原因為何？　(a) 大量引進外籍勞工　(b) 勞動的邊際生產力上升　(c) 勞工的工作意願上升　(d) 物價大幅上漲引起貨幣工資調高

6. 依據古典學派說法，景氣藍燈閃爍不止造成失業率上升，何種理由正確？　(a) 總需求過度疲弱　(b) 貨幣工資無法調整到讓勞動市場恢復均衡　(c) 工會迫使廠商無法降低工資　(d) 求職與徵才之間配合不順暢

7. 古典學派認為勞動市場不存在大規模失業，然而 Keynes 卻是深表不同意，其主要想法為何？　(a) 不同意古典學派的勞動需求函數，但認同其勞動供給函數　(b) 不同意古典

學派的勞動供給函數，但認同其勞動需求函數　　(c) 對古典學派的勞動供需函數持不同意見　　(d) 認同古典學派的勞動供需函數

8. 某國勞動市場供給函數為 $W^s = 50 + 3N$，勞動需求函數為 $W^d = 350 - 2N$，W 是貨幣工資，N 是就業量。假設勞動部訂定最低工資為 $W = 250$，則勞動市場就業量為何？
   (a) 50 人　　(b) 60 人　　(c) 66 人　　(d) 290 人

9. 某國勞動市場供給函數為 $W^s = 50 + 3N$，勞動市場需求函數為 $W^d = 350 - 2N$，W 是貨幣工資，N 是勞動量。勞動部訂定最低工資為 $W = 220$ 元，此時的勞動市場工資為何？
   (a) 220 元　　(b) 230 元　　(c) 250 元　　(d) 290 元

10. 在古典理論架構下，何者正確？　　(a) 自然就業並非勞動市場常態　　(b) 價格浮動調整
    (c) 有效需求不足　　(d) 體系存在貨幣工資僵化

11. 在古典模型中，勞動市場均衡將決定何種變數？　　(a) 實質利率　　(b) 勞動參與率
    (c) 貨幣工資與就業　　(d) 實質工資與就業

12. 某國勞動市場的均衡實質工資將與何者有關？　　(a) 等於名目工資　　(b) 等於短期均衡的實際工資　　(c) 等於勞動供給曲線上任何點的實質工資　　(d) 決定於勞動需求與勞動供給的互動

13. 華航工會與資方達成薪資協議，將會產生何種結果？　　(a) 薪資與失業率同時上升
    (b) 薪資與失業率同時下降　　(c) 失業率上升與薪資下降　　(d) 失業率下降與薪資上升

14. 依據古典模型，勞動市場實質工資將會如何變化？　　(a) 不論景氣燈號為何，實質工資維持不變　　(b) 在景氣藍燈時趨於上漲　　(c) 在景氣紅燈時趨於下跌　　(d) 在景氣由綠燈滑落至藍燈時趨於下跌

15. 有關勞動市場運作的敘述，何者錯誤？　　(a) 古典學派假設勞動市場供需都是實質工資的函數　　(b) 本期實際失業率大於自然失業率，下期貨幣工資將有下跌趨勢　　(c) 休閒是正常財，實質工資上漲的替代效果等於所得效果，勞動供給曲線將完全缺乏工資彈性
    (d) Keynesian 學派認為體系內循環性失業率恆為正值

16. 某國勞動部實施基本工資對勞動市場影響為何？　　(a) 勞動需求減少，均衡工資下降
    (b) 勞動供給增加，均衡工資下降　　(c) 超額勞動需求，工資上漲　　(d) 工資上漲並出現循環性失業

17. 有關保留工資（reservation wage）的說法，何者正確？　　(a) 僱主必須支付勞工以降低離職率至合理工資的水準　　(b) 確保被裁員者將等待被重新僱用而非另尋其他工作的工資　　(c) 法律允許廠商支付勞工的最低工資　　(d) 求職者在勞動市場尋覓工作的過程中，願意接受職位的最低工資

18. 有關效率工資理論（efficiency wage theory）的說法，何者正確？　　(a) 僱主支付員工薪資將低於他們的保留工資　　(b) 假設工資偏低，生產力將會滑落　　(c) 政府只能在人們不願工作前，設定高稅率　　(d) 非技術性勞工相對技術工人有較低離職率

19. 假設效率工資理論（efficiency wage theory）成立，在何種狀況下，保留工資應當預期有相對低的溢酬？　(a) 低失業率期間　(b) 職位需要極少的訓練　(c) 勞工可以很容易管理　(d) 勞工在這區域只有很少的其他選擇

20. 依據廠商設定工資的函數 $W = P^e F(u, z)$，u 是失業率，z 是其他變數。何者將讓名目工資傾向於下跌？　(a) 物價上漲　(b) 失業率下降　(c) 失業救濟金遞減　(d) 最低工資增加

21. 廠商設定工資的函數 $W = P^e F(u, z)$，u 是失業率，z 是其他變數但未包括何者？　(a) 最低工資　(b) 失業救濟金　(c) 廠商在其邊際成本上定價的加成 幅度　(d) 通膨率

22. 勞動生產力可用何者表示？　(a) 產出對就業的比率　(b) 每單位資本的勞工　(c) 每個勞工的資本　(d) 產出對勞動力的比率

23. 廠商的訂價方程式為 $P = (1 + \theta)W$，W 是貨幣工資，在完全競爭市場，加成比例 θ 值將等於何者？　(a) W　(b) P　(c) 1　(d) $\dfrac{W}{P}$

24. 某國勞工與廠商預期物價將會上漲 5%，將可預期何種結果出現？　(a) 名目工資增加將少於 5%　(b) 名目工資將上漲正好 5%　(c) 名目工資上漲將超過 5%　(d) 實質工資將上升 5%

25. 依據廠商設定的工資方程式，體系內失業率下降，將會導致何種結果出現？　(a) 實質工資不變　(b) 實質工資下降　(c) 實質工資上漲　(d) 貨幣工資下跌

26. 古典體系的勞動供給是何者的函數？　(a) 勞動的邊際產量　(b) 實質工資　(c) 政府訂定的最低工資　(d) 貨幣工資

27. 在貨幣工資已知下，體系內物價上漲將會導致何種結果？　(a) 勞動供給增加　(b) 勞動需求量增加　(c) 休閒價格上漲　(d) 勞動需求量下降

28. 依據古典學派模型，人們的效用水準將與何者有關？　(a) 與實質所得呈正向關係，但與休閒呈負向關係　(b) 與休閒呈正向關係，但與呈實質所得負向關係　(c) 與實質所得與休閒都呈正向關係　(d) 僅與實質所得呈正向關係

29. 某國人民將休閒視為正常財，而實質工資變化產生的所得效果效果等於替代效果，勞動供給曲線將如何變化？　(a) 呈現正斜率　(b) 呈現負斜率　(c) 完全缺乏工資彈性　(d) 具有完全工資彈性

30. 廠商追求利潤極大，將會如何僱用勞工？　(a) 產出價格將等於勞動的價格　(b) 產出價格將等於勞動的邊際產量　(c) 實質工資等於勞動邊際產量　(d) 實質工資等於勞動邊際產量乘以產出價格

31. 體系內勞動供給曲線呈現正斜率，而失業來自於實施最低工資。在其他條件不變下，若勞工提高保留工資（reservation wage）水準，將會產生何種結果？　(a) 勞動供給增加　(b) 勞動需求增加　(c) 失業率上升　(d) 失業率下降

32. 在何種狀況下，體系出現未預期通膨將導致失業下降？ (a) 勞工相信實質工資下降 (b) 勞工誤認實質工資上升 (c) 廠商相信實質工資下降 (d) 廠商相信支付的實質工資成本上升

33. 明碁願意支付勞工效率薪資的理由，何者正確？ (a) 為降低員工流動性 (b) 廠商想要盡可能壓低員工薪水 (c) 提高勞工生產力 (d) 工會要求

答案：

1. (a)	2. (b)	3. (d)	4. (d)	5. (b)	6. (b)	7. (b)	8. (a)	9. (b)	10. (b)
11. (d)	12. (d)	13. (a)	14. (a)	15. (d)	16. (d)	17. (b)	18. (b)	19. (c)	20. (c)
21. (c)	22. (a)	23. (d)	24. (b)	25. (c)	26. (b)	27. (b)	28. (c)	29. (b)	30. (c)
31. (d)	32. (b)	33. (a)							

7.3 總供給函數

7.3.1 古典學派的總供給曲線

1. 體系內 AS 曲線係反映何種關係，何者正確？ (a) 在其他條件不變下，體系內物價和所有廠商總產出組合間的軌跡 (b) 在每一物價下，人們預擬購買產出的軌跡 (c) 物價和最終商品產出的組合能讓勞動市場達成均衡的軌跡 (d) 實際產出和自然產出組合間的關係

2. 某國實際產出超過自然產出，將隱含何種現象？ (a) 存在通縮缺口 (b) 人們的預期通縮率為正 (c) 貨幣工資低於實質工資 (d) 實際物價高於預期物價

3. 某國短期總供給曲線呈現正斜率，將是基於何種假設？ (a) 長期因素價格固定 (b) 因素價格相對產出價格更有彈性 (c) 產出價格相較因素價格更有彈性 (d) 不論長期或短期，因素價格彈性都是無窮大

4. 比較短期 SAS 與長期 LAS 曲線後，何者正確？ (a) 短期 SAS 曲線是垂直線，長期 LAS 曲線呈正斜率 (b) 短期 SAS 曲線假設貨幣工資僵化，長期 LAS 曲線則是未到自然產出 (c) 短期 SAS 曲線是古典學派主張，長期 LAS 曲線是 Keynesian 學派主張 (d) 短期 SAS 曲線是正斜率，長期 LAS 曲線則是垂直線

5. 在何種狀況下，體系內 LAS 曲線才會出現？ (a) 貨幣工資與物價具有部分浮動性 (b) 貨幣工資與物價完全浮動 (c) 失業率必須為零 (d) 通膨率必須為零

6. 古典學派的 AS 曲線呈現何種型態？ (a) 具有完全物價彈性的水平線 (b) 缺乏物價彈性的垂直線 (c) 具有低物價彈性的正斜率曲線 (d) 負斜率

7. 古典學派的 AS 曲線是垂直線，隱含何種說法錯誤？ (a) 勞動市場處於自然就業 (b) 廠商的產能充分運用 (c) 勞動市場的貨幣工資將是固定值 (d) 物價與貨幣工資完

全浮動

8. 何者變動係屬於總體理論的供給面因素變動？ (a) 生產技術進步 (b) 政府支出增加 (c) 貨幣供給增加 (d) 可貸資金供給增加

9. 何種因素與體系內總供給的形成無關？ (a) 生產力變動 (b) 可貸資金市場的貨幣利率變化 (c) 國外產出變化 (d) 本國資源的可用數量

10. AS 曲線斜率在體系內扮演重要角色，因其可以解釋何種現象？ (a) 供給面政策對體系衝擊的影響 (b) 解釋供給面與需求面政策對體系產出與物價的衝擊 (c) 部分解釋總需求穩定政策對物價與產出的影響 (d) 解釋供給面政策對金融市場體系的影響

11. 在其他條件不變下，何者將讓體系 LAS 曲線右移？ (a) 結構性失業率下降 (b) 實際通膨率上漲 (c) 勞動部大幅提高失業救濟金額度 (d) 政府擴大消費性支出

12. 總供給曲線的定義爲何？ (a) 在每一通膨下，實質產出的供給數量 (b) 在每一通膨下，名目產出的供給數量 (c) 在每一實質利率水準下，實質產出的供給數量 (d) 在每一通膨下，一國產出的要求數量

13. 有關體系內自然產出的定義爲何？ (a) 零失業率的產出值 (b) 可貸資金市場結清的產出值 (c) 勞動市場結清的產出值 (d) 某國能夠生產的最大產出值

14. 古典學派模型的實質產出係由供給面決定，原因何在？ (a) 物價下跌導致實質工資上漲，促使實質產出減少 (b) 物價上漲引起名目工資上漲，促使均衡就業減少 (c) 物價下跌導致名目工資等比例下跌，均衡就業維持不變 (d) 物價下跌導致實質工資下跌，促使實質產出增加

15. 古典模型對勞動市場所做的隱含假設，何者錯誤？ (a) 物價與工資僵化 (b) 所有試場參與者對市場價格具有完全訊息 (c) 工資與價格具有完全浮動性 (d) 勞動市場與商品市場爲完全競爭

16. 在古典模型中，921 大地震摧毀台灣一些資本存量，將會產生何種衝擊？ (a) 勞動需求、實質工資與產出都減少 (b) 勞動需求與實質工資上升，產出將會下降 (c) 勞動市場維持不變，但是產出下降 (d) 勞動需求增加，而且實質工資上漲

17. 婦女進入勞動力的意願遞增，最有可能在勞動市場導致何種結果？ (a) 勞動需求增加，實質工資上漲 (b) 勞動供給增加，實質工資上漲 (c) 勞動供給增加，實質工資下跌 (d) 勞動需求減少，實質工資下跌

18. 古典模型中，某國大幅放寬外來移民，將會產生何種結果？ (a) 增加勞動需求與實質工資 (b) 增加勞動供給與實質工資 (c) 增加勞動供給，降低實質工資與增加產出 (d) 降低實質工資與產出

19. 在古典模型中，政府對勞動所得增加課稅，將會產生何種結果？ (a) 勞動需求減少與實質工資下降，但是產出增加 (b) 勞動供給增加與實質工資上漲 (c) 降低勞動供給，實質工資上漲與產出下降 (d) 實質工資下跌與產出減少

20. 依據古典理論，政府對資本財課稅，將會產生何種結果？ (a) 勞動需求、實質工資與產出同時增加，但是物價下跌 (b) 勞動供給增加、實質工資下降，但是產出與物價上升 (c) 勞動需求、實質工資與產出下降，但是物價上漲 (d) 對勞動市場沒有影響，但是產出減少而物價上漲

21. 在古典模型中，勞工的貨幣工資由每小時 120 元上漲至 240 元，而所有產品價格也倍數增加，該勞工的反應為何？ (a) 在工資上漲後，增加更多勞動供給 (b) 在工資上漲後，減少更多勞動供給 (c) 貨幣工資雖然上漲，物價也等比例上漲，將讓勞動供給持平 (d) 勞工將會降低休閒

22. 何者不會影響古典體系的實質產出與就業？ (a) 貨幣供給 (b) 技術水準 (c) 資本存量 (d) 勞動力的規模

23. 在古典模型中，何者將會決定產出與就業？ (a) 貨幣數量 (b) 政府支出 (c) 廠商對資本財需求 (d) 勞動市場均衡

24. 在古典模型中，一旦某國出現貨幣工資僵化，而實質工資大於均衡水準卻拒絕下降，何種狀況將會發生？ (a) 出現過度就業期間 (b) 產出會過多 (c) AS 曲線將出現負斜率（後彎） (d) 出現低度就業期間

25. 有關古典學派對 AS 曲線的隱含假設，何者正確？ (a) 工會對勞工擁有一定程度壟斷力 (b) 勞工存在貨幣幻覺 (c) 貨幣工資調整呈現向下僵化 (d) 勞動供需取決於實質工資，並將立即作出反應

26. 有關古典學派討論 LAS 曲線的說法，何者錯誤？ (a) 貨幣工資自由浮動 (b) AS 曲線完全缺乏物價彈性 (c) 實質工資不受物價變動影響 (d) 實質工資不受勞動邊際生產力影響

27. 有關古典學派模型特質，何者正確？ (a) 體系內 AS 曲線為正斜率 (b) 體系內 AD 曲線右移，物價上漲、實質產出不變 (c) 勞動市場出現循環性失業係屬常態 (d) 貨幣工資調整具有僵化性

28. 古典學派對勞動市場及 AS 曲線的描述，何者正確？ (a) 勞動市場處於自然就業，AS 曲線是正斜率 (b) 勞動市場存在失業現象，AS 曲線是垂直線 (c) 勞動市場存在循環性失業，AS 曲線是正斜率 (d) 勞動市場處於自然就業，AS 曲線是垂直線

29. 就長期而言，勞動市場的工資具有浮動性，主要的理由為何？ (a) 勞工完全沒有組織工會 (b) 廠商將能設定預擬支付的工資，而勞工必須接受 (c) 勞動契約採取週期性議價談判 (d) 政府干預（如：最低工資法）促進工資浮動性

30. 依據古典模型，政府降低邊際所得稅率，將會產生何種結果？ (a) 稅後實質工資下降與勞動供給減少，但是增加產出 (b) 稅後實質工資上漲，勞動供給與產出同時增加 (c) 稅後實質工資上漲，勞動供給與產出維持不變 (d) 稅後實質工資下降與勞動供給減少，但是產出增加

答案：

1. (c)	2. (d)	3. (c)	4. (d)	5. (b)	6. (b)	7. (c)	8. (a)	9. (c)	10. (c)
11. (a)	12. (a)	13. (c)	14. (c)	15. (a)	16. (a)	17. (c)	18. (d)	19. (c)	20. (c)
21. (c)	22. (a)	23. (d)	24. (d)	25. (d)	26. (d)	27. (b)	28. (d)	29. (c)	30. (b)

7.3.2 Keynesian 學派的總供給曲線

1. 在其他條件不變下，實際工資低於均衡實質工資，將如何影響下期的短期總供給曲線？ (a) 不受影響，物價維持固定　(b) 左移，物價上漲　(c) 右移，物價下跌　(d) 成為垂直線，物價上升

2. 體系內短期總供給曲線的位置將取決於何種因素？　(a) 物價　(b) 勞工預期物價 (c) 總需求　(d) 國際商品進口價格

3. 體系內存在大量失業與閒置產能，而某些產業存在一些瓶頸，將導致 Keynesian 學派的 AS 曲線成為何種型態？　(a) 呈現正斜率　(b) 類似後轉的 L 型態　(c) 垂直線　(d) 水平線

4. 有關 AS 曲線的敘述，何者錯誤？　(a) 生產成本增加造成 AS 曲線右移　(b) Keynesian 學派的 AS 曲線呈現正斜率，理由是貨幣工資僵化　(c) 古典學派認為 AS 曲線呈現垂直線的理由是：物價及貨幣工資完全浮動　(d) 新興古典學派認為 AS 曲線呈現垂直線的理由是：人們採取理性預期的結果

5. 在貨幣工資固定下，短期總供給曲線呈現正斜率，係因高物價將產生何種結果？ (a) 降低實質工資誘使廠商僱用更多勞工　(b) 促使勞動供給曲線移動　(c) 由於促使商品總需求增加，導致產出增加　(d) 勞工的實質購買力下降，從而降低工時

6. 體系內 AS 曲線具有完全物價彈性，將隱含何種假設？　(a) 貨幣工資呈現向下調整僵化　(b) 物價呈現向下調整僵化　(c) 貨幣工資與物價皆可自由調整　(d) 貨幣工資與物價皆呈現向下調整僵化

7. 某國的 AS 曲線水平狀態，將隱含何種假設？　(a) 由於廠商無法提高價格，因而不願增加產出　(b) 勞動市場已經處於自然就業，而且產能滿載　(c) 只有物價上漲，廠商將增加產出　(d) 勞動市場存在大量失業，而且產能大規模閒置

8. 體系沿著短期 SAS 曲線移動，通常假設何者固定？　(a) 勞工預期物價固定　(b) 實際物價上漲率固定　(c) 產能滿載　(d) 資源使用效率性

9. 在何種狀況下，某國經濟成員出現非預期物價上漲，何種原因將讓廠商增加產出？ (a) 商品價格遠超過生產成本　(b) 商品價格漲幅遠低於生產成本漲幅　(c) 貨幣工資上漲帶動實質工資上漲　(d) 實際實質產出遞減

10. 何種現象將促使短期 SAS 曲線右移？　(a) 國際油價飆漲　(b) 通膨預期遞增　(c) 廠商生產力上升　(d) 農產品供給劇降

11. 體系在達成自然就業前，何者主張 AS 曲線呈現水平線？　(a) Keynesian 學派　(b) 貨幣學派　(c) 古典學派　(d) 理性預期學派

12. 某國勞動市場的貨幣工資固定，將會產生何種結果？　(a) 物價上漲提高廠商利潤，短期 SAS 曲線成為垂直線　(b) 物價下跌降低廠商利潤，短期 SAS 曲線成為水平線　(c) 物價上升提高廠商生產成本，短期 SAS 曲線為垂直線　(d) 物價上升提高廠商生產成本，短期 SAS 曲線呈現正斜率

13. 在何種環境下，體系內總供給曲線將呈現正斜率？　(a) 預期物價上漲等於實際物價上漲　(b) 預期物價上漲小於實際物價上漲　(c) 勞工正確預期物價上漲　(d) 名目工資與物價呈現僵化

14. 體系內貨幣工資下跌 5%，物價也下跌 5%，對短期 SAS 造成影響，何者錯誤？　(a) 古典學派認為長期 SAS 曲線位置不變　(b) Keynesian 認為短期 SAS 曲線將會右移　(c) Keynesian 學派認為體系將沿著短期 SAS 曲線向左下方移動　(d) 勞工具有貨幣幻覺，體系沿著正斜率勞動供給曲線往左上方移動

15. 體系內 SAS 曲線呈現正斜率的原因為何？　(a) 總需求增加帶動廠商提高加成率，SAS 曲線呈現正斜率　(b) 廠商增產造成短期因素成本上漲，SAS 曲線呈現正斜率　(c) 總需求增加帶動物價上漲，促使廠商調整加成訂價而造成 SAS 曲線呈現正斜率　(d) 總需求增加促使物價上漲，在名目工資僵化下，造成實質工資下跌與產出增加

16. 在其他條件不變，何者讓短期總供給曲線將呈現正斜率？　(a) 貨幣工資持平，實質工資隨著物價發生變動，　(b) 實質工資高於均衡工資，貨幣工資向上調整　(c) 名目工資持平，實質工資低於均衡工資，　(d) 實質工資低於均衡工資，貨幣工資向上調整

17. 短期總供給曲線是在何種情況下推演出來的？　(a) 產出固定　(b) 物價固定　(c) 預期物價固定　(d) 總需求固定

18. 短期總供給曲線呈現正斜率是基於何種假設？　(a) 長期因素價格固定　(b) 因素價格比產出價格更有彈性　(c) 產出價格比因素價格更有彈性　(d) 不論長期或短期，因素價格彈性都是無窮大

19. 依據 Keynesian 模型，勞動市場實質工資應該如何變化？　(a) 維持不動　(b) 在蕭條時上升　(c) 景氣閃爍藍燈時上升，而景氣紅燈也將上升　(d) 在景氣藍燈時趨於滑落

20. 某國總供給函數的位置將會受到何者的影響？　(a) 現行貨幣工資水準　(b) 總產出水準　(c) 勞動邊際產量與就業水準的關係　(d) 總需求函數

21. 某國勞動市場貨幣工資上漲某一比率，何種結果不會出現？　(a) 只有勞動邊際生產力微幅增加下，成本才會上升　(b) 勞動邊際生產力若未能提高，將傾向於導致較高物價　(c) 必然導致總供給曲線左移　(d) 勞動邊際生產力呈現微小比率遞增，將會導致總供給曲線右移

22. 某國勞動市場的每工時貨幣薪資年增率等於勞動力上漲率，將會產生何種結果？

(a) 只有勞動邊際生產力增加較小下，成本才會上升　(b) 勞工取得總所得的比例將會上升　(c) 大概的物價水準是穩定的　(d) 沒有物價可以上漲

答案：

1. (b)　　2. (b)　　3. (b)　　4. (a)　　5. (a)　　6. (d)　　7. (d)　　8. (a)　　9. (a)　　10. (c)

11. (a)　　12. (d)　　13. (b)　　14. (b)　　15. (d)　　16. (a)　　17. (c)　　18. (c)　　19. (b)　　20. (c)

21. (d)　　22. (c)

（1.）～（30.）**工資僵化模型**

1. Keynesian 學派假設貨幣工資僵化，廠商無法迅速調整以反映勞動市場供需變化，導致 AS 曲線的型態為何？　(a) 斜率將是正值　(b) 斜率將是負值　(c) 完全缺乏物價彈性　(d) 物價彈性趨於無窮大

2. 依據貨幣工資僵化模型，體系內 AS 曲線將呈現何種型態？　(a) 物價彈性無窮大水平線　(b) 物價彈性為零　(c) 具有物價彈性的正斜率曲線　(d) 負斜率

3. 在勞動市場貨幣工資固定下，體系內短期供給曲線 SAS 呈現正斜率，何種理由正確？　(a) 勞動邊際產量遞減，邊際成本上升　(b) 勞動邊際產量遞增，邊際成本上升　(c) 邊際成本等於價格，勞動邊際產量遞減　(d) 邊際成本小於價格，勞動邊際產量遞增

4. 依據物價僵化模型，何種說法正確？　(a) 所有廠商事先宣告價格　(b) 所有廠商設定價格符合觀察到的物價與產出　(c) 有些廠商依據總供給方程式設定價格　(d) 有些廠商事先宣告價格，而有些廠商設定價格符合觀察到的物價與產出

5. 體系內短期總供給曲線是在何種前提下，推演出來？　(a) 物價具有浮動性　(b) 產出固定　(c) 預期物價固定　(d) 總需求固定

6. 一般假設實質工資將帶領勞動需求與勞動供給達成均衡，何種模型例外？　(a) 物價僵化模型　(b) 工資僵化模型　(c) 訊息不全模型　(d) 古典模型

7. 在物價僵化模型，物價與產出間的關係將取決何種因素？　(a) 採取浮動物價的廠商比例　(b) 目標實質工資　(c) 目標名目工資率　(d) 勞工與廠商間的隱含協議

8. 依據工資僵化模型，當實際物價低於預期物價，勞動市場將如何變化？　(a) 勞工獲取實質工資低於預期，廠商僱用勞工超過預期　(b) 勞工獲取實質工資低於預期，而廠商僱用勞工少於預期　(c) 勞工獲取實質工資高於預期，而廠商僱用勞工多於預期　(d) 勞工獲取實質工資高於預期，而廠商僱用勞工少於預期

9. 依據工資僵化模型，勞工與僱主簽訂外在或隱含契約，將會涵蓋何者？　(a) 名目工資　(b) 實質工資　(c) 名目工資與就業量　(d) 實質工資與就業量

10. 依據工資僵化模型，就業數量與何者有關？　(a) 與勞動需求量無關　(b) 在工資議價期間就已事先決定　(c) 在事前決定的工資下，廠商想要僱用的勞動數量　(d) 僅取決於名

目工資

11. 依據工資僵化模型，某國出現未預期物價上漲，將對勞動市場產生何種影響？　(a) 實質工資下降、循環性失業下降　(b) 實質工資下降、摩擦性失業增加　(c) 勞動供給曲線左移，實質工資上漲　(d) 勞動需求曲線右移，實質工資上漲

12. 依據工資僵化模型，某國出現未預期物價滑落，對勞動市場影響為何？　(a) 勞動供給曲線右移，實質工資下降　(b) 勞動需求曲線左移，貨幣工資下降，失業率上升　(c) 實質工資上漲、勞工就業增加　(d) 實質工資上漲、循環性失業增加

13. 由工資僵化模型推演出來的短期總供給曲線，是基於何種因素？　(a) 某些廠商無法迅速反應因需求改變引起的價格變動　(b) 勞動契約促使名目工資無法隨經濟狀況改變而迅速調整　(c) 廠商對一般物價改變與相對物價改變產生錯覺　(d) 實質工資緩慢調整，促使勞動供給無法立即等於勞動需求

14. 在工資僵化模型，非預期低物價將造成勞動需求曲線如何移動；而在物價僵化模型，產出下降則又引起勞動需求曲線如何移動？　(a) 前者是沿著勞動需求曲線移動，後者則引起勞動需求曲線移動　(b) 兩者均是沿著勞動需求曲線移動　(c) 兩者均是引起勞動需求曲線移動　(d) 前者引起勞動需求曲線移動，後者則沿著勞動需求曲線移動

15. 三個短期總供給模型均立基於某些市場不完全性，而在訊息不全模型中，「市場不完全性」是指何種現象？　(a) 某些廠商無法因應需求變化迅速調整其價格　(b) 契約與安排或許阻止名目工資因應變動的經濟條件而迅速調整　(c) 廠商對決對物價與相對價格變動感覺困惑　(d) 實質工資調整帶領勞動供給與勞動需求進入均衡

16. 隨著某國的平均通膨率愈高，廠商必須頻繁調整價格，此即意味者高通膨將會產生何種結果？　(a) 對短期供給曲線沒有影響　(b) 將讓短期總供給曲線趨於平坦　(c) 將讓短期總供給曲線趨於陡峭　(d) 導致物價僵化

17. 有關 Keynesian 學派對勞動契約的說法，何者正確？　(a) 由於很少勞工參加工會，是以勞動契約對現代勞動市場並不重要　(b) 對於了解貨幣工資為何缺乏浮動性，勞動契約至關重要　(c) 勞動契約容易解散，結果是很難解釋勞動市場的不完全性　(d) 為了保證工資完全浮動性，勞動契約是必要的

18. 在變動物價與固定貨幣工資的 Keynesian 模型中，央行增加貨幣供給將會產生何種結果？　(a) 產出增加，但是物價持平　(b) 物價上升，但是產出不變　(c) 產出增加，物價上漲　(d) 產出與物價同時增加

19. 在 (1) 物價浮動而貨幣工資固定、(2) 物價與貨幣工資均可浮動，就後者狀況而言，政府支出增加的效果為何？　(a) 產出增加較少，而物價水準上漲較多　(b) 產出增加數量一樣，但物價水準上漲較多　(c) 產出增加較多。而物價水準上漲較少　(d) 產出與物價水準均上漲較多

20. Keynesian 模型假設貨幣工資僵化，而物價水準浮動，央行增加貨幣供給將會導致何種

結果？　(a) 產出增加，但是物價水準持平　(b) 物價水準上漲，但是產出不變　(c) 產出增加，但是物價水準下降　(d) 物價水準與產出同時上升

21. Keynesian 模型假設貨幣工資僵化，而物價水準浮動，政府增加課稅將會造成何種結果？　(a) 產出與物價水準下降，但是利率持平　(b) 降低產出、物價水準與利率　(c) 降低產出與物價水準，但是利率上漲　(d) 降低物價水準與利率，但是產出持平

22. Keynesian 模型假設貨幣工資僵化，而物價水準浮動，政府增加課稅將會造成何種結果？　(a) 產出與物價水準下降，但是利率持平　(b) 降低產出、物價水準與利率　(c) 降低產出與物價水準，但是利率上漲　(d) 降低物價水準與利率，但是產出持平

23. Keynesian 模型假設貨幣工資與物價浮動，體系的總供給曲線的形狀為何？　(a) 正斜率，相較於變動物價與固定工資觀點模型的總供給曲線平坦　(b) 正斜率，相較於變動物價與固定工資觀點模型的總供給曲線陡峭　(c) 垂直線　(d) 水平線物價水準與產出同時上升

24. 勞工預期物價上升，將會導致 Keynesian 學派的總供給面如何變化？　(a) 總供給曲線左移，勞動供給曲線右移，貨幣工資與產出減少　(b) 總供給曲線右移，勞動供給曲線左移，貨幣工資與產出下降　(c) 總供給曲線與勞動供給曲線同時左移，貨幣工資與產出同時減少　(d) 總供給曲線與勞動供給曲線同時左移，貨幣工資上漲，產出減少

25. 依據 Keynesian 學派理論，勞動市場貨幣工資將如何變化？　(a) 為了維持體系落在自然產出，短期內將會調整　(b) 為了維持體系落在自然產出，短期內將不會調整　(c) 完全浮動　(d) 不論是向上或向下，均呈現僵化

26. Keynesian 學派的勞動供給函數可表為何種型態？　(a) $N^s = \left(\dfrac{W}{P}\right)$　(b) $N^s = \left(\dfrac{P}{W}\right)$　(c) $N^s = \left(\dfrac{W}{P^e}\right)$　(d) $N^s = \left(\dfrac{P^e}{W}\right)$

27. 當勞動市場貨幣工資呈現變動而非固定時，總供給曲線斜率將相對陡峭，何種理由正確？　(a) 在固定工資狀況下，貨幣工資上漲將壓制來自物價水準上漲對就業與產出的效果　(b) 在變動工資狀況下，貨幣工資上漲將壓制來自物價水準上漲對就業與產出的效果　(c) 在變動工資狀況下，貨幣工資上漲將提高來自物價水準上漲對就業與產出的效果　(d) 在固定工資狀況下，貨幣工資上漲不影響來自物價水準上漲對就業與產出的效果

28. 依據 Keynesian 學派的固定工資理論，某國的實際物價低於預期物價，勞動市場將出現何種狀況？　(a) 實質工資低於預期工資，實際就業低於預期就業　(b) 實質工資高於預期工資，實際就業高於預期就業　(c) 實質工資低於預期工資，實際就業高於預期就業　(d) 實質工資高於預期工資，實際就業低於預期就業

29. 某國預期物價上漲，將會產生何種結果？　(a) 勞動供給與貨幣工資增加，物價水與所得下降　(b) 勞動供給減少，貨幣工資增加，物價水與所得下降　(c) 勞動供給與貨幣工

資下降，物價與所得下降　　(d) 勞動供給增加，貨幣工資下降，物價下降，而所得增加

30. 依據 Keynesian 學派理論，即使沒有固定貨幣工資的顯現契約，勞資雙方間通常也有隱含的協議，何者正確？　　(a) 確保勞工在固定期間的工作　　(b) 在特定期間保證固定貨幣工資　　(c) 當生產的商品需求下跌時，不給勞工津貼　　(d) 保證固定貨幣工資直到退休

答案：

1. (a)	2. (c)	3. (a)	4. (d)	5. (c)	6. (b)	7. (a)	8. (d)	9. (a)	10. (c)
11. (a)	12. (d)	13. (b)	14. (a)	15. (c)	16. (c)	17. (b)	18. (d)	19. (a)	20. (d)
21. (b)	22. (a)	23. (c)	24. (d)	25. (c)	26. (c)	27. (b)	28. (b)	29. (b)	30. (b)

（1.）～（9.）**訊息不全模型**

1. 依據 Keynesian 學派的訊息不全模型，物價上漲而廠商也預期物價上升，何者正確？
   (a) 增加產出　　(b) 不改變產出　　(c) 減少產出　　(d) 增加僱用勞動

2. 所謂「貨幣幻覺」現象是針對何者而言？：　　(a) 人們看不清手中貨幣真偽的現象　　(b) 人們忽略物價變化影響其實質購買力的現象　　(c) 貨幣流通使用過久，造成汙損模糊的現象　　(d) 銀行體系創造貨幣的神奇現象

3. 訊息不全模型將短期與長期總供給曲線的差異立基於何種因素？　　(a) 僵化工資　　(b) 僵化價格　　(c) 對物價的暫時錯覺　　(d) 順循環實質工資

4. 訊息不全模型假設廠商很難區分何者間的變動？　　(a) 實質工資與名目工資　　(b) 絕對物價與相對價格　　(c) 實際物價與預期物價　　(d) 成本推動與需求拉動通膨

5. 依據訊息不全模型，某國物價出現上漲，廠商同時也預期物價上漲，則將採取何種行動？　　(a) 支付更高實質工資　　(b) 勞動需求曲線右移　　(c) 不會調整生產行為　　(d) 僱用更多勞工增加生產

6. 依據訊息不全模型，某國出現物價滑落，廠商卻未預期物價下跌，則將採取何種行動？
   (a) 增加僱用勞工生產　　(b) 裁員減產　　(c) 維持現狀不變　　(d) 實質工資上漲

7. 依據訊息不全模型，在何種狀況下，某些國家可能出現大幅物價變異性？　　(a) 產出對非預期物價變化回應相對大　　(b) 產出對非預期物價變化回應相對小　　(c) 產出對非預期物價變化是負面　　(d) 產出對非預期物價變化無回應

8. 有關貨幣幻覺的敘述，何者正確？　　(a) 貨幣幻覺是勞資雙方對一般物價的資訊不對稱所致　　(b) 貨幣幻覺導致 AD 曲線呈現負斜率　　(c) 貨幣幻覺導致 AS 曲線呈現正斜率　　(d) 貨幣幻覺屬於長期現象

9. 有關錯覺理論的說法，何者正確？　　(a) 當實際物價大於預期物價，實際產出將超過自然產出　　(b) 當實際物價大於預期物價，體系存在總產出需求將超過自然產出　　(c) 當實際物價小於預期物價，實際產出將超過自然產出　　(d) 當實際物價小於預期物價，總產

出需求將超過自然產出

10. 在物價與貨幣工資同時變動的 Keynesian 模型中，體系內的總供給函數呈現何種狀況？ (a) 正斜率，但是相對於變動物價與固定工資觀點的模型陡峭 (b) 正斜率，但是相對於變動物價與固定工資觀點的模型平坦 (c) 垂直線 (d) 水平線

11. 隨著勞工對物價的預期上升，將會引起 Keynesian 模型中的何者出現變化？ (a) 勞動供給曲線右移引起貨幣工資下降，促使總供給曲線左移與產出減少 (b) 勞動供給曲線右移引起貨幣工資下降，促使總供給曲線左移與產出下降 (c) 勞動供給曲線左移促使貨幣工資下降，引起總供給曲線左移與與產出下降 (d) 勞動供給曲線左移促使貨幣工資上升，引起總供給曲線左移與產出下降

12. 在物價與貨幣工資同時變動的 Keynesian 模型中，央行增加貨幣供給將會產生何種結果？ (a) 物價下跌 (b) 貨幣工資下跌 (c) 實質工資下跌 (d) 就業水準下跌

答案：

1. (a)　2. (b)　3. (c)　4. (b)　5. (c)　6. (b)　7. (b)　8. (c)　9. (a)　10. (b)
11. (d)　12. (c)

（1.）～（11.）**Friedman 的愚弄模型（Fooling Model）**

1. 在 Friedman 的愚弄模型中，有關體系內實質工資變動型態為何？ (a) 呈現對抗景氣循環型態 (b) 呈現順景氣循環型態 (c) 呈現固定型態 (d) 呈現無明顯循環的型態

2. 在 Friedman 愚弄模型中，體系沿著 SAS 曲線移動，何者將維持固定？ (a) 預期物價 (b) 名目工資 (c) 預期物價與名目工資 (d) 預期物價與實質工資

3. 在 AD-SAS-LAS 圖形中，Friedman 愚弄模型指出，體系內短期均衡落在 LAS 曲線左邊，物價將呈現何種狀況？ (a) 高於央行預期 (b) 高於廠商預期 (c) 低於勞工預期 (d) 低於政府預期

4. 在 Friedman 愚弄模型中，勞工經常受到物價變動愚弄，何者正確？ (a) 非預期總需求變動確實發生，該行為係屬理性 (b) 勞工應該學習將非預期工資變動與錯誤預測的物價連結，該行為係屬不理性 (c) 勞工永遠落在勞動供給曲線上，該行為係屬理性 (d) 勞工經常脫離勞動供給曲線，該行為係屬不理性

5. 有關 Friedman 愚弄模型的缺陷，何者正確？ (a) 假設產出波動不存在 (b) 假設貨幣工資完全僵化 (c) 假設缺乏實際愚弄勞工的因素 (d) 假設存在順循環的工資移動與勞動市場持續性均衡

6. 在 Friedman 愚弄模型中，體系內 AD-SAS 均衡落在 LAS 曲線左邊是不穩定，何種原因正確？ (a) 名目工資下降促使 AD 曲線左移 (b) 名目工資下降促使 SAS 曲線右移 (c) 名目工資上漲促使 AD 曲線右移 (d) 名目工資上升促使 SAS 曲線右移

7. 在 Friedman 愚弄模型中，在何種狀況下，總需求擴張應該會產生愚弄勞工的效果？ (a) 當預期實質工資上升，實際實質工資上升　(b) 當預期實質工資維持不變，實際實質工資上升　(c) 當預期實質工資下降，實際實質工資下降　(d) 當預期實質工資上升，實際實質工資下降

8. 何者是 Keynesian 模型與 Friedman 愚弄模型共同分享的重要假設？　(a) 勞動供給取決於預期實質工資　(b) 勞動需求是名目工資的函數　(c) 勞工在短期均衡可以脫離他們的勞動供給函數　(d) 廠商在短期均衡可以脫離他們的勞動需求函數

9. 為鼓勵廠商生產超越自然產出，實際實質工資必須低於均衡實質工資。一旦勞工發現這個狀況，將會逐漸調升預期物價，進而將要求調薪。這個景氣循環調整的描述是屬於何種理論？　(a) 古典模型　(b) 原始的 Keynesian 模型　(c) Friedmam 的愚弄模型　(d) RBC 模型

10. 何種假設出現在 Friedmam 的愚弄模型，卻不在新興古典學派模型中？　(a) 勞動供給取決於預期實質工資　(b) 勞工逐漸將其預期物價調整至實際物價　(c) 訊息不全　(d) 市場結清勞動市場

11. 若以訊息不全描繪勞工行為的特性，將會出現何種結果？　(a) 勞動需求將會緩慢調整　(b) 勞動需求將會快速調整　(c) 勞動需求與勞動供給同時快速調整　(d) 均衡就業將會延遲調整

答案：

1. (a)　　2. (a)　　3. (c)　　4. (b)　　5. (c)　　6. (b)　　7. (d)　　8. (c)　　9. (c)　　10. (b)
11. (d)

7.3.3 總供給曲線的移動

1. 在其他條件不變下，何者產生的結果正確？　(a) 技術進步促使長期 LAS 曲線左移　(b) 工資上漲引起短期 SAS 曲線右移　(c) 人力資本累積促使長期 LAS 曲線左移　(d) 資本存量增加促使長期 LAS 曲線右移

2. 立法院於在數年前通過兩週 84 小時的工時法案，此一縮短工時法案對國內經濟活動影響為何？　(a) IS 曲線與 LM 曲線同時右移，帶動 AD 曲線右移　(b) AD 曲線左移帶動 BP 曲線左移　(c) 物價下跌引起 IS 區線與 LM 曲線同時右移，帶動 AD 曲線右移　(d) 勞動供給曲線左移帶動 AS 曲線左移

3. 何者可能導致短期 SAS 曲線左移？　(a) 進口油價下跌　(b) 實際物價下跌引起實質工資上漲　(c) 勞工偏好更多休閒，減少工時　(d) 通訊網路技術進步，大幅提高生產力

4. 何者發生對短期 SAS 曲線移動毫無影響？　(a) OPEC 降低石油生產　(b) 熱浪破壞農作物生產　(c) 鋼鐵工人罷工導致鋼鐵價格上升　(d) 短期物價上漲

5. 何者出現將引起長期 LAS 曲線移動？　(a) 景氣燈號由綠燈轉為藍燈，沮喪消費者與廠商信心　(b) 能源價格暫時性上漲　(c) 強烈颶風破壞多數農作物　(d) 勞工平均生產力上升

6. 某國面對恆常性衝擊，造成長期供給 LAS 曲線右移。在其他條件不變下，出現何種結果係屬錯誤？　(a) 物價趨於滑落　(b) 循環性失業率上升　(c) 自然產出增加　(d) 名目產出變化不確定

7. 何者不會導致 AS 曲線右移？　(a) 新冠肺炎疫情蔓延，政府擴大紓困支出　(b) 政府提高貨物稅比重來取代所得稅　(c) 廠商大幅引進外籍勞工　(d) 資本累積

8. 在其他條件不變下，何者將促使某國長期 LAS 曲線右移？　(a) 網路通訊技術進步達幅提高生產力　(b) 進口油價飆漲促使物價上升　(c) 政府擴大失業救濟金給付範圍　(d) 循環性失業下降

9. 在影響體系 AS 曲線變動的因素中，何者正確？　(a) 生產技術進步　(b) 債券供給增加　(c) 貨幣供給增加　(d) 股票供給增加

10. 國際油價自 2005 年初的每桶 30 美元一路飆漲超越 100 美元以上，對體系造成衝擊，何者正確？　(a) 國內 SAS 曲線右移　(b) 國內 AD 曲線右移　(c) 國內長期 LAS 曲線右移　(d) 國內 SAS 曲線左移

11. 有關引起某國總供給 AS 曲線右移的因素，何者錯誤？　(a) 財政部支付公債利息增加　(b) 高等教育品質提高　(c) 廠商大量引進外籍勞工　(d) 資本累積

12. 有關引起某國短期供給 SAS 曲線變動方式的敘述，何者錯誤？　(a) 政府大幅提高工資所得稅率，將改變 SAS 曲線的斜率　(b) 政府大幅調降貨物稅率，將引起 SAS 曲線平行右移　(c) 政府提高薪資所得稅，將會引起 SAS 曲線平行左移　(d) 人們調高國內物價預期

13. 針對「工會要求提高工資」與「政府支出增加」兩種市場活動釀成影響，何者正確？　(a) 影響物價不同，影響產出相同　(b) 影響物價相同，影響產出不同　(c) 對物價與產出影響均相同　(d) 對物價與產出影響均不同

14. 某國出現技術進步，生產力全面提高。在邁向新長期均衡過程中，將會引發何者變化？　(a) 物價下跌、自然產出增加　(b) 物價上漲、貨幣利率上升　(c) 物價下跌、自然失業率增加　(d) 物價與實質工資同時上升

15. 對石油進口國而言，國際油價滑落將產生何種效果？　(a) 短期總供給曲線曲線左移，物價上漲與名目產出增加　(b) 總需求曲線右移，名目產出增加與實質產出上升　(c) 短期總供給曲線右移，物價下跌、名目產出變動不確定　(d) 總需求曲線左移，物價下跌、名目產出下降

16. 何者將引起體系內物價下跌與實質產出增加？　(a) 長期 LAS 曲線右移　(b) LM 曲線左移　(c) AD 曲線右移　(d) IS 曲線左移

17. 體系面對各產業部門間的變動調整，將會產生何種結果？　(a) 生產力降低　(b) 失業率降低　(c) 工作搜尋增加　(d) 物價下降

18. 何者發生最可能引起長期總供給曲線右移？　(a) 921 大地震摧毀資本存量　(b) 勞動供給曲線左移　(c) 勞動需求曲線右移　(d) 循環性失業率下降

19. 在其他條件不變下，某國使用的生產技術出現進步，對商品市場影響，何者正確？　(a) 成交值增加　(b) 交易量增加　(c) 交易價格下跌　(d) 成交值變化不確定

20. 某國總供給函數 AS 為 $y = 200 - 100\left(\dfrac{P^e}{P}\right)^2$，總需求函數 AD 為 $y = \left(\dfrac{2M}{P}\right)$。假設人們採取理性預期形成，且預期名目貨幣供給為 $M = 50$，何者正確？　(a) $0 \leq P^e \leq 1$　(b) $1 \leq P^e \leq 2$　(c) $2 \leq P^e \leq 3$　(d) $3 \leq P^e \leq 4$

21. 在 AD-AS 模型中，何者是由供給面因素，而非由需求面因素引發的景氣衰退的結果？　(a) 通縮　(b) 惡性通膨　(c) 停滯性通膨　(d) 失業率上升

22. 某國出現實際物價大於預期物價現象，何者錯誤？　(a) 實質工資趨於下跌　(b) 實際產出超越自然產出　(c) 循環性失業率為負　(d) 存在通膨缺口

23. 其他條件不變下，何者將引起體系長期總供給曲線右移？　(a) 結構性失業下降　(b) 實際物價上漲　(c) 摩擦性失業上升　(d) 出口出現長期擴張趨勢

24. 自然失業率臆說指出體系內短期供給曲線將呈現何種型態？　(a) 經過固定物價與自然產出的點而呈現正斜率　(b) 經過實際物價等於預期物價與自然產出的點而呈現正斜率　(c) 垂直於自然產出水準　(d) 在預期物價固定下，呈現水平線

25. 在 1970 年代，國際油價上漲對體系可能造成衝擊，何者正確？　(a) AS 曲線左移　(b) AD 曲線左移　(c) AS-AD 兩條曲線同時左移　(d) AS-AD 兩條曲線同時右移

26. 在每一工資下，勞工改變態度勤奮工作，此舉將會產生何種結果？　(a) 短期與長期總供給曲線同時右移　(b) 短期總供給曲線右移，長期總供給曲線不變　(c) 長期總供給曲線右移，短期總供給曲線不變　(d) 短期與長期總供給曲線均不受影響

27. 工會談判要求提高名目工資，體系內短期 SAS 曲線將如何變化？　(a) 右移且增加產出　(b) 右移且減少產出　(c) 左移且增加產出　(d) 左移且減少產出

28. 有關長期總供給曲線的描述，何者錯誤？　(a) 勞動市場達成均衡所決定的總供給曲線　(b) 呈現高物價彈性的正斜率曲線　(c) 立基於自然產出上的垂直線　(d) 完全缺乏物價彈性

29. 體系沿著總供給曲線移動，實際產出若小於自然產出，則實際物價為何？　(a) 大於預期物價　(b) 小於預期物價　(c) 等於自然物價　(d) 落在目前物價

30. 某國沿著任何一條總供給曲線移動，何種變數將會僅有一個？　(a) 失業　(b) 預期物價　(c) 通膨　(d) 產出

31. 何者將促使總供給曲線左移？　(a) 物價上漲　(b) 產出遞減　(c) 預期物價遞增　(d) 利

率下跌

32. 在短期，某國實際物價大於預期物價，長期將出現何種狀況？　(a) 人們調高通膨預期，促使名目利率上漲，造成廠商降低投資，促使總需求曲線左移　(b) 人們調高通膨預期，提前擴大消費，促使總需求曲線右移　(c) 勞工調高預期通膨，要求調薪而促使總供給曲線左移　(d) 廠商將會調薪，刺激勞工的工作意願上升，促使總供給曲線右移

33. 國際油價出現短暫上漲，將造成何種現象？　(a) 短期和長期總供給曲線左移　(b) 長期總供給曲線左移　(c) 短期總供給曲線右移　(d) 短期總供給曲線左移

34. 有關 AS 曲線型態變化的敘述，何者正確？　(a) 廠商聯合壟斷提高訂價的加成比例，將引起 AS 曲線右移　(b) 工會拒絕貨幣工資向下調整，短期 SAS 曲線將具有完全物價彈性　(c) 勞工的預期通膨率與實際通膨率一致，AS 曲線將缺乏物價彈性　(d) 勞工採取適應預期形成方式，AS 曲線永遠呈現垂直線

答案：

1. (d)	2. (d)	3. (c)	4. (d)	5. (d)	6. (b)	7. (a)	8. (a)	9. (a)	10. (d)
11. (a)	12. (d)	13. (b)	14. (a)	15. (c)	16. (a)	17. (b)	18. (c)	19. (d)	20. (a)
21. (c)	22. (a)	23. (a)	24. (b)	25. (a)	26. (a)	27. (d)	28. (d)	29. (b)	30. (b)
31. (c)	32. (c)	33. (d)	34. (c)						

7.4 就業與失業

7.4.1 勞動力與勞動參與率

1. 何者屬於勞動力的定義範圍？　(a) 家庭主婦　(b) 台積電總經理　(c) 就讀研究所的學生　(d) 完全裸退的大學教授

（2.）～（3.）某國年滿 15 歲以上的民間人口為 200 萬人，其中 60 萬人有工作，20 萬人正在求職，20 萬人為怯志勞工（discouraged worker），50 萬人為全職學生，50 萬人為退休勞工。

2. 該國失業率為何？　(a) 10%　(b) 15%　(c) 20%　(d) 25%

3. 該國的勞動參與率為何？　(a) 30%　(b) 40%　(c) 50%　(d) 60%

（4.）～（5.）下表是某國的勞動資料。依據該表，

年	2009	2010	2011
民間人口	2,000	3,000	3,200
就業人口	1,400	1,600	1,500
失業人口	200	600	500

4. 該國的勞動力變化爲何？　(a) 2009～2010 年與 2010～2011 年都是增加　(b) 2009～2010 年是增加，2010～2011 年則是減少　(c) 2009～2010 年是減少，2010～2011 年也是增加　(d) 2009～2010 年與 2010～2011 年都是減少

5. 該國的非勞動力變化爲何？　(a) 2009～2010 年是增加，2010～2011 年也是增加　(b) 2009～2010 年是增加，2010～2011 年是減少　(c) 2009～2010 年是減少，2010～2011 年是增加　(d) 2009～2010 年是減少，2010～2011 年也是減少

（6.）～（7.）某國的民間人口爲 100 萬人，其中 60 萬人就業中，20 萬人正在求職，10 萬人爲怯志勞工，10 萬人爲全職學生。

6. 該國失業率爲何？　(a) 10%　(b) 20%　(c) 25%　(d) 30%

7. 該國勞動參與率爲何？　(a) 50%　(b) 60%　(c) 70%　(d) 80%

8. 在其他條件不變下，新就業者全部來自原先失業者。在此情況下，勞動力將如何變化？　(a) 上升　(b) 下降　(c) 不變　(d) 先上升後下降

9. 在其他條件不變下，當人們的平均在學期間延長，何者正確？　(a) 勞動參與率上升　(b) 勞動參與率下降　(c) 勞動參與率不受影響　(d) 資料不足，無法判斷

10. 在其他條件不變下，勞動部通過法定延後退休年齡，將會產生何種結果？　(a) 勞動參與率上升　(b) 勞動參與率下降　(c) 勞動參與率不受影響　(d) 民間人口增加

11. 有關勞動參與率的說法，何者正確？　(a) 勞動力占全國人口比例　(b) 勞動力占民間人口比例　(c) 勞工人數除以勞動力　(d) 勞動力扣除勞動人口

12. 有關勞動力與失業定義的敘述，何者錯誤？　(a) 年滿 15 歲且有工作者的總數稱爲就業人口　(b) 年滿 15 歲可立即工作，但無工作或正在找工作者的總數爲失業人口　(c) 失業者除以總人口數爲失業率　(d) 就業者加上失業者稱爲勞動力

13. 在其他條件不變下，怯志勞工人數增加，勞動參與率將會如何變化？　(a) 上升　(b) 下降　(c) 不受影響　(d) 與失業率呈反向變動

14. 失業率的定義爲何？　(a) 勞動力中失業的者除以僱用勞工人數　(b) 勞工僱用人數除以勞動力中的失業者　(c) 勞動力中的失業者除以勞動力　(d) 勞動力除以勞動力中的失業者

15. 勞動市場的空缺率（vacancy rate）的定義爲何？　(a) 求才職缺除以勞動力中的失業勞工人數　(b) 求才職缺除以勞動力中的勞工人數　(c) 求才職缺對填滿職位的比率　(d) 求才職缺對僱主想要僱用職缺總數的比率

16. 某國的勞動力爲 100 萬人，其中 95 萬人已經就義，而僱主想要僱用的職缺有 98 萬人，該國在勞動力中的失業勞工爲何？　(a) 5 萬人　(b) 3 萬人　(c) 2 萬人　(d) 無從計算

17. 某國的勞動力爲 100 萬人，其中有 95 萬人已經就業，而僱主公布的職缺有 98 萬人，空缺人數爲何？　(a) 5 萬人　(b) 3 萬人　(c) 2 萬人　(d) 無從計算

18. 某國的勞動力爲 100 萬人，其中的 95 萬人處於就業狀態，而僱主想要僱用的職缺有 98

萬人，該國失業率爲何？　(a) 5%　(b) 3%　(c) 2%　(d) 無從計算

19. 某國的勞動力爲 100 萬人，其中有 95 萬人已經就業，而僱主想要僱用的職缺有 98 萬人，該國空缺率爲何？　(a) 5%　(b) 3.2%　(c) 3.1%　(d) 3%

20. 某國的勞動力爲 100 萬人，其中有 94 萬人已經就業，而僱主提供的職缺有 99 萬人，該國空缺率爲何？　(a) 5%　(b) 5.1%　(c) 5.3%　(d) 1%

21. 1 減去失業率（1 − u）將爲何？　(a) 空缺率　(b) 勞動參與率　(c) 就業率　(d) 就業水準

22. 相較於 1960 年代，台灣製造業在 1990 年代更難招募年輕工人，何種原因發生機率極低？　(a) 許多人的家世不錯，父母贈與衆多財產，讓其工作意願不高　(b) 有更好工作環境的職缺等候年輕人應徵　(c) 許多人希望接受較長、較好教育，無時間也無意願投入勞力工作　(d) 貧富差距擴大，當作業員的社會地位不高

23. 殷素素已經放棄尋找工作，但希望能有一個職位，此即屬於何種性質？　(a) 就業　(b) 失業　(c) 既非失業也非勞動力　(d) 不屬於勞動力的一環

24. 黃藥師目前兼差傳授武術，但仍在尋找全職工作，此即屬於何種性質？　(a) 就業　(b) 失業　(c) 既非失業也非勞動力　(d) 屬於非勞動力

25. 勞動參與率的定義是：　(a) 就業者／15 歲以上民間人口　(b)（就業者＋失業者）／15 歲以上民間人口　(c) 就業者／全部人口　(d)（就業者＋失業者）／全部人口

26. 體系內勞動參與率是指何者而言？　(a) 就業者人數相對勞動力規模的比例　(b) 就業者人數相對民間人口比率　(c) 勞動力相對民間人口比率　(d) 勞動力相對失業者與就業者人數之和的比率

答案：

1. (b)	2. (c)	3. (c)	4. (b)	5. (a)	6. (c)	7. (d)	8. (c)	9. (b)	10. (a)
11. (b)	12. (c)	13. (a)	14. (c)	15. (d)	16. (a)	17. (b)	18. (a)	19. (c)	20. (b)
21. (c)	22. (c)	23. (d)	24. (a)	25. (b)	26. (c)				

7.4.2 失業的類型

1. 有關總體理論對失業的描述，何者錯誤？　(a) 張無忌生性懶散而工作意願不強，也算是失業　(b) 趙敏任職的博達公司被掏空而倒閉，將是處於失業狀態　(c) 楚留香剛由台大畢業，正在求職也算是失業　(d) 楊過不願意屈就較低職位而在等待好工作，也算是失業

2. 有關失業現象的敘述，何者正確？　(a) 體系處於自然就業狀態，係指摩擦性與結構性失業爲 0　(b) 體系訊息傳遞愈迅速普及，結構性失業將會降低　(c) 青少年占人口結構比例上升，摩擦性失業人數將會增加　(d) 循環性失業是總需求與總供給變動所引起

3. 趙敏未上班而被視爲就業，何種理由錯誤？　(a) 正在度假　(b) 天氣惡劣而停止上班 (c) 勞資爭議而引發罷工　(d) 正在寄出履歷表

4. 依據主計總處對失業的描述，何者錯誤？　(a) 小李剛從經研所畢業還在求職　(b) 林博士不願屈就低階職位而在等待好教職　(c) 老王任職的公司外移而喪失工作　(d) 小張被徵召入伍服役

5. 隱藏性失業係針對何者而言？　(a) 技術不符產業所需而失業者　(b) 目前有工作卻想跳槽者　(c) 只想領失業救濟金，卻不想找工作者　(d) 景氣藍燈持續閃爍，而處於無薪休假者

6. 何者不屬於失業者？　(a) 飽食終日無所用心的富家千金　(b) 兩伊戰爭後，阿諾賦閒在家等待新的傭兵任務　(c) 新冠肺炎疫情蔓延而被資遣，目前仍在求職的阿國　(d) 大學畢業正在求職的小萱

7. 何種情況屬於一般定義的失業？　(a) 陳先生目前一週工作 8 小時，正在尋找全職工作 (b) 丁先生辭去現職，另尋更能發揮所長的工作　(c) 孫小姐長久在家相夫教子，早已放棄求職　(d) 黃小姐是經研所學生，沒有工作

8. 新竹科學園區電子業面對均衡的勞動市場，何者卻可能造成工資下降、員工就業人數同時增加的現象？　(a) 電子業面臨景氣大好　(b) 外國電子業削價競爭　(c) 政府宣布開放外籍勞工　(d) 員工發現生物科技業前景更好，不願到電子業上班

9. 勞動市場將隨著景氣波動而發生變化，何者正確？　(a) 景氣日益繁榮，人們頻頻尋覓高薪職位，摩擦性失業率將居高不下　(b) 景氣轉家將會降低結構性失業率　(c) 循環性失業率將隨著景氣燈號轉換而變　(d) 景氣滑落藍燈谷底，自然失業率將會增加

10. 何者將被列爲失業人口？　(a) 正在尋找兼職的退休小學老師　(b) 被資遣而放棄求職的電腦廠員工　(c) 在醫院當義工的家庭主婦　(d) 每週外出工作五小時的家庭主婦

11. 有關失業的敘述，何者正確？　(a) 勞工求職人數等於廠商求才人數，體系內將無失業者　(b) 政府提高給付失業救濟金，降低勞工求職意願，將會擴大自然失業　(c) 勞動市場達到自然就業，摩擦性失業率爲零　(d) 古典學派模型中的失業爲非意願性失業

12. 在計算失業人口時，何者應當計入？　(a) 監獄服刑中的罪犯　(b) 家庭主婦　(c) 軍人 (d) 積極求職，但還沒找到工作之社會新鮮人

13. 景氣燈號由藍燈持續轉爲綠燈，勞動市場將會出現何種變化？　(a) 求職者變多，大學生應屆畢業生更不易找到工作　(b) 廠商提供的職缺減少，而失業者增加　(c) 實質工資下降　(d) 求職成功的平均週數縮短

14. 有關失業率的敘述，何者錯誤？　(a) 勞資雙方缺乏充分訊息造成摩擦性失業　(b) 產業外移將會造成結構性失業　(c) 循環性失業計入自然失業率　(d) 體系達成自然就業時，失業率通常不爲零

15. 有關失業率與勞動參與率的敘述，何者正確？　(a) 失業率爲失業人口占全國人口的比

率　(b) 失業率為失業人口占就業人口的比率　(c) 勞動參與率為勞動力人口占全國人口的比率　(d) 失業者與就業者等於勞動力

16. 在其他條件不變下，有關失業的敘述，何者正確？　(a) 自然失業率是固定的　(b) 循環性失業增加會帶動自然失業率上升　(c) 循環性失業增加會帶動自然失業率下降　(d) 結構性失業增加會帶動自然失業率上升

17. 隨著景氣綠燈逐漸轉為黃紅燈，怯志勞工求職成功機率大增，紛紛加入職場尋找工作。何種結果錯誤？　(a) 怯志勞工就業將會降低失業率　(b) 政府將低估失業率　(c) 勞動力增加　(d) 民間人口增加

18. 某國高科技業景氣熱絡而增加勞工需求，而傳統紡織業卻接單不順而裁員，則此種現象稱為：　(a) 有效工資造成的摩擦性失業　(b) 保留工資創造的結構性失業　(c) 產業部門移動造成的摩擦性失業　(d) 產業部門移動造成的結構性失業

19. 那些人將被視為失業者？　(a) 張無忌僅是兼職工作　(b) 趙敏作為專職媽媽，居家照顧全家老小　(c) 張三豐在家族企業擔任董事長，但未支薪　(d) 殷素素剛從武當山大學畢業，正在求職中

20. 某國在 2018 年的失業率為 10%，失業人口為 100 萬人。在其他條件不變下，該國在 2019 年將有全職家庭主婦 20 萬人決定進入職場，而其中有 5 萬人求職無門。有關勞動市場在 2019 年的狀況，何者錯誤？　(a) 失業率上升為 10.294%　(b) 勞動力為 1,020 萬人　(c) 失業率上升為 10.5%　(d) 就業人數為 915 萬人

21. 有關隱藏性失業的定義，何者正確？　(a) 求職無門的失業者　(b) 缺乏工作意願的未就業者　(c) 景氣藍燈重創廠商接單，因實施無薪休假而在家為工作者　(d) 雖然就業，但不滿意而準備換工作者

22. 失業率是失業人口與何者的比率？　(a) 全國總人口　(b) 總就業人口　(c) 勞動力　(d) 民間人口

23. 體系從蕭條谷底逐漸邁向復甦，對勞動市場影響，何者錯誤？　(a) 出現無就業復甦，失業率不會降低　(b) 體系出現復甦曙光，廠商僅會增加工時，不會增加僱用員工　(c) 勞工忙著跳巢，摩擦性失業上升　(d) 自然失業率不受影響

24. 隨著景氣由藍燈轉換為藍燈，有關勞動市場變化，何者正確？　(a) 求職者變多，應屆畢業生更不易找到工作　(b) 循環性失業率將轉為負值　(c) 實質工資下降　(d) 求職所需的平均週數延長

25. 林太太為照顧小孩而辭職，在家擔任全職媽媽而未找工作，此一決策的結果，何者正確？　(a) 失業率上升　(b) 失業人數減少　(c) 就業率不變　(d) 非勞動力增加

26. 循環性失業是指由何者引起的失業？　(a) 追求較好待遇而更換工作　(b) 傳統產業轉型為高科技產業　(c) 金融海嘯重創景氣　(d) 農業生產存在季節性變化

答案：

1. (a) 2. (d) 3. (d) 4. (d) 5. (d) 6. (a) 7. (b) 8. (c) 9. (c) 10. (a)

11. (b) 12. (d) 13. (d) 14. (c) 15. (d) 16. (d) 17. (d) 18. (d) 19. (d) 20. (c)

21. (c) 22. (c) 23. (c) 24. (b) 25. (a) 26. (c)

7.4.3 自然失業型態

1. 通訊網路科技進步，促使工商業競相改採電腦化操作業務，張翠山不會操作電腦，無法適應電腦化時代而被資遣。有關此種狀況的說法，何者錯誤？ (a) 此係屬於非意願性失業 (b) 被排除在勞動力之外 (c) 將被歸類為結構性失業 (d) 將會提高自然失業率

2. 某國的自然失業率變動將不受何者影響？ (a) 婦女勞動參與率提高 (b) 網路人力銀行興起 (c) 發放失業救濟金 (d) 景氣蕭條導致失業者增加

3. 下列敘述，何者正確？ (a) 摩擦性失業係指人們必須耗時尋找適合自己技能與興趣的職位而失業 (b) 結構性失業係指勞動市場提供職缺無法滿足求職者需求而產生的失業 (c) 自然就業是指在勞動市場想要工作者，都有工作 (d) 勞動參與率係指就業者占成年人口占的比率

4. 何者屬於自然失業範圍？ (a) 摩擦性失業 (b) 循環性失業 (c) 隱藏性失業 (d) 季節性失業

5. 何者屬於摩擦性失業型態？ (a) 缺乏職缺要求具備的技術 (b) 因景氣衰退而遭裁員 (c) 段譽博士卻去賣雞排 (d) 剛從經濟系畢業正在求職

6. 針對 (1) 摩擦性失業 (2) 循環性失業 (3) 結構性失業等，自然失業率包含哪些？ (a) 1、2 (b) 1、3 (c) 2、3 (d) 1、2、3

7. 有關自然失業率的敘述，何者正確？ (a) 與景氣循環密切連結的失業率 (b) 景氣蕭條下的失業率 (c) 實質產出等於自然產出的失業率 (d) 實質產出等於名目產出的失業率

8. 勞資雙方彼此間存在資訊不對稱，導致撮合勞工求職與廠商徵才必須耗費時間，由此產生的失業稱為： (a) 摩擦性失業 (b) 結構性失業 (c) 循環性失業 (d) 隱藏性失業

9. 下列敘述，何者錯誤？ (a) 工資上漲造成通膨是屬於成本推動型 (b) 停滯性膨脹是高失業率與高產出率並存的現象 (c) 網路通訊技術進步，不熟悉電腦作業的打字小姐因而失去工作，此即結構性失業 (d) 張無忌從武當山畢業，三個月內都未找到工作，此即摩擦性失業

10. 某研究生畢業初次求職不順或學非所用，何者正確？ (a) 懷才不遇、有志未伸，將陷入結構性失業 (b) 訊息不全而導致「求職」與「徵才」無法密切配合的摩擦性失業 (c) 景氣藍燈讓廠商願意支付工資低於求職者的保留工資，從而出現拒絕接受職缺的循環性失業 (d) 求職不順而不願告知調查就業狀況者失業的真相，此即是隱藏性失業

11. 人們尋求轉換工作，求職期間陷入失業，何者正確？ (a) 由於勞動市場提供的工資高

於保留工資，人們拒絕接受職缺　　(b) 景氣藍燈閃爍導致求職期間延長，此即是陷入循環性失業　　(c) 求職不順利卻隱藏沒就業的事實，將是納入隱藏性失業範疇　　(d) 此係屬於摩擦性失業性質

12. 體系達成自然就業狀態，將會產生何種結果？　　(a) 隱藏性失業爲零　　(b) 循環性失業率爲零　　(c) 貨幣工資上漲率爲零　　(d) 實質工資面臨上漲壓力

13. 何者不是引發結構性失業的原因？　　(a) 最低工資法的限制　　(b) 工會強力抗爭　　(c) 效率工資存在　　(d) 景氣循環邁入藍燈區

14. 下列敘述，何者錯誤？　　(a) 失業者除以總人口爲失業率　　(b) 年滿 15 歲且有工作者總數稱爲就業人口　　(c) 年滿 15 歲可立即工作但無工作或正在求職者總數爲失業人口　　(d) 就業人口加上失業人口稱爲勞動力

15. 何者並未納入勞動力的考慮範圍？　　(a) 失業者　　(b) 那些暫時被裁員者很快被召回上班　　(c) 那些在家族企業全職上班者　　(d) 正在就讀研究所的全職學生

16. 哪些人將被視爲失業者？　　(a) 張無忌僅是兼職工作　　(b) 趙敏作爲專職媽媽，居家照顧全家老小，　　(c) 張三豐在家族企業擔任董事長，但未支薪　　(d) 殷素素剛從武當山大學畢業，正在求職中

17. 有關張無忌進入職場的就業狀況變化，何者錯誤？　　(a) 從武當山畢業轉進職場，尚未找到合適武術館任職，此即摩擦性失業　　(b) 離開明教教主職位，心灰意冷只想退隱山林，顯然脫離勞動力範疇　　(c) 武術道館紛紛轉型成健身中心，卻因缺乏健身教練證照而被裁員，此即結構性失業　　(d) 景氣藍燈閃爍被道場要求無薪休假，暫時賦閒居家直至景氣復甦再復工，將是循環性失業

18. 體系出現通膨率 2%，對勞動市場影響爲何？　　(a) 貨幣工資增加 2%　　(b) 循環性失業率減少 2%　　(c) 實質工資下跌 2%　　(d) 自然失業率不受影響

19. 有關自然失業率概念衍生的說法，何者錯誤？　　(a) 循環性失業率爲零　　(b) 勞動市場達成均衡仍存在的失業率　　(c) 隱藏性失業不存在　　(d) 實質工資固定，而貨幣工資浮動

20. 體系內結構性失業，包括哪些？　　(a) 景氣蕭條而被裁員者　　(b) 夕陽產業外移而遭資遣者　　(c) 尋找人生第一份工作者　　(d) 辭職而另尋最佳工作者

21. 體系內循環性失業，包括哪些？　　(a) 景氣衰退而遭裁員者　　(b) 廠商遷廠而被資遣者　　(c) 無薪休假者　　(d) 退休而嘗試尋找第二春者

22. 小龍女遭台新銀行資遣後，長達二年未就業且未投履歷表，其在職場的定位可能爲何？　　(a) 屬於全國人口，但非民間人口　　(b) 屬於自然失業率的計算範圍　　(c) 可算是隱藏性失業　　(d) 被歸類爲非勞動力

23. 體系存在何種失業型態可能會對社會有利？　　(a) 循環性失業　　(b) 結構性失業　　(c) 摩擦性失業　　(d) 隱藏性失業

24. 傳統產業逐漸轉型採取自動化生產，引發的失業係屬何種型態？　　(a) 隱藏性失業

(b) 結構性失業　(c) 循環性失業　(d) 摩擦性失業

25. 體系內出現結構性失業，追根究底原因何在？　(a) 產業升級促使有些工作技術落伍　(b) 經濟訊息短期不暢通　(c) 類似建築工人的短暫失業　(d) 景氣循環造成的失業

26. 某國經濟環境處於景氣紅燈區域，將可預期出現何種結果？　(a) 遭到裁員的機率很低　(b) 實質工資偏高，但是貨幣工資偏低　(c) 循環性失業率爲正值　(d) 離職率上升

27. 勞動市場隨時存在摩擦性失業，何者正確？　(a) 缺乏技術的勞工很難找到長期性工作　(b) 勞工尋求由日薄西山產業轉往明日之星產業　(c) 勞工尋求合適職缺，而廠商則要尋找合適人才　(d) 產出和就業都低於自然就業水準

28. 某國勞動部公布失業率偶而出現急速上升或滑落，何者錯誤？　(a) 此係反映循環性失業率攀升或下降　(b) 景氣循環出現劇烈波動　(c) 人們頻繁更換工作，導致摩擦性失業率劇烈波動　(d) 廠商接單狀況不穩定，呈現劇烈波動

29. 在何種狀況下，失業勞工將持續求職？　(a) 只要勞工認爲獲得一個提供較高工資職位係屬可能　(b) 只要持續發放失業救濟金　(c) 直至勞工的儲蓄全部耗盡　(d) 只要求職的邊際利益超過邊際成本

30. 何種失業理論不是以超額勞動供給爲基礎？　(a) 最低工資　(b) 工會　(c) 效率薪資　(d) 工作搜尋

31. 體系內的自然產出是指在何種狀況下的產出水準？　(a) 商品市場與貨幣市場達成均衡的產出　(b) 體系在訂定工資與訂定價格方程式一致的失業率上運作的產出　(c) 加成比率爲零的產出　(d) 失業率爲零的產出

32. 在何種狀況下，體系內自然失業率將會增加？　(a) 廠商採取勞動成本加成訂價，提高加成比率　(b) 失業救濟金增加　(c) 央行採取量化寬鬆　(d) 實際失業率增加

33. 體系內實際失業率下降，將會導致何種結果？　(a) 離職率增加　(b) 名目工資下降　(c) 人們的失業期間下降　(d) 隱含結構性失業率下降

34. 金融海嘯重創景氣陷入藍燈區，將會發生何種狀況？　(a) 自願性失業暴增　(b) 非勞動力人數下降　(c) 循環性失業率暴漲　(d) 自然產出下降

35. 景氣日益邁向繁榮，失業率反而節節攀升，此即意味著發生何種狀況？　(a) 循環性失業增加　(b) 季節性失業增加　(c) 摩擦性失業增加　(d) 結構性失業增加

36. 有關某國失業率的敘述，何者正確？　(a) 實際失業率高於自然失業率　(b) 實際失業率等於循環性失業率　(c) 實際失業率等於隱藏性、摩擦性與結構性等三種失業率之和　(c) 估算自然失業率將不包括隱藏性失業

37. 某國出現低工資造成的影響，何者正確？　(a) 低工資是造成失業的主要原因　(b) 低工資促使各種技術水準的勞動市場都有剩餘勞動　(c) 低技術且缺乏工作經驗勞工將深受低工資影響　(d) 低工資將讓各種技術水準的勞動市場工資無法調整至均衡水準

38. 在其他條件不變下，某國產業結構調整速度變快，將會產生何種結果？　(a) 結構性與

自然失業率同時上升　　(b) 結構性與隱藏性失業率同時下降　　(c) 結構性失業率上升，而摩擦失業率下降　　(d) 結構性失業率下降，而循環性失業率上升

39. 景氣循環變化將對勞動市場產生何種影響？　　(a) 摩擦性失業率下降　　(b) 自然失業率隨之起舞　　(c) 循環性失業率跟著波動　　(d) 結構性失業率下降

40. 隨著勞動市場的失業率下降，何者錯誤？　　(a) 失業者找到工作的比例上升　　(b) 離職率（separation rate）增加　　(c) 年輕人和非技術人員失業率下降幅度超過平均水準　　(d) 景氣燈號轉為黃紅燈，求職者大幅下降

41. 體系內自然失業率是指在何種狀況下的失業率？　　(a) 發生在貨幣市場達成均衡的失業率　　(b) 廠商在成本上加成的比例為零的失業率　　(c) 廠商在成本上訂價的加成等於其歷史價值的失業率　　(d) 勞動市場達成均衡的失業率

42. 有關自然失業率的敘述，何者錯誤？　　(a) 自然失業率必然為正值　　(b) 加強職業訓練與建立各種人力銀行管道，將有助於降低自然失業率　　(c) 此係預期通膨率為零的失業率　　(d) 勞動市場供需達成均衡的失業率

43. 結構性失業是由何種因素造成？　　(a) 技術改變或國外競爭　　(b) 更換工作　　(c) 經濟成長率下降　　(d) 勞動者家庭結構改變

44. 何者屬於自然失業的範疇？　　(a) 循環性失業　　(b) 結構性失業　　(c) 長期性失業　　(d) 隱藏性失業

45. 小明的阿嬤屆臨不惑之年，目前在家義務幫忙帶孫子，則她屬於：　　(a) 失業人口　　(b) 就業人口　　(c) 勞動力　　(d) 非勞動力

46. 有關失業率的定義為何？　　(a)（失業人口／就業人口）×100%　　(b)（失業人口／勞動力）×100%　　(c)（失業人口／15歲以上人口）×100%　　(d)（失業人口／非勞動力）×100%

47. 電子產業崛起快速替代傳統產業，在此過程引起的失業，稱為：　　(a) 摩擦性失業　　(b) 結構性失業　　(c) 循環性失業　　(d) 季節性失業

48. 有關美華家族目前就業狀況，何者錯誤？　　(a) 美華在家中自營的超商看店（就業中）　　(b) 美華哥哥入伍服役（民間人口）　　(c) 美華弟弟在研究所就讀（非勞動力）　　(d) 美華姊姊大學畢業正在求職（摩擦性失業）

49. 小巫去登記「短期促進就業方案」，但尚未找到工作，則應該屬於：　　(a) 失業者　　(b) 就業者　　(c) 非勞動力　　(d) 非民間人口

50. 某國勞動部公布該國總人口為 2,000 萬人，15 歲以下及監管人口為 200 萬人。此外，該國非勞動力人口為 200 萬人，就業人口為 1,000 萬人。有關該國勞動市場狀況，何者錯誤？　　(a) 民間人口 1,800 萬人　　(b) 勞動力人口 1,600 萬　　(c) 失業率 50%　　(d) 勞動參與率 89%

51. 傳統產業作業員因公司轉型，原有技能不再符合新業務要求而遭資遣。這些失業者屬於

何種失業類型？　(a) 怯志勞工　(b) 循環性失業　(c) 隱藏性失業　(d) 結構性失業

52. 下列敘述，何者正確？　(a) 生產技術、自然稟賦與消費者偏好等因素改變，將會擴大隱藏性失業　(b) 油價上漲造成輸入性通膨，將會提高循環性失業率　(c) 勞動參與率 ＝（勞動力／總人口）×100%　(d) 自然失業將包括結構性與隱藏性失業

53. 有關失業率的定義，何者正確？　(a) 失業者占 15 歲以上民間人口的比率　(b) 失業者占總人口比率　(c) 失業者占就業者比率　(d) 失業者占勞動力的比率

54. 有關自然產出的定義為何？　(a) 零失業率的產出值　(b) 可貸資金市場結清的產出值　(c) 勞動市場結清的產出值　(d) 某國能夠生產的最大產出值

答案：

1. (a)	2. (d)	3. (a)	4. (a)	5. (d)	6. (b)	7. (c)	8. (a)	9. (b)	10. (b)
11. (d)	12. (b)	13. (d)	14. (a)	15. (d)	16. (d)	17. (d)	18. (d)	19. (c)	20. (b)
21. (a)	22. (d)	23. (c)	24. (b)	25. (d)	26. (a)	27. (c)	28. (c)	29. (c)	30. (b)
31. (b)	32. (d)	33. (c)	34. (c)	35. (c)	36. (d)	37. (d)	38. (d)	39. (d)	40. (d)
41. (d)	42. (c)	43. (a)	44. (b)	45. (d)	46. (b)	47. (b)	48. (b)	49. (a)	50. (c)
51. (d)	52. (b)	53. (a)	54. (c)						

7.4.4 就業政策

1. 政府採取擴張政策，對勞動市場就業影響，何者錯誤？　(a) 景氣擴張讓勞工得以學有所用，降低隱藏性失業　(b) 景氣擴張誘使勞工另謀高就的摩擦性失業增加　(c) 景氣擴張增加勞動需求，濫竽充數降低結構性失業　(d) 增加體系總需求，降低循環性失業率

2. 政府採取何種政策，將會影響體系內自然失業率？　(a) 降低最低工資率　(b) 增加公共服務就業　(c) 增加補貼民間就業　(d) 降低營業稅

3. 何者將會擴大體系內自然失業率？　(a) 降低失業救濟金補助　(b) 實際失業率增加　(c) 依成本加成訂價的加成數增加　(d) 政府削減支出

4. 某國勞動部宣布國內勞動市場趨近於自然就業狀態，何者正確？　(a) 勞動市場的勞動力均已獲得就業　(b) 政府擴張政策將會降低循環性失業率　(c) 景氣燈號可能逼近紅燈區　(d) 自然失業率為零

5. 政府採取何種政策有助於改善結構性失業？　(a) 廣開職業訓練課程　(b) 擴大公共支出　(c) 發放短期失業救濟金　(d) 以網路撮合勞動供需

6. 影響自然失業率變動的因素，何者錯誤？　(a) 婦女勞動參與率提高　(b) 104 人力銀行興起　(c) 發放失業救濟金　(d) 景氣藍燈導致失業人數增加

7. 體系發生失業原因包括　(1) 摩擦性失業　(2) 結構性失業　(3) 循環性失業三種，而政府執行政策，短期將可降低的失業為：　(a) 1、2、3　(b) 1、2　(c) 2、3　(d) 1、3

8. 某國無工作但仍積極求職者 40 萬人，無工作但已放棄求職者 15 萬人，全職工作者 470 萬人，兼職工作者 90 萬人，在官方統計失業人數中（以上所述）有 15 萬人為自願性失業。何者錯誤？　(a) 勞動力為 600 萬人　(b) 共有 10 萬人為非自願性失業　(c) 實際失業率 40/600（6.7%）　(d) 勞動參與率為 600/615（97.6%）

9. 勞動部在 2018 年宣布基本工資持平，表示已由勞資雙方自行協商訂定工資。若未考慮其他因素影響，此即代表勞動市場處於何種情況，促使代表價格下限的基本工資無調整必要？　(a) 均衡工資低於或等於基本工資　(b) 勞工預期通膨率為零　(c) 均衡工資高於或等於基本工資　(d) 預期實質工資等於基本工資

10. 某國勞動市場的實質工資呈現向下僵化，且高於均衡水準。在其他條件與民間人口數不變下，失業率將隨勞動參與率下降而如何變化？　(a) 上升　(b) 下降　(c) 不受影響　(d) 資料不足，無法判斷

11. 體系內結構性失業將因何者而降低？　(a) 發放失業救濟金　(b) 政府執行財政與貨幣政策　(c) 資訊傳播系統進步　(d) 教育與職業訓練普及

12. 高等教育普及和社會文化變遷，促使愈來愈多婦女加入職場工作，此舉產生直接影響為何？　(a) 勞動參與率增加　(b) 失業率增加　(c) 就業率上升　(d) 民間人口增加

13. 政府致力於推動產業升級，面對產業結構轉型，傳統勞工卻因技能訓練不足而失業，此係失業性質為何？　(a) 摩擦性失業　(b) 結構性失業　(c) 循環性失業　(d) 隱藏性失業

14. 勞動部建議提高勞動基準法中的最低工資，將會產生何種影響？　(a) 勞工就業增加　(b) 總供給曲線出現左移　(c) 勞工所得增加，促使景氣趨於繁榮　(d) 隱藏性失業增加

15. 政府為解決循環性失業問題，採取何種策略最為有效？　(a) 發放三倍券　(b) 積極推動基礎建設　(c) 降低免稅額與寬減額　(d) 促進所得分配平均化

16. 國內產業升級擴大結構性失業問題，政府評估採取何種策略因應？　(a) 就業政策　(b) 實施量化寬鬆政策　(c) 成立類似 104 人力銀行的機構　(d) 職業訓練計畫

17. 某國實際失業率增加超過自然失業率，出現何者可能性甚低？　(a) 勞動市場出現超額勞動供給　(b) 貨幣工資出現下跌壓力　(c) 循環性失業率為正　(d) 出現通膨缺口

18. 何者不會提高自然失業率？　(a) 對失業救濟金課徵高稅率　(b) 提高年輕人的勞動參與率　(c) 增加婦女的勞動參與率　(d) 擴大失業給付覆蓋範圍

19. 某國廠商大量引進外籍勞工，可能影響本國人民就業情況，何者正確？　(a) AD 曲線將會右移　(b) 實質工資趨於上漲　(c) 循環性失業增加　(d) AS 曲線將會右移

20. 某國勞動市場就業增加，何種原因錯誤？　(a) 實際物價等於預期物價　(b) 貨幣工資上漲，而勞工具有貨幣幻覺　(c) 實際物價大於預期物價　(d) 勞動生產力上升

21. 某國實際失業率持續落在自然失業率，將是處於何種情況？　(a) 總供給區線將呈現負斜率　(b) 物價穩定，貨幣工資等於實質工資　(c) 勞動市場處於均衡狀態　(d) 景氣紅燈閃爍不止

22. 勞動部實施失業保險制度,提供失業者失業救濟金,將對失業率產生何種影響? (a) 結構性失業率上升 (b) 非勞動力下降 (c) 摩擦性失業率上升 (d) 隱藏性失業減少

23. 勞動市場存在「求職」與「徵才」間的資訊不對稱,何者錯誤? (a) 求職時間延長 (b) 存在結構性失業 (c) 保留工資與市場工資很難契合 (d) 摩擦性失業存在

24. 廠商徵才與勞工求職透過人力銀行仲介,大幅改善尋覓效率,將會產生何種結果? (a) 結構性失業改善 (b) 求職時間縮短 (c) 勞動供給曲線左移 (d) 貨幣工資上升

25. 網路上的人力銀行興起,促使勞資雙方加速媒合,將會產生何種結果? (a) 求職時間延長 (b) 摩擦性失業下降 (c) 廠商提供職缺大幅增加 (d) 勞動參與率下降

26. 何者有助於降低摩擦性失業? (a) 勞動部大幅提升失業保險金額 (b) 人力銀行網站撮合求職與徵才的效率 (c) 最低工資法大幅提高工資下現 (d) 景氣黃紅燈閃爍,市場工資超越求職者的保留工資

27. 某國總統大選期間,競選連任的執政者說:「相較於剛上任時,就業人數增加」;而在野黨候選人反駁:「失業率自執政者就任後一路攀升」,何者正確? (a) 兩組必有一人說謊 (b) 勞動力成長率與就業人口成長率相同,兩組論述同時成立 (c) 勞動力成長率高於就業人口成長率,兩組論述同時成立 (d) 勞動力成長率低於就業人口成長率,兩組論述同時成立

28. 何者對摩擦性失業影響有限? (a) 增加就業服務站 (b) 媒合平台興起 (c) 失業保險金增加 (d) 技術進步促使產業升級轉型

答案:

1. (d)	2. (d)	3. (a)	4. (c)	5. (a)	6. (d)	7. (d)	8. (b)	9. (c)	10. (a)
11. (d)	12. (a)	13. (b)	14. (b)	15. (b)	16. (d)	17. (d)	18. (d)	19. (d)	20. (a)
21. (c)	22. (c)	23. (b)	24. (b)	25. (b)	26. (b)	27. (c)	28. (d)		

7.5 權衡性政策效果

1. 在其他條件不變下,勞動部調高基本工資遠超過均衡工資,產生效果為何? (a) 總供給曲線右移 (b) 物價與實質產出同時下降 (c) 勞動需求曲線左移 (d) 勞動就業量反而減少

2. 某國民間支出函數為 $E = C(r, y) + I(r, y)$。政府擴大支出,何種結果正確? (a) 勞動需求曲線右移 (b) 產出增加帶動自然失業率下降 (c) 民間支出的所得彈性愈大,排擠效果愈大 (d) 利率上升可能產生排擠效果

3. 人們未雨綢繆心思日益淡泊,將會造成何種影響? (a) 人們擴大消費,將會降低工作意願 (b) 儲蓄減少將帶動投資減少,促使 IS 曲線與 AD 曲線左移 (c) 人們擴大消費支出,將促使 IS 曲線與 AD 曲線右移 (d) 人們增加消費將需要更多貨幣,將引起 LM

曲線與 AD 曲線左移

4. 某國經濟環境落在 AS 曲線的中間區域，央行採取緊縮政策，將會造成何種影響？
(a) 物價下跌引起勞動供給曲線右移，促使短期總供給曲線右移　(b) 物價下跌引起實質餘額增加，LM 曲線右移，促使利率下跌　(c) 物價下跌引起實質餘額增加，引發 Pigou 效果促使消費增加，IS 與 AD 曲線同時右移　(d) 物價下跌促使勞動需求減少，引起實質工資下跌

5. 在其他條件不變下，體系內 AS 曲線呈現正斜率，何者將引起物價與利率同步上升？
(a) 央行在公開市場賣出債券　(b) 央行調降法定準備率　(c) 政府增加購買本國產品
(d) 人們擴大未雨綢繆心思

6. 央行執行量化寬鬆對體系造成短期影響，何者正確？　(a) 利率上升，總需求曲線右移
(b) 物價上升帶動勞動需求曲線左移　(c) 實質餘額增加促使消費支出增加，IS 與 AD 曲線右移　(d) 物價上升降低實質工資，促使勞動供給曲線左移

7. 央行採取擴張政策，對經濟活動造成影響為何？　(a) 實質利率上升，擴大投資意願，引起 AD 曲線右移　(b) 貨幣利率上升，降低投資意願，促使 AD 曲線左移　(c) 貨幣利率下降，刺激投資增加　(d) 實質利率下降，促進投資增加

8. 央行的緊縮政策產生效果為何？　(a) 短期物價和實質產出下降，長期則是物價下跌，體系回歸自然產出　(b) 短期物價和實質產出增加，長期則是物價上漲，體系回歸自然產出　(c) 短期物價下跌，長期回歸自然產出對應的物價　(d) 不論短期或長期，物價都下跌，實質產出上升

9. 財政部擴大支出，搭配央行執行逆風而行政策，預期效果為何？　(a) 總需求與物價增加，利率不變　(b) 總需求、物價及利率同時增加　(c) 利率上升，總需求與物價變動方向不確定　(d) 總需求及利率下降，物價上漲

10. 體系內物價上升透過實質餘額變動，將會造成何種結果？　(a) IS 曲線與 AD 曲線同時左移　(b) 實質利率與投資同時下降　(c) 物價上升促使實質餘額下降，緊縮消費支出而讓 AD 曲線左移　(d) LM 曲線左移引起貨幣利率上升，導致投資支出減少

11. 貨幣中立性指的是：　(a) 貨幣政策應由央行決定　(b) 央行沒有能力控制貨幣數量
(c) 貨幣不會影響任何經濟變數　(d) 貨幣供給不影響實質變數

（12.）～（13.）小國央行採取浮動匯率制度與部分外匯管制。該國執政黨兌現選前支票，陸續發放老人年金和失業救濟金，可能發揮影響力。

12. 小國達準均衡狀態時，何者正確？　(a) AD 曲線左移　(b) 匯率必然趨於貶值　(c) IS 曲線右移　(d) BP 曲線左移

13. 對國內物價影響為何？　(a) 上漲　(b) 下降　(c) 不確定　(d) 無影響

14. 小國實施浮動匯率制度，並採部分外匯管制。政府積極從事基礎建設，在達成充分均衡後，將會產生何種效果？　(a) 匯率貶值　(b) 金融帳順差　(c) BP 曲線左移　(d) 總需

求曲線右移

15. 未來景氣趨於悲觀，人們未雨綢繆造成物價下跌，政府可採取何種策略因應？　(a) 降低免稅額與寬減額　(b) 擴大貨幣發行量　(c) 執行順風而行貨幣政策　(d) 縮減社會福利支出

16. 何者不會引起體系物價下跌？　(a) 勞動生產力下降　(b) 出口減少　(c) 財政部緊縮支出　(d) 貨幣工資下降

17. 財政部舉債融通預算赤字，央行為求穩定利率，採取何種策略係屬恰當？　(a) 買進債券與降低貨幣供給　(b) 買進債券與增加貨幣供給　(c) 賣出債券與緊縮貨幣供給　(d) 賣出債券與擴大貨幣供給

18. 某國景氣持續閃爍藍燈，財政部擴張支出將產生何種效果？　(a) AD 曲線左移　(b) 循環性失業率下降　(c) 勞動供給增加　(d) 民間支出遭到排擠

19. 人們若是正確預期貨幣政策變動，何者正確？　(a) 人們對該項政策反應愈快，政策效果愈快速落實　(b) 人們採取動作防止可能帶來損失，政策效果將會減弱而趨於無效　(c) 政策效果強化或弱化，將取決於人們選擇配合該政策或與其對抗　(d) 政策衝擊將無實質產出效果

20. 某國央行若想抵銷政府支出對經濟活動衝擊，採取何種策略係屬恰當？　(a) 在外匯市場賣出美元　(b) 降低稅率　(c) 從公開市場賣出可轉讓定存單　(d) 採取順風而行政策

21. 財政部從事財政擴張活動，預期產生效果為何？　(a) 長期將同時提高實質產出與物價　(b) 同時降低短期實質產出與物價　(c) 提高實質產出，但長期物價維持不變　(d) 提高短期實質產出與降低物價

22. 某國勞工積極接受專業訓練，全面提升生產力，將會產生何種結果？　(a) 總供給曲線左移　(b) 勞動供給曲線右移　(c) 廠商的勞動邊際產值上升　(d) 貨幣工資上漲

23. 依據 IS-LM 模型與 AD-AS 模型，何者錯誤？　(a) 提高免稅額與寬減額將導致 IS 曲線右移　(b) 央行購買公債將導致 LM 曲線右移　(c) 物價下跌將引起 LM 曲線右移，進而引起會導致總需求曲線 AD 右移　(d) 貨幣供給增加促使 LM 曲線與總需求曲線右移，而且後者斜率也會改變

答案：

1. (d)　2. (d)　3. (c)　4. (b)　5. (c)　6. (c)　7. (c)　8. (a)　9. (c)　10. (d)

11. (d)　12. (c)　13. (a)　14. (d)　15. (b)　16. (a)　17. (b)　18. (b)　19. (d)　20. (c)

21. (a)　22. (c)　23. (c)

7.6 進階選擇題

1. 某國的總體模型可表示如下：

   商品市場均衡　$y = C(r) + I(r) + G_0$

   可貸資金市場均衡　$S(r) = I(r) + (G - T)$

   貨幣數量學說　$MV = Py$

   勞動市場均衡　$N^s = \left(\dfrac{W}{P}\right) = N^d = \left(\dfrac{W}{P}\right)$

   生產函數　$y = F(N)$

   貨幣供給　$M = M_0$

   貨幣流通速度　$V = V_0$

   基於上述模型，當財政部增加公共支出 G，體系達成均衡時，會出現何種狀況？
   (a) 產出增加　(b) 物價上漲　(c) 實質工資下降　(d) 利率上漲

2. 某國政府增加支出 ΔG、貨幣供給增加 ΔM、外國降低對本國產品需求 ΔX。這些狀況對該國總需求曲線 AD 影響，何者正確？　(a) ΔG 促使 AD 左移，ΔM 與 ΔX 同時造成 AD 右移　(b) ΔG 與 ΔM 造成 AD 左移，ΔX 促使 AD 右移　(c) ΔG 促使 AD 右移，ΔM 與 ΔX 均帶動 AD 左移　(d) ΔG 與 ΔM 促使 AD 右移，ΔX 造成 AD 左移

（3.）～（4.）某國總體結構式模型表示如下：

   消費函數　$C = 50 + 0.6y_d$

   投資函數　$I = 750 + 40r$

   貨幣供給　$M^s = 250$

   政府支出　$G = 800$

   租稅函數　$T = 0.3y$

   淨出口　$X = 200 - 0.22y$

   實質貨幣需求函數　$L = 0.25y - 50r$

   基於上述模型可求出：$IS：y = a - br$、$LM：y = \dfrac{d}{P} + er$，何者正確？

3. (a) $a = 2{,}000, b = 50, d = 1{,}000, e = 120$　(b) $a = 2{,}000, b = 60, d = 800, e = 120$　(c) $a = 2{,}250, b = 50, d = 1{,}000, e = 200$　(d) $a = 2{,}300, b = 50, d = 1{,}000, e = 120$

4. 再假設該國總需求函數 AD：$y = h + \dfrac{k}{P}$，何者正確？　(a) $h = 1{,}200, k = 200$　(b) $h = 1{,}600, k = 200$　(c) $h = 1{,}800, k = 120$　(d) $h = 1{,}800, k = 200$

5. 有關 AD-AS 模型的運作，何者正確？　(a) 物價上漲帶動貨幣工資上漲，勞動工作意願上升，AS 曲線右移　(b) 廠商調薪提高勞工所得，刺激消費支出增加，促使 AD 曲線右移　(c) 勞動生產力提高推動實質工資上升，提高勞工的實質所得，刺激消費增加，將造成 AD 曲線右移　(d) 油價飆漲提高廠商生產成本，將造成 AS 曲線左移

6. 某國景氣閃爍綠燈而物價平穩，而官方研究機構估計消費函數為 $C = a + 0.7y_d + 0.3m$、投資函數為 $I = I_0 + 0.1y$、$G = G_0$、租稅函數 $T = T_0 + ty$，而 LM 曲線為 $m = 0.2y - 1,500r$，m 是實質貨幣餘額。何者錯誤？　(a) Keynes 效果不會存在　(b) 總需求曲線缺乏物價彈性　(c) 體系處於投資陷阱狀態　(d) LM 曲線具有利率彈性

7. 某國主計總處估算消費函數為 $C = 800 + 0.6y + 0.1m$，投資函數為 $I = 100 + 0.1y - 1,000r$，$m = \dfrac{M}{P}$ 是實質餘額。何者正確？　(a) 物價變動將導致 AD 曲線移動　(b) AD 曲線呈現負斜率係基於 Keynes 效果　(c) 在物價上漲過程中，Keynes 效果將使 IS 曲線左移　(d) 權衡性貨幣政策將帶動 IS 與 LM 曲線移動

8. 消費者從事消費活動，將對經濟活動產生何種影響？　(a) 景氣閃爍紅燈大幅提升人們所得，邊際消費傾向隨之縮小，反而引起 AD 曲線左移　(b) 在物價上漲過程中，考慮財富重分配效果，當債權人的邊際消費傾向大於債務人，總消費支出將會減少　(c) 人們的消費決策若受意外所得效果影響，將會縮小 AD 曲線的物價彈性　(d) 人們提高儲蓄意願，AD 曲線的物價彈性將會下降

9. 財政部考慮恆常性擴大公共支出，必須掌握何種正確概念？　(a) 發行公債或課稅融通預算赤字，對體系均會形成擴張效果　(b) 發行公債融通，將因公債數量增加發揮財富效果，進而再刺激消費支出增加　(c) 在物價平穩下，發行貨幣融通預算赤字，將會塑造金融環境寬鬆狀態　(d) 調整稅率融通政府支出，將會導致 AD 曲線平行移動

10. 台灣景氣邁向繁榮，體系將出現何種現象？　(a) 通膨出現降低人們的購買力，促使 AD 曲線隨著物價上漲而左移　(b) IS 曲線將因 Fisher 財富效果存在而右移　(c) 景氣繁榮帶動物價上漲，促使人們加速消費，從而推動 AD 曲線右移　(d) 假設 Mundell-Tobin 效果成立，景氣繁榮促使人們產生通膨預期，造成貨幣利率與實質利率同時上漲

11. 各式各樣財富效果影響人們消費決策，何者正確？　(a) Keynes 效果運作促使 IS 曲線富於利率彈性、AD 曲線富於物價彈性　(b) 體系存在物價誘發財富效果，垂直的 AD 曲線係反映 Pigou 效果與 Fisher 財富效果相互抵銷的結果　(c) 意外所得效果出現促使 IS 曲線移動　(d) Fisher 財富效果存在，將使財政政策成為解決景氣蕭條的有效工具

12. 有關總體經濟學派的敘述，何者正確？　(a) 古典模型強調價格具有自由調整的機制，故無法解釋非意願性失業的存在　(b) Keynesian 學派著重解釋景氣循環的長期干擾　(c) 貨幣工資僵化是新古典學派的假設　(d) 供給面經濟學倡議增加公共支出以提振經濟

13. 由貨幣數量學說衍生的相關敘述，何者錯誤？　(a) 該理論隱含貨幣中立性成立，必然反映總體模型呈現「古典二分」　(b) 央行執行量化寬鬆，將引起物價與名目產出等比例上漲　(c) 貨幣在體系內猶如一層面紗，不影響實質經濟活動　(d) 貨幣成長率變化不影響實質貨幣需求變化

14. 古典學派認為體系內均衡物價是如何形成？　(a) 總供給與總需求相互運作的結果

(b) 由自然失業率決定的自然產出單獨決定　(c) 由央行控制貨幣餘額所形成的總需求單獨決定　(d) 由體系內的勞動力與技術狀況共同決定

15. 某國勞動市場運作產生的影響，何者錯誤？　(a)「無就業復甦」係指廠商接獲短單引發景氣短暫向榮，因而要求既有員工增加工時，卻無增僱員工意願　(b) 勞工普遍存有「貨幣幻覺」，貨幣工資與物價等比例上升，將會提升工作意願　(c) 古典學派認為貨幣工資與物價等比例上升，勞動市場就業將維持不變　(d) 休閒已是人們日常生活的重要一環，反映在勞動供給曲線型態將容易呈現正斜率

16. 在短期內，何者可能擴大主計總處公布的失業人數？　(a) 股市熱絡吸引眾多股民離職，宅在家中專心操盤　(b) 廠商接單狀況不佳，向勞動部申請「無薪休假」案件增加　(c) 高學歷勞工屈就於低薪工作的人數激增　(d) 勞動市場的平均薪資偏低，造成求職時間延長

17. 勞動市場存在各種類型失業，何種性質係屬正確？　(a) 工會力量強大迫使廠商調漲薪資，將會引發自願性失業　(b) 油價攀升提高廠商生產成本，進而導致高失業率，此將納入結構性失業範圍　(c) 國內廠商接單欠佳，只好向勞動部申請「無薪休假」，從而形成隱藏性失業　(d) 趙敏搬往人地生疏的地方，數月內依然求職未遂，從而身處結構性失業

18. 金融海嘯重創國際景氣，勞工們未雨綢繆心態增強，在每一貨幣工資下轉趨勤奮工作，此舉釀成影響為何？　(a) 短期與長期 AS 曲線同時右移　(b) 短期 AS 曲線右移，長期 AS 曲線不變　(c) 長期 AS 曲線右移，短期 AS 曲線不變　(d) 短期與長期 AS 曲線均不受影響

19. 某國勞動市場期初處於均衡，貨幣工資上漲 5%，而物價也上漲 5%，何者錯誤？
(a) 依據古典學派說法，總供給曲線依然落在自然產出水　(b) 勞工存有貨幣幻覺，實際失業率將會減少　(c) 勞工普遍陷入貨幣幻覺，實際產出小於自然產出　(d) 依據古典學派說法，勞動市場實際失業率等於自然失業率

20. 張無忌從武當山畢業後，歷經各種失業經驗，何者錯誤？　(a) 離校尋找道場工作卻不順遂，將是陷入摩擦性失業　(b) 僅能勝任明教教主職位，一旦卸任而想轉換跑道，勢必面臨結構性失業　(c) 高興取得博士學位，卻選擇在台大對面賣雞排，可稱為隱藏性失業　(d) 任職於道場，卻因練武人士驟減而被要求無薪休假，在回復上班之前的期間內應屬於循環性失業

21. 有關勞動市場運作結果，何者錯誤？　(a) 以實質工資表示的勞動市場供需達成均衡，將意味著循環性失業率為零　(b) 勞動部公布本期實際失業率小於自然失業率，下期貨幣工資將面臨上漲壓力　(c) 勞工將休閒視為劣等財，勞動供給曲線將具有工資彈性　(d) 勞動市場達成均衡，體系內失業均屬自願性

22. 太平洋上有 A、B 兩個島國。A 國人口 1,000 人，勞動參與率為 80%，失業率為 5%，

勞工平均工時為 8 小時，總產值 608,000 元；B 國人口 2,000 人，勞動參與率為 90%，失業率為 10%，勞工平均工時為 6 小時，總產值 972,000 元。依據以上資訊，何者正確？　(a) 相較於 B 國，A 國勞動生產力較低，但平均所得較高　(b) 相較於 B 國，A 國勞動生產力較高，但平均所得相同　(c) 相較於 B 國，A 國勞動生產力與平均所得都較高　(d) 相較於 B 國，A 國勞動生產力相同，但平均所得較高

23. 報章雜誌經常揭露勞動市場失業現象，有關這些失業屬性的說法，何者錯誤？　(a) 政府呼籲廠商提高貨幣工資，一旦成功，勢必引發廠商緊縮僱用新進人員，形成摩擦性失業　(b) 油價飆漲帶來高失業率，勢必形成循環性失業　(c) 廠商競相改採自動化或以機器人生產，將會造成結構性失業出現　(d) 廠商接單不順，逐向勞動部申報無薪休假，帶動隱藏性失業遽增

24. 有關某國勞動市場運作現象，何者錯誤？　(a) 廠商接獲短單或急單，僅願支付高額加班費要求員工超時工作，並未考慮增僱員工　(b) 一般勞工甚難辨識實質變數與名目變數的差異，是以廠商實際係依物價等比例調薪，卻可能吸引勞工願意加班　(c) 某國民間人口不變，勞動參與率攀升將隱含自然產出增加　(d) 勞動市場的實證結果顯示，勞動供給曲線的工資彈性微小或近似無彈性，將是隱含休閒是正常財，工資變化引發的替代效果趨近於所得效果

25. 某國勞工在生產過程中邊做邊學（learning by doing），引發 Harrod 中性技術進步，將會產生何種影響？　(a) 在商品價格不變下，勞動邊際產值增加，勞工投入工作的意願上升　(b) 勞動需求曲線右移，實質工資與貨幣工資同步上漲　(c) AS 曲線右移，實質產出與名目產出同步增加　(d) 自然失業率下降，自然產出增加

26. 在短期內，某國景氣燈號轉換對勞動市場運作的衝擊，何者錯誤？　(a) 隨著怯志勞工動心起念想要求職，摩擦性失業率將會上升　(b) 不論廠商接獲短單或長單，增加工時投產勢在必行，顯示勞動市場就業狀況改善　(c)「千里馬」心目中的保留薪資遠高於「伯樂」提供職缺的起薪，卻是依然卑屈就職，此即呈現隱藏性失業　(d) 某國景氣由藍燈號迅速轉換為黃紅燈，市場工資一路攀升超越求職者的保留工資，循環性失業率因而逐步遞減

27. 某國使用新古典生產函數 $Y = AF(N, K)$ 生產，何種說法錯誤？　(a) $y_{NK} = \dfrac{\partial y^2}{\partial N \partial K} > 0$ 隱含廠商擴大產能 K，勞動邊際產值 VMP_N 與實質工資跟進上漲　(b) A 上升引導 AS 曲線右移，實質產出與名目產出將同步遞增　(c) MP_N 遞增將提升自然就業與自然產出　(d) 生產函數具有固定規模報酬特質，資本密集度（$k = \dfrac{K}{N}$）上升有助於提高每人產出（$y = \dfrac{Y}{N}$）

28. 張無忌的效用函數為 $U(C, L)$，在尋求效用極大化過程中，將面臨時間限制 $N + L = T$ 與

預算限制 $PC + WL = WT + A_0$。P 是一籃子商品的加權物價，C 是一籃子商品的數量，W 是貨幣工資，休閒 L 是正常財，N 是工時，$T = 24$ 小時，A 是財富。何者錯誤？ (a) 武術館調高薪資，張無忌卻無加班意願，顯示個人勞動供給毫無工資彈性 (b) 張無忌的勞動供給呈現垂直線，係因調高薪資的替代效果和所得效果相互抵銷所致 (c) 張無忌購買大樂透中頭獎，引發勤奮工作的替代效果遠低於享受人生的財富效果，遂決定退出職場當宅男 (d) 金融海嘯讓張無忌持有次級貸款證券瞬間成為壁紙，只好減少休閒，增加勞動供給

29. 某國使用的總體生產函數為 $y = K^2 + 175NK - N^2$。勞動供給函數為 $w^s = 500 + 3N$，$w = \frac{W}{P}$ 是實質工資，W 是貨幣工資，N 是就業量，$K = 20$ 是資本存量。該國人口總額是 1,000 萬人，勞動力為 $LF = 800$ 萬人，貨幣工資與物價完全浮動。有關該國勞動市場現況，何者錯誤？ (a) 自然就業人口為 600 萬人 (b) 自然失業率為 25% (c) AS 函數為 $y = 1,740,400$ (d) 均衡貨幣工資為 2,300

30. 某國使用的總體生產函數為 $y = K^2 + 175NK - N^2$。勞動供給函數為 $w^s = 500 + 3N$，$w = \frac{W}{P}$ 是實質工資，W 是貨幣工資，N 是就業量，$K = 2$ 是資本存量。勞動部訂定最低工資 $W = 240$。有關該國勞動市場運作現況，何者錯誤？ (a) 初期物價若為 $P = 1$，貨幣工資將是 $W = 230$ (b) 物價若上漲到 $P = 1.5$，貨幣工資將是 $W = 220$ (c) 物價若為 $P = 2$，產出是 $y = 18,529$ (d) 政府放棄干預工資訂定，工資與物價自由浮動，均衡貨幣工資是 $W = 230$

31. 某國勞動部公布全國人口為 2,400 萬人，15 歲以下及監管人口為 400 萬人。其中，勞動參與率是 60%，180 萬人正在求職，100 萬人為怯志勞工。另外，主計總處發布今年的總產出為 2,400 億元，何者錯誤？ (a) 失業率為 15% (b) 就業人口為 1,020 萬人 (c) 平均所得為 1,000 元 (d) 若將怯志勞工納入廣義勞動力，失業率變為 13.846%

32. 某教授建立勞動市場模型，勞動供需函數分別為 $N^d = f\left(\frac{W}{P}\right)$、$N^s = g\left(\frac{W}{P^e}\right)$。有關勞動市場運作，何者錯誤？ (a) 勞工正確預期物價，$P^e = P$，AS 曲線是落在自然產出的垂直線，符合古典學派說法 (b) 勞工存在貨幣幻覺，$P^e = P_0$，廠商因應物價上漲 5% 而調薪 5%，勞工就業維持不變 (c) 勞工採取靜態預期，$P^e_t = P_{t-1}$，本期物價上漲，廠商將增雇勞工 (d) 勞動契約訂定貨幣工資 $W = W_0$，由此產生的 AS 曲線物價彈性將大於 $P^e = P_0$ 時的 AS 曲線物價彈性

33. 某國民間人口維持不變，隨著怯志勞工有意嘗試丟出履歷表求職，大幅提升勞動參與率，但是勞動供給曲線卻持平不變。在貨幣工資與物價自由浮動下，將會產生何種結果？ (a) 結構性失業率上升，實質工資與貨幣工資同步下跌 (b) 短期與長期 AS 曲線右移，實質產出與名目產出同步增加 (c) 實質產出增加帶動消費支出增加，AD-AS 兩

條曲線同步右移，物價變動不確定　　(d) 摩擦性失業率上升，自然產出與實質工資不變

34. 依據 Keynesian 學派的 AD-AS 模型，2008 年爆發金融海嘯重創國際景氣，國際物價跌幅超過本國物價跌幅，更慘的是本國廠商接單急遽萎縮。此種衝擊對國內經濟活動造成何種影響？　　(a) 國幣的實質匯率升值，本國廠商喪失國際競爭力，雪上加霜結果讓 IS-AD-BP 三條曲線同步左移　　(b) 國幣的實質匯率貶值，將引起 IS-AD-BP 三條曲線右移，循環性失業率反而下降　　(c) 國際物價下跌讓舶來品具有高度吸引力，人們增加消費促使 AD 曲線右移；廠商進口國際原材料物價下跌而降低生產成本，促使 SAS 曲線右移　　(d) 廠商接單急遽萎縮，出口劇減引起名目匯率貶值，IS-AD-BP 三條曲線同步左移

答案：

1. (d)	2. (d)	3. (c)	4. (d)	5. (d)	6. (b)	7. (d)	8. (b)	9. (c)	10. (b)
11. (d)	12. (a)	13. (a)	14. (c)	15. (d)	16. (d)	17. (c)	18. (a)	19. (c)	20. (d)
21. (b)	22. (a)	23. (a)	24. (c)	25. (d)	26. (b)	27. (b)	28. (c)	29. (d)	30. (d)
31. (d)	32. (b)	33. (d)	34. (a)						

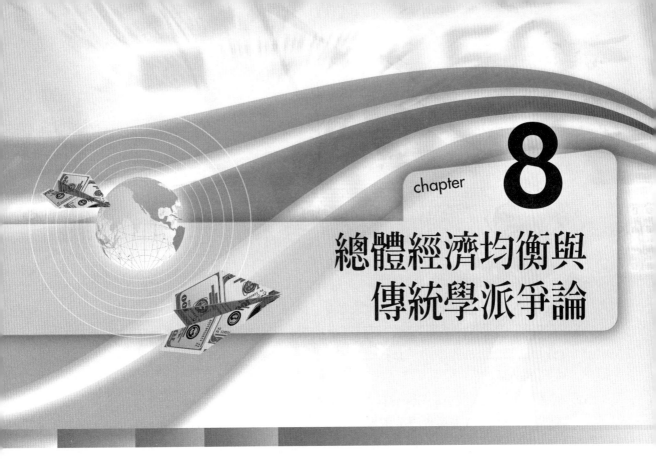

chapter 8

總體經濟均衡與
傳統學派爭論

8.1 總體經濟均衡與變動

8.1.1 總體經濟均衡

1. 某國實質產出擴張與勞動市場變化有何關聯？ (a) 貨幣工資下降 (b) 實質工資下降 (c) 循環性失業率遞減 (d) 勞動參與率下降

2. 有關 AD-AS 兩條曲線變動的敘述，何者正確？ (a) 新冠肺炎重挫消費者信心，AD 曲線因而右移 (b) 政府緊縮預算赤字，造成 AD 曲線左移 (c) 人們工作意願銳減，導致 AS 曲線右移 (d) 生產技術進步促使 AS 曲線左移

3. 體系達成短期均衡，何種關係正確？ (a) 預期通膨率等於零 (b) 實際與預期物價相等 (c) 實際通膨率大於零 (d) 實際與預期物價間的關係不確定

4. 在何種狀況下，某國實際產出可能超越自然產出？ (a) 貨幣利率下跌 (b) 預期物價不變 (c) 實際物價高於預期物價 (d) 貨幣工資與實質工資上漲

5. 某國出現預期通膨遞增，短期將產生何種結果？ (a) 產出不變，而通膨遞增 (b) 產出與通膨同時遞增 (c) 產出遞增，而通膨下降 (d) 產出減少，而通膨遞增

6. 在短期內，何者可能擴大循環性失業？ (a) 景氣由藍燈迅速翻轉為黃紅燈 (b) 政府擴大預算赤字 (c) 勞動生產力上升 (d) 市場工資遠低於求職者要求的保留工資

7. 某國處於通膨缺口環境，一旦重新達成長期均衡，將會產生何種狀況？ (a) 達成自然

產出與高物價　(b) 低實際產出與低物價　(c) 處於自然就業與低物價　(d) 存在循環性失業與低物價

8. 在 AD-AS 模型中，何者將可促使長期產出遞增？　(a) 出口增加　(b) 貨幣成長率下降　(c) 生產技術進步　(d) 政府提高免稅額

9. 有關總體模型運作方式的敘述，何者錯誤？　(a) 政府緊縮赤字預算規模，將促使 AD 曲線右移　(b) AS 曲線將隨油價飆漲而左移　(c) 政府透過貨幣政策或財政政策來移動 AD 曲線　(d) AS 曲線將因技術進步與生產力上升而右移

10. 體系爆發景氣循環，將可視爲何種現象？　(a) 偏離短期均衡　(b) 總需求與短期總供給無法契合　(c) 體系必須經歷而無法避免　(d) 偏離長期均衡

11. 基於總供給函數，某國的實際實質產出增加與何者有關？　(a) AS 曲線右移的結果　(b) 目前物價上漲的結果　(c) 人們預期今年物價變動　(d) 預期物價上漲促使 AS 曲線右移的結果

12. 何者將會導致短期 AS 曲線右移？　(a) 廠商提高依據勞動成本訂價的加成比率　(b) 預期物價上漲　(c) 失業救濟金遞增　(d) 進口油價崩跌

13. 某國主計總處發現目前物價等於預期物價，將會出現何種狀況？　(a) 小型開放體系處於準均衡　(b) IS-LM-BP 三條曲線相交於一點　(c) 實際產出等於自然產出　(d) 貨幣工資等於實質工資

14. 小型開放體系出現物價下跌，將會產生何種結果？　(a) 實質匯率下跌促使 IS 曲線左移　(b) LM 曲線右移促使本國利率下跌　(c) 實質匯率下跌促使 BP 曲線左移　(d) 循環性失業率爲正

15. 何者引起 AD 曲線右移幅度最大？　(a) 政府增加平衡預算支出　(b) 物價下跌 15%　(c) 政府減稅搭配增加貨幣供給　(d) 政府提高免稅額，而央行採取緊縮政策

16. 總體理論強調名目變數僵化係指何種現象？　(a) 短期產能不變　(b) 短期貨幣工資與物價固定　(c) 短期產出固定　(d) 短期貨幣供給固定

17. 國際油價飆漲將會產生何種結果？　(a) 自然失業率上升　(b) 物價上漲引起實質工資上漲　(c) 名目利率與實質利率同時下跌　(d) 名目產出變化不確定

18. 某國的通膨與失業率在同一期間上升，將可解釋爲何者移動的結果？　(a) AS 曲線左移　(b) AS 曲線右移　(c) AD 曲線左移　(d) AD 曲線右移

19. 依據 Keynesian 模型，何者將引導利率、物價與產出同時增加？　(a) AS 曲線右移　(b) AD 曲線右移　(c) LM 曲線左移　(d) IS 曲線右移

20. 「未預期物價上漲將誘使廠商增產」的說法，在何種情況成立？　(a) 成本漲幅低於產品價格漲幅　(b) 成本漲幅正好等於產品價格漲幅　(c) 成本漲幅高於產品價格漲幅　(d) 無關成本與產品價格漲幅大小

21. 某國景氣循環若由總需求變化引起，則預期何者變動正確？　(a) 物價將與循環性失業

率同向變動　　(b) 物價將與就業率同向變動　　(c) 物價將與實際產出反向變動　　(d) 景氣好轉吸引勞工另謀高就，促使摩擦性失業率上升

22. 某國景氣循環若由總供給變化引起，則預期何者變動正確？　(a) 物價將與循環失業率同向變動　　(b) 物價將與實際產出變化同向變動　　(c) 通膨率將與名目利率變動逆向關係　　(d) 景氣轉壞將會擴大隱藏性失業率

答案：

1. (c)　　2. (b)　　3. (d)　　4. (c)　　5. (b)　　6. (d)　　7. (a)　　8. (c)　　9. (a)　　10. (d)

11. (b)　　12. (d)　　13. (c)　　14. (b)　　15. (c)　　16. (b)　　17. (d)　　18. (a)　　19. (d)　　20. (a)

21. (b)　　22. (a)

8.1.2 總體均衡變動

1. 某國國發會發布景氣燈號持續落在藍燈區。一旦民間支出逐步遞增，實質產出增加通常搭配何者變動？　(a) 出現膨脹缺口　　(b) 循環性失業率減少　　(c) 利率下跌　　(d) 實質工資上漲

（2.）～（7.）在其他條件不變下，某國經濟期初落在長期均衡環境。試回答下列問題。

2. 主計總處公布景氣燈號已經由綠燈朝黃紅燈轉換，廠商投資意願劇增，該國偏離長期均衡，何者錯誤？　(a) IS-AD 兩條曲線同時右移，實際失業率小於自然失業率　　(b) 循環性失業率將為正值，物價呈現下跌　　(c) 物價（通膨率）與貨幣利率同時上升　　(d) 循環性失業率淪為負值，體系出現通膨缺口

3. 該國民間支出擴張，在重新邁向長期均衡過程中，何者錯誤？　(a) 實際失業率等於自然失業率，通膨率為正值　　(b) 循環性失業率為負，但出現通膨缺口　　(c) 實際失業率為零，物價呈現穩定狀態　　(d) 該國處於自然產出，但通膨率為正值

4. 該國落在長期均衡下，何者錯誤？　(a) 自然失業率為正值　　(b) 實際與預期通膨率均為零　　(c) 實質工資變動率為零　　(d) 貨幣工資變動率未必為零

5. 該國總支出增加引起物價上漲，將產生何種結果？　(a) 沿著 AD 曲線往左上方移動　　(b) 名目產出與實質產出同時增加　　(c) 勞動市場的實質工資上漲　　(d) 貨幣利率與實質利率同時上漲

6. 該國落在長期均衡下，何者將會出現？　(a) SAS-AD 兩條曲線相交　　(b) 通膨率為零，並處於自然產出狀態　　(c) SAS-LAS 兩條曲線相交處將偏離自然產出　　(d) SAS-LAS-AD 三條曲線同時交於一點

7. 該國落在長期均衡狀態，何者正確？　(a) 實際產出等於自然產出，總供給決定物價水準　　(b) 實際產出等於自然產出，僅會出現自然失業率　　(c) 物價固定且由總需求決定產出　　(d) 實質產出決定自然失業率

8. 美國聯準會持續實施量化寬鬆，龐大美元資金外溢，帶動某國景氣翻揚逼近紅燈區，促使實際物價超越長期均衡水準，何者正確？ (a) 自然產出超過總需求 (b) 該國出現緊縮缺口 (c) 循環性失業率淪為負值 (d) 該國存在非意願性失業現象

9. 對石油進口國而言，在總需求不變下，油價崩跌將產生何種效果？ (a) SAS-LAS 兩條曲線同時右移 (b) AD 曲線右移促使利率與物價上漲 (c) SAS 曲線右移，實質產出增加，而物價下跌 (d) AD-SAS 兩條曲線同時右移，實質產出增加，物價變動不確定

10. 1997 年亞洲金融危機重創東南亞國家，對台灣商品需求銳減。在台灣的 AS 曲線不變下，將會帶來何種結果？ (a) 名目與實質產出同時下降 (b) 景氣滑落藍燈區，實際失業率下降 (c) 實質產出與循環性失業率減少 (d) 出現物價上漲壓力

11. 2008 年金融海嘯重創某國經濟活動，何者錯誤？ (a) AD 曲線左移讓景氣掉落藍燈區 (b) 出現通縮而引起實質利率上漲 (c) 通縮率上漲造成實質利率下跌 (d) 循環性失業率上升

12. 1991 年波斯灣戰爭在短期內摧毀科威特半數的資本存量，但僅有少數人員傷亡，此一戰爭對該國影響，何者正確？ (a) 物價與實質利率下跌 (b) 勞動邊際生產力因資本減少而遞減 (c) 貨幣工資與實質工資同時下降 (d) 名目產出與實質產出同時下跌

13. 某國人民預期通膨率上漲，將會發生何種結果？ (a) 可貸資金供給曲線左移，推動貨幣利率上漲 (b) 勞動需求曲線右移，推動實質工資上漲 (c) 人們工作意願上升，促使勞動供給曲線右移，引起 AS 曲線右移 (d) 廠商投資意願下降，促使 IS 曲線與 AD 曲線左移

（14.）～（26.）在其他條件不變下，某國期初落在自然產出環境。試回答與此相關的問題。

14. 某國民間支出遞增產生的短期影響，何者錯誤？ (a) 創造通膨缺口 (b) 貨幣利率上漲，而實質利率下跌 (c) 循環性失業率轉為正值 (d) 通膨率為正值

15. 該國的自然產出增加，何種因素係屬可能？ (a) 資本存量累積 (b) 出口暫時性減少 (c) 央行增加貨幣供給 (d) 勞動力減少

16. 該國主計總處檢視自然產出增加的原因，何者錯誤？ (a) 廠商長期引進外籍勞工 (b) 每人資本增加 (c) 技術創新提升勞動生產力 (d) 物價上漲引起實質工資下跌

17. 該國短期內出現實際產出超越自然產出現象，何者錯誤？ (a) 實際失業率小於自然失業率 (b) 實際物價大於預期物價 (c) 通膨率超越貨幣工資上漲率 (d) 濫竽充數讓自然失業率變為負值

18. 該國落在自然產出環境將會衍生各種現象，何者錯誤？ (a) 物價將由總需求決定 (b) 無結構性失業 (c) 實質工資固定，貨幣工資浮動 (d) AS 曲線將缺乏物價彈性

19. 該國處於自然產出環境，勞動市場將呈現何種狀況？ (a) 自然失業率是實際失業率扣除循環性失業率 (b) 實際失業率扣除廠商追求利潤極大的就業率，就是自然失業率 (c) 貨幣工資上漲率為零 (d) 失業者若非求職者，就是身懷技術條件不夠格者

20. 總體理論對該國處於自然產出環境的相關說法，何者正確？　(a) 實質工資與貨幣工資兩者的變動率相等　(b) SAS-LAS-AD 三條曲線同時交於一點　(c) 名目產出與實質產出成長率為零　(d) 名目利率等於實質利率

21. 受到新冠肺炎衝擊，該國脫離自然產出環境，而在重回長期均衡的過程中，何者正確？　(a) LAS 曲線將轉為完全具有物價彈性的 SAS 曲線　(b) 勞動市場將出現隱藏性與結構性失業　(c) 實質工資下跌率為零　(d) 預期通膨率等於實際通膨率

22. 該國若一直處於自然產出環境，何者錯誤？　(a) 央行調高貨幣成長率，貨幣工資將會等比率上漲　(b) 該國的失業者全屬自願性失業　(c) 物價上漲將引起實質工資下跌　(d) 物價將由總需求決定

23. 該國處於自然產出環境，將隱含何種意義？　(a) AS 曲線缺乏物價彈性　(b) 該國已經達成總體均衡，通膨率與實質產出成長率均為零　(c) 勞動市場處於均衡，實質工資等於貨幣工資　(d) 自然失業不存在，但仍有隱藏性失業

24. 該國落在自然產出環境，央行執行量化寬鬆產生的影響，何者錯誤？　(a) 貨幣工資上漲　(b) 名目產出增加　(c) 自然失業率不變　(d) 摩擦性失業率淪為負值

25. 該國處於自然產出環境，央行穩定貨幣供給不變。主計總處發布物價出現上漲，何者可能與此無關？　(a) 貨幣流通速度攀升造成的結果　(b) 貨幣需求增加釀成的結果　(c) 油價飆漲造成自然產出下降的結果　(d) 可能引起名目產出增加

26. 某國通膨率相對低於貨幣成長率，何種解釋可能正確？　(a) 景氣陷入藍燈環境，造成貨幣流通速度降低　(b) 利率上漲引起貨幣需求下降　(c) 景氣增溫邁向紅燈境界，加速貨幣流通速度上升　(d) 通膨引發貨幣工資上漲，引起 AS 曲線左移

27. 某國實質產出與貨幣供給維持不變，通膨率上漲意味著何種現象？　(a) 貨幣利率上漲刺激貨幣流通速度上升　(b) 名目產出增加提高貨幣需求　(c) 實質匯率貶值將會降低總需求　(d) 名目產出可能維持不變

28. 在其他條件不變下，不論 AS 曲線呈現何種型態，某國民間需求上升，將會導致何種結果？　(a) AD 曲線右移　(b) 均衡貨幣所得上升　(c) 實質產出上升　(d) 物價上漲

答案：

1. (b)	2. (b)	3. (c)	4. (b)	5. (b)	6. (d)	7. (b)	8. (c)	9. (c)	10. (a)
11. (c)	12. (b)	13. (a)	14. (c)	15. (a)	16. (d)	17. (d)	18. (b)	19. (a)	20. (b)
21. (a)	22. (c)	23. (a)	24. (d)	25. (c)	26. (a)	27. (a)	28. (a)		

8.2 貨幣數量學說

8.2.1 貨幣數量學說的型態

1. 貨幣數量學說旨在闡述貨幣、物價與產出間的關係，何者並非該學說觀點？ (a) 長期貨幣流通速度近似於常數 (b) 貨幣數量增加長期僅會推動物價等比例上漲 (c) 長期實質產出與貨幣數量密切相關 (d) 貨幣流通速度長期不受實質產出影響

2. 人們以需要工時多寡衡量來換取貨幣，則需要工時增加，將會產生何種結果？ (a) 貨幣的價格下降 (b) 貨幣的價格上升 (c) 貨幣的實質價格不變，名目價格上升 (d) 貨幣的實質或名目價格不變

3. M 是貨幣，y 是實質產出，P 是物價，V 是流通速度，何者是貨幣所得流通速度？
   (a) $\dfrac{M \times y}{P}$ (b) $\dfrac{P \times M}{y}$ (c) $\dfrac{P \times y}{M}$ (d) $(P \times y) + M$

4. 依據 $MV = Py$ 的說法，V 是固定值，央行追求穩定通膨，必須訂定貨幣成長率為何？ (a) 貨幣成長率為零 (b) 貨幣成長率等於經濟成長率 (c) 貨幣成長率等於利率變動率 (d) 貨幣成長率等於預期通膨率

5. 某國央行經研處檢視 M_2 流通速度變化，何種結果正確？ (a) 長期相對穩定 (b) 長期呈現高度波動性 (c) 唯有以年度衡量方才穩定 (d) 顯然高於 M_{1B} 流通速度

6. 某國實際通膨率是 1.5%，實質產出成長 3%，而央行控制貨幣成長率是 5%，則貨幣流通速度變動為何？ (a) 0 (b) −0.5% (c) +4.5% (d) +0.5%

7. 某國實質產出成長 3%，貨幣流通速度成長 1%，央行控制貨幣成長率是 3%，則通膨率為何？ (a) + 1% (b) 固定或零變動 (c) 與貨幣成長率相同或 3% (d) −1%

8. 貨幣數量學說成立隱含的關鍵假設為何？ (a) 貨幣供給固定 (b) 貨幣流通速度固定 (c) 物價變動比率等於實質產出變動比率 (d) 名目產出變動為零

9. Milton Friedman 斷言「通膨純粹是貨幣現象」是立基於何種假設？ (a) 貨幣數量學說 (b) 名目產出成長固定 (c) 物價與實質產出以相同比率成長 (d) 央行控制貨幣成長率固定

10. 由貨幣數量方程式衍生的說法，何者正確？ (a) 可視為流通速度的定義 (b) 隱含流通速度為固定值 (c) 隱含物價與貨幣供給呈固定比例 (d) 隱含實質產出與貨幣供給呈固定比例

11. 某國實質產出逐年成長，貨幣所得流通速度卻逐年下降，則貨幣需求的所得彈性可能為何？ (a) 0.5 (b) 0.75 (c) 1 (d) 1.25

12. 依據貨幣數量學說，貨幣流通速度若非固定值，央行追求穩定貨幣供給，則利率上升對流通速度與所得影響分別為何？ (a) 貨幣流通速度與名目所得都增加 (b) 貨幣流通速度與名目所得都減少 (c) 貨幣流通速度增加與實質所得下降 (d) 貨幣流通速度下降與

實質所得增加

13. 在貨幣數量學說的交易方程式中，有關交易量的內容，何者錯誤？　(a) 金融商品交易量必須計入　(b) 商品交易量可重複計入　(c) 採取貨幣交易才可計入　(d) 非當期生產的商品交易量亦可計入

14. 某國採取雙週薪制，每兩週產值 2,000 元，第 2 週星期五發給勞工薪資 2,000 元，勞工在週末支出 2,000 元，貨幣存量為 2,000 元。在這種情況下，每年的貨幣所得流通速度為何？　(a) 104 次　(b) 52 次　(c) 78 次　(d) 26 次

15. 某國央行公布 M_2 餘額超過 M_{1A} 餘額四倍以上，則 M_{1A} 流通速度應該為何？　(a) 小於 M_2 流通速度的 1/4　(b) 等於 M_2 流通速度　(c) 等於 4　(d) 超過 M_2 流通速度四倍

16. 依據貨幣數量學說，央行將貨幣供給緊縮為原先的 $\left(\frac{1}{2}\right)$，將造成何種衝擊？　(a) 短期實質產出驟減 $\left(\frac{1}{2}\right)$，長期物價則減少 $\left(\frac{1}{2}\right)$　(b) 實質產出降低 $\left(\frac{1}{2}\right)$　(c) 短期就業驟減 $\left(\frac{1}{2}\right)$，長期物價將上漲 $\left(\frac{1}{2}\right)$　(d) 物價下降 $\left(\frac{1}{2}\right)$

17. 貨幣數量學說假設貨幣流通速度固定，將可解釋何種結果？　(a) 在貨幣成長率固定下，實質成長率愈高，名目所得成長率愈高　(b) 在貨幣成長率固定下，實質產出成長率愈高，通膨率愈低　(c) 實質產出成長率高於貨幣成長，名目所得成長率必然上漲　(d) 貨幣成長率等於實質產出成長率，名目所得將出現負成長

18. 依據貨幣數量學說，某國央行訂定貨幣成長率為 5%，貨幣流通速度成長率為 3%，實質產出成長率為 4%，則通膨率與名目產出成長率各為何？　(a) 4%；8%　(b) 8%；4%　(c) 2%；4%　(d) 4%；2%

19. 央行經研處實證研究 M_2 流通速度，結果呈現何種現象？　(a) 短期具有高度穩定性　(b) 景氣閃爍藍燈，將會提高流通速度　(c) 金融科技進步將會降低流通速度　(d) 長期呈現相對穩定

20. 下列敘述，何者正確？　(a) 在跨越所有期間中，M_2 流通速度相對穩定　(b) M_2 流通速度相對 M_{1A} 流通速度不穩定　(c) 短期的 M_2 流通速度較長期波動劇烈　(d) Fisher 假設貨幣流通速度在長期穩定是錯誤

21. 在貨幣數量學說 $MV = Py$ 中，$\frac{1}{V}$ 代表何種意義？　(a) 貨幣流通速度　(b) 平均每元換手的次數　(c) 人們在名目所得中持有交易媒介的比例　(d) 名目所得的流通速度

22. 貨幣數量學說關注的焦點，何者正確？　(a) 實質貨幣需求受實質所得影響　(b) 貨幣流通速度相當穩定　(c) 貨幣數量增加長期一定引起物價上漲　(d) 實質產出在長期受貨幣數量影響

23. 平均而言，每元貨幣在每年用於購買商品與勞務四次，則貨幣流通速度為何？　(a) 1/4　(b) 4　(c) 貨幣供給除以 4　(d) 名目產出除以 4

24. 在其他因素不變下，交易方程式係以某國所有交易量取代實質產出，貨幣流通速度將如何變化？ (a) 持平 (b) 降低 (c) 增加 (d) 無法確定其變化

25. 由貨幣數量方程式 $MV = Py$ 衍生的 AD 曲線形狀為何？ (a) 缺乏物價彈性的垂直線 (b) 具有完全物價彈性的水平線 (c) 單一物價彈性的負斜率曲線 (d) 正斜率

26. 貨幣數量學說假設貨幣流通速度固定，將隱含何種意義？ (a) 反映貨幣需求呈現遞減現象 (b) 貨幣需求為固定值 (c) 物價與貨幣供給存在固定比例關係 (d) 名目產出與貨幣需求呈現固定比例

27. 下列敘述，何者正確？ (a) 在跨越所有期間中，M_2 流通速度都相對穩定 (b) M_2 流通速度相對 M_{1B} 流通速度缺乏穩定性 (c) 短期 M_2 流通速度相對長期更具波動性 (d) M_2 流通速度在長期間呈現的增現象

28. 某國貨幣成長率與實質產出成長率都為零，則物價變動為何？ (a) 也是零 (b) 等於貨幣流通速度變動率 (c) 等於貨幣成長率扣除貨幣需求成長率 (d) 等於實質貨幣需求成長率

29. 面對新冠肺炎衝擊，某國景氣由黃紅燈遽降為藍燈，貨幣流通速度將如何變化？ (a) 維持相對穩定 (b) 些微遞增 (c) 劇烈上升 (d) 遞減

30. 某國央行經研處預估當年的貨幣流通速度持平，而貨幣成長率與經濟成長率預估為 10% 及 6%，則該年預估通膨率為何？ (a) 10% (b) 6% (c) 4% (d) 16%

31. 貨幣流通速度的定義為何？ (a) $\dfrac{MP}{y}$ (b) $\dfrac{y}{MP}$ (c) $\dfrac{M}{Py}$ (d) $\dfrac{Py}{M}$

32. 依據 Wicksell 的所得學說，央行緊縮貨幣成長率 10%，長期將產生何種影響？ (a) 經濟成長率減少 10% (b) 物價下跌 10% (c) 貨幣流通速度減少 10% (d) 實質產出減少 10%

答案：

1. (c)	2. (b)	3. (c)	4. (b)	5. (a)	6. (b)	7. (a)	8. (b)	9. (a)	10. (c)
11. (d)	12. (a)	13. (b)	14. (d)	15. (a)	16. (b)	17. (b)	18. (a)	19. (d)	20. (c)
21. (c)	22. (c)	23. (b)	24. (c)	25. (c)	26. (c)	27. (c)	28. (b)	29. (d)	30. (c)
31. (d)	32. (b)								

8.2.2 貨幣數量學說內涵

一、依據貨幣數量學說闡述的經濟變數關係，回答下列問題。

1. 體系內物價變動將與何種變數有關？ (a) 實質產出 (b) 自然失業率 (c) 貨幣成長率 (d) 利率

2. 在某些變數不變下，貨幣數量學說認為的因果關係是針對何者而言？ (a) 利率、物價

(b) 貨幣供給、物價　(c) 利率、產出　(d) 貨幣供給、流通速度

3. 央行實施量化寬鬆將會影響何種變數？　(a) 流通速度、物價與實質產出　(b) 物價與實質產出　(c) 物價與名目產出　(d) 實質產出

4. 體系出現通縮的主要原因為何？　(a) 實質產出成長率淪為負值　(b) 政府預算赤字規模擴大　(c) 政府預算盈餘擴大　(d) 央行降低貨幣成長率

5. 何種條件將讓貨幣中立性成立？　(a) 貨幣供給與實質產出不變　(b) 貨幣供給與物價不變　(c) 貨幣流通速度與實質產出不變　(d) 貨幣流通速度與物價不變

6. 有關體系內 AD 曲線的說法，何者正確？　(a) 建立在貨幣供給固定的假設　(b) 可表示為 $\frac{MV}{Py}$　(c) 係落在自然產出的垂直線　(d) 顯示物價與實質產出間存在正向關係

7. 有關體系內 AS 曲線的看法，何者正確？　(a) 高物價鼓勵增產，AS 曲線將是正斜率　(b) 高物價鼓勵減產，AS 曲線呈現負斜率　(c) AS 曲線是位於自然產出的垂直線　(d) 除非貨幣供給變動，否則物價不變，AS 曲線呈現水平線

8. 依據貨幣數量學說，體系內實質產出上升 1%，長期將會產生何種結果？　(a) 貨幣需求增加 1%　(b) 貨幣需求增加少於 1%　(c) 貨幣需求增加超過 1%　(d) 利率才是決定貨幣需求的主要因素，故對貨幣需求無影響

9. 某國央行控制貨幣餘額為 1,000，平均物價為 2，商品與勞務交易量為 1,500，則貨幣流通速度（V）為何？　(a) 2.5　(b) 3　(c) 5　(d) 6

10. 貨幣數量學說的關鍵假設為何？　(a) 貨幣成長率為零　(b) 流通速度固定　(c) 通膨率等於實質產出成長率　(d) 名目產出變動為零

11. 體系內通膨最終將由誰控制？　(a) 民間廠商設定價格　(b) 石油價格　(c) 控制產出者　(d) 央行控制貨幣供給

12. 貨幣數量學說認為人們的名目貨幣需求下降 2%，將會導致何種結果？　(a) 實質產出成長 2%　(b) 循環性失業率增加 2%　(c) 通膨率上升 2%　(d) 名目利率下降 2%

13. 依據貨幣數量學說，貨幣中立性在何種條件下成立？　(a) 貨幣供給與實質產出不變　(b) 貨幣供給與物價不變　(c) 貨幣流通速度與實質產出不變　(d) 貨幣流通速度與物價不變

14. 實質貨幣餘額成長率係指何者而言？　(a) 名目貨幣成長率減去通膨率　(b) 名目貨幣長率除以通膨率　(c) 名目貨幣成長率加上通膨率　(d) 通膨率除以名目貨幣成長率

15. 某國實質貨幣餘額成長率固定隱含的說法，何者錯誤？　(a) 貨幣成長率等於通膨率　(b) 名目利率是實質利率加上貨幣成長率　(c) 隨著時間經過，實質貨幣餘額固定　(d) 貨幣成長率等於貨幣流通速度成長率

16. 某國央行穩定貨幣成長率，何種結果正確？　(a) 貨幣成長率等於通膨率　(b) 名目利率上漲　(c) 實質貨幣餘額遞減　(d) 貨幣流通速度成長率遞減

17. 某國央行穩定貨幣成長率，將會產生何種結果？ (a) 通膨率遞增 (b) 名目利率是實質利率加上貨幣成長率 (c) 實質貨幣餘額遞減 (d) 貨幣流通速度成長率遞減

18. 在其他條件不變下，某國央行維持貨幣成長率固定，何者正確？ (a) 通膨率遞增 (b) 名目利率遞減 (c) 隨著時間經過，實質餘額將維持不變 (d) 貨幣流通速度成長率遞減

19. 某國貨幣市場的名目利率為 5%，實際通膨率為 3%。隨著央行將貨幣成長率提高到 5%，則預期實質餘額如何變化？ (a) 遞減 (b) 遞增 (c) 持平 (d) 波動

20. 某國金融市場的名目利率為 4%，實際通膨率為 2%。央行若將貨幣成長率增加到 3%，則預期名目利率為何？ (a) 6% (b) 0 (c) 2% (d) 5%

21. 某國貨幣市場的名目利率為 4%，實際通膨率為 2%。央行將貨幣成長率提高到 5%，則預期通膨率為何？ (a) 6% (b) 7% (c) 2% (d) 5%

22. 某國金融市場的名目利率為 5%，實際通膨率為 3%。央行若將貨幣成長率降低到 2%，則預期通膨率為何？ (a) 8% (b) 7% (c) 2% (d) 5%

答案：

1. (c)　　2. (b)　　3. (c)　　4. (d)　　5. (c)　　6. (a)　　7. (c)　　8. (a)　　9. (b)　　10. (b)
11. (d)　　12. (c)　　13. (c)　　14. (a)　　15. (d)　　16. (a)　　17. (b)　　18. (c)　　19. (b)　　20. (d)
21. (d)　　22. (c)

二、依據貨幣數量學說隱含的說法，回答下列問題。

1. 有關央行執行貨幣政策的效果，何者正確？ (a) 央行提高貨幣成長率，名目產出成長率仍將持平 (b) 貨幣在體系內扮演價值儲藏角色 (c) 貨幣具有中立性，央行改變貨幣政策，對實質變數毫無影響 (d) 央行緊縮貨幣成長率一半，實質產出成長率將會減為一半

2. 在其他條件不變下，何者將引起短期名目產出增加？ (a) 名目利率下降 (b) 實質利率上升 (c) 貨幣的交易流通速度增加 (d) 貨幣供給減少

3. 體系內相關成長率的關係，何者正確？ (a) 貨幣流通速度持平，實質產出成長率大於零，通膨率將小於貨幣成長率 (b) 貨幣流通速度成長率與貨幣成長率均為零，通膨率將為零 (c) 實質產出成長率與流通速度成長率為零，通膨率將大於貨幣成長率 (d) 通膨率大於零，貨幣成長率將大於零

4. 某國貨幣流通速度呈現穩定值，何種現象正確？ (a) 在實質產出成長率固定下，貨幣成長率等於名目利率與通膨率的差額 (b) 央行穩定貨幣成長率，實質產出成長率等於名目產出成長率 (c) 實質產出成長率若等於貨幣成長率，通膨率將等於零 (d) 在名目產出成長率固定下，實質產出成長率等於貨幣成長率加上通膨率

5. 某國名目產出成長率超過貨幣成長率，何種解釋合理？ (a) 實際失業率超過自然失業

率　　(b) 貨幣流通速度成長率淪爲負值　　(c) 金融創新降低人們的貨幣需求　　(d) 人們工作意願低落，造成總供給減少

6. 某國通膨率爲 1.5%，實質產出成長率爲 3%。央行將貨幣成長率控制在 5%，貨幣流通速度變動率將爲何？　(a) 0　(b) –0.5%　(c) 4.5%　(d) 0.5%

7. 某國貨幣流通速度成長 1%，實質產出成長率爲 3%，央行控制貨幣成長率爲 2%，通膨率變動率爲何？　(a) 0%　(b) 1%　(c) 3% 或與貨幣成長率相同　(d) –1

8. 在其他條件不變下，某國經濟活動係遵循貨幣數量學說模式運作，何者正確？　(a) 貨幣流通速度遞增將引起實質產出增加　(b) 央行買回定存單，將引起貨幣流通速度上漲　(c) 勞動生產力遞增將引起實質產出增加，帶動貨幣流通速度下跌　(d) 貨幣供給 $M^S =$ 500、名目產出 $Y = 1,200$，則貨幣流通速度 $V = 2.4$

9. 在其他條件不變下，由貨幣數量學說衍生的說法，何者正確？　(a) 貨幣流通速度愈快，物價上漲愈兇　(b) 貨幣流通速度愈慢，物價將會愈高　(c) 貨幣流通速度愈快，物價變化將視利率變動而定　(d) 物價與貨幣流通速度變化無關

10. 某國央行經研處檢視 2020 年的貨幣流通速度遞增，何者可能正確？　(a) 利率下降　(b) 名目支出與貨幣餘額等比例增加　(c) 實質支出與實質餘額等比例增加　(d) 網路金融興起，促使人們減少持有貨幣

11. 有關貨幣數量學說的敘述，何者錯誤？　(a) 貨幣成長率增加將引起通膨率同步上漲　(b) 貨幣學派的思維是貨幣數量學說的延伸　(c) 貨幣數量變動將可用於解釋長期物價變動　(d) 物價與貨幣流通速度無關

12. 某國處於長期均衡環境，如果忽略貨幣流通速度變動，何者成立？　(a) 通膨率爲零　(b) 通膨率等於貨幣成長率　(c) 通膨率等於貨幣成長率扣除自然產出成長率　(d) 通膨率等於貨幣成長率加上名目產出成長率

13. 某國貨幣需求函數爲 $M^d = 0.5Py$，M 是貨幣數量，P 是物價，y 爲實質所得。在貨幣市場達成均衡時，依據貨幣數量學說，貨幣所得流通速度爲何？　(a) 0.2　(b) 0.5　(c) 1　(d) 2

14. 某國物價與貨幣數量已知，一旦貨幣流通速度下降，對總需求衝擊爲何？　(a) 應該減少　(b) 應該增加　(c) 由於貨幣數量固定，總需求將是持平　(d) 總需求不受貨幣流通速度影響

15. 除何種因素外，貨幣數量學說認爲貨幣數量與物價間的嚴格比例關係將被破壞？　(a) 預期通膨變動改變流通速度　(b) 非預期通膨變動引起產出變動　(c) 銀行決策變動改變流通速度　(d) 穩定通膨的延長期間

16. 何種結論無法與古典貨幣數量學說契合？　(a) 通膨純粹是貨幣現象　(b) 貨幣流通速度固定　(c) 貨幣數量變化將會影響實質部門與貨幣部門　(d) 短期實質產出固定

17. 基於貨幣數量學說，央行預估明年經濟成長率爲 5%，通膨率推估爲 3%，貨幣的流通

速度持平下，則應將貨幣成長目標訂在： (a) –2% (b) 2% (c) 8% (d) 15%

18. 央行若要維持實質餘額不變，何者必須成立？ (a) 貨幣流通速度必須持平 (b) 貨幣成長率必須等於通膨率 (c) 貨幣數量與物價必須不變 (d) 總供給必須維持不變

19. 體系出現超額貨幣需求，將會造成何種結果？ (a) 貨幣供給將自動增加 (b) 物價將下跌以降低名目貨幣需求 (c) 實質產出增加 (d) 金融體系失衡將持續存在

20. 某國貨幣成長率超越貨幣需求成長率，釀成資金四處氾濫，將會造成何種結果？ (a) 消費者支用額外貨幣，但不影響經濟活動 (b) 貨幣被迫趕出體系，超額貨幣自然消失 (c) 消費者支用額外貨幣推動物價上漲，自然將超額貨幣全部吸收 (d) 實質貨幣需求增加以吸收過剩貨幣

21. 依據貨幣數量學說，央行實施量化寬鬆將導致何種結果？ (a) 在實質產出與貨幣流通速度不變下，物價上漲 (b) 在貨幣流通速度不變下，物價與實質產出上漲 (c) 在貨幣流通速度不變下，物價上漲而實質產出遞減 (d) 在物價與實質產出不變下，貨幣流通速度上漲

22. 貨幣數量學說指出，央行增加貨幣供給產生影響為何？ (a) 總需求等比例左移 (b) 總供給等比例左移 (c) 總支出等比例增加 (d) 總產出等比例增加

23. 依據貨幣數量學說，體系內金融創新盛行，將會產生何種結果？ (a) 貨幣流通速度降低 (b) 物價趨於上漲 (c) 貨幣需求增加 (d) 實質產出增加

24. 依據貨幣數量學說，在貨幣流通速度固定下，貨幣供給成長 10% 將會導致何種結果？ (a) 物價等比例上漲 10% (b) 實質產出等比例上漲 10% (c) 物價與實質產出變動比例總和等於 10% (d) 在物價與產出變動比例差額等於 10%

25. 某國央行穩定貨幣數量不變，貨幣流通速度持平，物價上漲對總需求衝擊為何？ (a) 由於貨幣數量不變，將無影響 (b) 總需求增加 (c) 目前貨幣的實質購買力降低，總需求減少 (d) 高物價將會增加名目產出，是以總需求增加

26. 依據貨幣數量學說，某國的貨幣流通速度若非固定值，而貨幣供給固定，則利率上升對流通速度與名目所得影響分別為何？ (a) 兩者同時增加 (b) 前者增加，而後者減少 (c) 兩者同時下降 (d) 前者減少，後者增加

答案：

1. (c)　　2. (c)　　3. (a)　　4. (c)　　5. (c)　　6. (b)　　7. (a)　　8. (d)　　9. (a)　　10. (d)

11. (d)　12. (c)　13. (d)　14. (a)　15. (a)　16. (c)　17. (c)　18. (b)　19. (b)　20. (c)

21. (a)　22. (c)　23. (b)　24. (a)　25. (c)　26. (a)

8.3 古典學派總體理論

8.3.1 古典學派的特質

1. 從古典學派觀點來看，何者錯誤？　(a) 政府增加支出將可提升產出　(b) 勞動市場永遠處於自然就業均衡　(c) 名目變數變動對實質變數毫無影響　(d) 物價浮動調整

2. 依據古典學派說法，何者正確？　(a) 價格機能運作失靈　(b) 政府追求達到自然就業　(c) 價格機能運作長期促使體系達到自然就業　(d) 央行不應控制貨幣供給

3. 古典學派設定總體模型所做的隱含假設，何者錯誤？　(a) 體系內所有市場均屬完全競爭　(b) 政府預算維持平衡　(c) 廠商追求利潤最大，而家計部門追求效用最大　(d) 無人受到貨幣幻覺之害

4. 貨幣數量學說認為貨幣供給增加部會影響實質產出，僅會造成物價等比例上升，此種看法稱為：　(a) 貨幣中立性　(b) 貨幣獨立性　(c) 貨幣之外生性　(d) 貨幣內生性

5. 「貨幣中立性臆說」成立，央行執行量化寬鬆將出現何種結果？　(a) 實質產出增加　(b) 就業率上升　(c) 實質工資上升　(d) 通膨率上升

6. 某國的名目產出持平，貨幣所得流通速度上升，將會產生何種影響？　(a) 實質產出增加　(b) 貨幣需求減少　(c) 物價上漲　(d) 貨幣利率上升

7. 依據古典學派觀點，何者正確？　(a) 自然就業並非勞動市場常態　(b) 價格浮動調整　(c) 有效需求不足　(c) 貨幣工資調整緩慢

8. 有關古典學派特色的敘述，何者錯誤？　(a) 以 Say 法則和貨幣數量學說作為理論基礎　(b) 古典學派屬於需求面經濟學　(c) 貨幣數量變動僅會影響物價，對實質產出毫無影響　(d) 貨幣具有中立性

9. 有關 Say 法則的敘述，何者正確？　(a) 當所得增加，消費也增加　(b) 當所得上升，儲蓄會增加　(c) 供給能為本身創造需求　(d) 失業永遠來自於需求不足

10. 在古典模型中，體系內產出由何者決定？　(a) 總供給與總需求相互運作結果　(b) 僅由勞動市場均衡決定　(c) 僅由總需求因素決定　(d) 體系內總支出曲線的位置

11. 在古典模型中，體系達成長期均衡的過程中，何者無須維持固定？　(a) 勞動僱用數量　(b) 時間偏好　(c) 技術　(d) 勞動供給

12. 依據古典學派看法，人們預期通膨率上漲，將會造成何種結果？　(a) 實質工資上漲，而貨幣流通速度下降　(b) 實質利率與流通速度均下降　(c) 貨幣利率上漲，而貨幣流通速度增加　(d) 實質利率下降，而貨幣需求增加

13. 有關 Say 法則衍生的經濟推論，何者錯誤？　(a) 體系不可能出現全面性失業　(b) 商品市場供給總額應等於需求總額　(c) 失業有時是長期的經濟現象　(d) 若所有商品價格完全浮動，體系將達成自然就業

14. 有關古典學派的敘述，何者錯誤？ (a) 主張 Say 法則，甚少討論總需求組成內容 (b) 貨幣數量學說是古典學派貨幣理論的核心 (c) 利率浮動調整促使儲蓄永遠等於投資 (d) 貨幣政策相對財政政策有效，主張以擴大貨幣供給來刺激景氣

15. 有關古典學派的敘述，何者錯誤？ (a) 基於 Say 法則，體系內需求將創造本身的供給 (b) 貨幣政策與財政政策對實質產出與就業毫無作用 (c) 貨幣僅會影響物價，對實質變數毫無影響 (d) 自然就業是體系常態，長期均衡將會自動達成

16. 貨幣中立性係指，體系內貨幣供給變動產生的影響為何？ (a) 不影響物價與實質產出 (b) 只引起物價變動，對實質產出則無影響 (c) 只引起循環性失業變化，對物價則無影響 (d) 引起自然產出變動，對利率則無影響

17. 貨幣具有中立性，央行調整名目貨幣成長率的效果為何？ (a) 僅會影響自然產出成長率，但不影響通膨率 (b) 通膨率與貨幣成長率等比例增加 (c) 實際失業率將與貨幣成長率等比例增加 (d) 失業率減少將等於貨幣成長率

18. 在其他條件不變下，古典學派認為廠商對資本財的預擬支出將與何者有關？ (a) 直接與實質利率呈正相關 (b) 直接與名目利率呈正相關 (c) 與實質利率呈反向關係 (d) 與貨幣利率呈反向關係

19. 在古典模型中，廠商預擬增加廠房設備支出，將會落在何種狀況？ (a) 從投資獲取的預期報酬率等於利率 (b) 預擬儲蓄等於預擬投資 (c) 可貸資金需求等於可貸資金供給 (d) 商品與勞務的總需求等於商品與勞務的總供給

20. 在其他條件不變下，古典學派認為人們從所得中預擬儲蓄數量將與何者有關？ (a) 與實質利率呈正相關 (b) 與貨幣利率呈正相關 (c) 與實質利率呈反向關係 (d) 與名目利率呈反向關係

21. 如果 Say 法則正確，何種狀況未必成立？ (a) 生產商品將創造等額的商品需求 (b) 不會發生全面超額商品生產 (c) 勞工與其他資源充分僱用 (d) 政府預算必須維持平衡

22. 在古典模型中，體系出現技術進步，將會產生何種結果為何？ (a) 實質產出增加與物價下跌 (b) 實質產出與名目產出同時增加 (c) 實質產出增加，名目產出下跌 (d) 實質產出增加，名目產出不變

23. 古典學派相信 AD 曲線與 AS 曲線移動將相互抵銷，何者正確？ (a) 物價上漲，產出則因總需求變動而下降 (b) 失業水準固定 (c) 物價固定 (d) 物價呈現循環性波動

24. 古典學派指出，物價與貨幣工資浮動調整將會發揮何種效果？ (a) 自我調整體系保證物價與產出固定 (b) 自我調整體系維持物價固定與超過自然失業率 (c) 物價與產出無須來自政府穩定政策支持 (d) 財政部與央行將可無為而治

25. 依據古典學派理論，何者正確？ (a) 古典二分成立，貨幣中立性一定成立 (b) 貨幣中立性成立，古典二分一定成立 (c) 古典二分與貨幣中立性無關 (d) 古典二分與貨幣中立性無法同時成立

26. 何者不是古典學派的主要假設或觀點？　(a) 人們具有貨幣幻覺　(b) 市場屬於完全競爭型態　(c) 個人與廠商有理性自利行為　(d) 市場機能不會失靈

27. 政府為彌補預算赤字，盡量避免使用何種資金來源？　(a) 課徵所得稅　(b) 發行公債賣給大眾　(c) 發行國庫券賣給銀行　(d) 發行公債由央行買進

28. 古典模型認為 Say 法則正確，體系內實質利率漲跌將會導致何者相等？　(a) 產出與消費　(b) 消費與儲蓄　(c) 消費與投資　(d) 投資與儲蓄

29. 有關古典學派的主張，何者正確？　(a) 貨幣供給決定總需求　(b) 由於貨幣數量無法決定物價，是以貨幣政策不重要　(c) 貨幣數量影響利率與實質工資　(d) 物價上漲比例超過貨幣供給增加

30. 何種敘述符合古典體系的主張？　(a) 自然就業存在促使貨幣工資缺乏浮動性　(b) 達成自然就業的必要條件是貨幣工資完全浮動　(c) 自然就業可以輕易地用貨幣工資向下僵化解釋　(d) 達成自然就業的必要條件是不完全市場結構

31. 依據古典學派的總需求函數，貨幣流通速度遞減將會導致何種結果？　(a) AD 曲線左移，物價下跌，實質產出不變　(b) AD 曲線右移，物價上漲，實質產出不變　(c) 由於較高流通速度增加貨幣供給，AD 或 AS 不變　(d) AD 曲線右移，物價上漲，名目產出不變

32. 在古典體系中，何者不包括在自我穩定機能中？　(a) 貨幣工資向下調整僵化　(b) 物價浮動性　(c) 貨幣工資浮動性　(d) 利率

33. 依據古典學派，有關儲蓄函數內涵的說法，何者錯誤？　(a) 人們儲蓄將與實質利率呈正相關　(b) 人們儲蓄將與時間偏好率呈負相關　(c) 實質可貸資金供給的核心是人們的儲蓄　(d) 通膨率愈高將會提高貨幣利率，吸引人們增加儲蓄

34. 古典體系指出體系內產出與就業主要取決於何種因素？　(a) 人口、生產力與技術　(b) 資本形成、節儉與技術　(c) 人口、資本形成與技術　(d) 人口、生產力與節儉

35. 在古典模型中，有關廠商投資函數的說法，何者錯誤？　(a) 將與貨幣利率呈負相關　(b) 資本的邊際生產力愈高，廠商將增加投資　(c) 通膨率上漲將提高貨幣利率，廠商將會降低投資　(d) 廠商的投資支出是可貸資金需求的核心

36. 人們持有貨幣的邊際傾向是 4，貨幣供給是 20，則古典體系的總需求函數為何？　(a) $P = 5Y$　(b) $\frac{P}{Y} = 80$　(c) $P = \frac{1}{5Y}$　(d) $P = \frac{5}{Y}$

37. 古典學派認為央行緊縮政策將會產生何種結果？　(a) AS 曲線右移，物價下降　(b) AD 曲線右移，物價上漲　(c) AD 曲線右移，物價下跌　(d) AD 曲線左移，物價下跌

38. 古典學派指出高貨幣成長率將會產生何種結果？　(a) 商品需求增加對物價造成下跌壓力　(b) 商品需求增加對總產出造成上升壓力　(c) 對物價造成上漲壓力，但是降低商品需求　(d) 商品需求增加促使物價上漲

39. 在其他條件不變下，「貨幣中立性」若成立，央行改變貨幣數量，將會產生何種結果？ (a) 實質產出改變，物價持平　(b) 物價改變，實質產出不變　(c) 物價和實質產出都改變　(d) 物價和實質產出都不變

40. 在古典體系中，貨幣數量扮演的角色，何種錯誤？　(a) 決定物價，而且在既定實質所得下，決定名目所得　(b) 不會影響均衡產出，就業與利率　(c) 影響均衡產出，就業與利率　(d) 僅會決定物價，對實質產出與就業沒有影響

41. 在古典體系中，均衡實質工資 $w = \dfrac{W}{P} = 2$，貨幣供給 $M^S = 15$，而 $k = 2$。假設體系均衡產出 $y = 4$，均衡貨幣工資為何？　(a) 3　(b) 2.5　(c) 2　(d) 3.75

42. 在古典體系，政府支出減少將會產生何種結果？　(a) 可貸資金需求曲線右移　(b) 可貸資金需求曲線左移　(c) 可貸資金供給曲線右移　(d) 可貸資金供給曲線左移

43. 依據古典學派理論，何者錯誤？　(a) 貨幣是層面紗，決定由實質經濟活動衡量變數的名目價值　(b) 貨幣對實質變數沒有影響　(c) 貨幣將是決定體系內的實質利率　(d) 貨幣數量變化透過餘額效果直接影響物價

44. 依據古典學派，在其他條件不變下，央行增加貨幣供給 10%，將會產生何種結果？ (a) 物價、實質工資與貨幣利率同時上漲 10%　(b) 物價、貨幣工資與貨幣利率同時上漲 10%　(c) 物價與貨幣工資同時上漲 10%，但是實質利率不變　(d) 物價上漲 10%，但是貨幣工資與實質利率不變

45. 某國貨幣數量增加而物價持平，總需求卻未變化，何者正確？　(a) 貨幣流通速度增加　(b) 總供給遞減　(c) 政府緊縮支出　(d) 貨幣流通速度遞減

46. 在古典模型中，體系內 LM 曲線為垂直線，何者正確？　(a) 政府支出增加，將會產生部分排擠效果　(b) 貨幣供給增加對實質產出毫無影響　(c) 貨幣流通速度固定　(d) 貨幣需求對利率變動呈現高度敏感性

答案：

1. (a)	2. (c)	3. (b)	4. (a)	5. (d)	6. (b)	7. (b)	8. (b)	9. (c)	10. (b)
11. (a)	12. (c)	13. (c)	14. (d)	15. (a)	16. (b)	17. (b)	18. (c)	19. (c)	20. (a)
21. (d)	22. (a)	23. (b)	24. (d)	25. (a)	26. (a)	27. (d)	28. (d)	29. (a)	30. (b)
31. (a)	32. (a)	33. (d)	34. (c)	35. (c)	36. (d)	37. (d)	38. (d)	39. (b)	40. (c)
41. (d)	42. (b)	43. (c)	44. (c)	45. (d)	46. (c)				

8.3.2 古典學派政策效果

1. 在古典學派觀點中，某國政府追求自然產出環境，何種策略正確？　(a) 政府干預　(b) 積極的經濟政策　(c) 增加儲蓄　(d) 工資和物價充分浮動調整

2. 在古典體系中，政府執行財政政策的長期效果，何者正確？　(a) 自然就業增加和物價

上漲　(b) 物價下降，循環性失業率下降　(c) 名目產出提高，實際失業率不變　(d) 物價和實質產出維持不變

3. 古典學派解決體系內失業的方法為何？　(a) 等待實質工資下降　(b) 政府直接干預市場　(c) 增加政府支出　(d) 增加貨幣供給

4. 某國 AD 曲線沿著古典學派或垂直 AS 曲線區域左移，將產生何種結果？　(a) 物價與就業率同時下降　(b) 名目產出減少　(c) 物價不受影響　(d) 實質產出與物價都不變

5. 古典模型指出引起體系內總需求變動的原因，何者錯誤？　(a) 物價變動　(b) 貨幣數量變動　(c) 貨幣流通速度變動　(d) 人們預擬持有的交易餘額變動

6. 古典模型認為央行執行量化寬鬆，何種結果錯誤？　(a) 降低循環性失業　(b) 實質產出不變　(c) 名目產出增加　(d) 實質利率不變

7. 在古典模型中，央行執行量化寬鬆不會引起何者上漲？　(a) 實質工資　(b) 非意願性失業　(c) 物價　(d) 名目產出

8. 古典模型指出某國實際物價低於長期均衡，何種結果正確？　(a) 總供給將超過總需求　(b) 總需求將超過總供給　(c) 物價趨於遞減　(d) 出現循環性失業

9. 就古典模型而言，央行執行量化寬鬆，何種長期效果錯誤？　(a) 物價上漲、名目產出增加　(b) 名目產出增加、自然就業不變　(c) 物價上漲、實質產出增加　(d) 名目產出增加、實質產出不變

10. 就古典模型而言，貨幣中立性係指在長期，某國調整貨幣數量僅會影響何者？　(a) 物價　(b) 實質工資　(c) 就業　(d) 某些商品與勞務的相對價格

11. 古典學派的自我調整機能在消除緊縮缺口時，將會發生何種狀況？　(a) AD 曲線左移　(b) AD 曲線右移　(c) SAS 曲線左移　(d) SAS 曲線右移

12. 在古典自我調整機能中，何者屬於調整速度最快者？　(a) 通膨預期　(b) 工資與物價　(c) 實質餘額效果　(d) 利率效果

13. 就古典體系而言，體系落在自然產出環境，而價充分浮動，財政部增加支出，何種結果正確？　(a) 實質產出增加與物價上漲　(b) 名目產出增加與物價上漲　(c) 將會產生部分實質排擠效果　(d) 產生完全的實質與名目排擠效果

14. 針對古典學派信念的敘述，何者正確？　(a) 政府干預對穩定經濟活動將屬必要　(b) 脫離自然產出僅是暫時現象　(c) 貨幣政策無效　(d) 貨幣政策無能，促使財政政策成為帶領體系脫離衰退的必要工具

15. 就古典模型而言，體系內實際產出增加超過自然產出，工資與物價將如何變化？　(a) 兩者將下降而導致產出增加，失業具有恆常性　(b) 兩者將上升導致產出增加，增加就業屬於暫時性　(c) 兩者將上升導致產出減少，就業增加純屬暫時性　(a) 兩者將下降導致產出減少，失業具有恆常性

16. 在古典體系，政府擴張支出的長期效果為何？　(a) 實質產出與物價上升　(b) 物價降

低、實質產出不變　　(c) 名目所得上升、實質產出不變　　(d) 物價和實質產出不變

17. 依據古典分配理論，政府增加支出促使民間消費與投資產生何種改變？　(a) 不受影響　(b) 減少幅度小於政府增加支出　　(c) 民間支出將等幅度減少　　(d) 減少幅度超過政府支出增加

18. 古典模型指出央行緊縮貨幣供給的結果，何者錯誤？　(a) 出現循環性失業　　(b) 名目產出下降　　(c) AD 曲線左移　　(d) 貨幣工資下跌

19. 人們若無貨幣幻覺，央行採取擴張性貨幣政策，何者正確？　(a) 實質利率下跌，實質產出增加　　(b) 名目工資上漲，實質產出不變　　(c) 物價上漲，實質產出增加　　(d) 名目工資不變，實質產出不變

20. 在古典模型中，何者將能增加一國的長期實質產出？　(a) 婦女勞動參與率提高　　(b) 增加貨幣供給　　(c) 致力於降低循環性失業　　(d) 政府增加公共支出

21. 古典學派對利率的看法，何者正確？　(a) 可貸資金市場出現超額需求，實質利率趨於下跌　　(b) 景氣繁榮促使可貸資金供給增加，將推動實質利率上漲　　(c) 在其他情況不變下，預期通膨率提高將促使名目利率上漲　　(d) 由於人們對貨幣具有流動性偏好，央行減少貨幣供給，將造成實質利率上升

22. 多數經濟學家認為，央行調整貨幣供給的長期效果為何？　(a) 只影響實質變數，但不影響名目變數，此一看法與古典理論不一致　　(b) 只影響名目變數，但不影響實質變數，此一看法與古典理論一致　　(c) 同時影響名目變數和實質變數，此一看法與古典理論不一致　　(d) 不影響實質變數與名目變數，此一看法與古典理論一致

23. 古典學派基於貨幣數量學說預測物價變動將與何者有關？　(a) 與貨幣供給變動成比例　　(b) 與流通速度變動成反比例　　(c) 與自然實質產出變動成比例　　(d) 與實質 GDP 變動成反比例

24. 依據「古典二分法」，何者將使 LAS 曲線右移？　(a) 名目利率提高　　(b) 生產技術進步　　(c) 物價上升　　(d) 廠商預期獲利增加

25. 有關古典學派的敘述，何者錯誤？　(a) 總需求波動並不會導致產出波動　　(b) 總需求波動並不會導致物價波動　　(c) 當實際產出超過自然產出，廠商將會提高工資作為因應　　(d) 當實際產出超過自然產出，廠商將會提高商品價格因應

26. 何者不是古典學派的主張？　(a) 物價變動造成名目工資等比率變動　　(b) 勞動邊際產量等於名目工資　　(c) Say 法則　　(d) 貨幣需求是名目工資的固定比例

27. 對古典模型而言，何種假設將扮演關鍵地位？　(a) 貨幣工資永遠等於勞工的邊際產量　　(b) 實質工資完全浮動　　(c) 貨幣工資呈現僵化　　(d) 名目與實質工資僅是向上缺乏浮動性失業

28. 在勞動契約理論中，勞資雙方同意簽訂勞動契約，而工資將依實際物價自動調整，則 AS 曲線將呈現何種型態？　(a) 向右上方傾斜　　(b) 向上移動　　(c) 水平線　　(d) 垂直線

29. 有關古典學派的看法，何者正確？ (a) 偏好運用政府政策來確保對產出的足夠需求 (b) 強調體系的自我調整傾向 (c) 相信失業不可能存在 (d) 貨幣政策將會影響實質經濟活動

30. 總體經濟學中類似廠商供給曲線的個體觀念為何？ (a) AD 曲線 (b) 個別需求曲線 (c) AS 曲線 (d) Phillips 曲線

31. 何種敘述錯誤？ (a) 古典模型無法解釋產出的循環性變動，從而導致 Keynes 革命 (b) 一些經濟學者採取類似古典觀點，認為在 1980 年代之後期間的景氣循環是由供給面變數引起 (c) 經濟學者同意供給面因素可以充分解釋景氣循環 (d) 古典模型認為在完全競爭體系下，物價與貨幣工資完全浮動，將讓勞動市場處於自然就業狀態

32. 有關古典學派關注的焦點，何者正確？ (a) 關注貨幣作為交易媒介的角色 (b) 強調需要貨幣來刺激經濟活動 (c) 在短期，貨幣數量增加將會導致商品需求增加，進而刺激生產與就業 (d) 勞動市場貨幣呈現僵化，導致非意願性失業存在

33. 有關古典學派的敘述，何者正確？ (a) 相信 AD 與 AS 共同決定總產出 (b) 強調需要貨幣來刺激經濟活動 (c) 主張政府對經濟活動運行採取無為而治的策略 (d) 擔心政府支出太少，將會導致衰退的來臨

34. 有關古典學派與 Keynesian 學派的 AS 曲線形狀，何者正確？ (a) 前者具有完全物價彈性，後者呈現向左上方傾斜 (b) 前者是完全缺乏物價彈性，後者的物價彈性無窮大 (c) 前者是水平線，後者則是向右上方傾斜 (d) 前者是向右上方傾斜，後者則是垂直線

35. 有關 Keynesian 學派與古典學派的勞動供給函數，何者正確？ (a) 前者認為勞工知道實質工資，後者則是勞工必須形成物價預期 (b) 前者認為勞工必須形成物價預期，後者則是勞工知道實質工資 (c) 前者認為勞動供給取決於實際實質工資，後者則是勞動供給取決於預期實質工資 (d) 前者假設勞工對貨幣工資有興趣，後者則是勞工知道實質工資

答案：

1. (d) 2. (d) 3. (a) 4. (b) 5. (a) 6. (a) 7. (a) 8. (b) 9. (c) 10. (a)
11. (b) 12. (b) 13. (d) 14. (b) 15. (c) 16. (d) 17. (c) 18. (a) 19. (b) 20. (a)
21. (c) 22. (b) 23. (a) 24. (b) 25. (b) 26. (b) 27. (b) 28. (d) 29. (b) 30. (c)
31. (c) 32. (a) 33. (c) 34. (b) 35. (b)

8.4 Keynesian 革命

8.4.1 Keynesian 學派的特色

1. 何者不是 Keynesian 學派的主要論點？ (a) 水平的 AS 曲線 (b) 體系內貨幣工資和物

價在短期呈現向下調整僵化　(c) 體系總需求在各期間變化很小　(d) 失業可能持續較長一段期間

2. Keynes 認為體系內貨幣工資呈現向下調整僵化，何種理由錯誤？　(a) 勞動工會存在　(b) 自然失業存在　(c) 最低工資存在　(d) 多年期勞動契約存在

3. 有關 Keynesian 學派的敘述，何者錯誤？　(a) 市場運作失靈，無法保證自然就業實現　(b) 在景氣衰退時，財政政策容易發揮效果　(c) 政府有義務穩定經濟活動　(d) 有效需求原理就是流動性偏好理論

4. 有關 Keynesian 學派的 AS 曲線內涵，何者錯誤？　(a) AS 曲線呈現正斜率　(b) 勞動市場處於未結清狀態　(c) 實質工資易升難降　(d) 勞動市場完全結清後，AS 曲線將缺乏物價彈性

5. 有關「貨幣工資僵化」的敘述，何者正確？　(a) SAS 曲線呈現正斜率　(b) 實際物價小於預期物價，將會降低就業水準　(c) 正斜率勞動供給曲線表示唯有實質工資小於保留工資，勞工才願意提供工時　(d) 正斜率勞動供給曲線隱含名目工資調整的所得效果為正

6. 何者屬於 Keynesian 學派的內容？　(a) 體系均衡可能存在循環性失業　(b) 央行應該採取逆風而行的法則政策　(c) 貨幣在體系內僅是扮演面紗角色　(d) 央行應該維持穩定貨幣成長率政策

7. 在 Keynesian 學派中，AD 曲線呈現何種型態？　(a) 失業存在促使 AD 曲線為垂直線　(b) 失業存在導致 AD 曲線是水平線　(c) 物價上升促使實質財富下降，進而降低消費，導致 AD 曲線呈現負斜率　(d) 國內支出缺乏利率彈性，促使 AD 曲線呈現正斜率

8. Keynes 認為體系內消費與儲蓄主要取決於何種因素？　(a) 實質利率　(b) 實質國民所得　(c) 利潤預期　(d) 貨幣餘額

9. 有關 Keynesian 學派主張的敘述，何者正確？　(a) 儲蓄曲線與投資曲線呈現穩定　(b) 儲蓄曲線呈現穩定，而投資曲線不穩定　(c) 儲蓄曲線不穩定，而投資曲線穩定　(d) 儲蓄曲線與投資曲線均不穩定

10. Keynes 認為體系內投資主要取決於何種因素？　(a) 名目利率　(b) 實質國民所得　(c) 邊際投資效率與名目利率　(d) 貨幣供給與貨幣需求

11. 從 Keynes 觀點來看，體系內實質產出與所得出現遞減，將會產生何種結果？　(a) 投資曲線右移，儲蓄曲線左移　(b) 投資曲線左移，儲蓄曲線右移　(c) 投資曲線與儲蓄曲線同時右移　(d) 投資曲線與儲蓄曲線同時左移

12. 有關 Keynesian 學派的說法，何者錯誤？　(a) 循環性失業為常態　(b) 總需求決定產出水準　(c) 總需求主要受物價而非所得影響　(d) 可以利用財政與貨幣政策影響總需求

13. 某國 AD 曲線與 SAS 曲線決定的所得小於自然產出。在其他條件不變下，該國經濟活動在邁向長期均衡過程中，將出現何種變化？　(a) 名目工資上升促使 SAS 曲線左移

(b) 名目工資下降帶動 SAS 曲線左移　　(c) 名目工資上升引起 SAS 曲線右移　　(d) 名目工資下降導致 SAS 曲線右移

14. 依據 AD-AS 模型，在其他條件不變下，景氣對策信號閃爍綠燈，某國出口衰退可能導致何種結果？　(a) 物價下降，貨幣需求減少，投資支出增加　(b) 物價、勞動需求與利率同時下降　(c) 物價上漲，貨幣需求增加，投資支出減少　(d) 物價上漲，勞動需求減少，利率下降

15. 短期名目變數與實質變數經常糾纏不清，多數經濟學家對此看法，何者正確？　(a) 貨幣將可恆常性改變實質產出的長期趨勢　(b) 貨幣無法恆常改變實質產出的長期趨勢　(c) 貨幣可讓實質產出暫時偏離長期趨勢　(d) 貨幣無法讓實質產出暫時偏離長期趨勢

16. 有關古典學派與 Keynesian 學派的看法，何者錯誤？　(a) 前者認為 AD 曲線為負斜率　(b) 前者認為 AS 曲線是落在自然產出的垂直線　(c) 後者認為貨幣需求的利率彈性無窮大　(d) 後者認為廠商的「動物本能」投資決策，不會引起 AD 曲線移動

17. 某國實際物價漲幅遠超過廠商預期，廠商卻未認知物價上漲是普遍現象，則將發生何種狀況？　(a) 產出與就業減少　(b) 產出與就業增加　(c) 產出與就業維持不變　(d) 廠商的產出決策取決於貨幣流通速度

答案：

1. (c)　　2. (b)　　3. (d)　　4. (c)　　5. (a)　　6. (a)　　7. (c)　　8. (b)　　9. (b)　　10. (c)
11. (d)　　12. (c)　　13. (d)　　14. (b)　　15. (b)　　16. (d)　　17. (b)

8.4.2 Keynesian 學派的政策效果

1. 依據 Keynesian 學派理論，央行執行貨幣政策若要發揮效果，何種環境將是較為適合？　(a) 體系存在貨幣幻覺　(b) 流動性陷阱　(c) 預期貨幣供給變動　(d) 投資缺乏利率彈性

2. 依據 Keynesian 學派說法，央行提高貨幣成長率將能發揮何種長期效果？　(a) 物價上升、產出不變　(b) 產出增加、物價不變　(c) 物價與產出同時增加　(d) 物價與產出持平

3. 從模型推衍過程來看，古典學派與 Keynesian 學派的主要差異將反映在何種層面？　(a) 國際衝擊對國內經濟影響　(b) 總需求曲線形狀　(c) 總供給曲線形狀　(d) 政府政策的可信度

4. Keynesian 學派認為貨幣政策在蕭條期間失能，何種原因錯誤？　(a) 銀行持有法定準備不足　(b) 貨幣供給增加對降低利率效果助益不大　(c) 利率下降對增加投資毫無幫助　(d) 體系陷入流動性陷阱狀態

5. Keynes 認為調整實質工資無法除循環性失業，何種理由正確？　(a) 貨幣工資調整向下僵化　(b) 縱使實質工資下降，廠商也不會裁員　(c) 實質工資下降，有效需求不足將阻

止廠商增僱勞工　　(d) 物價呈現向下調整僵化

6. 為紓緩國際金融海嘯對景氣嚴峻衝擊，財政部採取減稅政策，產生短期效果可能為何？ (a) 同時降低產出與物價　(b) 降低產出與提高物價　(c) 同時提高產出與物價　(d) 提高產出與降低物價

7. 依據 Keynesian 學派模型，財政部擴大支出發揮的短期效果可能為何？ (a) 同時降低產出與物價　(b) 降低產出與物價上漲　(c) 同時提高產出與物價　(d) 產出不變與物價上漲

8. Keynesian 學派指出的「貨幣無能」概念主要針對何者而言？ (a) 當貨幣工資下降時，廠商降低價格失靈　(b) 廠商面對非完全競爭產業且價格無法波動的問題　(c) 在蕭條期間，財政政策壓低價格失靈　(d) 透過增加實質餘額來提高產出的無能性

9. 在 Keynesian 模型中，何者變化將引起物價上漲，實質工資下跌與產出下降？ (a) AS 曲線右移　(b) IS 曲線左移　(c) LM 曲線右移　(d) AS 曲線左移

10. 某國的 SAS 曲線為水平線，LAS 曲線為垂直線。假設該國的貨幣流通速度增加，而政府未有任何干預動作，何者正確？ (a) 物價在短期則會上漲，產出在長期則會增加　(b) 不論長期或短期，物價均會上漲　(c) 不論長期或短期，產出都會增加　(d) 產出在短期會增加，物價在長期則會上漲

11. 體系原先處於長期均衡，央行增加貨幣供給的影響為何？ (a) 短期物價上升，長期產出上升　(b) 短期產出上升，長期物價上升　(c) 短期產出不變，長期產出上升　(d) 短期物價上升，長期物價不變

12. 在 Keynesian 學派模型中，政府採取緊縮財政政策，將會造成均衡利率、所得與物價產生何種變化？ (a) 下降、上升、下降　(b) 上升、下降、上升　(c) 三者均下降　(d) 上升、下降、下降

13. 某國 SAS 曲線是垂直線，總需求變動產生影響為何？ (a) 物價和實質產出不受影響　(b) 物價、名目利率與名目產出呈現遞增　(c) 物價不受影響，名目產出受影響　(d) 物價上漲，名目產出持平

14. 體系達成長期總體均衡，將會出現何種狀況？ (a) 實質所得等於潛在產出，而且總供給決定物價　(b) 實質所得等於潛在產出，且處於自然就業　(c) 物價固定，而且總需求決定實質所得　(d) 實質所得小於潛在產出

15. 在其他條件不變下，油價下跌對小國經濟活動造成短期衝擊，何者正確？ (a) SAS 曲線右移，產出增加與物價下跌　(b) 原油進口值下跌促使 IS 曲線右移，導致 AD 曲線右移，帶動產出與物價上升　(c) 油價下跌帶動國幣升值，促使 IS-AD 兩條曲線右移，帶動產出與物價下跌　(d) 油價下跌促使實質匯率升值，促使 IS-AD 兩條曲線左移，帶動產出與物價下跌

16. 依據 Keynesian 模型，何者變動將會引起利率、物價與產出全部上漲？ (a) 廠商積極

引進外籍勞工　　(b) 央行執行寬鬆政策　　(c) 國際金融市場利率上漲，吸引本國資金外移
(d) 政府擴大預算赤字規模

17. 依據 Keynesian 模型，某國經濟期初處於長期均衡環境。在其他條件不變下，政府提高標準扣除額，將會產生何種長期影響？　　(a) 實質利率上升，物價下降，實質產出增加　　(b) 實質利率下降，物價下降，實質產出不變　　(c) 實質利率上升，物價上漲，實質所得增加　　(d) 實質利率上升，物價上漲，實質所得減少

18. 依據 Keynesian 學派模型，一旦貨幣工資與物價可以浮動，某國央行增加貨幣供給，何種結果不會出現？　　(a) 物價上漲　　(b) 貨幣工資上漲　　(c) 就業增加　　(d) 實質工資上漲

答案：

| 1. (a) | 2. (c) | 3. (c) | 4. (a) | 5. (c) | 6. (c) | 7. (c) | 8. (d) | 9. (d) | 10. (d) |
| 11. (b) | 12. (c) | 13. (b) | 14. (b) | 15. (a) | 16. (d) | 17. (c) | 18. (d) | | |

8.5 權衡性政策效果

1. 在其他條件不變下，某國勞動部大幅調高基本工資，此一政策落實將會產生何種影響？
(a) 勞工所得增加引起 AD 曲線移動，促使物價上升與產出增加　　(b) 廠商生產成本提高引起 SAS 曲線左移，促使物價上漲與產出減少　　(c) 廠商生產成本提高，促使實質匯率升值，促使 AD 曲線左移，引起產出下降　　(d) 物價、與利率同時下降

2. 體系景氣處於紅燈環境，財政部擴大支出，何種結果出現機率不高？　　(a) 物價持平
(b) 實質產出增加　　(c) 排擠效果極大　　(d) 貨幣利率下跌

3. 景氣燈號由黃紅燈逐漸轉向紅燈，人們信心也趨於樂觀，儲蓄意願隨之滑落，政府可採取何種政策因應？　　(a) 增加公共支出　　(b) 增加貨幣發行量　　(c) 提高存款準備率
(d) 增加老人津貼

4. 某國目前環境落在 AS 曲線的正斜率區域。央行採取緊縮政策，除引起物價下跌外，還將產生何種結果？　　(a) 利率和自然失業率下降　　(b) 利率和自然產出上升　　(c) 利率卜降，實質產出上升　　(d) 利率上升與循環性失業率擴大

5. 在其他條件不變下，體系目前位置落在總供給曲線正斜率區域，何者將造成物價與利率同時上漲？　　(a) 央行盈餘繳庫，國庫存款增加　　(b) 央行調降法定準備率　　(c) 政府增加購買本國產品　　(d) 人們的未雨綢繆心思日益濃厚

6. 小國央行採取寬鬆政策，對體系產生的短期影響，何者正確？　　(a) 利率上升，跨國資金流入，AD 曲線右移　　(b) 利率上升，本國資金流出，AD 曲線左移　　(c) 利率下跌，跨國資金外流，AD 曲線右移　　(d) 利率下跌，跨國資金外流，AD 曲線不變

7. 依據 IS-LM 與 AD-AS 模型，央行採取量化寬鬆發揮影響，何者正確？　　(a) IS 與 AD 曲線同時右移，促使利率上升與投資減少　　(b) LM-AD 兩條曲線同時右移，促使利率

下降與投資增加　　(c) IS-LM-AD 三條曲線同步右移動，促使利率與投資變動不確定
(d) LM-AD-AS 三條曲線同時右移，促使利率與投資變動不確定

8. 某國景氣對策信號頻頻亮出紅燈，央行決議改採逆風而行政策因應，此舉將會產生何種效果？　　(a) 短期物價和實質產出下降，但長期物價下跌，實質產出回歸自然產出　　(b) 短期物價和實質產出增加，但長期物價上升，實質產出回到自然產出　　(c) 短期物價下跌，長期物價回到原先水準　　(d) 不論短期或長期，物價都會下跌，實質產出上升

9. 財政部擴大公共支出，而央行搭配逆風而行政策，預期將產生何種效果？　　(a) 總需求增加與物價上漲，利率不變　　(b) 總需求、物價及利率均下降　　(c) 利率上漲，總需求及物價變化不確定　　(d) 總需求及利率下降，物價上漲

10. 若未考慮財富效果，小國面臨國內物價上升，透過實質餘額變動，短期將會造成何種結果？　　(a) IS 曲線左移，利率下跌與實質匯率貶值　　(b) IS-LM 兩條曲線同時左移，利率與投資變動不確定　　(c) LM 曲線左移，利率上升吸引跨國資金流入，促使實質匯率貶值　　(d) LM 曲線左移，利率上升，而實質匯率趨於升值

11. 如果貨幣中立性成立，則央行執行貨幣政策的結果為何？　　(a) 引起實質產出變化　　(b) 造成名目產出變動　　(c) 名目變數與實質變數同時變動　　(d) 貨幣工資與實質工資同向變動

12. 執政黨為兌現選舉支票，開始發放老人年金和農民年金，何種效果正確？　　(a) AD 曲線左移，物價下跌　　(b) LM 曲線右移，物價上漲　　(c) IS-AD 兩條曲線右移，物價與利率上漲　　(d) AS 曲線左移，利率上漲

13. 依據古典學派模型，在其他條件不變下，央行提高貨幣成長率 10%，將會造成何種影響？　　(a) 物價不變，但是名目產出成長 10%　　(b) 通膨率提高 10%，但實質產出不變　　(c) 通膨率和實質產出都提高 10%　　(d) 物價與實質產出維持不變

14. 依據總需求分析，某國對外貿易符合 Marshall-Lerner 條件，國幣升值將導致何種結果？　　(a) AD 曲線右移，貿易餘額出現逆差　　(b) AD 曲線左移，貿易餘額出現逆差　　(c) IS-AD 兩條曲線同時右移，貿易餘額逆差增加　　(d) AD 曲線左移，IS-LM 兩條曲線同時右移

15. 面對未來環境不確定性攀高，人們未雨綢繆心思濃厚而造成物價下跌，政府可採何種策略因應？　　(a) 降低所得稅制的免稅額　　(b) 擴大貨幣發行量　　(c) 提高存款準備率　　(d) 縮減社會福利給付

16. 何者發生不會造成體系出現物價下跌現象？　　(a) 勞動生產力下降　　(b) 出口減少　　(c) 財政部緊縮支出　　(d) 貨幣工資下降

17. 有關古典學派與 Keynesian 學派的敘述，何者正確？　　(a) 古典學派認為貨幣數量只會影響實質產出，不會影響物價　　(b) 古典學派認為市場價格機能經常運作失靈，因而導致自然失業　　(c) Keynesian 學派認為 1930 年代發生大蕭條是源自於總需求不足　　(d) Keynesian 學派認為政府不應採取擴張性財政政策影響總需求

18. 小國面臨景氣藍燈持續閃爍環境，政府採取擴張支出的效果為何？ (a) 利率上漲吸引外資流入 (b) 摩擦性失業下降，貨幣工資上漲 (c) 自然失業率下降，實質工資上漲 (d) 進口擴大產生強烈排擠本國產出的效果

19. 人們正確預期貨幣政策變動，何者正確？ (a) 人們對政策變動反應愈快，該政策將更能發揮效果 (b) 人們採取動作防止可能帶來的損失，該政策效果將會弱化 (c) 政策效果是否強化或弱化，將取決於人們選擇配合該政策或與其對抗 (d) 政策衝擊將缺乏實質產出效果

20. 依據 AD-AS 模型架構，在短期，何者錯誤？ (a) 政府增加支出透過 AD 曲線右移，造成所得增加且物價上漲 (b) 技術進步引起 AS 曲線右移，造成所得增加且物價下跌 (c) 貨幣供給增加促使 AD 曲線右移，造成所得增加且物價上漲 (d) 政府福利支出增加，引起 AS 曲線右移，造成所得增加且物價下跌

21. 某國景氣處於綠燈環境，政府積極從事財政擴張，預期產生效果為何？ (a) 短期將同時提高實質產出與物價 (b) 同時降低短期實質產出與物價 (c) 提高實質產出，但長期物價維持不變 (d) 提高短期實質產出與降低物價

22. 某國勞動市場的名目工資呈現向下僵化，且目前產出小於自然產出。在其他條件不變下，何者將擴大該國循環性失業率？ (a) 政府支出增加 (b) 政府降低課稅 (c) 國際油價飆漲 (d) 勞動部大幅提高失業救濟金

23. 依據 AD-AS 模型，在短期，何種敘述錯誤？ (a) 政府支出增加透過 AD 曲線右移，造成所得增加且物價上漲 (b) 技術進步引起 AS 曲線右移，造成產出增加且物價下跌 (c) 貨幣供給增加透過 AD 曲線右移，造成所得增加且物價上漲 (d) 政府福利支出增加透過 AS 曲線右移，造成所得增加且物價下跌

24. 某國景氣處於從藍燈往綠燈爬升的復甦期，何者正確？ (a) 物價與產出將呈反向變動 (b) 物價與產出將呈現向變動 (c) 景氣復甦是因油價下跌，物價與產出將呈反向變動 (d) 景氣復甦是因政府支出增加，物價與產出呈反向變動

25. 某國央行採取緊縮貨幣政策，在邁向準均衡過程中，將出現何種現象？ (a) AS 曲線右移，物價下跌 (b) AD 曲線左移，物價下跌 (c) AS 曲線左移，利率上漲 (d) LM-AD 兩條曲線同時右移

26. 逆向總需求面衝擊將對體系造成何種影響？ (a) 增加產出，降低失業，物價上漲 (b) 降低產出，增加失業，物價上漲 (c) 增加產出，降低失業，物價下跌 (d) 降低產出，增加失業，物價下跌

27. 財政部提高工資稅率，可能產生影響為何？ (a) 人們的稅後勞動所得減少，消費能力降低而促使 AD 曲線左移；而工資稅率提高，降低人們工作意願，促使 AS 條曲線左移 (b) 人們的稅後勞動所得減少，消費能力減少而促使 AD 曲線左移：而工資稅率下降提升人們工作意願，促使 AS 條曲線右移 (c) 工資稅率變化引起稅後勞動所得變化，僅

是 AD 曲線上的點移動；而工資稅率提高產生負的所得效果，將提升人們工作意願，促使 AS 條曲線右移　(d) 不論是 AD 或 AS 曲線，都與工資稅率調整無關

28. 依據 AS-AD 模型，何種政策組合將導致實質產出增加，物價變動卻不確定？　(a) 提高所得稅且減少貨幣供給　(b) 提高石油進口關稅、但增加貨幣供給　(c) 降低石油進口關稅，且擴大政府支出　(d) 增加政府支出與央行收回可轉讓定存單

29. 逆向總需求衝擊將對體系造成何種影響？　(a) 產出增加，自然失業率下降，物價上漲　(b) 產出減少，循環性失業率上升，物價上漲　(c) 產出增加，自然失業率下降，物價下跌　(d) 降低產出，循環性失業率上升，物價下跌

30. 依據 AD-AS 模型，何種政策組合將造成產出減少，物價波動卻不確定？　(a) 政府擴大投資抵減，央行實施量化寬鬆　(b) 政府基於擴大歲入來源，同時提高石油進口關稅與所得稅　(c) 政府調整預算結構，降低中間財進口關稅，政府縮減福利支出　(d) 政府擴大赤字預算，而央行實施量化寬鬆

31. 依據古典學派推論，政府支出增加，體系達成長期均衡的狀況為何？　(a) 名目產出增加，物價不變　(b) 實質產出不變，而物價上漲　(c) 實質產出與名目產出都不變　(d) 名目產出增加，物價上漲

32. 「名目變數與實質變數相互糾纏，貨幣供給變動改變實質產出」，大多數經濟學家認同上述敘述是在描述經濟體系的何種現象？　(a) 短期現象，但非長期現象　(b) 長期現象，但非短期現象　(c) 前者屬短期現象，後者屬長期現象　(d) 前者屬長期現象，後者屬短期現象

33. 依據 Keynesian 學派的 AD-AS 模型，勞動市場的名目工資向下僵化但向上浮動，目前產出小於自然產出。政府若對軍公教人員加薪，體系達成均衡的狀況為何？　(a) 利率、物價、產出與就業同時上升　(b) 利率下降，但物價、產出與就業則是增加　(c) 物價下降，但利率、產出及就業同時上升　(d) 利率、物價、產出與就業同時下降

34. 某國勞動市場的貨幣工資向下僵化但是向上浮動，目前產出即是自然產出。依據 Keynesian 學派的 AD-AS 模型，在其他條件不變下，政府擴大支出，體系達成均衡的狀況為何？　(a) 產出與物價同時上升　(b) 循環性失業率下降，但是物價不變　(c) 自然失業率與物價均不變　(d) 自然產出不變但物價上漲

35. 依據 AD-AS 模型，某國景氣處於綠燈環境，對外貿易符合 Marshall-Lerner 條件，國幣貶值可能造成何種結果？　(a) 物價不變，利率不變，實質工資不變　(b) 物價上升，利率上升，實質工資下降　(c) 物價下跌，利率上升，實質工資不變　(d) 物價上升，利率不變，實質工資上升

答案：

1. (b)　　2. (b)　　3. (c)　　4. (d)　　5. (c)　　6. (c)　　7. (b)　　8. (a)　　9. (c)　　10. (d)

11. (b)　12. (c)　13. (b)　14. (b)　15. (b)　16. (a)　17. (c)　18. (a)　19. (d)　20. (d)

21. (a)　22. (c)　23. (d)　24. (b)　25. (b)　26. (d)　27. (c)　28. (c)　29. (d)　30. (b)

31. (c)　32. (a)　33. (a)　34. (d)　35. (b)

8.6 進階選擇題

1. 某國的總體模型可表示如下：

商品市場均衡　　　$y = C(r) + I(r) + G_0$

可貸資金市場均衡　$S(r) = I(r) + (G - T)$

貨幣數量學說　　　$MV = Py$

勞動市場均衡　　　$N^d\left(\dfrac{W}{P}\right) = N^S\left(\dfrac{W}{P}\right)$

生產函數　　　　　$y = F(N)$

基於上述模型，當財政部擴大支出 G，體系達成均衡時，將出現何種狀況？　(a) 產出增加　(b) 物價上漲　(c) 實質工資下降　(d) 利率上漲

2. 某國政府支出增加為 ΔG、貨幣供給增加為 ΔM、國際間對該國產品需求減少為 ΔZ。這些狀況對 AD 曲線的影響，何者正確？　(a) ΔG 促使 IS-AD 兩條曲線左移，ΔM 與 ΔZ 同時造成 LM-AD 兩條曲線右移　(b) ΔG 與 ΔM 造成 LM-AD 兩條曲線左移，ΔZ 促使 IS-AD 兩條曲線右移　(c) ΔG 促使 IS-AD 兩條曲線右移，ΔM 與 ΔZ 則將引起 AD 曲線左移　(d) ΔG 與促使 IS-AD 兩條曲線右移，ΔZ 造成 IS-AD 兩條曲線左移

（3.）～（4.）某國的總體結構式模型可表示如下：

消費函數　　$C = 50 + 0.6y_d$

投資函數　　$I = 750 - 40r$

貨幣供給　　$M^s = 250$

政府支出　　$G = 800$

租稅函數　　$T = 0.3y$

淨出口　　　$X = 200 - 0.22y$

實質貨幣需求函數　$l = 0.25y - 50r$

基於上述模型可求出：$IS：y = (a) - (b)r$、$LM：y = (d)\,P^{-1} + (e)r$，何者正確？

3. (a) $a = 2,000$，$b = 50$，$d = 1,000$，$e = 120$　(b) $a = 2,000$，$b = 60$，$d = 800$，$e = 120$　(c) $a = 2,250$，$b = 50$，$d = 1,000$，$e = 200$　(d) $a = 2,300$，$b = 50$，$d = 1,000$，$e = 120$

4. 再假設該國總需求函數 $AD：y = (h) + (k)P^{-1}$，何者正確？　(a) $h = 1,200$，$k = 200$　(b) $h = 1,600$，$k = 200$　(c) $h = 1,800$，$k = 120$　(d) $h = 1,800$，$k = 200$

5. 依據 AD-AS 模型，何種敘述正確？　(a) 物價上漲造成 AS 曲線左移　(b) 貨幣工資上漲提高勞工所得，帶動 AD 曲線右移　(c) 勞動生產力提高推動實質工資上漲，勞工的

實質所得增加，將引起 AD 曲線右移　　(d) 國際原油價格暴漲，將造成 AS 曲線左移

6. 某國景氣持續閃爍藍燈，官方機構估計消費函數為 $C = a + 0.7y_d + 0.3m$、投資函數 $I = I_0 + 0.1y$、$G = G_0$、租稅函數 $T = T_0 + ty$，而 LM 曲線 $m = 0.2y - 1,500r$，而實質貨幣餘額是 $m = \dfrac{M}{P}$。何者錯誤？　　(a) 實質餘額增加雖無 Keynes 效果，卻有 Pigou 效果　　(b) AD 曲線缺乏物價彈性　　(c) 體系處於投資陷阱狀態　　(d) LM 曲線具有利率彈性

7. 某國主計總處估計消費函數為 $C = 800 + 0.6y + 0.1m$，投資函數為 $I = 100 + 0.1y - 1,000r$，而實質貨幣餘額是 $m = \dfrac{M}{P}$。何者正確？　　(a) 物價變動將導致 IS-LM-AD 三條曲線移動　　(b) 負斜率 AD 曲線主要取決於 Keynes 效果　　(c) 在物價上漲過程中，Pigou 效果將促使 IS-AD 兩條曲線左移　　(d) 量化寬鬆將帶動 IS-LM-AD 三條曲線移動

8. 某國人們從事消費活動，將對經濟活動產生何種影響？　　(a) 該國景氣燈號由綠燈轉為黃紅燈，人們所得大幅攀昇，邊際消費傾向隨之縮小，將會引起 AD 曲線左移　　(b) 在通膨過程中，考慮財富重分配效果後，債權人的邊際消費傾向大於債務人，總消費支出將會減少　　(c) 人們消費決策受意外所得效果影響，AD 曲線的物價彈性將會縮小　　(d) 人們未雨綢繆心思趨於濃厚，AD 曲線的物價彈性將會下降

9. 財政部擴大恆常性支出，必須掌握何種正確概念？　　(a) 發行公債或課稅融通預算赤字均會形成擴張效果　　(b) 發行公債將因公債數量增加發揮財富效果，將再刺激消費支出增加　　(c) 以央行繳庫盈餘融通預算赤字，在景氣藍燈環境下，將會塑造金融環境寬鬆　　(d) 採取調整貨物稅率融通政府支出，將導致 AD 曲線平行左移

10. 某國景氣邁向紅燈境界，何種現象出現將屬錯誤？　　(a) 通膨出現，降低人們的實質購買力，促使 AD 曲線因物價上漲而左移　　(b) 該國存在強烈 Fisher 財富效果，IS 曲線將因物價上漲而右移　　(c) 景氣紅燈引發物價持續上漲，促使人們加速提前消費，推動 AD 曲線右移　　(d) 景氣紅燈引發人們預期通膨上漲，將會造成實質利率下降

11. 形形色色的財富效果影響人們消費決策，何者正確？　　(a) Keynes 效果運作促使 IS-LM 兩條曲線右移，將讓前者富於利率彈性、後者富於物價彈性　　(b) 垂直的 AD 曲線係反映 Pigou 效果與 Fisher 財富效果相互抵銷的結果　　(c) 意外所得效果出現將引起 IS-AD 兩條曲線移動，兩條曲線斜率趨於平坦　　(d) Fisher 財富效果存在，將讓財政政策成為解決景氣蕭條的有效工具

12. 有關總體經濟學派主張的敘述，何者正確？　　(a) 古典學派強調價格機能運作將讓勞動市場處於自然就業，無從解釋循環性失業何以存在　　(b) Keynesian 學派著重解釋景氣循環的長期干擾　　(c) 貨幣工資僵化是新古典學派的假設　　(d) 供給面經濟學倡議增加公共支出以提振經濟

13. 依據 AD-AS 模型，金融海嘯重創廠商接單，將對經濟活動造成何種影響？　　(a) 國際物價下跌引起實質匯率升值，擴大本國貿易逆差，將帶動 AD 曲線右移　　(b) 國內景氣

持續出現藍燈，將會擴大循環性失業率　　(c) AD-SAS 兩條曲線將因國際通縮而右移
(d) 國內實際產出低於自然產出，實際失業率卻小於自然失業率

14. 某國產出長期處於自然就業狀態。在其他條件不變下，面對景氣藍燈一路往黃紅燈轉
進，廠商擴大投資造成短期影響，何者正確？　　(a) 循環性失業率轉為負值，物價趨於
上漲　　(b) 實際失業率超越自然失業率，物價趨於上漲　　(c) 實際產出小於自然產出，且
物價趨於下跌　　(d)AD 曲線右移，進而帶動 AS 曲線右移

15. 有關古典二分法隱含的說法，何者錯誤？　　(a) 貨幣數量變動只會引起名目變數等比例
變動，實質變數無動於衷　　(b) 政府增加支出將完全排擠民間支出，對物價與實質產出
毫無影響　　(c) 貨幣是覆蓋在實質經濟活動上的面紗　　(d) 央行增加貨幣數量，將促使名
目工資、物價與貨幣利率上漲

16. 有關古典學派理論的特質，何者錯誤？　　(a) 古典模型存在二分，造成央行貨幣政策缺
乏傳遞至實質部門的管道　　(b) Pigou 將實質餘額效果引進消費函數，連結實質部門與
貨幣部門，古典二分消失，但是貨幣中立性依然成立　　(c) 若將實質餘額效果引進消費
函數，古典總需求曲線的物價彈性將小於 1　　(d) 貨幣中立性成立必須要有古典二分作
為前提

17 某國勞動市場處於結清狀態，由此衍生的現象，何者正確？　　(a) 通膨率為零，體系總供
給則落在自然產出　　(b) 商品市場將轉換為實質可貸資金市場，決定實質利率並配置當
期產出　　(c) AD-SAS 兩條曲線相交處將偏離自然產出　　(d) SAS-LAS-AD 三條曲線同時
交於一點，實質工資與貨幣工資上漲率為零

18. 在其他條件不變下，古典學派指出，央行提高貨幣成長率 5%，將會產生何種結果？
(a) 通膨率與實質工資成長率同時上漲 5%　　(b) 通膨率上漲 5%，循環性失業率下降 5%
(c) 通膨率與實質產出成長率同時上漲 5%　　(d) 通膨率上漲 5%，但是實質工資不變

19. 依據貨幣數量學說及其衍生的相關看法，何者錯誤？　　(a) 在貨幣需求長期持平下，央
行訂定貨幣法則內容，將是控制貨幣成長率等於預期實質產出成長率加上預期通膨率
(b) 某國資本持續累積，央行提高貨幣成長率，長期將等於實質產出成長率加上技術進
步率　　(c) 金融科技進步降低貨幣需求成長率，央行若維持貨幣成長率不變，將會出現
名目產出成長率上漲現象　　(d) 在貨幣需求與貨幣成長率持平下，技術進步將造成名目
產出與實質產出成長率上升

20. 依據貨幣數量學說，某國貨幣需求長期維持在穩定水準，央行提高貨幣成長率 10%，
何者錯誤？　　(a) 通膨率將上漲 10%　　(b) 名目產出成長率將提高為 10%　　(c) 通膨率與
實質產出成長率同時增加，兩者總和等於 10%　　(d) 通膨率與貨幣工資變動率均為 10%

21. 依據 IS-LM 模型，有關 Keynesian 學派的「貨幣無能」（monetary impotence）概念，
何者正確？　　(a) 人們持有活動餘額全數用於交易，央行執行寬鬆政策，難以降低利率
(b) 民間支出具有高所得彈性，縱使央行降低利率，也難以刺激民間支出　　(c) 景氣藍燈

導致物價緩步趨跌,寬鬆貨幣政策難以降低實質工資,廠商缺乏增雇工人誘因　(d) 絕大多數投資人偏空操作,持有活動餘額等待投機,央行執行寬鬆政策,無從降低利率

22. 某國經濟活動係依據愚弄模型運作,何者錯誤?　(a) 人們採取靜態預期形成,政府支出增加引起 AD 曲線右移,造成物價與貨幣工資上漲,但因實際實質工資下跌,將促成循環性失業率下降與產出增加　(b) 人們採取適應預期形成,政府支出增加引起 AD 曲線右移,旋即引起 SAS 曲線與短期 Phillips 曲線持續右移,造成產出增加且物價上漲　(c) 就長期而言,人們採取理性預期形成,央行提高貨幣成長率,對 LAS 曲線與長期 Phillips 曲線毫無影響　(d) 央行追求負的循環性失業率,必須加速提高貨幣成長率,控制通膨預期誤差為正值

23. 有關「貨幣工資僵化」與「物價浮動調整」在 Keynesian 學派中扮演的角色,何者正確?　(a) 兩者並存將讓實質工資仍是自由浮動,是以正斜率 SAS 曲線隱含勞動市場處於結清狀態　(b) 實質工資雖然浮動,卻未必能讓市場結清,勞動市場就業多數時間是脫離勞動供給曲線　(c) 實質工資依然浮動而讓勞動市場達成均衡,由此引申的短期 Phillips 曲線將隱含勞動市場處於結清狀態　(d) 決定 Keynesian 學派的 SAS 曲線與短期 Phillips 曲線斜率的主因與貨幣工資僵化無關

24. 某位經濟學設定新古典總體模型如下:

生產函數　　　　$y = F(N)$

勞動市場均衡　　$N^d\left(\dfrac{W}{P}\right) = N^s\left(\dfrac{W}{P}\right)$

商品市場均衡　　$y = C(r, y, m) + I(r, y) + G$

貨幣數量學說　　$MV = Py$

貨幣供給　　　　$M^s = M_0$

基於上述模型,隨著該模型達成均衡,何者正確?　(a) 政府支出增加,將引起名目產出增加,實質產出維持不變　(b) 該模型兼具古典二分與貨幣中立性　(c) 央行增加貨幣供給,將透過實質餘額效果,影響實質部門運行　(d) 央行增加貨幣供給,將引起消費增加,推動實質利率上漲

答案:

1. (d)	2. (d)	3. (c)	4. (d)	5. (d)	6. (b)	7. (d)	8. (b)	9. (c)	10. (a)
11. (d)	12. (a)	13. (b)	14. (a)	15. (d)	16. (d)	17. (b)	18. (d)	19. (b)	20. (c)
21. (b)	22. (b)	23. (b)	24. (c)						

chapter 9
通貨膨脹、Phillips 曲線與穩定政策

9.1 通貨膨脹

9.1.1 通貨膨脹過程與類型

1. 某國爆發通膨是指何種現象？　(a) 貨幣數量持續大幅擴張的現象　(b) 貨幣價值持續累積上升過程　(c) 物價持續上漲過程　(d) 外匯存底持續累積現象

2. 某國在 2018 年的消費者物價指數 CPI 為 98.5，2019 年的 CPI 為 99.1，這表示人們以相同貨幣：　(a) 2018 年可購買商品數量少於基期　(b) 2018 年可購買商品數量多於基期　(c) 2018 年可購買商品數量少於 2019 年　(d) 2019 年可購買商品數量多於基期少

3. 在某段期間內，某國爆發惡性通膨是指何種現象？　(a) 通膨率超過貨幣成長率　(b) 通膨率飆漲、貨幣流通速度成長率劇跌與貨幣成長率遞減　(c) 通膨率、貨幣流通速度成長率與貨幣成長率同時飆漲　(d) 通膨率遞增、貨幣流通速度成長率劇降，而貨幣成長率飆漲

4. 某國政府決議調整公務員薪資，引發各產業工會跟進與廠商協商調薪，此舉造成衝擊為何？　(a) 調薪增加廠商生產成本，引發成本推動通膨　(b) 調薪增加勞動所得，刺激消費支出擴張而引發需求拉動通膨　(c) 調薪提升勞動工作誘因，促進產出成長　(d) 調薪引起物價上漲，降低實質購買力而緊縮內需

5. 在何種環境下，某國通膨率可能出現恆常性下降？　(a) 人們決策行為趨於理性　(b) 央

行恆常性緊縮貨幣成長率　　(c) 政府預算維持平衡　　(d) 體系存在 Pigou 效果

6. 何種情境不會引爆體系出現成本推動通膨？　(a) 技術進步引起實質工資上漲，造成廠商生產成本增加　(b) 匯率貶值引發原物料進口成本上漲，釀成廠商生產成本上升　(c) 工會要求大幅調薪，引起廠商生產成上漲　(d) 逆向供給面衝擊

7. 何者可能引爆成本推動通膨？　(a) 寡頭壟斷廠商聯合調高成本加碼訂價　(b) 央行緊縮貨幣成長率，推動放款利率上漲，增加廠商融資成本　(c) 政府提高所得稅率，降低人們工作意願，造成總供給減少　(d) 經濟部鼓勵廠商擴張出口，引起廠商擴大營運規模

8. 隨著體系需求拉動通膨持續不止，將引起 AD-SAS 兩條曲線如何變動？　(a) 兩者同時右移　(b) 前者右移、後者左移　(c) 前者左移、後者右移　(d) 兩者同時左移

9. 小國外貿存在高貿易依存度，國際油價飆漲將對國內景氣造成何種影響？　(a) 引爆工資推動通膨　(b) 遭遇輸入性通膨困擾　(c) 面臨結構性通膨衝擊　(d) 陷入需求拉動通膨泥沼

10. 某國處於自然就業環境，民間支出或政府支出擴張，容易釀成何種後果？　(a) 需求拉動通膨尾隨而至　(b) 引爆成本推動通膨　(c) 輸入型通膨來臨　(d) 結構型通膨在所難免

11. 開發中國家在經濟發展過程中，由於各產業擴張速度出現落差，容易造成失業與通膨並存現象，此時的通膨性質為何？　(a) 工資推動通膨　(b) 需求拉動通膨　(c) 結構性通膨　(d) 利潤推動通膨

12. 小國爆發輸入性通膨，原因可能為何？　(a) 本國出口財價格上漲　(b) 舶來品進口價格下降　(c) 國幣匯率巨幅貶值　(d) 非貿易財價格飆漲

13. 實證文獻顯示，何種國家容易爆發輸入性通膨？　(a) 低度開發國家　(b) 採取勞動密集技術生產的國家　(c) 進口總值占 GDP 比例很高的國家　(d) 採取資本密集技術生產的國家

14. 體系爆發需求 動通膨的特質為何？　(a) 產出增加伴隨物價上揚　(b) 就業與物價同時滑落　(c) 循環性失業增加伴隨物價上漲　(d) 產出減少伴隨物價上漲

15. 某國總需求曲線 AD 持續左移，將造成何種結果？　(a) 失業增加與物價上漲　(b) 景氣燈號逐步往藍燈轉進　(c) 成本推動通膨　(d) 景氣一路閃爍紅燈

16. 小型開放體系出現需求 動通膨的成因可能為何？　(a) 國內出現過度儲蓄　(b) 低貨幣成長率　(c) 貨幣流通速度成長率飆漲　(d) 匯率巨幅貶值

17. 在其他條件不變下，某國出現需求 動通膨將會引爆何種結果？　(a) 結構性失業率與通膨率同時遞增　(b) 循環性失業率與通膨率同時上漲　(c) 循環性業率滑落，而通膨率上升　(d) 通膨率上漲，而自然失業率下降

18. 在其他條件不變下，某國陷入成本推動通膨環境，將會出現何種景象？　(a) 循環性失業率與通膨率同時增加　(b) 結構性失業率增加，通膨率下降　(c) 摩擦性失業率下降與

通膨率上升　(d) 通膨率與自然失業率同時上升

19. 某國景氣持續閃爍紅燈，何者出現機率極低？　(a) 商品市場出現超額需求，潛藏需求拉動通膨壓力　(b) 景氣閃爍紅燈意味著成本推動通膨可能接踵而至　(c) 成本推動通膨可能讓景氣燈號反轉為藍燈　(d) 政府稅收大幅縮減

20. 在通膨過程中，體系將會出現各種現象，何者錯誤？　(a) 某些商品的相對價格上漲　(b) 某些商品的相對價格下跌　(c) 通膨率反轉為負值，某些商品的相對價格可能上升　(d) 所有商品的相對價格與絕對價格同時上漲

21. 體系出現通膨顯然與何者無關？　(a) 央行持續執行量化寬鬆操作　(b) 政府頻頻推出紓困方案　(c) 名目總需求成長率持續超過實質產出成長率　(d) 實質產出成長率持續低於貨幣成長率

22. 西非小國辛巴威爆發惡性通膨多年，表面原因是貨幣成長率失控所致，但追根究柢原因為何？　(a) 央行採取膨脹性融通政府債務　(b) 央行長期釘住利率　(c) 央行意圖釘住匯率　(d) 政府歲出全部由課稅融通

23. 在通膨過程中，體系出現何種現象係屬正常？　(a) 需求拉動通膨出現在先，後續可能衍生成本推動通膨　(b) 需求拉動通膨引發高利率，大幅提高廠商融資成本高漲，進一步引爆成本推動通膨　(c) 人們失業領取救濟金，宅在家中上網消費引爆物價上漲　(d) 貨幣市場出現超額需求，引發利率上漲，推動物價上漲

24. 經濟理論定義「通貨緊縮」，何者較貼近事實？　(a) 物價緩步下跌，失業逐步增加的過程　(b) 物價上漲率減緩　(c) 物價急速下跌的過程　(d) 貨幣的實質購買力下降

25. 在1990年代，某國出現通貨緊縮釀成結果，何者正確？　(a) 國內大部分商品價格上漲　(b) 物價指數呈現緩慢滑落　(c) 實質經濟成長率遞增低於貨幣成長率　(d) 外籍勞工成長率大幅增加

26. 在2000～2003年間，某國主計總處公布消費者物價指數持續下跌，經濟活動可能如何變化？　(a) 名目所得的實質購買力滑落　(b) 人們預期通縮持續，延後支出讓景氣更形惡化　(c) 景氣從綠燈逐步轉向黃紅燈　(d) IS-LM兩條曲線持續左移

27. 某國通膨率遽降可能反映景氣藍燈閃爍，何種解釋正確？　(a) 廠商無從判斷價格變化本質，到底是反映通膨率下跌或產品需求下降　(b) 廠商確信價格變化，係反映通膨率下跌或產品需求下降　(c) 廠商無法掌握價格變化，係反映通膨率下跌或產品需求上昇　(d) 廠商確信價格變化，係反映通膨率下跌或產品需求上升

28. 新興開發中國家出現經濟成長大躍進，推動全球原物料價格飆漲，對小國可能造成何種衝擊？　(a) 引爆需求拉動通膨　(b) 帶來利潤推動通膨　(c) 形成工資推動通膨　(d) 引爆輸入性通膨

29. 就長期而言，在自然產出不變下，某國通膨率將與何者有關？　(a) 等於貨幣流通速度成長率　(b) 等於貨幣成長率　(c) 等於經濟成長率　(d) 等於貨幣利率

30. 貨幣學派理論指出「通膨純粹是貨幣現象」，此種說法背後的涵義為何？ (a) 貨幣成長率遠大於名目所得成長率 (b) 貨幣需求成長率遠超過貨幣成長率 (c) 貨幣成長率遠超過貨幣需求成長率 (d) 貨幣流通速度成長率淪為負值

31. 某國名目產出成長率由 4% 加速躍升至 6% 而且持續不變，何者錯誤？ (a) 通膨率呈現恆常性上升 (b) 通膨率僅會暫時性上升 (c) 實質產出成長率長期變化不確定 (d) 實質產出成長率將恆常性上升

32. 某國主計總處觀察某年名目產出劇烈波動，顯然與何者無關？ (a) 稅率調整 (b) 匯率劇烈波動 (c) 貨幣成長率劇烈波動 (d) 預期通膨率波動

33. 某國的實質產出低於自然產出，而名目產出呈現恆常性成長，何者可能正確？ (a) 貨幣成長率持續上升，直至名目產出成長率等於通膨率 (b) 貨幣供給不變，貨幣流通速度成長率與實質產出維持相同成長率 (c) 實質產出持平，名目產出成長率等於通膨率 (d) 貨幣供給不變，實質產出呈現恆常性成長

34. 何者發生意味著體系即將面臨通膨壓力？ (a) 油價由 2008 年底的每桶 37 美元節節飆升至 2009 年 11 月逼近每桶 80 美元，而央行則持續增加貨幣供給因應市場交易需求 (b) 受到外資持續匯入資金加碼台股的影響，台灣股價指數已逼近 14,000 點 (c) 夏季牛乳價格比冬季貴 (d) 立法院建議交通部研議將定額能源稅改為隨著加油數量徵收

35. 有關「通貨緊縮」現象的敘述，何者錯誤？ (a) 一般物價持續下跌過程 (b) 肇因於產品供給過剩 (c) 加重實質債務負擔 (d) 透過 Pigou 效果刺激消費，讓景氣藍燈轉為綠燈

36. 有關消費者物價指數的性質，何者正確？ (a) 依據消費者消費一籃子商品的價格加權平均而得，每月權數將隨消費者支出組合改變調整 (b) 通常比 GDP 平減指數準確 (c) 通常會因消費商品替代的偏誤而高估通膨率 (d) 通常低估通膨率

答案：

1. (c)	2. (b)	3. (c)	4. (a)	5. (b)	6. (a)	7. (a)	8. (b)	9. (b)	10. (a)
11. (c)	12. (c)	13. (c)	14. (a)	15. (b)	16. (c)	17. (c)	18. (d)	19. (d)	20. (d)
21. (b)	22. (a)	23. (a)	24. (a)	25. (b)	26. (b)	27. (a)	28. (d)	29. (b)	30. (c)
31. (b)	32. (a)	33. (d)	34. (a)	35. (d)	36. (c)				

9.1.2 通貨膨脹的影響

1. 某國爆發通膨釀成的影響，何者錯誤？ (a) 債務人的實質負擔下降 (b) 產生菜單成本而不利經濟活動 (c) 政府的名目稅收遞增 (d) 將引起 LM 曲線持續右移

2. 1980 年代美國總統大選期間，Regan 提出「痛苦指數」概念，何者正確？ (a) 通膨率與利率之和 (b) 失業率與匯率貶值率之和 (c) 通膨率與失業率之和 (d) 失業率與工

資下跌率之和

3. 1997 年爆發亞洲金融風暴，在此期間的報章雜誌曾經提出「金融痛苦指數」概念，何者正確？　(a) 匯率貶值率加通膨率　(b) 稅率加利率　(c) 匯率貶值率加股價下跌率　(d) 失業率加通膨率

4. 某國央行經研處檢視貨幣流通速度呈現穩定值，何種說法錯誤？　(a) 央行執行貨幣法則將可穩定物價　(b) 通膨率 = 貨幣成長率 − 經濟成長率　(c) 通膨率 = 貨幣成長率 − 流通速度成長率　(d) 央行穩定貨幣成長率，將能穩定通膨

5. 某國物價波動將會逐漸顯現何種結果？　(a) 實際通膨率低於預期，債務人將蒙受利益　(b) 貨幣中立性係指貨幣數量變化與物價波動無關　(c) 在貨幣數量不變下，物價波動將會提高貨幣的實質購買力　(d) 實際通膨率超過預期，所得重分配將對債權人不利

6. 油價飆漲推動人們預期通膨率上升，將會造成何種影響？　(a) 實質貨幣需求增加　(b) 貨幣利率趨於上漲　(c) IS 曲線將會右移　(d) 貨幣流動速度將會遞減

7. 2008 年金融海嘯重創某國陷入景氣藍燈區域，並對金融市場產生衝擊，何者錯誤？　(a) 實質利率上漲　(b) 廠商的實質融資成本上漲　(c) 名目利率上漲　(d) 循環性失業率轉為正值

8. 體系爆發未預期通膨將會影響債權人和債務人的實質權益，何者正確？　(a) 債權人持有固定貨幣資產，購買力不受影響　(b) 債務人持有固定貨幣負債，實質負債減輕　(c) 債權人和債務人多數是風險怯避者，已經預先避險，未預期通膨不影響雙方權益　(d) 債權人和債務人多數是風險中立者，不在乎通膨風險

9. 某國出現非預期物價上漲，將會發生何種結果？　(a) 債務人的實質負債增加　(b) 非預期物價若持續上漲，將促使人們提前消費　(c) 政府的名目稅收不受影響　(d) 債權人持有固定貨幣資產，權益不受通膨影響

10. 有關通貨膨脹的敘述，何者正確？　(a) 未預期通膨與財富重分配無關　(b) 未預期通膨對簽定固定薪資勞動契約的僱主不利　(c) 名目工資與物價存在輪番上漲的螺旋效果，通膨必是完全可預期　(d) 油價飆漲將會造成停滯性膨脹

11. 對固定收入階層而言，通膨引發所得重分配，何者正確？　(a) 固定收入者的購買力下降，生活水準隨之降低　(b) 該階層的收入固定，生活水準不受影響　(c) 生活水準改善　(d) 生活水準變化將會優於具浮動收入階層（如商人）

12. 一般物價上漲將會引發實質資產與實質負債價值變化，何者正確？　(a) 物價上漲若屬預期，債務人的實質負債減少　(b) 物價上漲若屬預期，債權人的實質債權減少　(c) 非預期物價上漲將增加債務人的實質負債　(d) 非預期物價上漲將減少債權人的實質債權

13. 何種性質的國家容易受輸入性通膨影響？　(a) 高出口依賴度的國家　(b) 高貿易依存度的國家　(c) 高進口依賴度的國家　(d) 低進口依賴度的國家

14. 比較需求拉動與成本推動通膨造成結果的差異性，何者正確？　(a) 對物價影響相同，

對產出影響不同　　(b) 對物價影響不同，對產出影響相同　　(c) 對物價與產出影響均相同　　(d) 對物價與產出影響均不同

15. 體系面對物價上漲產生的衝擊，何者錯誤？　(a) 政府部門將是獲利者　(b) 投機者可能因非預期物價上漲而獲利　(c) 預期物價上漲將引起 IS-LM 兩條曲線右移　(d) 擁有浮動所得者受物價上漲影響輕微

16. 某國爆發非預期通膨，何種衝擊正確？　(a) 債務人的實質債務減輕　(b) 非預期通膨引起貨幣工資上漲，廠商的生產成本上升　(c) 浮動收入者將因非預期通膨而受害　(d) 定期存款面額固定，存款者權益不受非預期通膨影響

17. 體系爆發預期通膨釀成的後果，何者錯誤？　(a) 債權人早已針對預期通膨避險，權益不受影響　(b) 預期通膨造成實質匯率升值，對出口不利　(c) 工會要求依據通膨率調薪，成本推動通膨接踵而至　(d) 預期通膨引發實質匯率貶值，對進口不利

18. 體系出現通膨引發的社會成本包括：(1) 財富重分配、(2) 菜單成本、(3) 鞋皮成本、(4) 通貨膨脹稅。何者正確？　(a) 1、2、3、4　(b) 1、2、3　(c) 1、4　(d) 2、3、4

19. 在通膨期間，為掌握商品物價動態與避免購買力下降，人們將需承擔何種成本？　(a) 菜單成本、鞋皮成本　(b) 菜單成本、邊際成本　(c) 訊息成本、菜單成本　(d) 訊息成本、鞋皮成本

20. 某國發生通膨勢必帶來社會成本，何者錯誤？　(a) 針對未清償公債，財政部必須支付更高利率　(b) 人們將適用更高累進級距所得稅率　(c) 人們誤判通膨成因，將通膨視為商品需求增加，然而事實並非如此　(d) 放款者收取的實質放款利率減少

21. 體系出現通膨對經濟活動影響，何者錯誤？　(a) 固定所得者面臨所得分配位置惡化　(b) 財富分配顯然不利於債權人　(c) 債務者持有實質債務增加　(d) 通膨預期將讓人們擴大消費

22. 某國深陷通膨環境將面臨何種不良影響？　(a) 貨幣利率高漲，加重廠商借款的實質成本　(b) 通膨促使貨幣利率上漲，金主獲取的實質報酬增加　(c) 進口成本高漲導致貿易逆差　(d) 景氣可能由紅燈區反轉下滑至藍燈區

23. 體系出現通膨勢必釀成各種影響，何者正確？　(a) Fisher 效果成立隱含實質利率將上漲　(b) 財富重分配結果擴大體系消費　(c) 菜單成本與鞋皮成本等交易成本大幅攀升　(d) 所得稅制度針對名目所得累進課稅，通膨降低實質所得，因而降低政府稅收

24. 有關惡性通膨對資本累積與資源配置效率的影響，何者正確？　(a) 資本加速累積提高資源配置效率　(b) 資本累積速度遞減降低資源配置效率　(c) 資本累積速度遞增降低資源配置效率　(d) 資本累積速度遞減提高資源配置效率

25. 惡性通膨期間引發各種經濟現象，何者錯誤？　(a) 貨幣價值迅速滑落　(b) 貨幣喪失價值儲藏功能，物物交換活動遽增　(c) 債務人的實質負債遞增　(d) 持有固定面值金融資產的投資人將面臨購買力損失

26. 某國實際通膨率超乎人們預期，將會醸成何種結果？　(a) 廠商財富將重分配給勞工　(b) 借款者財富將重分配給放款者　(c) 放款者財富將重分配給借款者　(d) 政府財富將重分配給納稅者

27. 體系內物價、利率與景氣循環三者關係錯綜複雜，何者正確？　(a) 物價是影響實質利率的重要因素　(b) 名目利率 = 實質利率 + 實際通膨率　(c) 停滯性膨脹係反映通膨率與利率循環間的關係　(d) 景氣燈號持續閃爍紅燈，容易推動名目利率上升

28. 某國實際通膨率大於名目利率隱含何種結果係屬錯誤？　(a) 名目利率向上調整　(b) 可貸資金供給曲線右移　(c) 實質利率向下 調整　(d) 貨幣購買力下跌

29. 在何種狀況下，某國自然產出將是廠商僱用勞動數量的產出值？　(a) 通膨率為固定值　(b) 預期通膨率為零　(c) 實際與預期通膨率為零　(d) 實際通膨率等於預期通膨率

30. 體系內通膨分為預期和非預期型態，儘管預期通膨帶來社會成本比較有限，但何種成本仍無法避免？　(a) 菜單成本　(b) 訊息成本　(c) 搜尋成本　(d) 資源成本

31. 某國爆發未預期通膨將面臨何種結果？　(a) IS 曲線左移，而 LM 曲線右移，貨幣利率變化不確定　(b) 貨幣工資上漲，勞工獲益，廠商受損　(c) 同時帶來經濟效率損失與財富重分配　(d) 實質匯率貶值，有利於改善貿易盈餘

32. 體系出現未預期通膨率下跌造成的影響，何者正確？　(a) 實質工資下跌，廠商將增加僱用勞工　(b) 實質工資上漲，廠商將減少僱用勞工　(c) 貨幣工資下跌，勞工將減少勞動供給　(d) 勞動需求曲線與勞動供給曲線同時右移

33. 體系陷入通縮對債權人與債務人造成何種影響？　(a) 債權人持有貨幣債權不變，消費支出持平　(b) 債務人承擔貨幣債務不變，消費支出持平　(c) 債務人因非預期通縮而增加實質負債，將會縮衣節食　(d) 債權人因非預期通縮而減少實質債權，將會撙節支出

34. 在其他條件不變下，某國發生通膨提高人們的名目所得，而所得稅制採取累進稅率，何者正確？　(a) 人們繳納所得稅增加　(b) 政府課徵的所得稅不變　(c) 人們繳納所得稅減少　(d) 政府徵收的所得稅變動不確定

35. 假設 Mundell-Tobin 效果成立，體系發生未預期通縮，金融市場利率如何變化？　(a) 事後實質利率高於原先預期　(b) 事後實質利率持平　(c) 名目利率上漲　(d) 貨幣利率與實質利率同時下降

36. 體系內面臨進口原物料（如：石油）價格一次性上漲，將會產生何種結果？　(a) 僅是高物價而非通膨　(b) 產生短期通膨效果與降低就業　(c) 由於是原物料而非最終商品價格變化，故不影響通膨　(d) 醸成長期通膨效果與提高就業

37. 體系內實際失業率等於自然失業率，何者錯誤？　(a) 循環性失業率為零　(b) 預期通膨率將是變動　(c) 實際通膨率為零　(d) 體系落在自然產出境界

38. 體系出現完全預期通膨所需負擔的鞋皮成本，係針對何者而言？　(a) 持有較少現金的不方便性　(b) 貨幣貶值導致進口原物料價格攀升　(c) 為對抗物價上漲而耗費額外時間

在購物上　(d) 更動價格標籤與更換新價格目錄的成本

39. 體系爆發未預期通膨，將不會釀成何種影響？　(a) 鞋皮成本增加　(b) 菜單成本增加　(c) 財富重分配　(d) 自然失業率下降

40. 2020 年爆發新冠肺炎，此一黑天鵝在當年三月造成全球外匯市場與股票市場劇烈波動在此期間。某國的匯率貶值 19.04%、股價下跌 16.40%、利率變動 3.5%、物價上漲 5.5%，試問金融痛苦指數為何？　(a) 35.44%　(b) 9%　(c) 26.44%　(d) 38.94%

41. 有關通貨緊縮對人們債權與債務的影響，何者正確？　(a) 預期通縮將會減少債務人的實質負債　(b) 預期通縮將會減少債權人的實質債權　(c) 非預期通縮會增加債務人的實質負債　(d) 非預期通縮會減少債權人的實質債權

答案：

1. (d)	2. (c)	3. (c)	4. (c)	5. (d)	6. (b)	7. (c)	8. (b)	9. (b)	10. (d)
11. (a)	12. (d)	13. (c)	14. (a)	15. (c)	16. (a)	17. (d)	18. (a)	19. (a)	20. (a)
21. (c)	22. (d)	23. (c)	24. (b)	25. (c)	26. (c)	27. (d)	28. (b)	29. (d)	30. (a)
31. (c)	32. (b)	33. (c)	34. (a)	35. (a)	36. (a)	37. (c)	38. (c)	39. (d)	40. (a)
41. (c)									

9.2 預期形成與在經濟活動的角色

9.2.1 適應性預期形成

1. 某國經濟成員的預期物價將反映何種意義？　(a) 在目前期間，勞工的預期通膨率　(b) 勞工相信未來會存在的物價　(c) 在下次協商契約期間，勞工與廠商的預期通膨率　(d) 目前期預期與實際通膨率的差額

2. 人們以現在狀況與前期狀況加權平均來形成預期，此即稱為：　(a) 靜態預期　(b) 累退預期　(c) 適應性預期　(d) 理性預期

3. 有關預期物價形成的敘述，何者正確？　(a) 適應性預期係以過去物價訊息來形成未來物價預期　(b) 理性預期係以過去物價訊息來預期未來物價　(c) 完全預測是古典學派對物價變動的假設　(d) 理性預期假設人們預期不會錯誤

4. 有關適應性預期臆說的內涵，何者正確？　(a) 未預期貨幣供給增加在短期僅會降低利率　(b) 唯有體系落在自然產出環境，預期通膨才會改變　(c) 一旦人們開始適應通膨，將會忽略它　(d) 預期通膨調整需要時間

5. 人們運用已知事實與相關訊息來形成預期，此即稱為：　(a) 理性預期　(b) 適應性預期　(c) 累退預期　(d) 靜態預期

6. 人們採取適應性預期形成，央行採取擴張政策對經濟活動影響，何者正確？　(a) 貨幣

利率上漲，而實質利率下跌　(b) 循環性失業率為正值　(c) Phillips 曲線維持不動 (d) 通貨膨脹稅將由資金需求者承擔

7. 在適應性預期下，人們擬定經濟決策，係將未來預期立基於何種訊息？　(a) 所有可運用的歷史資料　(b) 近期的歷史資料　(c) 所有目前可用的資料　(d) 技術與基本分析

8. 依據適應性預期，某國通膨率持續遞減，人們傾向於採取何種判斷？　(a) 高估下期通膨率　(b) 低估下期通膨率　(c) 通膨呈現理性變動　(d) 通膨呈現不規則變化

9. 依據適應性預期觀點，在短期內，未預期需求擴張政策將如何影響失業與實質產出？ (a) 失業不變、實質產出增加　(b) 失業減少、實質產出增加　(c) 失業減少、實質產出不變　(d) 失業不變、實質產出不變

10. 一旦人們採取適應性預期形成，預期通膨率將與何者無關？　(a) 取決於觀察到的通膨率　(b) 取決於過去的預期通膨率　(c) 隨著通膨發生，預期通膨率將會上升　(d) 預期通膨率取決於未來的各種經濟訊息

11. 理性勞工與廠商通常透過回顧而非前瞻方式來形成預期，何種理由錯誤？　(a) 體系存在長期工資與物價契約，阻止實際通膨立即反映名目產出加速成長　(b) 假設過去名目產出加速成長係導致通膨的原因，目前的加速成長或可預期將提高通膨　(c) 人們沒有理由相信名目產出加速成長具有恆常性　(d) 經濟活動具有持續性，以過去的實際通膨來預測未來通膨有其可信度

12. 人們估計本期通膨率，將能完全調整任何誤差，何者正確？　(a) 下期預期通膨率必須較高　(b) 下期預期通膨率必須較低　(c) 下期實際通膨率必須較高　(d) 下期預期通膨率等於本期實際通膨率

13. 人們採取回顧型預期方式，通常也能合理描述實際行為，何者正確？　(a) 通膨率或物價變動通常是暫時性　(b) 通膨率或物價變動具有恆常性　(c) 勞資雙方全盤掌握其他產業的工資談判狀況，估計工資與物價調整速度並無困難　(d) 勞資雙方缺乏其他產業的工資談判訊息，無從估計工資與物價調整速度

答案：

1. (a)　2. (c)　3. (c)　4. (d)　5. (a)　6. (a)　7. (b)　8. (a)　9. (b)　10. (d)
11. (c)　12. (a)　13. (b)

9.2.2 理性預期形成

1. 有關理性預期的敘述，何者錯誤？　(a) 運用所有可得訊息　(b) 使預測錯誤區間範圍降到最小　(c) 完全準確預測　(d) 錯誤預測平均為零

2. 理性預期理論主張，政府採取可預期擴張政策，將會產生何種結果？　(a) 減少失業 (b) 造成低物價　(c) 造成高物價　(d) 降低失業與物價

3. 在理性預期理論下，央行事先宣布實施打擊通膨的緊縮政策，人們卻是不信，而央行宣布後也付諸執行，其產生的影響，何者正確？ (a) 產出不變 (b) 物價下跌 (c) 產出增加 (d) 物價上漲

4. 理性預期理論與效率市場存在密切關係，效率市場係指資產價格變動將反應何者變化？ (a) 供給 (b) 需求 (c) 訊息 (d) 預期值

5. 依據理性預期分析，何者正確？ (a) 事先公布的貨幣供給變動對名目產出無影響 (b) 事先公布的貨幣供給變動對物價無影響 (c) 未預期的貨幣供給變動對實質產出與物價有短期影響 (d) 未預期的財政政策不影響物價

6. 人們採取理性預期形成，在物價充分浮動調整下，某國爆發通膨，何種現象不會發生？ (a) Fisher 方程式在金融市場未必成立 (b) 財富將由債權人移轉到債務人 (c) 財政部要求央行增加發行貨幣 100 億元融通預算赤字，相當於向人們課徵通膨稅 100 億元 (d) Baumol 的實質交易性貨幣需求將會下降

7. 人們採取何種預期形成，可讓政府採取擴張政策，對產出與失業發揮較大影響？ (a) 理性預期 (b) 適應性預期 (c) 靜態預期 (d) 完全預期

8. 在理性預期下，人們將採取何種策略預測通膨率？ (a) 將其預期設定為前期通膨率 (b) 傾向於系統性高估通膨 (c) 傾向於系統性低估通膨 (d) 運用所有可用的經濟訊息來形成預測值

9. 人們採取理性預期的結果，將出現何種狀況？ (a) 不會產生預測誤差 (b) 運用隨機變數產生值來形成通膨預期 (c) 產生隨機性預測誤差 (d) 僅考慮通膨的歷史趨勢

10. 理性預期觀點認為在短期內，政府實施預期擴張政策對失業與實質產出的影響，何者正確？ (a) 失業不變、實質產出增加 (b) 失業下降、實質產出增加 (c) 失業減少、實質產出不變 (d) 失業與實質產出均不變

11. 人們採取理性預期形成，何種訊息派不上用場？ (a) 未來實際政策變動 (b) 過去的物價 (c) 預期未來供給衝擊 (d) 體系如何運作的知識

12. 人們形成理性預期通膨係立基於何種基礎？ (a) 所有攸關體系的可用訊息 (b) 僅有過去的物價值 (c) 目前與過去的通膨率 (d) 未來政策的正確預測

13. 有關理性預期的敘述，何者正確？ (a) 所有成員皆能完全預測未來 (b) 所有成員皆會發生系統性預測偏誤 (c) 政府的逆循環政策無效 (d) 貨幣政策相對財政政策有效

14. 理性預期臆說針對通膨預期的說法，何者正確？ (a) 理性行為是基於過去通膨經驗，是以通膨預期調整相對緩慢 (b) 通膨預期是基於所有可訊息，包括未來政策活動的效果 (c) 體系達成長期均衡，通膨預期將等於零 (d) 通膨預期僅是反映非預期貨幣供給增加

15. 有關理性預期臆說強調的焦點，何者正確？ (a) 人們擅長購買活動更甚於銷售活動 (b) 勞工對購買商品價格的靈通性更甚於獲取的工資 (c) 廠商對銷售商品價格的靈通性

更甚於購買商品的價格　　(d) 代表性廠商對銷售與購買商品價格的靈通性是相同

16. 理性預期學派對政府部門行為的主張，何者正確？　　(a) 必須經常改變政策　　(b) 堅持穩定政策　　(c) 執行政策要與人們預期相反　　(d) 忽略未來經濟的預測

17. 人們對未來預期的變化，將不會影響何種決策？　　(a) 消費決策　　(b) 投資決策　　(c) 儲蓄決策　　(d) 納稅決策

18. 理性預期學派強調政府政策無效，其立論基礎為何？　　(a) 人們對預期中的政策做理性的反應　　(b) 政府的政策達到預期效果　　(c) 政府政策對人們的預期做理性反應　　(d) 人們是不理性，但政府是理性的

19. 在何種情況下，理性預期理論指出央行執行量化寬鬆將毫無效果？　　(a) 失業率高於自然失業率　　(b) 人們調整通膨預期迅速　　(c) 在景氣衰退階段　　(d) 央行具有很高信譽

20. 如果人們永遠正確預期央行政策，何者正確？　　(a) 央行無法透過貨幣政策改變失業率　　(b) 央行無法透過貨幣政策改變通膨率　　(c) 名目工資永遠僵化　　(d) Phillips 曲線呈現水平線

21. 何種理性預期學派主張係屬正確？　　(a) 量化寬鬆無效，緊縮貨幣政策有效　　(b) 未預期貨幣政策有效，預期貨幣政策無效　　(c) 預期貨幣政策有效，未預期貨幣政策無效　　(d) 貨幣政策完全無效

22. 只有未預期貨幣供給變動才會影響實質產出，而人們採取理性預期，人們對經濟活動狀態擁有相同訊息，何者正確？　　(a) 貨幣政策可以用於系統化的穩定產出　　(b) 貨幣政策無法用於系統化的穩定產出　　(c) 維持貨幣供給固定的政策是最適政策　　(d) 回應經濟狀態而調整貨幣供給的政策是最適政策

23. 人們採取理性通膨預期意味著將藉由何者來形預期？　　(a) 最適使用所有可用的訊息，包括攸關目前正的訊息，來預測未來　　(b) 詢問最好的專家意見　　(c) 訂閱使用最佳計量模型的預測服務　　(d) 將他們的意見立基於最近觀察到的通膨

24. 央行追求降低通膨卻不引起衰退的必要條件，何者錯誤？　　(a) 勞工與廠商必須形成理性預期　　(b) 在預期形成前，計畫必須宣告　　(c) 計畫必須被勞工與廠商相信　　(d) 政府預算必須維持平衡

答案：

1. (c)	2. (c)	3. (b)	4. (c)	5. (c)	6. (d)	7. (c)	8. (d)	9. (c)	10. (d)
11. (b)	12. (a)	13. (c)	14. (b)	15. (d)	16. (b)	17. (d)	18. (a)	19. (b)	20. (a)
21. (b)	22. (c)	23. (a)	24. (d)						

9.3 Phillips 曲線理論

9.3.1 Phillips 曲線的起源

1. 某國的短期 Phillips 曲線斜率將與何者無關？　(a) 面對產出變動，廠商如何調整訂定價格的加碼率　(b) 來自貨幣政策或財政政策的擴張力量　(c) 預期物價　(d) 勞動市場供需變化

2. 某國通膨與失業在同一期間上升，將可解釋為何者移動的結果？　(a) AD 曲線左移　(b) IS-LM 兩條曲線右移　(c) SAS 曲線左移　(d) Phillips 曲線左移

3. 某國 AS 曲線若是完全缺乏物價彈性，何者正確？　(a) Phillips 曲線將呈現負斜率　(b) 政府擴大預算赤字不會引起通膨　(c) 負的貨幣成長率將引起通縮　(d) 通膨率與失業率存在抵換關係

4. 某國 SAS 曲線顯示物價與產出間的關係，而 Phillips 曲線顯示通膨率與失業率間的關係，何者正確？　(a) 兩條曲線均呈現正斜率　(b) 前者呈正向關係，後者則呈逆向關係　(c) 兩者均是負斜率　(d) 前者為逆向關係，後者為正向關係

5. Phillips 曲線出現打破「古典二分法」概念，此係前者顯示何種名目與實質變數間的關係？　(a) 名目變數是產出，實質變數是物價　(b) 名目變數是貨幣，實質變數是產出　(c) 名目變數是通膨，實質變數是失業　(d) 名目變數是失業，實質變數是通膨

6. 影響某國 Phillips 曲線的因素，何者錯誤？　(a) 目前匯率　(b) 預期通膨率　(c) 實際與自然失業率間的落差　(d) 供給面衝擊

7. 在其他條件不變下，有關影響 Phillips 曲線的因素，通膨與何者不具正向關係？　(a) 預期通膨　(b) 失業率　(c) 自然失業率　(d) 正向供給面衝擊

8. Phillips 曲線顯示何者間的短期連結？　(a) 名目變數與虛擬變數　(b) 實質變數與外生變數　(c) 非預期變數與內生變數　(d) 名目變數與實質變數

9. 某國 SAS 曲線愈趨陡峭，Phillips 曲線斜率將如何變化？　(a) 斜率趨於平坦　(b) 斜率趨於陡峭　(c) 由負斜率轉為正斜率　(d) 兩者斜率毫無關聯

10. 某國短期的 Phillips 曲線是描述何種經濟現象？　(a) 失業率與通膨率呈正向相關　(b) 失業率與通膨率呈逆向相關　(c) 貨幣利率與通膨率呈正向相關　(d) 貨幣工資上漲率與產出率呈負向相關

11. 經濟學者通常使用 Phillips 曲線解釋何種經濟變數間的關係？　(a) 產出率與實質工資上漲率　(b) 通膨率與失業率　(c) 產出率與失業率　(d) 實質產出率與貨幣工資上漲率

12. Phillips-Lipsey 提出的 Phillips 曲線係在描述勞動市場存在何種關係？　(a) 失業率與通膨率存在逆向關係　(b) 產出率與實質工資上漲率存在正向關係　(c) 通膨率與產出率存在正向關係　(d) 貨幣工資上漲率與失業率存在逆向關係

答案：

1. (b)　　2. (c)　　3. (c)　　4. (b)　　5. (c)　　6. (a)　　7. (b)　　8. (d)　　9. (b)　　10. (b)

11. (b)　　12. (d)

9.3.2 短期 Phillips 曲線

1. Phillips 曲線反映通膨率與失業率間存在替代關係，某國若出現實際失業率大於自然失業率，將會產生何種效果？　(a) 通膨率下跌　(b) 通膨率上漲　(c) 物價不變　(d) 物價變動不確定

2. Phillips 曲線揭露失業率與通膨率呈逆向關係，然而此種關係卻在 1970 年代面臨挑戰，主要原因為何？　(a) 總供給遭到逆向衝擊　(b) 貨幣成長率暴增　(c) 人們缺乏累積財富意願，要回歸簡樸生活　(d) 總需求下降

3. 下列敘述，何者正確？　(a) 某國物價愈高，實質產出也愈高　(b) 某國物價愈低，失業率也愈低　(c) 某國經濟成長率愈高，自然失業率也愈高　(d) 某國網路通訊技術大躍進，短期 Phillips 曲線將左移

4. 某國短期 Phillips 曲線斜率主要取決於何種因素？　(a) 廠商訂定商品價格的成本加碼上漲率　(b) 長期 Phillips 曲線的斜率　(c) 預期物價　(d) 實質工資上漲率

5. 除處於自然產出環境外，體系落在短期 Phillips 曲線上的點，均具有勞動市場未結清的特性，何種理由正確？　(a) 通膨率不等於名目工資上漲率　(b) 勞動契約正確預期通膨率變化　(c) 無從確知勞動市場就業率的變化　(d) 針對通膨率變化，勞動契約預先設定實質工資上漲率

6. Phillips 曲線與總供給曲線兩者間的關係，何者錯誤？　(a) SAS 曲線與短期 Phillips 曲線具有一對一的對應關係　(b) 失業率與通膨率在短期存在取捨關係　(c) 總供給曲線若落在自然產出上，長期 Phillips 曲線將為垂直線　(d) 短期 Phillips 曲線與 SAS 曲線均隱含勞動市場處於結清狀態

7. 某研究機構若要估計該國的短期 Phillips 曲線，在實證模型中，何種變數將扮演關鍵角色？　(a) 匯率固定　(b) 經濟成長率固定　(c) 貨幣工資固定　(d) 原物料價格固定

8. 有關 Phillips 曲線與 SAS 曲線之間的關係，何者錯誤？　(a)SAS 曲線若為正斜率，對應的短期 Phillips 曲線將是負斜率　(b) 預期通膨率變化引起 SAS 曲線移動，短期 Phillips 曲線也將跟著移動　(c) 技術進步將帶動 SAS 曲線與 Phillips 曲線右移　(d)SAS 曲線的物價彈性愈小，短期 Phillips 曲線斜率將愈陡峭

9. 某國經濟活動沿著短期 Phillips 曲線移動，主要預設何者為固定值？　(a) 勞動契約隱含的預期物價固定　(b) 實際物價與預期物價固定　(c) 預期物價與實質工資固定　(d) 原物料價格固定

10. 政府估計自然失業率將從 2012 年的 4.8% 增加到 2019 年底的 5.2%，如果這個預測準

確，則短期 Phillips 曲線將如何變化？　(a) 右移　(b) 左移　(c) 不會移動　(d) 無法判斷

11. 某國失業率為 15%，通膨率則穩定落在 0～1% 之間。何種政策較能降低目前偏高的失業率？　(a) 降低政府債務　(b) 增加政府支出　(c) 提高營利事業所得稅稅率　(d) 增加存款準備率

12. 某國 Phillips 曲線可表為：$\pi = \pi_{-1} - 2(u - 0.05)$，$\pi$ 為當期通膨率，π_{-1} 為前一期通膨率，u 為實際失業率，則「非加速通膨失業率（NAIRU）」為何？　(a) 0　(b) 0.05　(c) 0.1　(d) 0.5

13. 某國短期 Phillips 曲線將是反映何種關係？　(a) 短期實質產出率與通膨率　(b) 在預期通膨率固定下，實質產出率與通膨率的組合　(c) 在預期通膨率充分調整下，實質產出率與通膨率的組合　(d) 實質產出率與通膨率對供給衝擊的反應

14. 某國短期 Phillips 曲線斜率愈趨平坦，將發生何種結果？　(a) SAS 曲線斜率將越陡峭　(b) 在名目產出成長率變動固定下，通膨率變動愈大，實質產出變動率愈小　(c) 在名目產出成長率變動固定下，通膨率變動愈小，實質產出成長率愈大　(d) 名目產出成長率變動愈大

15. 某國達成短期均衡，實質產出率與通膨率將與何者有關？　(a) 取決於政府支出成長率　(b) 發生在預期與實際通膨率相等之處　(c) 僅取決於貨幣成長率　(d) 政府的偏好

16. Phillips 曲線與 SAS 曲線分別描述何種關係？　(a) 前者說明通膨率與失業率存在正向關係，後者說明物價與產出存在正向關係　(b) 前者說明通膨率與失業率呈現正向關係，後者說明物價與產出呈現逆向關係　(c) 前者說明通膨率與失業率呈現逆向關係，後者說明物價與產出呈現負向關係　(d) 前者說明通膨率與失業率呈現逆向關係，後者說明物價與產出呈現正向關係

17. 某國的 Phillips 曲線可表為 $\pi = 0.02 - 0.8(u - 5\%)$，$\pi$ 是通膨率，u 是失業率。當失業率 $u = 4\%$ 時，短期通膨率為何？　(a) 高於 2%　(b) 低於 2%　(c) 2%　(d) −2%

18. 某國的 Phillips 曲線可表為 $\pi = \pi_{-1} - 0.5(u - 0.06)$，$\pi$ 是通膨率，u 是失業率。體系內的自然失業率為何？　(a) 0.5　(b) 0.12　(c) 0.06　(d) 0.03

19. 某國的 SAS 曲線與 Phillips 曲線之間存在的關係，何者正確？　(a) 兩條曲線彼此毫無關聯　(b) 針對每條 Phillips 曲線而言，將會對應多條 SAS 曲線　(c) 針對每條 SAS 曲線，將會對應多條 Phillips 曲線　(d) 對應每條 SAS 曲線，正好只有一條 Phillips 曲線

20. 在何種狀況下，人們預期通膨率為 6%，體系沿著短期 Phillips 曲線移動，實際產出將會超過自然產出？　(a) 實際通膨率低於 6%　(b) 實際通膨率高於 6%　(c) 預期利率低於 6%　(d) 預期經濟成長率高於 6%

21. 體系內實際產出大於自然產出，物價將出現上漲，何者將造成生產成本增加？　(a) 廠商容易僱用新勞工，但須提供較高工資　(b) 廠商容易僱用新勞工且僅支付較低工資

(c) 廠商很難僱用新勞工與留住舊員工，且被迫提高工資　(d) 廠商很難僱用新勞工與留住舊員工，但本身可以提高工資

22. 下列敘述，何者錯誤？　(a) 名目利率等於實質利率加上預期通膨率　(b) 停滯性膨脹係指出現景氣衰退的通膨　(c) Phillips 曲線描述失業率與通膨率之關聯性　(d) SAS 曲線與 Phillips 曲線均是描述經濟活動面臨的需求面限制

23. 某國主計總處公布某年經濟成長率為 3%，何者錯誤？　(a) 通膨率若為 2%，人們必須獲得加薪 5%，才不吃虧　(b) 貨幣若具中立性，央行增加貨幣供給，仍將改變實質產出成長率　(c) 實質產出成長率上升，將會刺激貨幣需求成長　(d) 貨幣若具中立性，央行增加貨幣供給，實質利率將維持不變

24. 某國的 Phillips 曲線可表為 $\pi = \pi_{-1} - 0.5(u - 0.06)$，$\pi$ 是通膨率，u 是失業率。政府想要降低通膨率 5%，每年需要增加的循環性失業率為何？　(a) 20%　(b) 10%　(c) 5%　(d) 2.5%

25. 某國兩政黨的貨幣政策主張迥異，甲黨主張維持高貨幣成長率，乙黨主張維持低貨幣成長率。該國經濟結構符合 Phillips 曲線說法，隨著兩黨輪流執政，產生結果為何？
(a) 乙黨執政時期，將面臨高失業率與低通膨率　(b) 乙黨執政時期，將面臨低失業率與低通膨率　(c) 甲黨執政時期，將面臨低失業率與高通膨率　(d) 甲黨執政時期，將面臨高失業率與低通膨率

26. 基於 Phillips 曲線，非預期通膨率變動將與何者有關，而基於 SAS 曲線，非預期物價變動則與何者有關？　(a) 前者是僵化工資，後者是僵化價格　(b) 前者是僵化價格，後者是僵化工資　(c) 前者是產出，後者是失業　(d) 前者是失業，後者是產出

27. 適應性預期若用於在 Phillips 曲線中模擬通膨預期，則自然失業率將稱為何？　(a) 結構性失業率　(b) 循環性失業率　(c) 短期總供給的失業率　(d) 非加速通膨失業率

28. 在何種狀況下，人們預期通膨率為 4%，體系沿著短期 Phillips 曲線移動，將會落在自然產出之下？　(a) 實際通膨率低於 4%　(b) 實際通膨率高於 4%　(c) 預期經濟成長率低於 4%　(d) 預期貨幣成長率高於 4%

答案：

1. (a)	2. (a)	3. (d)	4. (a)	5. (a)	6. (d)	7. (c)	8. (c)	9. (a)	10. (a)
11. (b)	12. (b)	13. (b)	14. (c)	15. (d)	16. (d)	17. (a)	18. (c)	19. (d)	20. (b)
21. (c)	22. (d)	23. (b)	24. (b)	25. (b)	26. (d)	27. (d)	28. (a)		

9.3.3 長期 Phillips 曲線

1. 依據 Phillips 曲線理論，某國處於自然失業率環境，何者正確？　(a) 通膨率為 0　(b) 貨幣工資與實質工資的變動率相同　(c) 勞動供給具有完全彈性　(d) 通膨率未必為 0

2. 依據自然失業率臆說，何者會影響某國的長期自然產出水準？　(a) 央行調高重貼現率　(b) 政府支出增加　(c) 勞動生產力上升　(d) 國幣貶值

3. 依據 Phillips 曲線分析，何者不會推動通膨率上升？　(a) 技術進步　(b) 失業率下降　(c) 採取擴張性財政政策　(d) 預期通膨率上漲

4. 有關 Phillips 曲線的敘述，何者錯誤？　(a) 短期 Phillips 曲線是反映通膨率與失業率呈反向關係　(b) 預期通膨率上升促使長期 Phillips 曲線右移　(c) 長期 Phillips 曲線是垂直於自然失業率的直線，代表貨幣具有中立性　(d) 長期 Phillips 曲線指出，政府追求維持自然產出水準，只會加速通膨現象

5. 某國的實際失業率等於自然失業率，何者錯誤？　(a) 預期通膨率高於實際通膨率　(b) 實際失業為摩擦性失業與結構性失業兩者之和　(c) 勞動市場達成均衡　(d) 長期 Phillips 曲線呈現垂直狀態

6. 有關長期 Phillips 曲線型態的敘述，何者正確？　(a) 落在實際通膨率的水平線　(b) 落在自然產出的垂直線　(c) 取決於通膨預期　(d) 取決於通膨率

7. 某國達成長期均衡點，何種狀況錯誤？　(a) 預期價格必須精確　(b) 體系必然落在短期 Phillips 曲線　(c) 名目產出成長率等於實際通膨率　(d) 預期通膨率等於實際通膨率且為零

8. 體系內長期 Phillips 曲線是失業率與通膨率組合的軌跡，該軌跡具有的特性，何者正確？　(a) 預期通膨率為零　(b) 預期與實際通膨率相等　(c) 實際通膨率為零　(d) 預期通膨率等於實際通膨率扣除貨幣工資成長率

9. 某國勞動部估計的 Phillips 曲線為 $\pi_t - 5\% = 4(4\% - u_t)$，其中 π_t 是 t 期通膨率，u_t 是 t 期失業率。當目前通膨率為4%時，失業率為何？　(a) 4%　(b) 4.25%　(c) 5%　(d) 5.25%

10. 某國的長期 Phillips 曲線為垂直線，央行理監事會議宣布提高貨幣成長率，將造成何種結果？　(a) 自然失業率與通膨率同時上升　(b) 循環性失業率下降，通膨率不變　(c) 失業率與通膨率不變　(d) 自然失業率不變，通膨率上升

11. 某國實際產出恆常性超過自然產出，何種現象發生？　(a) 實際通膨率將小於預期通膨率　(b) 體系脫離短期 Phillips 曲線　(c) 體系落在長期 Phillips 曲線上　(d) 體系將面臨持續的加速通貨膨脹

12. 某國出現實際失業率等於自然失業率現象，何種說法錯誤？　(a) 失業率等於摩擦性與結構性失業　(b) 預期通膨率高於實際通膨率　(c) 勞動市場達成均衡　(d) 長期 Phillips 曲線為垂直線

13. 下列敘述，何者錯誤？　(a) Phillips 曲線描述失業率與通膨率間的關係　(b) 勞動市場達成均衡時，長期 Phillips 曲線將為垂直線　(c) 央行執行量化寬鬆，長期僅會提高通膨而無助於就業　(d) 長期 Phillips 曲線將與 AD 曲線存在一對一的對應關係

14. 諾貝爾經濟學得主 E. S. Phelps 對 Phillips 曲線的看法為：　(a) 長短期均為負斜率曲線

(b) 短期垂直線，長期負斜率曲線　(c) 長期垂直線，短期負斜率曲線　(d) 長短期均爲垂直線

15. 有關於 Phillips 曲線的敘述，何者正確？　(a) Phillips 曲線表示經濟成長率與通膨率之間的關係　(b) 長期 Phillips 曲線的每一點都反映勞動市場達成均衡　(c) 影響短期和長期 Phillips 曲線移動的因素完全相同　(d) 短期 Phillips 曲線斜率爲正，長期 Phillips 曲線斜率爲負

16. 主張長、短期 Phillips 曲線均爲垂直線的學派爲何？　(a) Keynesian 學派　(b) 貨幣學派　(c) 新興古典學派　(d) 新興 Keynesian 學派

17. 檢視 Friedman-Phelps 的 Phillips 曲線與 Phillips-Lipsey 的 Phillips 曲線的內涵後，何種說法錯誤？　(a) 前者以產出缺口替代失業率　(b) 前者包括供給衝擊　(c) 前者包括預期通膨　(d) 前者以物價通膨取代工資通膨

18. 某國的 Phillips 曲線可表爲 $\pi_t = \pi_t^e - 4(u - 3\%)$，$\pi_t$ 和 π_t^e 分別爲實際與預期通貨膨脹率，u_t 爲失業率。當第一期的預期通膨率爲零，政府設定失業率目標爲 $u_1 = 2\%$，則第一期實際通膨率爲何？　(a) 2%　(b) 3%　(c) 4%　(d) 5%

答案：

1. (d)　　2. (c)　　3. (a)　　4. (b)　　5. (a)　　6. (b)　　7. (d)　　8. (b)　　9. (b)　　10. (d)

11. (d)　　12. (b)　　13. (d)　　14. (c)　　15. (b)　　16. (c)　　17. (a)　　18. (c)

（1.）～（17.）**自然失業率臆說**

1. 依據 Friedman-Phelps 模型，在通膨過程中，體系邁向長期均衡狀態，將是何種狀況？
   (a) 短期 Phillips 曲線右移，長期 Phillips 曲線呈垂直線　(b) 短期 Phillips 曲線左移，長期 Phillips 曲線呈垂直線　(c) 短期 Phillips 曲線右移，長期 Phillips 曲線呈水平線
   (d) 短期 Phillips 曲線左移，長期 Phillips 曲線呈水平線

2. 在 Friedman-Phelps 模型中，體系處於長期均衡狀態，何者正確？　(a) 勞工仍將被物價上漲愚弄　(b) 廠商清楚明瞭物價已經上漲　(c) 勞工與廠商均不清楚物價已經上漲　(d) 勞工與廠商均清楚物價已經上漲

3. 在何種狀況下，未預期通膨將能降低裁員的失業率？　(a) 實質工資下降　(b) 銷售價格上漲較貨幣工資上漲緩慢　(c) 廠商相信空缺很難被填滿　(d) 廠商認爲不會流失長期僱用的勞動力

4. 在 Friedman-Phelps 模型中，體系面對循環性失業率下降，預期通膨率將與何者有關？
   (a) 等於匯率貶值率　(b) 等於貨幣利率　(c) 小於實際通膨率　(d) 等於經濟成長率

5. 依據 Friedman-Phelps 模型，某國實際失業率落在自然失業率上，何者正確？　(a) 通膨率爲 0　(b) 實質工資固定，而貨幣工資浮動　(c) 勞動供給曲線將缺乏工資彈性

(d) AS 曲線具有完全物價彈性

6. 綜合 Friedman 與 Phelps 研究通膨率與失業率關係的貢獻，何者正確？ (a) 降低貨幣成長率無法降低通膨率 (b) 實際失業率不可能低於自然失業率 (c) 長期通膨率爲零 (d) 通膨率與失業率間的短期取捨係立基於固定預期通膨率

7. 依據 Friedman-Phelps 的 Phillips 曲線的內涵，何者正確？ (a) 不論長期或短期，通膨率上漲將可降低失業率 (b) 通膨率上漲長期將可提升就業率，但短期僅影響通膨率 (c) 通膨率上漲短期將可降低失業率，長期則僅影響通膨率 (d) 不論短期或長期，通膨率上漲僅影響名目產出成長率，不影響實質產出

8. 依據 Friedman-Phelps 模型，在其他條件不變下，某國自然失業率上升，對 Phillips 曲線造成何種影響？ (a) 長期 Phillips 曲線右移，而短期 Phillips 曲線左移 (b) 長期 Phillips 曲線左移，而短期 Phillips 曲線右移 (c) 長、短期 Phillips 曲線均右移 (d) 長、短期 Phillips 曲線均左移

9. 依據 Friedman-Phelps 模型，政府長期積極追求降低失業率，最終結果爲何？ (a) 提高通膨率與降低失業率 (b) 通膨率攀升，失業率不變 (c) 通膨率降低與失業率攀升 (d) 通膨率下降與失業率持平

10. 某國的 Phillips 曲線可表爲：$\pi = 0.02 - (u - 0.05)$，π 爲通膨率，u 爲失業率，則自然失業率爲何？ (a) 0% (b) 2% (c) 4% (d) 5%

11. 某國的短期 Phillips 曲線爲 $\pi_t - 3\% = 2(5\% - u_t)$，$\pi_t$ 爲 t 期通膨率，u_t 爲 t 期失業率。歷經 10 年後，經濟學家發現短期 Phillips 曲線變成 $\pi_t - 4\% = 2(5\% - u_t)$，何者正確？ (a) 短期 Phillips 曲線右移 (b) 自然失業率下降 (d) 長期通膨率下降 (d) 短期 Phillips 曲線斜率變小

12. 「勞工若能精準預測通膨率，體系內實際失業率將等於自然失業率。」在何種情況，此敘述將會成立？ (a) 長期垂直 Phillips 曲線 (b) 短期負斜率 Phillips 曲線 (c) 長期負斜率 Phillips 曲線 (d) 短期正斜率 Phillips 曲線

13. 某國的 Lucas 供給函數可表爲：

$$y = y^* + b(p - p^e)$$

實際物價 p 相對預期物價 p^e 比率（$\frac{p}{p^e}$）上升，實際產出將如何變化？ (a) 小於自然產出 (b) 大於自然產出 (c) 成長率大於通膨率 (d) 成長率小於通膨率

14. 廠商突然遭到未預期通膨來襲，何者正確？ (a) 商品價格上漲較貨幣工資爲快 (b) 廠商有誘因增加裁員 (c) 實際通膨率遞減 (d) 失業率遞增

15. 體系內實際通膨率超過預期通膨率，何種結果正確？ (a) 勞工預期錯誤，認爲廠商提供高貨幣工資意味著高實質工資 (b) 通膨呈現加速現象，失業率將會遞增 (c) 實際產出低於自然產出 (d) 廠商傾向於資遣更多勞工

16. 依據自然失業率臆說，在何種期間內，某國總需求波動將會影響產出？ (a) 長期與短期 (b) 僅有短期 (c) 僅有長期 (d) 短期或長期均無影響

17. 依據自然失業率臆說，在何種狀況下，某國的實際產出將落在自然失業率上？ (a) 貨幣工資僵化，物價充分浮動 (b) 實際通膨低於預期通膨 (c) 勞動市場處於結清狀態 (d) 總需求在長期影響產出

答案：

1. (a)　　2. (d)　　3. (a)　　4. (c)　　5. (b)　　6. (d)　　7. (c)　　8. (c)　　9. (b)　　10. (d)

11. (a)　　12. (a)　　13. (b)　　14. (a)　　15. (a)　　16. (b)　　17. (c)

9.3.4 Phillips 曲線的變化

1. 某國主計總處發布資料顯示：Phillips 曲線在 2005～2007 年間出現右移，何種原因係屬可能？ (a) 財政部採取最低稅負制度 (b) 石油危機造成油價暴漲 (c) 匯率出現大幅貶值 (d) 央行在外匯市場長期買超美元

2. 體系內實際通膨率上漲，Phillip 曲線將如何變化？ (a) Phillip 曲線不受影響 (b) Phillip 曲線左移 (c) Phillip 曲線斜率變得陡峭 (d) 沿著既定的 Phillip 曲線向左上方移動

3. 隨著勞動市場組織愈有效率，網路求才訊息傳播速度愈快，對總體 Phillips 曲線影響為何？ (a) 摩擦性失業下降帶動 Phillips 曲線右移 (b) 結構性失業遞減促使 Phillips 曲線左移 (c) Phillips 曲線斜率將轉趨陡峭 (d) Phillips 曲線型態不受影響

4. 某國各產業間的失業率分配變異性下降，對 Phillips 曲線影響為何？ (a) Phillips 曲線左移 (b) Phillips 曲線右移 (c) 僅是 Phillips 曲線上的點移動 (d) Phillips 曲線不受影響

5. 勞資雙方進行協商調薪，引發預期通膨率上漲，對 SAS-Phillips 兩條曲線影響為何？ (a) SAS 曲線左移，而 Phillips 曲線右移 (b) SAS-Phillips 兩條曲線左移 (c) 兩條曲線不受影響 (d) SAS 曲線斜率趨於陡峭，Phillips 曲線斜率趨於平坦

6. 匯率遽貶引爆輸入性通膨，促使人們調高預期通膨率，何種影響錯誤？ (a) 短期 Phillips 曲線右移 (b) SAS 曲線左移 (c) 貨幣工資趨於下跌 (d) 循環性失業率上升

7. 某國實際通膨率超乎人們預期的高，產生影響為何？ (a) 短期將沿著 Phillips 曲線移動 (b) 短期 Phillips 曲線右移 (c) 出現非意願性失業 (d) 循環性失業率擴大

8. 「百物邃漲而薪水不漲」引發勞工調高通膨預期，將會產生何種結果？ (a) SAS 曲線右移 (b) 實質工資趨於下跌 (c) 短期 Phillips 曲線右移 (d) 實際失業率下跌

9. 某國經濟因素變動對 AD-AS-Phillips 三條曲線的影響，何者正確？ (a) 貨幣工資上漲增加勞動所得，促使 AD 曲線右移與 Phillips 曲線左移 (b) 出口衰退促使 AD 曲線左

移，引起 Phillips 曲線上的點移動　　(c) 貨幣需求的利率彈性增加，AD-Phillips 兩條曲線不變　　(d) 技術進步促使 AS-Phillips 兩條曲線右移

10. 某國人們預期通膨率上漲，國發會卻發布景氣迅速滑落藍燈區域，此訊息釀成影響，何者正確？　　(a) 貨幣工資上漲　　(b) 短期 Phillips 曲線左移　　(c) 預期通膨率反轉下跌，總支出擴張　　(d) 廠商將增加僱用勞動

11. 理性預期臆說對 Phillips 曲線的看法，何者正確？　　(a) 通膨率和失業率間存在替代關係　　(b) 類似貨幣學派的看法，短期 Phillips 曲線存在替代關係，長期則無　　(c) 通膨率和失業率兩者無關　　(d) 短期 Phillips 曲線呈現負斜率

12. 長期 Phillips 曲線反映某國預期與實際通膨率相等時，通膨率與失業率間的關係。隨著該國自然失業率遞增，將會發生何種結果？　　(a) 長期 Phillips 曲線右移，而 LAS 曲線左移　　(b) LAS-SAS- 長期 Phillips 三條曲線同時右移　　(c) 長期 Phillips-LAS 曲線同時左移　　(d) 長期 Phillips 曲線左移與 LAS 曲線右移

13. 有關預期通膨率與 Phillips 曲線的敘述，何者正確？　　(a) 預期通膨率上升促使短期 Phillips 曲線右移，政府將面對短期較不利的（偏高）通膨與失業取捨　　(b) 預期通膨率上升促使長期 Phillips 曲線右移，政府將面對長期較為不利的（偏高）通膨與失業取捨　　(c) 預期通膨率上升促使短期 Phillips 曲線斜率趨於陡峭，政府將面對短期較有利的（偏低）通膨與失業取捨　　(d) 預期通膨率上升促使長期 Phillips 曲線轉為水平線，政府將面對長期較有利的（偏低）通膨與失業取捨

14. 國際農產品豐收導致進口成本遽跌，開放體系將面臨何種變化？　　(a) 沿著長期 Phillips 曲線下移　　(b) SAS 曲線左移　　(c) AD 曲線右移　　(d) 短期 Phillips 曲線左移

15. 某國名目產出成長率遞增將是反映何種變動的結果？　　(a) 通膨率變動愈低，而實質產出成長率愈大　　(b) 通膨率變動愈低，實質產出成長率愈小　　(c) 短期 Phillips 曲線出現右移　　(d) 貨幣成長率大於貨幣流通速度成長率

16. 油國組織聯合調高油價，引爆開放體系出現輸入性通膨，何種變化正確？　　(a) 沿著 SAS 曲線向下移動　　(b) 沿著短期 Phillips 曲線上移　　(c) 短期 Phillips 曲線右移　　(d) SAS 曲線右移

17. 體系沿著某短期 Phillips 曲線移動，何者正確？　　(a) 實際與預期通膨率相等　　(b) 預期通膨率為常數　　(c) 實質工資變動率為零　　(d) 貨幣工資變動率為常數

18. 何種情況將引起體系內短期 Phillips 曲線將出現右移？　　(a) 政府支出增加促使總需求增加　　(b) 自然失業率低於實際失業率　　(c) 央行提高貨幣成長率，促使預期通膨率上升　　(d) 貨幣供給減少引起利率上漲

19. 某國主計總處發布資料顯示，短期 Phillips 曲線在 2019 年發生移動，何種原因係屬可能？　　(a) 通膨率上升　　(b) 央行發行可轉讓定存單　　(c) 財政部提高所得稅的每人免稅額度　　(d) 國際原油價格暴漲

20. 某國央行經研處提出報告,解釋 2020 年短期 Phillips 曲線右移的原因,何者正確? (a) 新冠肺炎重創景氣,政府擴大紓困給付 (b) 本國貨幣供給減少 (c) 國際原物料價格下跌 (d) 本國技術進步

21. 何者引起開放體系的短期 Phillips 曲線移動? (a) 通膨率上升 (b) 失業率下降 (c) 出口大幅擴張 (d) 廠商大幅引進外籍勞工

22. 某國經研院檢視失業率與通膨率兩者的資料後,發現短期 Phillips 曲線在 2019 年出現左移,何種解釋正確? (a) 內政部增加老人年金支出 (b) 科技創新活動盛行 (c) 自發性投資支出增加 (d) 央行買進美元

23. 何者將引起短期 Phillips 曲線右移? (a) 勞動契約的名目工資上漲 (b) 央行調整 Taylor 法則內容 (c) SAS 曲線右移 (d) 央行採取量化寬鬆

24. 某國短期 Phillips 曲線出現右移,可能解釋原因為何? (a) 出口擴張促使總需求增加 (b) 自然失業率低於實際失業率 (c) 預期通膨率上漲 (d) 生產技術進步

25. 某國陷入停滯性膨脹,何者正確? (a) 短期 Phillips 曲線左移 (b) 短期 Phillips 曲線右移 (c) AD 曲線持續左移 (d) SAS 曲線依然落在自然產出水準

26. 某國的短期 Phillips 曲線出現移動,何者變動與其關係密切? (a) IS-LM 兩條曲線右移 (b) 勞動供給曲線右移 (c) SAS 曲線左移 (d) 技術進步與資本累積

27. 何者可能是導致短期 Phillips 曲線右移的原因? (a) 生產技術進步 (b) 出口擴張促使 AD 曲線增加 (c) 預期通膨率提高 (d) 國際原物料價格下跌

28. 何者將促使 Phillips 曲線移動? (a) 貨幣供給增加 (b) 政府支出增加 (c) 摩擦性失業率遽增 (d) 勞動生產力提高

29. 油價出現暫時性崩跌,某國邁向短期均衡過程中,將會引發何者變動? (a) 長期與短期 Phillips 曲線右移 (b) 短期 Phillips 曲線左移 (c) 短期 Phillips 曲線右移 (d) 長期與短期 Phillips 曲線左移

30. 下列敘述,何者正確? (a) 某國通膨率愈高,實質產出將愈高 (b) 某國通膨率愈低,失業率可能也愈低 (c) 某國經濟成長率愈高,通膨率必然愈高 (d) 某國發生技術進步,短期 Phillips 曲線將左移

31. 某國沿著 Phillips-SAS 兩條曲線移動,失業率與產出將與何者的非預期變動有關? (a) 前者是通膨率,後者是物價 (b) 前者是物價,後者是通膨率 (c) 前者是物價,後者是失業率 (d) 前者是物價,後者是產出

32. 體系歷經未預期緊縮政策衝擊,將會造成何種結果? (a) 長期 Phillips 曲線左移 (b) 短期 Phillips 曲線右移 (c) 長期 Phillips 曲線右移 (d) 沿著短期 Phillips 曲線向下移動

答案：

1. (b)	2. (d)	3. (c)	4. (a)	5. (a)	6. (c)	7. (a)	8. (c)	9. (b)	10. (b)
11. (c)	12. (a)	13. (a)	14. (d)	15. (a)	16. (c)	17. (b)	18. (c)	19. (d)	20. (a)
21. (d)	22. (b)	23. (a)	24. (c)	25. (b)	26. (a)	27. (c)	28. (d)	29. (b)	30. (d)
31. (a)	32. (d)								

9.4 通貨膨脹的解決

9.4.1 需求面通貨膨脹

1. 央行透過緊縮貨幣成長率來緩慢降低通膨率，政策屬性為何？ (a) 停停走走政策 (b) 政治景氣循環政策 (c) 以短期失業為代價的高成本政策 (d) 漸進論者的政策

2. 某國陷入需求拉動通膨環境，政府應該採取何種政策紓緩？ (a) 增加福利支出 (b) 降低法定準備率 (c) 降低重貼現率 (d) 減少政府支出或加稅

3. 依據 Friedman 說法，政府執行擴張貨幣政策與財政政策，短期將影響何種失業？ (a) 結構性失業 (b) 隱藏性失業 (c) 循環性失業 (d) 摩擦性失業

4. 央行採取量化寬鬆引發實際通膨超過預期，將會產生何種結果？ (a) 失業率暫時性增加 (b) 失業率暫時性減少 (c) 失業率不變 (d) 降低自然失業率

5. 人們採取適應性預期，央行採取「冷火雞」策略降低總需求，初期將產生何種結果？ (a) 產出率下降，而非通膨率下降 (b) 通膨率下降，而非產出率下降 (c) 降低產出率甚於通膨率 (d) 同時降低產出率與通膨率

6. 依據 Phillips 曲線的現代觀點，何者正確？ (a) 擴張政策將對實質產出發揮極大效果 (b) 擴張政策將對通膨發揮極大衝擊 (c) 在理性預期與適應性預期下，預期通膨將會影響失業率 (d) 在理性預期與適應性預期下，預期通膨將會影響實質產出

7. 央行採取降低產出成長的冷火雞反通膨政策，人們若採適應性預期形成，將會導致何種結果？ (a) 通膨在長期不會降低 (b) 通膨立即下降，不會出現暫時性衰退 (c) 在邁向長期均衡過程中，將出現暫時性衰退 (d) 在長期通膨率下，將出現恆常性較低產出水準

8. 央行意圖壓制高通膨預期釀成的高名目利率，必須緊縮貨幣成長率超過通膨率，理由為何？ (a) 因其是初始引起名目利率上漲的源頭 (b) 因其增加通膨預期 (c) 因其是初始導致貨幣需求下降 (d) 適應性預期臆說預測將立即導致利率下跌

答案：

1. (c)	2. (d)	3. (c)	4. (b)	5. (d)	6. (b)	7. (c)	8. (a)

9.4.2 供給面通膨與停滯性膨脹

1. 體系出現停滯性膨脹的性質，何者正確？　(a) 總支出擴張造成通膨率與就業率持續攀升　(b) 技術進步不斷造成通膨率與失業率持續下降　(c) 人口持續成長造成失業率與通膨率持續增加　(d) 國際原物料價格攀升，造成失業率與通膨率持續上升

2. 某國陷入停滯性膨脹，何種現象正確？　(a) 高循環性失業率與高通膨率並存　(b) AD曲線持續右移的結果　(c) 自然失業率大幅縮減　(d) 高利率與高自然失業率並存

3. 體系爆發停滯性膨脹的前因後果，何者正確？　(a) 結構性失業率及通膨率同時下跌　(b) 就業率與通膨率同時攀升　(c) 循環失業率擴大，而且出現正的通縮率　(d) AS曲線左移衍生的結果

4. 停滯性膨脹係指某國通膨率攀升且伴隨何種現象出現？　(a) 利率緩步滑落　(b) 經濟成長遲滯　(c) 民間支出成長率減少　(d) 匯率貶值與出口增加

5. 某國官方研究報告揭露短期失業率和通膨率呈現負相關，不過停滯性通膨性質卻與說法迥異，何者正確？　(a) 高循環性失業率伴隨高通膨率　(b) 高摩擦性失業率與高通膨率同時並存　(c) 高自然失業率與高通膨率如影隨形　(d) 高結構性失業率與高通膨率緊密結合

6. 某國遭逢未預期通膨衝擊，勞資雙方重新談判調薪幅度，將會產生何種結果？　(a) 調薪成功吸引勞工增加工作意願，促使 SAS 曲線右移，產出增加　(b) 調薪成功加重廠商生產成本負擔，帶動 SAS 曲線左移，促使廠商出清存貨而造成物價下跌　(c) 調薪成功大幅激勵勞工投訴工作意願，導致 SAS 曲線右移而讓物價下跌　(d) 調薪成功讓廠商不堪成本負擔，引起 SAS 曲線左移而減少產出

7. 某國出現停滯性膨脹的前因後果，何者正確？　(a) 短期 Phillips 曲線左移　(b) 短期 Phillips 曲線右移　(c) AD 曲線右移　(d) AS 曲線右移

8. 有關體系出現供給面通膨的原因，何者正確？　(a) 來自於財政政策的外生干擾　(b) 與名目產出成長變動無關的廠商成本變動　(c) 涉及名目產出成長變動的廠商成本變動　(d) 勞資雙方談判貨幣工資引發的干擾

9. 某國遭致逆向供給衝擊，對通膨與實質產出釀成的影響，主要與何者有關？　(a) 取決於期初的預期通膨率　(b) 取決於對名目產出成長的反應　(c) 取決於自然產出水準　(d) 取決於對實際通膨率的反應

10. 體系面臨逆向供給衝擊而產生的短期反應，何者正確？　(a) 在名目產出成長率持平下，實質產出成長率降低，而通膨率上升　(b) 一旦名目產出成長率劇降，實質產出成長率降低、通膨率持平　(c) 當名目產出成長率持平，實質產出成長率與通膨率同時上升　(d) 當名目產出成長率持平，實質產出成長率與通膨率將同時下降

11. 某國存在貨幣工資與物價僵化現象，隨著逆向供給衝擊來襲，將會產生何種結果？

(a) 產出與通膨率同時遞增　　(b) 產出下降與通膨率增加　　(c) 增加產出與通膨率降低　(d) 僅有產出降低

12. 在貨幣工資僵化與物價浮動下，某國遭到逆向供給衝擊，將會出現何種結果？　(a) 產出與通膨率同時遞增　(b) 產出下降與通膨率增加　(c) 產出增加與通膨率降低　(d) 僅有物價上漲

13. 在其他條件不變下，何者引發體系出現供給面通膨？　(a) 勞動生產力上漲　(b) 貨幣成長率上升　(c) 政府調高所得稅率　(d) 農產品欠收

14. 停滯性膨脹是指體系發生何種現象？　(a) 物價上升，民間支出同時減少　(b) 物價下跌，就業率同時下跌　(c) 物價上升，經濟成長同時遲緩　(d) 物價下跌，進口同時增加

15. 體系發生停滯性膨脹，政府如何因應，才能增加實質產出並降低高物價？　(a) 擴張性財政政策　(b) 擴張性貨幣政策　(c) 鼓勵民間投資　(d) 自由放任

16. 面對高通膨環境，政府採取直接干預貨幣工資及物價的策略，將稱為：　(a) 貨幣政策　(b) 財政政策　(c) 所得政策　(d) 需求管理政策

17. 政府為避免通膨而採取管制貨幣工資政策，規定物價上漲率應該等於何種數值？　(a) 貨幣成長率與勞動生產力成長率之差額　(b) 貨幣成長率與勞動生產力成長率之和　(c) 貨幣工資成長率與勞動生產力成長率之差額　(d) 貨幣工資成長率與勞動生產力成長率之和

18. 政府實施「工資物價指標」以控制通膨，要求貨幣工資上漲率不能高於何者？　(a) 貨幣成長率　(b) 勞動邊際生產力成長率　(c) 經濟成長率　(d) 通膨率

19. 政府採取紓緩名目產出成長政策，何種效果不會發生？　(a) 高通膨率與產出率增加　(b) 低通膨率與產出率降低　(c) 在產出率不變下，若能結合降低成本的供給政策，將可降低通膨率　(d) 低通膨率與產出率增加

20. 在勞動市場，勞資雙方的預期通膨率通常會受何者影響？　(a) 目前通膨率　(b) 過去數年的平均通膨率　(c) 寡頭壟斷者合併成完全壟斷的訂價方式　(d) 政府調整公用事業費率

21. 面對正向供給面衝擊來襲，政府採取政策將衝擊充分反映於增加產出率，此種政策性質為何？　(a) 中性政策　(b) 滅火政策　(c) 調節性政策　(d) 惡化政策

22. 面對正向供給面衝擊，政府允許將所有衝擊反映於降低通膨率，採取政策類型稱為：　(a) 中性政策　(b) 滅火政策　(c) 調節性政策　(d) 惡化的政策

23. 「工資與物價螺旋型波動關係」類似「雞與蛋」的問題，其中隱含意義為何？　(a) 貨幣工資與物價彼此互相追逐　(b) 高失業永遠發生在高通膨期間　(c) 政府可操作貨幣與財政政策以達到相同目標，無從判定何者較為有效　(d) 一旦螺旋型波動效果啟動，通膨預期勢必不受額外逆向供給衝擊影響

24. 政府採取提高名目產出成長策略因應逆向供給面衝擊，何者將會出現？　(a) 實際通膨

將會減速，而失業率下降　　(b) 實際通膨減速，而失業惡化　　(c) 假設預期通膨不受供給衝擊影響，失業將會不變　　(d) 假設預期通膨不受供給衝擊影響，產出將會下降

25. 央行因應供給面衝擊而採取調節性政策，預期產生結果爲何？　(a) 降低預期通膨率　(b) 維持名目產出成長率固定　(c) 消除供給衝擊導致的額外通膨　(d) 預期通膨率上漲

26. 某國發生通膨後，政府著手穩定物價，預期將產生何種結果？　(a) 短期失業率上升　(b) 短期通膨率不變　(c) 短期通膨率加速　(d) 短期通膨率下降

27. 在通膨期間，政府採取穩定物價政策，預期產生效果爲何？　(a) 提高自然產出率與降低失業率　(b) 短期失業率上升，但在長期會下降　(c) 長期就業增加，但降低短期失業　(d) 將造成體系內各部門間的就業移動

28. 央行採取滅火政策因應供給面衝擊，將會產生何種結果？　(a) 意圖維持實質產出不變　(b) 維持實質產出成長率不變　(c) 降低預期通膨率　(d) 導致短期 Phillips 曲線右移

29. 面對逆向供給面衝擊，某國央行執行滅火政策，何種結果正確？　(a) 維持通膨率與產出率不變　(b) 降低通膨脹與產出率　(c) 提高通膨率與產出率　(d) 維持通膨率，但降低產出率

30. 體系面臨逆向供給衝擊，央行採取調節性政策因應，將會產生何種結果？　(a) 維持通膨率與產出率不變　(b) 降低通膨率與產出率　(c) 提高通膨脹與產出率　(d) 維持產出率不變，促使通膨率上漲

31. 體系遭逢逆向供給衝擊，央行採取中性政策因應，將會產生何種結果？　(a) 維持通膨率與產出率不變　(b) 降低通膨率與產出率　(c) 提高通膨率與降低產出率　(d) 維持通膨率，但降低產出率

32. 針對「在恆常性逆向供給面衝擊下，央行應該採取逆向滅火政策」的敘述，此一說法在何種狀況下成立？　(a) 高通膨的社會成本小且低於較少產出的社會成本　(b) 損失產出的社會成本低於恆常性高通膨脹的社會成本　(c) 調節性政策無法解決該狀況　(d) 中性政策無法解決該狀況

33. 體系面對逆向供給面衝擊，引發通膨率與失業率惡化，何者正確？　(a) 此係逆向供給衝擊的直接效果　(b) 此係逆向供給衝擊的間接效果　(c) 遵循調節性政策將可迅速解決　(d) 政府擴張支出將可避免該狀況惡化

34. 某國發生需求拉動通膨，財政部應該採取何種政策因應？　(a) 增加政府支出　(b) 提高收得稅制的免稅額與寬減額　(c) 擴大政府支出與降低免稅額　(d) 緊縮政府預算赤字規模

35. 某國的 Phillips 曲線弱具有穩定性，政府利用權衡性政策將能產生何種結果？　(a) 同時降低通膨率與失業率　(b) 透過增加失業率來達成降低通膨率　(c) 透過提高就業率來達成降低通膨率　(d) 同時達成穩定物價與自然就業

36. 勞資雙方協商調高薪資，而央行未採取調節性貨幣政策，將會造成何種結果？　(a) 成

本推動通貨緊縮　(b) 需求拉動通膨　(c) 高失業率　(d) 產值提升

37. 某國政府若要結束超級通膨，關鍵因素爲何？　(a) 加速緊縮貨幣成長率　(b) 擴張政府預算規模　(c) 工資契約指數化需要更爲頻繁　(d) 在外匯市場將國幣升值

38. 人們質疑政府是否會認眞打擊通膨，因而傾向於要求調薪，勢必引起何者變化而造成失業與通膨？　(a) 短期 Phillips 曲線左移　(b) AD 曲線右移　(c) AS 曲線左移　(d) IS 曲線右移

答案：

1. (d)　　2. (a)　　3. (d)　　4. (b)　　5. (a)　　6. (d)　　7. (b)　　8. (b)　　9. (a)　　10. (a)
11. (d)　12. (b)　13. (d)　14. (c)　15. (c)　16. (c)　17. (c)　18. (b)　19. (a)　20. (b)
21. (c)　22. (b)　23. (a)　24. (c)　25. (d)　26. (a)　27. (b)　28. (c)　29. (b)　30. (d)
31. (c)　32. (b)　33. (a)　34. (d)　35. (b)　36. (c)　37. (a)　38. (c)

9.4.3 犧牲比率

1. 犧牲比率係指：　(a) 反通膨政策導致通膨率降低率　(b) 執行反通膨政策，使產出累積減損比率除以通膨率持續下降比率　(c) 反通膨政策導致失業率增加的比例　(d) 反通膨政策導致產出減損的比例

2. 某國失業率下降 1%，實質產出將增加 2%。此外，該國的 Phillips 曲線呈現通膨率下降 1%，失業率將上升 2% 的關係，則犧牲比率爲何？　(a) 0.5　(b) 1　(c) 2　(d) 4

3. 某國的犧牲比率爲 2.5，而原來通膨率爲 7%。隨著實質產出下降 5%，通膨率將變爲何？　(a) 2%　(b) 5%　(c) 7%　(d) 9%

4. 某國的犧牲比率爲 3，央行意圖將通膨率由 12% 降至 3%，則國內產出必須降低多少才有可能達成此一目標？　(a) 3%　(b) 4%　(c) 27%　(d) 36%

5. 某國通膨率 π 與失業率 u 的關係爲 $\pi = -0.5(u-u^*)$，u^* 是自然失業率。至於失業率與產出率的關係是 $\frac{Y-Y^*}{Y^*} = -2(u-u^*)$，$Y$ 與 Y^* 是實際與自然產出。在自然失業率不變下，何者正確？　(a) 犧牲比例爲 2　(b) 若要降低通膨 1%，失業率將超過自然失業率 0.5%　(c) 實際產出低於自然產出 1%，實際失業率將超過自然失業率 1%　(d) 實際失業率超過自然失業率 2%，實際產出將低於自然產出 1%

6. 在何種狀況下，政府可用低犧牲比率來降低通膨率？　(a) 貨幣供給緩慢下降　(b) 人們採取適應性預期　(c) SAS 曲線呈現相對平坦　(d) 人們相信政府致力於降低通膨

7. 理性預期方法的支持者預測一個有信譽的降低通膨政策，對犧牲比率的影響爲何？　(a) 提高　(b) 降低　(c) 沒有影響　(d) 有時上升，有時下降

8. 犧牲比例係在衡量何種狀況？　(a) 爲降低 1% 通膨率所須降低的貨幣成長率　(b) 爲平衡預算所須支付的額外租稅　(c) 爲降低 1% 通膨率所須放棄的每月實質產出　(d) 爲降

低 1% 通膨率所須放棄的年實質產出的比例

9. 為降低 1% 通膨率而須放棄的年實質產出的比率可稱為： (a) NAIRU (b) 短期 Phillips 曲線 (c) 犧牲比例 (d) Okun 法則

10. 某國的犧牲比例為 4，央行若想將通膨率 10% 降低到 5%，此舉將對該國產生何種成本？ (a) 一年產出的 4% (b) 一年產出的 5% (c) 一年產出的 20% (d) 一年產出的 40%

11. 某國必須犧牲 12% 的產出來降低通膨率。何種計畫代表對通膨的「冷火雞」解決方法？ (a) 在 12 年內每年降低 1% 產出 (b) 在 6 年內每年降低 2% 產出 (c) 在 3 年內每年降低 4% 產出 (d) 在 1 年內降低 12% 產出

12. 在最極端案例下，理性預期觀點成立。政府致力於降低通膨若卓有信譽，而理性的人們了解這項承諾，並且迅速形成通膨預期，則犧牲比例將會近似於何值？ (a) 5 (b) 2.8 (c) 1 (d) 0

答案：

1. (b) 2. (d) 3. (b) 4. (c) 5. (b) 6. (d) 7. (b) 8. (d) 9. (c) 10. (c)
11. (d) 12. (d)

9.5 動態模型的總體經濟均衡

9.5.1 Taylor 法則與貨幣政策曲線

一、Taylor 法則

1. Taylor 法則指出通膨與產出缺口出現何種變化，央行應該調高名目利率？ (a) 兩者都上漲 (b) 通膨上升，而產出缺口減少 (c) 通膨遞減，而產出缺口增加 (d) 兩者都遞減

2. 某國央行設定 Taylor 法則為 $i = \pi + 0.5(\pi - 2\%) + 0.5(y - y^*)$，$i$ 是名目利率，π 是通膨率，產出缺口 $(y - y^*)$ 是實質產出偏離自然產出的百分比。假設 $\pi = 4\%$，$(y - y^*) = 2\%$，依據該法則，央行應該設定名目利率為何？ (a) 4% (b) 6% (c) 10% (d) 12%

3. 某國央行設定 Taylor 法則為 $i = \pi + 2.0 + 0.5(\pi - 2.0) + 0.5(y - y^*)$，$i$ 是名目利率，π 是通膨率，而 $(y - y^*)$ 是產出缺口。該國處於自然產出環境，$\pi = 2\%$。依據該法則，央行應該設定名目利率為何？ (a) 2% (b) 3% (c) 4% (d) 5%

4. Taylor 法則指出某國產出低於自然產出，或通膨率高於目標值，央行需如何調整設定的名目利率？ (a) 兩種狀況都需要調高 (b) 前者調高，後者調低 (c) 前者調低，後者調高 (d) 兩種狀況都需要調低

5. 某國的長期實質利率是 3%，而央行設定目標通膨率為 2%。此外，央行估計通膨率超

過目標的差額每增加 0.5%，將須提高實質利率 0.5%。當體系出現實際通膨率 3%，央行設定的名目利率將爲何？　(a) 3%　(b) 5.5%　(c) 6%　(d) 7%

6. 某國央行訂定 Taylor 法則，何種變數將被排除在外？　(a) 目前通膨率　(b) 產出缺口　(c) 通膨缺口　(d) 政府預算赤字缺口

7. 某國央行訂定 Taylor 法則，將通膨缺口與產出缺口的係數同時設定爲 0.5，當中意涵爲何？　(a) 假設產出與通膨正好達到目標　(b) 通膨與產出脫離其目標 1% 的一半　(c) 授予通膨與產出相同權數　(d) 兩種缺口對實質利率影響都是 0.5

8. 依據 Taylor 法則，爲穩定通膨，央行針對通膨上漲，須對名目利率上漲做出何種回應？　(a) 無須回應　(b) 等幅回應　(c) 較大回應　(d) 較小回應

答案：

1. (a)　　2. (b)　　3. (c)　　4. (c)　　5. (d)　　6. (d)　　7. (c)　　8. (c)

二、依據央行訂定的 Taylor 法則，回答下列問題。

央行的目標利率 = 2.5% + 目前通膨率 + 0.5（通膨缺口）+ 0.5（產出缺口）

1. 該國目前通膨率是 5%，目標通膨率是 2%，產出超過自然產出 3%，央行訂定的目標利率爲何？　(a) 6.5%　(b) 2.5%　(c) 3.5%　(d) 10.5%

2. 該國產出滑落低於自然產出 1%，央行將如何調整目標利率？　(a) 上漲 1.5%　(b) 下跌 1.5%　(c) 維持在 2.5%　(d) 下降 0.5%

3. 該國通膨率下降低於目標通膨率 2%，央行將如何調整目標利率？　(a) 降低 3%　(b) 維持在 2.5%　(c) 降低 1%　(d) 增加 1%

4. 該國通膨率每上漲 1%，央行將變動目標利率，何者正確？　(a) 提高央行實質利率 1.5%　(b) 提高央行目標利率 1.5%　(c) 降低央行實質利率 1.5%　(d) 降低央行目標利率 0.5%

5. 央行訂定 Taylor 法則，用於設定目標利率的限制爲何？　(a) 造成貨幣政策缺乏透明度　(b) 造成貨幣政策的可信賴度下降　(c) 無法解釋降低對金融穩定的突然威脅　(d) 從公式來計算目標利率很困難

6. 該國通膨率每下降 1%，央行將如何調整目標利率？　(a) 提高 1.5%　(b) 降低 0.5%　(c) 降低 1.5%　(d) 提高 0.5%

答案：

1. (d)　　2. (d)　　3. (a)　　4. (b)　　5. (c)　　6. (c)

三、貨幣政策法則

1. 依據貨幣政策法則，某國處於自然產出環境，而通膨落在目標水準，則實質利率將爲何？　(a) 名目利率　(b) 目標通膨率　(c) 目前通膨率　(d) 自然利率

2. 某國央行依據貨幣政策法則訂定名目利率，一旦實際通膨偏離目標通膨，或實際產出偏

離自然產出，何種狀況將需提高實質利率？ (a) 實際通膨上漲超過目標通膨，而實際產出增加超過自然產出 (b) 實際通膨上漲超過目標通膨，而產出下跌低於自然產出 (c) 實際通膨下跌低於目標通膨，而實際產出下跌低於自然產出 (d) 實際通膨下跌低於目標通膨，而實際產出增加超過自然產出

3. 某國央行依據貨幣政策法則訂定名目利率，一旦實際通膨超標，或實際產出低於自然產出，將如何變動實質利率？ (a) 前者上升，後者下跌 (b) 兩種狀況都需要上升 (c) 兩種狀況都需要下跌 (d) 前者下跌，後者上升

4. 依據貨幣政策法則，央行以何種方式提高名目利率？ (a) 提高通膨目標 (b) 減少貨幣供給 (c) 擴大產出缺口 (d) 降低通膨預期

5. 為達成由貨幣政策法則訂定的名目利率，央行將可調整何種變數？ (a) 通膨率 (b) 自然利率 (c) 貨幣供給 (d) 通膨目標

6. 依據貨幣政策法則（θ_π），某國通膨上升，央行調整名目利率產生的結果為何？ (a) 提高名目利率幅度超過通膨率漲幅，實質利率上漲 (b) 提高名目利率幅度小於通膨率漲幅，實質利率下降 (c) 提高名目利率幅度等於通膨率漲幅，實質利率不變 (d) 提高名目利率幅度小於通膨率漲幅，實質利率上漲

7. 某國通膨變化對商品與勞務需求影響為逆向關係，將可由何者解釋？ (a) Phillips 曲線 (b) 貨幣政策法則 (c) 適應性預期假設 (d) Fisher 效果

8. 貨幣政策曲線斜率將取決於何種因素？ (a) 體系對名目利率變動的反應程度 (b) 通膨率影響人們決策的程度 (c) 央行回應通膨偏差而調整利率的程度 (d) 人們的通膨預期

9. 貨幣政策曲線需要央行訂定何種目標？ (a) 隱含的利率目標 (b) 隱含的通膨目標 (c) 隱含的失業目標 (d) 隱含的成長目標

10. 貨幣政策曲線隱含的內涵，何者正確？ (a) 央行發布設定利率目標的綱領 (b) 總結央行的行為 (c) 長期將維持相當穩定 (d) 立法院對央行行為設定的規範

11. 貨幣政策曲線是顯現通膨率與實質利率關係的軌跡，何者正確？ (a) 呈現正斜率 (b) 呈現負斜率 (c) 多數期間的斜率為零 (d) 垂直線

12. 央行的目標利率與長期實質利率一致的點將落在何處？ (a) 在貨幣政策曲線之上 (b) 在貨幣政策曲線之下 (c) 落在貨幣政策曲線上 (d) 落在橫軸（通膨）上

13. 某國央行調整名目利率幅度，正好是實際通膨偏離通膨目標的落差，則貨幣政策曲線斜率 β 值為何？ (a) $\beta < 0$ (b) $\beta = 0$ (c) $\beta > 0$ (d) $\beta = \infty$

14. 央行非常積極控制通膨率趨近於目標通膨率，此時的貨幣政策曲線斜率應該為何？ (a) 陡峭 (b) 相對平坦 (c) 水平 (d) 負值

15. 貨幣政策曲線斜率相對平坦，意味著央行的態度為何？ (a) 非常關心維持通膨率趨近於目標通膨率 (b) 對通膨漠不關心 (c) 較少關心維持通膨趨近於短期目標通膨率 (d) 絕對不讓通膨偏離目標

16. 央行提高通膨目標對貨幣政策曲線影響為何？　(a) 該曲線左移　(b) 沿著既定的曲線上移　(c) 沿著既定的曲線下移　(d) 該曲線右移

17. 央行提高目標通膨率產生影響為何？　(a) 在目前每一通膨上，提高目前實質利率　(b) 在目前通膨上，降低目前實質利率　(c) 促使貨幣政策曲線左移　(d) 沿著目前貨幣政策曲線移動

18. 央行降低通膨目標對貨幣政策曲線影響為何？　(a) 該曲線左移　(b) 沿著既定的曲線上移　(c) 沿著既定的曲線下移　(d) 該曲線右移

19. 某國的貨幣政策曲線斜率相對平坦，DAD 曲線斜率將如何變化？　(a) 相對平坦　(b) 相對陡峭　(c) 正斜率　(d) 斜率值為零

20. 某國的貨幣政策曲線的斜率相對陡峭，總需求曲線斜率將如何變化？　(a) 相對平坦　(b) 相對陡峭　(c) 正斜率　(d) 斜率值為零

21. 某國央行採取何種措施將讓景氣滑落藍燈區？　(a) 將貨幣政策曲線右移　(b) 將貨幣政策曲線左移　(c) 提高通膨目標　(d) 提高貨幣成長率

22. 新冠肺炎疫情蔓延重創廠商信心，景氣燈號迅速滑落綠燈區，央行應該採取何種政策因應？　(a) 將貨幣政策曲線右移　(b) 將貨幣政策曲線左移　(c) 降低通膨目標　(d) 調整 Phillips 曲線型態

（23.）～（24.）利用下列貨幣政策法則，回答問題。

$$i_t = \pi_t + \rho + \theta_\pi(\pi_t - \pi_t^*) + \theta_y(y_t - y^*)$$

23. 在 DAD-DAS 模型中，基於上述貨幣政策法則，實際通膨率上漲 1%，名目利率將如何變動？　(a) 1%　(b) $(1 + \rho)$　(c) $(1 + \theta_\pi)$　(d) $1 + \theta_\pi(1 - \pi_t^*)$

24. 在 DAD-DAS 模型中，依據上述貨幣政策法則，當體系內名目利率對通膨的反應係數值 θ_π 為何，需求衝擊將讓通膨呈現螺旋式失控？　(a) –0.15　(b) 0.50　(c) 1　(d) 1.15

答案：

1. (d)	2. (a)	3. (a)	4. (b)	5. (c)	6. (a)	7. (b)	8. (c)	9. (b)	10. (a)
11. (a)	12. (c)	13. (b)	14. (a)	15. (c)	16. (d)	17. (b)	18. (a)	19. (b)	20. (a)
21. (b)	22. (a)	23. (c)	24. (a)						

9.5.2 動態總需求曲線

1. 在動態模型中，隨著自然產出與實質利率增加，某國商品與勞務需求將如何變化？　(a) 跟著兩者同向增加　(b) 隨著前者增加，跟著後者減少　(c) 將與兩者同時逆向減少　(d) 隨著前者減少，跟著後者增加

2. 在動態模型中，某國財政政策變動將由何者引導？　(a) 自然利率　(b) 預期通膨率　(c) 隨機需求衝擊　(d) 自然產出水準

3. 某國實質利率上升，將透過何者降低商品與勞務需求？　(a) DAS 曲線移動　(b) 自然產出下降　(c) 通膨預期遞增　(d) 投資與消費支出減少

4. 何者可代表隨機需求衝擊的正面價值？　(a) 投資人的非理性樂觀浪潮　(b) 政府支出下降　(c) 油國組織大幅提高油價　(d) 央行提高通膨目標

5. 在其他條件不變下，體系內促使商品與勞務需求等於自然產出的實質利率，將稱為：
(a) 自然利率　(b) 事前利率　(c) 事後利率　(d) 名目利率

6. 有關自然利率的定義為何？　(a) 促使商品與勞務需求等於自然產出的實質利率　(b) 人們基於通膨預期而預期的實質利率　(c) 促使自然失業率等於自然產出率的實質利率　(d) 名目利率扣除自然通膨率後的實質利率

7. 有關實質利率的定義，何者正確？　(a) 自然實質利率 $i_t - \pi_t$　(b) 事前實質利率為 $i_t - \pi_{t+1}^e$　(c) 事後實質利率 $i_t - \pi_t^e$　(d) 事前實質利率 $\pi_t - i_t$

8. 有關通膨率的敘述，何者錯誤？　(a) 實際通膨率 π_t 係指在 $t-1$ 與 t 期間的物價變動　(b) 名目利率 i_t 是指在 t 期與 $t+1$ 期間的報酬　(c) 預期通膨率 π_t^e 是指在 t 與 $t+1$ 期間的物價變動　(d) 預期通膨率 π_{t+1}^e 是指在 t 與 $t+1$ 期間的物價變動

9. 何種情況將引起某國 DAD 曲線右移？　(a) 減稅　(b) 政府支出減少　(c) 央行緊縮貨幣供給　(d) 油價下跌

10. 央行提高通膨目標將會造成何種結果？　(a) 沿著 DAD 曲線上移　(b) 沿著 DAD 曲線下移　(c) DAD 曲線右移　(d) DAD 曲線左移

11. 央行降低通膨目標將會造成何種結果？　(a) 降低名目與實質利率，促使 DAD 曲線右移　(b) 降低名目與實質利率，促使 DAD 曲線左移　(c) 提高名目與實質利率，促使 DAD 曲線右移　(d) 提高名目與實質利率，促使 DAD 曲線左移

12. 某國景氣持續閃爍紅燈，央行為緊縮商品與勞務需求，可採取何種策略？　(a) 降低目標通膨，進而降低名目與實質利率　(b) 降低目標通膨，進而提高名目與實質利率　(c) 提高通膨目標，進而降低名目與實質利率　(d) 提高目標通膨，進而提高名目與實質利率

13. 某國經濟環境正好落在貨幣政策曲線上，此時的實際通膨率等於目標通膨率，何者正確？　(a) 實質利率大於長期實質利率　(b) 實質利率等於長期實質利率　(c) 實質利率低於長期實質利率　(d) 實質利率等於名目利率

14. 在推演 DAD 曲線的過程中，何種方程式將與動態 AD 曲線無關？　(a) Fisher 方程式　(b) Phillips 曲線　(c) 適應性預期　(d) 貨幣政策法則

15. DAD 曲線是描述何者間的短期關係？　(a) 產出需求量與通膨間存在正向關係　(b) 產出需求量與物價間存在正向關係　(c) 產出需求量與通膨間存在負向關係　(d) 產出需求量與物價間存在負向關係

16. 何者不會引起 DAD 曲線移動？　(a) 目前通膨率　(b) 通膨目標　(c) 自然產出　(d) 需

求衝擊

17. 某國沿著既定的 DAD 曲線移動，何者不是固定值？ (a) 貨幣供給 (b) 通膨目標 (c) 自然產出 (d) 需求衝擊

18. 若要推演某國的 DAD 曲線，何者將是固定值？ (a) 貨幣供給 (b) 通膨率 (c) 實質利率 (d) 貨幣政策法則

19. 某國 DAD 曲線呈現負斜率，此係隨著通膨下降，央行降低名目利率將超過通膨率下降，從而產生何種結果？ (a) 降低實質利率，進而降低商品與勞務需求量 (b) 降低實質利率，進而增加商品與勞務需求量 (c) 提高實質利率，進而增加商品與勞務需求量 (d) 提高實質利率，進而降低商品與勞務需求量

20. 某國央行對實際通膨率超過目標通膨率的回應非常積極，將會產生何種影響？ (a) 貨幣政策曲線趨於平坦 (b) DAD 曲線斜率趨於陡峭 (c) 貨幣政策曲線具有陡峭的正斜率 (d) DAD 曲線將會右移

21. 某國央行傾向以提高實質利率來回應高通膨率，此一事實的理由為何？ (a) DAD 曲線左移 (b) DAD 曲線斜率為負值 (c) DAD 曲線右移 (d) 此係貨幣政策曲線為負斜率

22. DAD 曲線呈現負斜率的理由，將與何者有關？ (a) 通膨引起實質財富下降 (b) 高通膨率對股市是利多的事實 (c) 通膨對富裕者影響遠超過窮人的信念 (d) 通膨引發所得重分配對富裕者不利

23. 某國通膨率上升透過淨出口而促使 DAD 曲線呈現負斜率，何種理由正確？ (a) 舶來品價格相對國產品更貴 (b) 舶來品價格相對國產品更便宜 (c) 貿易盈餘將會遞增 (d) 該國實質匯率將會升值

24. 某國 DAD 曲線右移的可能原因為何？ (a) 政府支出減少 (b) 通膨率上漲導致投資增加 (c) 貨幣政策曲線右移 (d) 貨幣政策曲線左移

25. 某國政府採取減稅措施，對 DAD 曲線產生影響為何？ (a) DAD 曲線左移 (b) 經濟活動沿著既定的 DAD 曲線下移 (c) 經濟活動沿著既定的 DAD 曲線上移 (d) DAD 曲線右移

26. 何者對 DAD 曲線斜率沒有影響？ (a) 通膨對實質餘額影響強度 (b) 目前技術水準 (c) 央行對目前通膨變動的反應程度 (d) 總需求對利率變動的回應規模

27. 某國實際通膨率超過目標通膨率，將會產生何種結果？ (a) 沿著貨幣政策曲線與 DAD 曲線上移 (b) 沿著貨幣政策曲線與 DAD 曲線下移 (c) 沿著貨幣政策曲線上移，並促使 DAD 曲線左移 (d) 沿著貨幣政策曲線上移，並促使 DAD 曲線右移

28. 某國實際通膨率低於目標通膨率，將會產生何種結果？ (a) 沿著貨幣政策曲線上移，進而沿著 DAD 曲線下移 (b) 沿著貨幣政策曲線與 DAD 曲線下移 (c) 沿著貨幣政策曲線上移，並促使 DAD 曲線右移 (d) 沿著貨幣政策曲線上移，並促使 DAD 曲線左移

29. 某國產出回應目前通膨變動極為微小，對 DAD 曲線斜率影響為何？ (a) 平坦 (b) 陡

峭 (c) 正斜率 (d) 斜率值爲零

30. 央行選擇較大的名目利率對通膨反應係數值 θ_π，以及較小的名目利率對產出反應係數值 θ_y。有關該國 DAD 曲線斜率變化，以及供給衝擊對通膨與產出影響爲何？ (a) DAD 曲線斜率較平坦，供給衝擊對通膨影響大於產出 (b) DAD 曲線斜率較平坦，供給衝擊對通膨影響小於產出 (c) DAD 曲線斜率較陡峭，供給衝擊對通膨影響大於產出 (d) DAD 曲線斜率較陡峭，供給衝擊對通膨影響小於產出

31. 某國央行選擇較小的名目利率對通膨反應係數值 θ_π，以及較大的名目利率對產出反應係數值 θ_y。有關 DAD 曲線斜率變化，以及供給衝擊對通膨與產出影響爲何？ (a) DAD 曲線斜率較平坦，供給衝擊對通膨影響大於產出 (b) DAD 曲線斜率較平坦，供給衝擊對通膨影響小於產出 (c) DAD 曲線斜率較陡峭，供給衝擊對通膨影響大於產出 (d) DAD 曲線斜率較陡峭，供給衝擊對通膨影響小於產出

32. 某國央行選擇較小名目利率對通膨反應的係數值 θ_π，以及名目利率對產出反應的係數值 θ_y。有關該國央行的選擇爲何？ (a) 在高通膨代價下，選擇取得較少產出 (b) 在高產出代價下，選擇取得低通膨 (c) 在高通膨變異性下，選擇取得低產出變異性 (d) 在高產出變異性代價下，選擇取得低通膨變異性

33. 某國央行選擇較大的名目利率對通膨反應的係數值 θ_π，以及較小的名目利率對產出反應的係數值 θ_y。有關該國央行的選擇爲何？ (a) 在高通膨代價下，選擇取得較少產出 (b) 在高產出代價下，選擇取得低通膨 (c) 在高通膨變異性下，選擇取得低產出變異性 (d) 在高產出變異性代價下，選擇取得低通膨變異性

答案：

1. (b)	2. (c)	3. (d)	4. (a)	5. (a)	6. (a)	7. (b)	8. (c)	9. (a)	10. (c)
11. (d)	12. (b)	13. (b)	14. (b)	15. (c)	16. (a)	17. (d)	18. (d)	19. (b)	20. (c)
21. (b)	22. (a)	23. (b)	24. (c)	25. (d)	26. (b)	27. (a)	28. (b)	29. (b)	30. (b)
31. (c)	32. (d)	33. (c)							

9.5.3 Okun 法則

1. 依據 Okun 法則，某國實際產出等於自然產出，將會出現何種狀況？ (a) 實際失業率大於自然失業率 (b) 實際失業率小於自然失業率 (c) 實際失業率等於自然失業率 (d) 無從確定實際與自然失業率間的關係

2. Okun 法則指出體系內產出與失業率間，將存在何種穩定關係？ (a) 正向關係 (b) 反向關係 (c) 兩者無關 (d) 無法判斷

3. 在 2016～2020 年間，某國產出率提高 2.2%，而失業率降低 1.35%，此將意味著 Okun 法則的係數爲何？ (a) 5.0 (b) 1.63 (c) 2.136 (d) 13.8

4. 在 2016～2020 年間，某國經濟部估計產出率降低 4%，而失業率提高 1.44%，此將意味著 Okun 法則的係數為何？　(a) 2.6　(b) 0.36　(c) 2.78　(d) 5.40

5. 某國失業率與產出率間呈現負向關係，可用何種理論解釋？　(a) Ricardo 等值理論　(b) Fisher 方程式　(c) Okun 法則　(d) Phillips 曲線

6. 在何種狀況下，某國實際失業率可能會上升？　(a) 實際產出 y 增加　(c) 自然產出 $y*$ 增加　(c) $\left(\frac{y}{y*}\right)$ 下降　(d) $\left(\frac{y*}{y}\right)$ 下降

7. Okun 法則係在描述體系內何種變數間的關係？　(a) 通膨率與失業率間的替代　(b) 實質與名目產出成長間的關係　(c) 最低工資法與價格管制對失業衝擊間的取捨　(d) 失業率與實質產出對自然產出比率的關係

8. 某國主計總處估計 2019 年的 Okun 法則的係數為 2.5，而當年的自然失業率為 6%，自然產出為 5,000 萬元。該國目前的實際失業率為 8%，則目前產出應為何？　(a) 4,750 萬元　(b) 5,250 萬元　(c) 1,750 萬元　(d) 3,250 萬元

9. 在貨幣流通速度不變下，依據 Okun 法則與貨幣數量說，央行增加貨幣供給將造成何種結果？　(a) 長期與短期失業率均降低　(b) 長期與短期失業率均不變　(c) 長期失業率降低，但短期失業率不變　(d) 長期失業率不變，但短期失業率降低

10. 有關 Okun 法則的敘述，何者正確？　(a) 失業率與實際產出呈現反向關係　(b) 自然失業率與實際失業率呈現正向關係　(c) 自然失業率與自然產出呈現反向關係　(d) 自然產出與實際產出差額與失業率呈現正向關係

11. 何種理論在描述產出缺口與失業率間的關係？　(a) Say 法則　(b) Keynes 法則　(c) Okun 法則　(d) Golden 法則

答案：

1. (c)　　2. (b)　　3. (b)　　4. (c)　　5. (c)　　6. (c)　　7. (d)　　8. (a)　　9. (d)　　10. (d)　　11. (c)

9.5.4 動態總供給曲線（DAS）與 Lucas 供給曲線

一、動態總供給曲線

1. 在動態模型中，供給衝擊變數將出現何種方程式中？　(a) Fisher 方程式　(b) Phillips 曲線　(c) 貨幣政策法則　(d) 適應性預期

2. 何者將可代表隨機供給衝擊的負面價值？　(a) 投資人的非理性樂觀浪潮　(b) 政府支出下降　(c) 油國組織崩解產生的油價下降　(d) 央行降低通膨目標

3. 何者將可代表隨機供給衝擊的正價值？　(a) 投資人間的非理性樂觀浪潮　(b) 政府支出下降　(c) 廣泛的乾旱導致糧食價格大幅上漲　(d) 央行提高通膨目標

4. DAS 曲線顯示何者間的短期關係？　(a) 自然產出與通膨　(b) 自然產出與預期通膨率 (c) 產出率與通膨率　(d) 產出率與自然利率

5. DAS 曲線是由 DAD-DAS 模型的 5 個方程式中的何者推演而出？　(a) Fisher 方程式 與適應性預期　(b) Phillips 曲線與適應性預期　(c) 貨幣政策曲線與 Fisher 方程式 (d) Phillips 曲線與貨幣政策法則

6. DAS 曲線是描述短期內何者間的關係？　(a) 產出率與通膨率間的正向關係　(b) 產出 與物價間的正向關係　(c) 產出率與通膨率間的負向關係　(d) 產出與物價間的負向關係

7. 在其他因素固定下，DAS 曲線指出高水準經濟活動將與何者連結？　(a) 自然產出 (b) 通膨目標　(c) 正向供給衝擊　(d) 高通膨率

8. 何者不會引起 DAS 曲線移動？　(a) 目前通膨率　(b) 過去通膨率　(c) 自然產出 (d) 供給衝擊

答案：
1. (b)　　2. (c)　　3. (c)　　4. (c)　　5. (b)　　6. (a)　　7. (d)　　8. (a)

二、Lucas 供給曲線

1. Lucas 供給曲線顯示體系內廠商的產出率與何者有關？　(a) 預期物價　(b) 實際物價 (c) 實際物價對預期物價的比率　(d) 實質工資

2. 何種現象發生將引起 Lucas 供給曲線左移？　(a) 預期通膨遞增　(b) 自然產出增加 (c) 貨幣工資上升　(d) 非預期貨幣供給增加

3. 有關 Lucas 供給曲線斜率的敘述，何者正確？　(a) 呈正斜率，此係個別產業的供給曲 線呈正斜率　(b) 呈正斜率，此係通膨促使廠商希望生產更多　(c) 呈負斜率，此係通膨 增加廠商生產成本　(d) 呈正斜率，此係非預期通膨愚弄廠商誤認相對價格已經變動

4. Lucas 供給曲線顯示體系內實質產出率與何者間的關係？　(a) 每一預期通膨率　(b) 每 一實際通膨率　(c) 每一預期物價　(d) 每一實際物價

5. Lucas 評論係針對何者而言？　(a) 政府通常缺乏威信，導致政策效果大打折扣　(b) 政 府支出乘數效果具有高度不確定性　(c) 計量模型的實證結果無法作為制定政策依據， 實施政策將立即改變人們預期及計量模型的參數　(d) 在理性預期前提下，所有計量模 型的實證結果都不足採信

6. Lucas 修正 Friedman 愚弄模型時，係採取更換後者模型的何種假設？　(a) 持續的市場 結清　(b) 訊息不全　(c) 自然失業率臆說　(d) 預期錯誤的漸進式調整

7. 何者不是 Lucas 模型的基本假設？　(a) 市場持續結清　(b) 訊息不全　(c) 理性預期 (d) 工資與物價的緩慢調整

8. 總體模型若要遵循自然失業率臆說，將必須引進何種假設？　(a) 名目工資僵化的假設 (b) 垂直的 LAS 曲線　(c) 訊息不全　(d) 垂直的 AD 曲線

9. 在 Friedman-Phelps-Lucas 供給方程式中，體系內的「價格奇襲」可表示為何？ (a) 預期物價 P^e (b) 實際物價與預期物價的差額 $(P - P^e)$ (c) 實際物價與預期物價差額的某一比例 $h(P - P^e)$ (d) 實際物價與預期物價差額的某一比例與自然產出的乘積 $h(P - P^e) \times y_N$

10. Friedman-Phelps-Lucas 供給方程式可用何者表示？ (a) $y = y^* + h(P - P^e)$ (b) $y = y^* - h(P - P^e)$ (c) $y = y^* h(P - P^e)$ (d) $y = y^*/h(P - P^e)$

11. 勞工的決策行為具有訊息不全特色，何者正確？ (a) 勞動需求調整緩慢 (b) 勞動需求調整快速 (c) 勞動需求與供給調整迅速 (d) 均衡就業落後調整

12. 根據 Lucas 的認知錯誤理論，某國貨幣供給劇烈變動，短期 SAS 曲線斜率為何？ (a) 等於 0 (b) 介於 0 與 1 之間 (c) 很大 (d) 為負值

答案：

1. (c) 2. (a) 3. (d) 4. (b) 5. (c) 6. (b) 7. (d) 8. (c) 9. (b) 10. (a)

11. (d) 12. (a)

9.5.5 DAD-DAS 模型均衡與運作

一、依據 DAD-DAS 模型回答下列問題。

1. DAD-DAS 模型假設人們基於何種因素形成預期？ (a) 利用所有可得訊息做最適預測 (b) 最近觀察到的通膨 (c) 央行通膨目標 (d) 名目利率與實質利率的差額

2. 在何種狀況下，體系將會達成長期均衡？ (a) DAD 等於 DAS (b) 沒有衝擊與通膨是穩定的 (c) 需求衝擊等於供給衝擊 (d) 名目利率等於實質利率

3. 某國達成長期均衡，總需求衝擊 $\sum_t u_t$ 與總供給衝擊 v_t，以及目前通膨率將分別等於何值？ (a) 兩者均為 0 (b) 前者為 0，後者為 π_{t-1} (c) 前者為 π_t，後者為 0 (d) 前者為 π_t^e，後者為 ρ

4. 體系達成長期均衡，何種變數將落在其自然水準上？ (a) 通膨與產出 (b) 實質與名目利率 (c) 通膨與名目利率 (d) 產出與實質利率

5. 某國達成長期均衡，產出 Y_t 與實質利率 r_t 與央行的通膨目標無關，當中涵義為何？ (a) 貨幣中立性 (b) 一個衝擊反映函數 (c) 適應性預期 (d) Taylor 法則

6. 體系達成長期均衡，何者將等於央行的通膨目標？ (a) 目前通膨率，但非預期通膨率 (b) 預期通膨率，但非目前通膨率 (c) 目前通膨率與預期通膨率 (d) 既非目前通膨率，也不是預期通膨率

7. 何者將決定體系的短期均衡？ (a) DAD_t 與 DAS_{t-1} (b) DAD_t 與 DAS_t (c) Y_t 與 DAS_t (d) DAD_{t-1} 與 Y_t

8. 某國達成短期均衡將決定何者？ (a) 通膨率通膨目標 (b) 實質利率與自然產出

(c) 實際產出與通膨率　　(d) 自然產出與實際產出

9. 某國的本期與下期經濟活動之間是透過何者連繫？　(a) 貨幣政策法則　(b) 需求衝擊
   (c) 通膨預期　(d) 自然產出

10. 某國的自然產出變動將會產生何種結果？　(a) DAD 曲線移動，DAS 曲線不變
    (b) DAS 曲線移動，DAD 曲線不變　(c) DAD-DAS 兩條曲線同時移動　(d) DAD-DAS
    兩條曲線均不動

11. 某國的自然產出增加對產出與通膨影響為何？　(a) 產出與通膨同時增加　(b) 產出增
    加，通膨不變　(c) 產出不變，通膨增加　(d) 產出與通膨均持平

12. 在其他因素不變下，產生長期均衡成長的自然產出增加，可以體驗何者發生？　(a) 通
    膨上升　(b) 通膨下降　(c) 穩定通膨　(d) 沒有通膨

答案：

1. (b)　　2. (b)　　3. (b)　　4. (d)　　5. (a)　　6. (c)　　7. (b)　　8. (c)　　9. (c)　　10. (a)

11. (b)　　12. (c)

二、某國期初處於DAD-DAS模型的長期均衡，隨著各種衝擊來襲，試回答下列問題。

1. 隨著逆向供給衝擊來襲，DAS-DAD 兩條曲線將如何變化？　(a) DAS 曲線左移，DAD
   曲線右移　(b) DAS 曲線左移，DAD 曲線持平　(c) DAS-DAD 兩條曲線持平　(d) DAS-
   DAD 兩條曲線同時左移

2. 該國面臨逆向供給衝擊後，產出與通膨將如何變化？　(a) 產出與通膨同時增加　(b) 產
   出增加，通膨減少　(c) 產出與通膨同時減少　(d) 產出減少，通膨增加

3. 某國爆發一期正向供給衝擊，對產出影響為何？　(a) 僅在一期內維持超過自然產出
   (b) 維持高於自然產出超過一期　(c) 僅在一期內維持低於自然產出　(d) 維持低於自然
   產出超過一期

4. 某國爆發一期逆向供給衝擊，引起產出立即遞減，何種理由正確？　(a) 為回應通膨遞
   增，央行提高名目利率與實質利率　(b) 較高物價衍生負向需求衝擊而降低產出　(c) 自
   然產出回應通膨遞增而下降　(d) 為回應通膨遞增，央行提高目標通膨率

5. 某國爆發持續四期正向需求衝擊，第一期的 DAD-DAS 兩條曲線將如何移動？
   (a) DAS 曲線左移，DAD 曲線右移　(b) DAS 曲線不動，DAD 曲線右移　(c) DAS-
   DAD 兩條曲線不動　(d) DAS 曲線右移，DAD 曲線左移

6. 某國爆發持續四期正向需求衝擊，第一期產出與通膨將如何變動？　(a) 兩者均增加
   (b) 產出增加，通膨遞減　(c) 兩者同時遞減　(d) 產出遞減，通膨增加

7. 某國爆發持續多期正向需求衝擊後，DAS 曲線出現左移，何者正確？　(a) 為回應高通
   膨率，央行提高目標通膨率　(b) 高通膨率促使實際產出偏離自然產出增加　(c) 高通膨
   率產生正向供給衝擊　(d) 前期的高通膨率促使通膨預期遞增

8. 某國爆發持續五期正向需求衝擊，在實際產出回歸自然產出前，將如何變化？ (a) 持續維持高於自然產出 (b) 先移動高於自然產出，再回落低於自然產出 (c) 持續維持低於自然產出 (d) 先移動低於自然產出，再上漲高於自然產出

9. 某國政府實施五期暫時性加稅，在實際產出回歸長期自然產出前，將如何變化？ (a) 持續維持高於自然產出 (b) 先增加高於自然產出，然後再回落低於自然產出 (c) 持續維持低於自然產出 (d) 先下降低於自然產出，然後上漲高於自然產出

答案：

1. (b)　　2. (d)　　3. (b)　　4. (a)　　5. (b)　　6. (a)　　7. (d)　　8. (b)　　9. (d)

三、某國央行恆常性降低通膨目標，依據 DAD-DAS 模型回答下列問題。

1. DAD-DAS 兩條曲線初期將如何變動？ (a) DAS 曲線左移，DAD 曲線右移 (b) DAS 曲線不受影響，DAD 曲線左移 (c) 兩條曲線不受影響 (d) DAS 曲線下移，DAD 曲線左移

2. 產出與通膨初期將如何變動？ (a) 產出與通膨同時遞增 (b) 產出增加，通膨遞減 (c) 產出與通膨同時遞減 (d) 產出遞減，通膨遞增

3. DAS 曲線將會右移的理由爲何？ (a) 爲回應低通膨率，自然產出下降 (b) 低通膨率的結果造成實際產出偏離自然產出增加 (c) 低通膨率衍生逆向供給衝擊 (d) 前期低通膨率的結果導致預期通膨遞減

4. 名目利率將如何變化？ (a) 持續滑落直到長期達到較低水準 (b) 期初遞增，然後遞減至長期達到較低水準 (c) 立即遞減至在長期的較低水準 (d) 下跌至低於該水準，然後持續上升之低於期初水準的長期水準

5. 自然產出遞增將對經濟活動造成何種影響？ (a) 廠商生產更少商品與勞務，人們要購買更少商品與勞務 (b) 廠商生產更少商品與勞務，人們要購買更多商品與勞務 (c) 廠商生產更多商品與勞務，人們要購買更多商品與勞務 (d) 廠商生產更多商品與勞務，人們要購買更少商品與勞務

答案：

1. (b)　　2. (c)　　3. (d)　　4. (b)　　5. (c)

9.6 進階選擇題

1. 某國央行設定目標函數 $U(\pi, u) = -7\pi^2 - 8(u - u^*)$，$u^*$ 與 u 是自然與實際失業率，π 是通膨率。何者錯誤？ (a) 央行偏向重視通膨率 (b) 當痛苦指數固定爲 1，以通膨率上漲取代失業率下降，社會效用將會下降 (c) 假設 $\pi = 3\%$，該國處於長期均衡的社會效用將是 −0.63% (d) 失業率上漲將需配合通膨率上漲，才能維持社會效用不變

2. 某國利用 Lucas 供給函數估計產出率與通膨率間的關係：

$$y = y^* + 0.6(\pi - \pi^e)$$

$y^* = lnY^*$ 與 $y = lnY$ 是自然產出與實際產出，π 與 π^e 是實際與預期通膨率。何者錯誤？ (a) 該國達成自然就業均衡，預期通膨率等於實際通膨率 (b) 人們採取理性預期形成，該國將達成自然就業均衡 (c) 體系景氣頻頻閃爍紅燈，預期通膨率將大於實際通膨率 (d) 人們採取靜態預期形成，央行採取量化寬鬆，將造成景氣繁榮

3. 某國主計總處檢視 Phillips 曲線變動的原因，何者正確？ (a) 財政部增加政府支出，將促使 Phillips 曲線右移 (b) 勞工局職業訓練所加強職業教育訓練，將引起 Phillips 曲線上的點移動 (c) 央行採取冷火雞政策，將促使 Phillips 曲線左移 (d) 工會要求全面提高貨幣工資，將促使 Phillips 曲線左移

4. 理性預期臆說與 Friedman-Phelps 模型的某一涵義，與古典模型的涵義不一致，此係指何種而言？ (a) 貨幣供給變動在長期不會影響產出與就業等實質變數 (b) 貨幣供給變動在長期會影響物價與通膨率 (c) 體系長期將落在自然產出狀態 (d) 貨幣政策與財政政策在短期能夠影響失業率

5. 理性預期臆說針對勞工與廠商對預期通膨的系統性看法，何者正確？ (a) 低估短期通膨率，但長期則不會 (b) 高估長期通膨率，但短期則不會 (c) 不論長期或短期，均不會高估或低估通膨率 (d) 進行就業決策將忽略預期通膨率

6. 在物價波動過程中，何種說法錯誤？ (a) 國際油價在 2004～2007 年間呈現持續飆漲，將容易引爆成本推動通膨 (b) 勞動市場訊息不全造成摩擦性失業，不會引爆通貨緊縮 (c) 貨幣數量學說主張貨幣數量與物價呈同比例同向變動 (d) 停滯性通膨反映高失業率與高經濟成長率並存

7. 面對國際油價飆漲，產業工會與廠商協商調高薪資，將會產生何種後果？ (a) 廠商成本上漲將引爆成本推動通膨 (b) 勞工所得增加勢必帶動需求拉動通膨 (c) 薪資上漲提高工作誘因，將促使 AS 增加 (d) 工資上漲促使廠商調整產業結構，從而引爆結構性通膨

8. 以下攸關物價指數的說明，何者錯誤？ (a) 基期的選擇不會影響估計的物價指數 (b) 依據不同需要可以定義許多物價指數，是以在有需要參考物價指數時，應依使用目的來選擇比較適切的指數 (c) 計算物價指數須先經由問卷調查或市場調查取得交易價格、交易數量或其他必要資料，再經由某種加權平均公式計算 (d) 要為子女準備教育基金，消費者物價指數相對躉售物價指數更有參考價值

9. A 國央行追求穩定通膨，B 國央行則在乎維持自然產出率。隨著 2007 年油價飆漲衝擊，各自該如何反應？ (a) 兩國央行都應增加貨幣供給量 (b) A 國央行應增加貨幣供給量，B 國央行應控制貨幣供給不變 (c) A 國央行應維持貨幣供給不變，B 國央行應增加貨幣供給 (d) 兩國都應維持貨幣供給不變

10. 有關 Phillips 曲線理論的敘述，何者錯誤？ (a) Phillips 針對英國 1861～1957 年的數據研究貨幣工資變動情形，發現名目工資上漲率與失業率間呈反向變動關係 (b) Lipsey 嘗試為 Phillips 的發現提供理論基礎，指出政府若想降低失業率，須以增加名目工資上漲率為代價 (c) 1970 年代爆發石油危機，許多國家的實際資料開始顯示，通膨率與失業率間不再有負向穩定關係 (d) Friedman 與 Phelps 以附加預期的 Phillips 曲線，試圖為實際數據顯現的通膨率與失業率間不再有負向關係，提出圓滿解釋

11. 理性廠商與勞工通常藉著回顧方式形成預期，何種理由錯誤？ (a) 經濟活動具有持續性，以過去實際通膨率預測未來通膨率可以相信 (b) 由於簽定長期物價及勞動契約，促使實際通膨無法立即反映名目國內產出加速提高 (c) 如果以往名目產出加速成長導致發生通膨，目前名目產出加速成長可以預期將使通膨率提高 (d) 人們相信名目產出加速成長具有恆常性

12. 有關央行執行反通膨政策的敘述，何者正確？ (a) 冷火雞法較無法展現央行反通膨決心，不具政策威信 (b) 央行愈具有政策威信，反通膨的失業成本愈小 (c) 央行具有絕對的政策威信，反通膨政策將可使通膨率直接沿著長期 Phillips 曲線下降 (d) 所得政策是理性預期學派提議的反通膨政策

13. 針對下列說法，何者正確？ (a) 工會談判調薪成功，大幅提升勞工購買力，將引起總需求增加而造成需求拉動通膨 (b) 解決成本推動通膨的最佳策略，即是採取調節性貨幣政策 (c) e 化世代將擴大傳統產業的勞工失業，此即自願的結構性失業 (d) 央行透過執行量化寬鬆來壓低自然失業率

14. 某國主計總處估計短期通膨率與失業率間的關係如下：

$$\pi_t = \pi_{t-1} - 4(u_t - u^*)$$

π_t 為通膨率，u_t 是 u^* 本期與自然失業率。某國的 $\pi_{t-1} = 4\%$，且結構性與摩擦性失業率之和為 2%。假設政府追求零通膨率，則本期承受的失業率為何？ (a) 7% (b) 5% (c) 3% (d) 1%

15. 某國目前經濟環境落在長期 Phillips 曲線的左邊，何者正確？ (a) 實際通膨率低於預期，預期通膨率將會下降 (b) 實際通膨率低於預期，預期通膨率將會上升 (c) 實際通膨率大於預期，預期通膨率將會上升 (d) 實際通膨率大於預期，預期通膨率將會下降

16. 依據 Friedman-Phelps 模型，體系面臨短期物價攀升而失業降低，何種理由正確？ (a) 廠商詮釋物價上漲，係因其銷售商品的相對價格上漲 (b) 勞工詮釋名目工資上漲即是實質工資上漲 (c) 廠商錯誤詮釋他們銷售的商品價格上漲，而勞工也錯誤詮釋名目工資上漲的內涵 (d) 廠商不清楚他們能以較高價格銷售商品，而勞工也不清楚詮釋名目工資上漲的意涵

17. 某國研究機構檢視 AD-AS 兩條曲線變動造成的影響，何者正確？ (a) 貨幣工資上漲，促使 SAS 曲線左移與 Phillips 曲線右移 (b) 出口競爭力衰退，促使 AD 曲線左移與

Phillips 曲線右移　　(c) 貨幣需求彈性增加，促使 AD-Phillips 兩條曲線右移　　(d) 技術進步促使 AS-Phillips 兩條曲線右移

18. 某國實際通膨率持續攀升且異於人們預期，經濟活動將發生何種變化？　(a) 體系實際產出將小於自然產出　　(b) Phillips 曲線持續左移　　(c) 體系沿著 SAS 曲線向右上方移動　(d) AD 曲線持續右移

19. 某國處於自然就業環境，隨著短期逆向供給面衝擊來襲，央行立即進行公開市場操作買進央行定存單。在其他情況不變下，長期實質產出與通膨率將分別呈現何種變化？　(a) 實質產出不變，通膨率上升　　(b) 實質產出不變，通膨率下跌　　(c) 實質產出上升，通膨率上升　　(d) 實質產出下跌，通膨率下跌

20. 某國主計總處估計該國的 Lucas 供給曲線如下：
$$y = y^* + 0.4(\pi - \pi^e) + 0.1z$$
$y^* = \ln Y^*$ 與 $y = \ln Y$ 是自然與實際產出，π 與 π^e 是實際與預期通膨率，$z > 0$ 是正向供給衝擊因素。人們若是採取靜態預期形成，何者錯誤？　(a) 在總需求不變下，人們的預期通膨率上漲，該國將出現循環性失業　　(b) 該國出現技術進步，$z > 0$，將促使 LAS 與長期 Phillips 曲線右移　　(c) 景氣燈號閃爍藍燈，實際通膨率將小於預期通膨率　　(d) 國際油價飆漲，$z < 0$，央行採取滅火政策，將促使實質產出與名目產出下降

21. 某國國發會檢視影響國內 AD-AS-Phillips 三條曲線變動的因素，何者正確？　(a) 廠商出口競爭力衰退，帶動 AD-AS 兩條曲線左移　　(b) 投資人競相投入股市，引發貨幣需求激增，將引起 AD-Phillips 兩條曲線右移　　(c) 通訊網路技術進步促使 AS-Phillips 兩條曲線右移　　(d) 企業響應政府呼籲，大幅調薪（勞動生產力未變），促使 SAS 曲線左移與 Phillips 曲線右移

22. 某國景氣一路閃爍紅燈，將出現何種現象？　(a) AD 曲線右移，短期 Phillips 曲線隨後跟進左移　　(b) 景氣繁榮帶動物價上漲，促使人們加速消費而引發需求拉動通膨，旋即帶動 Phillips 曲線左移　　(c) 依據 Taylor 法則，景氣繁榮引爆通膨，央行必須提高名目利率小於預期通膨率，才能抑制總需求擴張　　(d) 景氣繁榮誘使人們調高通膨預期，將會引起短期 Phillips 曲線右移

23. 某國的 AD-AS-Phillips 三條曲線出現，何種說法正確？　(a) 政府擴大支出，除讓 AD 曲線右移外，也將引起 AS-Phillips 兩條曲線左移　　(b) 勞工局職業訓練所加強職業教育訓練，將帶動 AD-AS 兩條曲線右移，帶動 Phillips 曲線上的點移動　　(c) 油價飆漲促使 AS-Phillips 兩條曲線右移，AD 曲線維持不變　　(d) 工會要求調薪，將促使 Phillips 曲線右移、AS 曲線左移，而 AD 曲線不變

24. 短期 Phillips 顯示通膨率與失業率間的組合關係，何者正確？　(a) 央行提高貨幣成長率後，體系將沿著 Phillips 曲線往左下方移動　　(b) 勞工與廠商的預期通膨率上升後，體系將沿著 Phillips 曲線往右上方移動　　(c) 體系出現技術進步後，將促使 Phillips 曲線右

移　　(d) 體系名目產出成長率下降，將沿著 Phillips 曲線往右下方移動

25. 某國 Phillips 曲線可表為 $\pi_t = \pi^e - 0.5(u_t - u^*)$，$\pi$ 與 π^e 是實際與預期通膨率，$\pi_e^e = (P_t^e - P_{t-1})/P_{t-1}$，$t$ 是期間，P_t^e 是 t 期預期物價，$u^* = 4\%$ 是自然失業率。假設該國採取靜態預期 $\pi_t^e = \pi_{t-1}$，而初始的 $\pi_0^e = \pi_0 = 4\%$。何者錯誤？　(a) 勞動市場的初始狀況是落在自然失業率　(b) 政府採取擴張政策，將失業率降至 2%，則第一期的 $\pi_1 = 5\%$　(c) 政府持續採取擴張政策，維持失業率在 2%，則第二期的 $\pi_2 = 6\%$　(d) 政府持續將 3～6 期失業率控制在 2%，人們的預期通膨率將降低為 4%

26. 在不確定環境下，某國勞工採取理性預期形成，勞動市場則呈現自然失業率狀態。何者正確？　(a) 名目產出成長率為零　(b) 央行執行量化寬鬆，將引起 AD-SAS- 短期 Phillips 三條曲線右移　(c) 政府擴大紓困方案，將會引起名目支出與實質支出擴張　(d) 央行執行量化寬鬆，僅會出現貨幣中立性的結果

27. 某國研究機構估計該國產出率 $y = \dfrac{lnY}{lnY^*}$ 與通膨率 π 間的關係為 Lucas 供給函數型態：$y = y^* + 0.8(\pi - \pi^e) + \varepsilon$，$y = lnY$ 與 $y^* = lnY^*$ 是實際與自然產出，π^e 是預期通膨率，ε 是供給面衝擊，$\pi = \pi^e + \theta$，θ 是預期誤差。何者錯誤？　(a) 人們採取適應性預期形成，央行實施量化寬鬆，將引起 AD 曲線右移，SAS 曲線也跟著持續左移　(b) 人們採取理性預期形成，實際產出將等於自然產出，$y = y^*$　(c) 人們採取理性預期形成，央行緊縮政策將引起名目產出滑落　(d) 人們採取靜態預期形成，央行執行寬鬆政策，名目產出與實質產出將同步遞增

28. 小型開放體系的主計總處檢視 AD-AS 兩條曲線發生移動，何種前因後果正確？　(a) 在符合 Marshall-Lerner 條件下，國幣貶值促使 AD 曲線右移，而進口成本上漲則讓 SAS 曲線左移，體系則沿著短期 Phillips 曲線往左上方移動　(b) 依據愚弄模型，廠商調薪 3% 提高勞工所得，將引起 IS 與短期 Phillips 曲線右移　(c) 國幣貶值引發輸入性通膨，將促使 SAS 曲線左移與短期 Phillips 曲線右移　(d) 通訊網路技術進步，將促使 LAS 曲線與長期 Phillips 曲線右移

29. 人們採取理性預期形成，對經濟活動產生影響，何者錯誤？　(a) 央行採取反通膨政策，體系承擔的犧牲比率為零　(b) 體系實際失業率將環繞在自然失業率附近波動　(c) 央行實施緊縮政策，將造成名目產出與實質產出等幅度下降　(d) 縱使央行加速提高貨幣成長率，$(\pi_t - \pi_t^e)$ 仍將存在隨機值 ε_t，實際產出則環繞在自然產出附近波動

30. 某國央行追求社會效用極大，設定執行貨幣政策的目標函數為 $U(\pi, u) = -6(\pi - \pi^*)^2 - 8(u - u^*)^2$，$u$ 是實際失業率，$u^* = 4\%$ 是自然失業率，π 是實際通膨率，$\pi^* = 5\%$ 是目標通膨率。何者錯誤？　(a) 央行厭惡通膨程度低於失業率　(b) 在痛苦指數持平下，央行若以通膨上漲 1% 換取失業率下降 1%，將會提升社會效用　(c) 該國處於自然產出狀態，而實際通膨率是，社會福利將是 –0.06%　(d) 在維持社會效用不變下，央行必須維持失

業率漲幅等於通膨率跌幅

31. 小型開放體系出現景氣循環變化，何種前因後果有待商榷？　(a) 民間支出劇烈波動引發景氣循環，通膨率將與循環性失業率同向變動　(b) 金融海嘯重創本國出口，經濟活動將沿著短期 Phillips 曲線往右下方移動　(c) 國際農產品盛產重挫進口價格，通膨率將與產出率呈現逆向變動　(d) 通訊網路進步提升生產力，將引起 LAS 曲線右移，長期 Phillips 曲線則是左移

32. 某國國發會發布景氣燈號由綠燈轉換為黃紅燈，民間支出意願劇增，實際產出已經偏離自然產出。何種現象可能錯誤？　(a) IS-LM-SAS 三條曲線同步右移，帶動短期 Phillips 曲線右移　(b) 循環性失業率轉為負值，通膨率出現上漲　(c) 實際通膨率超越目標通膨率，央行將依據 Taylor 法則調高名目利率超過通膨率　(d) 民間支出劇增引發通膨率上升，人們調高預期通膨率將促使短期 Phillips 曲線右移

33. 在某段期間內，某國爆發惡性通膨的性質與解決方法，何者錯誤？　(a) 惡性通膨係反映實際通膨率大幅超越貨幣成長率的現象　(b) 惡性通膨源自貨幣成長率激增，引發通膨預期攀升而帶動生產成本遞增，釀成通膨螺旋式飆漲　(c) 惡性通膨通常涵蓋通膨率、貨幣流通速度與貨幣成長率三者同時飆漲趨勢　(d) 解決惡性通膨的唯一方法，即是央行急速冷凍貨幣成長率，製造超級大蕭條，徹底阻斷通膨預期攀升

34. 依據 Okun 法則，某國勞動市場處於自然失業率狀態，何種狀況未必會出現？　(a) 循環性失業率為零　(b) 貨幣工資上漲率為零　(c) Phillips 曲線將是落在自然失業率上的垂直線　(d) 產出缺口將為零

35. 某國主計總處估計短期 Phillips 曲線函數為 $\pi = 3\% - 0.5(u - u^*)$，π 是通膨率，實際與自然失業率為 u 與 u^*。此外，該國的 Okun 法則為 $(y - y^*) = -2(u - u^*)$，$y = lnY$ 與 $y^* = lnY^*$ 是實際與自然產出。基於上述訊息，何者錯誤？　(a) 人們採取理性預期形成，央行實施反通膨政策的犧牲比例為 0　(b) 央行若要穩定通膨率為 1%，循環性失業率將是 4%　(c) 該國產出缺口為 1%，循環性失業率將是 2%　(d) 該國的 Lucas 方程式為 $y = y^* + 4(\pi - 3\%)$

36. 由 Friedman 的愚弄模型搭配自然失業率臆說引申的意涵，何者正確？　(a) 勞工採取靜態預期，將是正斜率 SAS 曲線與負斜率短期 Phillips 曲線出現的基礎　(b) 央行加速提升貨幣成長率，製造預期誤差 $(\pi_t - \pi_t^e) > 0$，將可維持負的循環性失業率 $(u_t - u^*) < 0$　(c) 本期實際通膨率上漲，帶動下期靜態預期通膨率上漲，將引起 SAS 曲線右移，而短期 Phillips 曲線左移　(d) 不論短期或長期，央行執行寬鬆政策將具有中立性，僅會影響名目產出率，對實際失業率毫無影響

37. 有關 Lucas 供給方程式隱含的性質，何者錯誤？　(a) 該方程式顯示體系內產出率 $ln\left(\dfrac{Y}{Y^*}\right)$ 與 $ln\left(\dfrac{P}{P^e}\right)$ 之間呈正向關係　(b) 央行提高貨幣成長率，造成實際與預期通膨率

兩者間發生分歧，將促使 Lucas 供給曲線左移　　(c) 在短期，人們採取適應性預期形成，DAD 曲線右移將引起通膨率與產出率增加，而 DAS 曲線維持不動　　(d) 如果人們採取理性預期形成，LAS 曲線將是環繞在自然產出附近波動的垂直線

38. 某國央行經研處運用 2010～2018 年的失業率與通膨率資料估計 Phillips 曲線函數為 $\pi_t = \pi_t^e - 4(u_t - 3\%) + 0.2z_t$，$\pi_t$ 和 π_t^e 是實際與預期通貨膨脹率，u_t 為失業率，z_t 是供給面衝擊。該國人們採取靜態預期 $\pi_t^e = \pi_{t-1}$，而第一期預期通膨率 $\pi_1^e = 0$。假設央行追求穩定失業率在 $u = 2\%$，何者錯誤？　　(a) 第一期若無供給面衝擊 $z_1 = 0$，則 $\pi_1 = 4\%$　　(b) 該國連續兩期均無供給面衝擊，則 $\pi_2 = 4\%$　　(c) 該國若無供給面衝擊，而央行想壓低通膨率在 $u = 2\%$，必須持續提高貨幣成長率，將預期通膨誤差控制在 $\pi_t - \pi_t^e = 4\%$　　(d) 該國在第一期面臨油價上漲衝擊 $z_t = 10\%$，而央行想要控制通膨率在 $\pi_1 = 4\%$，則實際失業率是 $u_t = 3.5\%$

39. 某國央行依據 Taylor 法則訂定名目利率，何者正確？　　(a) 景氣頻頻閃爍紅燈，央行調高名目利率幅度必須超過通膨率漲幅，方能緊縮民間支出　　(b) 景氣掉落藍燈區域，央行降低名目利率幅度小於通縮率幅度，將可刺激人們擴大支出　　(c) 體系出現循環性失業，央行必須調低名目利率幅度大於通縮率漲幅，藉以刺激民間支出增加　　(d) 體系實際產出超過自然產出，央行調高名目利率幅度小於通膨率幅度，將會緊縮民間支出

40. 在其他條件不變下，某國貨幣的匯率巨幅貶值，短期內引爆輸入性通膨，何種景象發生？　　(a) 名目產出率與通膨率同時攀升　　(b)AD-SAS 兩條曲線左移，帶動體系沿著短期 Phillips 曲線向右下方移動　　(c) 短期 Phillips 曲線右移，帶動產出率下降與通膨率攀升　　(d) 央行應該採取調節性政策，維持自然產出不變

41. 某國發布景氣燈號在一年內由藍燈迅速往黃紅燈轉進，民間支出遽增產生的影響，何者錯誤？　　(a) 人們採取靜態預期，短期 Phillips 曲線將左移　　(b) SAS 曲線斜率趨於平坦，短期 Phillips 曲線斜率也將趨於平坦，是以通膨率漲幅較小，循環性失業率降幅較大　　(c) 人們採取適應預期，短期 Phillips 曲線將持續右移　　(d) 人們採取理性預期形成，將引起通膨率遞增與名目產出成長率上漲

42. 某國經濟活動係依據愚弄模型運作，何種結果錯誤？　　(a) 人們採取靜態預期形成，政府支出增加引起 AD 曲線右移，造成物價與貨幣工資上漲，但因實際實質工資下跌，將促成循環性失業率下降與所得增加　　(b) 人們採取適應預期形成，政府支出增加引起 AD 曲線右移，旋即引起 SAS 曲線與短期 Phillips 曲線持續右移，造成產出增加且物價上漲　　(c) 就長期而言，人們採取理性預期形成，央行提高貨幣成長率，對 LAS 曲線與長期 Phillips 曲線毫無影響　　(d) 央行追求負的循環性失業率，必須加速提高貨幣成長率，控制通膨預期誤差為正值

43. 某位經濟學設定新古典總體模型如下：

生產函數　　　　　　$y = F(N)$

勞動市場均衡　$N^d\left(\dfrac{W}{P}\right)=N^s\left(\dfrac{W}{P}\right)$

商品市場均衡　$y = C(r, y, m) + I(r, y) + G$

貨幣數量學說　$MV = Py$

貨幣供給　　　$M^s = M_0$

基於上述模型，隨著該模型達成均衡，何種狀況正確？　(a) 政府支出增加，將會增加名目產出，而實質產出維持不變　(b) 該模型兼具古典二分與貨幣中立性　(c) 央行增加貨幣供給，將會透過實質餘額效果，影響實質部門運行　(d) 央行增加貨幣供給，將會引起消費增加，推動實質利率上漲

答案：

1. (d)　　 2. (c)　　 3. (c)　　 4. (d)　　 5. (c)　　 6. (d)　　 7. (a)　　 8. (a)　　 9. (c)　　10. (b)

11. (d)　12. (c)　13. (c)　14. (c)　15. (a)　16. (c)　17. (a)　18. (d)　19. (a)　20. (b)

21. (d)　22. (d)　23. (d)　24. (d)　25. (d)　26. (d)　27. (b)　28. (c)　29. (c)　30. (d)

31. (a)　32. (a)　33. (a)　34. (b)　35. (c)　36. (a)　37. (c)　38. (b)　39. (a)　40. (c)

41. (a)　42. (b)　43. (c)

chapter 10
經濟成長理論

10.1 Harrod-Domar 成長模型

10.1.1 經濟成長概念

1. 政府通常採取何種指標變化來衡量經濟成長？ (a) 勞動參與率 (b) 每人實質產出 (c) 生產力 (d) 資本成長率

2. 某國通常以何種變數成長率衡量人們生活水準是否改善？ (a) 每人實質產出 (b) 總體實質產出 (c) 每人儲蓄 (d) 平均工時

3. 依據實證研究結果，香港、新加坡、南韓和台灣等地出現令人稱羨的經濟成長，主要是由何者促成？ (a) 多元因素生產力快速成長 (b) 因素投入增加 (c) 高儲蓄率 (d) 低資本折舊率

4. 在經濟發展過程中，政府關注的焦點為何？ (a) 資本累積與誘發性儲蓄 (b) 每人資本累積與自發性預擬儲蓄 (c) 資本累積與自發性成長因素 (d) 儲蓄與自發性成長因素

5. 經濟成長理論將體系出現成長的原因區分為何？ (a) 影響產出成長率的成分與影響人口成長的因素 (b) 影響產出成長率的成分與影響通膨的因素 (c) 影響可運用因素的數量與其生產力 (d) 影響消費成長率的成分與影響投資成長率的因素

6. 何種理論主張體系存在企業精神與創新活動，才是經濟成長的發動機？ (a) Malthus 成長模型 (b) Schumpeter 創新理論 (c) Solow-Swan 成長理論 (d) Harrod-Domar 成長理論

7. 古典學派主張體系邁向靜止狀態，有限土地將限制何者成長？ (a) 勞動生產力 (b) 人口而非產出 (c) 產出而非人口 (d) 人口與產出

8. 依據古典學派說法，體系達成靜止狀態，工資將如何變化？ (a) 零 (b) 呈現固定性遞減 (c) 落在維持生存水準 (d) 低於生存水準

9. 有關經濟成長理論的敘述，何者錯誤？ (a) Malthus 認為技術進步促使人口數量增加，導致工資無法提升 (b) 內生成長理論認為技術進步由內生決定，如：邊做邊學效果促使原來技術較先進國家技術進步較快 (c) 新古典成長理論或內生成長理論都強調實質部門，而忽略金融部門 (d) Solow 成長理論認為高儲蓄率加速資本累積，導致經濟成長率愈快

10. 何種因素無法動帶動一國出現經濟成長？ (a) 生產技術進步 (b) 資本增加 (c) 貨幣數量增加 (d) 高儲蓄率

11. 某國追求高經濟成長，政府應該採取何種策略？ (a) 推行兩個孩子恰恰好的家庭計畫 (b) 引進國外投資 (c) 鼓勵研發創新 (d) 鼓勵人們多儲蓄

12. 有關經濟成長與經濟發展的差別，何者正確？ (a) 經濟發展關注焦點在於所得成長 (b) 經濟發展必須留意經濟結構調整 (c) 經濟成長涉及社會與政治層面問題 (d) 經濟發展無須考慮失業問題

13. 在經濟發展過程中，體系出現迎頭趕上效果（catch-up effect）的原因為何？ (a) 邊際效用遞減 (b) 土地的報酬遞減 (c) 資本的報酬遞減 (d) 勞動的報酬遞減

14. 某國資本存量呈現累積，預期實質利率將如何變化？ (a) 下降 (b) 不變 (c) 上升 (d) 不知變化方向

15. 某開發中國家的實質經濟成長率是每年 6%，政府追求每人產出能夠倍增，估計需要期間約為幾年？ (a) 15 (b) 12 (c) 8 (d) 20

答案：

1. (b) 2. (a) 3. (a) 4. (b) 5. (c) 6. (b) 7. (d) 8. (c) 9. (d) 10. (c)
11. (c) 12. (b) 13. (c) 14. (a) 15. (b)

10.1.2 Harrod-Domar 成長理論

1. 依據 Harrod-Domar 模型，政府追求加速經濟成長，採取何種策略才能奏效？ (a) 降低進口傾向，擴大投資乘數 (b) 降低儲蓄傾向，擴大投資乘數 (c) 提高投資傾向，降低資本係數 (d) 提高儲蓄傾向，降低資本係數

2. 在 Harrod-Domar 模型中，某國儲蓄率取決於何種因素？ (a) $\frac{\Delta Y}{Y}$ (b) $\frac{\Delta K}{Y}$ (c) $\frac{\Delta Y}{\Delta K}$ (d) $\frac{\Delta Y}{\Delta N}$

3. 依據 Keynesian 學派成長理論，某國經濟成長率不受何種因素影響？　(a) 資本係數　(b) 儲蓄傾向　(c) 勞動成長率　(d) 市場利率

4. 在固定期間內，某國產能滿載，$\Delta I = s\sigma I$ 顯示的必要投資增量將與何者無關？　(a) 前期投資愈小，投資增量愈小　(b) 某國愈節儉，投資增量愈大　(c) 資本生產力愈高，投資增量愈大　(d) 某國所得愈低，投資增量愈大

5. 下列敘述，何者錯誤？　(a) Schumpeter 認為持續創新才能促進經濟成長　(b) Harrod-Domar 理論強調儲蓄對成長的重要性　(c) Solow 成長理論假設勞動與資本彼此無替代性　(d) Romer-Lucas 內生成長理論強調人力資本對經濟成長的重要性

6. 有關 Harrod-Domar 模型的敘述，何者錯誤？　(a) 體系均衡缺乏穩定性　(b) 保證成長率是指保證資本運用滿載的成長率　(c) 自然成長率是指確保勞動市場自然就業的人口成長率　(d) 人口成長率高於保證成長率，資本閒置愈趨嚴重

7. 在 Harrod-Domar 模型中，保證成長率是指何者而言？　(a) 保證勞動市場自然就業的成長率　(b) 保證成長率等於勞動成長率　(c) 保證資本運用滿載的成長率　(d) 保證成長率等於資本產出率相對儲蓄率的比例

8. 依據 Harrod-Domar 模型，某國經濟成長率為何？　(a) 儲蓄率相對資本產出的比例　(b) 儲蓄率與勞動成長率的乘積　(c) 勞動成長率相對資本產出的比例　(d) 人口成長率相對勞動成長率的比例

（9.）～（11.）某國屬於物物交換體系，使用的生產函數為 $Y = min(N,K)$，Y、N 與 K 分別是產出、勞動與資本使用量。假設該國的資本折舊率為 0、人口成長率為 $n = 3\%$，而儲蓄率為 $s = 6\%$，試依據這些資料回答下列問題：

9. 該國達成靜止均衡，保證成長率為何？　(a) 3%　(b) 6%　(c) 9%　(d) 18%

10. 在靜止均衡狀態，該國經濟成長率可能為何？　(a) 3%　(b) 6%　(c) 9%　(d) 18%

11. 該國可能發生何種現象？　(a) 產能出現閒置　(b) 資本過度使用　(c) 勞動市場存在失業　(d) 資料不足無法確定

12. 有關經濟成長理論的敘述，何者錯誤？　(a) 內生成長理論的廣義資本邊際生產力是非遞減　(b) 內生成長理論認為人力資本將產生外部效果，從而有利於全體廠商的產出　(c) Harrod-Domar 模型的長期均衡，必須是勞動成長率等於資本成長率　(d) 在 Harrod-Domar 模型中，資本密集度將可隨時調整

13. 在 Harrod-Domar 模型中，體系期初處於均衡狀態，一旦人口成長率遽降，何種情況將會產生？　(a) 產生失業　(b) 造成資本閒置　(c) 達到保證成長率　(d) 保證成長率等於自然成長率

14. 有關 Harrod-Domar 模型的敘述，何者錯誤？　(a) 體系使用固定的每人資本生產　(b) 資本與勞動替代彈性為 0　(c) 體系成長是屬於「剃刀邊緣」成長型態　(d) 體系長期將可邁向穩定均衡

15. 有關 Harrod-Domar 模型的敘述，何者正確？ (a) 體系長期均衡缺乏穩定性 (b) 體系使用生產函數的等量曲線將是負斜率曲線 (c) 資本與勞動間替代彈性趨於無窮大 (d) 政府增加消費性支出比率，將會提高保證成長率

16. 有關 Harrod-Domar 成長模型的敘述，何者正確？ (a) 體系使用生產函數的資本密集度將隨因素價格變動隨時可變 (b) 由資本與勞動構成的等量曲線斜率將為負值 (c) 該模型係屬於內生成長模型 (d) 政府擴大公共建設支出比例，將會提升保證成長率

17. 在 Harrod-Domar 成長模型中，保證成長率將與何者有關？ (a) 消費傾向 (b) 期初所得水準 (c) 人口成長率 (d) 貨幣成長率

18. 在時間歷程中，某國儲蓄與投資函數若未變化，則何者將無成長？ (a) 資本存量 (b) 實際產出 (c) 總需求 (d) 潛在產出

19. 在時間歷程中，某國淨投資持續維持正值，而儲蓄率 s 與資本係數不變，依據 Harrod-Domar 模型說法，何者正確？ (a) 預擬所得變動為固定正值 (b) 實際所得變動為正值且遞減 (c) $\Delta Y_p - \Delta Y_r > 0$ (d) $\Delta Y_p = \Delta Y_r$

答案：

1. (d)	2. (a)	3. (d)	4. (d)	5. (c)	6. (d)	7. (c)	8. (a)	9. (b)	10. (a)
11. (a)	12. (d)	13. (b)	14. (d)	15. (a)	16. (d)	17. (b)	18. (d)	19. (d)	

10.2 新古典成長理論

10.2.1 成長會計方程式與 Solow 剩餘

1. 若將成長會計方程式分解，經濟成長率將與何種因素直接關聯？ (a) 技術成長率 (b) 資本邊際產量 (c) 資本密集度 (d) 勞動邊際產量

2. 依據成長會計方程式，某國產出成長與何者無關？ (a) 技術進步 (b) 資本累積 (c) 遏制環境汙染 (d) 勞動力參與率上升

3. 某國的成長會計方程式可表示如下：

$$\frac{\Delta A}{A} = \frac{\Delta Y}{Y} - b\frac{\Delta K}{K} - (1-b)\frac{\Delta N}{N}$$
$$(1.6\%) = (3.2\%) - 0.3(3\%) - 0.7(1\%)$$

依據上式，何種結論正確？ (a) 產出成長率的半數應歸功於技術進步 (b) 產出成長率顯示，資本成長重要性超過勞動成長兩倍 (c) 產出成長率涵蓋技術進步、資本成長與勞動成長三者，而勞動成長將是最不重要 (d) 方程式中的 $b = 0.3$ 若由 $b = 0.7$ 取代，前述三個答案仍然相同

4. 某國使用 $Y = AN^{\alpha}K^{1-\alpha}$ 函數生產，則 Solow 剩餘成長率可用何者表示？ (a) $g_y - (\alpha g_n + (1-\alpha)g_k)$ (b) g_y (c) $0(1-\alpha)g_k - g_a$ (d) αg_n

5. 有關 Solow 剩餘的敘述,何者正確? (a) 無法直接觀察而得 (b) 歸功於勞動力成長 (c) 歸功於資本存量成長 (d) 歸功於勞動力與資本存量同時成長

6. 某國使用 $Y=AN^\alpha K^{1-\alpha}$ 函數生產,則該國成長會計方程式的內容,何者正確?

   (a) $\dfrac{\Delta Y}{Y}=\dfrac{\Delta A}{A}+\alpha\dfrac{\Delta K}{K}+(1-\alpha)\dfrac{\Delta N}{N}$ (b) $\dfrac{\Delta Y}{Y}=\dfrac{\Delta A}{A}+\dfrac{\Delta N}{N}+\dfrac{\Delta K}{K}$ (c) $\dfrac{Y}{\Delta Y}=\dfrac{A}{\Delta A}+\alpha\dfrac{K}{\Delta K}+(1-\alpha)\dfrac{N}{\Delta N}$

   (d) $\dfrac{\Delta Y}{Y}=\alpha\dfrac{\Delta K}{K}+(1-\alpha)\dfrac{\Delta N}{N}$

7. 在 2010 年代,某國國發會估計生產函數的資本與勞動的產出彈性均為 0.5,勞動成長率為 6%,資本成長率為 4%,該估計結果持續沿用至今。該國發布 2019 年的經濟成長率為 9%,則無法用因素成長解釋的成長率為何? (a) 5% (b) 4% (c) 3% (d) 2%

8. 某國使用總體生產函數為 $Y=AK^bN^{1-b}$,$b=0.25$。該國主計總處估計某年的資本成長率 $\dot{K}=4\%$、人口成長率 $\dot{N}=2\%$、經濟成長率 $\dot{Y}=5\%$,該年的勞動生產力成長率為何? (a) 3.0% (b) 8% (c) 2% (d) 2.5%

9. 某國使用的總體生產函數為 $Y=AK^bN^{1-b}$,$b=0.2$、資本成長率 $\dot{K}=3\%$、人口成長率 $\dot{N}=1\%$,當經濟成長率為 $\dot{Y}=4\%$,多元因素生產力成長率為何? (a) 1.0% (b) 0.4% (c) 2.4% (d) 2.6%

10. 某國在 2020 年使用的生產函數為 $Y=AK^bN^{1-b}$。國發會公布的多元因素生產力成長率是 1.775%、$b=0.15$、人口成長率 $\dot{N}=1\%$,當經濟成長率為 $\dot{Y}=4\%$,資本成長率 $\dot{K}$ 為何? (a) 3.225% (b) .45% (c) 6.367% (d) 9.167%

13. 某國在 2019~2020 年間的每人實質產出成長率為 3%,勞動人口占總人口比例的成長率為 −0.05%,則平均勞動生產力成長率約為何? (a) 2.95% (b) 3.05% (c) 0.95% (d) −0.95%

12. 某國國發會估計 2020 年使用的生產函數為 $Y=AK^bN^{1-b}$,則經濟成長率為何? (a) $\dot{Y}=A-b\dot{K}-(1-b)\dot{N}$ (b) $\dot{Y}=\dot{A}+b\dot{K}+(1-b)\dot{N}$ (c) $\dot{Y}=\dot{A}+b\dot{K}+(1-b)\dot{N}$ (d) $\dot{Y}=\dot{A}+b\dot{K}-(1-b)\dot{N}$

13. 某國在 2020 年使用的生產函數為 $Y=AK^bN^{1-b}$,則多元因素成長率為何? (a) $\dot{Y}=\dot{A}+b\dot{K}-(1-b)\dot{N}$ (b) $\dot{Y}=\dot{A}+b\dot{K}+(1-b)\dot{N}$ (c) $\dot{A}=\dot{Y}-b\dot{K}-(1-b)\dot{N}$ (d) $\dot{A}=(\dot{Y}-N)+b(\dot{K}-\dot{N})$

14. 某國主計總處估計 2010 年代使用的生產函數為 $Y=AK^{0.25}N^{0.75}$,A 為技術水準、K 為資本存量、N 為就業人口。在 2012 年,該國的 Y、K 與 N 的成長率分別為 10%、8% 與 4%,則當年 A 的成長率為何? (a) 4% (b) 5% (c) 6% (d) 7%

15. 某國使用 Cobb-Douglas 生產函數,勞動的產出彈性為 0.5。該國在 2019 年的技術進步率為 2%,資本成長率為 1%,勞動成長率為 1%,則當年產出成長率為何? (a) 4% (b) 3% (c) 2% (d) 無法計算

16. 某國的勞動份額為 0.6，總因素生產力、資本與勞動成長率分別為 3%、4% 及 5%，則總產出成長率為何？ (a) 12% (b) 7.6% (c) 7.4% (d) 4.4%

17. 有關 Solow 剩餘的敘述，何者正確？ (a) 產出成長無法歸功於勞動成長的部分 (b) 產出成長無法歸功於資本成長的部分 (c) 產出成長無法歸功於勞動與資本兩者成長的部分 (d) 產出成長

18. Solow 剩餘係指部分產出成長率歸功於何者？ (a) 勞動成長率 (b) 出成長率 (c) 資本成長率 (d) 技術成長率

答案：

1. (a)　 2. (c)　 3. (a)　 4. (a)　 5. (a)　 6. (a)　 7. (b)　 8. (c)　 9. (d)　 10. (d)

11. (b)　 12. (b)　 13. (c)　 14. (b)　 15. (b)　 16. (b)　 17. (c)　 18. (d)

10.2.2 Solow-Swan 成長模型

一、新古典成長理論的特質

1. 在新古典成長理論中，體系達成長期穩定狀態所需條件為何？ (a) 邊際報酬遞減 (b) 邊際報酬遞增 (c) 規模報酬遞減 (d) 規模報酬遞增

2. 依據資本邊際報酬遞減性質，在其他條件不變下，某國加速累積資本過程中，每人產出成長率將如何變化？ (a) 增加 (b) 減少 (c) 不變 (d) 先升後降

3. 某國的產出資本 $\left(\dfrac{Y}{K}\right)$ 比率取決於四個因素，何者容易受政府執行成長政策影響？ (a) 生產函數特質 (b) 折舊率 (c) 勞動成長率 (d) 每人資本成長率

4. 某國每人資本是決定每人產出的因素，何者在長期無法決定每人資本？ (a) 平均儲蓄率 (b) 產出資本比率 (c) 投資的邊際稅率 (d) 折舊率

5. Solow 成型指出何者是決定每人實質產出成長率的因素？ (a) 通膨率 (b) 政府債務成長率 d (c) 政府支出成長率 g (d) 折舊率 δ

6. 在穩定狀態下，資本成長率主要取決於何種因素？ (a) 儲蓄成長率 (b) 儲蓄扣除替換資本支出 (c) 每人福利 (d) 替換資本成長率

7. Solow 理論認為決定某國每人資本（資本勞動比率）的關鍵因素為何？ (a) 每人產出 (b) 勞動成長率 (c) 利率 (d) 通膨率

8. 資本邊際產量遞減將造成何種經濟現象？ (a) 高所得國家低經濟成長率 (b) 高所得國家高經濟成長率 (c) 低所得國家低經濟成長率 (d) 跨國貿易更趨頻繁

9. 依據 Solow 模型，人們生活水準持續提升只能以何者解釋？ (a) 人口成長 (b) 資本累積 (c) 儲蓄率 (d) 技術進步

10. 何者是 Solow 模型考慮的因素？ (a) 國際部門行為 (b) 政府角色 (c) 勞動參與率變

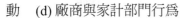

動　(d) 廠商與家計部門行爲

11. Solow 模型指出何者不是決定每人實質產出成長率的因素？　(a) 儲蓄率 s　(b) 折舊率 δ
(c) 勞動力成長率 n　(d) 貨幣供給成長率 m

12. Solow 模型假設何種因素具有可變性？　(a) $\dfrac{Y}{K}$ 比率　(b) 勞動生產力　(c) $\dfrac{Y}{N}$ 比率
(d) 資本生產力

13. 有關 Solow 理論內涵，何者正確？　(a) 重視需求面探討　(b) 又稱剃刀邊緣成長模型
(c) 資本與勞動有高替代性　(d) 強調儲蓄對經濟成長的貢獻

答案：
1. (a)　　2. (d)　　3. (d)　　4. (c)　　5. (d)　　6. (a)　　7. (b)　　8. (a)　　9. (d)　　10. (d)
11. (d)　　12. (c)　　13. (c)

二、依據 Solow 模型，回答攸關穩定狀態的達成與變動

1. 在何種狀況下，體系將出現穩定狀態成長？　(a) 產出成長率等於資本成長率　(b) 產出
成長率等於人口成長率　(c) 產出成長率乘上人口成長率等於資本成長率　(d) 人口成長
率等於資本成長率

2. 某國每人儲蓄 $S\left(\dfrac{Y}{N}\right)$ 超過穩定狀態所需的投資 $(n+\delta)\left(\dfrac{K}{N}\right)$，將發生何種狀況？　(a) 每人
產出下降　(b) 每人資本增加　(c) 每人資本下降　(d) 體系處於穩定狀態成長

3. 兩國經濟結構相同，生產函數同爲 $Y=AK^bN^{1-b}$，人口成長率是 1%，資本折舊率相同。
甲國儲蓄率爲乙國 2 倍，則兩國達成穩定狀態時，何者正確？　(a) 甲國資本爲乙國資
本的 4 倍　(b) 甲國資本爲乙國資本的 2 倍　(c) 乙國資本爲甲國的 2 倍　(d) 兩國資本
相同

4. 某國每人產出函數爲 $y=k^{\frac{1}{2}}$，k 爲每人資本。該國儲蓄率爲 0.2，折舊率爲 0.05，人口成
長率與技術成長率同爲零，則穩定狀態的每人資本爲：　(a) 2　(b) 4　(c) 8　(d) 16

5. 在其他條件不變下，若某國人口成長率 n 與技術成長率 g 已知，穩定狀態的總產出成長
率爲何？　(a) 0　(b) n　(c) g　(d) $n+g$

6. 某國每人產出函數爲 $y=3k^{\frac{2}{3}}$，k 是每人資本，儲蓄率爲 0.3，折舊率爲 0.1，在人口未成
長下，穩定狀態的每人資本爲何？　(a) 9　(b) 27　(c) 81　(d) 729

7. 在其他條件不變下，若無技術進步與人口成長，某國儲蓄率降低將如何影響穩定態狀態
的變數？　(a) 每人消費不變　(b) 每人資本不變　(c) 每人產出不變　(d) 每人資本成長
率不變

8. 某國達成穩定狀態的條件爲何？　(a) $sy^* - \delta k^* = nk^*$　(b) $sy^* - \delta k^* < nk^*$　(c) $sy^* - \delta k^* >$
nk^*　(d) $sy^* - \delta k^* = nk^* = 0$

9. 某國邁向穩定狀態最適 k^* 的時間為何？　(a) 立即　(b) 經過一段期間　(c) 隨機性 (d) 循環性

10. 在何種狀況下，體系將達到最適資本勞動比率 k^*？　(a) $s\delta + n = s\left(\dfrac{k}{y}\right)$　(b) $\delta + n = s\left(\dfrac{y}{k}\right)$ (c) $n\delta + s = \delta\left(\dfrac{y}{k}\right)$　(d) $s\delta + n = n\left(\dfrac{y}{k}\right)$

11. 在何種狀況下，體系將處於穩定狀態？　(a) 落在自然就業　(b) 達到最適資本勞動比率 k^*　(c) 處於零通膨狀態　(d) 處於產出零成長狀態

12. 邁向穩定狀態的過渡期間，某國儲蓄率上升，將會引發何種現象？　(a) 每人產出增加 (b) 勞動參與率上升　(c) 資本成長率遞減　(d) 儲蓄率遞減

13. 某國生產函數為 $Y = \alpha(AN)\beta K$，而勞動效率（efficiency of labor）A 的成長率為 g，人口 成長率為 n，折舊率為 δ，儲蓄率為 s，則穩定狀態的總產出成長率為何？　(a) 0　(b) n (c) $n + g$　(d) $sf(k) - (n + \delta + g)$

14. 何者不在 Solow 成長模型的考慮範圍內？　(a) 技術進步　(b) 勞動　(c) 實體資本 (d) 人力資本

15. 某國歷經軍事衝突導致資本存量巨減。在該項事件的其他效果不存在下，隨著該國經濟 活動調整，將傾向於發生何種現象？　(a) 在一段時間內出現相對低成長率　(b) 在一段 時間內出現相對高成長率　(c) 在一段時間內陷入零成長，然後成長率逐漸遞增　(d) 負 成長，然後是零成長

16. 某國穩定狀態的最適每人資本將取決於何者？　(a) 貨幣成長率　(b) 儲蓄率　(c) 政府 支出　(d) 每人消費成長率

17. 在穩定狀態下，某國每位勞工的最適資本與何者無關？　(a) 貨幣成長率　(b) 股票市場 的增值　(c) 折舊率　(d) 每人消費成長率

18. 在穩定狀態下，每人最適資本將與何者關係最為密切？　(a) 人口成長率　(b) 政府支出 成長率　(c) 通膨率　(d) 每人消費成長率

19. 在何種狀況下，隨著時間經過，資本勞動比率趨於下跌？　(a) 每人投資等於每人儲蓄 (b) 每人投資小於每人儲蓄　(c) 每人投資超過每人折舊　(d) 每人產出超過每人資本

20. 在穩定狀態下，每人資本成長率將如何變化？　(a) 下降　(b) 上升　(c) 波動　(d) 等於 零

21. 某國儲蓄率 $s = 20\%$、折舊率為 $\delta = 5\%$、每人產出函數為 $y = f(k) = k^{0.5}$，且人口成長率 是 $n = 5\%$。在穩定狀態下，每人產出為何？　(a) 1　(b) 2　(c) 4　(d) 9

22. 穩定狀態下的每人產出成長率為何？　(a) 零　(b) 負值　(c) 循環性　(d) 正值

23. 高人口成長率國家將會面臨何種結果？　(a) 每人資本愈高　(b) 每人產出愈低　(c) 每 人消費愈高　(d) 每人儲蓄愈高

24. 依據 Solow 模型,在穩定狀態下,某國經濟環境將會呈現何種現象? (a) 人口不會成長 (b) 儲蓄率持續上升 (c) 技術進步停滯 (d) 每人資本不會增加

25. 在穩定狀態下,每人最適資本規模與何者無關? (a) 儲蓄率 (b) 人口成長率 (c) 折舊率 (d) 每人消費成長率

26. 某國處於穩定狀態,將會出現何種狀況? (a) 每人投資等於每人折舊 (b) 每人消費極大 (c) 每人產出極大 (d) 產出成長率極大

27. 某國處於穩定狀態運作,何者正確? (a) 穩定狀態儲蓄等於投資 (b) 穩定狀態儲蓄小於總消費 (c) 穩定狀態儲蓄等於每人折舊 (d) 穩定狀態儲蓄超過每年折舊一個固定數量

28. 若無技術進步,某國的資本與勞動年成長率均為 4%,何者正確? (a) 每人產出不會成長 (b) 產出不會成長 (c) 每人產出將以 4% 成長 (d) 產出每年將以 4% 成長

29. 某國的資本、勞動與技術進步每年各自成長 3%,何者正確? (a) 每年產出成長率將是 3% (b) 每年每人產出成長率為零 (c) 每年每人資本成長率將是 3% (d) 每年每人產出成長率將是 3%

30. 在何種狀況下,某國將會達成穩定狀態成長? (a) 隨著 k 以固定速率增加,資本平均產量 $\left(\dfrac{y}{k}\right)$ 不變 (b) 每人資本成長率為零 (c) 每人產出成長率為零 (d) 人口成長率固定為零

31. 某國達成穩定狀態成長的條件,何者錯誤? (a) $\left(\dfrac{\Delta y}{y}\right)^* = \left(\dfrac{\Delta k}{k}\right)^*$ (b) $\left(\dfrac{y}{k}\right)$ 固定 (c) $\left(\dfrac{\Delta y}{y}\right)^* = \dfrac{g}{(1-\alpha)}$ (d) $\left(\dfrac{\Delta y}{y}\right)^* = (\delta + n)$

32. 某國達成穩定狀態成長的條件,何者正確? (a) $\left(\dfrac{\Delta y}{y}\right)^* = \left(\dfrac{\Delta k}{k}\right)^*$ (b) $k^* = 0$ (c) $y^* = n$ (d) $\left(\dfrac{\Delta y}{y}\right)^* = (s\delta + n)$

33. 有關某國達成穩定狀態成長的敘述,何者正確? (a) 將會出現絕對收斂 (b) $\left(\dfrac{y}{k}\right)$ 固定 (c) k^* 呈現波動 (d) $\left(\dfrac{\Delta y}{y}\right)^* = (s\delta + n)$

34. 某國達成穩定狀態成長,何者正確? (a) 最適每人產出與每人資本以相同速率成長 (b) 穩定狀態的每人產出成長率等於技術進步率 (c) 體系處於規模報酬遞減狀態 (d) 每人消費呈現遞增

答案:

1. (b)	2. (b)	3. (b)	4. (d)	5. (d)	6. (d)	7. (d)	8. (a)	9. (b)	10. (b)
11. (b)	12. (a)	13. (c)	14. (d)	15. (d)	16. (b)	17. (a)	18. (a)	19. (b)	20. (d)

21. (b)　22. (a)　23. (b)　24. (d)　25. (d)　26. (a)　27. (c)　28. (a)　29. (d)　30. (a)

31. (d)　32. (a)　33. (b)　34. (b)

10.2.3 儲蓄率、人口成長率與技術變動的影響

（1.）～（12.）依據 Solow-Swan 模型，回答儲蓄率變動的影響

1. 某國景氣閃爍綠燈，人們的消費信心遽增。在邁向穩定狀態過程中，將會產生何種結果？　(a) 每人儲蓄增加　(b) 資本的邊際報酬率遞減　(c) 資本勞動比率上升　(d) 每人產出下降

2. 政府實施租稅優惠刺激儲蓄，引發儲蓄率增加 10%，超過期初水準。在短期內，體系將發生何種狀況？　(a) 每人產出成長加速　(b) 每人產出以固定的人口成長率成長　(c) 每人產出不變　(d) 每人產出成長率遞減

3. 政府提供誘因刺激人們提高儲蓄率超過期初水準，則在邁向長期均衡過程中，將發生何種狀況？　(a) 每人產出成長下降　(b) 每人產出出現正成長　(c) 每人消費不變　(d) 體系產出成長率下降

4. 在其他條件不變下，若無技術進步與人口成長，某國儲蓄率下降對穩定狀態變數的影響，何者正確？　(a) 每人消費不變　(b) 每人資本不變　(c) 每人產出不變　(d) 每人資本成長率爲零

5. 某國頻頻遭黑天鵝來襲，人們未雨綢繆心思濃厚引起儲蓄率由 s_1 增加爲 s_2，一旦重回穩定狀態，何者錯誤？　(a) 每人消費增加　(b) 每人資本增加　(c) 每人產出增加　(d) 每人產出成長率下降

6. 在邁向穩定狀態過程中，某國儲蓄率遞增，何種變化正確？　(a) 每人資本成長率遞增　(b) 每人資本成長率遞減　(c) 每人資本成長率爲零　(d) 每人資本成長率固定

7. 某國儲蓄率遞增，一旦達到新穩定狀態，產生何種結果係屬錯誤？　(a) 產出成長率等於人口成長率　(b) 資本成長率等於人口成長率　(c) 每人資本成長率爲零　(d) 每人產出成長率等於折舊率加人口成長率

8. 某國期初處於穩定狀態，一旦人們未雨綢繆心思遽增，則在調整過程中，將會引發何種結果？　(a) 每人資本與資本成長率較高　(b) 每人資本較高，資本成長率爲零　(c) 每人資本較高，資本成長率較低　(d) 每人資本較低，資本成長率較高

9. 就長期而言，某國政府推動「勤儉建國」運動且頗具成效，將會引發何種變化？　(a) 每人產出增加　(b) 產出成長率遞減　(c) 每人消費下降　(d) 人口成長率增加

10. 某國在 t 期出現儲蓄率遞增，對當期內產生的立即影響，何者錯誤？　(a) 每人資本 $\left(\frac{K}{N}\right)$ 不變　(b) 每人消費 $\left(\frac{C}{N}\right)$ 遞減　(c) 每人產出 $\left(\frac{Y}{N}\right)$ 不變　(d) 人口成長率 n 遞增

11. 某國儲蓄率是 $s = 1$，何種狀況將會出現？　(a) 每人資本 $\left(\frac{K}{N}\right)$ 落在最高水準　(b) 每人

消費 $\left(\dfrac{C}{N}\right)= 0$ (c) 每人產出 $\left(\dfrac{Y}{N}\right)$ 落在最高水準 (d) 每人投資 $\left(\dfrac{I}{N}\right)$ 落在最低水準

12. 兩國的經濟結構雷同，A 國人民的未雨綢繆心態超過 B 國人民。在穩定狀態下，何者確定出現？ (a) A 國成長率高於 B 國 (b) B 國每人資本較高 (c) A 國每人消費較高 (d) B 國每人消費較高

13. 在無技術進步下，某國落在穩定狀態運作，何者正確？ (a) 每人產出成長率為零 (b) 每人產出成長率等於儲蓄率 (c) 每人產出成長率等於投資率 (d) 每人產出成長率等於折舊率

14. 在無技術進步下，某國儲蓄率遞增，短期將會導致何種結果？ (a) 每人產出成長率暫時性遞增 (b) 穩定狀態的每人產出遞減 (c) 每人產出成長率暫時性遞減 (d) 穩定狀態的每人產出成長率遞減

15. 在無技術進步下，某國儲蓄率遞增，確定將會產生何種結果？ (a) 穩定狀態的每人消費遞增 (b) 穩定狀態的每人產出遞減 (c) 只有儲蓄增加小於折舊增加，穩定狀態消費才會遞增 (d) 對穩定狀態的每人消費無影響

16. 在無技術進步下，某國在穩定狀態的每人產出將會如何變化？ (a) 隨著時間經過而遞增 (b) 維持不變 (c) 隨著規模報酬遞減而遞減 (d) 遞增或遞減取決於儲蓄率

17. 某國經濟活動因應儲蓄率遞增而調整，每人產出將如何變化？ (a) 以固定速率成長，並在達成穩定狀態時，持續以該速率成長 (b) 以固定速率成長，而在達成穩定狀態後，成長率將降為零 (c) 以較高速率恆常性增加 (d) 以較高速率遞減至原先水準

18. 兩國經濟結構雷同，A 國儲蓄率高於 B 國。在穩定狀態下，何者確定會出現？ (a) A 國每人資本小於 B 國 (b) A 國每人消費小於 B 國 (c) 兩國每人產出相同 (d) 兩國每人產出成長率相同

答案：

1. (d) 2. (a) 3. (b) 4. (d) 5. (d) 6. (a) 7. (d) 8. (a) 9. (a) 10. (d)
11. (b) 12. (c) 13. (a) 14. (a) 15. (a) 16. (b) 17. (b) 18. (d)

（1.）～（13.）依據 Solow 成長模型，回答人口成長率變動的影響。

1. 某國政府鼓勵生育並且開放外來移民，將會造成何種結果？ (a) 產出成長率上漲 (b) 每人產出增加 (c) 穩定狀態下的資本勞動比率上升 (d) 產出成長率滑落

2. 某國近年來的嬰兒出生率由過去每年 30 餘萬人驟降低於 19 萬人，未來經濟成長率將如何變化？ (a) 下降 (b) 上升 (c) 不變 (d) 上升或下降不確定

3. 在何種狀況下，某國會出現長期總產出增加，每人產出卻是下降？ (a) 人口成長率上升 (b) 儲蓄率增加 (c) 資本折舊率下降 (d) 技術進步

4. 體系達成長期均衡，資本與產出均有相同成長率，此即稱為何？ (a) 收斂臆說 (b) 內生成長 (c) 平衡成長 (d) 剃刀邊緣

5. 何種因素將引起穩定狀態的資本成長率上升？ (a) 央行採取緊縮政策 (b) 所有廠商基於租稅抵減而將直線折舊改為加速折舊率 (c) 人們未雨綢繆心思驟升 (d) 人口出生率與外來移民遽增

6. 某國政府獎勵累積資本設備，在資本邊際報酬遞減及其他條件不變下，產出成長率會隨時間如何變化？ (a) 上升 (b) 下降 (c) 不變 (d) 先升後降

7. 某國期初人口成長率 n 大幅攀升，在重回穩定狀態後，體系將如何變化？ (a) 每人產出成長緩慢 (b) 每人資本成長率為零 (c) 每人資本緩慢成長 (d) 每人資本成長將等於人口成長率

8. 某國期初的勞動 $N(0)$ 增加，在穩定狀態下，何種結果將會發生？ (a) 資本遞增 (b) 每人資本成長率為零 (c) 每人產出增加 (d) 每人儲蓄遞增

9. 某國期初落在穩定狀態下，一旦勞動 $N(0)$ 遞增，產生的短期效果為何？ (a) 每人產出呈現零成長 (b) 每人資本呈現負成長 (c) 每人資本快速累積 (d) 每人消費呈現正成長

10. 某國穩定狀態成長僅由人口成長引發，何者正確？ (a) 總消費與每人消費同時成長 (b) 總消費成長，每人消費不變 (c) 總消費與每人消費同時不變 (d) 總消費成長，每人消費遞減

11. 高人口成長率國家將面臨何種狀況？ (a) 每人產出下降 (b) 每人資本上升 (c) 每人消費遞增 (d) 每人儲蓄增加

12. 在短期內，某國期初勞動 $N(0)$ 增加，將會產生何種結果？ (a) 每人產出成長率遞增 (b) $s\left(\dfrac{y}{k}\right)$ 遞增 (c) 每人資本成長率遞減 (d) $(s\delta + n)$ 遞減

答案：

1. (a)　　2. (a)　　3. (a)　　4. (c)　　5. (c)　　6. (a)　　7. (b)　　8. (d)　　9. (b)　　10. (d)
11. (a)　　12. (c)

（1.)～(9.）依據 Solow-Swan 模型，回答技術進步產生的影響。

1. 某國出現人口成長與技術進步，均衡投資必須涵蓋何者？ (a) 資本折舊 (b) 資本折舊，以及給新勞動者使用的資本 (c) 資本折舊，以及給新的有效勞動者使用的資本 (d) 資本折舊，以及給新勞動者使用的資本、給新的有效勞動者使用的資本

2. 某國出現技術進步，將如何影響穩定狀態的每人資本 k^*？ (a) 固定 (b) 遞增 (c) 循環性 (d) 遞減

3. 在過渡到穩定狀態的過程中，某國技術發生進步，將會如何變化？ (a) 降低資本與每

人產出成長率 (b) 提高每人資本成長率，同時降低每人產出成長率 (c) 提高資本與每人產出成長率 (d) 降低每人資本成長率，同時提高每人產出成長率

4. 在穩定狀態下，某國出現技術進步產生的影響，何者錯誤？ (a) 資本遞增 (b) 每人資本遞增 (c) 每人產出增加 (d) 每人儲蓄率遞增

5. 某國廠商引進先進技術取代傳統生產方式，在達到穩定狀態後，將會出現何種變化？ (a) 每人產出加速成長 (b) 每人產出零成長 (c) 每人資本成長率遞增 (d) 每人資本以遞減速度成長

6. 在邁向穩定狀態的過渡期間，某國每人資本成長率取決於何種因素？ (a) 與期初每人資本 $k(0)$ 呈負向關係 (b) 與 $\frac{\Delta y}{y}$ 呈現正向關係 (c) 與最適每人產出呈負向關係 (d) 與最適每人消費呈正向關係

7. 某國機器設備因耗損率激增而導致折舊率 δ 上升，對新穩定狀態產生的影響為何？ (a) 每人產出零成長 (b) 每人產出加速成長 (c) 每人資本加速成長 (d) 每人消費加速成長

8. 某國發生技術進步，在過渡到穩定狀態的過程中，將會如何變化？ (a) 每人資本成長率遞增 (b) 對每人資本無影響 (c) 產出成長率等於人口成長率 (d) 資本成長率為零

9. 某國出現技術進步，在過渡到穩定狀態過程中，將會發生何種影響？ (a) 每人產出成長率下降 (b) 不影響每人產出 (c) 每人產出成長率遞增 (d) 每人產出成長率滑落到零

（10.）～（14.）某國的相關資料包括：(1) 每年折舊率 10%、(2) 每年人口成長率 2%、(3) 每年技術成長率 3%，試回答下列問題。

10. 在穩定狀態下，產出成長率為何？ (a) 2% (b) 3% (c) 5% (d) 10%

11. 在穩定狀態下，每人產出成長率為何？ (a) 2% (b) 3% (c) 5% (d) 10%

12. 在穩定狀態下，每年有效勞動年成長率為何？ (a) 2% (b) 3% (c) 5% (d) 10%

13. 為維持資本存量 K 固定，必須投資的水準為何？ (a) 0.02K (b) 0.03K (c) 0.05K (d) 0.10K

14. 為維持每位有效勞工的資本 $\left(\frac{K}{AN}\right)$ 固定，必須投資的水準為何？ (a) 0.02K (b) 0.05K (c) 0.10K (d) 0.15K

答案：

1. (d) 2. (b) 3. (c) 4. (d) 5. (b) 6. (a) 7. (a) 8. (a) 9. (c) 10. (c)
11. (b) 12. (c) 13. (d) 14. (d)

(1.)～(25.) Solow-Swan 模型可用 $s\left(\dfrac{y}{k}\right)$ 與 $(\delta+n)$ 兩條曲線表示，依據該圖形回答問題。

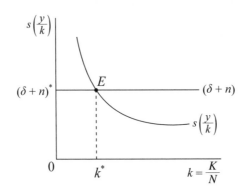

1. $s\left(\dfrac{y}{k}\right)$ 與 $(\delta+n)$ 兩條曲線間的距離是反映何種狀況的每人資本成長？　(a) 過渡期間　(b) 長期　(c) 穩定狀態　(d) 充分均衡

2. 人們未雨綢繆心思濃厚，儲蓄率上升對 $(\delta+n)$ 曲線影響為何？　(a) 該曲線上移　(b) 該曲線斜率趨於陡峭　(c) 沒有影響　(d) 該曲線斜率趨於平坦

3. 政府公布鼓勵儲蓄的優惠措施，一旦發揮效果將對 $s\left(\dfrac{y}{k}\right)$ 曲線產生何種影響？　(a) 該曲線右移　(b) 該曲線斜率趨於陡峭　(c) 該曲線左移　(d) 該曲線變成垂直線

4. 某國儲蓄率增加將會產生何種影響？　(a) $s\left(\dfrac{y}{k}\right)$ 曲線左移，$(\delta+n)$ 曲線上移　(b) $s\left(\dfrac{y}{k}\right)$ 曲線右移，$(\delta+n)$ 不受影響　(c) $s\left(\dfrac{y}{k}\right)$ 曲線左移，$(\delta+n)$ 曲線下移　(d) $s\left(\dfrac{y}{k}\right)(\delta+n)$ 曲線同時右移

5. 某國通訊網路技術進步，生產力大幅躍升將會引發何種變化？　(a) $s\left(\dfrac{y}{k}\right)$ 曲線左移　(b) $(\delta+n)$ 曲線上移　(c) $s\left(\dfrac{y}{k}\right)$ 曲線右移　(d) $(\delta+n)$ 曲線下移

6. 某國開放外籍勞工進入工作，造成勞動數量增加，將會發生何種現象？　(a) $s\left(\dfrac{y}{k}\right)$ 曲線右移　(b) $\left(\dfrac{K}{N}\right)$ 將會從最適點移開　(c) 人口成長率增加　(d) $(s\delta+n)$ 曲線上移

7. 某國政府擬定開放外國移民政策，引起勞動數量增加。隨著體系重回穩定狀態後，何種變化正確？　(a) 每人資本遞增　(b) 每人產出遞增　(c) 每人產出不變　(d) 每人消費降低

8. 某國外來移民激增促使勞動供給增加，在過渡到新穩定狀態過程中，何者正確？　(a) 每人資本與每人產出增加　(b) 每人資本與每人產出遞減　(c) 每人資本增加，每人產出遞減　(d) 每人資本遞減，每人產出增加

9. 某國人口成長率增加，再重回穩定狀態後，何者正確？　(a) $s\left(\dfrac{y}{k}\right)$ 曲線右移　(b) k^* 將會增加　(c) $s\left(\dfrac{y}{k}\right)$ 曲線右移　(d) $(\delta + n)$ 曲線上移

10. 某國勞動出現技術進步，在達成穩定狀態後，何者錯誤？　(a) 每人資本增加　(b) 每人產出或每人資本不變　(c) 每人產出成長率等於技術進步率　(d) $s\left(\dfrac{y}{k}\right)$ 曲線右移

11. 某國所有公司改採加速折舊，但卻未再加速投資，則產生影響與何者變動結果相同？
    (a) 儲蓄率上升　(b) 期初勞動數量遞增　(c) 人口成長率遞增　(d) 每人消費下降

12. 某國廠商積極從事研發活動，技術進步而產生何種結果？　(a) $s\left(\dfrac{y}{k}\right)$ 曲線右移　(b) $s\left(\dfrac{y}{k}\right)$ 曲線左移　(c) $(\delta + n)$ 曲線上移　(d) $(\delta + n)$ 曲線下移

13. 某國出現技術進步，在新穩定狀態下，將會產生何種結果？　(a) k^* 遞增　(b) k^* 不受影響　(c) k^* 遞減　(d) k^* 等於零

14. 某國人口成長率遞增，在回歸新穩定狀態後，何種結果正確？　(a) k^* 遞增　(b) $s\left(\dfrac{y}{k}\right)$ 曲線右移　(c) k^* 遞減　(d) $(\delta + n)$ 曲線下移

15. 某國所有產業針對資本設備改採加速折舊，在新穩定狀態下，將會產生何種結果？
    (a) $s\left(\dfrac{y}{k}\right)$ 曲線右移　(b) k^* 不受影響　(c) k^* 遞減　(d) $(\delta + n)$ 曲線下移

16. 兩國經濟結構雷同，A 國折舊率高於 B 國。在穩定狀態下，何者確定會出現？　(a) A 國消費大於 B 國　(b) A 國每人消費小於 B 國　(c) 兩國每人產出相同　(d) A 國每人產出成長率大於 B 國

17. 兩國經濟結構雷同，A 國採取加速折舊（未再增加投資），B 國採取直線折舊。在穩定狀態下，何者出現？　(a) 兩國每人產出成長率相同　(b) A 國經濟成長率大於 B 國　(c) B 國每人資本 $\left(\dfrac{K}{N}\right)$ 較小　(d) A 國每人產出 $\left(\dfrac{Y}{N}\right)$ 較大

18. 某國期初處於穩定狀態，隨著政府推出獎勵投資措施，所有廠商改採加速折舊，何種影響錯誤？　(a) 每人儲蓄 $\left(\dfrac{S}{N}\right)$ 遞增　(b) 每人消費 $\left(\dfrac{C}{N}\right)$ 下降　(c) 每人資本 $\left(\dfrac{K}{N}\right)$ 下降　(d) 每人產出 $\left(\dfrac{Y}{N}\right)$ 下降

19. 某國經歷人口成長與技術進步，在達成穩定狀態下，產出將如何變動？　(a) 以 g_a 速率成長　(b) 以 $(g_a - n)$ 速率成長　(c) 以 n 的速率成長　(d) 以 $(g_a + n)$ 速率成長

20. 某國經歷人口成長與技術進步，在穩定狀態下，每位有效勞工的產出 $\dfrac{Y}{NA}$ 將如何變動？　(a) 以 g_a 速率成長　(b) 成長率爲零　(c) 以 n 的速率成長　(d) 以 $(g_a + n)$ 速率成長

21. 某國經歷人口成長與技術進步，在穩定狀態下，每人產出 $\frac{Y}{N}$ 將如何變動？ (a) 以 g_a 的速率成長 (b) 以 $(\delta + g_a + n)$ 的速率成長 (c) 以 n 的速率成長 (d) 以 $(g_a - n)$ 的速率成長

22. 某國經歷人口成長與技術進步，在穩定狀態下，每人資本 $\frac{K}{N}$ 將如何變動？ (a) 以 g_a 的速率成長 (b) 成長速度與 $\left(\frac{Y}{N}\right)$ 相同 (c) 以 n 的速率成長 (d) 以 $(g_a - n)$ 的速率成長

23. 某國同時經歷人口成長與技術進步，在穩定狀態下，何者將維持固定？ (a) K (b) NA (c) $\frac{K}{N}$ (d) $\frac{Y}{NA}$

24. 某國經歷人口成長與技術進步，在達成穩定狀態下，資本將如何變動？ (a) 固定 (b) 以 g_a 的速率成長 (c) 以 n 的速率成長 (d) 以 $(g_a + n)$ 的速率成長

25. 某國經歷人口成長與技術進步，在穩定狀態下，將會出現何種結果？ (a) $\left(\frac{S}{NA}\right) = (\delta + g_a + n)\left(\frac{k}{NA}\right)$ (b) $\left(\frac{S}{NA}\right) = (g_a + n)\left(\frac{K}{NA}\right)$ (c) 以 $\left(\frac{1}{NA}\right) = \frac{\delta K}{NA}$ (d) $I = \delta K$

答案：

1. (a)   2. (c)   3. (a)   4. (b)   5. (c)   6. (b)   7. (d)   8. (b)   9. (d)   10. (b)

11. (c)   12. (a)   13. (a)   14. (c)   15. (c)   16. (b)   17. (a)   18. (a)   19. (d)   20. (b)

21. (a)   22. (b)   23. (d)   24. (d)   25. (a)

（1.）～（5.） 某國折舊率為 $\delta = 11\%$、技術進步率為 $g_a = 3\%$、人口成長率為 $g_n = 2\%$。利用下列訊息回答問題。

1. 有效勞動（AN）成長率為何？ (a) 1% (b) 4% (c) 5% (d) 15%

2. 為維持每位有效勞動的資本固定，必須進行每位有效勞動的投資為何？ (a) $\left(0.02\frac{K}{AN}\right)$ (b) $\left(0.05\frac{K}{AN}\right)$ (c) $\left(0.13\frac{K}{AN}\right)$ (d) $\left(0.16\frac{K}{AN}\right)$

3. 在穩定狀態下，該國 $\left(\frac{N}{AN}\right)$ 成長率為何？ (a) 0 (b) 2% (c) 5% (d) 16%

4. 在穩定狀態下，每人產出成長率為何？ (a) 3% (b) 2% (c) 5% (d) 16%

5. 在穩定狀態下，產出成長率為何？ (a) 3% (b) 2% (c) 5% (d) 16%

答案：

1. (d)   2. (d)   3. (a)   4. (a)   5. (c)

10.2.4 新古典成長模型的缺陷

1. 各國每人產出發生差異，何者並非新古典成長理論的說法？ (a) 各國生產函數相同 (b) 各國儲蓄率不同 (c) 各國穩定狀態投資曲線斜率不同 (d) 各國成長起始點不同

2. 有關新古典成長理論的敘述，何者正確？ (a) 儲蓄率或人口成長率的些微差異將導致每人產出巨大變化 (b) 儲蓄率或人口率成長的巨大差異將導致每人產出些微變化 (c) 儲蓄率巨大差異或人口成長率些微差異將導致每人產出巨大變化 (d) 儲蓄率些微差異或人口成長率巨大差異將導致每人產出巨大變化

3. 在二次世大戰後，日本每人產出迅速成長並與歐美先進國家並駕齊驅，此現象可用何者解釋？ (a) 絕對收斂臆說 (b) 相對收斂臆說 (c) 累積黃金律 (d) 修正的累積黃金律

4. 依據先進國家成長的實證經驗，每人產出相對較低國家，經常出現趕上 產出相對較高國家，此現象稱為？ (a) 相對收斂臆說 (b) 絕對收斂臆說 (c) 累積黃金律 (d) 修正的累積黃金律

5. 某兩國生產函數均為 $\frac{Y}{N} = \left(\frac{K}{N}\right)^b$，但每人產出卻有 10 倍差距，則兩國的每人資本差異為何？ (a) 10 (b) $10b$ (c) $10^{1/b}$ (d) b

6. 美國與古巴使用相同型態的生產函數 $\frac{Y}{N} = \left(\frac{K}{N}\right)^b$，$b = 0.5$，不過兩國每人產出呈現 10 倍差異，則兩國每人資本差異為何？ (a) 10 (b) 100 (c) 1,000 (d) 10,000

7. 有關 Solow 模型缺點的敘述，何者正確？ (a) 對所有國家而言，技術變動將可無償取得 (b) 對所有國家而言，技術變動並非無償取得 (c) 技術變動視為外生變數 (d) 技術變動視為經濟成長的唯一來源

8. Solow 成長理論指出每人產出差異與何者無關？ (a) 儲蓄率 (b) 人口成長率 (c) 折舊率 (d) 貨幣成長率

9. Solow 成長理論預測某國期初處於貧窮環境，可能會出現何種現象？ (a) 成長率低於富裕國家 (b) 成長率高於富裕國家 (c) 成長率等於富裕國家 (d) 負成長率

10. 在收斂的關鍵方程式 $\frac{\Delta k}{k} = \varphi(k(0), k^*)$ 中，$k(0)$ 是指何者而言？ (a) 期初資本 (b) 期初每人資本 (c) 最適資本 (d) 最適每人資本

11. 在 1970 年代，某開發中國家擁有資本 $K = 300$，每年資本折舊率 $\delta = 7\%$、人口成長率 $n = 2\%$。為維持每人資本固定，政府必須進行投資為何？ (a) 105 (b) 150 (c) 270 (d) 202

12. 跨國間的每人產出收斂係來自於何種因素？ (a) 儲蓄率收斂 (b) 資本累積收斂 (c) 來自落後國家的更高技術進步 (d) 人口成長率收斂

13. 某國在 2017 年的資本 $K = 6,200$，而折舊率 $\delta = 8\%$、人口成長率 $n = 2\%$、儲蓄率 $s = 14\%$。相對穩定狀態的投資而言，該國儲蓄與每人資本將呈現何種變化？ (a) 前者較

大，後者上升 (b) 前者較大，後者下降 (a) 前者較小，後者上升 (a) 前者較小，後者下降

14. 每人資本的條件性收斂的關鍵方程式爲何？ (a) $\frac{\Delta y}{y} = \varphi(y(0), y^*)$ (b) $Y = AF(N, K)$

(c) $\frac{\Delta k}{k} = \varphi(k(0), k^*)$ (d) $\frac{\Delta I}{I} = \varphi(I(0), I^*)$

15. 每人產出的條件性收斂的關鍵方程式爲何？ (a) $\frac{\Delta y}{y} = \varphi(y(0), y^*)$ (b) $Y = AF(N, K)$

(c) $\frac{\Delta k}{k} = \varphi(k(0), k^*)$ (d) $\frac{\Delta I}{I} = \varphi(I(0), I^*)$

16. 某國生產函數具有固定規模報酬，如果人口成長率爲 2%，在達成新穩定狀態時，將出現何種狀況？ (a) 總產出與每人產出同時成長 2% (b) 總產出成長 2%，而每人產出減少 (c) 總產出與每人產出均維持不變 (d) 總產出不變，而每人產出遞減 2%

17. 某國資本存量呈現成長，對經濟活動發揮的直接效果，何者正確？ (a) 產出增加，而消費減少 (b) 每人產出與消費同時遞減 (c) 產出與消費同時減少 (d) 產出與消費同時增加

18. 許多國家的每人產出極低，其共同特質爲何？ (a) 擁有豐富人力資本，卻只有一點實體資本 (b) 擁有豐富實體資本，卻只有一點人力資本 (c) 人力資本與實體資本均極爲貧乏 (d) 儘管人力資本與實體資本水準高，卻有低的生活水準

19. 在長期，成長理論的條件性收斂係指何者而言？ (a) 僅在類似特質的國家中，生活水準會收斂 (b) 僅在初始資本與勞動相同的國家中，生活水準會收斂 (c) 各國生活水準最後會趨於一致 (d) 縱使人口成長率不一，生活水準最終仍將趨於一致

20. 在 Solow 成長模型中，何者變化將造成體系內每人產出上升？ (a) 儲蓄率上升，折舊率上升 (b) 儲蓄率下降，折舊率上升 (c) 儲蓄率上升，折舊率下降 (d) 儲蓄率下降，折舊率下降

21. 在收斂的關鍵方程式 $\frac{\Delta y}{y} = \varphi(y(0), y^*)$ 中，y^* 是指何者而言？ (a) 期初產出 (b) 期初每人產出 (c) 最適產出 (d) 最適每人產出

22. 依據新古典成長模型，隨著某國人口結構老化，勞動人口迅速滑落，則經濟成長率將如何變化？ (a) 下降 (b) 上升 (c) 不變 (d) 變化莫測

23. 戰爭導致一國勞動力減少，但未直接影響資本存量，則產生立即影響爲何？ (a) 總產出和每人產出都下降 (b) 總產出下降，但每人產出上升 (c) 總產出上升，但每人產出下降 (d) 總產出和每人產出都上升

24. 在收斂的關鍵方程式 $\frac{\Delta y}{y} = \varphi(y(0), y^*)$ 中，$y(0)$ 是指何者而言？ (a) 期初的產出水準 (b) 期初的每人產出水準 (c) 最適產出水準 (d) 每人產出的最適水準

25. 在資本邊際報酬遞減下，由於窮國的資本較少，其資本邊際報酬會較高，跨國資金理應流向窮國才對。實際上，跨國資金通常是流向富國而非窮國。何種理由可能錯誤？ (a) 窮國總因素生產力偏低 (b) 窮國財產權缺乏保障 (c) 窮國人口較多 (d) 富國制度較健全

26. 甲乙兩國生產函數皆為，$Y = 10K^{\frac{1}{3}}N^{\frac{2}{3}}$ 是產出，K 及 N 是資本與勞動。兩國人口成長率均為 1%，資本折舊率相同，而甲國儲蓄率為乙國 2 倍。當兩國達成穩定狀態時，何者正確？ (a) 甲國資本為乙國資本的 8 倍 (b) 甲國資本為乙國資本的 4 倍 (c) 甲國資本為乙國資本的 2 倍 (d) 甲國資本與乙國資本相同

27. 新古典成長理論中的條件性收斂（conditional convergence）係指在何種狀況下，經濟體傾向於收斂？ (a) 始終都是 (b) 每個經濟體的條件類似 (c) 只有經濟狀況良好時 (d) 只有經濟狀況穩定時

28. 依據 Solow 成長模型，在何種狀況下，某國傾向於收斂？ (a) 富國買下窮國的所有資本 (b) 隨著汙染損害遞增，富國傾向於衰退 (c) 窮國的每人產出成長速度高於富國 (d) 富國出現緊縮到窮國規模的傾向

29. 在何種狀況下，各國經濟活動可能趨於收斂？ (a) 儲蓄率不同 (b) 技術不同 (c) 人口成長成長率不同 (d) 儲蓄率與技術狀況雷同

30. 在何種狀況下，某國將稱為已經收斂？ (a) 在穩定狀態的每人資本 (b) 儲蓄率相同 (c) 過渡期間的資本平均產量不同 (d) 過渡期間的產出成長率相同

31. 某國趨於收斂將會具有何種特質？ (a) 穩定狀態的每人資本 (b) 每人資本成長率相同 (c) 每人產出成長率相同 (d) 在過渡期間的產出成長率相同

答案：

1. (a)	2. (b)	3. (a)	4. (b)	5. (c)	6. (b)	7. (c)	8. (b)	9. (b)	10. (b)
11. (c)	12. (c)	13. (a)	14. (a)	15. (a)	16. (b)	17. (d)	18. (c)	19. (a)	20. (c)
21. (d)	22. (a)	23. (b)	24. (b)	25. (a)	26. (a)	27. (b)	28. (c)	29. (d)	30. (a)
31. (a)									

10.3 內生成長理論

1. 內生成長理論的主要任務為何？ (a) 以內含貨幣成長取代 Solow 成長模型無貨幣之缺陷 (b) 解釋體系如何達到黃金律的成長 (c) 顯示人口成長如何導致資本及產出減少 (d) 解釋何以生產力會改變

2. Schumpeter 提出「創造性破壞理論」說明經濟發展來自何種因素？ (a) 用盡稀有自然資源來創造新產品 (b) 撤除關稅障礙來發展貿易 (c) 新生產技術取代現有技術 (d) 創造新方法來破壞環境

3. 有關內生成長理論的敘述，何者正確？ (a) 人力資本累積利於技術進步 (b) 該理論是由 Lucas 與 Baumol 提出 (c) 技術進步是外生性，不受人們經濟行爲影響 (d) 先進與落後國家間的技術差距會漸縮小

4. 有關內生成長理論的主張，何者正確？ (a) 技術進步是促進經濟成長的動力 (b) 體系本身即存在推動經濟成長的動力 (c) 生產因素的邊際生產力遞減促使體系才能不斷成長 (d) 強調貨幣政策對成長的重要性

5. 知識經濟係以知識爲基礎的經濟型態，而知識經濟學則源自實證經驗的長期累積，係知識體系發展與成長的基礎，也是經濟持續成長的理論基礎。何種理論較難認定爲知識經濟的理論雛形？ (a) Schumpeter 創新成長理論 (b) Harrod-Domar 資本－產出成長理論 (c) Solow 技術進步成長理論 (d) Romer 與 Lucas 內生成長理論

6. Shumpeter 認爲推動體系內經濟成長的主要動力來源爲何？ (a) 充足資本 (b) 熟練勞工 (c) 創新能力 (d) 引進外資

7. 在內生成長理論中，體系的生產函數若爲 $Y = F(K, hN)$，則 h 將與何者無關？ (a) 識字率 (b) 教育程度 (c) 創造能力 (d) 人口成長率

8. 在內含人力資本的內生成長模型，何種政策將可提高體系經濟成長率？ (a) 定額稅 (b) 最低工資 (c) 所得重分配的租稅 (d) 國民義務教育

9. 有關技術擴散的涵義，何者正確？ (a) 某項技術可以用於多少產業 (b) 描述各國對技術的模仿與適應 (c) 某項技術價值昂貴 (d) 必須有多少科學家從事一項技術研究

10. 先進國家使用每人實體資本 $\left(\frac{K}{N}\right)$ 與人力資本 $\left(\frac{H}{N}\right)$ 生產，而每人產出函數型態爲何？

(a) $\frac{Y}{N} = \left(\frac{K}{N}\right)^b \left(\frac{H}{N}\right)^c$ (b) $\frac{Y}{N} = \left(\frac{K}{N}\right)^b + \left(\frac{H}{N}\right)^c$ (c) $\frac{Y}{N} = \left(\frac{K}{N}\right)^b - \left(\frac{H}{N}\right)^c$ (d) $\frac{Y}{N} = \left(\frac{K}{N}\right)^b / \left(\frac{H}{N}\right)^c$

11. 在長期，每人產出持續成長模型將與何者有關？ (a) 邊際報酬遞增的生產函數 (b) 平均資本產量固定的 AK 模型 (c) Solow 模型 (d) 規模報酬遞減的生產函數

12. 在平均資本產量固定的成長模型中，假設 $sA > s\delta + n$，長期成長率爲何？ (a) 固定 (b) 正值 (c) 負值 (d) 循環性

13. 建立衡量技術進步的方法係倚賴何種假設？ (a) 每一生產因素都以其邊際產量支付報酬 (b) 資本累積收斂 (c) 來自落後國家的更高技術進步 (d) 人口成長率收斂

14. 平均資本產量固定的成長模型存在何種問題？ (a) 每人產出成長在長期呈現遞減 (b) 經濟學者的普遍觀點是資本平均產量最終會隨資本遞增而逐漸滑落 (c) $\frac{Y}{K}$ 比率成長 (d) 將可收斂至穩定狀態

15. 在平均資本產量固定的成長模型，假設 $sA > s\delta + n$，則長期平均成長率爲何？ (a) δ (b) Ak (c) $sA - (s\delta + n)$ (d) $s\delta + n$

16. 內生成長模型隱含的技術進步來源爲何？ (a) 體系之外 (b) 研發 (c) 資本存量增加

(d) 勞動參與率上升

17. 為鼓勵廠商從事研發活動，基於研發而生產的商品，政府授予暫時性壟斷權可稱為？
    (a) 專利權　(b) 土地補助　(c) 反托拉斯豁免　(d) 投資抵減

18. 為鼓勵廠商從事研發活動，基於研發而生產以文字或標誌為基礎的商品，如書籍或電腦代碼，政府授予暫時性壟斷權可稱為？　(a) Cartel 或同業聯盟　(b) 版權　(c) 反托拉斯豁免　(d) 投資抵減

19. 由研發活動產生的私人報酬或許小於社會報酬，理由為何？　(a) 除發明者外，他人也可以使用來自研發活動的發明　(b) 受到版權與專利權的鼓勵　(c) 政府給予支助　(d) 政府授予發明者投資抵減

20. 有關私人研發活動的敘述，何者錯誤？　(a) 研發活動報酬將與研發成本呈負向關係　(b) 政府給予補貼與租稅抵減，將會提升來自研發成果的報酬　(c) 智慧財產權的保護將提升研發活動成本　(d) 估算研發成果價值愈高，廠商投入研發意願愈高

21. 政府若周全保護智慧財產權，將會產生何種結果？　(a) R&D 成本愈大　(b) R&D 成本愈小　(c) R&D 的私人報酬愈大　(d) R&D 的私人報酬愈小

22. 質疑對教育支出或許高估人力資本投資，何者正確？　(a) 教育支出忽略放棄的薪資　(b) 教育支出有部分實際上是消費性質　(c) 許多人力資本投資來自在職訓練　(d) 教育支出多數屬於消費性質，無助於累積人力資本

23. 如果內生成長模型正確，體系長期出現低成長率，可能是由何者導致的結果？　(a) 低儲蓄率　(b) 低折舊率　(c) 重新定義折舊　(d) 重新定義穩定狀態

24. 某國經歷人力資本遞增 5%，每人產出 $\left(\frac{Y}{N}\right)$ 將如何變化？　(a) 增加超過 5%　(b) 正好增加 5%　(c) 增加少於 5%　(d) 不受影響

25. 某國同時經歷勞動 N、實體資本 K 與人力資本 H 增加 4%，將會導致何種結果？
    (a) 產出增加超過 4%　(b) 產出正好增加 4%　(c) 產出增加少於 4%　(d) 產出增加少於 12%，但超過 4%

26. 引起某國每人產出增加的因素，何者錯誤？　(a) 教育支出遞增　(b) 儲蓄率遞增　(c) 在職訓練遞增　(d) 人們將前往進修視為休閒的一種

27. 兩國經濟結構雷同，A 國的人力資本高於 B 國。在穩定狀態下，何者確定會出現？
    (a) A 國的每人消費大於 B 國　(b) A 國每人消費小於 B 國　(c) 兩國每人產出相同
    (d) A 國每人產出成長率大於 B 國

28. 兩國經濟結構雷同，A 國的人力資本高於 B 國。在穩定狀態下，何者出現？　(a) A 國產出高於 B 國　(b) A 國的每人產出成長率較大　(c) 兩國每人產出相同　(d) B 國每人資本 $\left(\frac{K}{N}\right)$ 較高

答案：

1. (d)	2. (c)	3. (a)	4. (b)	5. (b)	6. (c)	7. (d)	8. (d)	9. (b)	10. (a)
11. (b)	12. (b)	13. (a)	14. (b)	15. (c)	16. (b)	17. (a)	18. (b)	19. (a)	20. (c)
21. (c)	22. (b)	23. (a)	24. (c)	25. (d)	26. (d)	27. (a)	28. (a)		

10.4 最適成長理論

1. 某國在 2019 年的貨幣工資為 W、勞動數量為 N、物價為 P、Y 是實質所得，則勞動所得占國民所得比率為何？ (a) $\dfrac{WN-PY}{NY}$ (b) $\dfrac{WN}{NY}$ (c) $\dfrac{WN}{PY}$ (d) $\dfrac{PY-WN}{PY}$

2. 在經濟成長過程中，政府追求穩定勞動所得占國民所得比率，何者必須存在？ (a) 實質工資成長必須超過勞動生產力成長率 (b) 實質工資成長率與勞動生產力成長率必須相等 (c) 勞動生產力成長率必須大於實質工資成長率 (d) 實質工資與勞動生產力的聯合成長率必須等於國民所得成長率

3. 某國使用的生產函數為 $Y=AK^bN^{1-b}$，勞動所得占國民所得比例將與何者無關？

   (a) $\dfrac{PY-WN}{PY}$ (b) $\dfrac{\left(\dfrac{W}{P}\right)}{\left(\dfrac{Y}{N}\right)}$ (c) $\dfrac{WN}{PY}$ (d) $1-b$

4. 在何種狀況下，某國生活水準上升速度低於勞動生產力成長？ (a) 勞動成長率等於人口成長率 (b) 勞動成長率小於人口成長率 (c) 勞動成長率大於人口成長率 (d) 生活水準不受勞動成長率與人口成長率的影響

5. 體系使用生產函數為 $Y=AK^bN^{1-b}$，$(1-b)=\dfrac{WN}{PY}$，W 為貨幣工資、N 是勞動數量、PY 是名目所得。在何種狀況下，勞動所得將出現成長？ (a) $(\dot{W}-\dot{P})>(\dot{Y}-\dot{N})$ (b) $(\dot{W}-\dot{P})<(\dot{Y}-\dot{N})$ (c) $(\dot{W}-\dot{N})>(\dot{Y}-\dot{P})$ (d) $(\dot{W}-\dot{N})>(\dot{Y}-\dot{P})$

6. 在何種狀況下，國民所得中的勞動所得將會上漲？ (a) 勞動生產力增加較實質工資慢 (b) 勞動生產力增加較實質工資快 (c) 勞動生產力與實質工資增加的速度相同 (d) 國民所得中的勞動份額不受實質工資與勞動生產力的相對成長率影響

7. 在決定每人資本成長的因素中，何者會受政策影響？ (a) 折舊率 (b) 儲蓄率 (c) 人口成長率 (d) 技術變動率

8. 某國使用的生產函數為，A 是生產技術、K 是資本，N 為勞動。如果市場全屬完全競爭，勞動所得占總產出比率為何？ (a) 10% (b) 30% (c) 50% (d) 70%

9. 黃金律的資本累積是指何者達到最大的穩定狀態？ (a) 每人產出 (b) 每人資本 (c) 每人消費 (d) 每人儲蓄

10. 落後國家的每人產出甚低且成長停滯，根本無法趕上先進國家生活水準，此現象可用何者解釋？ (a) 絕對收斂臆說 (b) 相對收斂臆說 (c) 累積黃金律 (d) 修正的累積黃金

律

11. 有關累積黃金律的描述，何者錯誤？　(a) 政府追求最適儲蓄率的成長途徑　(b) 每人消費極大的成長途徑就是最佳成長途徑　(c) 政府擬定經濟成長目標在於追求社會福利極大　(d) 政府選擇最適儲蓄率，將是廠商利潤率等於人口成長率加上技術進步率

12. Solow 模型指出政府關注追求穩定狀態消費極大化的每人資本，何者正確？　(a) 應由折舊率、人口成長率及技術成長率共同決定　(b) 應找出黃金律最適儲蓄率　(c) 應由最適折舊率決定　(d) 應先找出穩定狀態的產出

13. 依據 Solow 成長理論，某國目前資本小於黃金律資本，則儲蓄率應如何調整才能到達黃金律資本？　(a) 儲蓄率提高　(b) 儲蓄率降低　(c) 儲蓄率不變　(d) 儲蓄率無法影響資本存量

14. 某國使用 Cobb-Douglas 生產函數，資本份額為 0.3、產出成長率為 3%、資本折舊率為 4%、黃金律的穩定狀態資本產出比率為 4.29。為能達成黃金律穩定狀態，儲蓄率必須為何？　(a) 17.5%　(b) 25%　(c) 30%　(d) 42.9%

15. 某國勞動生產力和 GDP 平減指數成長率 2%，勞動占所得份額不變，則名目工資成長率應該為何？　(a) 4%　(b) 2%　(c) 0　(d) −4%

16. 某國政府追求提高儲蓄率，促使資本達到黃金律水準，則每人消費在達到新長期均衡前的動態調整過程為何？　(a) 先下降後上升　(b) 先上升後下降　(c) 一路上升　(d) 一路下降

17. 依據 Solow 成長模型，體系若要達到黃金律資本，政府必須決定的儲蓄率將為何？　(a) 資本邊際產量達到最大　(b) 折舊率達到最小　(c) 每人消費達到最大　(d) 每人產出達到最大

18. 某國出現 $\frac{K_{t+1}}{N} = \frac{K_t}{N}$ 的情勢，何種狀況將會出現？　(a) t 期每人儲蓄等於每人折舊　(b) t 期每人儲蓄小於每人折舊　(c) t 期每人儲蓄大於每人折舊　(d) 穩定狀態消費等於穩定狀態的黃金律消費

19. 在穩定狀態每人資本上，每人消費 $\left(\frac{C}{N}\right)^*$ 若小於黃金律每人消費，何者將可確定？　(a) 儲蓄率遞增將導致穩定狀態每人消費 $\left(\frac{C}{N}\right)^*$ 遞增　(b) 每人資本下降將導致 $\left(\frac{C}{N}\right)^*$ 下降　(c) 隨著時間經過，每人資本傾向於遞增　(d) 儲蓄率下降對 $\left(\frac{C}{N}\right)^*$ 的影響效果不明確

20. 有關黃金律資本的敘述，何者正確？　(a) 每人產出極大化的資本　(b) 生活水準極大化的資本　(c) 穩定狀態下，每人消費極大化的資本　(d) 穩定狀態下，每人消費極大化的每人資本

21. 某國期初儲蓄率小於黃金律儲蓄率，當儲蓄率下降，何種狀況不會出現？　(a) 每人資

本下降　(b) 每人產出下降　(c) 每人消費下降　(d) 每人投資增加

22. 某國期初儲蓄率大於黃金律儲蓄率，當儲蓄率下降，何種狀況不會出現？　(a) 穩定狀態成長率下降　(b) 每人產出下降　(c) 每人消費下降　(d) 人口成長率遞減

23. 某國出現 $\dfrac{K_{t+1}}{N} = \dfrac{K_t}{N}$ 的情勢，何種狀況將會出現？　(a) t 期每人儲蓄大於每人折舊 (b) 在 t 期，體系落在黃金律均衡上運作　(c) t 期每人儲蓄小於每人折舊　(d) t 期每人投資等於每人折舊

24. 穩定狀態的每人資本若高於黃金律水準，儲蓄率遞增將可確定會產生何種結果？ (a) 不論短期或長期，消費將會遞增　(b) 不論短期或長期，消費將會遞減　(c) 消費在短期遞減，在長期則會遞增　(d) 消費在短期遞增，在長期則會遞減

25. 某國出現 $\dfrac{K_{t+1}}{N} > \dfrac{K_t}{N}$ 的情勢，何種狀況將會出現？　(a) t 期每人儲蓄等於每人折舊 (b) t 期每人儲蓄小於每人折舊　(c) t 期每人儲蓄大於每人折舊　(d) t 期儲蓄率下降

26. 某國出現 $\dfrac{K_{t+1}}{N} < \dfrac{K_t}{N}$ 的情勢，何種狀況將會出現？　(a) t 期每人儲蓄等於每人折舊 (b) 隨著體系適應此一狀況，每人消費傾向於滑落　(c) t 期每人儲蓄小於每人折舊 (d) $t+1$ 期每人所得將趨於增加

答案：

1. (c)	2. (b)	3. (a)	4. (b)	5. (a)	6. (b)	7. (b)	8. (d)	9. (c)	10. (b)
11. (d)	12. (b)	13. (a)	14. (c)	15. (b)	16. (a)	17. (c)	18. (a)	19. (d)	20. (d)
21. (d)	22. (d)	23. (d)	24. (c)	25. (c)	26. (b)				

10.5 進階選擇題

1. 有關某國經濟成長率變化的敘述，何者錯誤？　(a) 體系內儲蓄率愈高，穩定狀態下的每人消費愈高　(b) 依據內生成長模型，較高儲蓄率能維持穩定狀態的產出持續成長 (c) 若某年的資本與勞動均成長 5%，資本與勞動的產出彈性之和為 1，且總因素生產力成長 2%，則產出成長率為 5%　(d) 在考慮技術進步的 Solow 模型中，長期穩定狀態下，每人產出成長率為技術進步率

2. 某國使用生產函數 $Y = \min\left[\dfrac{K}{5}, \dfrac{N}{4}\right]$，而研究機構估計的消費函數為 $C = 0.7y$，勞動成長率為 $n = 0.3$。針對這些數據，依據 Harrod-Domar 模型，何者錯誤？　(a) 該國在保證成長率與自然成長率的軌跡上，每人資本將是 $\dfrac{5}{4}$　(b) 該國若要同時達成自然成長率與保證成長率，引進外勞成長率將是 3%　(c) 該國保證成長率 6% 將大於自然成長率 3% (d) 在長期成長過程中，該國將出現勞動匱乏現象

3. 體系使用固定規模報酬生產函數，一旦達成累積黃金律的穩定狀態成長，何者錯誤？ (a) 每人產出將是每人資本極大化下的結果 (b) 每人資本的邊際生產力將等於勞動成長率與資本折舊率之和 (c) 人們的勞動所得將用於消費，而資本所得則用於投資 (d) 每人儲蓄等於勞動成長率與資本折舊率兩者之和與每人資本的相乘值

4. 針對中國與歐美先進國家間的每人生活水準差距變化，依據 Solow 成長理論，何種看法正確？ (a) 絕對收斂臆說指出中國與歐美國家的技術狀態不同，兩國的每人生活水準無法縮小 (b) 相對收斂臆說指出中國與歐美國家的技術狀態不同，成長起始點也不同，不過前者每人產出成長率大於後者，兩國每人生活水準差距長期將可縮小，卻無法趨於一致 (c) 累積金律指出中國儲蓄率高於歐美國家，促使兩國每人生活水準差距長期將可縮小 (d) 相對收斂臆說指出歐美國家技術狀態相對優於中國，再加上成長起始點不同，兩國每人生活水準差距將日益擴大

5. 某國使用生產函數 $Y = \min\left[\dfrac{K}{3}, \dfrac{N}{4}\right]$，而長期儲蓄函數為 $S = 0.3Y$，勞動成長率為 $n = 4\%$。依據 Harrod-Domar 模型，何者正確？ (a) 保證成長率為 10% (b) 實際成長率將小於自然成長率 (c) 體系將出現失業擴大現象 (d) 長期使用的每人資本為 4/3

6. 下列敘述，何者正確？ (a) 固定規模報酬生產函數的邊際生產力無遞減現象 (b) 在不考慮技術進步的 Solow 模型中，若 $f(k) = 2k^{0.5}$，儲蓄率 $s = 10\%$、人口成長率 $n = 10\%$、折舊率 $\delta = 5\%$、k 為資本勞動比率，則穩定狀態每人產出 $f(k) = \dfrac{4}{3}$ (c) 接續(b)，若 $f(k) = 6k^{0.5}$、$\delta = 20\%$，則穩定狀態每人消費為 10.8 (d) 在穩定狀態下，具有技術進步及人口成長的 Solow 模型指出，每人儲蓄率將等於外生技術進步率

7. 兩國經濟結構雷同，A 國儲蓄率高於 B 國儲蓄率。根據 Solow 成長模型，在穩定狀態下，兩國的每人資本 $k = \dfrac{K}{N}$ 與每人產出 $y = \dfrac{Y}{N}$ 成長率的比較，何者正確？ (a) k：A 國大於 B 國，y 成長率則是兩國相同 (b) k：A 國大於 B 國，A 國的 y 成長率大於 B 國 (c) 兩國的 k 與 y 成長率相同 (d) 兩國的 k 相同，A 國的 y 成長率大於 B 國

8. 依據內政部戶政資料顯示，台灣在 2004 年 4 月的出生率 0.931%，呈現持續遞減，假設死亡率不變，而假設勞動成長率即是人口成長率相。依據 Solow 模型，此種現象對台灣未來的穩定狀態將發生衝擊，何者正確？ (a) 實質經濟成長率上升 (b) 每人產出成長率下降 (c) 每人儲蓄上升 (d) 勞動所得占產出比例上升

9. 有關成長理論的敘述，何者錯誤？ (a) Solow 模型將陷入停滯的零成長穩定狀態，係因資本累積受限於邊際報酬遞減法則 (b) Lucas 認為人力資本累積不僅受當時人力資本高低影響，還會因知識代代相傳而跳脫報酬遞減的鐵律 (c) Becker 將人口內生化並建構有別於 Malthus 人口論的內生人口成長模型 (d) Barro 認為金融體系發展健全，既有利長期經濟成長，亦可減緩景氣循環

10. 某國使用生產函數為 $Y=AK^{\alpha}N^{1-\alpha}$，$\alpha = 0.2$，$K$ 為資本，N 為勞動，Y 為總產出，A 代表技術水準。該國資本與勞動成長率分別為 10% 及 5%，則產出成長率為何？ (a) 6% (b) 5% (c) 8% (d) 10%

11. 新古典成長模型對儲蓄率遞增結果的預測，何者正確？ (a) 提高封閉體系的經濟成長率 (b) 提高封閉體系的每人產出 (c) 提高開放體系的經濟成長率 (d) 提高開放體系的長期每人產出

12. 有關成長理論的「收斂臆說」，何者正確？ (a) 相對收斂臆說認為，各國產出成長率高低取決於該國當前與穩定狀態每人產出的差距，而這些國家最後會收斂到同一每人產出 (b) 絕對收斂臆說指出，經濟結構類似國家的產出成長率與期初每人產出間存在反向關係，這些國家最後將收斂到相同每人產出 (c) 絕對收斂與相對收斂臆說成立的前提是資本邊際生產力遞減 (d) 收斂臆說是成長討論的內涵，為符合經濟成長的事實，資本邊際生產力不會遞減。

13. 新古典成長模型與 Harrod-Domar 成長模型差異之處，何者正確？ (a) 前者假設資本運用滿載，後者考慮確保資本運作滿載的必要條件 (b) 前者的資本生產力為固定值，後者則為變動值 (c) 前者與 Keynes 的一般理論緊密相連，後者幾乎與一般理論毫無瓜葛 (d) 前者考慮體系可用各種生產因素組合，而後者則採取固定因素組合

14. 某國期初資本 K 與勞動 N 充分使用，隨著資本成長 1%，勞動增加 2%，將會產生何種結果？ (a) 不論 Solow 模型或 Harrod-Domar 模型，產出增加將會相同 (b)Harrod-Domar 模型顯示產出將成長 1% (c)Solow 模型增加的產出將大於 Harrod-Domar 模型增加的產出 (d)Solow 模型顯示產出成長等於兩種因素成長率較大的一個

答案：

1. (c)　　2. (d)　　3. (a)　　4. (b)　　5. (a)　　6. (b)　　7. (a)　　8. (d)　　9. (d)　　10. (a)

11. (b)　　12. (b)　　13. (d)　　14. (c)

11.1 貨幣需求理論的起源

11.1.1 貨幣功能與複式三分

1. 物物交換體系運作過程顯現的缺陷，何者錯誤？　(a) 缺乏專業化與人際間的交易　(b) 缺乏作為衡量契約的支付單位　(c) 缺乏儲存購買力的方法　(d) 缺乏表示商品與勞務價格的計價單位

2. 傳統物物交換體系面臨的主要問題為何？　(a) 無法計算交易成本　(b) 訊息成本過高　(c) 效率過高而阻礙服務業成長　(d) 缺乏價值儲藏工具

3. 通訊網路技術進步大幅提升物物交換可行性，主要原因為何？　(a) 無須存在計價單位　(b) 加速經濟成長　(c) 交易成本遽降　(d) 物物交易必須承擔的訊息成本趨近於零

4. 體系出現貨幣的主要原因為何？　(a) 協助穩定物價　(b) 加速經濟成長　(c) 降低交易成本　(d) 減少訊息成本

5. 國外投顧公司銷售跨國基金係以美元計價，此係使用貨幣的何種功能？　(a) 計價單位　(b) 價值儲藏　(c) 交易媒介　(d) 延遲支付的標準

6. 人們從事商品與勞務交易，買方以貨幣支付而為賣方接受，則貨幣扮演何種功能？　(a) 交易媒介　(b) 計價單位　(c) 契約單位　(d) 延期支付工具

7. 人們持有貨幣係考慮在短期購買商品與勞務，此時貨幣扮演何種功能？　(a) 交易媒介

(b) 暫時購買力儲藏所　　(c) 價值儲藏　　(d) 延期支付工具

8. 某國商品若以貨幣表示商品與勞務的價格，何者正確？　(a) 貨幣是支付工具　(b) 此即商品與勞務的絕對價格　(c) 此即商品與勞務的記帳價格　(d) 貨幣提供價值儲藏功能

9. 勞資雙方係以台幣簽訂勞動契約，將隱含何種意義？　(a) 契約持續期間發生通膨，勞工將會獲利　(b) 貨幣扮演計價單位　(c) 契約持續期間出現物價波動，勞資雙方之間將出現所得重分配　(d) 台幣在此契約扮演交易媒介

10. 貨幣與其他資產的最大分野就在何種功能？　(a) 價值儲藏　(b) 計價單位　(c) 延遲支付工具　(d) 交易媒介

11. 在物物交換體系中，體系存在 7 種商品交換，交換比率約有幾種？　(a) 10　(b) 21　(c) 36　(d) 42

12. 衡量資產兌換成貨幣的容易程度通常稱為：　(a) 安全性　(b) 資產性　(c) 獲利性　(d) 流動性

13. 下列敘述，何者錯誤？　(a) 現金是具有完全流動性的資產　(b) 在物物交換體系，人們無法擴張信用交易　(c) 所有存款貨幣皆可作為交易媒介　(d) 貨幣係人們安排交易餘額組合的標的

14. 在物物交換體系，人們從事 8 種商品互換，一旦選擇某種商品作為計價單位，出現記帳價格的近似值為何？　(a) 7　(b) 8　(c) 28　(d) 30

15. 某國選擇某種商品作為貨幣而為人們用於交易，將無須具備何種特質？　(a) 容易標準化且確定其價值　(b) 被廣泛接受　(c) 具耐久性且供給量大　(d) 具有稀少性方能彰顯其價值

16. 在何種情況下，貨幣作為某國交易媒介的角色將逐漸喪失？　(a) 景氣陷入藍燈　(b) 政府債務規模日益擴大　(c) 惡性通膨　(d) 貿易逆差遽增

17. 有關「以物易物」交易的主要缺點，何者錯誤？　(a) 不易達成「欲望的雙重巧合」　(b) 商品運送成本高　(c) 無法找零而不易滿足「等值互償」　(d) 某人面臨收付分際就難以交易

18. 下列敘述，何者錯誤？　(a) 信用卡是交易媒介，卻非延遲支付工具　(b) 銀行若無超額準備，將無從創造信用貨幣　(c) 人們偏好以簽帳卡交易，將讓金融體系趨於寬鬆　(d) 貨幣供給量是流量概念

19. 央行發行的通貨具有完全流動性，何種理由正確？　(a) 發行通貨需以黃金做準備　(b) 法律規定可用於支付消費商品與勞務的支出　(c) 通貨價值係以央行持有的外匯資產保證　(d) 貨幣係金融資產之一

20. 在通膨期間，許多資產擁有較佳保值功能，然而人們卻依然持有貨幣，何者無法解釋該現象？　(a) 具有完全的流動性　(b) 獨特商品而無其他代替品　(c) 交易活動中唯一被接受的商品　(d) 體系內最適合的計價單位

21. 人們喜歡以 Visa 完成消費活動，何種說法錯誤？　(a) Visa 在消費過程作為交易媒介　(b) 使用 Visa 卡購物是銀貨兩訖　(c) 人們以 Visa 付款顯然享受期延期支付功能　(d) 人們若都使用 Visa 付款，金融體系趨於寬鬆

22. 綜合貨幣扮演「複式三分」角色，何者正確？　(a) 構成 M_{1A} 餘額的成分均符合等值互償條件　(b) 某國股市邁入中期空頭市場，投資人轉向增加持有準貨幣餘額　(c) 在物物交換體系，人們支付絕對價格購買商品與勞務　(d) 準備貨幣是內在貨幣，僅能視為交易媒介而非支付工具

23. 有關貨幣的性質與擁有功能的敘述，何者錯誤？　(a) 貨幣可降低訊息成本與交易成本　(b) 貨幣將可儲藏價值　(c) 貨幣成長率變化將會影響景氣循環變動　(d) 貨幣無法充當延遲支付工具

24. 貨幣的「無限法償」地位是針對何者而言？　(a) 金本位制　(b) 央行發行貨幣擁有十足準備　(c) 人們可以無限制拿貨幣向央行兌換外匯　(d) 政府規定央行發行的通貨可支付任何交易貨款

25. 某位學生研讀複式三分內涵後，將可領會何者正確？　(a) 台塑以支票交付原料貨款，將滿足等值互償條件　(b) 遠東紡織買賣棉花期貨若在未來採取現金交割，將顯示貨幣兼做記帳單位　(c) 張無忌持有交易媒介係在滿足交易性貨幣需求　(d) 張翠山持有預防性貨幣，隱含貨幣提供交易媒介功能

答案：

1. (a)　　2. (b)　　3. (d)　　4. (d)　　5. (a)　　6. (a)　　7. (b)　　8. (b)　　9. (c)　　10. (d)

11. (b)　12. (d)　13. (c)　14. (a)　15. (d)　16. (c)　17. (d)　18. (d)　19. (b)　20. (d)

21. (c)　22. (b)　23. (d)　24. (d)　25. (c)

11.1.2 貨幣需求的性質

1. 從交易媒介與價值儲藏觀點詮釋貨幣需求的理論分別為何？　(a) 前者是理性預期理論，後者是貨幣數量學說　(b) 前者是貨幣數量學說，後者是理性預期理論　(c) 前者是資產選擇理論，後者是交易性貨幣需求理論　(d) 前者是交易性貨幣需求理論，後者是資產選擇理論

2. 資產性與交易性貨幣需求理論分別立基的貨幣功能為何？　(a) 前者是價值儲藏，後者是交易媒介　(b) 前者是交易媒介，後者是計價單位　(c) 前者是交易媒介，後者是價值儲藏　(d) 前者是價值儲藏，後者是計價單位

3. 資產性貨幣需求理論強調貨幣扮演何種角色？　(a) 交易媒介　(b) 計價單位　(c) 價值儲藏　(d) 延遲支付工具

4. 在資產性貨幣需求理論中，何者不具直接影響角色？　(a) 股票的預期實質報酬　(b) 預

期通膨率　　(c) 失業率　　(d) 財富

5. 「優勢資產」(dominated asset) 概念隱含貨幣需求的資產選擇理論，將無法用於解釋何種貨幣需求？　　(a) M_{1A}　　(b) M_{1B}　　(c) M_{1A} 或 M_{1B}　　(b) M_2

6. 傳統上，貨幣性資產異於非貨幣性資產，就在於前者具有何種特質？　　(a) 可作爲交易媒介　　(b) 將會產生孳息　　(c) 提供儲藏價值　　(d) 可作爲延遲支付工具

7. 依據流動性偏好理論，交易性貨幣需求強調貨幣扮演何種角色？　　(a) 交易媒介　　(b) 價值儲藏　　(c) 計價單位　　(d) 延遲支付工具

8. 某些非貨幣性資產被稱爲近似貨幣，何種理由正確？　　(a) 央行完全掌控　　(b) 產生類似貨幣的孳息　　(c) 擁有類似貨幣的流動性　　(d) 產生與貨幣相同的流通速度

9. 貨幣需求函數缺乏穩定性，促使央行如何因應？　　(a) 採取行動來降低貨幣需求的不穩定性　　(b) 增加貨幣供給的不穩定性　　(c) 管制近似貨幣的進一步發展　　(d) 以利率取代貨幣數量作爲貨幣政策的目標

10. 依據貨幣數量學說，人們持有貨幣的動機爲何？　　(a) 預防動機　　(b) 交易動機　　(c) 投機動機　　(d) 安全動機

11. 有關貨幣需求的敘述，何者錯誤？　　(a) 人們基於交易、預防與投機三種動機持有貨幣　　(b) 貨幣的流動性遠高於其他資產　　(c) 持有貨幣無機會成本　　(d) 貨幣可作爲交易媒介

12. 人們保有貨幣係爲因應購買商品及勞務所需，此是屬於何種動機的貨幣需求？　　(a) 預防動機　　(b) 投機動機　　(c) 所得動機　　(d) 營運動機

答案：

1. (d)　　2. (a)　　3. (c)　　4. (c)　　5. (a)　　6. (a)　　7. (a)　　8. (c)　　9. (d)　　10. (b)

11. (c)　　12. (c)

11.1.3 古典貨幣需求理論

1. 古典貨幣需求函數取決於何種因素？　　(a) 與實質所得呈正向關係　　(b) 與名目支出呈正向關係　　(c) 與名目利率呈正向關係　　(d) 與實質利率呈逆向關係

2. 由貨幣數量學說衍生的古典貨幣需求函數爲何？　　(a) $\dfrac{M}{V}$　　(b) MV　　(c) Py　　(d) $\dfrac{Py}{V}$

3. 有關貨幣需求的敘述，何者正確？　　(a) 實質貨幣需求愈大，貨幣流通速度愈大　　(b) 貨幣需求愈不穩定，貨幣數量學說愈具有解釋能力　　(c) 高通膨率導致實質貨幣需求遞增　　(d) 通膨稅 = 通膨率 × 實質貨幣需求

4. 在古典模型中，人們的交易性貨幣需求將與何者有關？　　(a) 呈現固定值　　(b) 與所得呈正向相關　　(c) 與所得呈反向關係　　(d) 與利率呈正向關係

5. 依據古典學派說法，有關貨幣的實際報酬爲何？　　(a) 實質利率　　(b) 負的實質利率　　(c) 通膨率　　(d) 負的通膨率

6. 某國實質貨幣需求若與實質所得呈固定比例，流通速度將如何變化？ (a) 隨著所得增加而遞增 (b) 隨著所得增加而遞減 (c) 直接隨著利率而變 (d) 維持不動

7. 依據貨幣數量學說，某國貨幣需求函數 M^d 的型態為何？ (a) $M^d = Vy$ (b) $M^d = Py$ (c) $M^d = \dfrac{Py}{V}$ (d) $M^d = \dfrac{Vy}{P}$

8. 依據貨幣數量學說，經濟學者設定貨幣需求函數將選取哪些變數？ (a) 失業率與利率 (b) 通膨率與產出率 (c) 利率與失業率 (d) 物價、實質產出與流通速度

9. 貨幣數量學說假設實質貨幣需求將由何者決定？ (a) 利率與所得 (b) 僅由利率決定 (c) 與所得成固定比例 (d) 與利率成固定比例

10. 貨幣需求函數型態可表為 $\left(\dfrac{M}{P}\right)^d = ky$，$M$ 是貨幣餘額，P 是物價，y 是實質產出。假設央行訂定貨幣成長率為 10%，實質產出成長率是 3%，k 值固定，則通膨率為何？ (a) 3% (b) 7% (c) 10% (d) 13%

11. 某國貨幣流通速度出現遞增現象，何者將會發生？ (a) 人們增加持有貨幣並提升 k 值 (b) 人們持有更少貨幣並增加 k 值 (c) 人們持有更多貨幣並降低 k 值 (d) 人們減少持有貨幣而且降低 k 值

12. 依據古典貨幣需求理論，貨幣需求下降將會產生何種結果？ (a) 增加總需求 (b) 降低總需求 (c) 增加總供給 (d) 減少總供給

13. 貨幣需求的所得彈性若小於 1，將出現何種現象？ (a) 所得增加促使貨幣流通速度上升 (b) 所得增加將降低貨幣流通速度 (c) 經濟成長將小於貨幣需求成長 (d) 貨幣需求增加將導致貨幣流通速度上升

14. 某國貨幣需求函數為 $\dfrac{M^d}{P} = 1,000 + 0.2y - 1,000i$，假設物價 $P = 2$、產出 $y = 2,000$，利率 $i = 10\%$，則貨幣流通速度為何？ (a) 0.65 (b) 0.75 (c) 1.33 (d) 1.54

15. 從 Irving Fisher 交易方程式來看，何者正確？ (a) 流通速度不具重要性 (b) 貨幣需求是名目所得的函數 (c) 物價不影響貨幣需求 (d) 利率在方程式中無外顯角色

16. 某國金融市場名目利率上漲將導致何種結果？ (a) 人們將扮演債券空頭角色 (b) 降低投機性貨幣需求 (c) 貨幣流通速度下降 (d) 準備貨幣增加

17. 隨著貨幣需求的參數 k 值愈大，貨幣流通速度與貨幣周轉率將如何變化？ (a) 前者愈大，後者頻繁 (b) 前者愈大，後者不頻繁 (c) 前者愈小，後者頻繁 (d) 前者愈小，後者愈不頻繁

答案：

1. (b) 2. (d) 3. (d) 4. (b) 5. (d) 6. (b) 7. (c) 8. (d) 9. (c) 10. (b)
11. (d) 12. (a) 13. (b) 14. (d) 15. (d) 16. (b) 17. (a)

11.1.4 流動性偏好理論

一、依據流動性偏好理論,回答下列相關問題。

1. 決定某國貨幣需求函數的主要因素為何?　(a) 通膨率與實質所得　(b) 實質所得與名目利率　(c) 名目利率與實質工資　(d) 貨幣工資與物價

2. 某國金融市場利率愈高,人們的貨幣需求將如何變化?　(a) 增加　(b) 下降　(c) 貨幣需求與利率無關　(d) 變動方向不確定

3. 體系內流通速度與利率間的關係為何?　(a) 正向關係　(b) 負向關係　(c) 兩者無關　(d) 等於 1 除以利率

4. 在其他條件不變下,某國物價下跌 5%,將會產生何種結果?　(a) 均衡名目利率下跌將擴大商品與勞務需求　(b) 均衡實質利率上漲將降低商品與勞務需　(c) 實質貨幣餘額增加 5%,但不影響均衡實質利率和商品與勞務需求　(d) 實質貨幣餘額降低 5%,將會降低均衡實質利率和商品與勞務需求

5. 在其他條件不變下,某國實質餘額增加,將會出現何種結果?　(a) 名目利率下降　(b) 名目利率上升　(c) 債券價格下跌　(d) 利率與債券價格不受影響

6. 某國的實質餘額需求將受何者影響?　(a) 利率與所得將發揮負面影響　(b) 所得與利率將產生正面影響　(c) 與利率呈正向關係,而與所得呈負向關係　(d) 與利率呈負向關係,但與所得呈正向關係

7. 在實質貨幣供給不變下,體系內高所得將與何者呈現一致?　(a) 利率不會變動　(b) 低利率　(c) 高利率　(d) 利率先降低,而後再攀高

8. 在實質餘額不變下,某國所得增加對實質餘額需求與利率影響為何?　(a) 貨幣需求增加而且利率上漲　(b) 貨幣需求增加而且利率下跌　(c) 貨幣需求減少與利率下跌　(d) 貨幣需求減少而且利率上漲

9. 某國的貨幣流通速度將與何者有關?　(a) 與利率呈正向關係　(b) 與利率呈反向關係　(c) 與利率毫無關聯　(d) 等於 1 除以利率

10. 體系內實質餘額供給將會如何變化?　(a) 隨利率上漲而遞減　(b) 隨利率上漲而遞增　(c) 隨所得增加而遞增　(d) 在央行掌控名目貨幣供給下,隨物價上漲而遞減

11. 體系內名目貨幣供給將會如何變化?　(a) 主要由央行掌控　(b) 隨利率變化而變動　(c) 與物價變化呈現反向變動　(d) 隨所得變動而改變

12. 由流動性偏好理論衍生的說法,何者正確?　(a) 實質餘額需求隨利率上漲而遞減　(b) 實質餘額需求隨利率上漲而增加　(c) 利率對實質餘額需求沒有影響　(d) 貨幣流通速度隨利率下跌而上升

13. 某國金融市場出現超額貨幣需求,可能會出現何種變動?　(a) 金融體系資金緊縮推動利率上升,將削減投資意願而促使 IS 曲線左移　(b) 賣出債券導致債券價格滑落

(c) 緊縮消費支出與投資支出　(d) 調高債券在資產組合中的比例

14. 由流動性偏好理論衍生的說法，何者正確？　(a) 市場利率上漲將會增加實質餘額需求
(b) 市場利率上漲，央行將會增加實質貨幣供給　(c) 市場利率下跌將會減少實質餘額需
求　(d) 央行控制實質貨幣供給，故與市場利率變化無關

15. 人們持有實際餘額超過預擬實質餘額，將採取何種因應措施？　(a) 出售生息資產換取
無收益的貨幣　(b) 購買生息資產降低持有無收益的貨幣　(c) 購買更多商品與勞務
(d) 人們仍然滿意於自己的資產組合

16. 某國景氣轉為紅燈閃爍，所得增加將讓貨幣市場出現何種反應？　(a) 貨幣利率上升
(b) 實質利率下降　(c) 貨幣供給曲線右移　(d) 貨幣需求曲線左移

17. 某國影響實質貨幣需求的因素與方向，何者正確？　(a) 同時受利率與所得正向影響
(b) 對實質利率和所得呈負相關　(c) 對實質利率呈正相關，但受所得負向影響　(d) 對
所得呈正相關，但對貨幣利率呈負相關

18. 由流動性偏好理論衍生的看法，何者正確？　(a) 物價上升，貨幣需求量將沿著流動性
偏好曲線向左上方移動　(b) 所得上升，整條貨幣需求曲線左移　(c) 利率降低，貨幣需
求量沿著流動性偏好曲線向右下方移動　(d) 利率低於均衡水準，代表人們想要持有貨
幣數量小於貨幣供給

19. 某國金融市場出現超額貨幣供給，人們將會採取何種行動？　(a) 拋售債券轉換為現金
(b) 購買生息資產以降低持有貨幣　(c) 擴大消費造成物價上漲　(d) 維持原先資產組合
不變

答案：

1. (b)　　2. (b)　　3. (a)　　4. (a)　　5. (a)　　6. (d)　　7. (c)　　8. (a)　　9. (a)　　10. (d)
11. (a)　　12. (a)　　13. (b)　　14. (c)　　15. (b)　　16. (a)　　17. (d)　　18. (c)　　19. (b)

二、Keynesian 學派的貨幣需求函數

1. 有關 Keynes 流動性偏好理論的敘述，何者錯誤？　(a) 支出愈大，貨幣需求愈多
(b) 物價愈高，實質貨幣需求愈少　(c) 利率愈低，貨幣需求愈多　(d) 體系處於流動性
陷阱，貨幣需求將具有完全利率彈性

2. Keynesian 學派的貨幣需求理論指出，人們的實質貨幣需求將受何者影響？　(a) 名目利
率與實質所得　(b) 物價與實質利率　(c) 實質所得與通膨率　(d) 物價與失業率

3. 某國爆發通膨形同對人們持有實質餘額課稅，將會造成何種結果？　(a) 實質貨幣需求
與貨幣流通速度同步下降　(b) 名目貨幣需求下降，貨幣流通速度上升　(c) 名目貨幣
需求與貨幣流通速度同步遞增　(d) 名目貨幣需求增加與貨幣流通速度遞減

4. 財政部舉債融通預算赤字造成利率上升，將會發生何種狀況？　(a) 投機性貨幣需求遞
減，而貨幣流通速度增加　(b) 投機性貨幣需求與貨幣流通速度同步遞減　(c) 投機性貨

幣需求與貨幣流通速度同步遞增　(d) 投機性貨幣需求遞增，而貨幣流通速度遞減

5. 流動性偏好理論隱含央行緊縮政策將對名目利率造成短期影響，而 Fisher 效果則指出緊縮政策也會對名目利率造成長期影響，何者正確？　(a) 短期與長期均會推動利率上升　(b) 短期推動利率上升，長期則趨於下降　(c) 不論短期或長期，名目利率呈現下跌　(d) 短期利率趨於下跌，邁入長期則趨於上升

6. 依據 Keynesian 學派的貨幣需求理論，隨著貨幣市場出現超額需求，將可預期人們如何調整決策？　(a) 增加持有非貨幣性資產（如債券），推動債券價格上漲　(b) 減少持有非貨幣性資產（如債券），引起利率上漲　(c) 增加儲蓄造成物價下跌　(d) 增加消費導致利率上漲

7. 有關 Keynesian 學派的流動性偏好理論內涵，何者正確？　(a) 利率愈高，交易性貨幣需求愈大　(b) 利率愈低，投機性貨幣需求愈小　(c) 利率愈高，投機性貨幣需求愈小　(d) 利率愈低，交易性與預防性貨幣需求愈小

8. 在何種狀況下，Keynesian 學派的投機性貨幣需求將趨於無窮大？　(a) 偏高利率　(b) 偏低的利率谷底　(c) 自然利率　(d) 零利率

9. 依據 Keynesian 學派理論，當市場利率大於正常利率（normal rate），何種現象發生？　(a) 人們買進債券與增加持有投機性貨幣、債券價格上漲　(b) 人們買進債券與減少持有投機性貨幣、利率趨於滑落　(c) 人們賣出債券與減少持有投機性貨幣、利率持續攀升　(d) 人們賣出債券與增加持有投機性貨幣、利率趨於滑落

10. 下列敘述，何者正確？　(a) 貨幣學派相信貨幣需求富於利率彈性，而 Keynesian 察覺缺乏利率彈性　(b) Keynesian 相信貨幣需求具有高利率彈性，貨幣學派則認為缺乏利率彈性　(c) 貨幣學派與 Keynesian 都相信貨幣需求具有高利率彈性　(d) Keynesian 與貨幣學派都接受貨幣需求缺乏利率彈性

11. 基於流動性偏好理論，兆豐票券評估短期利率下降的可能因素為何？　(a) 政府預算出現赤字缺口　(b) 央行宣布調降成長率目標　(c) 為阻止台幣升值，央行在外匯市場買超美元　(d) 主計總處公布儲蓄率大幅攀升

12. 由 Keynesian 學派的流動性偏好理論衍生的說法中，何者錯誤？　(a) 所得愈高，貨幣需求愈多　(b) 物價愈高，貨幣需求愈少　(c) 利率愈低，貨幣需求愈多　(d) 體系發生流動性陷阱，貨幣需求的利率彈性將趨於無窮大

13. 有關 Keynes 貨幣需求理論內涵的敘述，何者錯誤？　(a) Keynes 將交易性貨幣需求視為實質貨幣需求　(b) Keynes 的貨幣需求是由三種動機組成　(c) Keynes 的貨幣需求取決於貨幣利率與實質所得　(d) Keynes 假設貨幣需求直接與所得呈正相關

14. 有關貨幣需求函數的敘述，何者正確？　(a) 貨幣需求是名目概念，將受實質所得與實質利率影響　(b) 貨幣需求是名目概念，取決於名目所得與名目利率　(c) 貨幣需求是實質概念，將受實質所得與實質利率影響　(d) 貨幣需求是實質概念，將取決於實質所得

與名目利率影響

15. 依據 Keynes 貨幣需求理論，交易性與投機性貨幣需求分別由何者決定？ (a) 前者強調交易媒介而由所得決定；後者強調價值儲藏也由所得決定 (b) 前者強調交易媒介而由利率決定；後者調價值儲藏且由利率決定 (c) 前者強調交易媒介而由所得決定；後者強調價值儲藏且由利率決定 (d) 前者強調交易媒介而由利率決定；後者強調價值儲藏而由所得決定

16. 何者將可反映交易性貨幣需求變化？ (a) 張無忌在支存帳戶持有資金準備付房租 (b) 由於股票報酬率看來相對誘人，趙敏在證券儲蓄帳戶餘額遞增 (c) 股素素預期股市即將反轉為空頭走勢，賣出股票增加儲蓄帳戶餘額 (d) 新冠肺炎疫情持續蔓延，張三豐未雨綢繆，增加儲蓄帳戶餘額

17. 某國實質所得持平，物價上漲將引發何種結果？ (a) 名目貨幣需求減少 (b) 名目貨幣需求維持不變 (c) 名目貨幣需求增加 (d) 實質貨幣需求下跌

18. 何者是張氏家族成員的所得動機貨幣需求？ (a) 張翠山增加活儲餘額，準備清償每月刷卡費用 (b) 台股狂飆吸引趙敏進場操作，增加證券活儲餘額以備交割之用 (c) 黑天鵝頻繁衝擊股市，股素素採取偏空操作，導致證券活儲金額攀升 (d) 金融海嘯重創景氣，張三豐戒慎恐懼增加活儲餘額

19. Keynesian 的貨幣需求可表為何種變數的函數？ (a) 僅有實質所得 (b) 實質所得與耐久財的名目報酬 (c) 耐久財與股票的名目報酬 (d) 實質所得與貨幣利率

20. Keynesian 與古典貨幣需求理論的關鍵差異為何？ (a) Keynes 相信貨幣需求將隨其他資產報酬而波動，古典學派則無 (b) Keynes 考慮交易動機貨幣需求，古典學派則無 (c) Keynes 假設流通速度固定，古典學派則無 (d) 古典學派考慮所得對貨幣需求的系統性影響，Keynes 則無

21. 某 Keynesian 學者想要設定貨幣需求函數，選擇變數與貨幣需求量間的關係為何？ (a) 名目利率與名目所得將發揮正向影響 (b) 名目利率與名目所得將造成逆向影響 (c) 名目利率發揮逆向影響，實質所得則產生正向影響 (d) 名目利率發揮正向影響，實質所得則產生逆向影響

22. 在其他因素不變下，某國名目利率上漲，將會產生何種結果？ (a) 持有貨幣的機會成本與貨幣餘額遞減，貨幣流通速度下降 (b) 持有貨幣的機會成本遞增，但是貨幣流通速度與持有貨幣餘額下降 (c) 持有貨幣的機會成本與貨幣流通速度遞減，但是持有貨幣餘額增加 (d) 持有貨幣的機會成本與貨幣流通速度遞增，但是持有貨幣餘額下降

23. 在高通膨國家中，通膨率超過貨幣成長率，何者錯誤？ (a) 高通膨率加快貨幣流通速度 (b) 高通膨率增加持有貨幣的機會成本 (c) 貨幣隨著通膨快速喪失價值 (d) 高通膨促使人們持有更多實質餘額用於交易

24. 合庫銀行的活儲帳戶餘額遞增隱含的意義，何者可能錯誤？ (a) 證券活儲餘額遞增未

必都是交易性貨幣需求　　(b) 活儲餘額遞增隱含投機性貨幣需求遞增　　(c) 活儲餘額遞增隱含預防餘額性質趨於濃厚　　(d) 證券活儲餘額用於日常交易的可能性遞增

25. 依據 Keynesian 的貨幣需求函數，貨幣需求將與何者有關？　(a) 所得的某一固定比例　(b) 當利率處於低檔時，將占所得的很大比例　(c) 當利率高時，將占所得的微小比例　(d) 不會隨所得而變

26. Keynesian 學派的貨幣需求函數可表爲？　(a) $M^d = \frac{1}{Py}$　(b) $M^d = \frac{L}{(y+r)}$　(c) $M^d = l(y, r)$　(d) $M^d = y + \left(\frac{r}{L}\right)$

27. Keynesian 學派對貨幣流通速度的看法爲何？　(a) 將會與利率水準呈正向變化，但與所得無關　(b) 將與利率和所得呈現正向變動　(c) 固定　(d) 短期發生變動，但是長期是固定值

28. 依據 Keynes 理論，貨幣需求函數變動將與何者無關？　(a) 其他資產報酬變化無關　(b) 隨著利率變化而移動　(c) 隨著體系內人們信心變化而移動　(d) 隨著金融自由化與多元化而移動

29. 人們持有資產性貨幣餘額的部分原因爲何？　(a) 貨幣是資產組合多元化的一種　(b) 需要貨幣支付經紀佣金　(c) 貨幣的報酬高於其他金融資產　(d) 持有貨幣沒有成本，從而擁有相對高的報酬

30. 人們擁有財富遞增，預期將對貨幣需求產生何種變化？　(a) 減少　(b) 財富增加一元就增加持有貨幣一元　(c) 貨幣需求增加數量將少於財富增加　(d) 貨幣需求變動僅與所得有關，而與財富無關

31. 人們從債券獲取的報酬下降，預期將會產生何種結果？　(a) 持有貨幣並無收益，因而不影響貨幣需求　(b) 貨幣需求因而減少　(c) 貨幣需求增加　(d) 貨幣流通速度遞增

32. 2008 年爆發金融海嘯，透過金融市場散播，將出現何種現象？　(a) 人們持有較少貨幣　(b) 人們增加持有債券　(c) 人們持有更多貨幣　(d) 人們同時增加持有貨幣與債券，貨幣流通速度上升

33. 金融危機偶爾衝擊金融市場，反而提高貨幣需求，理由爲何？　(a) 貨幣的報酬增加　(b) 金融資產報酬增加　(c) 持有貨幣無風險　(d) 持有貨幣風險相對低於其他金融資產

34. 人們的貨幣需求變動將與何者發生關聯？　(a) 與其他金融資產流動性直接呈正相關　(b) 與其他金融資產流動性呈負相關　(c) 貨幣具有完全流動性，與其他資產流動性無關　(d) 與財富呈負相關

35. Keynes 的貨幣需求理論考慮的貨幣角色爲何？　(a) 同時作爲交易媒介與價值儲藏　(b) 僅作爲價值儲藏　(c) 僅作爲交易媒介　(d) 同時作爲價值儲藏與計價單位

36. 體系內流通速度固定，相當於假設實質餘額需求取決於何種變數？　(a) 只有實質所得一個變數　(b) 只有貨幣利率一個變數　(c) 貨幣利率與實質所得　(d) 利率與所得組合

能夠帶領商品與勞務市場達成均衡

利用下列圖形回答（37.）～（38.）

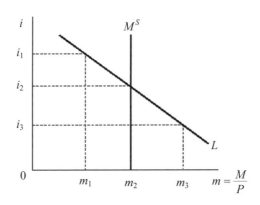

37. 均衡利率與實質餘額分別為何？　(a) i_1 與 m_1　(b) i_2 與 m_2　(c) i_3 與 m　(d) i_3 與 m_3

38. 金融市場利率為 i_1，將會出現何種反應？　(a) 人們賣出債券，推動利率上漲　(b) 人們賣出債券，推動債券價格下跌　(c) 人們買進債券，推動利率上漲　(d) 人們買進債券，推動債券價格上漲

答案：

1. (b)	2. (a)	3. (c)	4. (a)	5. (b)	6. (b)	7. (c)	8. (b)	9. (b)	10. (c)
11. (c)	12. (b)	13. (a)	14. (d)	15. (c)	16. (a)	17. (c)	18. (a)	19. (d)	20. (a)
21. (c)	22. (d)	23. (d)	24. (d)	25. (b)	26. (c)	27. (a)	28. (a)	29. (a)	30. (c)
31. (c)	32. (c)	33. (d)	34. (b)	35. (a)	36. (a)	37. (b)	38. (d)		

11.2 交易性貨幣需求理論

11.2.1 Keynes 的交易性貨幣需求理論

1. 何種現象將讓人們增加持有現金餘額？　(a) 塑膠貨幣盛行　(b) 人們使用 APP 購物　(c) 交通壅塞增加前往 ATM 提款時間　(d) 銀行的 ATM 大量進入超商

2. 銀行結合超商廣設 ATM，並增加櫃台服務人員，將會發揮何種效果？　(a) 央行發行的準備貨幣餘額遞增　(b) 提高通貨存款比率　(c) 增加貨幣需求　(d) 降低貨幣需求

3. 央行經研處調查發現國內貨幣需求呈現遞增趨勢，何種解釋合理？　(a) 景氣衰退讓人們偏好前往早市與夜市購物　(b) 信用卡普遍使用　(c) 電子貨幣使用盛行　(d) 股票交易熱絡

4. 在何種情況下，張無忌將考慮增加持有貨幣？　(a) 使用悠遊卡交易蔚為風潮　(b) 利率

下降　(c) 薪水支付頻率增加　(d) 預期通膨率上升

5. 貨幣需求常受季節性因素影響，如農曆春節前，台灣貨幣需求會因商品交易熱絡而增加，過完年後，貨幣需求又因商品交易減少而下降。假設貨幣供給不變，則春節前後的利率將如何變化？　(a) 先漲後跌　(b) 先跌後漲　(c) 先漲後維持不變　(d) 先跌後維持不變

6. 依據貨幣學派說法，人們持有貨幣的機會成本為何？　(a) 名目利率　(b) 實質利率　(c) 通膨率　(d) 一年期國庫券利率

7. 在其他情況不變下，某國實質所得增加，實質貨幣需求曲線與利率將如何變化？　(a) 前者左移、後者上升　(b) 前者左移、後者下降　(c) 前者右移、後者上漲　(d) 前者右移、後者下跌

8. 某國貨幣需求函數具有穩定性，央行在貨幣市場發行可轉讓定存單，短期將出現何種結果？　(a) 可貸資金供給遞增　(b) 超額貨幣供給　(c) 利率上漲　(d) 債券價格上漲

9. 在其他條件不變下，何者將增加 M_{1A} 貨幣需求？　(a) 名目利率下降　(b) 轉帳交易比例上升　(c) 人們預期國幣貶值　(d) 人們預期未來物價上漲

10. 有關交易性貨幣需求函數的敘述，何者錯誤？　(a) 所得增加將提高交易性貨幣需求　(b) 利率上漲將提高交易性貨幣需求　(c) 提款成本增加將提高交易性貨幣需求　(d) 由於收付分際，人們必須持有貨幣因應交易需求

11. 張無忌月初收到所得 2,000 元，每天支出相同金額，直至月底就成為月光族，每日平均貨幣餘額為何？　(a) 2,000　(b) 66.67　(c) 1,000　(d) 800

12. 張無忌持有交易性貨幣餘額的淨成本為何？　(a) 名目利率　(b) 實質利率　(c) 名目利率扣除兌現債券為現金的成本　(d) 通膨率

13. 人們可就其股票與貨幣基金帳戶簽發支票，此一事實反映何種現象？　(a) 交易性貨幣需求增加　(b) 交易性貨幣需求下降　(c) 純屬財務操作不影響交易性貨幣需求　(d) 增加轉換非貨幣性資產為支付工具的成本

14. 在其他因素不變下，人們將債券或其他證券轉換為支付工具的成本遞增，意味著何種狀況發生？　(a) 貨幣需求增加　(b) 貨幣需求遞減　(c) 不影響貨幣需求　(d) 名目利率將發生下降

答案：

1. (c)　　2. (d)　　3. (a)　　4. (b)　　5. (a)　　6. (c)　　7. (c)　　8. (c)　　9. (a)　　10. (b)

11. (c)　　12. (c)　　13. (a)　　14. (a)

11.2.2 Baumol-Tobin 存貨理論

一、交易性貨幣需求

1. 公司支付薪資頻率愈高，勞工持有交易性貨幣餘額將如何變化？　(a) 愈小　(b) 愈大　(c) 不變　(d) 不一定

2. 有關貨幣需求的敘述，何者正確？　(a) 人們預期貨幣價值下跌，將會減少貨幣轉手次數　(b) 人們預期貨幣價值劇跌，將會削減貨幣的交易功能　(c) 塑膠貨幣出現，將讓人們增加貨幣需求　(d) 自動轉帳交易盛行將增加人們將貨幣需求

3. 某國貨幣需求屬於 Baumol 函數型態，則 LM 曲線可能呈現何種型態？　(a) 具有高利率彈性的正斜率曲線　(b) 低利率彈性的正斜率曲線　(c) 缺乏利率彈性的垂直線　(d) 利率彈性無窮大的水平線

4. 依據 Baumol 貨幣需求的平方根公式，何者錯誤？　(a) 貨幣需求與利率呈反向關係　(b) 貨幣與生息資產間的移轉成本為零，則貨幣需求為零　(c) 貨幣需求變動將低於所得變動　(d) 貨幣需求變動大於所得變動

5. 人們持有交易性貨幣餘額出現變化，何種說法錯誤？　(a) 物價上漲促使實質貨幣需求增加　(b) 名目財富增加促使名目貨幣需求增加　(c) 實質所得上升促使實質貨幣需求增加　(d) 名目利率上升降低實質貨幣需求

6. Baumol 與 Keynes 貨幣需求函數的差異性，何者正確？　(a) 前者僅是所得的函數　(b) 前者是所得與利率的函數　(c) 後者是財富與利率的函數　(d) 後者是所得與財富的函數

7. 隨著銀行的自動提款機大量進入各家超商，大幅降低人們提款成本。依據 Baumol 存貨模型，人們持有貨幣行為將如何變化？　(a) 減少持有貨幣餘額與提款次數　(b) 減少持有貨幣餘額，但增加提款次數　(c) 增加持有貨幣餘額，而且降低提款次數　(d) 同時增加持有貨幣餘額與提款次數

8. 李四每月支出為 1,000，每次前往銀行提款的成本為 3，目前名目利率為 5%，則其持有平均貨幣餘額為何？　(a) 小於等於 100　(b) 100～200 之間　(c) 200～300 之間　(d) 大於 300

9. 張無忌的薪資是直接轉入活儲帳戶，再前往銀行提款消費。假設活儲年利率為 1.2%，每次提款須扣手續費 9 元。假設張無忌每月消費支出 14,000 元，依據 Baumol 模型，每次持有的平均交易金額為何？　(a) 1,400 元　(b) 2,800 元　(c) 3,500 元　(d) 7,000 元

10. Baumol 貨幣需求函數與 Keynes 交易性貨幣需求函數相異之處，何者正確？　(a) 前者僅取決於所得　(b) 後者是所得與利率的函數　(c) 前者的利率彈性為 –0.5　(d) 後者的所得彈性小於前者

11. 在其他條件不變下，某國證券交易所大幅提高股票交易手續費產生影響，何者錯誤？

(a) 預防性貨幣需求遞增　(b) 投機性貨幣需求增加　(c) 降低股票周轉率　(d) 預期股票報酬率遞減

12. 在其他條件不變下，某國爆發需求通膨，引發預期通膨率上漲。依據 Baumol 貨幣需求函數，何種影響正確？　(a) 貨幣利率上升，人們持有持有名目交易性貨幣餘額遞減　(b) 貨幣流通速度遞減，人們增加持有名目交易性貨幣餘額　(c) 實質利率下降，貨幣機會成本下降，貨幣流通速度增加　(d) 持有貨幣的機會成本上升，貨幣流通速度增加，人們降低持有實質交易性貨幣餘額

13. 在其他條件不變下，Baumol 貨幣需求曲線呈現負斜率，何種理由正確？　(a) 名目利率上升，提高持有現金的報酬率，促使貨幣需求量增加　(b) 名目利率下降，減低持有現金的機會成本，促使貨幣需求量減少　(c) 利率上漲，提高持有現金的機會成本，促使貨幣需求量增加　(d) 利率下跌，減低持有現金的機會成本，促使貨幣需求量增加

14. 貨幣流通速度若與持有貨幣的機會成本關係不穩定，將意味著何種現象？　(a) 貨幣供給不穩定　(b) 貨幣市場永遠失衡　(c) 貨幣需求穩定　(d) 貨幣需求不穩定

15. 針對 (1) 市場利率提高、(2) 預期股市交易熱絡、(3) 預期物價上漲、(4) 廣設自動提款機（ATM）等因素，何者會造成人們增加持有貨幣餘額？　(a) 1、2、3、4　(b) 2、3、4　(c) 2、3　(d) 2、4

16. 有關貨幣需求的敘述，何者正確？　(a) 利率下跌帶動投資報酬率下降，將會減少貨幣需求　(b) 預擬交易數量增加，造成持有財富減少，將降低貨幣需求　(c) 物價上揚提高交易金額，所以對貨幣的需求將上揚　(d) 貨幣需求的高低與交易制 及習慣無關

17. 自 1980 年代末期起，金融體系逐步金融自由化，進而引發金融科技進步，此舉將導致何種結果？　(a) 穩定的貨幣需求　(b) 穩定的流通速度　(c) 流通速度不穩定　(d) 貨幣乘數依然穩定

18. 某國實質產出不變，油價暴跌引起物價一次性滑落，產生衝擊為何？　(a) 名目貨幣需求持平　(b) 貨幣利率下跌，引起實質貨幣需求增加　(c) 實質貨幣需求等比例減少　(d) 名目貨幣需求等比例減少

19. 新冠肺炎疫情蔓延，造成某國景氣陷入藍燈區域，出現通縮率超過貨幣成長率緊縮現象，何者錯誤？　(a) 高通縮引起貨幣利率下降，促使貨幣流通速度劇跌　(b) 高通縮引起實質利率上升，持有貨幣的機會成本增加　(c) 在通縮過程中，貨幣的實質購買力攀升　(d) 通縮持續不止，將會緊縮該國支出

20. 某人從法律學院畢業，考上律師即可開始向顧客收取極高談話費。此狀況將會影響其貨幣需求，何者錯誤？　(a) 所得增加導致貨幣需求遞減　(b) 增加前往銀行提款的機會成本　(c) 所得增加將增加貨幣需求　(d) 降低前往銀行提款次數

21. 人們降低持有的平均餘額，將發生何種狀況？　(a) 購買更多商品　(b) 減少孳息收入　(c) 機會成本增加　(d) 交易成本上升

22. 現金管理的規模經濟係針對何者而言？ (a) 人們所得較高，將持有高於所得某一比例的貨幣 (b) 人們所得較低，將持有高於所得某一比例的貨幣 (c) 人們持有貨幣將與所得成固定比例，不因所得變化而改變比例 (d) 人們所得較低，將持有低於所得某一比例的貨幣

23. 人們的實質貨幣需求係針對何者而言？ (a) 課稅後的貨幣需求 (b) 貨幣餘額的實質購買力 (c) 由央行決定 (d) 由實質利率與物價的倒數兩者決定

24. 某國貨幣需求可用 Baumol 函數表示，何者正確？ (a) 體系出現經濟成長，貨幣流通速度將上升 (b) 利率上漲將引起貨幣流通速度上漲 (c) 經濟成長率大於貨幣需求成長率 (d) 體系發生通膨時，貨幣流通速度將會下降

25. 有關趙敏持有交易性貨幣餘額的敘述，何者錯誤？ (a) 實質交易性貨幣需求愈大，貨幣流通速度愈小 (b) 持有名目交易性餘額將與物價等比例變化 (c) 高通膨率將導致實質交易性貨幣需求增加 (d) 趙敏繳納通膨稅，將與持有實質交易性餘額呈正比

答案：

1. (a)   2. (b)   3. (b)   4. (d)   5. (a)   6. (b)   7. (b)   8. (b)   9. (d)   10. (c)
11. (a)   12. (d)   13. (d)   14. (d)   15. (c)   16. (c)   17. (c)   18. (d)   19. (b)   20. (a)
21. (d)   22. (b)   23. (b)   24. (c)   25. (c)

二、依據 Baumol 存貨理論回答下列問題。

1. 該理論隱含買賣債券的經紀費用增加，將對貨幣與債券需求造成何種影響？ (a) 前者增加，後者減少 (b) 前者減少，後者增加 (c) 兩者同時增加 (d) 兩者同時減少

2. 該模型的主要觀點為何？ (a) 貨幣需求與所得相關 (b) 流通速度是固定 (c) 人們以貨幣持有所得的比例固定 (d) 貨幣需求的利率彈性係基於人們承擔交易成本的緣故

3. 該理論顯示交易性貨幣需求與何者的關係是錯誤？ (a) 與支出呈正向關係 (b) 與利率呈反向關係 (c) 與其他資產報酬率呈反向關係 (d) 與貨幣流通速度呈正向關係

4. 該模型指出人們持有貨幣的利益為何？ (a) 放棄利息收益 (b) 節省交易成本 (c) 低風險與相對其他資產的高報酬 (d) 避免持有生息資產的資本損失

5. 該模型指出人們追求前往銀行提款次數的總成本極小，總成本為何？ (a) 放棄利息收益 (b) 前往銀行次數的成本 (c) 放棄利息收益加上前往銀行次數的成本 (d) 前往銀行次數的成本減去放棄利息收益

6. 假設名目存款利率是 5%，前往銀行提款成本是 12，人們預擬支出是 48,000，在追求持有貨幣總成本極小下，其平均持有貨幣餘額為何？ (a) 980 (b) 2,400 (c) 3,394 (d) 4,000

7. 該模型隱含人們前往銀行提款的次數將如何變化？ (a) 隨著利率下降而遞增 (b) 隨著利率上漲而遞增 (c) 隨著支出增加而遞減 (d) 隨著財富增加而遞增

8. 該模型隱含人們持有平均餘額將如何變化？ (a) 隨著利率下降而遞增 (b) 隨著財富增加而遞增 (c) 隨著每次前往銀行的交易成本增加而遞減 (d) 隨著支出增加而遞增

9. 依據該模型，在何種狀況下，人們的貨幣需求將會遞增？ (a)ATM 處處可見 (b) 網路銀行交易盛行 (c) 銀行服務費用遞增 (d) 實質工資下降

10. 依據該模型，前往銀行提款的固定成本增加，貨幣需求將如何變化？ (a) 增加 (b) 減少 (c) 不變 (d) 變化不確定

11. 依據該模型，利率上升與支出增加，將引起貨幣需求如何變化？ (a) 兩者將引起貨幣需求增加 (b) 前者增加貨幣需求，後者減少貨幣需求 (c) 前將降低貨幣需求，後者增加貨幣需求 (d) 兩者將降低貨幣需求

12. 該模型若能解釋現狀，利率上升將造成何種影響？ (a) 貨幣流通速度不受影響 (b) 貨幣的流通速度上升 (c) 貨幣的流通速度遞減 (d) 對貨幣的流通速度影響不確定

13. 該模型指出人們的所得倍增，預期持有貨幣餘額將如何變化？ (a) 倍增 (b) 超過倍增 (c) 少於倍增 (d) 遞減

14. 該模型隱含人們的實質貨幣需求不受何者變化影響？ (a) 名目所得變動 (b) 名目利率變動 (c) 物價變動 (d) 通膨率變動

15. 依據 Baumol 貨幣需求理論，何者正確？ (a) 作為價值儲藏的貨幣需求將與利率呈逆向關係 (b) 作為價值儲藏的貨幣需求將與利率呈正向關係 (c) 利率上漲是來自於未持有貨幣而在收到付款增加所致 (d) 作為交易媒介的貨幣需求將與所得呈逆向關係

16. 依據該理論，利率上漲對債券市場最適交易次數的影響為何？ (a) 遞減 (b) 不會改變 (c) 遞增 (d) 不確定

17. 該理論對交易性貨幣需求的看法，何者錯誤？ (a) 提供貨幣需求與利率間存在反向關係的理論基礎 (b) 貨幣與債券需求取決於貨幣與債券之間進行一次移轉的成本 (c) 貨幣與債券需求取決於廠商持有存貨數量 (d) 通膨將會引起實質貨幣需求增加

18. 在該貨幣需求模型中，人們透過 ATM 交易所需支付的手續費遞增，將會導致何種結果？ (a) 平均持有貨幣餘額下降，交易次數減少 (b) 平均持有貨幣餘額增加，交易次數增加 (c) 平均持有貨幣餘額增加，交易次數減少 (d) 平均持有貨幣餘額不變，交易次數減少

19. 方程式 $B = \left(\frac{n-1}{2n}\right)Y$ 顯示何種狀況？ (a) 以債券市場交易次數表示的平均貨幣持有量 (b) 以債券市場交易次數平均債券持有量 (c) 債券市場交易次數的淨利潤 (d) 所有債券市場交易的利得與虧損

20. 依據該理論，網路金融交易遞增降低債券交易的相關成本，將會導致何種結果？ (a) 債券交易最適次數減少，貨幣需求遞增 (b) 債券最適交易次數增加，貨幣需求減少 (c) 會改變債券最適交易次數 (d) 債券最適交易次數增加，貨幣需求遞增

21. 依據該模型，影響人們從事債券交易次數的因素，何者錯誤？ (a) 放棄的利息 (b) 前往銀行次數的成本 (c) 過去的通膨率 (d) 債券交易手續費

22. 張無忌持有平均餘額至少為 1,000，每日攜帶平均餘額為 500。假設彰化銀行提供張無忌免費簽發支票，而債券支付報酬率為 5%，試問張無忌免費簽發支票的每年成本為何？ (a) 50 (b) 0 (c) 20 (d) 25

23. Whalen 模型指出人們持有預防性貨幣餘額將與何者無關？ (a) 持有貨幣的機會成本 (b) 轉換現金的手續費 (c) 轉換現金次數 (d) 收入和支出的狀況

24. 何者將被歸類為預防性貨幣需求？ (a) 貨幣基金報酬優於銀行活儲帳戶，張無忌因而在貨幣基金帳戶保有 1,000 元 (b) 趙敏申請並收到 10 萬元限額的信用卡 (c) 張三豐在銀行活儲帳戶保有 3 萬元因應緊急之用 (d) 殷素素每月在支票帳戶保有 1 萬元用於支付日常費用

答案：

1. (a)	2. (a)	3. (d)	4. (b)	5. (c)	6. (b)	7. (a)	8. (a)	9. (c)	10. (a)
11. (c)	12. (b)	13. (c)	14. (c)	15. (c)	16. (a)	17. (d)	18. (c)	19. (b)	20. (b)
21. (c)	22. (d)	23. (c)	24. (c)						

11.3 投機性貨幣需求

11.3.1 Keynes 的投機性貨幣需求

1. 有關 Keynes 的投機動機貨幣需求的敘述，何者正確？ (a) 人們在債券與普通股間移轉，以獲取資本利得 (b) 利率上升促使人們將債券移往貨幣 (c) 利率下跌吸引人們將貨幣移往債券 (d) 市場利率將會回歸正常利率

2. 人們的資產性貨幣需求將反映何種現象？ (a) 人們基於例行性交易而持有貨幣 (b) 人們想要以貨幣形式持有財富的比例 (c) 人們持有貨幣係為購買股票與債券及其他金融資產，物價變化不會影響貨幣需求 (d) 人們基於未雨綢繆而持有的貨幣

3. 黑天鵝來襲衝擊金融市場，人們將會增加持有貨幣，理由為何？ (a) 貨幣的報酬增加 (b) 金融資產的報酬增加 (c) 持有貨幣將無風險 (d) 持有貨幣的交易成本相對低於其他金融資產

4. 人們的貨幣需求將隨著何者發生變化？ (a) 依據其他金融資產流動性而變 (b) 與其他金融資產流動性呈逆向變化 (c) 貨幣具有完全流動性，與其他資產流動性變化無關 (d) 將與財富呈逆向變化

5. 下列敘述，何者正確？ (a) 人們預期通膨率上升，目前將增加持有貨幣 (b) 投資人預期未來利率上漲，將會增加持有貨幣 (c) 其他資產（如：股票）報酬率降低，將讓人

們減少持有貨幣　(d) 其他資產（如：股票）風險上升，將讓人們減少持有貨幣

6. 面對金融市場利率趨於上漲，人們將如何調整決策？　(a) 將手中貨幣全數轉成債券　(b) 降低貨幣占全部財富的比率　(c) 賣出股票轉買債券，但不影響人們持有貨幣意願　(d) 賣出所有低流動性資產與持有更多現金，以便利率持續上升，可以進行投機性購入更多債券

7. 某國利率水準超過正常狀況，何者正確？　(a) 投機性貨幣需求增加，交易性貨幣需求減少　(b) 投機性貨幣需求減少，交易性貨幣需求增加　(c) 投機性貨幣需求維持不變，交易性貨幣需求減少　(d) 投機性貨幣需求先增加而後遞減，交易性貨幣需求維持不變

8. 在其他條件不變下，利率下跌將會造成何種影響？　(a) 債券持有者蒙受資本損失　(b) 債券價格上升　(c) 投機性貨幣需求下降　(d) 交易性貨幣需求增加

9. 針對下列敘述，何者正確？　(a) 金融市場利率愈高，利率滑落可能性愈大，持有債券將面臨資本損失　(b) 金融市場利率愈低，利率上漲可能性愈高，債券持有者將面臨資本利得　(c) 金融市場利率愈高，利率滑落可能性愈大，債持有券將獲取資本利得　(d) 金融市場利率愈低，利率上升可能性愈小，持有債券者將獲取資本利得

10. 依據 Keynes 的累退預期臆說，如果目前利率很低，未來證券價格將如何變化？　(a) 上升　(b) 下降　(c) 不變　(d) 漲跌不確定

11. 有關 Keynes 投機性貨幣需求出現的原因，何者正確？　(a) 人們持續追求財富與所得極大　(b) 貨幣必須用於融通交易　(c) 貨幣與生息資產間的移轉成本為正　(d) 利率上升可讓持有債券者獲得資本利得

12. 有關投機性貨幣需求變化，何者正確？　(a) 因預期債券價格下跌而增加　(b) 將與交易性貨幣需求同向變動　(c) 在所得不變下，隨著預期債券價格下跌而降低需求量　(d) 將受預期債券價格影響，但不受預期利率影響

13. 如果投資人認為利率可能上漲，將做何種決策？　(a) 賣出債券而持有更多貨幣　(b) 買進更多債券，持有較少貨幣　(c) 不改變資產組合，直到利率實際上漲為止　(d) 持有貨幣餘額不變

答案：

1.(d)　　2.(c)　　3.(c)　　4.(b)　　5.(b)　　6.(b)　　7.(b)　　8.(b)　　9.(c)　　10.(b)

11.(a)　　12.(a)　　13.(a)

11.3.2 Markowitz-Tobin 資產選擇理論

一、預期效用函數與投資決策

1. 有關風險中立者行為的描述，何者錯誤？　(a) 只在乎預期報酬率，忽略風險大小　(b) 財富的邊際效用為固定值　(c) 財富的總效用曲線為一直線　(d) 僅在乎實際報酬率

2. 風險怯避者從事金融操作，何者正確？ (a) 財富的邊際效用固定 (b) 從事高風險投資可獲得高實際報酬率補償 (c) $\mu - \sigma$ 無異曲線呈現負斜率 (d) 承擔高風險將要求高預期報酬率補償

3. 張無忌的效用函數為 $U(r) = a + br - cr^2$，資產報酬率 r。在不確定環境下，何者正確？ (a) $\mu - \sigma$ 預期效用函數為 $E(U) = a + b\mu - c\sigma^2$ (b) 財富的邊際效用遞增 (c) 安排資產組合趨於多元化 (d) 投資決策無須面對投機性風險

4. 有關效率投資前緣的特質，何者錯誤？ (a) 效率投資組合位於效率前緣上 (b) 在相同風險等級下，出現最高預期報酬率 (c) 在相同預期報酬率下，出現最低風險 (d) 效率前緣將受投資人風險怯避程度影響

5. 在何種情況下，富邦金控將可擴大資產組合的風險分散效果？ (a) 組合內個股預期報酬率增加 (b) 組合內個股變異數擴大 (c) 組合內個股彼此間的共變異數下降 (d) 組合內個股間的正相關係數擴大

6. 人們採取不同風險偏好態度，何種金融操結果正確？ (a) 風險怯避者將資產報酬率的偏態係數視為負效用 (b) 風險愛好者將安排資產組合多元化 (c) 風險中立者以實際報酬率作為投資決策指標 (d) 風險怯避者的財富邊際效用呈遞減現象

7. 張無忌選擇台塑石化與中信金控兩種股票來安排資產組合，面對兩者間相關係數 ρ 為各種可能性時，何者正確？ (a) $\rho = 0$ 將隱含資產組合預期報酬率為 0 (b) $\rho = 0$ 代表資產組合沒有風險 (c) $\rho = -1$ 將讓資產組合預期報酬率最小 (d) $\rho = 1$ 代表資產組合風險最高

8. 人們的風險偏好迥異，並視金融市場環境進行多空操作，何者錯誤？ (a) 風險趨避者僅會投資預期報酬率為正的股票 (b) 風險中立者不會選擇預期報酬率為 0 的股票 (c) 風險愛好者不會青睞負預期報酬率的股票 (d) 面對正偏態係數值的報酬率機率分配，人們將採空頭操作

9. 台塑與南亞股票報酬率的變異數相等，相關係數為 +1。張無忌針對兩者安排資產組合時，何者正確？ (a) 變異數比個別股票變異數大 (b) 變異數等於兩者相加 (c) 可分散風險，降低變異數 (d) 變異數不變

10. 針對風險與報酬率的關係，何者正確？ (a) 風險愛好者面對高風險，將要求高預期報酬率作為補償 (b) 風險怯避者將是要求「高風險，高預期報酬率」 (c) 風險中立者認為風險將會影響實際報酬率 (d)「高風險需要配合高預期報酬率」的概念，將適合所有類型的投資人

11. 某資產組合預期報酬率係同一風險階層的資產組合中最高者，此即稱為： (a) 市場資產組合 (b) 最小風險的資產組合 (c) 效率資產組合 (d) 安全性資產組合

12. 某人計算持有資產組合報酬率，何者正確？ (a) 組合內個股報酬率的算術平均 (b) 組合內個股報酬率的加權平均 (c) 組合內個股報酬率的幾何平均 (d) 組合內個股報酬率

的加總

13. 趙敏追求降低資產組合風險，應該採取何種策略？ (a) 減少投資資產的種類 (b) 加入和原組合報酬率相關係數為 0 的資產 (c) 加入和原組合報酬率相關係數為負的資產 (d) 增加預期報酬率較高的資產

14. 何者屬於風險性資產的效率前緣？ (a) 由相同風險資產構成的集合 (b) 由相同預期報酬率資產構成的集合 (c) 由無風險資產構成的集合 (d) 在所有特定風險下，由最高預期報酬率資產構成的集合

15. 當資產組合內個別資產間的相關係數為 0 時，何者正確？ (a) 無風險分散效果 (b) 有風險分散效果 (c) 風險分散達到最佳 (d) 風險分散優於相關係數為 -1 之資產組合

16. 王五將 60% 資金投資統一企業，預期報酬率為 20%，另外 40% 投資裕隆公司債，預期報酬率為 8%，標準差為 15%；標準差為 5%。兩者間的相關係數為 -0.5，該資產組合預期報酬率為何？ (a) 12.8% (b) 15.2% (c) 14.4% (d) 16.4%

17. 有關 Markowitz 資產組合理論內容，何者正確？ (a) 資產組合風險是個別資產風險依投資比例的加權平均 (b) 市場是否存在安全性資產，將不影響投資機會集合 (c) 投資人若可放空操作，任兩效率投資組合，將可合成所有可行之效率投資組合 (d) 風險怯避投資人不會投資風險性資產

18. 有關不同風險偏好投資人決策關心的焦點，何者正確？ (a) 風險中立者僅關心預期報酬率單一變數 (b) 對風險怯避者而言，高風險將讓預期效用愈高 (c) 對風險怯避者而言，偏態係數將扮演負效用的角色 (d) 風險愛好者僅關心報酬率的變異數單一變數

19. 風險愛好者操作股票，何者正確？ (a) 財富的邊際效用遞增 (b) 追求高風險投資，而非追求高預期報酬率 (c) $\mu - \sigma$ 無異曲線呈現正斜率 (d) 若要承擔高風險，須給予高預期報酬率補償

20. 股票與債券的預期報酬率上漲，對資產性貨幣需求影響為何？ (a) 同時增加貨幣需求 (b) 前者增加貨幣需求，後者則降低貨幣需求 (c) 前者降低貨幣需求，後者則增加貨幣需求 (d) 同時降低貨幣需求

21. 風險愛好者的財富邊際效用特質，何者正確？ (a) 財富邊際效用曲線為負斜率 (b) 財富增加將促使邊際效用遞增 (c) 財富邊際效用是負值 (d) 財富減少將讓邊際效用先遞增再下降

22. 風險中立者的財富效用曲線型態為何？ (a) 水平線 (b) 正斜率直線 (c) 正斜率且斜率遞增 (d) 正斜率且斜率遞減

23. 風險怯避者從事金融操作，何種判斷正確？ (a) 投資人的財富邊際效用固定不變 (b) 風險與實際報酬率呈正比，從事高風險投資將可獲得較高實際報酬率 (c) $\mu - \sigma$ 無異曲線呈現負斜率 (d) 若要承擔較高風險，必須給予較高預期報酬率補償

24. 趙敏面對兩家不分軒輊的半導體上市公司 （如：台積電與聯發科），其風險 σ^2 與預期

報酬率 $E(r)$ 各有高低。何種投資決策較佳？　(a) 選擇偏態係數為負值較大的公司
(b) 選擇變異係數較小的公司　　(c) 選擇股權報酬率較高的公司　　(d) 選擇 EPS 較高的公司

25. 投資人的風險偏好操作台股發揮影響，何者正確？　(a) 風險中立者的決策變數只有預期報酬率　　(b) 風險愛好者安排資產組合趨於多元化　　(c) 風險怯避者將選擇風險最低的股票　　(d) 偏態係數若為負值，風險怯避者將持有股票多頭部位

26. 趙敏與張無忌同屬風險怯避者，前者厭惡風險程度遠高於後者。兩人同時參與台股投資，選擇資產組合特性，何者正確？　(a) 面對相同的 EPS，趙敏偏好較高的變異數
(b) 面對負偏態係數，兩人將採取放空操作策略　　(c) 在相同風險等級下，張無忌相對趙敏可接受較低實際報酬率　　(d) 在實際報酬率相同下，趙敏相較張無忌不願承擔較高風險

27. 荷銀安利平衡基金設定投資人效用函數為 $U(r) = a + b - cr^2$，a、b、$c > 0$，r 是資產報酬率。在不確定環境下，何者正確？　(a) 財富的邊際效用遞減隱含 $\mu - \sigma$ 無異曲線呈現正斜率　　(b) 財富的邊際效用遞減，是以基金將挑選實際報酬最高的股票投資　　(c) 基金選擇的股票若非風險最低即是預期報酬率最高　　(d) 面對正的投機性風險，基金將從事多頭操作

28. 風險與報酬率係投資決策的兩個主要變數，彼此間的關係，何者正確？　(a) 兩種資產報酬率呈現完全負相關，郭靖將可安排無風險資產組合　　(b) 郭襄若願意承擔較高風險，將可獲取較高實際報酬率　　(c) 黃蓉是風險怯避者，將尋求低風險與高預期報酬率的資產組合　　(d) 張無忌在資產組合中增加持有同一產業的股票，將可達到提升報酬的目的

29. 台股投資人心態迥異，且視市場環境變化進行多空操作，何者錯誤？　(a) 風險趨避者僅挑選實際報酬率最高的股票　　(b) 風險中立者僅關愛最高預期報酬率的股票　　(c) 風險愛好者挑選股票是風險最高，不在乎預期報酬率正負　　(d) 報酬率機率分配的偏態係數若為負值，投資人將採取偏空操作

30. 張三豐與張無忌同屬風險怯避者，前者厭惡風險程度遠高於後者。兩人同時操作台股，選擇股票的差異性為何？　(a) 在相同風險下，張無忌將要求較高實際報酬率　　(b) 在實際報酬率相同下，張三豐承擔風險意願較低　　(c) 在相同風險下，張無忌可接受較低預期報酬率　　(d) 在實際報酬率相同下，張無忌將要求較高風險溢酬

31. 在何種情況下，富邦金控將可擴大分散投資組合風險效果？　(a) 組合內之各股預期報酬率增加　　(b) 組合內之各股變異數擴大　　(c) 組合內之各股間的共變異數下降　　(d) 組合內之各股票間的相關係數擴大

32. 張無忌的資產報酬率效用函數為：$U(r) = a + br + cr^2 + dr^2$，$a$、$b$、$c$、$d < 0$。在不確定環境下，何者錯誤？　(a) 報酬率的邊際效用遞減　　(b) 張無忌是風險愛好者　　(c) 安排

資產組合內容將趨於多元化　(d) 必須同時考慮變異性風險與投機性風險

33. 元大投信發行股票基金，在公開說明書中揭露安排基金組合的操作目標函數為 $U(r) = a \ln r$，r 是股票組合報酬率。依據該項目標函數，何種資訊錯誤？　(a) 資產報酬率的機率分配是常態分配　(b) 基金訴求的投資人屬於風險怯避者　(c) 安排資產組合將趨於多元化　(d) 股票組合報酬率將存在變異性風險與投機性風險

34. 有關不同風險偏好的投資人決策模式，何者正確？　(a) 不同風險偏好者對資產報酬率的偏態係數的看法均屬不同　(b) 風險愛好者將安排資產組合多元化　(c) 風險中立者以實際報酬率作為投資決策指標　(d) 風險愛好者的財富邊際效用呈遞增現象

35. 某跨國基金設定操作目標函數為 $U(r) = a + br + cr^2$，r 是資產報酬率。在不確定環境下，有關該函數顯現的特質，何者錯誤？　(a) 資產報酬率的邊際效用遞增，隱含無異曲線為正斜率　(b) 跨國基金屬於愛好風險屬性　(c) 基金組合將是單一化　(d) 僅須面對變異性風險

36. 有關效率投資前緣特質的描述，何者錯誤？　(a) 效率投資組合位於效率前緣上　(b) 在相同風險等級下，有最高的預期報酬率　(c) 在相同預期報酬率下，有最低的風險　(d) 效率前緣將受投資人風險怯避程度影響

37. 趙敏面對相同風險（σ^2）層級的股票，何種投資決策略較佳？　(a) 選擇 EPS 較高的股票　(b) 選擇每股的淨值報酬率較大者　(c) 選擇偏態係數為負值較大者　(d) 選擇變異係數（$\frac{\sigma^2}{\mu}$）較小者

38. 投資人心態各異，並視金融市場環境扮演多頭或空頭角色，何者錯誤？　(a) 風險趨避者僅會投資正預期報酬率的股票　(b) 風險中立者不會選擇零預期報酬率的股票　(c) 風險愛好者面對負預期報酬率的股票，將採取空頭操作　(d) 面對正偏態係數值的報酬率機率分配，投資人將進行空頭操作

39. 台塑與南亞股票報酬率的變異數相等，相關係數。張無忌安排兩者組成資產組合，何者正確？　(a) 變異數比個別證券變異數大　(b) 變異數等於兩者相加　(c) 可分散風險，降低變異數　(d) 變異數不變

答案：

1. (d)	2. (d)	3. (c)	4. (d)	5. (c)	6. (d)	7. (d)	8. (c)	9. (a)	10. (b)
11. (c)	12. (b)	13. (c)	14. (d)	15. (a)	16. (b)	17. (c)	18. (a)	19. (a)	20. (d)
21. (b)	22. (b)	23. (d)	24. (b)	25. (a)	26. (b)	27. (a)	28. (a)	29. (a)	30. (c)
31. (c)	32. (b)	33. (a)	34. (d)	35. (d)	36. (d)	37. (d)	38. (d)	39. (d)	

二、Tobin 的資產性貨幣需求理論

1. Tobin 運用資產選擇理論詮釋貨幣需求，係基於何種假設？　(a) 交易必須使用貨幣

(b) 所有生息資產均具有風險性　　(c) 報酬與風險隨著資產組合不同而異　　(d) 資產報酬率變異性影響資產需求極微

2. 有關資產選擇的敘述，何者錯誤？　(a) 基金若能用於支付貨款，則應納入貨幣定義　(b) 央行限制銀行擴張信用，除將減少貨幣供給外，也將推動利率上漲　(c) 人們對未來通膨發生疑慮，將會增加固定利率存款需求，降低浮動利率存款需求　(d) 人們對未來通膨產生疑慮，將會減少債券需求，轉而增加股票需求

3. 依據資產性貨幣需求理論，財富增加與預期通膨率上漲對貨幣需求影響為何？　(a) 兩者變動同時增加貨幣需求　(b) 前者增加貨幣需求，後者則降低貨幣需求　(c) 前者降低貨幣需求，後者則增加貨幣需求　(d) 兩者變動同時降低貨幣需求

4. 比較 Tobin 與 Keynes 的投機貨幣需求理論，何者正確？　(a) 兩者皆隱含人們僅會持有貨幣或債券　(b) 前者預測人們僅持有貨幣或債券，後者隱含個人會持有多元化資產　(c) 前者隱含人們持有多元化資產，而後者預測人們僅持有貨幣或債券　(d) 兩者皆隱含人們會持有多元化資產

5. 資產性貨幣需求理論強調貨幣相對其他資產的差異為何？　(a) 風險與報酬的組合　(b) 流動性　(c) 最適數量　(d) 需求與供給

6. Tobin 的資產選擇理論詮釋貨幣需求，係基於何種假設？　(a) 交易需要貨幣　(b) 所有產生收益的資產具有風險　(c) 風險與報酬在資產間變動　(d) 財富變異性對資產需求影響微不足道

7. 人們的貨幣需求函數同時取決於所得與財富，此種概念是何種理論的一部分？　(a) Baumol 與 Friedman　(b) 貨幣數量學說　(c) Keynes　(d) Tobin

8. Tobin 解釋貨幣需求作為價值儲藏，何者正確？　(a) 貨幣幻覺的結果　(b) 意圖降低資產組合風險　(c) 恐懼部分廠商倒閉　(d) 未來交易川流的不確定性

9. Tobin 的資產性貨幣需求類似 Keynes 的投機動機貨幣需求，何者正確？　(a) 都無法解釋資產合多元化　(b) 兩者隱含貨幣需求取決於利率　(c) 兩者都倚賴投資人對預期報酬率有一個正常利率的假設　(d) 兩者隱含投資人預期未來利率下跌，將會選擇保有貨幣

10. Tobin 的資產性貨幣需求理論隱含何種狀況？　(a) 債券價格不確定性遞增將會降低貨幣需求　(b) 預期通膨遞增將會降低貨幣需求　(c) 財富增加會降低貨幣需求　(d) 貨幣需求遞增將與其他資產報酬率成逆向變動

11. 依據 Tobin 的資產性貨幣需求理論，攸關債券價格的不確定性遞增，將會導致何種結果？　(a) 貨幣需求減少，而債券需求遞增　(b) 債券需求下降，而貨幣需求增加　(c) 貨幣需求與債券需求同時增加　(d) 貨幣需求與債券需求同時減少

12. 依據 Tobin 的資產性貨幣需求理論，利率上升伴隨著債券價格不確定性遞減，將會導致何種結果？　(a) 增加貨幣需求　(b) 增加債券需求　(c) 同時增加貨幣需求與債券需求　(d) 對貨幣或債券需求毫無影響

答案：

1. (b)　　2. (c)　　3. (b)　　4. (c)　　5. (a)　　6. (c)　　7. (d)　　8. (b)　　9. (b)　　10. (d)

11. (b)　　12. (b)

11.3.3 Friedman-Meltzer 資產替代理論

1. 有關 Friedman 貨幣需求函數的敘述，何者錯誤？　(a) 類似 Tobin 資產選擇理論的貨幣需求　(b) 以恆常所得作爲主要解釋變數之一　(c) 引進競爭性非貨幣性資產報酬率作爲解釋變數　(d) 流通速度缺乏穩定性

2. Friedman 貨幣需求與其他觀點貨幣需求間的重要差異，何者正確？　(a) 貨幣與所有商品及資產間的替代性　(b) 名目利率　(c) 貨幣與其他金融資產的替代性　(d) 財富效果

3. 有關 Friedman 貨幣數量學說的敘述，何者錯誤？　(a) 本質上是資產替代理論　(b) 實質財富增加，貨幣需求增加　(c) 債券的名目預期報酬率增加，貨幣需求增加　(d) 預期通膨率上漲，貨幣需求減少

4. 依據 Friedman 貨幣需求理論，有關實質貨幣需求變化的敘述，何者正確？　(a) 實質所得將會影響實質貨幣需求，財富對貨幣需求則無影響　(b) 人們擁有人力資本愈多，對實質貨幣需求愈高　(c) 預期通膨率與實質貨幣需求呈正向關係　(d) 利率上升將促使流通速度下降

5. 有關 Friedman 貨幣需求理論的特質，何者錯誤？　(a) 類似 Tobin 運用資產選擇理論來推演貨幣需求　(b) 以恆常所得作爲重要解釋變數之一　(c) 引進非貨幣性資產收益率作爲解釋變數　(d) 強調貨幣與資產間移轉成本對貨幣需求影響

6. 有關 Keynesian 學派與貨幣學派模型的敘述，何者正確？　(a) 前者認爲貨幣需求的利率彈性極低，後者則認爲很高　(b) 前者認爲貨幣需求的利率彈性在影響經濟活動方面不重要，而後者不同意該說法　(c) 前者認爲貨幣需求的利率彈性相對高，後者則認爲很低　(d) 前者認爲貨幣需求的利率彈性不是決定流通速度穩定或不穩定的因素

7. Friedman 與 Keynes 貨幣需求理論的差異性爲何？　(a) 前者認爲貨幣需求缺乏利率彈性，後者則主張具有高利率彈性　(b) 前者認爲貨幣需求具有利率彈性，後者則主張利率彈性無窮大　(c) 前者認爲只有投機性貨幣需求，後者則是引進預防性貨幣需求　(d) 後者假設人們以貨幣形式持有貨幣的比率固定，而前者則認爲是可變

8. 依據 Friedman 貨幣需求理論，Cambridge 方程式如何重述？　(a) $M^d = k(r_B, r_E, r_D)Py$　(b) $M^d = k / Py(r_B, r_E, r_D)$　(c) $M^d = Py / k(r_B, r_E, r_D)$　(d) $M^d = (r_B, r_E, r_D)Py / k$

9. 貨幣學派模型對貨幣流通速度的看法爲何？　(a) 與利率呈正向變化，但與所得無關　(b) 與利率和所得呈正向變動　(c) 固定　(d) 短期發生變動，長期是固定值

10. Friedman 對貨幣數量學說重新詮釋的內涵，何者正確？　(a) 貨幣流通速度不受預期通膨影響　(b) 貨幣供給能夠影響實質部門決策　(c) 實質產出在自然就業時爲固定值

(d) 預期通膨將會引起實質產出波動

答案：

1. (d)　　2. (a)　　3. (c)　　4. (b)　　5. (d)　　6. (c)　　7. (b)　　8. (a)　　9. (c)　　10. (c)

11.4 進階選擇題

1. 某國貨幣需求可用 Baumol 函數表示，何者正確？　(a) 體系出現經濟成長，將引起貨幣流通速度將上升　(b) 利率上漲將推動貨幣流通速度上升　(c) 經濟成長率將小於貨幣需求成長率　(d) 體系發生通膨將會降低貨幣流通速度

2. 針對人們持有交易性貨幣需求發生變化，何者錯誤？　(a) 物價上升增加實質貨幣需求　(b) 名目財富增加促使名目貨幣需求增加　(c) 實質所得上升促使實質貨幣需求增加　(d) 名目利率上升降低名目貨幣需求

3. 依據 Baumol 模型，物價波動引起交易性貨幣需求變化，何者正確？　(a) 名目交易性貨幣需求愈大，將反映貨幣流通速度愈大　(b) 油價上升推動物價上漲一倍，將會降低實質交易性貨幣需求　(c) 貨幣成長率擴大引爆高通膨率，將會增加名目交易性貨幣需求　(d) 在通膨過程中，名目交易性貨幣餘額將與物價波動等比例變動

4. 有關趙敏持有交易性貨幣餘額的行為，何者錯誤？　(a) 實質交易性貨幣需求愈大，貨幣流通速度將愈小　(b) 名目交易性貨幣餘額將與物價等比例上漲　(c) 高通膨率將導致實質交易性貨幣需求增加　(d) 趙敏繳納通膨稅，將與持有實質交易性貨幣餘額成正比

5. 依據 Baumol 模型，在物價波動過程中，張無忌將會調整持有交易性貨幣餘額，何者正確？　(a) 張無忌持有實質交易性貨幣餘額，將與物價等比例上漲　(b) 中油全面調整油價，張無忌將降低持有實質交易性貨幣餘額　(c) 央行持續提高貨幣成長率，張無忌將增加持有名目交易性貨幣餘額　(d) 在通膨過程中，張無忌持有名目交易性貨幣餘額成長率將等於通膨率

6. 有關 Friedman 貨幣需求函數的敘述，何者錯誤？　(a) 恆常所得愈高，實質貨幣需求愈多　(b) 債券預期報酬率愈高，對實質貨幣需求愈少　(c) 股權資產預期報酬率愈高，對實質貨幣需求愈多　(d) 預期稅率愈高，對實質貨幣需求愈少

7. 依據 Baumol-Tobin 理論，為因應經濟環境變化，張三豐將調整持有交易性貨幣餘額，何者錯誤？　(a) 體系發生通膨，縱使比例性交易成本水漲船高，張三豐也不會調整持有實質交易性貨幣餘額　(b) 油價驟然飆漲，引發物價上漲，在固定提款成本下，張三豐將增加持有名目交易性貨幣餘額　(c) 提款成本是比例型態，張三豐持有名目交易性貨幣永遠為固定值　(d) 在通膨過程中，張三豐持有名目交易性貨幣餘額，將與物價等比例上升

8. 某國貨幣需求函數是 Baumol 型態，何者正確？　(a) 人們預擬支出增加，將會減少名

目貨幣需求 (b) 預擬支出增加小於貨幣需求增加 (c) 貨幣需求曲線的利率彈性固定為 –0.5 (d) 經濟成長率大於貨幣需求成長率

9. 人們從事金融操作,對資產組合風險與報酬率取捨,何者正確? (a) 風險怯避者承擔風險愈大,要求高實際報酬率補償 (b) 風險中立者承擔風險愈大,要求高風險溢酬補償 (c) 風險愛好者樂意面對高風險,且無須給予風險溢酬補償 (d) 不論人們風險偏好為何,資產組合變異性風險均是負效用

10. 張翠山是風險愛好者,而股素素則是怯避風險。兩人進場操作股票,選擇股票的差異性,何者正確? (a) 面對相同預期報酬率,趙敏選擇風險較低股票 (b) 在相同實際報酬率下,張翠山選擇高風險股票 (c) 面對高風險,張翠山要求高風險溢酬作為補償 (d) 張翠山可能選擇負預期報酬股票,而股素素則不會做此選擇

11. 張無忌選擇台塑與彰銀兩種股票建立投資組合,面對兩者的相關係數 ρ 出現各種可能時,何者正確? (a) $\rho = 0$ 隱含預期組合報酬率為 0 (b) $\rho = 0$ 隱含該組合不具風險性 (c) $\rho = -1$ 代表預期組合報酬率最小 (d) $\rho = 1$ 代表組合的風險最高

12. 針對下列四個敘述:(1) 依據 Tobin 資產選擇理論,利率上漲產生的替代效果大於所得效果,則貨幣需求增加。(2) 依據 Baumol 存貨理論,交易性貨幣需求除受所得影響外,也受利率影響。(3) 隨著信用卡使用普及,將會降低人們的需求。(4) 依據貨幣需求函數實證研究,多數指出人們持有貨幣餘額並無貨幣幻覺。何者正確? (a) 1、2、3 與 4 正確 (b) 1 與 3 正確 (c) 2 與 4 正確 (d) 2、3 與 4 正確

13. 許君自經研所畢業後,進入美商 Johnson & Johnson 藥品公司上班,同時簽訂四年期勞動契約。有關這份契約顯現的特質,何者錯誤? (a) 勞資雙方選擇衡量勞動契約單位,時間因素將扮演重要角色 (b) 美商公司以美元支付薪資,許君將面臨匯率風險 (c) 美商採取轉帳支付許君薪水,將符合等值互償條款 (d) 勞動契約若以台幣計價,許君在契約持續期間,將面臨購買力下跌風險

14. 中國自宋朝開始出現紙幣,影響經濟活動遍及各層面,何者正確? (a) 人們習慣將紙幣視為淨財富,朝廷增加紙幣發行,國家將更趨富裕 (b) 人們將紙幣視為交易媒介,體系內將無其他資產可以替代 (c) 朝廷發行紙幣總額即是朝廷的實質收入 (d) 朝廷發行紙幣需要黃金支持,否則將乏人問津

15. 桃園復興鄉居民決定改採直接物物交換,何者將被排除於評估範圍? (a) 雙重慾望巧合是否存在 (b) 選擇適當的契約單位 (c) 尋覓成本與儲藏成本高低 (d) 鄉民們預擬交換的商品在復興鄉內出現的機率

16. 某國經濟發展邁入間接交換層次,何者正確? (a) 價值儲藏工具出現將能提升間接交易效率 (b) 張三豐簽發支票完成間接交換,將是銀貨兩訖 (c) 李四以數位信用卡來結清網路購物,將是銀貨兩訖 (d) 間接金融與間接交換實屬一體之兩面的活動

17. 某公司董事長口袋一直保有定額鈔票,何種說法正確? (a) 基於未雨綢繆而持有交易

性貨幣（交易動機）　　(b) 為因應例行應酬所需支出而持有融資性貨幣（融資動機）
(c) 基於規避經濟環境變化而持有投機性貨幣（投機動機）　　(d) 基於怯避股市震盪而持
有預防性貨幣（預防動機）

18. 阿里國在 n 種商品中選擇玉石充當計帳單位，民間則以阿國紙幣作為交易媒介，何者正
確？　 (a) 阿國商品的記帳價格共有 $\frac{n(n-1)}{2}$ 種　　(b) 阿國商品的記帳價格共有 $n-1$ 種
(c) 阿國商品的絕對價格共有 $n-1$ 種　　(d) 阿國商品的相對價格共有 $n-1$ 種

19. 依據複式三分內涵，何者正確？　 (a) 某微型企業以支票交付原料貨款，將會滿足等值
互償條件　　(b) 張三豐買進台股指數期貨，在未來採取現金交割，意味著貨幣兼差為記
帳單位　　(c) 張無忌以 M_2 安排交易餘額，將是著重於暫時購買力儲藏所　　(d) 張翠山以
M_2 安持閒置餘額，則是強調貨幣扮演交易媒介角色

20. 依據 Baumol 模型，何者將誘使人們增加持有交易性現金餘額？　 (a) 電子商務市場規模
擴大，盛行以轉帳支付購物金額　　(b) 上市公司進貨，盛行約定到期以匯款方式付款
(c) 交通壅塞增加每次前往銀行提款所需時間　　(d) 銀行普設分行與自動提款機

21. 依據 Baumol 模型，有關交易性貨幣需求的性質，何者正確？　 (a) 人們預擬支出愈大，
持有交易性貨幣餘額愈大　　(b) 體系內貨幣流通速度呈現固定值　　(c) 人們持有交易性貨
幣餘額占所得比例呈現固定趨勢　　(d) 人們持有交易性貨幣餘額具有高利率彈性

22. 台東蘭嶼鄉的經濟活動以農漁業為主，市場經濟並不發達。假設蘭嶼鄉民偏好選擇「飛
魚」作為商品貨幣，何種可能現象正確？　 (a) 「飛魚」是典型的季節性魚類，在飛魚季
節內，蘭嶼物價將出現下跌　　(b) 「飛魚」是支付工具，符合等值互償條件　　(c) 鄉民持
有「飛魚」作為契約單位，將可確保契約價值穩定性　　(d) 在非飛魚季節內，鄉民仍會
選擇「飛魚」作為交易媒介

23. 林君自研究所畢業後進入美商 IBM 公司上班，簽訂三年期勞動契約。有關該契約的性
質，何者錯誤？　 (a) 勞資雙方選擇美元衡量勞動契約單位，將是考慮美元價值穩定性
(b) IBM 將以美元支付薪資，林君將面臨匯率風險　　(c) 美商以電子貨幣支付薪水，將是
滿足等值互償條款　　(d) 勞動契約以美元計價，但以台幣支付薪資，在未來三年，林君
將面臨台幣貶值與購買力下跌風險

24. 有關 Hicks 的複式三分內涵，何種看法錯誤？　 (a) 東元電機以匯款方式支付上游廠商
貨款，將是符合交易媒介特色　　(b) 張三豐從事台股指數期貨交易，未來須以現金交
割，顯示貨幣同時扮演延遲支付工具與契約單位　　(c) 張無忌安排閒置餘額組合，將會
持有預防性貨幣餘額　　(d) 張翠山以信用卡支付消費活動，將是銀貨兩訖

25. 從殷墟考古發掘資料顯示，在股商時代中、晚期已經出現原始的金屬鑄幣 (青銅仿製
的海貝)，此種現象對經濟活動影響為何？　 (a) 貝殼是內在貨幣，屬於體系內淨財富
(b) 貝殼僅是交易媒介，人們必須從事後續結清債務活動　　(c) 貝殼是支付工具符合等值

互償條件　(d) 殷商政府從推廣貝殼作爲貨幣的過程中取得鑄幣稅

26. 某國金融業致力於金融科技發展，將對金融體系造成何種衝擊？　(a) M_{1B} 成長率將小於 M_2 成長率　(b) 交易媒介與價值儲藏工具的界線趨於模糊　(c) 人們使用支付工具完成交易比例，將大於使用交易媒介比例　(d) 電子商務交易必須透過間接金融給予融通才能完成

27. 原始物物交換模式在 21 世紀蛻變成透過「實物交換公司」仲介，並以各自的市場價格計算，直接完成物物交換活動。依據美國商務部統計，美國每年的實物交換金額 7,000 億美元，占全球交易額 25%。在該類物物交換活動中，何種現象將會發生？　(a) 符合等值互償條款　(b) 記帳單位與交易媒介合爲一致　(c) 價值穩定的交易媒介將扮演決定性角色　(d) 交換雙方仍需透過支付工具清算

28. 北宋政府發行的「交子」與南宋的「會子」是中國最早的紙幣型態，此種貨幣出現對經濟活動衝擊爲何？　(a) 南宋末期發生嚴重通膨，追根究柢是政府藉著濫發紙幣獲取鑄幣稅　(b) 縱使南宋發生通膨，人們基於交易動機仍將持有貨幣　(c) 南宋政府發行紙幣融通抗金戰爭，形同向人民課徵通膨稅　(d) 南宋政府發行紙幣的實質收入即是增加發行紙幣的總額

29. 從 1980 年代後期開始，通訊網路技術進步，加速金融處理技術創新，何者錯誤？　(a) 活儲成長率將會超過通貨淨額成長率　(b) 張無忌使用 Visa 信用卡購買華碩 EeePC 電腦，此係銀貨兩訖　(c) 金融處理技術創新大幅降低金融交易成本，除提升資產流動性外，也將擴大準貨幣變異性　(d) 趙敏透過 PChome 線上購物後，通常採取準貨幣付款

30. 台灣經濟活動邁入數位化與網路化時代，金融交易型態顯著異於傳統金融活動。何種發展正確？　(a) M_{1B} 乘數將因悠遊卡與 i-cash 卡盛行而呈現遞增　(b) 張無忌刷卡支付向博客來網路書店購書貨款，因可延遲付款，顯示信用卡扮演延遲支付工具　(c) 電子商務盛行促使直接物物交換趨於熱絡，也將帶動直接金融大幅成長　(d) 台塑傳送以其在彰銀帳戶付款的電子支票給華碩，支付採購電腦設備貨款，顯示該筆交易已經銀貨兩訖

31. 張氏家族運用「複式三分」概念衍生的說法，何者正確？　(a) 張無忌以 i-cash 卡在統一超商購物，將不符合「等值互償」條件　(b) 張三豐使用新光銀行簽帳卡在新光三越百貨購物，將享有延遲付款優惠　(c) 趙敏以電子貨幣在晶華酒店宴客，將可享受暫時購買力儲藏所的金融勞務　(d) 爲規避新冠肺炎釀成金融市場震盪，張翠山將持有投機性貨幣餘額

32. 有關複式三分內涵，何種衍生說法錯誤？　(a) 聚隆纖維爲享有購料折扣優惠，採取現金支付石化原料貨款，將符合等值互償條件　(b) 新冠肺炎重創景氣，楚留香增加持有預防性貨幣，係因貨幣具有保值功能　(c) 趙敏基於怯避股市步入空頭市場風險而持有預防性貨幣，係因後者提供交易媒介功能　(d) 張無忌基於明教未來發展而持有貨幣，此係反映預防性貨幣需求

33. 張三豐安排武當山的宮庫資金用途，挑選華碩電腦與合庫兩種股票作為投資標的。在下列情況下，何者正確？（ρ 是兩種股票的相關係數） (a) $\rho = 0$ 代表資產組合的預期報酬率為 0 (b) 面對 $\rho = -1$，將可安排無風險資產組合 (c) $\rho = -1$ 意味著華碩股價上漲，合庫股價則會下跌，安排兩者組合所獲的實際報酬率是 0 (d) $\rho = 1$ 將代表華碩與合庫股價同時上漲，安排兩者組合所獲實際報酬率最大

34. 國際投信發行股票基金，在公開說明書揭露安排基金組合的目標函數為 $U(r) = a + br - cr^2 + dr^3$，$r$ 是股票組合報酬率。依據該項目標函數，何種資訊錯誤？ (a) 資產報酬率的機率分配將是常態分配 (b) 該項基金訴求對象為風險怯避者 (c) 安排資產組合必然趨於多元化 (d) 股票組合的報酬率將會存在變異性風險與投機性風險

35. 投資人的預期效用函數為 $EU = V(\mu_r, \sigma_r^2, m_r)$，$\mu_r, \sigma_r^2, m_3$ 是資產組合的預期報酬率、風險與三級動差。依據投資人的風險偏好不同，何者錯誤？ (a) 風險怯避者僅會選擇 $\mu_r > 0$ 的股票 (b) 風險中立者僅會選擇 $\mu_r > 0$ 的股票 (c) 風險愛好者可能選擇 $\mu_r < 0$ 的股票 (d) 當 $m_3 < 0$ 時，不管何種偏好型態的投資人，將會持有多頭部位的股票

36. 段譽的效用函數為 $U(W) = 3exp(0.05W)$，並將財富 $W = 100$ 萬元安排在台塑（預期報酬率 $E(\tilde{r}_a) = 20\%$、風險 $\sigma(\tilde{r}_a) = 8$）與彰銀（$E(\tilde{r}_b) = 30\%$、$\sigma(\tilde{r}_b) = 16$）兩種股票，而兩者的報酬率呈完全負相關（$\rho = -1$）。有關段譽的操作模式，何者正確？ (a) 風險怯避者 (b) 安排資產組合僅會考慮預期報酬率與變異性風險 (c) 安排資產組合將會考慮資產組合多元化 (d) 資產組合僅有彰銀一種股票

37. 台塑與南亞是同一集團的上市公司，兩者報酬率的標準差相等且存在完全正相關。張無忌同時選擇兩者組成資產組合，何種結果正確？ (a) 不論投資兩者比例為何，資產組合風險將小於個別股票風險 (b) 資產組合標準差等於兩者標準差以其投資比例加權 (c) 調整兩者投資比例將能降低總風險 (d) 資產組合風險等於個別股票風險

38. 某投顧分析師篩選華新（變異數 $\sigma^2(r_a) = 16$，預期報酬率 $E(r_a) = 20\%$）與茂迪（變異數為 $\sigma^2(r_b) = 9$，預期報酬率 $E(r_b) = 8\%$）供會員投資。兩者的共變異數 $Cov(r_a, r_b) = -8$。有關安排兩者組合的訊息，何者錯誤？ (a) 會員若是風險中立者，將選擇 100% 的華新 (b) 風險怯避者投資比例若是 60% 華新與 40% 茂迪，則預期報酬率為 15.2% (c) 風險愛好者安排資產組合的預期報酬率是 14.4% (d) 兩種股票報酬率的相關係數為 −0.6667

39. 勞保基金委託富邦投信代操，設定預期效用函數：$U(\mu, \sigma^2) = \mu - 0.05A\sigma^2$，$\mu$ 是股票組合預期報酬率，A 是厭惡風險參數，σ^2 是變異數。何者正確？ (a) $A > 0$ 隱含勞保基金是風險愛好者 (b) $A > 0$ 隱含勞保基金對基金價值增加的邊際效用遞增 (c) $A < 0$ 隱含勞保基金的 $\mu - \sigma$ 無異曲線呈現正斜率 (d) $A = 0$ 隱含勞保基金僅關注預期報酬率，忽略投資風險

40. 張無忌的財富效用函數為 $U(W) = a + bW - cW^2$，當其擬定股票組合決策，何者正確？ (a) 張無忌是風險中立者　(b) 投資高風險股票可獲得高實際報酬率　(c) $\mu - \sigma$ 無異曲線呈現正斜率　(d) 除非給予高實際報酬率補償，將不會承擔高風險

41. 2008 年 9 月爆發金融海嘯重創金融體系，全球知名投資銀行瞬間喪失流動性而破產倒閉。有鑑於此，基金經理人為維持基金組合流動性，將如何評估資產流動性？　(a) 興櫃股票是透過網路逐筆交易，顯示具有高流動性　(b) 傳產股每日變異性遠大於高科技股，反映其流動性相對較高　(c) 興櫃股票買價與賣價差距擴大，意味流動性正在消逝中　(d) 台灣證券交易所若取消股票漲跌幅限制，將因股價波動變大而喪失流動性

42. 宋朝民間使用「交子」、「會子」是世界首創的紙幣，爾後的元朝更由政府發行「紙鈔」流通使用。元朝並未設立獨立央行，朝廷發行紙鈔全係融通政府支出。有關當時發行紙鈔對經濟活動影響，何者正確？　(a) 人們使用朝廷發行的紙鈔，係基於「朕即國家」、「普天之下，莫非王土」，對紙鈔購買力具有信心　(b) 人民須以實際商品與朝廷交換紙鈔，紙鈔係為朝廷負債，故應歸類為「內在貨幣」　(c) 朝廷發行紙鈔的總值，即是朝廷變相課徵的通膨稅　(d) 在元順帝至正年間，通膨盛行表面上是明教義軍風起雲湧反抗朝廷，骨子裡濫發紙鈔才是關鍵因素

答案：

1. (b)	2. (a)	3. (c)	4. (c)	5. (c)	6. (c)	7. (d)	8. (d)	9. (c)	10. (a)
11. (d)	12. (d)	13. (d)	14. (b)	15. (b)	16. (c)	17. (b)	18. (d)	19. (c)	20. (c)
21. (a)	22. (b)	23. (d)	24. (c)	25. (d)	26. (b)	27. (a)	28. (c)	29. (d)	30. (a)
31. (d)	32. (c)	33. (b)	34. (a)	35. (d)	36. (b)	37. (b)	38. (c)	39. (d)	40. (c)
41. (c)	42. (d)								

12.1 貨幣定義

12.1.1 強力貨幣或準備貨幣

1. 何種狀況將增加央行的強力貨幣？　(a) 貿易逆超　(b) 國幣出現貶值壓力，央行追求穩定匯率　(c) 央行發行定期存單　(d) 財政部使用央行繳庫盈餘

2. 何種項目變化將引起強力貨幣同向等額變動？　(a) 央行買進外幣　(b) 銀行將人們繳納的所得稅繳交國庫　(c) 央行發行可轉讓定存單　(d) 郵匯局轉存款

3. 某國央行公布 2018 年底的強力貨幣成長率遽增，何種解讀正確？　(a) 黃金價格飆漲，央行持有黃金的價值劇增　(b) 銀行將持有的公債轉換為央行發行的定存單　(c) 央行在外匯市場賣超美元　(d) 央行將郵匯局轉存款再轉融通銀行

4. 在其他條件不變下，何種因素將造成強力貨幣增加？　(a) 央行買入定存單　(b) 央行的國庫存款增加　(c) 央行增加發行定期存單　(d) 央行國外資產減少

5. 在其他條件不變下，央行提供銀行短期擔保放款餘額遞增，強力貨幣將如何變化？　(a) 增加　(b) 減少　(c) 不變　(d) 不確定

6. 央行經研處檢視強力貨幣成長率擴大的因素，何種看法錯誤？　(a) 美商高盛證券向央行申請匯入資金投資台股　(b) 財政部向台銀賒借短期周轉金　(c) 央行在外匯市場買進美元　(d) 央行與美商花旗銀行進行通貨交換

7. 何種金融交易將會降低強力貨幣？ (a) 央行在外匯市場買超美元 (b) 央行對銀行提供短期擔保融通 (c) 央行在公開市場發行可轉讓定存單 (d) 央行釋出郵匯局轉存款

8. 何種金融交易不影響準備貨幣餘額？ (a) 土銀將持有公債轉為在央行存款 (b) 彰銀將庫存現金轉為央行存款 (c) 央行向台銀買入公債 (d) 央行調整外匯準備組合內容

9. 何者並非屬於央行計算「準備貨幣」的範圍？ (a) 商店收銀機裡的現鈔 (b) ATM 裡的現鈔 (c) 銀行櫃台內的現鈔 (d) 銀行存款

10. 為避免台幣升值，央行在台北外匯市場買超美元且未沖銷，此種操作將造成何種結果？ (a) M_{1A} 供給減少 (b) M_{1A} 乘數減少 (c) 通貨活存比例上升 (d) 強力貨幣增加

11. 央行公布 2004 年 1 月 7 日國內通貨發行餘額達到 8,425 億元，創下歷年尾牙當日的歷史新高，預估 1 月 20 日除夕前一天的通貨發行餘額將達到最高峰，突破 2001 年創下的 10,340 億元歷史新高。此種現象對金融環境影響為何？ (a) 金融市場利率趨於下跌 (b) 金融市場趨於緊縮 (c) 貨幣數量不變 (d) 強力貨幣減少

12. 某國央行發布 2019 年底的準備貨幣大幅增加，合理解釋為何？ (a) 央行調整外匯準備組合內容，將美元轉換為歐元 (b) 央行與美國花旗銀行進行台幣與美元的通貨交換 (c) 財政部清償向銀行賒借的短期周轉金 (d) 央行運用外匯準備取得美元孳息

13. 台灣銀行業競相推動消費金融業務，促銷信用卡更是主要目標。自從人手一卡成為普遍現象後，對經濟活動衝擊為何？ (a) M_{1A} 乘數縮水 (b) 央行發行強力貨幣增加 (c) 金融環境趨於寬鬆 (d) 通貨活存比率上升

14. 央行為縮減台幣貶值幅度，持續在外匯市場賣超美元且未沖銷，對金融體系造成何種衝擊？ (a) 強力貨幣下降 (b) 央行持續累積外匯資產 (c) M_{1A} 供給增加 (d) 銀行持有超額準備增加

15. 央行執行貨幣政策，追求達到經濟目標，無須何種狀況配合？ (a) 央行必須利用貨幣工具控制實證定義的貨幣供給 (b) 經濟學家同意理論的貨幣供給定義 (c) 理論與實證的貨幣定義須有密切的一致性 (d) 實證性貨幣定義與經濟目標存在密切與可預測的關係

16. 有關強力貨幣的敘述，何者錯誤？ (a) 強力貨幣是體系內購買力最強的貨幣 (b) 強力貨幣係央行完全掌控的貨幣餘額 (c) 貨幣供給是貨幣乘數與強力貨幣的相乘值 (d) 強力貨幣是銀行準備與通貨淨額之和

17. 央行發行強力貨幣，在體系內的主要用途為何？ (a) 央行提供給銀行的放款 (b) 作為通貨與支票存款之用 (c) 作為通貨淨額與銀行持有準備之用 (d) 純粹作為通貨毛額之用

18. 有關通貨與存款間的敘述，何者錯誤？ (a) 持有通貨具有方便性與流動性 (b) 人們持有通貨比率愈高，貨幣乘數將會遞增 (c) 存款將會產生孳息，但流動性低於通貨 (d) 各家超商大幅紛紛設立銀行的 ATM，將可提高存款流動性

19. 何者屬於準備貨幣？ (a) 銀行保有的債券 (b) 央行庫存的通貨 (c) 人們擁有的通貨 (d) 央行持有的外匯準備

20. 央行執行何種措施，將會降低強力貨幣？ (a) 公開市場買進可轉讓定存單 (b) 開啓重貼現窗口 (c) 釋出儲匯局轉存款 (d) 賣出外匯

21. 央行採取擴張性公開市場操作，將會發生何種結果？ (a) 準備貨幣減少 (b) 銀行會降低利率 (c) 短期公債價格趨於下跌 (d) 熱錢流入

答案：

1. (d)　　2. (a)　　3. (d)　　4. (a)　　5. (a)　　6. (b)　　7. (c)　　8. (d)　　9. (d)　　10. (d)
11. (b)　　12. (b)　　13. (c)　　14. (a)　　15. (b)　　16. (c)　　17. (c)　　18. (b)　　19. (c)　　20. (d)
21. (b)

12.1.2 M_{1A} 貨幣餘額

1. 有關貨幣的敘述，何者正確？ (a) 央行發行的通貨總量稱爲貨幣乘數 (b) 法定準備率通常與貨幣乘數呈現正向關係 (c) 流通的通貨總量是創造存款貨幣的基礎，因而稱爲貨幣基礎 (d) 貨幣基礎與強力貨幣是相同的概念

2. 有關央行發布 M_{1A} 餘額內容，何者正確？ (a) 通貨、股票、定存和公債 (b) 通貨、活期儲蓄存款、貨幣基金和小額定存 (c) 通貨、旅行支票、活存和支票存款 (d) 通貨、活儲、貨幣基金、定存和可轉讓定存單

3. 有關 M_{1A} 定義的特質，何者錯誤？ (a) M_{1A} 餘額涵蓋的貨幣資產均是支付工具 (b) M_{1A} 餘額包括通貨淨額，再加上支存與活存 (c) 發行 M_{1A} 的機構，包括央行與商業銀行 (d) 強調扮演交易媒介角色

4. 有關貨幣創造的敘述，何者正確？ (a) 銀行若無超額準備，該國貨幣供給量完全由銀行決定 (b) 銀行若將超額準備貸放出去，該國貨幣供給量會增加 (c) 人們若未持有現金，該國貨幣供給量完全由銀行決定 (d) 人們競相提出銀行存款窖藏，該國貨幣供給量不變

5. 張無忌使用台銀支票交易，將與何種概念有關？ (a) 屬於 M_{1A} 但非 M_2 (b) 屬於 M_2 但非 M_{1A} (c) 同時屬於 M_{1A} 與 M_2 (d) 屬於流通在外的通貨

6. 央行每月定期在網站發布各種貨幣定義，針對相關變化的說法，何者正確？ (a) 強力貨幣餘額可由人們與銀行共同決定 (b) M_{1A} 成長率將因銀行體系發生擠兌而上升 (c) 人們普遍使用信用卡交易，準備貨幣成長率將會超過 M_{1A} 成長率 (d) M_{1A} 餘額係由央行、銀行及人們共同決定

7. 某國金融體系於 2020 年底在外流通現金 100 億元、硬幣 30 億元、銀行庫存現金 20 億元、活存 40 億元、支存 30 億元與活儲 25 億元，則 M_{1A} 餘額爲何？ (a) 200 億元

(b) 220 億元　(c) 245 億元　(d) 225 億元

8. 某國央行公布金融統計月報資料顯示：銀行活存淨額 1,500 億元、通貨發行淨額 1,500 億元、支存 1,000 億元、銀行庫存現金 100 億元與銀行在央行準備金帳戶存款 250 億元。該國 M_{1A} 餘額爲何？　(a) 4,100 億元　(b) 4,000 億元　(c) 3,900 億元　(d) 4,350 億元

9. 央行經研處檢視 M_{1A} 乘數擴大的因素，何者正確？　(a) 央行發行 2,000 元與 200 元鈔票廣受歡迎　(b) 新冠肺炎來襲，銀行放款意願薄弱　(c) 基層金融陷入經營危機　(d) 人們偏好轉帳方式交易

10. 土銀推動春嬌志明現金卡，該類卡片兼具透支與信用卡性質，由於獲得廣泛回響，對金融體系造成影響，何者錯誤？　(a) M_{1B} 數量擴大　(b) 人們增加對 M_{1A} 需求　(c) 金融體系的資金將趨於寬鬆　(d) M_{1A} 成長率將會下降

11. 何種情況將推動通貨對活存比率上升？　(a) 稅率愈高，地下經濟活動愈猖獗　(b) 金融資產交易量增加　(c) 電子貨幣快速發展　(d) 電子商務交易盛行

12. 有關貨幣的敘述，何者正確？　(a) 法定貨幣的內在價值低於面值　(b) 法定貨幣的內在價值等於面值　(c) 法定貨幣的內在價值高於面值　(d) 央行發行法定貨幣不考慮物價上漲因素

13. 某銀行吸收存款餘額 250 億元，提存準備 30 億元正好是法定準備。央行宣布調降法定準備率至 8%，則原先法定準備率與銀行至少可動用的準備各爲何？　(a) 12%；10 億元　(b) 12%；20 億元　(c) 10%；10 億元　(d) 10%；20 億元

14. 某銀行保有超額準備 5,000 億元，吸收活期存款 80,000 億元。該國央行訂定的法定準備率爲 20%，則銀行持有的實際準備爲何？　(a) 12,000 億元　(b) 16,000 億元　(c) 21,000 億元　(d) 26,000 億元

15. 有關貨幣創造之敘述，何者錯誤？　(a) 提高存款準備率將會損害銀行創造信用能力　(b) 某人將甲銀行存款轉入乙銀行，甲銀行將會採取緊縮信用　(c) 某人將甲銀行存款轉存乙銀行，乙銀行將無法擴張信用　(d) 某人在甲乙兩家銀行間進行轉存，對銀行體系創造信用沒有影響

16. 銀行持有超額準備所指爲何？　(a) 實際準備減去重貼現貸款　(b) 銀行在央行的存款減去庫存現金加上法定準備　(c) 銀行庫存現金減去法定準備　(d) 銀行庫存現金加上銀行在央行的存款減去法定準備

17. 有關貨幣供給的敘述，何者錯誤？　(a) 貨幣乘數上升，將會擴大貨幣供給　(b) 準備貨幣數量增加，將會擴大貨幣供給　(c) 強力貨幣數量增加，將會擴大貨幣供給　(d) 貨幣乘數愈高，將會增加強力貨幣

答案：

1. (b)　2. (c)　3. (a)　4. (b)　5. (c)　6. (d)　7. (a)　8. (b)　9. (d)　10. (b)

11. (a)　12. (a)　13. (a)　14. (c)　15. (c)　16. (d)　17. (d)

12.1.3 M_{1B} 貨幣餘額

1. 何者未在 M_{1B} 餘額內？　(a) 定存　(b) 支存　(c) 活存　(d) 活儲

2. 何種現象將會緊縮 M_{1B} 餘額？　(a) 銀行持有超額準備下降　(b) 華碩提出活存而改以現金方式持有　(c) 張無忌將活儲改為定存　(d) 法定準備率降低

3. 新冠肺炎橫空出世，重創股市邁入空頭市場，將會引起何種貨幣餘額成長率上升？　(a) M_{1A} 上升　(b) M_{1B} 上升　(c) 準貨幣餘額上升　(d) 強力貨幣上升

4. 央行定期公布各種貨幣餘額，其中的 M_{1B} 餘額為何？　(a) 通貨 + 支存　(b) 通貨 + 支存 + 活存　(c) 通貨 + 支存 + 活存 + 活儲　(d) 通貨 + 支存 + 活存 + 活儲 + 準貨幣

5. 某國股市從 2020 年 4 月起，逐漸邁入多頭市場，將對何種貨幣成長率造成影響？　(a) M_{1A} 下降　(b) M_{1B} 上升　(c) 準貨幣餘額上升　(d) 強力貨幣下降

6. 在其他條件不變下，何者將造成 M_{1B} 餘額增加？　(a) 兆豐銀行持有超額準備率上升　(b) 黃醫師將鉅額準貨幣餘額轉換為活儲餘額　(c) 台銀的國外資產淨額減少　(d) 郵匯局轉存玉山銀行的定存增加

7. 有關通貨與存款間的敘述，何者錯誤？　(a) 地下經濟規模擴大，通貨存款比率將會上升　(b) 人們持有通貨存款比率愈高，貨幣乘數愈高　(c) 銀行若對支存付息，通貨存款比率將會下降　(d) 各家銀行的 ATM 紛紛進駐超商，將會降低通貨存款比率

8. 春嬌將土銀活儲餘額轉換為一年期定存，將會引起何者變化？　(a) M_{1B} 減少，M_2 不變　(b) M_{1B} 不變，M_2 增加　(c) M_{1B} 不變，M_2 不變　(d) M_{1B} 增加，M_2 減少

答案：

1. (a)　　2. (c)　　3. (c)　　4. (c)　　5. (b)　　6. (b)　　7. (b)　　8. (a)

12.1.4 M_2 貨幣餘額

1. 某國央行定義 M_2 餘額將不包含何者？　(a) 通貨　(b) 存款貨幣　(c) 定期存款　(d) 公債餘額

2. 何者不屬於 M_2 餘額的範圍？　(a) 準貨幣　(b) 外幣存款　(c) 郵政存簿儲金　(d) 債券基金

3. 針對 M_2 餘額的特質，何者錯誤？　(a) 該餘額包括外幣存款　(b) M_2 餘額偏向強調交易媒介角色　(c) 人們投資債券型基金與 M_2 餘額間存在替代關係　(d) 廠商將活存資金與銀行進行債券附買回交易，對 M_2 餘額不發生影響

4. 人們認為 M_{1A} 與 M_2 餘額的主要差異為何？　(a) 能否作為保值工具　(b) 可否作為交易媒介　(c) 是否產生孳息　(d) 能否作為契約單位

5. 在其他條件不變下，趙敏將定存轉為活儲，M_{1A}、M_{1B} 與 M_2 三者的變動為何？　(a) 只有 M_{1A} 不變　(b) 只有 M_{1B} 變動　(c) 只有 M_2 不變　(d) 只有 M_2 變動

6. 台積電公司將活存餘額轉入境外金融中心（OBU）的外幣帳戶，將會何種狀況發生？ (a) M_{1A} 下降而 M_2 不變　(b) M_{1A} 不變而 M_2 上升　(c) M_{1A} 不變且 M_2 不變　(d) M_{1A} 上升而 M_2 下降

7. 自 2003 年迄今，歐元兌換美元匯率升值幅度驚人，瑞士蘇黎世銀行建議其台灣的法人客戶轉換台幣定存為歐元定存。一旦法人付諸行動，將會釀成何種結果？ (a) 法人機構無須承擔匯率風險　(b) M_2 餘額不受影響　(c) M_2 乘數將會擴大　(d) 台灣金融環境趨於寬鬆

8. 張無忌將台幣資金投入歐元存款，對其性質與產生的影響，何者錯誤？ (a) 係以台幣存入而以歐元計價，到期可選擇領取歐元或台幣　(b) 必須承擔台幣對歐元匯率波動風險　(c) M_2 餘額不受影響　(d) 銀行授信能力衰退

9. 某國央行規定所有存款準備率相同，投資人面對股市低迷，紛紛將活存轉入準貨幣，此舉將會產生何種影響？ (a) M_{1A} 不變　(b) M_{1B} 不變　(c) M_2 增加　(d) 準備貨幣增加

10. 有關央行發布 M_2 餘額內容，何者正確？ (a) 外匯（外幣）存款包含在內　(b) 企業及個人持有銀行及郵匯局附買回交易債券不包含在內　(c) 指定用途外匯信託基金包含在內　(d) 外國人持有新台幣存款排除在外

11. 聯合信用卡中心在 2002 年 9 月發布資料，顯示台灣發行信用卡數量為 52,351,628 張，累計流通使用卡數超過 29,275,730 張，單月簽帳金額 686.14 億元。針對該項資料，試判斷何者將會發生？ (a) 通貨存款比率呈現上升趨勢　(b) M_{1A} 乘數呈現長期遞減現象 (c) 人們偏好使用信用卡，係因其提供延遲支付功能　(d) 人們利用簽帳卡消費具有高度擴張信用效果

12. 郵匯局擴大營業時間，將對何種貨幣餘額成長率造成影響？ (a) M_{1A} 上升　(b) M_{1B} 上升　(c) 準貨幣餘額上升　(d) 強力貨幣上升

13. 在長期決定貨幣供給最重要的因素為何？ (a) 現金支存比例　(b) 定存對支存比例 (c) 法定準備　(d) 非借入準備

14. 當多數投資人解約定存轉入活儲帳戶，何者正確？ (a) M_2 增加　(b) M_{1A} 增加 (c) M_{1B} 增加　(d) 股市資金動能減少

15. 有關貨幣供給的敘述，何者正確？ (a) M_2 餘額比 M_{1A} 具有更高流動性　(b) 存款準備率提高，將會增加銀行放款能力　(c) 呆帳增加將使銀行股本增加　(d) 金融創新加深衡量貨幣供給困難度

16. 玉山銀行吸收存款 100,000，保有實際準備 40,000，而央行規定法定準備率為 20%。該銀行最多可承受客戶提款金額，而無須調整資產負債表的其他項目？ (a) 30,000 (b) 25,000　(c) 20,000　(d) 10,000

17. 某銀行吸收存款 100 億元，自有資本 10 億元，提存實際準備 20 億元，放款 90 億元。該銀行稅後盈餘為 3 億元，其資產報酬率與股東權益報酬率各為何？ (a) 30%；2.73%

(b) 20%；1.12%　　(c) 1.12%；20%　　(d) 2.73%；30%

答案：

1. (d)　　2. (d)　　3. (b)　　4. (b)　　5. (b)　　6. (a)　　7. (b)　　8. (a)　　9. (a)　　10. (a)

11. (b)　　12. (c)　　13. (d)　　14. (c)　　15. (d)　　16. (b)　　17. (d)

12.2 貨幣乘數

12.2.1 貨幣乘數的變動

1. 何種金融比率變化將引起 M_{1A} 乘數上升？　(a) 央行調高活存準備率　(b) 超額準備對活存比率上升　(c) 活存對定存比率上升　(d) 通貨活存比率上升

2. 在其他情況不變下，有關通貨活存比率變動的敘述，何者錯誤？　(a) 通貨活存比率下降，將會擴大 M_{1A} 乘數　(b) 通貨活存比率上升，會增加 M_{1A} 餘額　(c) 其他資產收益率相對活存利率上升，將引起通貨活存比率上升　(d) 政府提高稅率將會引起通貨活存比率上升

3. 央行經研處評估 M_{1A} 乘數縮小的因素，何者正確？　(a) 人們普遍接受央行發行的 2,000 元大鈔　(b) 活存準備率下降　(c) 銀行對支票帳戶付息　(d) 信用卡交易餘額逐漸擴大

4. 在何種情況下，某國的 M_{1A} 乘數會變大？　(a) 銀行推廣現金卡使用　(b) 基層金融出現擠兌　(c) 銀行擴大保有超額準備　(d) 個人偏好使用現金交易

5. 國內基層金融在 1995 年期間持續引爆擠兌，對當時金融體系造成影響為何？　(a) 強力貨幣下降　(b) 貨幣乘數上升　(c) 貨幣供給上升　(d) 通貨活存比例上升

6. 邊際稅率上升提高使用現金交易的報酬率，邊際稅率下降使通貨支存比率如何變化？　(a) 大幅上升　(b) 略微上升　(c) 不變　(d) 下降

7. 促使某國 M_{1A} 乘數擴大的因素中，何者正確？　(a) 個人持有較少現金　(b) 銀行面臨金融危機而遭到擠兌　(c) 銀行保有超額準備　(d) 個人偏好採取現金交易

8. 隨著金融市場規模擴大，交易制度日趨健全，信用交易比例遞增，體系內通貨活存比率將如何變化？　(a) 上升　(b) 下降　(c) 不受影響　(d) 視金融環境變化而定

9. 在其他情況不變下，人們偏好使用信用卡交易，將對 M_{1A} 乘數發揮何種影響？　(a) 變大　(b) 變小　(c) 不變　(d) 不確定

10. 某國銀行宣布對活存付息，將對通貨活存比率造成何種影響？　(a) 上升　(b) 下降　(c) 不受影響　(d) 變化方向不確定

11. 1997 年亞洲金融危機導致東南亞各國銀行面臨擠兌，這些國家的通貨活存比率如何變化？　(a) 上升　(b) 下降　(c) 不變　(d) 不確定

12. 何種現象發生與 M_{1A} 乘數上升無關？　(a) 銀行降低放款對存款比例　(b) 大眾降低定存

比重且提升活存比例　　(c) 縮小法定準備率的上下限區間　　(d) 存款風險下降

13. 有關 M_{1A} 乘數變化的敘述，何者正確？　(a) 強力貨幣增加將擴大乘數　(b) 產出愈大促使乘數上升　(c) 存款愈多導致乘數擴大　(d) 準備率上升導致乘數下降

14. 針對法定準備率和 M_{1A} 乘數間的關係，何者正確？　(a) 反向關係　(b) 正向關係　(c) 沒有關係　(d) 關係不確定，需視利率而定

15. 台新銀行持有準備比率為 e，人們持有存款對現金的比例為 c，則該銀行創造的存款乘數為何？　(a) $ec / (e + c)$　(b) $1 / (e + c)$　(c) $1 / (e - c)$　(d) $(e - c)$

16. 國內基層金融面臨擠兌，將影響何種金融變數？　(a) 存款準備比例下降　(b) M_{1A} 乘數上升　(c) 強力貨幣上升　(d) 通貨活存比例上升

17. 某國所有銀行同時降低持有超額準備意願，將會造成何者變化？　(a) 通貨活存比率增加　(b) 貨幣需求增加　(c) M_{1A} 乘數上升　(d) 重貼現率降低

18. 下列敘述，何者正確？　(a) 銀行信用乘數大於貨幣乘數　(b) 通貨活存比例上升將降低 M_{1A} 乘數　(c) 銀行遭到擠兌將使 M_{1A} 供給增加　(d) 財政部施行赤字財政將使貨幣乘數上升

19. 某教授觀察國內 M_{1A} 乘數變動趨勢，發現何者將會縮小 M_{1A} 乘數？　(a) 人手一張悠遊卡　(b) 春節假期較往年為長　(c) 所有提款成本均改為比例型態　(d) 央行買進美元以壓制台幣升值

20. 某國 M_{1A} 乘數受許多因素影響，何者正確？　(a) 央行提高法定準備率，M_{1A} 乘數會上升　(b) 銀行持有超額準備愈大，M_{1A} 乘數也愈高　(c) 金融危機發生將會促成 M_{1A} 乘數擴大　(d) 民眾持有通貨愈多，M_{1A} 乘數會減少

21. 某銀行資產負債表除淨值外，其他項目包含庫存現金 35 億元，定存 120 億元，放款 120 億元，在央行存款 25 億元，活存 130 億元，持有公債 95 億元，向央行的短期擔保融通 5 億元。有關銀行狀況的描述，何者錯誤？　(a) 銀行淨值為 20 億元　(b) 銀行實際準備為 60 億元　(c) 銀行的自由準備 30 億元　(d) 銀行非借入準備為 45 億元

答案：

1. (c)	2. (b)	3. (a)	4. (a)	5. (d)	6. (d)	7. (a)	8. (b)	9. (a)	10. (b)
11. (a)	12. (a)	13. (d)	14. (a)	15. (b)	16. (d)	17. (c)	18. (b)	19. (b)	20. (d)
21. (d)									

12.2.2 影響貨幣乘數的因素

1. 某國銀行信用數量將因何者而減少？　(a) 央行降低法定準備率　(b) 自動提款機處處可見　(c) 銀行積極推銷消費性貸款　(d) 銀行存款下降

2. 有關存款貨幣乘數的敘述：(1) 財政部轉存央行國庫存款增加，將會降低貨幣乘數、

(2) 法定準備率提高將會降低貨幣乘數、(3) 央行提高重貼現率將會降低銀行的借入準備、(4) 現金流失率愈高，貨幣乘數將會愈小。何者正確？　(a) 1、2　(b) 2、3　(c) 1、2、3　(d) 3、4

3. 某國央行訂定法定準備率與貨幣乘數兩者間存在何種關係？　(a) 反向關係　(b) 正向關係　(c) 無關係　(d) 兩者關係視利率變化而定

4. 某國貨幣需求函數穩定，央行採取緊縮政策，金融體系將出現何種短暫結果？　(a) 超額貨幣需求擴大　(b) 債券價格上漲　(c) 超額商品需求擴大　(d) 利率下跌

5. 某國央行透過公開市場向銀行買回可轉讓定存單，何種影響錯誤？　(a) 銀行持有超額準備增加　(b) 通貨活存比例不受影響　(c) 銀行體系的準貨幣增加　(d) 準備貨幣增加

6. 某國央行自 2001 年 12 月起，連續 14 次調低重貼現率，理論上將會造成何種效果？　(a) 直接影響通貨活存比例　(b) 刺激銀行擴大保有超額準備　(c) 降低 M_{1A} 乘數　(d) M_{1A} 成長率增加

7. 就存款貨幣創造而言，何者錯誤？　(a) 銀行創造存款貨幣數量與法定準備率呈反比　(b) 銀行創造存款貨幣數量與法定準備率呈正比　(c) 銀行閒置資金比率愈高，創造存款貨幣數量愈少　(d) 現金外流比率愈高，銀行創造存款貨幣數量愈少

8. 央行透過貨幣市場向合庫銀行買進可轉讓定存單，將會造成何種效果？　(a) 準備貨幣增加　(b) 通貨活存比例上升　(c) 非借入準備遞增　(d) 超額準備比例上升

9. 央行調整重貼現率，將藉由改變何種餘額來影響貨幣供給，從而達成政策效果？　(a) 超額準備與準備貨幣　(b) 借入準備與準備貨幣　(c) 超額準備與貨幣乘數　(d) 借入準備與貨幣乘數

10. 有關貨幣乘數的敘述，何者正確？　(a) 等於自發性支出乘數　(b) 強力貨幣增加引起貨幣供給增的數量　(c) 強力貨幣增加引起名目 GDP 變動的數量　(d) 銀行準備增加提高銀行存款的數量

11. 央行將法定準備率降低為原先的一半，將會造成何種結果？　(a) 銀行業創造存款貨幣能力超過 1 倍　(b) 單一銀行放款能力超過 1 倍　(c) 單一銀行的超額準備增加 1 倍　(d) 貨幣供給量增加 1 倍

12. 有關貨幣乘數的敘述，何者錯誤？　(a) 提高法定準備率將促使貨幣乘數變小　(b) 銀行提高超額準備率，會使貨幣乘數變小　(c) 央行提高重貼現率，具有緩和貨幣擴張效果　(d) 現金流失率愈高（民眾保有現金愈多），將會擴大貨幣乘數

答案：

1. (c)　　2. (d)　　3. (a)　　4. (a)　　5. (c)　　6. (d)　　7. (b)　　8. (a)　　9. (b)　　10. (b)
11. (a)　　12. (d)

12.3 貨幣政策對貨幣供給影響

1. 某國央行向官股銀行買回可轉讓定存單，對金融體系影響爲何？ (a) 貨幣供給增加 (b) 貨幣乘數增加 (c) 銀行持有超額準備不變 (d) 需看官股銀行的反應而定

2. 有關體系內貨幣供給決定的敘述，何者正確？ (a) 由央行單獨決定 (b) 由央行與銀行共同決定 (c) 由央行與大眾共同決定 (d) 由央行、銀行及大眾共同決定

3. 何種金融交易將引起國內貨幣供給擴張？ (a) 央行調高重貼現率 (b) 銀行持有超額準備意願上升 (c) 景氣衰退而讓銀行放款意願薄弱 (d) 央行買超美元而未沖銷

4. 某國央行在貨幣市場向官股銀行買進公債，將對金融體系造成衝擊，何者錯誤？ (a) 準備貨幣增加 (b) 公債殖利率上升 (c) 銀行超額準備上升 (d) LM 曲線右移

5. 長榮航空向台灣花旗銀行借入美元並結售予央行，取得 1,000 萬元新台幣，而銀行的法定準備率爲 20%，何者正確？ (a) 長榮將 1,000 萬元存入台銀帳戶，貨幣供給將增加 800 萬元 (b) 長榮將 1,000 萬元存入台銀帳戶，台銀超額準備將增加 1,000 萬元 (c) 台銀收到長榮的 1,000 萬元存款，將超額準備全部放款給台塑，貨幣數量將增加 800 萬元 (d) 長榮將收到的 1,000 萬元以現金保留於公司，貨幣供給將增加 800 萬元

6. 承上題，長榮航空將收到貸款金額，部分存入支存帳戶，其餘存入定存帳戶，則： (a) M_{1A} 減少 (b) M_{1B} 減少 (c) M_{1B} 不變 (d) M_2 不變

7. 金管會證期局在 2019 年開放上櫃市場股票交易當日沖銷，證交稅減半，該措施將對貨幣供給造成何種影響？ (a) 增加 (b) 無影響 (c) 減少 (d) 不確定

8. 下列敘述，何者錯誤？ (a) 央行拋售外匯，強力貨幣立即減少 (b) 央行大量買超美元，貨幣供給立即減少 (c) 中信銀行投資 LTCM 造成鉅額虧損，認賠了結並不影響貨幣供給 (d) 在法定準備率平均爲 10% 下，銀行體系若無超額準備，貨幣乘數最大值是 10

9. 下列現象，何者正確？ (a) 中央票券因掏空而被接管，銀行團給予融通，不影響貨幣供給 (b) 國產汽車營運艱困，銀行給予放款展期，則貨幣供給增加 (c) 銀行收回對新巨群集團放款，則貨幣供給減少 (d) 郵匯局將在台銀定存移轉至土銀，貨幣供給將會增加

10. 某國央行緊縮對銀行的短期擔保融通餘額，將會產生何種結果？ (a) 強力貨幣增加 (b) 貨幣供給增加 (c) 銀行的自由準備增加 (d) 銀行的借入準備減少

11. 某國央行經研究處觀察 2020 年第四季的貨幣供給出現遞增，何種原因正確？ (a) 外匯準備累積 (b) 央行調高法定準備率 (c) 央行提高重貼現率 (d) 財政部發行公債籌措軍購支出

12. 央行實施公開市場操作買進債券，將會產生何種影響？ (a) 貨幣乘數上升，因而增加貨幣供給 (b) 貨幣乘數上升，因而增加準備貨幣 (c) 準備貨幣增加，因而增加貨幣供

給　(d) 準備貨幣增加，因而提高貨幣乘數

13. 有關央行訂定法定準備率的敘述，何者錯誤？　(a) 央行訂定法定準備率水準將與存款流動性呈反向變動　(b) 央行降低法定準備率，意味著貨幣乘數上升　(c) 法定準備率愈高，銀行體系創造貨幣能力愈低　(d) 法定準備率與銀行實際準備率未必相等

14. 某國央行考慮緊縮銀行業的流動性部位，宣布降低存款準備率。但是又想穩定貨幣數量，則因應方式為何？　(a) 降低重貼現率，並發行央行可轉讓定存單　(b) 降低重貼現率，並買回央行可轉讓定存單　(c) 提高重貼現率，並發行可轉讓定存單　(d) 提高重貼現率，並買回央行可轉讓定存單

15. 何種因素變化將會引起貨幣供給增加？　(a) 強力貨幣增加，通貨存款比率上升，實際準備率下降　(b) 強力貨幣增加，通貨存款比率下降，超額準備率下降　(c) 強力貨幣增加，通貨存款比率下降，法定準備率上升　(d) 強力貨幣不變，通貨存款比率上升，實際準備率下降

16. 新光銀行持有的初級準備，何者不包括在列？　(a) 待交換票據　(b) 可轉讓定期存單　(c) 庫存現金　(d) 存放在央行的存款

17. 某國人們持有通貨活存比率 x，銀行持有超額準備對活存比率 y，法定準備率 z，利率為 r。這些金融比例上升將對該國貨幣供給影響，何者正確？　(a) x 與 y 對貨幣供給發揮正向影響，z 則造成反向影響　(b) x 與 y 對貨幣供給發揮逆向影響，r 則造成正向影響　(c) x、y 與 r 對貨幣供給發揮正面影響　(d) x、y 與 z 對貨幣供給發揮正向影響

18. 在農曆春節前夕，人們持有通貨比例上升，勢必影響貨幣乘數。央行追求穩定貨幣供給，應該如何操作？　(a) 在公開市場發行可轉讓定存單　(b) 提高重貼現率　(c) 提高短期擔保融通利率　(d) 在公開市場買回可轉讓定存單

19. 針對央行在貨幣市場或外匯市場操作的敘述，何者正確？　(a) 兩者皆是公開市場操作　(b) 買進美元或發行可轉讓定存單，將會降低強力貨幣　(c) 買進美元將增加銀行借入準備　(d) 發行可轉讓定存單將降低銀行超額準備

答案：

1. (a)	2. (d)	3. (d)	4. (b)	5. (c)	6. (d)	7. (b)	8. (b)	9. (a)	10. (d)
11. (a)	12. (c)	13. (a)	14. (c)	15. (b)	16. (a)	17. (b)	18. (d)	19. (d)	

12.4 貨幣供給的計算

1. 某國金融統計月報發布 2019 年底的通貨淨額 $C^P = 6,000$、活存淨額 $DD = 10,000$、活儲餘額 $SD = 20,000$、銀行持有超額準備 $ER = 100$。假設央行規定活存準備率 $\rho_d = 0.15$，活儲準備率 $\rho_s = 0.1$。何者錯誤？　(a) $M_{1B} = 36,000$　(b) $H = 9,500$　(c) M_{1A} 乘數 $= 1.67$　(d) M_{1B} 乘數 $= 3.75$

2. 某國央行發行強力貨幣 $H = 100$ 億元，法定準備率 $rr = 0.1$、通貨存款比率 $cr = 0.1$，何者正確？　(a) 貨幣供給為 550 億元　(b) 如果 $rr = 0.2$、$cr = 0.1$，貨幣供給為 550 億元　(c) 如果 $rr = 0.2$、$cr = 0.1$，貨幣供給為 366.67 億元　(d) 如果 $rr = 0.2$、$cr = 0.1$，貨幣供給為 550 億元

3. 某國銀行持有超額準備 5,000 與支票存款 100,000，面對法定準備率 10%，其持有實際準備為何？　(a) 17,000　(b) 15,000　(c) 24,000　(d) 29,000

4. 某國央行訂定法定準備率為 $\left(\dfrac{1}{3}\right)$，而流通的通貨淨額為 300 億元，支存為 900 億元，則準備貨幣餘額為何？　(a) 333 億元　(b) 600 億元　(c) 300 億元　(d) 667 億元

5. 在長期，決定某國貨幣供給的主要因素為何？　(a) 現金對支存比例　(b) 定存對支存比例　(c) 法定準備率　(d) 非借入準備貨幣

6. 在部分準備制度與其他條件不變下，華南銀行向央行融通 100 億元所創造的貨幣，相對向存戶吸收 100 億元原始存款所創造貨幣，前者將比後者：　(a) 多　(b) 少　(c) 一樣　(d) 無從確定

7. 人們以轉帳或信用卡支付交易貨款，並未持有通貨。銀行保留 5% 存款餘額作為超額準備，央行規定法定準備率為 10%。某人將 6,000 元存入銀行，銀行體系將增加存款貨幣為何？　(a) 40,000 元　(b) 60,000 元　(c) 90,000 元　(d) 120,000 元

8. 台電公司在台銀增加活存 5,000 萬元，而台銀必須提列法定準備率 0.4，則其超額準備將立即增加多少？　(a) 5,000　(b) 3,000　(c) 2,000　(d) 1,000

9. 央行在外匯市場買進美元 100 億元，而銀行預擬持有準備率為 0.2，則貨幣供給增加的最大值為何？　(a) 100 億元　(b) 20 億元　(c) 120 億元　(d) 500 億元

10. 央行訂定法定準備率 20%，銀行若未持有超額準備、而人們持有通貨活存比例為零，則貨幣乘數的最大值為何？　(a) 8　(b) 5　(c) 4　(d) 2

（11.）～（13.）銀行體系內的相關金融比率資料如下：通貨活存比例 $d = \dfrac{c^P}{D} = 0.1$，活儲活存比例，$S = \dfrac{S}{D} = 2.5$，活存與活儲的法定準備率為 $\rho_d = 0.25$、$\rho_s = 0.1$，超額準備率為零。依據上述資料，回答下列問題：

11. 央行向官股銀行買回可轉讓定存單 100 億元，體系內 M_{1B} 將增加多少？　(a) 600 億元　(b) 400 億元　(c) 300 億元　(d) 500 億元

12. 銀行體系的活存將增加多少？　(a) (1,500 / 7) 億元　(b) (1,200 / 7) 億元　(c) 350 億元　(d) (600 / 7) 億元

13. 某國金融市場利率偏低導致銀行放款意願薄弱，央行增加強力貨幣供給，將會產生何種結果？　(a) 所有強力貨幣若成為銀行準備，貨幣供給不受影響　(b) 所有強力貨幣若成為人們持有的現金，貨幣供給不受影響　(c) 貨幣供給取決於銀行持有準備比率　(d) 貨

幣供給變化與否，取決於人們持有現金比率

14. 某國央行發行準備貨幣餘額為 100 億元，銀行持有準備比率為 0.25。該國人們將所有貨幣存入銀行帳戶，並採取刷卡或轉帳交易，則銀行體系創造的最大存款數量為何？　(a) 500 億元　(b) 450 億元　(c) 400 億元　(d) 350 億元

15. 某國央行發行強力貨幣為 100 億元，銀行持有準備比率為 0.25，而人們持有通貨存款比率為 10%，則最大存款數量為何？　(a) $\left(\frac{100}{0.25}\right) \times 1.1 = 440$　(b) $\left(\frac{100}{0.35}\right) \times 1 = 285.714$　(c) $\left(\frac{100}{0.35}\right) \times 1.1 = 314.29$　(d) $\left(\frac{100}{0.1}\right) \times 1.1 = 1,100$

16. 張無忌出售 500 萬公債給央行，取得資金則窖藏於床墊下，何種變化正確？　(a) 貨幣供給不受影響　(b) 貨幣供給增加 500 萬元　(c) 準備貨幣增加 500 萬元，但是貨幣供給不變　(d) 存款貨幣增加 500 萬元的某一倍數，並取決於銀行持有準備比率

17. 土地銀行增加吸收存款 100 萬元，必須提存法定準備率 20% 且無超額準備，該銀行客戶均使用支票交易，則額外創造的存款貨幣為何？　(a) 400 萬元　(b) 2,000 萬元　(c) 1,000 萬元　(d) 1,500 萬元

18. 某國央行發行強力貨幣 $H = 100,000$ 元，貨幣供給 500,000 元，人們持有通貨存款比率 $cr = 5\%$，則銀行持有準備比率為何？　(a) 銀行吸收存款符合法定準備要求，該比率為 0.25　(b) 銀行吸收存款並未符合法定準備要求，該比率為 0.17　(c) 銀行吸收存款並未符合法定準備要求，該比率為 0.20　(d) 針對任何法定準備數量，該比率為 0.16

19. 央行資產負債表中出現：I. 政府存款增加、II. 郵匯局轉存款減少、III. 國外資產增加、IV. 央行定期存單減少等四種狀況變化，何者將會增加貨幣供給？　(a) 僅 II、III、IV　(b) I、II、III、IV　(c) 僅 III、IV　(d) 僅 I、III

20. 某國央行發行準備貨幣餘額 80 億元，銀行持有準備比率 0.2，而人們持有通貨存款比率 20%，則銀行存款餘額為何？　(a) 240 億元　(b) 100 億元　(c) 250 億元　(d) 200 億元

答案：

1. (b)　2. (a)　3. (b)　4. (b)　5. (d)　6. (a)　7. (a)　8. (b)　9. (d)　10. (b)
11. (a)　12. (b)　13. (a)　14. (c)　15. (c)　16. (c)　17. (a)　18. (d)　19. (a)　2. (d)

12.5 進階選擇題

1. 依據舊觀點理論，何者正確？　(a) 金融創新將讓人們安排交易餘額組合日益多元化　(b) 銀行創造銀行信用是影響景氣循環的動力來源　(c) 人們若將準貨幣納入交易餘額，則貨幣扮演角色依然是交易媒介　(d) 銀行吸收台幣或外幣定存，並不影響 M_2 餘額，對金融體系影響相同

2. 央行經研處評估構成 M_2 成分變化可能產生衝擊，何者正確？ (a) 人們積極將活儲轉換為郵政存簿儲金，對金融環境將無影響 (b) 在 M_2 餘額不變下，人們持有 $\left(\dfrac{M_{1B}}{Q}\right)$ 比例上升，股市容易趨於下跌 (c) 在 M_2 餘額不變下，人們持有 $\left(\dfrac{TD}{FD}\right)$ 比例上升，金融環境可能趨於緊縮 (d) 股市邁向大多頭市場，股價飆漲容易帶動 $\left(\dfrac{TD}{SD}\right)$ 比例下降

3. 某國央行經研處送交理監事會議有關當前金融情勢分析的報告，針對 M_{1A} 組成內容變化的前因後果，何種看法合理？ (a) 票據交換所改善票據交換流程，活存毛額成長率將會上升 (b) 退票張數大幅攀升將反映民間信用惡化 (c) 銀行積極推動信用卡交易，將會減輕票據交換所作業負荷 (d) 央行在公開市場買回可轉讓定存單，將造成通貨活存比例上升

4. 央行公布 M_{1B} 與 M_2 成長率的互動關係，某分析師為投資人解讀，何者正確？ (a) 人們將準貨幣納入交易餘額組合標的，M_2 成長率上升將反映預擬支出遞增 (b) $\dot{M}_2 < \dot{M}_{1B}$ 隱含股市將出現多頭走勢 (c) $\dot{M}_2 < \dot{M}_{1B}$ 隱含股市將會轉入空頭走勢 (d) 人們將 M_{1B} 的活儲轉為外幣定存，金融體系將邁入寬鬆環境

5. 土銀財富管理部門建議客戶將外幣定存轉換為台幣定存，此種轉換產生衝擊為何？ (a) 準貨幣餘額成長率下降 (b) 央行為穩定匯率，將會累積外匯準備 (c) 銀行放款能力將會擴大 (d) 金融市場將會趨於緊縮

6. 央行在 2005 年 8 月發布七月分準備貨幣日平均餘額為 15,778 億元，相對 6 月分增加 312 億元，其中通貨發行淨額增加 10 億元，銀行準備增加 300 億元。針對該項訊息，央行經研處提供的解釋，何者正確？ (a) 台幣貶值促使央行持有的外匯資產出現匯兌利益 (b) 財政部發放退除役官兵的薪俸 (c) 上市公司大量發放現金股利 (d) 黃金價格上升，促使央行持有黃金的價值上升

7. 在其他條件不變下，2020 年初爆發 Covid-19，重創國際股市而讓某國股市也陷入大空頭走勢。該國央行公布各種貨幣餘額變化，何種可能性較大？ (a) M_{1B} 餘額下降、準貨幣餘額 Q 增加 (b) M_{1B} 餘額下降、M_2 餘額增加 (c) M_{1A} 餘額下降、M_{1B} 餘額增加、M_2 餘額不變 (d) M_{1A} 與 M_{1B} 餘額下降、M_2 餘額增加

8. 某國央行經研處觀察 $\dfrac{c^P}{D}$ 比率變化趨勢，何種解讀錯誤？ (a) $\dfrac{c^P}{D}$ 比率上升，金融市場將呈現寬鬆狀態 (b) 電子商務交易盛行，促使 $\dfrac{c^P}{D}$ 比率走勢下降 (c) 央行採取公開市場操作，對 $\dfrac{c^P}{D}$ 比率將無影響 (d) 地下經濟活動盛行，$\dfrac{c^P}{D}$ 比率隨之遞增

9. 某國央行公布各種貨幣餘額變化趨勢，何者錯誤？ (a) M_2 餘額必然大於 M_{1B} 餘額，成長率因而也會較大 (b) 銀行體系面臨金融海嘯衝擊，將造成準貨幣成長率超過 M_{1B} 成

長率　(c) 準貨幣成長率因直接金融盛行而衰退，將可反映金融淺化現象　(d) 通膨率高漲將會促使 M_{1A} 與 M_{1B} 成長率大於 M_2 成長率

10. 某國景氣逐步邁向黃紅燈，股市轉呈大多頭走勢，人們競相將定存轉入證券活儲帳戶，方便進出股市。此種轉存活動造成衝擊，何者正確？　(a) M_{1B} 增加，M_2 不變　(b) M_{1A} 貨幣乘數擴大　(c) 準貨幣餘額上升　(d) M_{1B} 與 M_2 成長率同時下降

11. 某國央行注重選取與控制貨幣餘額，同時也關注流動性資產數量，何者正確？　(a) 新觀點理論強調銀行體系的流動性負債是影響景氣循環的主因　(b) 資產流動性大幅提升，將會擴大準貨幣變異性，從而影響 M_2 成長率　(c) 央行控制 M_2 餘額意味著體系內存在等值的流動性　(d) 投信業發行債券型基金規模逼近 2 兆元，係屬於準貨幣的一環

12. 某銀行的存款餘額為 1,000 億元，原先持有準備部位 120 億元恰好是法定準備。隨著央行理監事會議決議降低存款準備率至 8% 後，有關富邦銀行營運現況的描述，何者錯誤？　(a) 非借入準備為 120 億元　(b) 超額準備為 40 億元　(c) 實際準備為 120 億元　(d) 自由準備將是 120 億元

13. 央行經研處提交理監事會議的金融情勢分析報告，針對構成 M_{1A} 的貨幣性資產成長率變動的前因後果提出說帖，何者正確？　(a) 若以電子票據取代實體票據，將可降低遺失貨幣餘額，提高活存毛額成長率　(b) 淨退票金額成長率大幅上升，充分反映民間信用全面趨於惡化　(c) 某銀行營運失敗導致淨值淪為負數，釀成擠兌將讓成長率下降　(d) 央行在外匯市場賣超美元以穩定台幣匯率，此舉將使 M_{1A} 成長率遞增

14. 下列影響經濟與金融活動的看法，何者錯誤？　(a) 舊觀點理論認為人們持有交易餘額是影響景氣循環的主要因素　(b) 人們的資金流向國幣或外幣定存，對準貨幣餘額影響相同，但影響金融環境則是迴異　(c) 新觀點理論認為人們進行預擬支出前，將須事先取得銀行提供的流動性　(d) 舊觀點理論認為體系內總支出係影響銀行創造貨幣供給的主要因素

15. 針對資產流動性與經濟活動的關係，何者正確？　(a) 資產流動性與資產變現價格穩定性無關　(b) 人們持有 M_2 餘額，係基於該貨幣性資產具有完全流動性　(c) 央行公布的 M_2 餘額將大於權數加總的貨幣餘額　(d) 某國流通的流動性資產餘額愈多，人們持有交易餘額將會愈多

16. 隨著塑膠貨幣市場規模擴大，經濟活動將如何變化？　(a) 人們使用簽帳卡交易，相當於銀行授予短期循環信用　(b) 電子錢包與簽帳卡性質相似，都會擴大銀行信用成長率　(c) 電子錢包盛行降低支票使用，引發遺失貨幣餘額增加　(d) 人們偏好使用信用卡交易，勢必降低通貨發行淨額成長率

17. 某國央行經研處檢視影響 M_{1A} 變動趨勢的因素，何者正確？　(a) 銀行體系窖藏現金愈多，通貨淨額將會遞增　(b)「遺失的貨幣」餘額增減與票據交換速度息息相關　(c) 政府預算赤字擴大帶動通貨淨額減少　(d) 央行發行通貨淨額增加，M_{1A} 供給必然增加

18. 銀行定存與貨幣基金兩者間存在何種相似性？ (a) 兩者都是準貨幣，同為 M_2 餘額的一環 (b) 兩者是銀行的負債，必須提存法定準備轉存央行的準備金帳戶 (c) 人們持有銀行定存或貨幣基金，將是持有交易餘額的標的 (d) 銀行運用定存或貨幣基金獲取的收益，在扣除費用後，將支付給持有者

19. 某國央行經研處評估金融體系流動性水準變化，何種看法正確？ (a) 外幣或國幣定存均是準貨幣，對金融環境影響相同 (b) M_2 餘額是金融市場的流動資產餘額 (c) 金融債券是流動性負債，不是準貨幣餘額 (d) 央行定義的準貨幣與流動性負債並無關聯

20. 有關舊觀點理論的內涵，何者正確？ (a) 銀行放款與投資餘額成長率是影響景氣循環的主因 (b) 貨幣成長率係影響景氣循環的推手 (c) 強調貨幣扮演暫時購買力儲藏所的角色 (d) 銀行業與壽險業創造存款貨幣能力，將不分軒輊

21. 某國央行經研處檢視影響 M_4 餘額變動的前因後果，何者正確？ (a) 票據交換效率增加有助於提高活期存款毛額 (b) 財政部重建基金介入基層金融經營，紓解其擠兌危機，將可降低通貨淨額成長率 (c) 每年 5 月底是所得稅申報截止日，此時的 M_{1A} 成長率出現遞增 (d) 央行為縮小國幣貶值幅度，在外匯市場賣超美元，此舉將讓 M_{1A} 成長率遞增

22. 某投顧老師提出對 M_{1B} 與 M_2 成長率變化趨勢影響的看法，何者正確？ (a) 人們熱衷投資外幣定存，M_{1B} 與 M_2 成長率將同步攀升 (b) 股市在 2020 年 3 月陷入空頭走勢，存款結構將由 M_2 轉向 M_{1B} (c) 債券型基金規模日益擴大，M_{1B} 與 M_2 成長率同步呈現下滑走勢 (d) M_{1B} 成長率超過 M_2 成長率，即是介入股市良機

23. 某國央行公布 M_{1B} 與 M_2 餘額出現消長，何者結果正確？ (a) M_2 餘額大於 M_{1B} 餘額，導致前者成長率也會高於後者 (b) 央行頻繁調降重貼現率，誘使市場將 M_2 轉向 M_{1B} (c) M_{1B} 與 M_2 成長率同步遞減，兩者趨勢線相交，交點稱為死亡交叉 (d) M_2 成長率攀升速度超越 M_{1B} 成長率，通膨與股市泡沫化疑慮將會遞增

24. 央行經研處解讀 M_2 成長率波動現象，將揭露何種涵義？ (a) M_2 成長率遞增顯示潛在購買力遞增，通膨壓力擴大 (b) M_2 成長率擴大隱含間接金融占有率隨之擴大 (c) M_2 成長率變異性擴大，主要原因就在準貨幣與其他金融資產替代性擴大 (d) M_2 成長率擴大隱含銀行信用成長率同步遞增

25. 台灣失業率攀升到 5.3%，失業人口達到 53 萬人，促使 2002 年 12 月 10 日的工人秋鬥遊行即是在爭取勞工就業權益。李君幸運進入在台美商 IBM 公司上班，簽訂以美元計價固定薪水的三年勞動契約，但以台幣支票給付。何種結果正確？ (a) 薪資所得將因匯率風險而呈現不確定 (b) 契約的記帳價格與絕對價格一致 (c) 契約採取的交易媒介與契約單位相同 (d) 景氣轉向持續閃爍黃紅燈，該契約對李君顯然有利

26. 花旗理財部門建議客戶將台幣定存轉換為外幣定存，此種轉換行動產生衝擊，何者錯誤？ (a) 投資人將需承擔匯率風險 (b) 銀行吸收以外幣計價的台幣資金，到期亦以台

幣資金償還投資人，無須承擔匯率風險　(c) 銀行放款能力將受影響　(d) 台幣資金利率上漲、台幣匯率趨於貶值

27. 某投顧分析師為投資人解讀 M_2 成長率波動現象，何種錯誤？　(a) 人們若將定存列入閒置餘額組合，M_2 成長率遽增顯示預擬支出遞增　(b) 金融科技發展提升準貨幣與其他金融資產間的替代性，導致 M_2 成長率變異性擴大　(c) M_2 餘額雖然大於 M_{1B} 餘額，不過前者成長率未必高於後者　(d) 央行連續調高重貼現率，準貨幣成長率可能遞減

28. 「依據央行統計資料顯示，2002 年 5 月的外幣存款餘額為新台幣 12,157 億元，係今年最低水準，爾後即呈現攀升趨勢。」何者錯誤？　(a) 人們解約外幣存款轉入活儲帳戶，將引起 M_{1B} 成長率遞增　(b) 銀行持有外幣存款部位下降，台幣資金市場趨於寬鬆　(c) 人們選擇外幣定存或國幣定存，對準貨幣餘額影響並無差異　(d) 銀行吸收外幣或國幣定存，並不影響創造銀行信用能力

29. 為因應金融海嘯重創景氣，國發會規劃每人發放消費券 3,600 元刺激全民消費意願，此舉促使 2009 年中央政府總預算出現鉅額赤字。何者錯誤？　(a) 財政部要求央行增加盈餘繳庫，補足歲收不足，此舉形同向人民課徵通膨稅　(b) 內政部限時完成發放消費券並支付補貼金額，此舉造成準貨幣成長　(c) 財政部與央行互為獨立機構，不過內政部發放消費券，仍將影響央行資產負債表　(d) 央行為求達成繳庫盈餘目標，在外匯市場賣出美元收取台幣，從而取得鑄幣稅

30. 自 1990 年代迄今，通訊網路迅速運用於金融交易與清算活動，大幅改變金融業營運模式。何種發展趨勢有待商榷？　(a) 電子支票盛行加速處理支票交換速度，將可提升支存毛額成長率　(b) 電子資金移轉效率與安全性上升，將誘使 M_{1B} 成長率超過 M_{1A} 成長率　(c) 網路銀行與網路券商崛起大幅降低交易成本，將會模糊準貨幣與金融資產的界線　(d) 金融交易電子化大幅提升活儲與定存的流動性

31. 某國央行決議改採「新觀點」衡量金融體系流動性，藉以觀察總體經濟活動變化趨勢。何者正確？　(a) 為刺激景氣復甦，央行降低重貼現率將帶動 M_{1B} 與銀行信用同比率成長　(b) 在準備貨幣持平下，廠商資金需求增加，將會造成利率上升與銀行信用寬鬆　(c) 銀行創造存款貨幣能力遠超過創造銀行信用能力　(d) 銀行吸收存款，除保有實際準備外，也需提存流動準備，該部分準備是銀行信用的一環

32. 財政部在每年 6 月發放軍公教人員退休俸，同一期間，央行也經常在公開市場發行可轉讓定存單。何者錯誤？　(a) 財政部發放退休俸，勢必引起準備貨幣擴張　(b) 央行發行可轉讓定存單，係在抵銷財政部發放退休俸的動作　(c) 財政部增加退休俸支出與央行緊縮貨幣政策，將會造成金融市場緊縮　(d) 財政部與央行的共同行動，將可穩定準備貨幣餘額

33. 某國的 M_{1B}^S 方程式為 $M_{1B}^S = m_{1B} \times H$。何者對 M_{1B} 餘額影響正確？　(a) 地方政府每月透過銀行轉帳發放公務員薪水，將會造成 H 與 m_{1B} 上升　(b) 農曆春節假期來臨，引起通

貨存款比率上升，將會引起 m_{1B} 與 M_{1B} 同時遞減　　(c) 活儲的法定準備率低於活存，信用卡廣泛使用提高活儲對活存比率，將會降低銀行提存實際準備，H 與 M_{1B} 將同步下降　　(d) 央行發行大鈔廣受民眾歡迎，引起 m_{1B} 下降與 H 上升，造成 M_{1B} 變化不確定

34. 2008 年爆發金融海嘯，許多民營銀行營運陷入嚴重虧損而引發存款者疑慮。央行經研處隨時評估貨幣定義組合變化可能衍生的衝擊效果，何種評估錯誤？　　(a) 台新銀行存款者競相提出活儲轉換爲郵政存簿儲金，勢必緊縮銀行信用　　(b) 央行發布 M_2 成長率超過 M_{1B} 成長率，將可預期股票市場邁入空頭走勢　　(c) 人們預期外資大舉拋售台股並匯出資金，遂積極調高外幣存款占準貨幣組合比例，勢必引發金融環境趨於緊縮　　(d) 政府宣布所有存款餘額將受存款保險充分保障，將有助於穩定貨幣乘數

35. 在 2008 年 7 月底，A 銀行存款餘額 10,000 億元，持有實際準備 800 億元恰好是法定準備、流動準備 700 億元也正好符合央行規定的 7% 標準，其餘全部投入放款與投資。隨著 B 銀行存款者在 8 月分競相將存款轉入 A 銀行，後者存款餘額激增至 12,000 億元（尚未放款）。同一期間，央行決議調高法定準備率 2%。有關 A 銀行在 8 月底營運狀況的描述，何者錯誤？　　(a) 必須持有流動準備 770 億元　　(b) 持有法定準備 1,100 億元　　(c) 持有實際準備爲 1,800 億元　　(d) 持有超額準備 630 億元

36. 台灣的 M_{1A}^S 方程式爲：$M_{1A}^S = m \times H$，$m = f(d, r)$，$d = \dfrac{c^P}{D}$，$r = \dfrac{R}{D}$。何者正確？　　(a) 央行與美國花旗銀行的台幣與美元通貨交換到期互換回來，將引起 r 與 H 值上升　　(b) 2008 年金融海嘯讓銀行業營運陷入困境，r 與 d 值將會擴大，而 m 值縮小　　(c) 2020 年爆發新冠肺炎肆虐，央行將郵政儲金轉存款撥給官股銀行，然後對廠商紓困放款，將造成 r 與 H 值增加　　(d) 央行發行 200 元與 2,000 元大鈔，廣受人們接受使用，將造成 d 值與 H 值上升

37. 某分析師解讀構成 M_2 餘額的個別項目變動的影響，何者錯誤？　　(a) 郵匯局吸收存簿儲金餘額增加，全部轉存央行將引起金融體系緊縮　　(b) 銀行吸收外幣存款餘額增加，將對金融體系造成緊縮　　(c) 銀行吸收定存餘額增加，將會降低通膨壓力　　(d) 台灣股市漲勢兇猛，準貨幣餘額將會大幅成長

38. 某國政府編列中央預算存在鉅額預算赤字，何者正確？　　(a) 財政部向大眾發行公債融通赤字，體系淨財富隨之增加　　(b) 財政部要求央行購買公債融通赤字，形同向人民課徵鑄幣稅　　(c) 央行在外匯市場買進美元釋出台幣，將可取得通膨稅　　(d) 當 Ricardo 等值理論成立時，發行公債相當於未來租稅負債增加

39. 自 1970 年代起，各國改採純粹紙幣制度，此種制度變革對體系影響遍及各層面。何者正確？　　(a) 央行獨占鑄幣權，發行通貨獲取的利益即是能夠購買的商品數量　　(b) 通貨是外在資產，央行增加發行通貨，將加速財富累積　　(c) 銀行吸收支存，將與央行發行通貨賺取鑄幣稅無關　　(d) 央行對財政部進行膨脹性融通，將讓鑄幣稅即是通膨稅

40. 金融科技進步改變體系交易與支付型態，何者錯誤？　(a) 準貨幣與通貨的替代性將因線上交易效率上升而提高　(b) 台塑加油站簽發台銀支票支付向台塑石化購油款，顯示支票既是交易媒介也是支付工具　(c) 張無忌使用悠遊卡搭乘捷運，將是銀貨兩訖　(d) 人們安排交易餘額將會以 M_{1B} 取代 M_{1A}

41. 某國 M_2 成長率走勢呈現波動起伏，何者錯誤？　(a) 央行自 2014 年第四季以來連續三次調高重貼現率，引導人們加快將 M_{1B} 轉往準貨幣　(b) 資產證券化盛行勢必擴大 M_2 成長率變異性　(c) M_2 餘額大於 M_{1B} 餘額，也可確定前者成長率較大　(d) 人們將準貨幣納入交易餘額組合，M_2 成長率攀升，意味著預擬支出遞增

42. 自 1970 年代以後，金融科技進步躍居為金融發展重心，對經濟活動造成衝擊，何者錯誤？　(a) 準貨幣餘額組成結構變異性日益擴大　(b) 結構性融資發展大幅提升資產流動性　(c) 票據交換效率提升並不影響支存淨額變化　(d) 銀行從事放款證券化，將可紓緩流動性匱乏

43. 某國金融業致力於發展金融科技，將會造成何種影響？　(a) 成長率將會小於成長率　(b) 交易媒介與價值儲藏工具差異性縮小　(c) 人們以支付工具完成交易比例，將大於以交易媒介完成交易比例　(d) 電子商務將須透過間接金融給予融通才能完成

44. 央行研究處依據新觀點理論，剖析金融活動變化趨勢，何者正確？　(a) 金融業創造的準貨幣是影響景氣循環的主因　(b) 只有銀行創造的流動性資產（銀行信用）才能影響景氣循環　(c) 銀行創造存款貨幣能力不受非銀行間接金融機構影響　(d) 銀行業與壽險業資產面變動造成的衝擊，將大於銀行業負債面變化造成的衝擊

答案：

1. (a)	2. (b)	3. (c)	4. (a)	5. (b)	6. (b)	7. (a)	8. (a)	9. (a)	10. (a)
11. (b)	12. (d)	13. (c)	14. (d)	15. (c)	16. (d)	17. (b)	18. (a)	19. (c)	20. (b)
21. (b)	22. (c)	23. (b)	24. (c)	25. (a)	26. (b)	27. (a)	28. (d)	29. (d)	30. (a)
31. (c)	32. (c)	33. (b)	34. (b)	35. (c)	36. (b)	37. (d)	38. (d)	39. (d)	40. (b)
41. (c)	42. (c)	43. (b)	44. (d)						

chapter 13 消費與儲蓄理論

13.1 消費函數與跨期選擇模型

1. 有關體系內消費函數的定義，何者正確？ (a) 反映人們消費支出與當期儲蓄間的關係 (b) 顯示政府消費支出與當期稅收間的關係 (c) 描述廠商採購支出與當期營業收入間的關係 (d) 顯示人們消費支出與當期可支配所得間的關係

2. 本質上，消費函數若呈現非比例性質，何者正確？ (a) APC 永遠大於 MPC (b) 在任何所得下，$APC < 1$ (c) 人們的可支配所得遞減，APC 將會遞增 (d) 在任何所得下，$APC > 1$

3. 依據兩期消費模型，何者可能出現？ (a) 金融市場利率上升，金主將擴大當期儲蓄 (b) 金融市場利率上升，金主可能轉換為淨借入者 (c) 融資利率下降，以現金卡融資者將會擴大負儲蓄 (d)「今朝有酒今朝醉者」的 $MRS_{C_1 C_2}$ 為零

4. 依據跨期選擇模型，央行執行量化寬鬆，對張無忌的消費與儲蓄決策衝擊為何？ (a) 增加當期消費 (b) 增加當期儲蓄 (c) 消費與儲蓄變動不確定 (d) 消費與儲蓄不受利率變動影響

5. 依據跨期消費理論，某國實質利率上升，如果跨期消費的替代效果超過所得效果，將會出現何種現象？ (a) 同時增加當期和未來消費 (b) 增加當期消費，減少未來消費 (c) 減少當期消費，增加未來消費 (d) 同時減少當期和未來消費

6. 趙敏的兩期所得為 $(Y_1, Y_2) = (280, 250)$，兩期消費為 (C_1, C_2)，在追求跨期效用 $U(C_1) +$

$0.9U(C_2)$ 極大下，$U'' < 0 < U'$。如果趙敏不受借貸限制束縛，而其跨期預算限制如下圖所示，何者正確？　(a) 預算限制式為 A　(b) 預算限制式為 B　(c) 在第一期將成為資金需求者　(d) 在第一期將會儲蓄

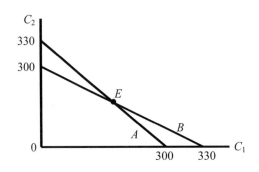

7.　某國金融市場利率若低於楚留香的時間偏好率，則他如何調整決策？　(a) 增加儲蓄 (b) 增加消費　(c) 增加投資　(d) 減少消費

8.　何種消費理論並非以以跨期消費分析為基礎？　(a) 絕對所得理論　(b) 生命循環理論 (c) 恆常所得理論　(d) 相對所得理論

9.　依據 Keynes 觀點，財政部採取減稅但未縮減支出規模，則對該國的長、短期消費將形成何種影響？　(a) 短期與長期均增加　(b) 短期與長期均減少　(c) 短期增加，長期卻減少　(d) 短期減少，長期卻增加

10.　有關消費格式化事實的敘述，何者錯誤？　(a) 橫斷面：所得愈高，平均消費傾向愈低 (b) 景氣循環：繁榮的平均消費傾向較高；衰退的平均消費傾向較低　(c) 時間數列：長期平均消費傾向穩定不變　(d) 橫斷面：平均消費傾向大於邊際消費傾向

11.　人們所得增加帶動消費增加，此種現象稱為：　(a) 誘發性消費　(b) 自發性消費 (c) 替代效果　(d) 所得效果

12.　依據財富消費理論，人們的當期所得下降 10%，而未來所得不變，則當期消費將如何變化？　(a) 不受影響　(b) 減少 10%　(c) 增加 10%　(d) 減少小於 10%

13.　在商品與債券市場的兩期模型中，利率下降將會產生何種效果？　(a) 期內替代效果（intratemporal effect）促使第一期相對第二期消費增加　(b) 期內替代效果促使第一期相對第二期消費減少　(c) 跨期替代效果（intertemporal effect）將使第一期相對第二期消費增加　(d) 跨期替代效果促使第一期相對第二期消費減少

14.　實證結果發現平均消費傾向是固定值，此種結果僅適用在何種狀況？　(a) 僅適用於短期消費函數　(b) 僅適用於長期消費函數　(c) 同時適用於短期與長期消費函數　(d) 短期與長期消費函數均不適用

15.　實證結果發現平均消費傾向呈現遞減，此種結果適用於何種狀況？　(a) 僅適用於短期

消費函數　　(b) 僅適用於長期消費函數　　(c) 同時適用於短期與長期消費函數　　(d) 短期與長期消費函數均不適用

16. 消費者的跨期預算限制將可表為何種型態？　　(a) $C_1 + C_2 = Y_1 + Y_2$　　(b) $C_1 + C_2/(1 + r) = Y_1 + Y_2/(1 + r)$　　(c) $C_1 + C_2(1 + r) = Y_1 + Y_2(1 + r)$　　(d) $C_1/(1 + r) + C_2 = Y_1/(1 + r) + Y_2$

17. 消費者的跨期預算限制反映儲蓄將可獲取利息的事實，其中隱含的意義為何？　　(a) 未來所得較目前所得沒有價值　　(b) 未來所得較目前所得更具有價值　　(c) 未來消費相對目前消費值錢　　(d) 未來消費價值高於未來所得

18. 依據 Fisher 的兩期消費模型，某人的兩期所得為 $(Y_1, Y_2) = (20,000, 15,000)$，而利率為 $r = 50\%$，則第一期消費的最大可能值為何？　　(a) 20,000　　(b) 25,000　　(c) 30,000　　(d) 35,000

19. 依據 Fisher 兩期消費模型，某人的兩期所得為 $(Y_1, Y_2) = (20,000, 15,000)$，而利率為 $r = 50\%$，則第二期消費的最大可能值為何？　　(a) 15,000　　(b) 25,000　　(c) 35,000　　(d) 45,000

20. 兩期消費的無異曲線顯示兩期消費組合的軌跡，何種結果正確？　　(a) 若與跨期預算限制線相切，將會達成消費者跨其效用極大　　(b) 該曲線斜率隱含相等的所得與替代效果　　(c) 將視消費者可使用的兩期所得而定　　(d) 可以讓消費者獲得相同的快樂

21. 有關兩期消費的邊際替代率敘述，何者正確？　　(a) 無異曲線斜率的倒數　　(b) 當第一期消費很高，邊際替代率一般也會很高　　(c) 第一期所得變動一單位引起第一期消費變動的數量　　(d) 反映消費者願意以未來消費替代目前消費的比率

22. 依據 Fisher 兩期模型，某人透過何種選擇，將可取得兩期消費的最適組合？　　(a) 兩期消費無異曲線上的任何組合　　(b) 兩期消費無異曲線與預算限制相切的組合　　(c) 跨期預算限制線上的任何組合　　(d) 在跨期預算限制線上的組合，此時兩期消費各自等於兩期所得

23. 某人已經選擇兩期最適消費組合，此時的邊際替代率將為何？　　(a) $(1 + r)$　　(b) $(1 - r)$　　(c) $(1/r)$　　(d) r

24. 依據 Fisher 兩期模型，第一期所得增加將會產生何種結果？　　(a) 增加第一期消費，但是減少第二期消費　　(b) 增加第一期消費，但第二期消費不變　　(c) 兩期消費若是正常財，兩期消費均會增加　　(d) 第二期消費增加，但是第一期消費不變

25. 消費者將第一期獲取的所得分散在多期消費增加，此即稱為：　　(a) 隨機漫步消費　　(b) 暫時性消費　　(c) 均勻消費　　(d) 所得效果

26. 依據 Fisher 的兩期模型，兩期消費均屬正常財，則第二期所得增加，將會產生何種結果？　　(a) 僅有第一期消費增加　　(b) 僅有第二期消費增加　　(c) 兩期消費均會增加　　(d) 每一期的消費均不會增加

27. 在 Keynes 模型中，決定目前消費的最重要因素是當期所得，但在 Fisher 模型中，決定

目前消費的最重要因素為何？　(a) 也是目前所得　(b) 利率　(c) 終生的資源　(d) 未來所得

28. Fisher 的兩期模型指出目前消費取決於何種因素？　(a) 僅有目前所得　(b) 目前與未來所得，以及利率　(c) 目前與未來所得，以及利率與通膨率　(d) 僅有未來所得

29. 在 Fisher 兩期模型中，對儲蓄者而言，第一期利率增加產生的所得效果為何？　(a) 提高第二期消費的相對價格　(b) 第一期儲蓄將可獲取額外所得　(c) 降低第一期消費的相對價格　(d) 第二期儲蓄增加的額外所得

30. 依據 Fisher 兩期模型，對儲蓄者而言，第一期利率上漲引發的替代效果為何？　(a) 降低第二期消費的相對價格　(b) 第一期儲蓄將可增加額外所得　(c) 降低第一期消費的相對價格　(d) 第二期儲蓄將可獲取額外所得

31. 依據 Fisher 兩期模型，消費者初始是儲蓄者，實質利率上漲卻引起第一期消費增加，則所得效果將呈現何種狀況？　(a) 將會大於替代效果　(b) 將會小於替代效果　(c) 正好抵銷替代效果　(d) 配合替代效果一起增加消費

32. 依據 Fisher 兩期模型，消費者在第一期初始是儲蓄者，而實質利率上升對第一期消費影響如何？　(a) 確定降低　(b) 確定增加　(c) 維持不變　(d) 變化不確定

33. 依據 Fisher 兩期模型，人們在第一期初始是儲蓄者，實質利率上升若再引起第一期儲蓄增加，則所得效果將呈何種狀況？　(a) 將大於替代效果　(b) 將小於替代效果　(c) 正好抵銷替代效果　(d) 配合替代效果一起減少消費

34. 依據 Fisher 的兩期模型，人們在第一期初始是借款者，實質利率上漲將促使第一期消費如何變化？　(a) 確定降低　(b) 確定增加　(c) 維持不變　(d) 變化不確定

35. 依據 Fisher 兩期模型，人們在第一期初始是儲蓄者，實質利率上升將會產生何種結果？　(a) 所得效果與替代效果共同減少第一期消費　(b) 所得效果與替代效果一起讓第一期消費增加　(c) 替代效果減少第一期消費，但是所得效果則是增加消費　(d) 所得效果減少第一期消費，但是替代效果則增加消費

36. 依據 Fisher 兩期模型，消費者初始是儲蓄者，兩期消費均屬正常財。當利率上升的所得效果大於替代效果，則儲蓄將如何變化？　(a) 將會降低　(b) 將會增加　(c) 維持不變　(d) 可能增加或下降

37. 在 Fisher 兩期模型中，消費者初始是儲蓄者，兩期消費均屬正常財。當利率上升的所得效果小於替代效果，則儲蓄將如何變化？　(a) 將會降低　(b) 將會增加　(c) 維持不變　(d) 可能增加或下降

38. 消費者缺乏信用無法貸款，則第一期消費與兩期所得的關係為何？　(a) 將小於第一期所得　(b) 將小於或等於第一期所得　(c) 將小於第一期與第二期所得　(d) 將小於或等於第一期與第二期所得

39. 在何種狀況下，借款限制對消費者將不會發揮束縛作用？　(a) 第一期消費小於第一期

所得　(b) 第一期消費超過第一期的所得　(c) 第一期消費小於第一期與第二期的所得　(d) 第一期消費超過第一期與第二期所得

40. 依據 Fisher 兩期模型，張無忌的兩期所得為 $(Y_1, Y_2) = (15,000, 20,000)$，利率為 $r = 50\%$，而且借款限制發揮束縛作用，有關他的兩期消費的可能狀況，何者錯誤？
(a) $C_1 \leq 15,000$　(b) $15,000 \leq C_1 \leq 20,000$　(c) $C_1 \leq 15,000$，$C_2 = 1.5(15,000 - C_1) + 20,000$　(d) $C_1 = 15,000$，$C_2 = 20,000$

41. 趙敏信用欠佳而面臨借款限制，導致當期消費受到限制，此時政府發放對其目前所得課徵一次性租稅，則將發揮何種效果？　(a) 降低未來消費　(b) 不影響未來消費　(c) 增加未來消費　(d) 對兩期消費沒有影響

42. 依據 Fisher 兩期模型，張翠山受到借款限制束縛，則對兩期消費影響為何？　(a) 本期消費將等於目前所得　(b) 本期消費將小於或等於目前所得　(c) 未來消費將小於或等於未來所得　(d) 未來消費將小於未來所得

43. 在何種情況下，基於 Fisher 兩期模型的消費函數，將與 Keynes 消費函數具有一致性？
(a) 人們缺乏信用無法借款　(b) 未來所得增加，而人們初始是借款者　(c) 未來所得增加，而人們初始是儲蓄者　(d) 利率上漲，而人們初始是借款者

44. 消費者在本期是借款者，利率上漲可能產生何種結果？　(a) 所得效果與替代效果同時會讓本期消費增加　(b) 所得效果與替代效果同時減少本期消費　(c) 所得效果增加本期消費，而替代效果則降低本期消費　(d) 替代效果增加本期消費，而所得效果則降低本期消費

45. 某國稅法規定個人利息所得必須繳稅，利息支出卻無從扣抵，何者正確？　(a) 借款者增加借款，儲蓄者將增加儲蓄　(b) 儲蓄者是否增減儲蓄，端視所得效果和替代效果相對大小而定，借款者則減少借款　(c) 儲蓄者將減少儲蓄，借款者情況不變　(d) 借款者是否增減借款，端視所得效果和替代效果相對大小而定

46. 某國實質利率上升，跨期消費模型將預測何種結果？　(a) 放款者和借款者增加當期消費　(b) 放款者增加當期消費，借款者則減少當期消費　(c) 放款者未必減少當期消費，但借款者會減少當期消費　(d) 放款者減少當期消費，而借款者則增加當期消費

47. 依據跨期選擇理論，人們若為具前瞻性眼光的理性決策者，在政府支出與其他因素不變下，政府暫時性減稅，何者錯誤？　(a) 政府將來可能增稅　(b) 民間消費並不會提高　(c) 國民儲蓄會提高　(d) 民間儲蓄會提高

48. 在兩期消費模型中，假設政府當期減稅而未來加稅，且維持租稅負擔現值不變。在 Ricardo 等值理論成立下，何者錯誤？　(a) 最適消費選擇不變　(b) 消費者效用不變　(c) 跨期預算限制線不變　(d) 稟賦點不變

49. 假設某人只活工作期與退休期兩期，兩期所得為 (Y_1, Y_2)，而兩期消費為 (C_1, C_2)，而且 $Y_1 > C_1$，目前利率則為 $r > 0$。何者錯誤？　(a) 如果存在借貸市場，則第二期消費最多

僅能達到 $(1 + r)Y_1 + Y_2$　(b) 此人是借款者　(c) 此人是儲蓄者　(d) 如果此人是儲蓄者，且體系存在借貸市場，則其第二期消費將會超過 Y_2

50. 某國的可貸市場係屬完全競爭，有關社會安全制度對人們儲蓄的影響，何者錯誤？
    (a) 退休效果（retirement effect）將會減少儲蓄　(b) 財富替代效果（wealth substitution effect）將會減少使儲蓄　(c) 遺產效果（bequest effect）將會增加儲蓄　(d) 退休與遺產兩種效果加總將會增加儲蓄

51. 某國訂定所得低於基本生活水準，將可適用負所得稅。此種負所得稅制將對適用者的消費與休閒發揮何種效果？　(a) 只有替代效果　(b) 因為純屬所得補助，是以只有所得效果　(c) 有所得效果，也有替代效果　(d) 政府補助額度會補足適用者達到免稅額為止

答案：

1. (d)	2. (a)	3. (d)	4. (c)	5. (c)	6. (a)	7. (b)	8. (a)	9. (a)	10. (b)
11. (a)	12. (d)	13. (c)	14. (b)	15. (a)	16. (b)	17. (a)	18. (c)	19. (d)	20. (a)
21. (d)	22. (b)	23. (a)	24. (c)	25. (c)	26. (c)	27. (c)	28. (b)	29. (b)	30. (a)
31. (a)	32. (d)	33. (b)	34. (a)	35. (c)	36. (a)	37. (b)	38. (c)	39. (a)	40. (b)
41. (b)	42. (a)	43. (a)	44. (b)	45. (c)	46. (c)	47. (c)	48. (c)	49. (b)	50. (a)
51. (c)									

13.2 消費理論類型

13.2.1 絕對所得與相對所得理論

1. 各種消費理論出現主要是為詮釋何種現象？　(a) 長期 $APC = MPC$ ，短期 $APC < MPC$
   (b) 長期 $APC > MPC$，短期 $APC = MPC$　(c) 長期 $APC = MPC$，短期 $APC > MPC$
   (d) 長期 $APC < MPC$，短期 $APC = MPC$

2. 下列敘述，何者錯誤？　(a) 短期消費函數的 $APC > MPC$　(b) 長期消費函數的 $APC = MPC$　(c) 生命循環理論與恆常所得理論認為目前消費均受未來所得影響　(d) 財富增加促使短期消費曲線下降

3. 有關反對積極政策論者提出的主要思維，何者正確？　(a) 消費支出呈現高度不穩定
   (b) 消費支出呈現高度穩定性　(c) 總體政策對消費的影響效果極其微弱　(d) 民間消費不穩定性經常被其他民間支出因素變異抵銷

4. 依據 Keynes 消費函數，張三豐的消費函數將取決於何種因素？　(a) 僅取決於可支配所得　(b) 取決於可支配所得與自發性項目　(c) 僅取決於與模型無關的自發性支出　(d) 取決於利率與自發性項目

5. 有關家計部門消費的敘述，何者正確？　(a) 高所得家庭的 MPC 高於低所得家庭，APC

則低於低所得家庭　(b) 高所得家庭的 *MPC* 較低所得家庭低，*APC* 則高於低所得家庭
(c) 高所得家庭的 *MPC* 與 *APC* 都較低所得家庭低　(d) 高所得家庭的 *MPC* 與 *APC* 都高於低所得家庭

6. Keynes 消費理論預測體系內總儲蓄率將如何變化？　(a) 隨著體系日益富裕而遞增
(b) 隨著體系經濟成長而遞減　(c) 長期呈現固定值　(d) 就橫斷面所得而言，將隨較高所得而遞減

7. 有關可支配所得對消費支出影響，通常不採用何種假設？　(a) 消費支出將占可支用所得的高比例　(b) 在低可支配所得下，儲蓄或許為負數　(c) 消費永遠低於可支用所得
(d) 所得增加將導致消費以低於比例性增加

8. 以時間數列資料驗證消費函數的結果，何者正確？　(a) 長期儲蓄率呈現遞增　(b) 長期消費傾向呈現遞減　(c) 長期儲蓄率固定，但邊際消費傾向呈現遞減　(d) 長期儲蓄率與邊際消費傾向同時為固定值

9. 依據 Keynesian 學派觀點，某國通過減稅但維持支出不變的中央政府預算，將會發揮何種影響？　(a) 鼓勵消費支出且減少國家儲蓄　(b) 鼓勵消費支出且減少民間儲蓄
(c) 對消費支出無影響，但減少國家儲蓄　(d) 對消費支出無影響，但減少民間儲蓄

10. 某國主計總處估計消費函數為：$\ln C = 0.03 + 0.75 \ln Y_t + 0.65 \ln Z_t$，$C_t$ 是當期消費，Y_t 是當期所得，Z_t 是當期進口。該國消費的所得彈性為何？　(a) 0.30　(b) 0.65　(c) 0.75
(d) 1.4

11. 何種因素發生將促使平均儲蓄傾向上升？　(a) 所得分配平均化　(b) 預期通膨率上升
(c) 預期未來所得增加　(d) 財富增加

12. 依據絕對所得理論，景氣衰退造成失業增加，短期消費曲線將如何變化？　(a) 上移
(b) 下移　(c) 移動方向無法確定　(d) 不受影響

13. 孟母的所得不變，若由貧民區搬家至高級住宅區，依據相對所得理論，將出現如何變化？　(a) 孟母將增加儲蓄　(b) 孟母將增加儲蓄與消費　(c) 孟母將降低消費　(d) 孟母將會提高平均消費傾向

14. 針對下列敘述，何者錯誤？　(a) 短期消費函數之 *APC* > *MPC*　(b) 長期儲蓄函數之 *APS* = *MPS*　(c) 恆常所得理論與生命循環理論均認為目前消費亦受未來所得影響　(d) 財富增加將促使短期消費曲線往下移動

15. 有關針對所得的循環性變動的解釋，何者將扮演重要決定因素？　(a) 非耐久財消費
(b) 研發支出　(c) 消費耐久財支出，尤其是新車購買　(d) 廠商存貨變動

16. Keynesian 消費函數係將消費與何者連結？　(a) 過去所得　(b) 未來所得　(c) 目前所得
(d) 過去與未來所得

答案：

1. (c)　　2. (d)　　3. (b)　　4. (b)　　5. (c)　　6. (a)　　7. (c)　　8. (d)　　9. (a)　　10. (c)

11. (d)　　12. (b)　　13. (d)　　14. (d)　　15. (c)　　16. (c)

13.2.2 恆常所得理論

1. 依據前瞻性消費理論的內涵，何者錯誤？　(a) 所得與財富均會影響消費支出　(b) 長期平均消費傾向較穩定，而短期平均消費傾向則隨所得變動而變化　(c) 政府租稅政策的短期效果大於長期效果　(d) 消費者希望將消費維持在穩定水準

2. 恆常所得代表的涵義為何？　(a) 計入部分年度所得，其他年度所得不計入　(b) 係指由財富產生的一系列所得川流　(c) 降低平均消費傾向　(d) 排除恆常儲蓄的可能性。

3. 依據 Friedman 的定義，恆常所得的概念為何？　(a) 永遠不等於目前所得　(b) 取決於家計部門對未來的預期收益　(c) 每一家庭的平均所得　(d) 與目前所得的差距將視為暫時所得

4. 何者不屬於恆常所得概念？　(a) 房租　(b) 工資　(c) 資本利得　(d) 利息

5. 有關恆常所得理論的內容，何者正確？　(a) 平均消費傾向為臨時所得與恆常所得之比率　(b) 臨時所得與恆常所得對消費的影響相同　(c) 臨時所得對消費的影響小於恆常所得　(d) 臨時所得對消費的影響大於恆常所得

6. 依據恆常所得理論內容，何者正確？　(a) 人們的實際所得愈大，消費愈大　(b) 人們的恆常所得愈大，消費愈大　(c) 人們的臨時所得愈大，消費愈大　(d) 長期邊際消費傾向與短期邊際消費傾向相同

7. 依據恆常所得理論，謝遜從事武術工作的所得逐年波動性很大，何種結果正確？
(a) 高所得期間 APC 高，低所得期間 APC 低　(b) APC 每年都很高　(c) 高所得期間 APC 低，低所得期間 APC 高　(d) APC 等於 1

8. 某國在 2019 年底審查 2020 年中央政府總預算，採取暫時性減稅，卻維持政府支出不變，此種編列方式對 2021 年的台灣總體經濟將形成何種影響？　(a) 依據恆常所得理論，家計部門的恆常性消費不受影響　(b) 依據相對所得理論，短期平均消費傾向將會下降　(c) 總需求曲線將會恆常性右移　(d) 民間部門的繳稅支出減少，將會形成金融體系的銀根寬鬆效果

9. 有關各種類型消費函數特質的說法，何者正確？　(a) 長期消費函數之 APC 大於 MPC　(b) 長期儲蓄函數 APS 大於 MPS　(c) 生命循環理論認為人們的消費將受生命循環的所得起伏而變化　(d) 絕對所得理論指出人們累積資產愈多，將促使短期消費函數上移

10. 趙敏採取理性預期形成且無借貸限制，假設時間偏好率與利率為零，而其去年消費支出為 6 萬元。依據恆常所得理論，何者正確？　(a) 若無新訊息發生，趙敏今年消費支出為 6 萬元　(b) 趙敏在今年初獲知明年升遷有望，明年起，年薪將會增加，則今年消費

支出將高於 6 萬元　　(c) 趙敏若在明年初發現升遷機會落空而留在原職，則明年消費支出爲 6 萬元　　(d) 接續 (c) 題，趙敏後年的消費支出爲 6 萬元

11. 依據恆常所得理論，何者正確？　　(a) 屬於所得分配理論　　(b) 係在解釋消費與恆常所得長期將呈比例關係　　(c) 該理論係由 Modigliani 發展出來　　(d) 恆常所得類似生命循環理論強調財富概念

12. 依據恆常所得理論，何種事件發生對消費支出影響有限？　　(a) 七月分公務員薪資調高 3%　　(b) 股票市場崩盤　　(c) 汽車進口關稅明年一月起降低 10%　　(d) 政府即將實施國民年金制度

13. Friedman 衡量恆常所得，假設人們調整消費方式與何者無關？　　(a) 依據其預期所得的錯誤學習過程　　(b) 預期所得的適應性預期形成　　(c) 暫時所得與在未來期間的預期所得　　(d) 採取理性預期方式形成預期所得

14. 依據 Friedman 恆常所得理論，賭神幸運贏得樂透彩，可能不會從事何種決策？　　(a) 將彩金存入銀行　　(b) 舉行舞會　　(c) 購買洗碗機　　(d) 購買一些股票或債券

15. 有關個人恆常所得變化，何者正確？　　(a) 長期呈現固定值　　(b) 與目前所得相同　　(c) 不受租稅變動影響　　(d) 等於個人的預期平均所得

16. 何種現象並非恆常所得理論主要尋求解釋的焦點？　　(a) 觀察長期儲蓄率的穩定性　　(b) 觀察短期儲蓄率的變異性　　(c) 暫時所得變動的不重要性　　(d) 財富效果對觀察到短期儲蓄率的影響

17. 依據 Friedman 恆常所得理論，政府採取暫時性減稅，可能造成何種消費增加？　　(a) 電視機與其他耐久財　　(b) 牛排晚餐與消費其他非耐久財　　(c) 出國旅遊與到其他特定地點渡假　　(d) 電影票與其他娛樂支出

18. Friedman 恆常所得理論預測政府暫時性減稅，將會產生何種結果？　　(a) 將從事非耐久財與勞務支出　　(b) 將被儲蓄率上升抵銷　　(c) 將被儲蓄率下降抵銷　　(d) 將視爲恆常性減稅處理

19. 依據 Friedman 恆常所得理論，橫斷面資料顯示儲蓄率將隨相關團體所得變化，而時間數列資料顯示儲蓄比例在過去世紀呈現穩定狀態，兩者間的顯著衝突如何解決？　　(a) 橫斷面與時間數列資料無法比較　　(b) 窮人的低儲蓄率可用必須購買必需品來解釋　　(c) 富人的高儲蓄率可用富人賺取暫時所得的特質解釋　　(d) 區分恆常性與暫時性邊際消費傾向

20. 將理性預期運用至恆常所得理論，將意味著消費者使用的訊息內容爲何？　　(a) 僅有過去所得決定恆常所得　　(b) 僅有過去所得決定暫時所得　　(c) 僅有未預期所得的新變動能夠改變恆常所得　　(d) 僅有預期所得的新變動能夠改變實際所得

21. 若將理性預期概念引進恆常所得理論，在何種狀況下，短期邊際消費傾向較高？　　(a) 目前所得變動微小　　(b) 目前所得變動可視爲未來所得變動的良好預測值　　(c) 目前

所得變動可視爲未來所得變動的較差預測值　　(d) 當體系接近景氣循環尖峰或谷底時，目前所得變動發生

22. Friedman 的恆常所得理論爲調和橫斷面與時間數列資料的研究，提出一項合理假設，亦即在任何期間內，富人的所得與儲蓄將呈現何種不尋常變動？　　(a) 恆常所得較高，而儲蓄率也較高　　(b) 恆常所得較高，而儲蓄率較低　　(c) 暫時所得較高，而儲蓄率也較高　　(d) 暫時所得較高，而儲蓄率較低

23. 依據 Friedman 恆常所得理論，每元實際所得增加，短期消費支出將增加爲何？（k 是長期邊際消費傾向，j 是恆常所得的調整係數）　　(a) kj　　(b) $k+j$　　(c) k/j　　(d) $k-j$

24. 張三豐採取適應性預期計算恆常所得，去年恆常所得爲 54,000，本年實際所得爲 44,000，長期邊際消費傾向 $k = 0.82$，恆常所得的調整係數 $j = 0.2$，則本年消費爲何？
(a) 34,840　　(b) 43,472　　(c) 36,784　　(d) 42,640

25. 趙敏採取適應性預期計算恆常所得，去年恆常所得爲 38,000，而今年實際所得爲 44,000，恆常所得的調整係數 $j = 0.25$，則今年的恆常所得爲何？　　(a) 39,500　　(b) 42,500　　(c) 59,000　　(d) 30,500

26. 當金融市場利率下降，將會產生何種結果？　　(a) 恆常所得的邊際消費傾向降低　　(b) 恆常所得的邊際消費傾向上升　　(c) 降低實際所得被視爲恆常所得的比率　　(d) 提高實際所得被視爲恆常所得的比率

27. 美國 Johnson 總統在 1968 年透過國會通過課徵暫時性（一年）所得附加稅，用以紓緩越戰戰費支出帶來的通膨壓力，何種消費理論認爲此舉成效不大？　　(a) 相對所得理論　　(b) Keynes 的社會心理法則　　(c) 恆常所得理論　　(d) 絕對所得理論

28. 依據財富消費理論，某人當期所得下降 10%，未來所得不變，則當期消費如何變化？
(a) 不受影響　　(b) 減少 10%　　(c) 增加 10%　　(d) 減少小於 10%

29. 依據恆常所得理論，何者正確？　　(a) 目前的可用所得　　(b) 所得意外增加，消費者將多消費　　(c) 消費決定於恆常所得，所得恆久性增加，人們才會多消費　　(d) 無論是暫時性或恆久性所得增加，消費行爲都不受影響

30. 依據恆常所得理論，有關長短期平均消費傾向與所得的關係，何者正確？　　(a) 長期平均消費傾向會隨所得上升而遞增　　(b) 長期平均消費傾向會隨著所得上升而下降　　(c) 短期平均消費傾向會隨所得增加而上升　　(d) 短期平均消費傾向會隨所得遞增而下降

31. 恆常所得與暫時所得的差別在於，前者相較於後者是：　　(a) 比較大　　(b) 更具持續性　　(c) 被課徵較高稅率　　(d) 更具隨機性

32. 暫時所得的特質爲何？　　(a) 持續性所得　　(b) 平均所得　　(c) 平均所得的隨機偏離值　　(d) 目前所得

33. Milton Friedman 指出，就平均而言，消費將與何者有關？　　(a) 與所得成比例　　(b) 是恆常所得的一部分，將隨恆常所得增加而遞減　　(c) 是恆常所得的一部分，將隨暫時所得

增加而遞增 (d) 將與恆常所得呈穩定比例

34. 依據恆常所得理論，消費主要取決於何種所得？ (a) 目前所得 (b) 名目所得 (c) 恆常所得 (d) 暫時所得

35. 依據恆常所得理論，消費者藉由調整何者來融通暫時性租稅增加？ (a) 降低消費或增加儲蓄 (b) 降低儲蓄或增加借款 (c) 降低恆常所得或增加暫時所得 (d) 降低暫時所得或增加恆常所得

36. 依據恆常所得理論，消費者收到一次性紅利所得，將如何處理？ (a) 在當年大部分用於儲蓄 (b) 當年大部分用於消費 (c) 當年支出一半，剩下一半儲蓄 (d) 當年消費或儲蓄行為不變

37. 依據恆常所得理論，消費者收到恆常性薪水增加，將如何處理？ (a) 在當年大部分用於儲蓄 (b) 在當年大部分用於消費 (c) 在當年消費一半，並且儲蓄剩下的一半 (d) 在當年並不改變其消費或儲蓄行為

38. 依據恆常所得理論，某人來自恆常所得的邊際消費傾向是 0.9，而其目前所得是 55,000（當中的 5,000 是暫時所得），是以當期消費為何？ (a) 5,000 (b) 45,000 (c) 49,500 (d) 55,000

39. Friedman 認為即使相關家計部門研究表明高所得階層一般擁有較低平均消費傾向，但就平均而言，該現象係基於這些人處於何種狀況？ (a) 暫時所得為正 (b) 暫時所得為負 (c) 恆常所得較高 (d) 恆常所得較低

40. Friedman 認為在很長一段期間內，平均消費傾向將是穩定值。何種理由正確？ (a) 所得變化是由暫時所得主導 (b) 所得變化是由恆常所得主導 (c) 這是由平均的消費者主導的行為 (d) 所得平均值為常數

41. 政府考慮降低恆常性或暫時性租稅，並在第一年給予每位納稅者相同減稅金額。Friedman 認為平均消費傾向在很長期間內將是穩定值，恆常所得理論預測將會產生何種結果？ (a) 兩種減稅在第一年將增加相同數量消費 (b) 暫時性減稅在第一年將增加更多額外消費 (c) 恆常性減稅在第一年將增加更多額外消費 (d) 暫時性減稅在第一年將不會導致額外消費

42. 如果恆常所得理論正確，人們採取理性預期形成，則在時間歷程中的消費變動將呈現何種狀況？ (a) 可以預測 (b) 無法預測 (c) 大多數是正的 (d) 大多數是負的

43. 在何種狀況下，消費將呈現遵循隨機漫步？ (a) 人們採取理性預期 (b) 消費對恆常所得呈穩定比例 (c) 消費變動不可預測 (d) 消費變動將會導致持續性停滯性膨脹

44. 人們採取理性預期形成且依循遵恆常所得理論，則在何種狀況下，將會增加目前消費？ (a) 先前宣布的減稅已經執行 (b) 接受預期加薪 (c) 接受未預期遺產 (d) 清償最後的汽車貸款

45. 人們依循恆常所得理論且採取理性預期形成，何者變動將會影響消費？ (a) 只有未預

期政策　(b) 只有預期政策　(c) 預期與未預期政策　(d) 既非預期也非未預期政策

46. 消費者依循恆常所得理論，並採取理性預期形成，當政策變動屬於何種狀況時，將會影響消費？　(a) 政策開始擬議中　(b) 政策生效時　(c) 政策改變預期　(d) 政策並未震撼消費者

47. 人們正確預期所得，將會產生何種影響？　(a) 預期景氣邁向繁榮，儲蓄率將會攀高　(b) 預期景氣邁向繁榮，儲蓄率將會滑落　(c) 預期景氣蕭條，儲蓄率將會較低　(d) 未來所得甚難正確預測，他們將會失望

48. 經濟數據表明人所得下降 1 元時，消費下降幅度爲何？　(a) 減少 1 元　(b) 減少 0.5 元　(c) 依據邊際消費傾向調整　(d) 直到退休年數相對剩餘生命年數的比例

49. 及時行樂的吸引力可能誘使人們如何調整儲蓄？　(a) 相對高於預擬儲蓄　(b) 相對低於預擬儲蓄　(c) 近似於預擬儲蓄　(d) 正好等於預擬儲蓄

50. 依據恆常所得理論，來自恆常所得與暫時所得的邊際消費傾向關係爲何？　(a) 前者較大　(b) 前者較小　(c) 兩者相等　(d) 前者是 1 扣除後者

51. 張無忌採取適應性預期計算恆常所得，去年恆常所得爲 38,000，今年實際所得爲 41,000，長期邊際消費傾向 $k = 0.86$，恆常所得的調整係數 $j = 0.30$，則今年的消費爲何？　(a) 30,422　(b) 40,226　(c) 38,744　(d) 33,454

52. 依據恆常所得理論，何者正確？　(a) 消費決定於目前可支配所得　(b) 消費取決於恆常所得，所得意外增加將吸引人們增加消費　(c) 消費決定於恆常所得，唯有所得恆久性遞增，人們才會增加消費　(d) 無論所得是暫時性或恆久性增加，人們消費都不受影響

53. 依據恆常所得理論，在蕭條期間，我們將可觀察到何種現象？　(a) 平均消費傾向 (C / Y) 上升　(b) 平均消費傾向 (C / Y) 不變　(c) 來自恆常所得的邊際消傾向 $(\Delta C / \Delta Y^P)$ 上升　(d) 來自恆常所得的邊際消傾向 $(\Delta C / \Delta Y^P)$ 下降

54. 依據恆常所得理論，$C_t = 0.9 Y_t^P$，$Y_t^P = Y_{t-1}^P + 0.5(Y_t - Y_{t-1}^P)$，來自目前所得的邊際消費傾向將爲何？　(a) 0.45　(b) 0.5　(c) 0.9　(d) 0.95

55. 依據恆常所得理論，消費將與何者有關？　(a) 暫時所得的某一固定比率　(b) 與恆常所得無關　(c) 恆常所得的某一固定比例　(d) 目前實際所得的固定比例

56. 人們若以理性預期估計恆常所得，但是消費支出則受借貸限制束縛，何者正確？　(a) 租稅政策恆常性變動將是有效，但暫時性變動將無效　(b) 租稅政策恆常性變動無效，但暫時性變動將有效　(c) 不論恆常性或暫時性租稅政策變動都無效　(d) 不論恆常性或暫時性租稅政策變動都有效

57. 恆常所得理論與何種說法具有一致性？　(a) 不論短期或長期，消費與所得間存在比例性關係　(b) 短期消費與所得間具有比例性關係，但在長期存在非比例性關係　(c) 在短期與長期，消費與所得不具比例性關係　(d) 短期消費與所得間存在非比例性關係，而長期呈現比例性關係

58. 依據恆常所得理論，低所得階層得平均消費傾向相對低於高所得階層，此係低所得階層係處於何種狀況？　(a) 恆常所得較低　(b) 暫時所得較低　(c) 暫時所得較高　(d) 平均所得較低

59. 恆常所得理論認為在歷經很長期間，平均消費傾向將會維持穩定，何種理由正確？(a) 大部分所得變異是暫時所得變動　(b) 大部分所得變異是恆常所得變動　(c) 總所得變動均等變動　(d) 人們在其生命中維持消費固定

60. 人們從暫時所得增加所引起的邊際儲蓄傾向將趨近於何值？　(a) 1　(b) 0　(c) 0.5　(d) 落在 0～1 之間

61. 人們預估恆常所得增加，由此帶來的邊際儲蓄傾向將趨近於何值？　(a) 1　(b) 0　(c) 0.5　(d) 落在 0～1 之間

62. 人們預估恆常所得增加，由此引起的邊際消費傾向將趨近於何值？　(a) 1　(b) 0　(c) 0.5　(d) 落在 0～1 之間

63. 人們獲取暫時所得增加，由此引起的邊際消費傾向將是趨近於何？　(a) 1　(b) 0　(c) 0.5　(d) 落在 0～1 之間

64. 某位勞工表現優異而獲頒一次性獎勵，對其消費與儲蓄決策影響，何者正確？　(a) 大部分儲蓄　(b) 推辭不接受　(c) 大部分消費　(d) 消費與儲蓄各半

65. 某位勞工確定在每年聖誕節均可獲取紅利，何種結果正確？　(a) 大部分儲蓄　(b) 此係暫時所得而不影響恆常所得　(c) 此係屬於恆常所得，故將以固定比例將紅利消費　(d) 消費與儲蓄各半

66. 某人購買大樂透中頭獎 2 億台幣，將可預期會如何處理？　(a) 大部分消費　(b) 大部分投入購買消費耐久財　(c) 大部分購買非耐久財　(d) 消費與儲蓄各半

67. 某位勞工表現優異獲得拔擢為小主管，而且調薪一倍，預期將會出現何種狀況？(a) 大部分投入儲蓄　(b) 平均消費傾向遞減　(c) 消費將會與所得等比例增加　(d) 平均消費傾向與邊際消費傾向上升

答案：

1. (c)	2. (b)	3. (d)	4. (c)	5. (c)	6. (b)	7. (c)	8. (a)	9. (d)	10. (a)
11. (b)	12. (b)	13. (d)	14. (b)	15. (d)	16. (c)	17. (a)	18. (b)	19. (c)	20. (c)
21. (b)	22. (c)	23. (a)	24. (d)	25. (a)	26. (b)	27. (c)	28. (d)	29. (c)	30. (d)
31. (b)	32. (c)	33. (d)	34. (c)	35. (a)	36. (a)	37. (b)	38. (b)	39. (a)	40. (b)
41. (c)	42. (b)	43. (c)	44. (c)	45. (a)	46. (c)	47. (b)	48. (c)	49. (b)	50. (a)
51. (d)	52. (c)	53. (a)	54. (a)	55. (c)	56. (d)	57. (d)	58. (c)	59. (b)	60. (a)
61. (d)	62. (d)	63. (b)	64. (a)	65. (c)	66. (b)	67. (c)			

13.2.3 生命循環理論

1. 依據生命循環理論，臨時所得的邊際消費傾向將隨年齡而呈現如何變化？　(a) 上升　(b) 下降　(c) 不變　(d) 不確定

2. 依據生命循環理論，主計總處預估未來 20 年的人口出生率急遽下降，此即意味著老年人口占總人口比例增加，對未來 20 年國民儲蓄的影響，將呈現如何變化？　(a) 上升　(b) 下降　(c) 先增加再減少　(d) 不確定變化方向

3. 依據生命循環理論與恆常所得理論的說法，決定消費的主要因素爲何？　(a) 恆常所得　(b) 目前所得與財富　(c) 相對所得　(d) 儲蓄

4. 何種消費理論主張臨時所得的邊際消費傾向不大？　(a) 恆常所得理論　(b) 生命循環理論　(c) 相對所得理論　(d) 恆常所得理論與生命循環理論

5. 張三豐的單月單薪與雙月雙薪，所得分別爲 1,000 元與 2,000 元，而儲蓄係以現金窖藏保有。假設張三豐的消費模式原先依循 Keynes 的絕對所得理論，現在轉向改採 Friedman 的恆常所得理論。此種改變產生的影響，何者正確？　(a) 單月消費減少，雙月消費增加　(b) 單月消費增加，雙月消費減少　(c) 每月消費都會減少　(d) 每月消費都會增加

6. Modigliani 的生命循環理論與 Friedman 的恆常所得理論極其類似，不過兩者相異之處爲何？　(a) 個人消費決策係基於一生而非一年　(b) 個人偏好維持穩定的消費型態　(c) 企圖調和橫斷面與時間數列實證資料似乎存在的矛盾性　(d) 賦予資產作爲擬定消費決策的重要角色

7. 俗語說：「少壯不努力，老大徒傷悲」，此種消費行爲與何種消費理論最謀合？　(a) 恆常所得理論　(b) 絕對所得理論　(c) 相對所得理論　(d) 生命循環理論

8. 依據生命循環理論，何種推論係屬合理？　(a) 勞動所得上升或非勞動所得增加，均會促使消費遞增　(b) 勞動所得上升將會增加消費，非勞動所得上升則不影響消費　(c) 人們在就業期間的平均消費傾向會高於退休期間　(d) 生命循環理論可以解釋橫斷面「平均消費傾向小於邊際消費傾向」的現象

9. 生命循環理論解釋長期儲蓄率穩定性與短期儲蓄率變異性，係基於何種假設？　(a) 在每一期間內，工作與退休人們的比例是固定　(b) 每一年齡階層的儲蓄行爲並未隨著世代而改變　(c)(a) 與 (b) 同時用於解釋明顯的矛盾性　(d) Friedman 的理論是錯誤

10. 在生命循環理論中，兩人的年齡、嗜好、家庭組合與所得相同，其決策爲何？　(a) 消費相同數量　(b) 隨著財富累積愈大，兩人消費愈小　(c) 兩人都有正儲蓄率　(d) 兩人財富不同，其消費也將不同

11. Modigliani 與 Friedman 的消費理論指出，在蕭條期間，消費者行爲將如何變化？　(a) 降低消費與維持儲蓄不變　(b) 降低儲蓄與維持消費不變　(c) 降低消費與儲蓄

(d) 降低消費與投資

12. Modigliani 的消費函數不同於 Friedman 與 Keynes 的消費函數，差異處何在？　(a) 基於前瞻性預期　(b) 基於在此期間接受的可支配所得　(c) 基於在此期間累積的資產價值　(d) 基於可支配所得或恆常所得

13. 針對生命循環理論的敘述，何者正確？　(a) 隨著時間推移，低所得階層的儲蓄率增加速度超過其他所得階層　(b) 總儲蓄率取決於體系內的年齡結構分配　(c) 隨著時間推移，總儲蓄率呈現相對固定　(d) 隨著時間推移，總儲蓄率將遞增

14. 生命循環理論與恆常所得理論透過凸顯何種效果來修正 Keynesian 消費理論？　(a) 可支配所得的暫時性與恆常性變動　(b) 最高所得與低所得階層的可支用所得變動　(c) 勞動所得與資本所得變動　(d) 可支配所得的微小與巨大變動

15. 在生命循環理論中，某人進入職場並繼承一筆資產存量，當期消費將如何變化？　(a) 在工作生涯將提高消費　(b) 在退休生涯將提高消費　(c) 在一生中的每年均勻提高消費　(d) 在工作生涯將降低消費

16. 依據生命循環理論，人們平均預期再活 48 年，則非預期所得變動的短期邊際消費傾向為何？　(a) 0.52　(b) 0.48　(c) 0.9792　(d) 0.0208

17. 依據生命循環理論，胡鐵花預期在武術館工作 R 年，每年賺取所得 Y，同時總共活 L 年，則每年消費為何？　(a) $RY - (L-R) Y$　(b) LRY　(c) $(L-R) Y$　(d) RY / L

18. 依據生命循環理論，人們從事負儲蓄行為的消費型態為何？　(a) 不會出現在人們生命中　(b) 在人們就職期間直至退休　(c) 在人們退休期間　(d) 在人們生命中的每一年

19. 生命循環理論與恆常所得理論係基於何種預期型態？　(a) 理性預期　(b) 適應性預期　(c) 回顧型預期　(d) 前瞻性預期

20. 依據生命循環理論，目前所得對消費具有強烈效果，何種原因正確？　(a) 目前所得變動影響預期平均一生所得　(b) 暫時所得變動影響預期平均一生所得　(c) 目前所得變動不會影響預期平均一生所得　(d) 暫時所得變動對目前所得沒有影響

21. 依據生命循環理論，當人們的財富達到尖峰的生命時間為何？　(a) 生命的中間　(b) 退休期間　(c) 死亡　(d) 在他們的雙親過世時

22. 依據生命循環理論，一次性的退稅將會產生何種結果？　(a) 增加未來預期所得與消費　(b) 對未來預期所得無任何效果，而且對消費僅有很小的效果　(c) 不影響預期一生所得，但是對消費將有較大影響效果　(d) 對消費將有巨大衝擊，但是對未來預期所得的衝擊很小

23. 生命循環理論隱含的簡單消費函數型態為何？　(a) $C_t = (1/T)[Y_t^l + (N-1)Y^{le} + A_t]$　(b) $C_t = (1/T)[Y_t^l - (N-1)Y^{le} + A_t]$　(c) $C_t = (1/T)[Y_t^l + (N-1)Y^{le} - A_t]$　(d) $C_t = (1/T)[Y_t^l - (N-1)Y^{le} - A_t]$

24. 依據生命循環理論，人們的消費取決於何種因素？　(a) 僅有目前所得　(b) 未來預期所

得與未來財富　(c) 目前所得與未來財富　(d) 目前所得、未來預期所得與目前財富

25. 有關消費理論的敘述，何者正確？　(a) 依據生命循環臆說，消費僅是現在所得的函數　(b) 依據恆常所得臆說，恆常所得的邊際消費傾向等於暫時所得的邊際消費傾向　(c) 依據恆常所得臆說，恆常所得的邊際消費傾向大於暫時所得的邊際消費傾向　(d) 依據恆常所得臆說，恆常所得的邊際消費傾向小於暫時所得的邊際消費傾向

26. 有關消費理論的敘述，何者正確？　(a) 依據恆常所得臆說，高平均消費傾向者，其恆常所得通常相對暫時所得的比例也較高　(b) 依據恆常所得臆說，高平均消費傾向者，其恆常所得通常相對暫時所得的比例會較低　(c) 依據生命循環臆說，消費僅為現在所得的函數　(d) 依據生命循環臆說，消費不僅為現在所得的函數，亦為利率的函數

27. 若以兩期消費模型說明 Ricardo 等值定理，當政府今日減稅而未來加稅，但租稅負擔現值不變，何者錯誤？　(a) 最適消費選擇點不改變　(b) 稟賦點不變　(c) 預算限制線不變　(d) 消費者效用不變

28. Modigliani 的生命循環理論特別強調儲蓄是為何而做？　(a) 買房子　(b) 買車　(c) 退休　(d) 緊急醫療事件

29. 生命循環模型假設消費者使用儲蓄與借款，對其生命循環中的消費如何處理？　(a) 增加　(b) 減少　(c) 平滑　(d) 變動

30. 依據 Modigliani 的生命循環理論，消費的主要決定因素為何？　(a) 恆常所得　(b) 所得與財富　(c) 暫時所得　(d) 財富

31. 依據 Modigliani 的生命循環理論，某人追求每年均勻消費，在利率為零下，來自財富的邊際消費傾向將如何變化？　(a) 隨著剩餘生命年數遞減而增加　(b) 隨著剩餘生命年數遞減而遞減　(c) 隨著直到退休年數遞減而增加　(d) 隨著直到退休年數遞減而遞減

32. 依據 Modigliani 的生命循環理論，某人追求每年的消費相等，而且利率為零，而他離退休還有 40 年，同時還有 60 年可活，則其來自所得的邊際消費傾向為何？　(a) 0.016　(b) 0.4　(c) 0.6　(d) 0.67

33. 依據 Modigliani 的生命循環理論，促使消費函數上移的因素為何？　(a) 所得增加　(b) 財富增加　(c) 來自所得的邊際消費傾向遞增　(d) 直到退休的年數遞增

34. 針對長期平均消費傾向固定的 Kuznets-Goldsmith 矛盾，Modigliani 的回答內容為何？　(a) 平均消費傾向取決於所得財富比例，而所得與財富將隨著時間推移而同步成長　(b) 富裕者與貧窮者擁有相同的平均消費傾向　(c) 人口變動正好抵銷平均消費傾向變化　(d) 人們將在一生中將其所得消費完，是以平均消費傾向固定為 1

35. 依據 Modigliani 的生命循環理論，平均消費傾向在長期不會隨著所得增加而遞減，原因為何？　(a) 財富與所得同步成長　(b) 隨著所得增加，財富遞減　(c) 儲蓄在生命循環中是固定值　(d) 財富在生命循環中是固定值

36. 依據 Modigliani 的生命循環理論，當財富在短期是固定值，平均儲蓄傾向將隨著所得增

加而如何變化？　(a) 增加　(b) 遞減　(c) 維持不變　(d) 可能增加或減少

37. 依據 Modigliani 的生命循環理論，當財富與所得在長期同步增加，平均消費傾向將如何變化？　(a) 增加　(b) 遞減　(c) 維持不變　(d) 可能增加或減少

38. 依據 Modigliani 的生命循環理論，短期消費函數在長期將會持續移動，此係何種狀況出現所致？　(a) 財富增加促使短期消費函數上移　(b) 平均消費傾向遞減促使短期消費函數下移　(c) 所得增加促使短期消費函數上移　(d) 平均壽命增加促使短期消費函數上移

39. 依據 Modigliani 的生命循環理論，人們擁有最大財富的生命時間是在何時？　(a) 出生　(b) 死亡　(c) 退休　(d) 父母死亡

40. 有關 Modigliani 的生命循環理論實證研究顯示何種結果？　(a) 大多數年長者嘗試在過世時耗盡所有儲蓄　(b) 正如理論的預測，年長族群似乎不會在老年時用盡他們的財富　(c) 年長族群一般不會留下遺產給後代　(d) 對年族群而言，預防性儲蓄不是重要的儲蓄動機

41. 預防性儲蓄的動機為何？　(a) 為了退休後的所得下降　(b) 無法預測的支出　(c) 留下遺產嘉惠小孩　(d) 清償先前產生的債務

42. 生命循環理論與恆常所得理論都假設消費者追求何種目標？　(a) 在景氣擴張期間增加消費　(b) 在蕭條期間極小化消費　(c) 在退休期間增加消費　(d) 在生命中均勻消費

43. 人們在生命循環中盡可能追求均勻消費，而其所得在就業期間逐漸攀升。假設借款限制防止其財富滑落為負值，何者正確？　(a) 可以藉由借款來均勻消費　(b) 退休期間消費高於生命循環的就業期間　(c) 年輕族群消費低於生命循環退休期間　(d) 就業期間消費高於在生命循環退休期間

44. 假設年長群族占人口比例在下一個 20 年趨於增加，生命循環理論預測國家儲蓄率在這 20 年中將如何變動？　(a) 將會增加　(b) 將會維持不變　(c) 將會減少　(d) 可能會先增加後再遞減

45. 有關生命循環理論對消費與所得的短期與長期關係看法，何者正確？　(a) 不論短期或長期，消費與所得間存在固定比例關係　(b) 短期消費與所得存在變動比例關係，但長期則呈現固定比例關係　(c) 短期消費與所得存在固均存在變動比例關係

46. 在短期，有關生命循環理論的涵義，何者正確？　(a) *APC* 超過 *MPC*　(b) *MPC* 超過 *APC*　(c) *APC* 等於 *MPC*　(d) *MPC* 將等於 1

47. 依據生命循環理論，一次性或暫時性所得增加產生的結果係屬錯誤？　(a) 對消費行為衝擊微小　(b) 與相同數量的財富變動的效果相同　(c) 不要影響未來的預期所得　(d) 當期消費將會增加

48. 依據生命循環理論，假設消費者支出受到流動性限制束縛，何者正確？　(a) 暫時性與恆常性租稅政策變動或許有效　(b) 恆常性租稅政策變動有效，暫時性變動無效　(c) 暫時性租稅政策變動有效，恆常性變動無效　(d) 不論是暫時性或恆常性租稅政策變動都

無效

49. 生命循環理論的簡單消費函數型態 $C_t = 1/T[Y_t^l + (N-1)Y^{le} + A_t]$，函數中的 Y_t^l 項目代表的意義為何？ (a) 當人們計畫投入職場，在未來歲月中的年平均預期所得 (b) 人們在目前期間的勞動所得 (c) 人們的恆常勞動所得 (d) 人們計畫進入職場的歲月

答案：

1. (d)　　2. (b)　　3. (a)　　4. (d)　　5. (b)　　6. (d)　　7. (d)　　8. (a)　　9. (c)　　10. (d)

11. (b)　　12. (c)　　13. (b)　　14. (a)　　15. (c)　　16. (d)　　17. (d)　　18. (c)　　19. (d)　　20. (a)

21. (b)　　22. (b)　　23. (a)　　24. (d)　　25. (c)　　26. (a)　　27. (b)　　28. (c)　　29. (c)　　30. (b)

31. (a)　　32. (d)　　33. (b)　　34. (a)　　35. (a)　　36. (a)　　37. (c)　　38. (a)　　39. (c)　　40. (b)

41. (b)　　42. (d)　　43. (a)　　44. (d)　　45. (b)　　46. (a)　　47. (d)　　48. (a)　　49. (b)

13.3 進階選擇題

1. 主計總處依據時間數列與橫斷面資料估計短期消費函數的 $APC = a$、$MPC = b$，而長期消費函數的 $APC = k$、$MPC = g$。其中的關係，何者正確？ (a) $a > b$、$k > g$ (b) $a = k$、$b = g$ (c) $k > a$、$g > b$ (d) $k = g$、$a > b$

2. 某體系是由三個家庭組成，消費函數分別為：$C_a = 10 + 0.8y_d$、$C_b = 30 + 0.8y_d$、$C_c = 70 + 0.8y_d$，則該體系的總和消費函數型態為何？ (a) $C = 110 + 0.8y_d$ (b) $C = 70 + 0.8y_d$ (c) $C = 110 + 2.4y_d$ (d) $C = 10 + 0.8y_d$

（3.）～（5.） 試利用下圖回答問題。張無忌在兩期分別提供相同工時，獲取兩期所得分別為 Y_1 與 Y_2，面對的消費可能曲線為 BCA，而兩期消費的效用函數為 $U(C_1, C_2)$。

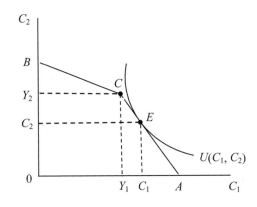

3. 張無忌達成消費者均衡 E 時，在金融市場扮演的角色為何？ (a) 在兩期同時扮演資金需求者角色 (b) 僅在第一期才是借款者 (c) 只有在第一期才是儲蓄者 (d) 在兩期同時扮演資金供給者角色

4. 假設代表借款利率，代表放款利率，CA 曲線斜率爲何？　(a) $-(1 + r_b)$　(b) $-(1 + r_l)$
(c) $-1/(1 + r_b)$　(d) $-1/(1 + r_l)$

5. 勞動市場屬於完全競爭型態，實質工資係依據勞動邊際生產力支付，何者正確？
(a) 兩期的勞動邊際生產力相同　(b) 第二期實質工資大於第一期　(c) 第二期勞動邊際生產力小於第一期　(d) 第二期實質工資大於第一期

（6.）～（11.）莊子的《齊物論》提出有關猴子的「朝三暮四」故事。假設理性的猴子追求早晨與晚上消費的效用總和 $U(C_1) + U(C_2)$ 極大，$C_1 \geq 0$、$C_2 \geq 0$ 分別是猴子早晨與晚上的消費，$W_1 \geq 0$、$W_2 \geq 0$ 分別是動物園在早晨與晚上發給猴子的果子數量，r 是從早晨到晚上這段期間的存放利率。

6. 猴子面對可以借貸的完全競爭果子市場，有關其預算限制型態，何者正確？
(a) $C_1 \leq W_1$，$C_2 \leq (W_1 - C_1)(1+r) + W_2$　(b) $C_1 \leq W_1$，$C_2 \leq W_2$　(c) $C_1 \leq W_1$，$C_2 \leq (W_1 - C_1) + W_2$　(d) $C_1 \leq W_1 + \dfrac{W_2}{(1+r)}$，$C_2 \leq \left(W_1 + \dfrac{W_2}{(1+r)} - C_1\right)(1+r)$

7. 假設「果子過午即爛」，「果子借貸市場」也不存在，則猴子面對的預算限制爲何？　(a) $C_1 \leq W_1$，$C_2 \leq (W_1 - C_1)(1+r) + W_2$　(b) $C_1 \leq W_1$，$C_2 \leq W_2$　(c) $C_1 \leq W_1$，$C_2 \leq (W_1 - C_1) + W_2$　(d) $W_1 - C_1 \leq (W_2 - C_2)(1+r)$

8. 猴子可在利率 r 下將果子借給銀行，卻無法向銀行借果子，則其面對的預算限制型態爲何？　(a) $C_1 \leq W_1$，$C_2 \leq (W_1 - C_1)(1+r) + W_2$　(b) $C_1 \leq W_1 + \dfrac{W_2}{(1+r)}$，$C_2 \leq \left(W_1 + \dfrac{W_2}{(1+r)} - C_1\right)$ $(1+r)$　(c) $C_1 \leq W_1$，$C_2 \leq (W_1 - C_1) + W_2$　(d) $C_1 + \dfrac{C_2}{(1+r)} \leq W_1 + \dfrac{W_2}{(1+r)}$

9. 猴子面對預算限制爲 $C_1 + \dfrac{C_2}{(1+r)} \leq W_1 + \dfrac{W_2}{(1+r)}$，將感覺何種選擇較佳？　(a) 朝三暮四
(b) 朝四暮三　(c) 朝三暮四與朝四暮三一樣好　(d) 無法判斷朝三暮四與朝四暮三何者較好

10. 猴子面對預算限制爲 $C_1 \leq W_1$，$C_2 \leq (W_1 - C_1)(1+r) + W_2$，則將感覺何種選擇較佳？
(a) 朝三暮四　(b) 朝四暮三　(c) 朝三暮四與朝四暮三一樣好　(d) 如果 $U(C_1) > U(C_2)$ 對所有 X 均成立，則朝三暮四較好

11. 猴子面對的預算限制爲 $C_1 \leq W_1$、$C_2 \leq W_2$，何種狀況會讓猴子偏好朝三暮四？　(a) 猴子有「過午不食」的習慣　(b) 猴子比較喜歡先苦後樂　(c) 猴子偏好先享受後受苦
(d) 猴子自忖無法活過中午

12. 趙敏追求跨期效用 $U(C_1) + \beta U(C_2)$ 極大，兩期所得爲 $(Y_1, Y_2) = (220, 100)$，兩期消費爲 (C_1, C_2)，$U' > 0$ 且 $U'' < 0$，時間偏好貼現因子爲 $\beta = \dfrac{1}{(1+\theta)}$，而市場利率貼現因子爲 $\delta = \dfrac{1}{(1+r)}$。下列敘述，何者錯誤？　(a) 隨著 δ 值下降，跨期消費替代效果若超過所得

效果，當期消費將會增加　(b) 當 $\delta = \beta$，趙敏將達到最適消費者均衡　(c) 趙敏信用不佳而無從借款，她的當期消費是 220　(d) 當 $\delta > \beta$ 時，趙敏將會增加當期消費

13. 依據 Fisher 兩期模型分析結果，何者錯誤？　(a) 趙敏與張無忌的本期絕對所得不同，但兩人消費可能相同　(b) Keynes 的消費函數隱含消費者並非處於最適均衡狀態　(c) 張無忌初始是借款者，當期利率上漲將會增加他的跨期效用　(d) 趙敏初始是儲蓄者，無法確定當期利率上漲對其儲蓄行為影響

14. 孟母的平均儲蓄傾向函數為 $APS_i = -0.1 + 0.2\left(\dfrac{y_i}{y^*}\right)$，$y^* = \sum_{j=1}^{n} \alpha_j y_j$，$i \neq j$。在孟母的所得不變下，若由貧民區遷移至高級住宅區，依據相對所得理論，何者錯誤？　(a) 由於 y^* 上升，孟母的平均儲蓄率將會下降　(b) 孟母感覺自己相對貧窮，只好縮衣節食　(c) 孟母的所得分配位置下降，為求與鄰居看齊，只好打腫臉充胖子，提高平均消費傾向　(d) 孟母的絕對所得雖然未變，但是消費支出卻仍增加

15. 新冠肺炎疫情重創景氣，行政院考慮採取暫時性或恆常性減稅方案刺激消費意願，兩者的當年減稅金額相同。依據恆常所得理論，兩種方案產生效果，何者正確？　(a) 兩種方案將引起當期消費增加　(b) 暫時性減稅金額將全部消費　(c) 恆常性減稅對恆常所得影響將超過暫時性減稅　(d) 兩種方案適用的邊際消費傾向相同

16. 有關恆常所得、臨時所得與消費三者間的關係，何者錯誤？　(a) 本期恆常所得將是本期實際所得與前一期恆常所得的加權平均值　(b) 在同一恆常所得階層中，高實際所得者隱含其臨時所得為正　(c) 長期消費將取決於恆常所得與臨時所得構成的實際所得　(d) 隨著每期恆常所得增加，短期消費函數將隨之上移

17. 趙敏採取適應性預期方法估計恆常所得，恆常所得的調整係數 $j = 0.25$，而她的長期邊際消費傾向為 0.8。趙敏在去年的恆常所得為 $y^p_{t-1} = 36,000$，而今年的實際所得為 $y_t = 40,000$。何者錯誤？　(a) 今年的恆常所得為 37,000　(b) 今年的短期消費函數截距為 21,600　(c) 短期平均消費傾向為 0.74　(d) 今年的恆常消費為 29,600

18. 張三豐追求生命循環中的每年均勻消費，在市場利率為零下，依據生命循環理論，何者錯誤？　(a) 張三豐從資產的邊際消費傾向將隨剩餘生命年數遞減而攀升　(b) 張三豐還有 40 年才退休，預估退休 20 年後離世，則他從所得的邊際消費傾向為 0.67　(c) 短期內，張三豐的資產與所得呈現非固定比例變化，故平均消費傾向將隨所得成長而遞增　(d) 就長期而言，張三豐的資產與所得將維持固定比例成長，而其勞動所得占全部所得比例固定，其平均消費傾向將是固定值

19. 生命循環理論針對消費傾向變化的說法，何者正確？　(a) 短期內，人們的勞動所得為固定值，導致平均消費傾向將呈現遞增　(b) 人們離過世的時間愈久，來自資產的邊際消費傾向將愈小　(c) 短期內，人們擁有資產價值固定，平均消費傾向將隨所得增加而遞增　(d) 來自勞動所得的邊際消費傾向將超過來自資產的邊際消費傾向

20. 趙敏大學畢業 22 歲進入職場，年薪是 6 萬元，工作 43 年至 65 歲退休，而在開始工作時，父親贈與 30 萬元不動產，而她的預期壽命為 82 歲。假設房價飆漲促使趙敏持有不動產價值增加為 48 萬元，何者正確？ (a) 趙敏依然在 65 歲退休，每年平均消費傾向為 0.80 (b) 趙敏仍在 65 歲退休，她的每年平均儲蓄傾向為 0.15 (c) 趙敏因持有資產增值，考慮提前退休，為維持每年平均消費傾向不變，仍須在 65 歲退休 (d) 趙敏因資產增值而考慮提前退休，但維持每年平均消費傾向相同，則她能在 62 歲退休

21. 某國政府為紓緩新冠肺炎衝擊，考慮恆常性或暫時性減低所得稅方案。假設每個人在第一年的減稅額度相同，消費理論預測將會產生的結果，何者錯誤？ (a) 依據絕對所得理論，兩種減稅在第一年對消費的影響相同 (b) 依據恆常所得理論，暫時性減稅所能增加的恆常所得遠低於恆常性減稅 (c) 依據相對所得理論，兩種減稅對第一年消費沒有影響 (d) 依據生命循環理論，恆常性減稅將會引起一生所得增加，將會引起消費增加

22. 針對生命循環理論與恆常所得理論兩者預測內容的說法，何者正確？ (a) 儲蓄與耐久財消費之和，在繁榮期間將隨個人所得遞增，在蕭條期間則隨個人所得遞減 (b) 儲蓄與非耐久財消費之和，在繁榮期間將隨個人所得增加，在蕭條期間將隨個人所得下降 (c) 儲蓄與耐久財消費之和，在繁榮期間將隨個人所得遞減，在蕭條期間將隨個人所得遞增 (d) 儲蓄在繁榮期間隨個人所得增加，在蕭條期間隨個人所得下降；不過消費耐久財在景氣循環將呈現穩定型態

23. 人們留下遺產是因其無從確知何時過逝，何者正確？ (a) 來自所得暫時性變動的邊際消費傾向將高於生命循環理論 (b) 來自高房價的未實現資本利得可能導致高於生命循環理論的平均消費傾向 (c) 在生命循環理論中，人們從股市獲取的資本利得將在較長時間內被消費掉 (d) 人們操作台股面臨損失，將立刻減少當期儲蓄因應

24. 張無忌一生歷經求學期、工作期及退休期等三期，三期所得分別為（20、80、20），實質利率為零。在追求終生均勻消費下，何者正確？ (a) 張無忌期初財富為 30，在無借貸限制下，其三期儲蓄為（−30，30，−30） (b) 張無忌期初財富為 30，在無法舉債下，其三期儲蓄為（−30，30，−30） (c) 張無忌期初財富為零，在無借貸限制下，其三期儲蓄為（−20，40，−20） (d) 張無忌期初財富為零，在無法舉債下，其三期儲蓄為（0，30，−30）

25. 有關消費理論的敘述，何者正確？ (a) 依據恆常所得理論，高平均消費傾向階層的恆常所得相對暫時所得的比例通常較高 (b) 依據恆常所得理論，高平均消費傾向階層的恆常所得相對暫時所得的比例通常較低 (c) 依據生命循環理論，消費僅為現在所得的函數 (d) 依據生命循環理論，消費不僅是目前所得的函數，也是利率的函數

26. 有關消費理論的敘述，何者正確？ (a) 依據恆常所得理論，高所得階層的消費傾向較高 (b) 依據絕對所得理論，平均消費傾向恆大於 1 (c) 依據習性所得理論，生性節儉

者將因所得增加而等比例增加消費　　(d) 依據相對所得理論，相對所得較低階層的邊際消費傾向較高

27. 假設生命循環的消費理論成立，當體系內退休人口比例在下一個 20 年上升，何種狀況將會出現？　(a) 國家儲蓄率與利率同時上升　(b) 國家儲蓄率與利率同時下降　(c) 國家儲蓄率下降，利率上升　(d) 國家儲蓄率上升，利率下降

答案：

1. (d)	2. (a)	3. (b)	4. (c)	5. (a)	6. (d)	7. (b)	8. (a)	9. (b)	10. (a)
11. (b)	12. (a)	13. (c)	14. (b)	15. (c)	16. (c)	17. (d)	18. (c)	19. (b)	20. (c)
21. (c)	22. (a)	23. (c)	24. (c)	25. (a)	26. (c)	27. (c)			

chapter **14**

投資理論

14.1 淨現值方法

14.1.1 淨現值方法

1. 體系通常以何種變數衡量貨幣的時間價值？　(a) 無風險資產報酬率　(b) 通膨溢酬 (c) 時間偏好　(d) 實質利率

2. 有關時間價值的敘述，何者正確？　(a) 在無風險和通膨環境下，本期每元價值超過未來每元價值　(b) 廠商和消費者傾向於高估現在貨幣的價值，而低估未來貨幣的價值 (c) 時間價值是在營運過程中產生，是其來源的剩餘價值　(d) 時間價值可由時間或等待創造出來

3. 某投顧分析師從事淨現值分析，除預期收益率、預期收入流量、投資支出外，還需考慮何種因素？　(a) 通膨率　(b) 市場利率　(c) 資產的持續期間　(d) 銀行融資期限

4. Keynes 認為股市投資人往往目光短視，通常僅重視一年內績效，何種原因錯誤？ (a) 人類生命有限　(b) 不太相信公司管理階層　(c) 採用回收期間方法評估　(d) 利率因素扮演重要角色

5. 高僑財務部採取回收期間法評估中科廠投資計畫，何種考慮正確？　(a) 合理考慮現金流量的時間價值　(b) 考慮投資期間的所有現金流量　(c) 無法合理考慮投資計畫的初始投資支出　(d) 提供有關初始投資支出的資金套牢時間長短的訊息

6. 高僑發行公司債規劃在明年支付投資人 1,080 萬元，然後直至四年後才會清償 1,360 萬元。假設該公司債在店頭市場交易，目前市場利率為 8%，則此公司債的現值為何？
   (a) 1,000 　(b) 2,560 　(c) 3,000 　(d) 2,000

7. 某公司以 20,000 萬元購置 A 機器，投入生產預估每年產生淨收益 1,500 萬元，事後發現該機器目前的公平市價為 13,000 萬元。該公司的另一投資機會 B 機器的年報酬率為 10%，在 A 機器無折舊且年使用率不變下，其使用 A 機器的機會成本為何？
   (a) 13,000 萬元 　(b) 2,000 萬元 　(c) 1,300 萬元 　(d) 1,500 萬元

8. 某上市公司規劃資本預算為 100 億元，使用年限為 1 年；1 年後扣除勞動成本後，資本報酬為 115 億元。假設市場利率為 5%，淨現金流量的現值為何？ 　(a) 15 億元 　(b) 9.5 億元 　(c) 115 億元 　(d) 14.3 億元

9. 下列何者將意味著廠商對未來景氣看好？ 　(a) 意願性存貨減少 　(b) 非意願性存貨累積 　(c) 意願性存貨不變 　(d) 意願性存貨增加

10. 某公司今年年初有 30 部機器，當年中再購入 10 部，年底淘汰較舊機型後，還剩 35 部，則今年淨投資的機器為何？ 　(a) 5 　(b) 10 　(c) 15 　(d) 35

11. 就投資函數而言，何種因素變動促使投資曲線左移？ 　(a) 實質利率上升 　(b) 企業稅上升 　(c) 資本設備購置成本下跌 　(d) 預期投資報酬率上升

12. 在 2008～2009 年金融海嘯期間，體系內的投資曲線如何移動？ 　(a) 左移，因為利率很低 　(b) 右移，因為利率很低 　(c) 左移，因為預期報酬下降 　(d) 右移，因為稅率下降

答案：

1. (a)　　2. (a)　　3. (c)　　4. (b)　　5. (d)　　6. (d)　　7. (b)　　8. (b)　　9. (d)　　10. (a)
11. (b)　　12. (c)

14.1.2 投資的邊際效率

1. 某國金融市場利率為 8.5%，實質利率為 5%，而某項固定資本投資的預期報酬率為 8%，何者正確？ 　(a) 廠商放棄此項計畫，此係 8% 的預期報酬率低於名目利率 　(b) 廠商放棄此計畫，此係 8% 的預期報酬率低於名目利率加上實質利率 　(c) 廠商應執行此項計畫，此係預期報酬率 8% 高於名目利率減去實質利率 　(d) 廠商應執行此項計畫，此係預期報酬率 8% 高於實質利率

2. 某國經濟部調查廠商投資狀況，發現鋼鐵產業的投資支出呈現遞增現象，可能原因為何？ 　(a) 投資邊際效率上升 　(b) 貨幣利率上升 　(c) 預測產品價格下跌 　(d) 政府取消投資抵減

3. 有關投資理論的敘述，何者正確？ 　(a) 古典學派認為影響投資的因素為利率，且對投資產生正向影響 　(b) Keynesian 學派認為投資邊際效率小於利率，廠商會增加投資

(c) Tobin 認為廠商的重置成本比市場價值高時，廠商會增加投資　(d) 新古典投資理論認為技術進步將提升資本生產力，促使投資增加

4. 廠商在何時會擴充產能？　(a) 廠商的誘發支出大於自發性支出　(b) 預期收益率大於市場利率水準　(c) 預期邊際成本大於預期邊際收益　(d) 廠商預期經濟前景變差

5. 某國政府從事水利灌溉工程建設，初始投入 5,000 萬元成本，往後每年可產生 100 萬元淨利益（永續利得），若是採取折現率 $r = 1\%$，依據內部報酬率 ρ 判斷的敘述，何者正確？　(a) $\rho = 0.5\% > 0$，所以計畫可以執行　(b) $\rho = 2\% > 0$，所以計畫可以執行　(c) $\rho = 0.5\% < 1\%$，應該放棄執行　(d) $\rho = 2\% > 1\%$，所以計畫可以執行

6. 某國政府推出獎勵政策，吸引優秀人才移入該國，大幅提升整體技術，資本的邊際產出因而上升，則投資曲線將如何變動？　(a) 向內移動　(b) 向外移動　(c) 不受影響　(d) 移動方向不確定

7. 某投資計畫的預算為 100 萬元，2 年後的資本報酬為 121 萬元，假設市場利率為 8%，依據 Keynes 投資理論，此投資計畫：　(a) 不值得投資　(b) 可投資，也可不投資　(c) 值得投資　(d) 無法決定是否投資

8. 何種狀況發生將會降低投資的邊際效率 *MEI*？　(a) 預期毛投資收益上升　(b) 財政部降低營利事業所得稅　(c) 央行調低重貼現率　(d) 資本財價格上漲

9. 經濟部觀察國內投資邊際效率 *MEI* 出現遞增現象，何者係屬可能原因？　(a) 生產技術進步　(b) 預期收益率下降　(c) 政府取消資本加速折舊　(d) 資本財價格上漲

10. 針對下列敘述，何者正確？　(a) 投資的邊際效率小於市場利率，台塑石化將會增加投資　(b) 大同公司的閒置資本愈多，加速投資現象愈明顯　(c) 財政部訂定的營利事業所得稅率愈高，投資的邊際效率將愈小　(d) 人們增加儲蓄將有助於提高投資的邊際效率

11. 文曄擁有可使用兩年的固定設備，購入價格 10,000 元，第一年預期毛收益為 5,500 元，第二年為 6,050 元，其投資的邊際效率為何？　(a) 5%　(b) 10%　(c) 15%　(d) 20%。

12. 光寶電子購入機器設備價格為 2,000 萬元，使用年限二年即無剩餘價值，而二年的預期毛收益分別為 1,200 萬元與 1,440 萬元，則投資的邊際效率為何？　(a) 20%　(b) 32%　(c) 64%　(d) 132%

13. 聚隆纖維購置聚質絲機器僅能使用三年且無殘餘價值，購置成本為 1,200 萬元，三年的預期收益分別為 440 萬元、484 萬元與 532 萬元，則投資的邊際效率為何？　(a) 15.5%　(b) 7.75%　(c) 10%　(d) 5%

14. 高僑進行中科擴廠計畫的成本為 8 億元，預估未來每期均有固定收入 1.2 億元，則投資的邊際效率 *MEI* 為何？　(a) 20%　(b) 15%　(c) 10%　(d) 5%

15. 在任何期間，某國總投資的最大可得報酬率是由何決定？　(a) 實際資本消耗速度　(b) *MEC* 與實際利率間的關係　(c) 資本財總需求　(d) 資本財供給者的既存產能

16. 某公司執行資本支出的 *MEC* 在某些程度具有不確定性，是以廠商投資決策將受何者影

響？ (a) 決策者對風險的態度 (b) 可能報酬率的範圍 (c) 每一可能報酬率出現的機率 (d) 目前金融市場利率

17. 在任何期間，廠商從事投資自動化設備的目的為何？ (a) 增加廠商產能 (b) 替換老舊資本設備 (c) 追求以較低單位成本生產 (d) 加速廠商存貨累積

18. 廠商估計來自使用資本財產生的淨所得川流，將會受何者影響？ (a) 出售每單位產出的邊際收益 (b) 市場利率 (c) 資本財的實質生產力 (d) 用於操作資本財的勞動成本

19. 總體理論定義的資本係針對何者而言？ (a) 耐久財存量 (b) 廠房設備的每年支出 (c) 用於投資的資本支出 (d) 廠商持有廠房設備存量

20. 在任何期間內，某國的總投資速度將受何者影響？ (a) 實際資本存量與追求利潤極大的資本存量間的差額 (b) 既存資本變得過時速度 (c) 資本財現行價格 (d) 產業生產資本財的規模

21. 某國的總 MEC 曲線顯示何種關係？ (a) 在每一可能市場利率下，體系的投資速度 (b) 隨著時間推移，體系資本存量的成長速度 (c) 所有廠商投資的加總 (d) 在每一可能市場利率下，體系追求利潤極大的資本存量

22. 某國金融市場利率下降，將會產生何種結果？ (a) 資本邊際效率增加 (b) MEC 曲線右移 (c) 促使投資計畫更具有獲利性 (d) 降低投資的資金成本

23. 廠商估計某特定資本財在生命年限的某段期間產生的淨所得川流，將取決於何者？ (a) 資本財對生產商品的貢獻或商品未來銷售價格 (b) 在過去幾年對該資本財提存的折舊 (c) 用於資本財的勞動型態的未來成本 (d) 管理階層為此資本財設定的清償期長度

24. 廠商選取貼現率是 6%，連續 5 年產生所得川流由每年所得 1,000 組成，其現值為 4,212.4。何種說法也是正確？ (a) 若將 1,000 以 6% 放款出去而在 5 年期間均未提領，則第 5 年底將成長至 4,212.4 (b) 貼現率若是 6%，今天的 4,212.4 將等於從今天起第 1 年的 1,000，加上第 2 年起的 1,000 持續 5 年的總和 (c) 貼現率若是 6%，5,000 的現值是 4,212.4 (d) 假設貼現率是 6%，由連續 5 年的每年 500 所得川流組成的現值將是 2,106.2

25. 淨所得川流若是由毛所得川流扣除不包括折舊與利息之外的所有成本，在市場利率已知下，將可求出來自資本財的淨所得川流現值。如果得出的數字超過何者，投資資本財將可獲利？ (a) 零 (b) 資本財購買價格 (c) 資本的邊際效率 (d) 在資本財使用年限終將會累積的折舊總額

26. 在其他條件不變下，有關任何資本財的 MEC 變化，何者正確？ (a) 資本財的成本或購買價格愈低，MEC 將愈高 (b) 市場利率愈高，MEC 將愈低 (c) 預期由資本財獲得的淨資本川流愈高，MEC 愈高 (d) 預期通膨率愈高，MEC 愈低

27. 廠商期初均衡落在實際資本存量等於利潤極大化的資本存量，假設利潤極大資本存量提高超過實際資本存量。在其他條件不變下，體系回到均衡所需時間將與何者有關？

(a) 將與利潤極大資本存量超過實際資本存量的差額規模呈比例性變化　(b) 資本財供給曲線愈缺乏彈性，所需時間愈長　(c) 取決於利潤極大資本存量上升是利率下跌或 *MEC* 曲線移動的結果　(d) 將取決於實際與利潤極大資本存量差額除以生產資本財產業的年產能

28. 若從廠商追求利潤極大化的資本存量等於實際資本存量的初始狀況出發，在何種狀況下，體系將會出現預擬資本量超過實際資本存量？　(a) *MEC* 曲線右移　(b) 市場利率下跌　(c) 廠商預期物價驟然上升　(d) 替換投資要求遞減

答案：

1. (d)	2. (a)	3. (d)	4. (b)	5. (d)	6. (b)	7. (c)	8. (d)	9. (a)	10. (c)
11. (b)	12. (a)	13. (c)	14. (b)	15. (b)	16. (a)	17. (c)	18. (c)	19. (c)	20. (a)
21. (c)	22. (d)	23. (a)	24. (d)	25. (b)	26. (a)	27. (b)	28. (a)		

14.2 新古典投資理論

14.2.1 最適資本存量的決定

1. 何種因素變化不會影響半導體產業的資本支出變動？　(a) 國外所得　(b) 超額產能的程度　(c) 未來利潤預期　(d) 廠商的稅負

2. 台塑石化規劃擴大煉油廠規模，何者並非主要考慮因素？　(a) 利率　(b) 預期利潤　(c) 人口結構　(d) 資本財成本

3. 遠東紡織維持資本存量不變所需的最低水準投資，將與何者有關？　(a) 利率與資本存量規模　(b) 折舊率與資本存量規模　(c) 利率與營利事業所得稅　(d) 廠商信心與資本使用者成本

4. 有關華碩評估最適資本存量的決策，何者正確？　(a) 從事主機板生產所需的資本存量　(b) 相當於充分發揮的資本存量　(c) 相當於淨投資為零的資本存量　(d) 持續調整淨投資的資本存量目標

5. 古典學派認為加速理論將會支持他們的觀點，亦即政府透過財政政策，將可發揮何種效果？　(a) 既存與預擬資本存量的缺口將會緩慢消失　(b) 預期銷售額變動不會增加投資　(c) 資本財收益的現值相對預期為小　(d) 預擬資本產出比率變小

6. 某國營建業建造房屋過多，造成實際資本存量超過預擬資本存量，將會導致何種結果？　(a) 淨投資劇降　(b) 淨投資劇增　(c) 淨投資不會變動　(d) 無從確定對淨投資的影響

7. 國內電源供應器產業將資本需求移動至生命較短的設備，將會導致何種結果？　(a) 淨投資下降　(b) 淨投資增加　(c) 淨投資不變　(d) 無法確知對淨投資的影響

8. 群創董事會評估目前面板的實際產出遞增屬於暫時性，對投資活動將產生何種影響？

(a) 淨投資下降　(b) 淨投資增加　(c) 淨投資不變　(d) 淨投資變化不確定

9. 何種政策將會降低廠商的資本使用者成本？　(a) 貨幣供給增加　(b) 個人所得稅率下降　(c) 提高投資租稅抵減　(d) 提高營利事業所得稅率

10. 何種現象將會降低資本使用者成本？　(a) 財政部要求廠商採取直線折舊　(b) 廠商使用更資本密集的生產方法　(c) 廠商改採偏向勞動密集的生產方法　(d) 資本邊際產量遞減

11. 針對下列敘述，何者錯誤？　(a) 替換投資可能淪為負值　(b) 投資的邊際效率高於市場利率，廠商將執行投資計畫　(c) 加速原理認為投資是產出變動量的函數　(d) 資本產出比率愈小，加速效果愈大

12. 古典學派認為體系內投資資金的主要來源為何？　(a) 當期儲蓄　(b) 家庭累積的貨幣餘額　(c) 銀行放款　(d) 利率下跌誘發的資金供給

13. 經濟部評估造成面板產業從事擴建的資本支出不穩定的因素，何者錯誤？　(a) 家庭擁有財富數量　(b) 創新的隨機性　(c) 資本財耐久性的特性　(d) 未來預期利潤不易掌握

14. 友訊公司蒐集投資財需求價格及供給價格後，經過研判可獲得何種結論？　(a) 可決定投資量　(b) 其差額決定於資本的邊際生產力　(c) 兩者差額與投資利潤無關　(d) 兩者差額僅與市場利率有關

15. 主計總處調查 2020 年國內投資需求曲線出現移動現象，何種解讀錯誤？　(a) 投資抵減增減　(b) 資本財成本　(c) 技術進步與創新　(d) 國民所得分配

16. 廣達電腦董事會討論投資計畫，財務部必須提供的訊息為何？　(a) 失業率與非預期通膨率　(b) 儲蓄率與非預期通膨率　(c) 利率與非預期通膨率　(d) 折舊率與預期通膨率

17. 體系內投資是利率的函數，央行採取擴張政策造成利率下降，何者正確？　(a) 投資增加促使進口下降　(b) 投資遞增促使所得上升　(c) 投資減少促使出口增加　(d) 投資遞減促使 IS 曲線左移

18. 石化產業的整體投資毛額將與何種因素無關？　(a) 預期產出對前期估計實際產出錯誤的反應　(b) 預擬資本存量與本期使用前期資本存量的差額　(c) 每期替換資本存量的一部分　(d) 預擬與實際資本存量缺口的某一比率

19. 廠商企圖維持其資本存量與預期銷售額固定關係，係基於何種理論？　(a) 投資的加速理論　(b) 恆常所得理論　(c) 生命循環理論　(d) 適應性預期理論

答案：

1. (a)　2. (c)　3. (b)　4. (d)　5. (a)　6. (a)　7. (b)　8. (c)　9. (c)　10. (b)

11. (a)　12. (a)　13. (a)　14. (a)　15. (d)　16. (c)　17. (b)　18. (a)　19. (a)

14.2.2 資本的使用者成本

1. 友達電子董事會評估 TFT-LCD 擴廠定投資計畫，將無須考慮何種因素？　(a) 加速折舊

的可行性　(b) 資本財成本　(c) 融資方式的選取　(d) 邊際消費傾向大小

2. 何種因素出現將會削減高科技電子業的投資意願？　(a) 企業國有化　(b) 降低利率
(c) 提高投資抵減稅額　(d) 政府補貼廠商

3. 何種政策將會降低資本的使用者成本？　(a) 緊縮貨幣政策　(b) 個人所得稅率下降
(c) 公司所得稅率上升　(d) 投資的租稅抵減率上升

4. 有關資本使用者成本下降的敘述，何者正確？　(a) 可能是高折舊率的結果　(b) 將會導致採取更資本密集方法生產　(c) 將會導致採取偏向勞動密集方法生產　(d) 可能是資本邊際產量遞減的結果

5. 財政部允許廠商採取加速折舊，何者正確？　(a) 資本使用者成本下降，而資本財現值增加　(b) 資本使用者成本與資本財現值都下降　(c) 資本使用者成本增加與資本財現值下降　(d) 資本使用者成本與資本財現值都增加

6. 財政部核准廠商運用投資抵減來減輕租稅負擔，何者正確？　(a) 資本使用者成本下降，而資本財現值增加　(b) 資本使用者成本與資本財現值都下降　(c) 資本使用者成本增加與資本財現值下降　(d) 資本使用者成本與資本財現值都增加

7. 立法院修正所得稅法，提高公司所得稅，何者正確？　(a) 資本使用者成本下降，而資本財現值增加　(b) 資本使用者成本與資本財現值都下降　(c) 資本使用者成本增加與資本財現值下降　(d) 資本使用者成本與資本財現值都增加

8 央行執行擴張政策將會產生何種結果？　(a) 降低實質與名目利率，刺激投資增加
(b) 降低名目利率，促使實質利率上升引起投資減少　(c) 提高實質與名目利率減少投資
(d) 降低實質利率，但是提高名目利率刺激投資增加

9. 假設廠商在其資本支出面臨融資限制，則決定其投資多寡的最重要因素為何？　(a) 廠商目前的獲利能力　(b) 廠商未來的獲利能力　(c) 名目利率　(d) 實質利率

10. 在其他條件不變下，何種因素會增加廠商的資本使用者成本？　(a) 預期通膨率遞減
(b) 折舊率遞減　(c) 名目利率下降　(d) 投資租稅抵減上升

答案：

1. (d)　2. (a)　3. (d)　4. (b)　5. (a)　6. (a)　7. (c)　8. (a)　9. (a)　10. (a)

14.3 q 比例理論

1. 有關 Tobin 的 q 比例的敘述，何者錯誤？　(a) $q > 0$ 才會刺激廠商投資誘因　(b) q 比率是指股票市值除以對應的資本財替換成本　(c) 股價愈高將會促使 q 比率上升　(d) $q > 1$ 且愈大，廠商從事實體投資意願愈大

2. 針對 q 比率的定義，何者正確？　(a) 廠商市場價值／廠商重置成本　(b) 廠商重置成本／廠商市場價值　(c) 廠商帳面價值／廠商市場價值　(d) 廠商市場價值／廠商帳面價值

3. 當 Tobin $q > 1$ 時，有關廠商投資決策的變化，何者正確？　(a) 增加資本累積　(b) 維持現有產能不變　(c) 擴大購併活動　(d) 減少替換投資

4. 依據 Tobin 的 q 比率，股市邁入空頭市場，廠商投資行為將會如何變化？　(a) q 上升帶動實體投資減少　(b) q 下降帶動併購活動增加　(c) q 上升帶動併購活動盛行　(d) q 下降吸引廠商增加實體投資

5. 依據 Tobin 的 q 理論，何者正確？　(a) $q =$（資本財重置成本）/（資本財市場價值）　(b) $q =$（資本財重置成本）/（資本財票面價值）　(c) q 與資本邊際生產力、利率、折舊率有關　(d) 依據 q 理論，政府提高投資租稅抵減率，將會抑制民間投資

6. 依據 Tobin 的 q 比率，投資決策係立基於資本市場價值與重置成本的關係上，何種條件將吸引廠商進行實體投資？　(a) $q > 1$　(b) $q < 1$　(c) $q = 0$　(d) $q < 0$

7. 依據 Tobin 的 q 比率，股市欣欣向榮帶動股價攀升，q 值與投資將會出現何種變化？　(a) q 比率下降引起投資減少　(b) q 比率下降引起投資增加　(c) q 比率上升引起投資減少　(d) q 比率上升引起投資增加

8. 依據 Tobin 的 q 比率，股市多頭：　(a) q 上升，投資減少　(b) q 下降，投資增加　(c) q 上升，投資增加　(d) q 下降，投資減少

9. 有關「Tobin 的 q 理論」的敘述，何者正確？　(a) q 代表公司實質資產重置成本與公司股票市場評價的比率　(b) q 代表公司股票市場評價與公司實質資產重置成本的比率　(c) q 代表公司實質資產重置成本與公司股票市場評價的差額　(d) q 比率大小決定廠商生產決策

10. 有關投資理論的敘述，何者錯誤？　(a) 新古典學派的投資函數顯示投資受實質利率影響　(b) 投資的加速原理係指產出波動造成投資更大幅度波動　(c) Tobin q 比率係指資本財市場價值占資本財重置成本的比率　(d) Tobin $q < 1$ 表示廠商會購買新機器設備，$q > 1$ 表示廠商偏向併購活動

答案：

1. (a)　　2. (a)　　3. (a)　　4. (c)　　5. (c)　　6. (a)　　7. (d)　　8. (c)　　9. (b)　　10. (d)

14.4 加速原理

1. 針對投資的加速原理內容，何者正確？　(a) 體系內實質利率下降，廠商將會增加投資　(b) 體系內產出變動增加，廠商會增加投資　(c) 廠商利潤增加，將會增加投資　(d) 廠商投資始終呈現遞增加速現象

2. 有關加速原理的內容，何者正確？　(a) 自發性消費支出變動對所得的影響　(b) 自發性投資支出變動對所得的影響　(c) 所得變動對消費支出的影響　(d) 所得變動對投資支出的影響

3. 依據加速原理，經濟部提出能夠刺激資本支出增加的原因，何者正確？　(a) 所得增加大於零　(b) 所得增加大於零，且呈現每期遞增現象　(c) 所得增加大於零，且維持固定值　(d) 所得增加且呈現每期遞減狀況

4. 加速原理假設橡膠產業使用的資本產出比例為固定值，該值應該為何？　(a) 大於 1　(b) 小於 1　(c) 等於 1　(d) 無限制

5. 依據加速原理內容，某國食品產業使用的生產方式為 $K_{t-1} = vY_t$，而消費函數為 $C_t = bY_t$，有關該產業的投資支出函數型態，何者正確？　(a) $I_t = K_{t-1} - K_t$　(b) $I_t = v(Y_{t-1} - Y_{t-2})$　(c) $I_t = v(Y_t - Y_{t-1})$　(d) $I_t = bv(C_t - C_{t-1})$

6. 體系透過加速原理運作，一旦新竹科學園區整體淨投資出現持續遞減，何種原因正確？　(a) 竹科的營業額呈現加速增加　(b) 景氣呈現衰退　(c) 景氣邁入繁榮階段　(d) 儲蓄呈現快速遞減現象

7. 在何種環境下，太陽能產業可能出現加速投資現象，何者正確？　(a) 該產業內無閒置資本設備　(b) 該產業內資本產出比例可變且小於 1　(c) 本國的所得水準不變　(d) 經濟成員對太陽能產品的需求不變

8. 有關加速原理的敘述，何者正確？　(a) 投資變動如何引起消費變動　(b) 國民所得增加是由投資增加引起　(c) 消費變動如何引起投資變動　(d) 消費變動如何引起國民所得變動

9. 某國鋼鐵業使用的加速係數等於 3，該產業增加資本設備 60 單位，產出將如何變化？　(a) 增加 20 單位　(b) 增加 180 單位　(c) 減少 20 單位　(d) 減少 180 單位

10. 依據簡單加速原理，在何種狀況下，體系內資本支出將會增加？　(a) 產出增加　(b) 產出成長率提高　(c) 高產出水準　(d) 高產出成長率

11. 有關投資的加速原理的主要涵義，何者正確？　(a) 當實際與預擬資本存量相同時，淨投資將會出現　(b) 為促使投資毛額維持固定，所得必須維持固定　(c) 為維持高淨投資水準，產出必須要維持上升趨勢而非高水準　(d) 體系內產出處於高水準，淨投資將處於高水準

12. 在簡單加速數模型中，友達電子預期產出遞減，該公司的相關投資活動將會如何變化？　(a) 毛投資成為負值　(b) 淨投資淪為負值　(c) 毛投資與淨投資同時成為負值　(d) 預擬資本存量將淪為負值

13. 依據簡單加速數模型中，台積電公司預期晶圓銷售值遞增，何種狀況將會發生？　(a) 資本支出維持不變　(b) 資本支出維持不變　(c) 替換投資遞增　(d) 下期資本支出增加

14. 有關簡單加速數模型的敘述，何者正確？　(a) 實際銷售額增加永遠導致淨投資遞增　(b) 實際產出增加不會導致預期銷售額增加　(c) 實際銷售額增加將導致替換投資遞增　(d) 實際銷售額規模遞增，將會導致下期淨投資遞增

15. 經濟部投資審議委員會依據簡單加速數模型，判斷國內投資活動變化，何者正確？ (a) 本期預擬資本存量愈大，本期淨投資愈大　(b) 前期預擬資本存量愈大，本期淨投資愈大　(c) 前期預擬資本存量愈大，本期淨投資愈小　(d) 本期淨投資與預擬本期資本存量無關

16. 體系內何種支出將與投資的加速原理無關？　(a) 消費耐久財　(b) 存貨投資　(c) 廠房建築投資　(d) 消費者的食物支出

17. 依據簡單加速數原理，體系內經濟成長率由 5% 降為 1%，何種狀況將會發生？　(a) 產出增加將導致資本支出持續遞增　(b) 產出增加將造成投資遞減　(c) 正產出成長率將促使資本支出加速　(d) 產出成長遞減將讓淨投資淪為負數

18. 依據簡單加速原理，主計總處預估國內經濟成長率由 1% 遞增為 5%，何種投資活動變化係屬正確？　(a) 投資不因產出增加而遞增　(b) 投資將隨產出增加而遞減　(c) 產出成長率增加將會引起投資增加　(d) 產出成長率趨於加速，淨投資將維持不變

19. 投資的加速原理指出廠商的淨投資與何者的關係最為密切？　(a) 實際營業額　(b) 實際銷售水準變動　(c) 預期營業額　(d) 預期銷售水準變動

20. 依據加速數原理，中鋼公司的實際銷售值在某期間躍升並維持較高水準，淨投資如何變化？　(a) 也將躍居維持較高水準　(b) 逐漸向上提升至維持較高水準　(c) 向上躍升後回歸零水準　(d) 向上躍升後將緊縮部分的資本支出

21. 台灣石化的實際銷售值在某期間躍升並維持較高水準。依據加速數原理，該公司替換投資如何變化？　(a) 維持在初始水準　(b) 增加並維持較高水準　(c) 先遞增後再回歸零成長　(d) 向上躍升後再降低至零折舊

22. 依據加速數原理，當統一企業的實際營業額在某期間躍升，並維持在較高水準，該公司的資本存量將如何變化？　(a) 迅速躍居較高水準　(b) 逐漸向上攀升並維持較高水準　(c) 向上躍升然後回落至初始水準　(d) 向上躍升後跌回部分上升的投資

23. 若將利率因素引進投資的加速原理，何種變化正確？　(a) 將會協助決定錯誤學習參數　(b) 將會協助決定預擬資本對預期產出的比率　(c) 將會協助決定資本存量的折舊率　(d) 沒有影響，該理論認為投資與利率無關

24. 投資的加速原理指出，在何種狀況下，某國手機產業的長期淨投資將維持正數？　(a) 預期手機銷售額大於資本係數乘上資本存量　(b) 替換投資大於零　(c) 預期手機銷售額持續遞增　(d) 實際手機銷售額跌落預期銷售額

25. 投資加速數原理意味著，體系資本支出持續增加將與何種因素有關？　(a) 高營業額與產出水準　(b) 營業額與產出成長　(c) 支出乘數等於 1　(d) 互補性的政府支出排擠不必要的消費支出

26. 在何種狀況下，簡單加速原理指出廠商將會增加資本支出？　(a) 產出增加　(b) 產出的成長增加　(c) 產出水準很高　(d) 產出的成長很大

27. 有關投資的加速理論隱含的內容，何者正確？ (a) 廠商預擬與實際資本存量相等，體系將會出現淨投資 (b) 為了維持毛投資不變，所得必須維持不變 (c) 產出遞增而非高水準將是淨投資增加的必要條件 (d) 當實際資本存量超過預擬資本存量，廠商的資本支出成長率將會遞減

28. 簡單加速數模型指出，體系預期景氣趨於衰退，將對資本支出產生何種影響？ (a) 毛投資呈現負值 (b) 淨投資呈現負值 (c) 毛投資與淨投資均為負值 (d) 預擬資本存量將為負值

29. 在簡單加速數理論中，廠商增加預期銷售額，將會產生何種結果？ (a) 刺激資本支出增加 (b) 淨投資未必需要增加 (c) 替換投資立即增加，毛投資與淨投資淪為負值 (d) 將會引起下一期資本支出增加

30. 有關加速數理論的說法，何者正確？ (a) 實際銷售額增加，將永遠會導致投資增加 (b) 實際產出增加將不會引起預期銷售額增加 (c) 實際銷售額增加，將會導致替換投資增加 (d) 實際銷售額增加的規模增加，將會引起下一期淨投資增加

31. 在簡單加速數理論中，何者正確？ (a) 預擬資本產出比率愈小，淨投資將愈大 (b) 預擬資本產出比率愈小，替換投資將愈大 (c) 預擬資本產出比率愈大，淨投資將愈大 (d) 預擬資本產出比率愈大，替換投資將愈小

32. 有關加速數理論的說法，何者正確？ (a) 本期預擬資本存量愈大，本期淨投資將愈小 (b) 前期預擬資本存量愈大，本期淨投資將愈大 (c) 前期預擬資本存量愈大，本期淨投資將愈小 (d) 本期淨投資與本期預擬資本存量無關聯

33. 在何種狀況下，簡單加速數理論指出廠商將會增加資本支出？ (a) 產出上升 (b) 產出成長率上升 (c) 產出比率愈高 (d) 產出值穩定在高水準

34. 廠商的預擬資本存量是針對何者而言？ (a) 廠商永遠可以取得的資本存量 (b) 對應自然產出的資本存量 (c) 淨投資為零的資本存量 (d) 廠商營運將會向其調整的資本存量

35. 在簡單加速數理論中，廠商估計預期銷售額，係採取適應預期方法，j 是適應係數，假設廠商的實際銷售額遞增，何者錯誤？ (a) 假設 $j > 0$，預期銷售額將會增加 (b) 假設 $j = 0$，預期銷售額將維持不變 (c) 假設 $j = 0$，預期銷售額將會等於前期的實際銷售額 (d) 假設 $j > 0$，實際銷售額將會遞減

36. 有關浮動加速數理論的敘述，何者正確？ (a) 預擬資本產出比率不是固定值 (b) 假設廠商能夠讓本期實際資本存量等於預擬資本存量 (c) 設定本期預期產出等於上期實際產出 (d) 承認資本存量的某一固定比例在每一期會被替換

37. 廠商運用錯誤學習模型估計銷售額，假設上期預期銷售額為 110，但實際銷售額為 100。隨著調整係數變化，產生預測的本期銷售額將為何？ (a) 調整係數 0.03 將產生預期本期銷售額為 103 (b) 調整係數 0.5 將產生預期本期銷售額為 105 (a) 調整係數 0.1 將產生預期本期銷售額為 110 (a) 調整係數 0.04 將產生預期本期銷售額為 104

38. 廠商投資資本設備，在提出方案到啟動生產之間需要 2～3 年，何者正確？ (a) 預擬資本存量與既存資本存量間的缺口是緩慢縮小 (b) 預期銷售額變動將不會增加產出 (c) v 值將比預期為小 (d) v 值呈現浮動變化

39. 有關投資加速原理的敘述，何者正確？ (a) 當實質利率降低時，投資增加 (b) 當體系產出變動增加時，投資增加 (c) 當公司利潤增加時，投資增加 (d) 投資始終維持不變

40. 下列敘述，何者正確？ (a) 簡單加速原理結合乘數過程提供產出循環性波動的解釋 (b) 簡單投資加速模型預測廠商資本支出將更具變異性 (c) 依據簡單投資加速理論，廠商的資本支出是取決於既存資本存量 (d) 利率變化將會擴大加速原理決定的資本支出水準

41. 依據簡單加速數理論的觀點，體系內投資水準取決於何種因素？ (a) 利率的變動率 (b) 政府支出水準 (c) 產出變動率 (d) 既存的存貨水準

42. 在投資的加速數模型中，體系內的產出沒有變化，則投資將為何？ (a) 零 (b) 負值 (c) 正值 (d)1

43. 投資的浮動加速數模型可表示為何種型態？ (a) $I_{n,t} = \lambda(\alpha Y_t - K_{t-1})$ (b) $I_{n,t} = \lambda(\alpha Y_t - K_{t+1})$ (c) $I_{n,t} = \lambda(\alpha Y_t + K_{t-1})$ (d) $I_{n,t} = \lambda(\alpha Y_t + K_{t+1})$

答案：

1. (b)	2. (d)	3. (b)	4. (a)	5. (a)	6. (b)	7. (a)	8. (c)	9. (a)	10. (b)
11. (c)	12. (b)	13. (d)	14. (d)	15. (d)	16. (d)	17. (d)	18. (c)	19. (d)	20. (c)
21. (b)	22. (b)	23. (b)	24. (c)	25. (b)	26. (d)	27. (c)	28. (d)	29. (b)	30. (d)
31. (c)	32. (c)	33. (b)	34. (d)	35. (d)	36. (a)	37. (b)	38. (a)	39. (B)	40. (a)
41. (c)	42. (a)	43. (a)							

14.5 進階選擇題

1. 某廠商規劃甲乙兩種投資案的成本均為 18.72 萬元，使用年限為兩年。甲案預期兩年收益為 $(Y_1, Y_2) = (11, 12.1)$，而乙案預期兩年收益為 $(Y_1, Y_2) = (10,692, 10.89)$，何者正確？ (a) 依據淨現值法，當市場利率為 14% 時，乙案不能執行 (b) 依據邊際投資效率法，當市場利率為 10% 時，乙案不能執行 (c) 依據邊際投資效率法，當市場利率為 14% 時，乙案不能執行 (d) 依據現值法，當市場利率為 10% 時，甲案的收益較高

2. 華邦電子考慮 A、B 兩個互斥且風險相同的 TFT-LCD 投資計畫。假設華邦的資金成本為 8%，計畫的內部報酬率 $IRR_A = 14\%$，B 計畫的內部報酬率為 $IRR_B = 16\%$，當財務部採取貼現率為 10% 時，A、B 案的淨現值 NPV 將會相等。該公司應選擇哪一投資計畫？ (a) A 計畫 (b) B 計畫 (c) 兩計畫均可接受 (d) 無從判斷何者較優

3. 財政部核准生化科技產業可以採取加速折舊，何種效果正確？ (a) 資本使用者成本將

會降低，資本係數則會增加　(b) 資本使用者成本與資本係數同時遞減　(c) 資本使用者成本將會增加，資本係數則會降低　(d) 資本使用者成本與資本係數同時上升

4. 有關 Tobin q 比率的敘述，何者正確？　(a) 廠商的股票市場價值對資本重置成本的比率　(b) 廠商的毛投資相對其資本存量扣除資本重置成本的比率　(c) 廠商的資本重置成本扣除其在股票市場的價值　(d) 廠商的資本重置成本對其毛投資的比率

5. 裕隆董事會運用 Jorgenson 投資理論來規劃投資計畫，面臨的主要問題為何？　(a) 確知資本邊際產量，但不確定使用者成本　(b) 無從掌握資本邊際產量，但卻確定使用者成本　(c) 無法確知資本邊際產量與使用者成本　(d) 無法解釋投資加速數的決定

6. 在簡單加速數模型中，何種狀況正確？　(a) 預擬資本產出比率愈小，淨投資愈大　(b) 預擬資本產出比率愈小，替換投資愈大　(c) 預擬資本產出比率愈大，淨投資愈大　(d) 預擬資本產出比率愈大，替換投資愈小

7. 有關浮動加速數理論的說法，何者正確？　(a) 預擬資本產出比率並非固定值　(b) 假設廠商能使本期實際與預擬資本存量　(c) 將本期預期產出設定等於上期實際產出　(d) 資本存量的某一固定比例，每期均需提存折舊

8. 加速理論能夠解釋在景氣循環期間，出現利率與投資變化的矛盾性趨於一致，此係假設在何種狀況將會發生？　(a) 所得增加對投資的影響超過利率上漲的影響　(b) LM 曲線固定　(c) IS 曲線固定　(d) 利率上漲對投資影響超過所得增加的影響

答案：

1. (d)　　2. (b)　　3. (a)　　4. (a)　　5. (c)　　6. (c)　　7. (a)　　8. (a)

新興古典學派與新興 Keynesian學派

chapter **15**

15.1 貨幣學派與Keynesian學派

15.1.1 古典學派與貨幣學派

1. 依據古典學派與貨幣學派觀點，解決體系經濟問題的最有效方法為何？ (a) 貨幣政策 (b) 財政政策 (c) 自由市場 (d) 物價與工資管制

2. 貨幣學派認為央行改變貨幣數量，短期將對何種變數發揮影響？ (a) 物價 (b) 實質產出 (c) 物價或實質產出 (d) 物價、實質產出或同時影響兩者

3. 依據貨幣學派與古典學派觀點，政府採取權衡性政策將對體系產生何種影響？ (a) 改變短期實際就業，但不影響自然就業 (b) 無法改變自然產出，但可影響實際產出 (c) 改變自然就業，但不影響短期就業 (d) 不論長期或短期，均無法改變就業

4. 有關古典景氣循環模型的缺陷，何者正確？ (a) 產出波動不存在 (b) 貨幣工資僵化 (c) 缺乏實際愚弄勞工的因素 (d) 存在順循環的工資移動與勞動市場恆處於均衡

5. 在何種狀況下，貨幣學派預期政府支出增加將對產出產生強烈效果？ (a) 發行債券融通 (b) 增加課稅融通 (c) 採取通膨性融通 (d) 搭配減稅

6. 依據古典學派模型，體系內實質工資將呈現如何變化？ (a) 維持固定 (b) 在衰退期間下降 (c) 在衰退期間上升 (d) 在衰退期間維持不變，但在繁榮期間上升

7. 依據貨幣學派觀點，央行持續提升貨幣成長率，產生結果為何？ (a) 實質餘額增加，

實質利率下降　　(b) 實質餘額減少，名目利率下降　　(c) 實質餘額減少，實質利率上漲　　(d) 實質餘額增加，名目利率上漲

8. 依據貨幣學派論點，貨幣成長率愈高，金融市場利率將如何變化？　(a) 愈高　(b) 愈低　(c) 不受影響　(d) 漲跌不確定

9. Chicago 學派認為美國 1930 年代發生大蕭條原因為何？　(a) 1920 年代通膨型繁榮的後果　(b) 太多壟斷型大企業　(c) 1931 年美國聯準會不當提高利率　(d) 政府預算赤字大幅擴大

10. 依據貨幣學派觀點，體系發生通膨的主因為何？　(a) 過度使用財政政策　(b) 貨幣需求不穩定　(c) 總供給遭到負面衝擊　(d) 貨幣成長率迅速攀升

11. 依據貨幣學派觀點，何者正確？　(a) 貨幣數量變動是主導產出與就業循環性移動的因素　(b) 貨幣數量變化是釀成產出與就業循環性移動的唯一因素　(c) 貨幣數量變化主要影響物價與其他名目變數　(d) 貨幣數量變化除影響名目變數外，有時也會引起實質變數變化

12. 有關貨幣學派強調的觀點，何者正確？　(a) 財政政策在決定產出的重要性　(b) 貨幣供給呈現不穩定性　(c) 貨幣流通速度穩定性　(d) 需要微調經濟活動水準

13. 貨幣學派與 Keynesian 學派對央行執行貨幣政策效果看法的差異性為何？　(a) 前者認為貨幣政策有效，後者認為貨幣政策無能　(b) 前者認為貨幣政策無能，後者則認為有效　(c) 前者偏好固定貨幣成長法則，後者則主張貨幣權衡　(d) 前者偏好藉由貨幣政策微調經濟活動，後者則拒絕此種作法

14. 依據貨幣學派理論，政府擴張支出將會產生何種結果？　(a) 對產出與物價影響微弱　(b) 影響產出效果微弱，但強烈影響物價　(c) 強烈影響產出效果，但對物價影響效果微弱　(d) 對產出與物價水準影響強烈

15. 貨幣需求穩定性對何種學派的政策結論是至關重要的假設？　(a) 簡單 Keynesian 學派　(b) 貨幣學派　(c) 古典學派　(d) 供給學派

16. 依據貨幣學派模型，某國出現自發性投資需求增加，將會產生何種結果？　(a) 對產出僅有微弱效果　(b) 對產出影響效果強烈　(c) 對貨幣利率無影響　(d) 對實質利率造成負面效果

17. 貨幣學派理論認為，名目產出對貨幣存量的比例將呈何種狀況？　(a) 長期或短期都將呈現高度不穩定性　(b) 僅在蕭條期間呈現不穩定　(c) 僅在長期出現不穩定性　(d) 長期或短期都呈現非常穩定性

18. 依據貨幣學派觀點，何者正確？　(a) IS 曲線非常平坦，反映民間需求具有高利率彈性　(b) LM 曲線非常陡峭，反映貨幣供給與需求缺乏利率彈性　(c) LM 曲線非常平坦，反映貨幣供給與需求具有高利率彈性　(d) IS 曲線幾乎呈現垂直線，反映貨幣供給與需求缺乏利率彈性

19. 依據傳統 Keynesian 學派說法，何者正確？　(a) 貨幣需求是具高利率彈性的不穩定函數，貨幣數量變動無從預測經濟活動結果　(b) 貨幣需求是缺乏利率彈性的穩定函數，貨幣數量變動可以預測經濟活動的結果　(c) 貨幣需求是缺乏利率彈性的不穩定函數，貨幣數量變動可以預測經濟活動的結果　(d) 貨幣需求是具高利率彈性的穩定函數，貨幣數量變動將可預測經濟活動結果

20. 比較 Keynesian 學派的貨幣需求利率彈性與 Friedman 估計貨幣需求利率彈性的結果，何者正確？　(a) 前者較大　(b) 前者較低　(c) 與 Friedman 研究估計的結果契合　(d) 在與 Friedman 的研究比較時，貨幣需求彈性足夠高而顯示流動性陷阱存在

21. 依據 Keynesian 學派模型，預期利率上漲將會產生何種結果？　(a) 債券與貨幣需求增加　(b) 債券與股票需求增加　(c) 債券需求下降，貨幣需求增加　(d) 債券需求增加，貨幣需求下降

22. 依據貨幣學派觀點，央行調整貨幣供給產生的效果，何者正確？　(a) 對所得產生立即效果　(b) 對產出衝擊將持續 6～18 個月　(c) 在很大程度上，不會影響所得水準　(d) 在 3 個月後會對所得發揮強烈效果

23. 貨幣學派認為人們是藉由何者形成它們的預期？　(a) 前瞻性訊息　(b) 回顧型訊息　(c) 使用所有可得訊息　(d) 使用公開可得的預測結果

24. 依據貨幣學派說法，何者錯誤？　(a) 廠商與家計部門不是體系內部穩定的來源　(b) 央行透過影響經濟活動的貨幣成長率不穩定性引發經濟活動不穩定性　(c) 政府透過干擾民間部門的名目調整機能而導致經濟不穩定性　(d) 經濟活動不穩定的根源是廠商投資活動不穩定所致

25. 依據貨幣學派說法，何種因素在長期無法決定實質自然產出？　(a) 資本存量　(b) 勞動力規模　(c) 勞動力品質　(d) 貨幣數量

26. 依據貨幣學派說法，在何種狀況下，某國實際產出將會落在長期自然產出之下？　(a) 實際通膨大於預期通膨　(b) 實際通膨小於預期通膨　(c) 只有長期才會發生　(d) 僅有倚賴貨幣政策協助

27. 依據貨幣學派說法，貨幣政策對實質產出的影響為何？　(a) 長期且難以預測　(b) 可預測且呈現正面　(c) 在短期不存在　(d) 永遠小於財政政策

28. 何者不是貨幣學派的看法？　(a) 穩定通膨將會產生穩定產出　(b) 穩定貨幣成長率將會產生穩定產出　(c) 貨幣成長率波動要為景氣循環負責　(d) 央行不該嘗試涉入穩定經濟活動

29. 依據貨幣學派的貨幣需求理論內涵，何者正確？　(a) 將所有非貨幣性資產歸為一類　(b) 僅使用債券與貨幣　(c) 對貨幣所給予的權數超過債券　(d) 依據債券、股票與耐久財來區分非貨幣性資產

30. 依據貨幣學派說法，政府支出與租稅增加，將會產生何種結果？　(a) 導致利率大幅增

加　　(b) 政府支出增加一元，所得也增加一元　　(c) 對所得衝擊相對 Keynesian 模型將非常小　　(d) 政府支出增加具有顯著效果

31. 依據貨幣學派說法，何者正確？　　(a) IS-LM 兩條曲線斜率陡峭　　(b) LM 曲線斜率平坦，IS 曲線斜率陡峭　　(c) IS-LM 兩條曲線斜率都很平坦　　(d) LM 曲線斜率陡峭，IS 曲線斜率平坦

答案：

1. (c)	2. (a)	3. (d)	4. (a)	5. (c)	6. (a)	7. (d)	8. (a)	9. (a)	10. (d)
11. (a)	12. (c)	13. (c)	14. (a)	15. (b)	16. (a)	17. (d)	18. (a)	19. (a)	20. (a)
21. (c)	22. (b)	23. (b)	24. (d)	25. (d)	26. (b)	27. (a)	28. (a)	29. (d)	30. (c)
31. (d)									

15.1.2 Keynesian 學派

1. 某國央行＋經研處驗證貨幣流通速度呈現不穩定性，是以採取瞄準穩定貨幣成長率將會產生何種結果？　　(a) 自動穩定因子　　(b) 防止景氣循環的唯一方法　　(c) 此係 Keynesian 學派推薦的方法　　(d) 穩定經濟活動將無績效

2. 針對 Keynesian 學派與 Friedman 愚弄模型的內涵，有關勞動市場假設，何者係屬雙方共有？　　(a) 勞動供給取決於預期實質工資　　(b) 勞動需求取決於貨幣工資　　(c) 在短期均衡，勞工將會暫時脫離其勞動供給曲線　　(d) 在短期均衡，廠商將會暫時脫離其勞動需求曲線

3. 有關 Keynesian 學派景氣循環模型的缺陷，何者正確？　　(a) 產出波動不存在　　(b) 貨幣工資完全僵化　　(c) 缺乏實際愚弄勞工的因素　　(d) 存在順循環的工資變動與勞動市場持續性均衡

4. 在何種狀況下，體系內景氣循環將會消失？　　(a) 當體系內名目需求變動，廠商維持貨幣工資固定　　(b) 當體系內貨幣工資變動，廠商維持物價固定　　(c) 廠商維持物價與名目需求同比例變動　　(d) 廠商維持名目工資與名目需求同比例變動

5. 某國實際實質工資必須低於均衡實質工資，才能吸引廠商生產超過自然產出。然而隨著勞工了解實情後，將逐步調高預期物價而要求調高薪資。此一描述景氣循環調整過程的理論為何？　　(a) Friedman 愚弄模型　　(b) Keynesian 學派　　(c) 新興古典學派　　(d) 實質景氣循環模型

6. 引發景氣循環的因素很多，何者卻未包含在內？　　(a) 創新　　(b) 貨幣數量變化　　(c) 失業　　(d) 政治和偶發事件

7. 有關政治景氣循環的說法，何者正確？　　(a) 此係在民主政治中，政黨輪替造成的現象　　(b) 執政黨每逢大選，必然要求央行採取寬鬆政策刺激景氣以維護政權，選後又改採緊

縮政策降溫，從而造成景氣波動 (c) 此係在選舉前不確定性大，股市往往陷於低迷，但是選後情勢明朗，股市出現大行情 (d) 執政黨選舉成敗常受選舉年景氣好壞影響

8. 某國實際物價相對預期物價比例大於 1，何者正確？ (a) 無人會被物價變動愚弄 (b) 實際產出將會高於自然產出 (c) 實際失業超過自然失業 (d) 正向供給衝擊已經發生

9. 總體模型包括 AD-SAS 兩條曲線，體系是否可能出現實質產出固定而無景氣循環現象？ (a) 僅有垂直的 SAS 曲線才會產生該結果 (b) 僅有水平的 SAS 曲線才會產生該結果 (c) SAS 曲線必須不能移動 (d) AD 與 SAS 曲線須呈現完全同向一致性移動

10. 「訊息不全假設」是何種學派的關鍵點？ (a) Keynesian 學派與新興古典學派 (b) 所有新興古典學派 (c) Friedman-Phelps-Lucas 的新興古典學派 (d) 實質景氣循環學派

11. 依據 Keynesian 學派模型，體系出現因應總需求變動的實質工資逆景氣循環移動，何種原因正確？ (a) 廠商係對貨幣工資反應，而勞工係對實質工資反應 (b) 廠商係對實質工資反應，而勞工係對預期實質工資反應 (c) 廠商係落在勞動需求曲線運作，而勞工則是脫離勞動供給曲線運作 (d) 廠商脫離勞動需求曲線運作，而勞工則是落在勞動供給曲線運作

12. Keynesian 學派在解釋景氣循環時，存在的主要缺陷為何？ (a) 廠商完全競爭 (b) 無法解釋名目工資為何僵化 (c) 拒絕承認 Pigou 效果存在 (d) 勞動需求取決於實質工資

13. 依據 Keynesian 學派模型，某國勞動市場實質工資將呈現如何變化？ (a) 維持固定 (b) 在衰退期間下降 (c) 在衰退期間上升 (d) 在衰退期間維持不變，但在景氣擴張期間上升

14. 有關 Keynes 與許多他同時代的人的看法，何者正確？ (a) 流動性陷阱概念是後來才出現，貨幣將是最重要 (b) 貨幣政策甚至是相對財政政策更重要 (c) 貨幣是些微重要，然而作為穩定政策則是無能 (d) 貨幣很重要，不過作為穩定政策則是無能

15. 央行採取向人們開放與迅速提供攸關貨幣政策的訊息，何種結果將會出現？ (a) 貨幣供給對實質產出衝擊將更強烈 (b) 央行的貨幣政策在未來對產出將無影響力 (c) 貨幣供給對實質產出衝擊將趨於弱化 (d) 任何訊息都無法影響實質產出

16. Keynesian 學派與貨幣學派兩者都同意的觀點為何？ (a) 貨幣需求函數型態 (b) 景氣循環波動的來源 (c) 使用貨幣與財政政策穩定產出 (d) 人們主要藉由回顧過去來形成預期

17. 傳統 Keynesian 學派認為貨幣政策無能，此係與假設何種狀況有關？ (a) 貨幣需求缺乏利率彈性，而產出需求具有高利率彈性 (b) 貨幣需求具有高利率彈性，而產出需求卻是低利率彈性 (c) 貨幣需求與產出需求都是高利率彈性 (d) 貨幣需求與產出需求都缺乏利率彈性

18. 針對某國總需求發生變化造成的影響，貨幣學派迥異於古典學派看法之處，何者正確？

(a) 長期與短期都會影響實質產出　(b) 長期將影響自然產出，短期則不影響實際產出
(c) 短期將影響名目產出，但長期則對產出毫無影響　(d) 短期與長期都會影響名目產出

答案：

1. (d)　2. (c)　3. (b)　4. (d)　5. (a)　6. (c)　7. (b)　8. (b)　9. (d)　10. (c)
11. (c)　12. (b)　13. (c)　14. (c)　15. (d)　16. (d)　17. (b)　18. (d)

15.2 新興古典學派發展歷程

15.2.1 理性預期學派

1. 人們若正確預期政府的擴張政策，理性預期模型預測將有何種結果？　(a) 自我調整機能將瞬間運作　(b) 勞工與廠商將受制於貨幣幻覺　(c) 實質產出傾向於遞增　(d) 實質產出傾向於遞減

2. 人們充分預期政府舉債融通支出增加，理性預期理論預測將會發揮何種效果？　(a) 相較於平衡預算支出增加更具擴張性　(b) 相較平衡於預算支出增加的擴張性為小　(c) 對實質支出毫無效果　(d) 在未來高租稅預期下，將增加消費支出

3. 人們充分預期貨幣或財政政策變動，理性預期模型預測將會發揮何種效果？　(a) 僅會降低實際產出低於自然產出　(b) 不影響通膨或失業　(c) 僅影響物價　(d) 能夠用於微調經濟活動

4. 依據理性預期模型，人們充分預期政府支出增加，則將產生何種效果？　(a) 將會排擠消費與投資支出　(b) 貨幣供給配合遞減　(c) 產出與就業增加　(d) 產出與就業下降

5. 在何種狀況下，理性預期模型預測體系內通膨將會減輕？　(a) 唯有承擔更多失業成本方能獲得減輕通膨　(b) 體系邁向長期均衡，通膨才會自動減輕　(c) 唯有央行採取可信賴的緊縮政策，通膨才會迅速下降　(d) 只有財政部採取擴張政策，促使實際物價相對預期物價比率大於 1，通膨才會減輕

6. 在理性預期模型中，若無供給或需求衝擊，總需求等於總供給將達成均衡，何者正確？　(a) 實質產出將不會落在自然產出　(b) 價格奇襲將頻繁發生　(c) 供給者與需求者並未正確預期通膨　(d) 人們將正確預期所有財政與貨幣政策

7. 依據理性預期模型，政府追求體系內實際產出超越自然產出，何者正確？　(a) 必須在體系內通告價格訊息，促使消費者更加了解其購買商品的價格　(b) 必須選擇政策促使總供給曲線左移　(c) 唯有人們持續被價格奇襲愚弄，政府的意圖才能達成　(d) 政府使用各種策略均無法促使實質產出超過自然產出，任何政策將是徒勞無功

8. OPEC 在 1973 年大幅提高原油價格，引發恆常性供給衝擊，將會產生何種結果？　(a) 實質產出增加　(b) 實際物價將低於預期物價　(c) 較低的自然產出　(d) 短期總供給

曲線下降，但是 Lucas 供給曲線不受影響

9. 何者與理性預期臆說的觀點不一致？ (a) 當通膨演變成嚴重問題時，勞動契約期間將開始縮短 (b) 在通膨加速期間，透過工資伸縮條款獲取補償的勞工將會遞增 (c) 在通膨加速期間，銀行將縮短放款期限 (d) 隨著通膨加速，廠商將會延長契約期限

10. 當人們預期政府採取降低稅率措施，將會導致何種結果？ (a) 預期通膨率下降 (b) 持有公債的預期收益下降 (c) 理性消費者預期政府預算赤字下降 (d) 利率下降

11. 某國經濟成員採取理性預期形成，何種政策效果正確？ (a) 事先公布的貨幣供給變動不影響名目產出 (b) 事先公布的貨幣供給變動對物價無影響 (c) 未預期貨幣供給變動對產出與物價產生短期影響 (d) 未預期財政政策對物價沒有影響

12. 何種觀點並未包含在理性預期理論中？ (a) Keynesian 學派的逆風而行學說 (b) Friedman-Phelps 的 Phillips 曲線 (c) 人們形成關於未來總體政策預期的信念 (d) Muth 的理性預期臆說

13. 何種敘述最能描述理性預期臆說？ (a) 除非人們確定將可收到報酬，否則不會進入長期協議 (b) 人們可能會犯下系統性錯誤 (c) 人們可能會犯下隨機性錯誤，但與過去錯誤無關 (d) 預期人們系統性低估通膨水準將屬合理

14. 在何種狀況下，體系將會發生物價奇襲現象？ (a) 實際物價上漲 (b) 預期物價上漲 (c) 總需求或總供給上漲 (d) 實際物價異於預期物價

15. 某國所有市場均具有理性預期形成色彩，何者正確？ (a) 預期變動不會促使 AD 與 SAS 曲線移動 (b) 預期貨幣政策變動對產出將無影響 (c) 未預期貨幣政策變動不影響產出 (d) 未預期財政政策對改變物價將無效果

16. 假設體系內預測誤差係屬理性，何者正確？ (a) 人們永遠有預測錯誤的傾向 (b) 此係屬於隨機性而與先前誤差無關 (c) 此與廠商生產與價格預期無關 (d) 此係屬於系統性，只要做全面性修正即可

17. 何種敘述最能描述「政策無用論」？ (a) 預期或規則的貨幣政策將無法改變實質產出 (b) 假設人們預期正確，政府將能有效改變實質產出 (c) 假設央行尋求穩定而一致的貨幣成長率，貨幣政策將可改變實質產出 (d) 不論在長期或短期，財政政策將無法改變實質產出

18. 下列兩種理論描述的經濟體系行為特徵，何者將讓景氣循環不會發生？ (a) 古典或 Keynesian 學派的總需求理論 (b) 古典學派或實質餘額理論 (c) 通縮螺旋或名目工資僵化 (d) 完全競爭或價格浮動

19. 假設市場具有理性預期描述的特徵，何者正確？ (a) 可預期變動將不會引起 AD 或 SAS 曲線移動 (b) 預期貨幣政策變動對改變產出是無效 (c) 促使短期 AD 曲線右移的貨幣政策無法改變物價 (d) 為預期財政政策對改變物價是無效

20. 正向的物價驚奇將會導致何種結果？ (a) 可短期 SAS 曲線左移 (b) 短期 AD 曲線左

移　(c) 短期 AD 曲線右移　(d) 短期 SAS 曲線右移

答案：

1. (a)	2. (c)	3. (c)	4. (a)	5. (c)	6. (d)	7. (d)	8. (c)	9. (d)	10. (d)
11. (c)	12. (a)	13. (c)	14. (d)	15. (b)	16. (b)	17. (a)	18. (d)	19. (a)	20. (a)

15.2.2 新興古典學派

1. 針對 Keynesian 學派採取回顧式預期，新興古典學派提出前瞻性預期，故又稱爲何？
   (a) 貨幣學派　(b) 理性預期學派　(c) 新興 Keynesian 學派　(d) 實質景氣循環學派

2. 新興古典學派假設市場迅速結清，實際上大部分適合於分析何種市場？　(a) 勞動市場
   (b) 資本財市場　(c) 金融市場　(d) 消費耐久財市場

3. 在理性預期臆說下，央行事先宣布實施打擊通膨的緊縮政策，人們卻不相信央行會執
   行。然而央行宣布後也確實付諸執行，則將對產出與物價產生何種影響？　(a) 產出不
   變　(b) 物價下跌　(c) 產出上漲　(d) 物價不變

4. 假設人們採取理性預期形成方式，何者正確？　(a) 事前預知的技術進步導致勞動生產
   力增加，將會增加實質產出　(b) 央行堅持穩定貨幣成長率，景氣循環將不會出現
   (c) 體系訂定固定貨幣工資的勞動契約後，預期貨幣政策對實質產出無影響　(d) 當物價
   自由浮動，預期貨幣供給變動也不會改變實質產出

5. 理性預期理論主張，規律且預期的擴張貨幣與財政政策將會產生何種結果？　(a) 降低
   失業率　(b) 維持低物價　(c) 降低失業率與維持低物價　(d) 維持高物價

6. 有關新興古典學派的描述，何者正確？　(a) 未預期政策才能發揮效果　(b) 規律性政策
   操作將是有效政策　(c) 理性預期是指人們依據預期變數的歷史資料進行分析與預期
   (d) 央行的反通膨政策若具有政策威信，反而必須支付更大失業的代價

7. 何種假設出現在 Friedman 模型，卻未出現於新興古典學派模型？　(a) 勞動供給取決於
   預期實質工資　(b) 勞工逐漸調整預期物價至實際物價　(c) 訊息不全　(d) 勞動市場結
   清

8. 有關新興古典學派的敘述，何者錯誤？　(a) 長期 LRAS 曲線爲垂直線　(b) 市場處於結
   清狀態　(c) 不論長期或短期，貨幣政策一定無效　(d) 短期 SRAS 曲線爲正斜率

9. 依據新興古典學派，人們若事先預期政府政策，將會發生何種結果？　(a) AS 曲線爲垂
   直線　(b) 總需求曲線爲水平線　(c) AS 曲線爲水平線　(d) 總需求曲線爲垂直線

10. 新興古典學派認爲體系內實質產出波動將是源自何種因素？　(a) 勞動工會存在　(b) 價
    格奇襲　(c) 政府過度管制製造業　(d) 自動財政穩定因子與貨幣法則的操作

11. 所有新興古典學派模型的共通特色是採取何種假設？　(a) 訊息不全　(b) 技術與供給衝
    擊是釀成景氣循環的根本原因　(c) 商品與勞動市場處於持續性結清狀態　(d) 名目工資

向下僵化

12. 有關新興古典學派的敘述，何者正確？　(a) 體系總是（經常）處於自然就業　(b) 平均而言，體系是處於自然就業　(c) 預期貨幣政策可以影響產出　(d) 貨幣數量變動效果具有中立性

13. 新興古典學派認為央行執行非預期貨幣政策，將會產生何種結果？　(a) 影響物價，但不影響產出　(b) 影響物價，也影響產出　(c) 影響產出，但不影響物價　(d) 對物價與產出都無影響

14. 假設股票市場表現是依據效率市場臆說，何者錯誤？　(a) 投資股票無法獲利　(b) 未來股價變動完全無法預測　(c) 目前股價是反映目前所有可得訊息　(d) 股價變動呈現醉步走勢

15. 依據新興古典學派看法，何者正確？　(a) 預期總需求遞減將讓產出與就業滑落低於自然產出　(b) 宣告的總需求遞減不會讓產出與就業攀升超過自然就業狀態　(c) 非預期總需求遞減僅讓就業掉落低於自然就業　(d) 非預期總需求遞減將導致產出與就業滑落低於自然就業狀態

16. 新興古典學派理論主張何者成立？　(a) 所有市場結清　(b) 勞動市場未結清　(c) 人們被鎖入貨幣工資限制　(d) 人們追求自身利益活動的能力面臨市場限制

17. 依據新興古典學派觀點，在何種狀況下，貨幣存量增加將會影響實質產出與就業？
(a) 只有在貨幣存量增加是因總供給衝擊而引起的狀況　(b) 只有在貨幣存量增加是伴隨擴張財政政策變動的狀況　(c) 只有在預期貨幣存量增加狀況　(d) 只有在非預期貨幣存量增加狀況

18. 依據新興古典學派觀點，何者正確？　(a) 無法接受 Keynesian 學派分析總需求影響產出與就業短期與長期結果差異性　(b) 接受貨幣學派分析總需求影響產出與就業短期與長期結果差異性　(c) 接受 Keynesian 學派分析總需求影響產出與就業短期與長期結果差異性，但不接受貨幣學派分析結果　(d) 接受貨幣學派分析總需求影響產出與就業短期與長期結果差異性，但不接受 Keynesian 學派分析結果

19. 依據新興古典學派理論，人們預期央行增加貨幣數量，將會產生何種結果？　(a) 物價與實質產出增加　(b) 物價上漲，但對實質產出沒有影響　(c) 實質產出增加，但對物價無影響　(d) 物價或產出不受影響

20. 有關古典與新興古典模型的差異性，何者正確？　(a) 前者假設勞工知道實質工資，後者假設勞工形成實質工資的理性預期　(b) 前者假設貨幣工資浮動性，後者假設貨幣工資僵化　(c) 前者主張政府無為而治，後者則主張政府積極干預　(d) 前者認為勞動供給是實質工資的函數，後者認為勞動供給取決於貨幣工資

21. 依據新興古典模型，體系未預期投資需求下降，將會導致何種結果？　(a) 物價下跌，但無任何實質產出效果　(b) 產出減少但物價不變　(c) 物價與產出都下降　(d) 物價或

實質產出都不變

22. 新興古典學派的總供給函數將呈現何種型態？ (a) 垂直線 (b) 水平線 (c) 取決於預期政策變數值 (d) 正斜率曲線

23. 央行承諾維持穩定利率政策，何者正確？ (a) 生產力增加必須配合貨幣供給增加 (b) 預算赤字增加必須增加貨幣供給來抵銷 (c) 政府支出增加必須配合緊縮貨幣供給 (d) 政府支出遞增必須配合增加課稅

24. 有關針對新興古典模型無法充分解釋何種現象的批評，何者正確？ (a) 物價與產出增加 (b) 貨幣政策對產出的短期影響 (c) 持續性高失業率 (d) 財政政策對物價的長期影響

25. 依據新興古典學派觀點，人們預期政府減少支出，將會產生何種結果？ (a) 產出降低但物價不變 (b) 產出不變但物價上漲 (c) 產出不變但物價降低 (d) 產出與物價都維持不變

26. 依據理性預期理論觀點，何者正確？ (a) 平均而言，預期通膨與實際通膨將無差異 (b) 預期將基於所有可能取得的訊息 (c) 人們行為永遠追求最適化 (d) 預期通膨將低於實際通膨

27. 依據新興古典學派觀點，體系內實質工資將如何變化？ (a) 隨著所得增加而遞增 (b) 隨著所得增加而遞減 (c) 不在所得範圍內變動 (d) 預期物價過高則趨於下降，預期物價過低則將上漲

28. 某國通膨擁有高度變異性，新興古典學派則將預期短期總供給曲線將呈現何種形狀？ (a) 水平線 (b) 由正斜率趨於水平線 (c) 趨於陡峭 (d) 移動非常快速

29. 依據理性預期理論，何者正確？ (a) 預期永遠僅是基於過去物價行為來形成 (b) 基於所有關於預測變數的可用相關訊息來形成 (c) 永遠僅基於目前價格行為來形成 (d) 基於所有能夠掌握的過去價格訊息來形成

30. 假設理性預期成立，在何種狀況下，總需求政策行動僅能影響產出？ (a) 政策是可預測 (b) 政策不可預測 (c) 政策是系統化 (d) 政策具有恆常性

31. 何種總體模型假設經濟成員擁有完全訊息？ (a) 新興古典學派 (b) 古典學派 (c) 貨幣學派 (d) Keynesian 學派

32. 有關新興古典學派的敘述，何者正確？ (a) 相信完全競爭 (b) 同意 Keynes 的工資黏性假設 (c) 以理性預期假設取代完全訊息，提供建立有用總體模型的出發點 (d) 相信財政政策長期可以影響實質產出與物價

33. 當人們採取理性預期形成，何者正確？ (a) 體系處於無失業狀態 (b) 體系不會有通膨 (c) 預期擴張貨幣政策將會改變產出 (d) 預期擴張政策不會影響產出

34. 針對貨幣政策而言，新興古典學派一般偏好何種型態？ (a) 釘住達成名目產出目標的貨幣成長率 (b) 權衡性政策 (c) 貨幣成長率，當產出下降即是提高 (d) 固定貨幣成

長率是最適政策

35. 針對財政政策而言，新興古典學派通常排斥何種政策型態？　(a) 贊成穩定貨幣成長率　(b) 擴張政府赤字規模以振興景氣　(c) 避免超額貨幣供給與通膨刺激　(d) 要求避免不穩定政府赤字支出

36. 下列敘述，何者正確？　(a) 新興古典學派認為貨幣工資調整迅速而讓勞動市場結清，Keynesian 學派則認為貨幣工資呈現向下調整黏性　(b) 新興古典學派認為貨幣工資呈現向下調整黏性，而 Keynesian 學派則認為貨幣工資調整迅速而讓勞動市場結清　(c) 新興古典學派與 Keynesian 學派都認為貨幣工資調整迅速而讓勞動市場結清　(d) 新興古典學派與 Keynesian 學派都認為貨幣工資呈現向下調整黏性

37. 有關新興古典學派與貨幣學派相似性的敘述，何者正確？　(a) 相信貨幣政策相對財政政策擁有更強的就業效果　(b) 都是政策積極者　(c) 兩者都相信貨幣需求具有非常高的利率彈性　(d) 兩者對總體經濟活動都是非干預者角色

38. 在通膨歷史中，央行一向宣稱將會降低貨幣成長率與通膨。依據理性預期模型，人們將會採取何種行動？　(a) 立即降低預期物價與通膨　(b) 假設央行宣告具有可信度，將僅降低預期物價　(c) 不會改變任何事情　(d) 立即降低貨幣工資

39. 依據新興古典學派觀點，何者正確？　(a) 貨幣工資可以迅速調整以結清勞動市場　(b) 短期無法設定貨幣工資結清勞動市場　(c) 勞動市場具有長期契約安排的特性　(d) 勞動市場或許或可能不具有長期契約安排的特性

40. 依據新興古典學派觀點，央行降低通膨的成本為何？　(a) 減少發行貨幣損失的鑄幣稅收益　(b) 總需求下降導致較大蕭條而損失的所得　(c) 降低通膨的政策若為人們視為可信，則成本將會很小　(d) 貨幣政策若未預期，成本將是零

41. 依據新興古典學派，假設經濟成員行為是理性，何者正確？　(a) 將擁有完全訊息　(b) 並未擁有完全訊息　(c) 預測物價將不會犯錯　(d) 僅會做長期決策

42. Keynesian 學派反對新興古典學派觀點的原因為何？　(a) 人們通常是非理性　(b) 貨幣工資通常經由契約談判決定而非拍賣　(c) 人們並未形成預期　(d) 工資在短期與長期被設定結清拍賣市場

43. 人們採取理性預期而且擁有攸關貨幣政策的良好訊息，則央行面對的 Phillips 曲線型態為何？　(a) 水平　(b) 非常陡峭　(c) 垂直　(d) 不穩定

44. 依據 Thomas Sargent 與其他新興古典學派學者說法，何者正確？　(a) 提供低穩定貨幣成長率的可信政策，將可存在產生較大赤字的財政政策　(b) 提供低穩定貨幣成長率的可信政策，將無法同時存在產生較大赤字的財政政策　(c) 無須可信與非通膨貨幣政策來控制政府預算赤字　(d) 可信與非通膨貨幣政策與控制政府預算赤字無關

45. 貨幣學派與 Keynesian 學派採取的預期係屬何種性質？　(a) 回顧型態　(b) 理性　(c) 前瞻型態　(d) 不穩定

46. 依據新興古典學派，政府的系統性穩定政策改變總需求，將會產生何種效果？ (a) 在短期與長期將會影響產出與就業 (b) 僅在短期影響產出與就業 (c) 即使短期也不會影響產出與就業 (d) 僅有長期才會影響產出與就業

47. 依據新興古典學派，央行非預期增加貨幣供給，將會產生何種效果？ (a) 物價與實質產出同時增加 (b) 物價上漲，但實質產出不變 (c) 實質產出增加，但物價不變 (d) 產出或實質產出不變

48. Keynesian 學派批評新興古典學派，何種理由錯誤？ (a) 新興古典學派無法解釋工業化國家持續的嚴重失業 (b) 勞動市場具有拍賣市場特徵 (c) 理性預期假設極端不符合實際，並將訊息可運用性推諉到市場參與者 (d) 市場具有壟斷性

49. 人們掌握攸關貨幣與財政政策的訊息品質改善，並基於這些訊息做決策，則短期總供給曲線將如何變化？ (a) 斜率趨於更平坦 (b) 出現迅速移動 (c) 斜率趨於垂直 (d) 斜率趨於陡峭

50. 在定義理性預期時，「所有可用訊息」意味著何種狀況？ (a) 人們使用所有可能取得的訊息 (b) 人們使用所有可能掌握的公共訊息 (c) 人們使用攸關決策所需的訊息 (d) 人們使用所有可用的訊息，而且訊息的邊際利益大於蒐集這些訊息的邊際成本

51. 依據新興古典學派，一個貨幣驚奇將會產生何種效果？ (a) 勞動供給曲線在短期內右移 (b) 勞動供給曲線在短期內左移 (c) 勞動供給曲線在短期內不會移動 (d) 總供給曲線在短期內左移

52. 依據理性預期模型隱含的說法，何者正確？ (a) 完全競爭市場且處於均衡 (b) 即使工資與物價完全浮動，市場或許未結清 (c) 市場可能暫時落在失衡狀態 (d) 僅有預期的總需求變動才會影響產出

53. 新興古典學派 Robert Lucas 認為大蕭條發生的原因為何？ (a) 人們對未來預期很多錯誤 (b) 投資顯著下降 (c) 貨幣供給顯著緊縮 (d) 租稅顯著增加

54. 下列敘述，何者錯誤？ (a) 新興古典學派的政策主張是總需求管理不能達成實質變數穩定性 (b) 依據新興古典學派觀點，改變總需求的系統貨幣政策，即使在短期也不會影響產出與就業 (c) 依據古典學派，改變總需求的系統財政政政策，即使在短期也不會影響產出與就業 (d) 依據新興 Keynesian 學派觀點，改變總需求的系統貨幣政策，即使在短期也無法影響產出與就業

答案：

1. (b)	2. (c)	3. (b)	4. (a)	5. (d)	6. (b)	7. (b)	8. (c)	9. (a)	10. (b)
11. (c)	12. (b)	13. (d)	14. (a)	15. (d)	16. (a)	17. (d)	18. (d)	19. (b)	20. (a)
21. (c)	22. (c)	23. (b)	24. (c)	25. (d)	26. (a)	27. (b)	28. (d)	29. (a)	30. (b)
31. (b)	32. (a)	33. (d)	34. (d)	35. (b)	36. (a)	37. (d)	38. (b)	39. (a)	40. (c)

41. (a)　42. (b)　43. (c)　44. (b)　45. (a)　46. (c)　47. (a)　48. (d)　49. (c)　50. (d)
51. (c)　52. (a)　53. (a)　54. (d)

15.3 實質景氣循環理論

1. 實質景氣循環理論是何種學派的旁支？　(a) Keynesian 學派　(b) 貨幣學派　(c) 供給學派　(d) 新興古典學派

2. 何種模型將總體經濟變數視為人們在生產可能性與資源限制下追求效用極大決策的結果？　(a) 實質景氣循環模型　(b) 貨幣性景氣循環模型　(c) 生產循環模型　(d) 古典學派模型

3. 何種理論主張未預期生產力波動是引發景氣循環的原因？　(a) Keynesian 學派景氣循環理論　(b) 實質景氣循環理論　(c) 貨幣學派景氣循環理論　(d) 新興古典學派景氣循環理論

4. 有關實質景氣循環理論的看法，何者正確？　(a) 蕭條係指實際產出偏離自然產出的結果　(b) 物價與工資呈現黏性　(c) 總體理論應該基於與個體理論相同的假設　(d) 貨幣政策在影響蕭條上具有重要性

5. 下列敘述，何者錯誤？　(a) Keynesian 學派認為勞動市場將存在非自願性失業　(b) 實質景氣循環模型認為所有失業都屬自願性　(c) 新興古典學派認為勞動市場存在自願性失業　(d) 理性預期學派認為體系可能存在非自願性失業

6. 依據實質景氣循環理論，何種說法正確？　(a) 主張積極穩定政策　(b) 回應蕭條應採取非干預政策　(c) 偏好以固定貨幣成長率控制貨幣數量　(d) 貨幣學派理論的分支

7. 實質景氣循環模型使用的生產函數型態可表示為何？　(a) $y_t = F(K_t, N_t)$　(b) $y_t = z_t F(K_t - N_t)$　(c) $y_t = z_t F(K_t, N_t)$　(d) $y_t = z_t / (K_t, N_t)$

8. 有關實質景氣循環模型的敘述，何者正確？　(a) 貨幣因素干擾須為產出與就業波動負責　(b) 失業變動係屬自願性　(c) 總需求變動對解釋產出波動至為重要　(d) 實質因素干擾須為就業與產出波動負責

9. 依據實質景氣循環理論，何者錯誤？　(a) 理想貨幣政策是能夠穩定貨幣供給緩慢成長，進而穩定物價的政策　(b) Keynesian 型態的積極貨幣政策將無效果　(c) Keynesian 型態的積極貨幣政策將扮演重要角色　(d) 景氣循環發生原因是來自於實質因素干擾所致

10. 實質景氣循環模型與新興 Keynesian 模型對景氣循環成因的看法，何者正確？　(a) 兩者都認為是由總需求引起　(b) 前者認為是由總需求引起，後者則認為是由總供給引起　(c) 前者認為是由總供給引起，後者則認為是由總需求引起　(d) 前者認為是由財政政策引起，後者則認為是由貨幣政策引起

11. 有關負面生產力衝擊將會導致蕭條的說法，何者錯誤？ (a) 颶風摧毀資本 (b) 油價飆漲 (c) 國防支出銳減 (d) 大地震摧毀工業區廠房設備與死傷人數眾多

12. 實質景氣循環理論與新興古典學派在何種觀點不同？ (a) 人們追求效用極大，並且形成理性預期 (b) 勞動市場處於結清狀態 (c) 景氣循環是由總供給引起 (d) 貨幣政策不會產生實質效果

13. 依據實質景氣循環理論，暫時性天災衝擊降低當期總因生產力，何種影響正確？ (a) 實質工資和實質利率皆下跌 (b) 實質工資和實質利率皆上漲 (c) 實質工資上升但實質利率下跌 (d) 實質工資降低但實質利率上升

14. 有關實質景氣循環模型的一般化假設，何者正確？ (a) 不同族群遍布整個體系 (b) 勞動市場處於未結清狀態 (c) 體系係由同一族群的人們構成 (d) 體系經歷非自願性失業

15. 依據實質景氣循環理論內容，何者正確？ (a) 景氣循環可用適當的貨幣與財政政策消除 (b) 景氣循環不會發生 (c) 景氣循環發生不頻繁 (d) 景氣循環是對生產力變動的自然與效率反應

16. 有關實質景氣循環理論，政府對勞動所得採取大幅加稅，將會導致何種結果？ (a) 產出銳減而非就業 (b) 就業銳減而非產出 (c) 產出與就業同時減少 (d) 產出與就業不變

17. 依據實質景氣循環理論內容，何者錯誤？ (a) 景氣循環可以解釋為均衡現象 (b) 針對影響生產可能曲線的實質衝擊，由於人們的最適化行為進行反應，造成產出波動隨之而來 (c) 政府無須採取政策來防止產出波動 (d) 央行執行量化寬鬆將可撫平實質景氣循環

18. 依據實質景氣循環理論內容，有關人們對經濟環境變化的最適化動態反應，何者正確？ (a) 僅能解釋景氣擴張 (b) 僅能解釋景氣衰退 (c) 可以解釋景氣循環的所有層面 (d) 意味著蕭條不可能發生

19. 針對實質景氣循環模型的批評，何者錯誤？ (a) 質疑技術衝擊足以產生可觀察的經濟波動型態與規模 (b) 無法拒絕某些技術衝擊會影響許多產業，但是這些衝擊不足以解釋產出滑落至低於 10% 自然產出的衰退狀況 (c) 不爭論實質供給衝擊是否重要，但僅有這項因素並非全然 (d) 體系內人們採取適應預期形成

20. 有關實質景氣循環理論的關鍵因素批評，何者正確？ (a) 勞工對實質工資變化缺乏反應 (b) 勞動供給具有高度實質工資彈性 (c) 工資遞增讓勞工愈富有，從而將減少工作 (d) 體系內勞工採取理性預期形成

21. 依據實質景氣循環理論，工資若在蕭條期間滑落，何者正確？ (a) 勞工將選擇增加工時以抵銷所得減少 (b) 勞工無法在這些低工資找到工作 (c) 勞工將會工作較少與享受更多休閒 (d) 勞工將會工作相同時間

22. 實質景氣循環理論支持者認為何者錯誤？ (a) 就業對實質工資變動敏感 (b) 人們在目

前工資想要工作職位都能得到職缺　　(c) 在蕭條期間，人們選擇不工作　　(d) 在景氣繁榮期間，人們將選擇減少工時

23. 實質景氣循環理論支持者認為何者錯誤？　　(a) 政府努力穩定經濟活動可能適得其反　　(b) 未預期貨幣政策將會破壞經濟穩定　　(c) 景氣循環是對技術衝擊的自然反應　　(d) 市場是完全競爭

24. 依據實質景氣循環理論，油價飆漲引發供給衝擊將導致高失業，何種原因可能正確？　　(a) 當實質工資滑落，人們選擇休閒　　(b) 當實質工資上漲，人們選擇休閒　　(c) 勞工的預期通膨率上漲　　(d) 所有商品價格高漲，引起總需求減少

25. 有關實質景氣循環理論的主張，何者正確？　　(a) 貨幣政策變動是引起景氣循環的主因　　(b) 市場不完全性是引起景氣循環的主因　　(c) 技術進步會引起所得增加而產生景氣繁榮　　(d) 貨幣非中立性

26. 何種敘述是實質景氣循環理論的主張？　　(a) 貨幣完全不能影響實質產出，只能影響名目所得　　(b) 貨幣無法影響實質利率，只能影響名目利率　　(c) 當貨幣數量變動時，物價無法立即充分調整　　(d) 當貨幣數量變動時，預期物價亦相應變動

27. 在實質景氣循環模型中，勞動供給曲線呈現何種型態，逆向供給衝擊將導致自然產出極大化減少？　　(a) 斜率相對陡峭　　(b) 斜率相對平坦　　(c) 垂直線　　(d) 水平線

28. 依據實質景氣循環模型，體系內實質工資將呈現如何變化？　　(a) 維持固定　　(b) 在衰退期間下降　　(c) 在衰退期間上升　　(d) 在衰退期間維持不變，但在擴張期間上升

29. 在實質景氣循環模型中，勞動供給曲線呈現何種型態，逆向供給衝擊將會導致自然產出極小化遞減？　　(a) 負斜率且極為陡峭　　(b) 正斜率且趨於平坦　　(c) 垂直線　　(d) 負斜率且趨於平坦

30. 有關實質景氣循環理論的敘述，何者正確？　　(a) 當實質工資上漲，勞動供給數量與產出同時下降　　(b) 當物價上漲，實質工資將會上漲，進而提高勞動供給數量與產出　　(c) 當實質工資上漲，勞動供給數量與產出將會上升　　(d) 當實際物價上漲超過預期物價，將促使實際產出上漲超過自然產出

31. 實質景氣循環理論宣稱逆向供給衝擊以不同於原物料價格上漲的形式發生，其中衝擊來自於何種政府政策？　　(a) 政府支出下降　　(b) 稅率上升　　(c) 更嚴苛的環境管制　　(d) 貨幣成長率下降

32. 依據實質景氣循環理論，體系遭遇逆向供給衝擊後，央行採取何種反應係屬正確？　　(a) 央行僅有緊縮貨幣供給，才能維持遭到衝擊前的產出　　(b) 央行僅有穩定貨幣供給，才能維持遭到衝擊前的產出　　(c) 央行僅有增加貨幣供給，才能維持遭到衝擊前的產出　　(d) 央行採取任何政策均無法維持遭到衝擊前的產出

33. 在實質景氣循環模型中，有關體系出現供給衝擊的敘述，何者正確？　　(a) 依據定義將是永遠有利，但來自隨機衝擊　　(b) 依據定義將是永遠逆向，但來自隨機衝擊　　(c) 在有

利與逆向衝擊間隨機交互出現　(d) 跟隨著需求衝擊，並對產出發揮逆向效果

34. 在實質景氣循環模型中，有關體系內實際實質產出的說法，何者正確？　(a) 實際產出不會等於自然產出　(b) 當實際物價等於預期物價，實際產出將等於自然產出　(c) 當實際物價大於或等於預期物價，實際產出將等於自然產出　(d) 實際產出永遠等於自然產出

35. 實質景氣循環模型透過更換何種假設來修正 Lucas 模型？　(a) 需求衝擊是景氣循環的主要發動者　(b) 適應性預期　(c) 持續性的市場結清　(d) 工資與物價緩慢調整

36. 實質景氣循環理論立基於古典理論的基本假設，有關該理論的主張，何者錯誤？　(a) 勞動供給變動是引起景氣循環的原因之一　(b) 總供給是利率的函數　(c) 生產技術進步會引起產出增加，從而造成景氣繁榮　(d) 貨幣中立性

37. 有關實質景氣循環理論的缺陷，何者正確？　(a) 假設產出波動不存在　(b) 假設貨幣工資完全僵化　(c) 假設缺乏實際愚弄勞工的活動　(d) 假設順循環的工資變動與勞動市場持續性均衡

38. 有關實質景氣循環理論的敘述，何者正確？　(a) 貨幣政策變動是引起景氣循環的主要原因　(b) 非預期貨幣政策變動將可提高實質產出　(c) 技術創新引起產出增加，而帶動景氣邁向繁榮　(d) 實質產出變動主要來自需求面因素變化所致

39. 實質景氣循環理論嘗試以何者為重心來解釋景氣循環波動？　(a) 物價與工資僵化　(b) 自然產出變動　(c) 實質總需求　(d) 貨幣政策變動

40. 實質景氣循環理論的基本前提為何？　(a) 只有貨幣政策是有效；財政政策相對無能　(b) 所有經濟活動都發生在實質部門　(c) 經濟狀況是由貨幣因素決定　(d) 經濟狀況是由實質因素決定

41. 有關實質景氣循環理論的敘述，何者正確？　(a) 擴張財政政策才是解決實質景氣循環的正確方法　(b) 擴張貨幣政策才是解決實質景氣循環的正確方法　(c) 緊縮貨幣政策才是解決實質景氣循環的正確政策方法　(d) 短期景氣波動大多反映體系對實質外在干擾的調整，無須採取財政或貨幣政策矯正

42. 依據實質景氣循環理論，有關暫時性政府支出增加對體系的影響，何者正確？　(a) 實質工資下跌　(b) 休閒時間增加　(c) 產出不變　(d) 實質利率下跌

43. 依據實質景氣循環理論，景氣衰退的可能原因為何？　(a) 短期總供給偏離長期潛在成長趨勢　(b) 貨幣因素衝擊總需求　(c) 人們選擇多休閒、少工作　(d) 貨幣供給量減少

44. 何種觀察到的現象最符合實質景氣循環理論？　(a) 名目工資僵化　(b) 生產力與實質產出同向變動　(c) 實質產出與貨幣數量同向變動　(d) 勞動供給決策與實質利率無關

45. 體系遭遇供給衝擊在短期將會產生何種結果？　(a) 物價與產出將同向變動　(b) 物價與產出將反向移動　(c) 持續通膨　(d) 只有物價變動，產出則不受影響

46. 類似 OPEC 大幅調整油價的供給衝擊，短期將不會發生何種結果？　(a) 央行採取調節

政策維持衝擊前的實質產出不變，將會加速通膨 (b) 將會導致長期均衡實質工資下降 (c) 將會降低實質自然產出 (d) 央行採取調節政策，將讓貨幣利率與實質利率同時趨於下降

47. 供給衝擊將會降低勞動生產力，何種結果將不會發生？ (a) 央行採取調節政策維持初始前的實質產出，通膨將會加速 (b) 即使貨幣工資完全浮動，實質工資也將下跌 (c) 即使失業沒有減少，自然產出將會減少 (d) 央行採取調節政策，自然實質利率將趨於上漲

48. 有關供給衝擊造成自然產出下降，何種理由錯誤？ (a) 生產函數向下移動 (b) 勞動市場將出現勞動供給下降以回應實質工資下降 (c) 勞動供給是預期工資率的函數 (d) 勞動生產力下降

49. 實質景氣循環理論認為商業循環的產生主要原因為何？ (a) 有效需求變動 (b) 貨幣供給變動 (c) 技術變動 (d) 政府支出變動

50. 依據實質景氣循環理論，勞動市場的實質工資將如何變化？ (a) 維持不變 (b) 蕭條期間上升 (c) 蕭條期間下跌 (d) 蕭條期間不變，但是擴張期間上漲

51. 體系勞動供給曲線呈現垂直型態，逆向供給衝擊將會產生何種效果？ (a) 物價上漲，但是失業不變 (b) 失業上升而且物價下降 (c) 失業與物價上升 (d) 物價與失業同時下降

52. 隨著原油價格遽跌，何種原因將導致自然產出變化？ (a) 勞動生產力不受影響，自然產出維持不變 (b) 勞動生產力下降促使自然產出下降 (c) 就業相對休閒更具吸引力，促使自然產出上升 (d) 實質利率上升刺激資本累積，導致自然產出成長

53. 隨著原油價格飆漲，何種原因將促使自然產出變化？ (a) 勞動生產力不變，自然產出持平 (b) 刺激資本累積，產能擴大促使自然產出增加 (c) 實質工資浮動，促使就業相對休閒缺乏吸引力，促使自然產出下降 (d) 貨幣利率上升削減投資誘因，導致自然產出下降

54. 假設勞動供給為垂直線，體系出現逆向供給衝擊，將會產生何種結果？ (a) 就業維持不變，實質工資下降 (b) 就業與實質工資同時下降 (c) 就業與實質工資同時上升 (d) 就業上升，實質工資不變

55. 體系內勞動供給曲線為正斜率，一旦出現逆向供給衝擊，將會產生何種結果？ (a) 就業維持不變，實質工資下降 (b) 就業與實質工資同時下降 (c) 就業與實質工資同時上升 (d) 就業上升，實質工資不變

56. 體系出現逆向供給衝擊，將會產生何種結果？ (a) 生產函數不變，勞動需求下降 (b) 生產函數與勞動需求同時下降 (c) 生產函數與勞動需求同時上升 (d) 生產函數上升，勞動需求不變

57. 依據勞動跨期替代理論，體系內目前利率上升將會產生何種結果？ (a) 在本期每一實

質工資率下，勞動需求量將會上升　　(b) 在本期每一實質工資下，勞動供給量將會上升 (c) 在本期每一實質工資下，勞動需求量將會降低　　(d) 在本期每一實質工資下，勞動供給量將會上升

答案：

1. (d)	2. (a)	3. (b)	4. (c)	5. (d)	6. (b)	7. (c)	8. (c)	9. (c)	10. (c)
11. (c)	12. (c)	13. (b)	14. (c)	15. (a)	16. (c)	17. (d)	18. (c)	19. (d)	20. (b)
21. (c)	22. (d)	23. (d)	24. (a)	25. (c)	26. (b)	27. (c)	28. (b)	29. (b)	30. (c)
31. (c)	32. (c)	33. (c)	34. (d)	35. (a)	36. (b)	37. (d)	38. (c)	39. (d)	40. (d)
41. (d)	42. (c)	43. (a)	44. (b)	45. (b)	46. (d)	47. (d)	48. (c)	49. (c)	50. (b)
51. (a)	52. (c)	53. (c)	54. (a)	55. (b)	56. (c)	57. (b)			

15.4 新興Keynesian學派發展

15.4.1 新興 Keynesian 學派

1. 新興 Keynesian 學派主要是 Keynesian 學派與何者結合？　　(a) 貨幣學派　　(b) 供給學派 (c) 古典學派　　(d) 理性預期學派

2. 在新興 Keynesian 學派觀點中，其與 Keynesian 學派與的主要差異，何者正確？　　(a) 傳統追求利潤最大假設未包含在內　　(b) 貨幣政策無能　　(c) 物價與工資對市場環境調整緩慢　　(d) 物價與工資調整將可瞬間完成

3. Keynesian 學派模型解釋體系內出現持續性失業現象的說法，何者已經不為新興 Keynesian 學派持續採用？　　(a) IS 曲線移動　　(b) 名目工資固定　　(c) 總供給曲線是名目工資的函數　　(d) 工資與物價僵化

4. 新興 Keynesian 學派係屬何種性質的模型？　　(a) 市場結清與工資僵化模型　　(b) 非市場結清與工資僵化模型　　(c) 訊息不全與工資僵化模型　　(d) 訊息完全與非市場結清模型

5. 依據新興 Keynesian 學派說法，體系內總需求變動造成 SAS 曲線調整緩慢的原因，將與何者無關？　　(a) 跨代互疊的勞動契約　　(b) 較高的菜單成本　　(c) 效率工資　　(d) 鞋皮成本上升

6. 在新興 Keynesian 學派假設下，體系內總需求增加將會產生何種結果？　　(a) 短期促使物價與產出增加　　(b) 短期引起物價上漲與失業下降　　(c) 短期促使失業下降與長期貨幣工資上漲　　(d) 短期促使就業下降與實質工資上升

7. 勞資雙方同時需要長期勞動契約，何者不是解釋長期契約存在的必要理由？　　(a) 工資談判是高成本與耗時過程　　(b) 勞動契約促使勞工避免受經濟環境變化影響　　(c) 勞動契約期限短則三年，將可降低罷工的影響範圍　　(d) 勞動契約將能降低不確定性

8. 總體理論採取「非市場結清分析」的學派包括何者？ (a) Keynesian 學派，不過新興 Keynesian 學派則未採行 (b) 新興 Keynesian 學派，而 Keynesian 學派則未採行 (c) 新興 Keynesian 學派與 Keynesian 學派未採行 (d) Keynesian 學派與新興 Keynesian 學派同時採取該類分析方法

9. 新興 Keynesian 學派對體系內廠商的看法，何者正確？ (a) 完全競爭的價格決定者 (b) 完全競爭的價格接受者 (c) 不完全競爭的價格決定者 (d) 不完全競爭的價格接受者

10. 在「非市場結清模型」中，某國景氣衰退，最終商品銷售水準與失業將與何者有關？ (a) 需求與供給交互運作的結果 (b) 將會高於在「市場結清模型」的狀況 (c) 物價與工資迅速調整引起 (d) 工資與物價僵化結果

11. 針對新興 Keynesian 學派協調失敗的內容，何者正確？ (a) 經濟成員從事損人不利己的決策 (b) 經濟成員從事利己損人的決策 (c) 經濟成員間的最佳策略卻無法達成雙贏局面 (d) 經濟成員間的最佳策略卻無法達成均衡解

12. 有關新興 Keynesian 學派模型的特質，何者錯誤？ (a) 總體分析應該立基於個體基礎 (b) 理性預期分析架構 (c) 市場結清模型 (d) 貨幣工資調整遲緩

13. 新興 Keynesian 學派在解釋工資與物價僵化時，何種因素無須被貼現？ (a) 跨期工資契約 (b) 菜單成本 (c) 效率工資 (d) 消費支出

14. 新興 Keynesian 學派在解釋物價相對價僵化時，何種原因錯誤？ (a) 跨代互疊契約 (b) 菜單成本 (c) 效率工資 (d) 鞋皮成本

15. 依據新興 Keynesian 學派理論，有關廠商行為模式通常會做何種假設？ (a) 廠商僅對追求利潤極大有興趣 (b) 廠商對追求利潤與規避景氣循環有興趣 (c) 廠商僅對規避景氣循環有興趣 (d) 廠商僅對追求生產極大有興趣

16. 依據新興 Keynesian 學派理論，廠商在何種狀況下進行生產？ (a) 邊際收益等於零 (b) 邊際成本等於零 (c) 銷售價格等於邊際收益 (d) 邊際收益等於邊際成本

17. 依據新興 Keynesian 學派理論，有關廠商決策方式，何者正確？ (a) 選擇其銷售價格與在該價格下的銷售數量 (b) 選擇其銷售價格，但非選擇在該價格的銷售數量 (c) 選擇銷售數量，而非銷售價格 (d) 既無法決定銷售價格，也無法選擇銷售數量

18. 新興 Keynesian 學派的主要概念在設定價格與工資，而有關廠商與勞工追求自利行為的說法，何者正確？ (a) 非理性，兩者追求自利活動將造成傷害而促使景氣循環發生 (b) 理性，他們不會承擔景氣循環的完全抵銷成本 (c) 非理性，此舉將景氣循環強加在每人身上，但卻非他們決策的一環 (d) 理性，景氣循環的總福利損失必須小到足以辨明物價與設定工資

19. 何種模型屬於新興 Keynesian 模型的例子？ (a) 市場結清，工資可調整模型 (b) 非市場結清，工資僵化模型 (c) 訊息不全，市場結清模型 (d) 訊息完全，非市場結清模型

20. 依據新興 Keynesian 理論，短期產出波動的原因為何？ (a) 總需求變動 (b) 總供給變動 (c) 自然產出變動 (d) 總需求和總供給皆變動

21. 有關新興 Keynesian 模型與 Keynesian 模型與的主要差異，何者正確？ (a) 後者不在包含利潤極大化的傳統假設 (b) 貨幣政策無能 (c) 工資與物價緩慢調整到市場狀況 (d) 貨幣政策與財政政策均無法發揮實質效果

22. 菜單成本係指何者而言？ (a) 廠商公布的價格 (b) 變動價格的成本 (c) 由政府設定 (d) 廠商的長期成本

23. 黏性價格係指何者而言？ (a) 實際價格無法因應環境變動而迅速調整 (b) 名目價格無法迅速因應環境變動而調整 (c) 由政府設定 (d) 價格僵化無法變動

24. 在物價設定模型中，廠商產品需求將與何者有關？ (a) 與體系內實質所得呈正向關係 (b) 與廠商價格相對於物價水準呈正向關係 (c) 與廠商支付的實質工資成反向關係 (d) 與通膨率呈正向關係

25. 面對體系內商品需求下降，在何種狀況下，壟斷廠商將會降低價格，並維持原先產出不變？ (a) 獲取利潤小於支付實質工資增加 (b) 獲取利潤小於支付實質工資遞減 (c) 獲取利潤小於菜單成本 (d) 獲取利潤大於菜單成本增加

26. 廠商對商品採取的加成定價比率為何？ (a) 商品價格相對物價 (b) 物價相對預期邊際成本 (c) 商品價格相對邊際成本 (d) 邊際成本相對物價

27. 在物價設定模型中，影響廠商訂定價格的因素，何者錯誤？ (a) 與加成比率呈正向關係 (b) 與廠商的勞動邊際產量呈負向關係 (c) 與廠商支付名目工資呈正向關係 (d) 與廠商融通資金的利率呈正向關係

28. 在黏性價格模型中，體系出現正向貨幣衝擊產生的短期結果，何者錯誤？ (a) 人們持有的實際實質餘額增加 (b) 人們對商品需求遞增 (c) 人們預擬持有的實質餘額不變 (d) 人們持有債券的報酬率上漲

29. 在黏性價格模型中，體系出現正向貨幣驚奇產生的短期結果，何者錯誤？ (a) 勞動需求增加 (b) 實質產出增加 (c) 實質工資增加 (d) 名目利率上漲

30. 在黏性價格模型中，體系出現負向貨幣驚奇產生的短期結果，何者錯誤？ (a) 勞動需求減少 (b) 實質產出減少 (c) 貨幣工資增加 (d) 實質工資下跌

31. 在黏性價格模型中，體系邁向長期均衡，何者正確？ (a) 物價依然維持黏性 (b) 貨幣具有中立性 (c) 短期效果將會持續存在 (d) 貨幣仍將影響產出

32. 依據新興 Keynesian 模型的說法，何者錯誤？ (a) 貨幣是順循環，而數據顯示貨幣是微弱順循環 (b) 物價是逆循環，而數據顯示也是如此 (c) 勞動的平均產量是逆循環，而數據顯示則是微弱順循環 (d) 貨幣工資是逆循環，而數據顯示是微弱順循環

33. 依據新興 Keynesian 模型說法，體系總需求增加將會導致何種結果？ (a) 實質產出增加將大於總需求遞增 (b) 實質產出增加將等於總需求增加 (c) 實質產出增加將小於總

需求增加 (d) 實質產出減少

34. 依據新興 Keynesian 模型說法,體系內暫時性產出增加與何種因素無關? (a) 正向貨幣驚奇 (b) 人們變得更節儉 (c) 政府支出正向衝擊 (d) 消費者信心遽增

35. 依據新興 Keynesian 模型說法,央行增加貨幣供給短期將產生何種效果? (a) 物價上漲 (b) 實質產出增加 (c) 利率上漲 (d) 民間支出遞減

36. 依據新興 Keynesian 模型說法,勞動市場的名目工資可能具有黏性,何種理由正確? (a) 政府設定所有工資 (b) 勞資雙方簽訂勞動契約 (c) 人們對於其他工作的工資擁有的訊息不全 (d) 勞動市場存在摩擦性

37. 有關新興 Keynesian 學派的主張,何者正確? (a) 所有市場均為完全競爭 (b) 景氣循環是圍繞在自然失業率波動 (c) 工資與物價完全浮動 (d) 經濟成員追求效用極大

38. 下列何者不屬於新興 Keynesian 學派的一環? (a) 黏性價格(菜單成本)模型 (b) IS-LM 模型 (c) 內部人與外部人模型 (d) 道德危險模型

39. 依據效率工資模型,勞工的效率將與何者有關? (a) 與廠商支付貨幣工資呈正向關係 (b) 與廠商支付實質工資呈正向關係 (c) 與勞工年紀呈反比 (d) 與失業率呈正比

40. 依據新興 Keynesian 學派說法,何者正確? (a) 商品與勞動市場存在某些形式的訊息不全 (b) 商品市場訊息完全 (c) 商品市場將呈現自然壟斷型態 (d) 物價與工資完全浮動

41. 依據內部人 / 外部人模型,勞動市場出現何種狀況係屬錯誤? (a) 實質工資設定為高於市場結清水準,失業將會出現 (b) 循環性失業是對總需求變動的反應 (c) 結構性失業是對總需求變化的反應 (d) 在工會支持下,內部人工資將高於非工會成員

42. 依據新興 Keynesian 學派說法,何者錯誤? (a) 在蕭條期間,體系產出偏離自然產出的差距將是社會成本 (b) 多數失業是自願性 (c) 意圖增進傳統 Keynesian 模型的個體基礎,而非挑戰期主要前提 (d) 基於菜單成本存在,物價調整將具有黏性

43. 有關新興 Keynesian 學派與新興古典學派爭論的敘述,何者正確? (a) 雙方最令人印象深刻的特點是對貨幣學派的批評 (b) 留給各自學派已經獲勝的感覺 (c) 各自學派感覺可以達成共識的協議 (d) 意見不一致的關鍵來源集中在人們如何形成預期

44. 訓練成本負擔沉重為何者提供理論基礎? (a) 內部人 / 外部人模型 (b) IS-LM 模型 (c) 價格黏性模型 (d) 效率工資模型

45. 有關效率工資模型的敘述,何者正確? (a) 關鍵因素是解釋為何勞工的效率或生產力是取決於實質工資 (b) 模型背後的理論隱含廠商設定實質工資低於市場結清水準 (c) 模型無法解釋實質工資僵化 (d) 模型可以解釋勞動市場何以存在結構性失業

46. 何種效率工資模型關注焦點集中在勞工道德上? (a) 偷懶模型(shirking model) (b) 投桃報李模型(gift exchange model) (c) 營業額模型(turnover model) (d) 保留工資模型(reservation wage model)

47. 在「非市場結清模型」中，在何種狀況下，某國勞動市場將出現非自願性失業？
    (a) 實質工資過高　(b) 當總需求增加時，實質工資上升　(c) 當總需求增加時，實質工資下降　(d) 貨幣工資與物價僵化的結果

48. 有關針對新興 Keynesian 學派的批評，何者值得懷疑？　(a) 菜單成本在現實社會非常重要　(b) 考慮效率工資在現實社會扮演重要角色　(c) 談判模型在現實社會非常重要　(d) 人們如何形成預期

49. 新興 Keynesian 學派對黏性價格與工資的解釋，何者不包括在內？　(a) 菜單成本　(b) 效率工資　(c) 內部人／外部人的區分　(d) 生產力衝擊

50. 有關菜單成本對廠商營運與整體經濟活動運作的說法，何者正確？　(a) 對廠商是最適決策，但對經濟活動則是次佳選擇　(b) 對廠商是最糟糕決策，但對經濟活動而則是好的選擇　(c) 對廠商是次佳決策，但對經濟活動則是最適選擇　(d) 對廠商與經濟活動都是次佳選擇

51. 有關新興 Keynesian 學派的主張，何者錯誤？　(a) 穩定政策可以降低景氣循環嚴重性　(b) 工資與物價具有黏性　(c) 市場是完全競爭　(d) 市場均衡通常是次佳

52. 有關新興 Keynesian 理論的看法，何者正確？　(a) 貨幣供給增加對實質變數將會有短期與長期效果　(b) 貨幣供給增加對實質變數將會有短期，但長期則無效果　(c) 貨幣供給增加對實質變數將會有長期效果，但短期則無效果　(d) 貨幣供給增加對實質變數都無短期與長期效果

53. 某國所有產業的名目需求上漲 5%，但是某些因素卻阻止物價也同時上漲 5%，此種現象稱為？　(a) 實質僵化　(b) 名目僵化　(c) 總體外部性　(d) 指數化

54. 體系內抗拒工資間相對關係變動的現象，可稱為何？　(a) 實質僵化　(b) 協調失敗　(c) 總體外部性　(d) 菜單成本

答案：

1. (d)	2. (c)	3. (b)	4. (b)	5. (d)	6. (d)	7. (c)	8. (d)	9. (c)	10. (d)
11. (d)	12. (c)	13. (d)	14. (d)	15. (a)	16. (d)	17. (b)	18. (b)	19. (b)	20. (a)
21. (c)	22. (b)	23. (b)	24. (a)	25. (d)	26. (c)	27. (d)	28. (d)	29. (d)	30. (c)
31. (b)	32. (d)	33. (a)	34. (b)	35. (b)	36. (b)	37. (d)	38. (b)	39. (b)	40. (a)
41. (c)	42. (b)	43. (d)	44. (d)	45. (a)	46. (b)	47. (a)	48. (d)	49. (d)	50. (d)
51. (c)	52. (a)	53. (b)	54. (a)						

15.4.2 總體外部性

1. 體系內名目總需求與邊際成本同比例下降，依據新興 Keynesian 學派的「協調失敗」與「總體外部性」概念，何者正確？　(a) 當廠商承擔價格變動的菜單成本，體系將能補

償廠商損失的利潤　　(b) 當廠商維持價格固定，體系將能補償廠商損失的利潤　　(c) 當廠商承擔價格變動的菜單成本，體系無法補償廠商損失的利潤　　(d) 當廠商維持價格固定，體系無法補償廠商損失的利潤

2. 當體系內名目總需求下降後，針對菜單成本存在而阻止廠商降低價格行為，何種說法正確？　(a) 此舉製造「總體外部性」，廠商將視為理性行為　　(b) 由於碰巧製造「總體外部性」，廠商將視為理性行為　　(c) 此舉製造「總體外部性」，廠商將視為非理性行為　　(d) 由於碰巧製造「總體外部性」，廠商將視為非理性行為

3. 體系內名目總需求與邊際成本同比例下降 4%，在此種狀況下，菜單成本理論的重要性在於指出何者正確？　(a) 物價必須降低 4%，意味著體系不會出現衰退　　(b) 物價必須降低 4%，意味著體系將出現衰退　　(c) 物價或許維持不降，而體系也許不會出現衰退　　(d) 物價或許不降，但體系會出現衰退

4. 依據效率工資理論，在何種狀況下，廠商提高工資 1%，實際上將會降低每單位產出的勞動成本？　(a) 工資上漲提高每位勞工的產出超過 1%　　(b) 工資上漲提高每位勞工的產出低於 1%　　(c) 工資上漲並未改變每位勞工的產出　　(d) 工資上漲降低每位勞工的產出低於 1%

5. 效率工資模型的主要特色是，A 廠商支付工資相對其他廠商的工資，將可協助決定何種現象？　(a) A 廠商的勞動需求　　(b) A 廠商能夠僱用的勞動數量　　(c) A 廠商的勞工生產力　　(d) A 廠商訂價採取的加成比例

6. 廠商支付效率工資，而體系內總需求左移。廠商降低工資與維持生產不變，應該會產生何種結果？　(a) 由於勞工效率下降與支付總工資遞增，廠商將取得較低利潤　　(b) 由於勞工效率下降與每單位產出的工資遞增，廠商將取得較低利潤　　(c) 廠商將取得較高利潤　　(d) 廠商將取得較低的每單位工資成本

7. 人們採取理性預期形成，央行未預期增加貨幣數量，將會導致何種結果？　(a) 此係供給衝擊，將影響產出與物價　　(b) 此係需求衝擊，將影響產出與物價　　(c) 此係供給衝擊，將影響物價而非產出　　(d) 此係需求衝擊，將影響物價而非產出

8. 假設廠商在期初支付每位勞工工資與獲得產出，並且給予既定指數 100。當每位勞工的工資出現 5% 成長，伴隨的產出增加計有 5 種可能性：1.05 與 1.09、1.10 與 1.17、1.15 與 1.24、1.21 與 1.28、1.27 與 1.31。試問效率工資為何？　(a) 1.31　(b) 1.10　(c) 1.15　(d) 1.21

9. 人們正確預期貨幣成長率增加，將會導致何種結果？　(a) 總需求與總供給均不會移動　　(b) 總需求右移，但是總供給不會移動　　(c) 總供給左移，但是總需求不會移動　　(d) 總需求右移與總供給左移幅度相同

10. 人們正確預期貨幣成長率遞增，將會導致何種結果？　(a) 產出與物價同時增加　　(b) 物價上漲，而產出不變　　(c) 產出增加，而物價不變　　(d) 產出與物價維持不變

11. 有關未預期政府支出增加造成的長期效果，何者正確？ (a) 產出與物價維持不變 (b) 產出增加，而物價不變 (c) 物價上漲，而產出不變 (d) 產出與物價同時增加

12. 有關財政部執行未預期減稅的效果，何者正確？ (a) 產出僅在短期增加 (b) 產出僅在長期增加 (c) 產出在短期與長期同時增加 (d) 物價僅在短期增加

13. 某國生產力與資源維持不變，人們若未採取理性預期形成，政府採取擴大內需政策，何種效果不會出現？ (a) 短期產出增加 (b) 短期利率上漲 (c) 長期物價上漲 (d) 長期產出增加

14. 某廠商在期初支付每位勞工工資與獲得產出，並且給予既定指數 100。當每位勞工的工資成長 3%，伴隨的產出增加計有 5 種可能性：1.03 與 1.09、1.06 與 1.17、1.09 與 1.24、1.13 與 1.29、1.16 與 1.31。試問效率工資為何？ (a) 1.06 (b) 1.09 (c) 1.13 (d) 1.16

答案：

1. (a)	2. (b)	3. (d)	4. (a)	5. (b)	6. (b)	7. (b)	8. (c)	9. (b)	10. (b)
11. (d)	12. (a)	13. (d)	14. (c)						

16.1 財政政策與政府債務累積

1. 某國中央政府債務占產出比率為 52%，今年的實質利率與經濟成長率分別為 3.5% 及 2.5%。在不考慮貨幣融通下，財政部若想維持債務負擔不變，財政盈餘占產出比例必須為何？　(a) 0.26%　(b) 2.6%　(c) 0.52%　(d) 5.2%

2. 有關財政部發行公債產生衝擊的效果，何者正確？　(a) 與公司債性質相同，同屬內在資產　(b) 須由政府課稅清償　(c) 不可能造成通膨　(d) 不會造成財富重分配

3. 政府負債出現累積的主要原因為何？　(a) 高經濟成長　(b) 高政府預算赤字　(c) 政府增加公債發行　(d) 利率上升

4. 某國財政部決定發行公債融通治水方案，將會產生何種效果？　(a)IS-LM 兩條曲線同時右移　(b) 人們將預期未來租稅負債增加　(c) 體系必然發生通膨　(d) 人們持有公債增加，將會考慮財富效果的影響

5. 某國中央政府預算出現赤字，可能產生何種結果？　(a) 政府對商品與勞務支出超過租稅毛額　(b) 政府對商品及勞務支出超過租稅淨額（租稅毛額扣除移轉支付）　(c) 政府對商品及勞務支出再加上公債利息支付超過租稅淨額（租稅毛額扣除移轉支付）　(d) 政府租稅淨額超過對商品與勞務支出

6. 財政部發行公債若由央行購買，此種融通方式屬於何種性質？　(a) 公債融通　(b) 膨脹性融通　(c) 賦稅融通　(d) 公債貨幣化

7. 「公債貨幣化」係指當中央政府陷入預算赤字，採取何種融通策略？ (a) 由大眾購買公債 (b) 由債券基金買進公債 (c) 由央行買進公債 (d) 由銀行買進公債

8. 在何種狀況下，政府增加發行公債將成為未來世代的負擔？ (a) 實質利率下降與資本存量遞減 (b) 經濟成長率上升 (c) 實質利率上漲與資本存量下降 (d) 貨幣工資滑落

9. 何者係預測未來利率與通膨率的最佳指標？ (a) 政府債務規模 (b) 政府預算赤字規模 (c) 政府債務成長 (d) 貨幣供給成長

10. 有關政府預算赤字的說法，何者正確？ (a) 政府對商品與勞務支出超過租稅毛額 (b) 政府對商品與勞務支出超過租稅淨額 (c) 租稅毛額超過政府在商品與勞務支出 (d) 租稅淨額超過政府對商品與勞務支出

11. 政府執行降低所得稅政策，將產生何種影響？ (a) 暫時性移動短期 Phillips 曲線，並且恆常性移動總需求曲線 (b) 恆常性移動短期 Phillips 曲線，並且暫時性移動總需求曲線 (c) 暫時性移動短期 Phillips 曲線與總需求曲線 (d) 恆常性移動短期 Phillips 曲線與總需求曲線

12. 政府擴大公共支出，若由央行直接以貨幣融通，可能會出現何種結果？ (a) 物價上漲 (b) 利率下降 (c) 所得減少 (d) 利率上升

13. 某國 A 產業容易外移，而 B 產業不易外移，政府若想增加稅收，將可考慮何種策略？ (a) 增加 A 產業的稅率 (b) 增加 B 產業的稅率 (c) 控制物價 (d) 擴大公共投資

14. 有關政府預算限制的敘述，何者正確？ (a) 政府實質支出扣除移轉支付，將等於來自貨幣成長的收益扣除租稅 (b) 政府實質支出扣除移轉支付，將等於租稅加上來自貨幣成長的收益 (c) 政府實質支出加上租稅，將等於移轉支付加上來自貨幣創造的收入 (d) 政府實質支出乘上移轉支付，將等於租稅乘上來自貨幣創造的收入

15. 某人獲取的移轉支付扣除租稅後是負值，則政府對此人的影響為何？ (a) 政府是此人的淨資金來源 (b) 政府是此人的淨資金用途 (c) 政府是此人的淨補貼者 (d) 政府對此人的預算限制沒有影響

16. 依據市場結清模型，政府增加恆常性支出將會導致何種結果？ (a) 消費遞減 (b) 實質利率上漲 (c) 實質產出增加 (d) 就業增加

17. 依據市場結清模型，政府增加恆常性支出將會導致何種結果？ (a) 資本利用率上漲 (b) 資本財供給增加 (c) 資本財需求增加 (d) 實質利率不變

18. 依據市場結清模型，政府恆常性支出增加將會產生跨期替代效果，何者正確？ (a) 透過實質利率變化運作 (b) 透過實質工資變化運作 (c) 透過實質利率與實質工資變化運作 (d) 由於實質利率與實質工資不變，該效果不存在

19. 依據市場結清模型，政府恆常性支出增加不會引起實質工資上漲，何種理由正確？ (a) 勞動需求與勞動供給將會呈現等額增加 (b) 勞動供給固定 (c) 勞動需求曲線是負斜率 (d) 勞動需求與勞動供給不會因為恆常性政府支出增加而移動

20. 某國人們持有債券總額都是公債，何種理由正確？ (a) 人們持有公司債必須支付較高所得稅率 (b) 人們持有公司債餘額爲零 (c) 人們認爲公債的風險相對高於公司債 (d) 人們認爲公債的預期報酬率遠低於公司債

21. 某國央行控制物價與貨幣數量不變，則政府實質預算赤字將爲何？ (a) $\dfrac{B_t^g - B_{t-1}^g}{P}$ (b) $\dfrac{B_t^g}{P}$ (c) $\dfrac{B_t + B_t^g}{P}$ (d) $\dfrac{(G_t - T_t)}{P}$

22. 某國政府在今年減稅 10 億元，且無增加課稅計畫，也未考慮發行更多貨幣，何種結果正確？ (a) 未來租稅負債將等於必須支付增加的借款 10 億元加上利息 (b) 未來租稅負債將等於必須支付公債利息扣除減少借款 10 億元 (d) 未來租稅負債將等於借款減少 10 億元與利息降低的總和

23. 依據市場結清模型，政府增加恆常性支出一單位，將會產生何種結果？ (a) 產出增加約一單位 (b) 消費下降約一單位 (c) 毛投資下降約一單位 (d) 吸引投資增加約一單位

24. 某國政府實質支出的時間途徑沒有變動，若採取降低定額稅，將會產生何種結果？ (a) 利率不變 (b) 實質工資上升 (c) 未來資本存量下降 (d) 實質消費增加

25. 某國政府實質支出的時間途徑沒有變動，若採取降低目前勞動所得稅，則將產生何種結果？ (a) 勞動供給將移動到未來 (b) 目前增加勞動供給 (c) 目前產出減少 (d) 未來產出增加

26. 某國政府實質支出的時間途徑沒有變動，而政府降低目前資產所得稅，將會產生何種結果？ (a) 人們在目前將儲蓄更多，而且消費較少 (b) 人們在目前將儲蓄與消費較少 (c) 人們在目前將儲蓄更少，而且消費更多 (d) 人們在目前將儲蓄與消費更多

27. 依據市場結清模型，政府恆常性支出增加不會引起實質利率上漲，何種理由正確？ (a) 資本財需求與供給將會等額增加 (b) 資本財供給曲線是正斜率 (c) 資本財需求曲線是負斜率 (d) 資本財需求與供給不會因爲政府增加恆常性支出而變動

答案：

1. (c)	2. (b)	3. (b)	4. (b)	5. (c)	6. (b)	7. (c)	8. (c)	9. (d)	10. (b)
11. (a)	12. (a)	13. (b)	14. (b)	15. (b)	16. (a)	17. (d)	18. (d)	19. (d)	20. (b)
21. (a)	22. (a)	23. (b)	24. (a)	25. (b)	26. (a)	27. (d)			

16.2 政府預算赤字與債務融通

1. 下列何者不屬於自動穩定因子？ (a) 財產稅 (b) 營利事業所得稅 (c) 失業補償金 (d) 累進個人所得稅

2. 新古典學派認爲政府採取降低個人所得稅的擴張性財政政策，將會造成何種結果？

(a) 物價上漲與產出增加　(b) 實質利率上漲與投資下降　(c) 物價、產出、利率或失業均未改變　(d) 實質利率下降與產出下降

3. 政府降低個人所得稅而釀成預算赤字，同時發行公債融通。有關新古典學派對此批評的說法，何者正確？　(a) 淨出口下降　(b) 投資支出下降　(c) 投資支出增加　(d) 消費支出維持不變

4. 依據排擠效果描述的狀況，何者正確？　(a) 政府舉債融通預算赤字促使實質利率上漲，進而導致投資支出下降　(b) 政府增加課稅融通預算赤字，推動實質利率上漲，導致投資支出下降　(c) 政府舉債融通預算赤字，引起通膨上漲，促使耐久財消費支出下降　(d) 政府採取課稅融通預算赤字，引起通膨上漲，促使耐久財消費支出下降

5. 某國政府降低赤字支出或政府預算盈餘遞增，將會導致何種結果？　(a) 央行若以擴張貨幣供給來穩定產出比率，將加速經濟成長　(b) 央行若以緊縮貨幣供給來穩定產出比率，將加速經濟成長　(c) 央行若以擴張貨幣供給來穩定產出比率，將出現景氣衰退　(d) 央行若是穩定貨幣成長率，將會釀成景氣經濟衰退

6. 某國政府的自然產出預算赤字出現下降，將意味著何種狀況發生？　(a) 經濟成長率上升　(b) 政府執行緊縮財政政策　(c) 政府執行擴張財政政策　(d) 實際預算盈餘上升

7. 經濟學者通常同意貨幣政策相對財政政策更適合控制名目所得，何種說法正確？　(a) 貨幣數量變動將影響實質產出而非物價　(b) 政府支出與租稅變動影響經濟活動將小於貨幣供給變動　(c) 央行決策迅速，而財政部決策緩慢　(d) 財政部決策迅速，而央行決策緩慢

8. 央行若採取貨幣政策控制實質產出，則財政政策將是決定何種變數？　(a) 利率與經濟成長　(b) 利率與國際貿易逆差　(c) 失業與匯率　(d) 預算赤字與貿易赤字

9. 一旦央行利用貨幣政策控制名目產出，則財政部執行財政政策的主要標的為何？　(a) 選擇一般利率水準，高預算盈餘隱含高利率　(b) 選擇一般利率水準，高預算赤字隱含高利率　(c) 選擇通膨水準，高預算盈餘隱含較高通膨率　(d) 選擇通膨水準，高預算赤字隱含較高通膨率

10. 在其他條件不變下，體系面對何種衝擊，將促使政府赤字支出大幅遞減，進而刺激投資增加？　(a) 提高利息支付的所得稅率　(b) 降低移轉支付的所得稅率　(c) 提高消費財的營業稅　(d) 降低消費財的營業稅

11. 在其他狀況不變下，政府採取何種策略，將對增加民間儲蓄與投資毫無助益？　(a) 降低公司所得稅　(b) 允許公司採取加速折舊　(c) 提高所得稅中的利息所得免稅額度　(d) 提高資本財的營業稅

12. 財政部採取擴張性財政政策，主要產生的負面效果為何？　(a) 所得分配不均惡化　(b) 排擠私部門支出　(c) 擴大自然失業率　(d) 通膨率恆常性上升

13. 政府為支付債務利息卻不願採取加稅，反而採取發行更多公債融通，此舉須在何種條件

下才能執行？　(a) 實質產出成長率大於實質利率　(b) 實質產出成長率等於名目利率　(c) 實質產出成長率等於或大於實質利率　(d) 名目產出成長率等於或大於實質利率

14. 在何種狀況下，政府債務將對未來世代造成負擔？　(a) 負債用於融通人們目前消費　(b) 負債用於融通資本財生產　(c) 負債用於融通學校與高速公路建設　(d) 負債用於融通基礎建設

15. 某國中央政府預算在 2020 年出現基本盈餘，但是總預算卻出現赤字，何者正確？　(a) 公債利息支出超過基本盈餘　(b) 公債利息支出小於基本盈餘　(c) 公債利息支出超過總預算赤字　(d) 公債利息支出小於總預算赤字

16. 在某段期間內，某國政府債務餘額呈現持續累積，何種現象確實發生？　(a) 政府決算支出持續增加　(b) 政府決算收入持續增加　(c) 政府收入未隨經濟成長而遞增　(d) 政府決算支出金額超過決算稅收金額

17. 在何種狀況下，某國財政部將可持續發行新公債來支付累積負債的利息？　(a) 實質產出成長率超過實質利率　(b) 實質利率超過實質產出成長率　(c) 實質利率超過名目利率　(d) 名目利率超過借款成本

18. 在何種狀況下，「破產條件」指出體系內的負債產出比率將會持續上升？　(a) 實質產出成長率超過實質利率　(b) 實質利率超過實質產出成長率　(c) 實質利率超過通膨率　(d) 名目利率超過借款成本

19. 某國的通膨率為 5%、實質產出成長率為 3%，而流通在外的政府負債為 400 億元。在維持政府負債對產出比率固定下，該國政府預算赤字可容許的額度為何？　(a) 272 億元　(b) 68 億元　(c) 170 億元　(d) 175 億元

20. 某國的通膨率為 7%、實質產出成長率為 2%，目前的政府預算赤字為 100 億元。在維持政府負債對產出比率固定下，目前該國政府負債應該為何？　(a) 1,111 億元　(b) 2,000 億元　(c) 1,429 億元　(d) 5,000 億元

21. 在何種狀況下，政府預算赤字將對未來世代不會造成負擔？　(a) 最終將提高課稅用以支付額外負債的利息　(b) 借入資金將用於融通生產性政府投資　(c) 從國外借入資金來抵銷赤字，民間投資將不會遭到排擠　(d) 借入資金將移轉至購買非耐久財

22. 在維持政府負債對產出比率固定下，可以容許的政府預算赤字為何？　(a) 利率與累積國債的相乘值　(b) 利率與名目產出的相乘值　(c) 名目產出成長率與累積國債的相乘值　(d) 名目產出成長率與名目產出

23. 某國主計總處預估該國未來的每年經濟成長率為 3%，當政府提高累積負債對產出中的利息比率，產生何種影響係屬正確？　(a) 產出比率下降利率　(b) 額外利息支付超過名目產出的 3%　(c) 稅收下降　(d) Laffer 曲線將不能派上用場

24. 某國的每年產出成長率為 5%，目前產出是 1,000 億元。在其他條件不變下，該國政府可用額外收入正好支付預算赤字的利息應該為何？　(a) 50 億元　(b) 500 億元　(c) 取

決於新發行債務數量而定　(d) 不會有額外收入

答案：

1. (a)　2. (b)　3. (b)　4. (a)　5. (a)　6. (b)　7. (c)　8. (a)　9. (b)　10. (c)

11. (d)　12. (b)　13. (c)　14. (a)　15. (a)　16. (d)　17. (a)　18. (b)　19. (a)　20. (a)

21. (b)　22. (c)　23. (b)　24. (a)

16.3 供給面經濟學

1. Laffer 曲線是供給面經濟學的核心，何者正確？　(a) 稅率過高將導致稅基嚴重流失　(b) 稅率與稅基兩者間無關聯性　(c) 政府推出減稅方案必然導致稅收流失　(d) 政府採取加稅措施必然增加稅收

2. Laffer 曲線是描述何種變數間的軌跡？　(a) 稅率與稅收　(b) 稅率與結構性預算赤字　(c) 利率與稅收　(d) 稅率與失業率

3. 依據供給學派說法，財政部規劃何種政策，將會同時影響體系內總供給與總需求？　(a) 提高所得稅免稅額　(b) 削減公共投資　(c) 降低對企業補貼　(d) 降低營業稅率

4. 依據供給學派說法，何者不具爭議性？　(a) 降低所得稅率將會提高稅基而足以增加稅收　(b) 所得稅將會降低工作與儲蓄的稅後報酬　(c) 降低所得稅將顯著增加工作意願　(d) 降低所得稅將顯著提升個人儲蓄

5. 政府實施降低工資稅率，可能產生的供給面效果為何？　(a) 提升工作意願　(b) 排擠私部門支出　(c) 提高自然失業率　(d) 恆常性提高通膨率

6. 有關供給學派內容的說法，何者正確？　(a) 政府降低所得稅率，將會提高儲蓄的稅後報酬，進而激發儲蓄誘因而增加儲蓄　(b) 資本利得應該指數化，促使僅有實質資本利得而非名目資本利得被課稅　(c) 工作的稅後所得增加，將會帶動工時增加　(d) 財政部實施加稅措施後，必然徵收較加稅前更多的稅收

7. 有關供給學派大幅調降稅率思維的敘述，何者錯誤？　(a) 將會提升勞動參與率　(b) 將透過儲蓄與投資遞增而累積較高資本存量　(c) 將導致產出增加而將促使稅收上升　(d) 將鼓勵廠商將生產設備移往他國，從而擴大本國失業率

8. 供給學派主張採取何種策略解決停滯性膨脹問題？　(a) 降低貨幣成長率　(b) 直接管制物價及工資膨脹率　(c) 減低稅率，激勵生產　(d) 減少干預，尊重價格機能

9. 供給學派主張財政部降低所得稅產生的衝擊效果，何者正確？　(a) 增加工時與儲蓄，促使稅後所得增加　(b) SAS 曲線右移迫使人們適用較高稅率區間　(c) LAS 曲線左移意味著每單位產出的稅收增加　(d) 總需求曲線右移迫使人們適用較高稅率區間

10. 供給學派主張財政部降低邊際稅率將導致稅收增加，何種原因正確？　(a) 對總需求產生較大影響　(b) 對總供給產生較大影響　(c) 對總供給與需求影響相同　(d) 對總供給

無影響

11. 依據供給學派說法，政府透過降低個人所得稅率，藉以以達到何種目的？ (a) 提高總需求 (b) 降低通膨率 (c) 提高總供給 (d) 降低消費支出

12. 依據供給學派說法，財政部降低個人與公司所得稅率，將無法達成何種效果？ (a) 提高工作意願 (b) 加速資本累積 (c) 提高總供給 (d) 降低儲蓄率

13. 政府執行公共政策是追求提升勞動生產力，何者未包含在內？ (a) 對高等教育補貼 (b) 為職業在訓練而減稅 (c) 對公司紅利減稅 (d) 公共教育

14. 依據供給學派說法，何者正確？ (a) 體系內高通膨與高產出成長率間存在短暫性取捨 (b) 體系內高通膨與高產出成長率間存在恆常性取捨 (c) 體系內高通膨與高產出成長率毫無關聯性 (d) 只有在低通膨期間，體系內高通膨與高產出成長率將存在短暫性取捨

15. 某國出現高通膨率，將會產生何種結果？ (a) 降低實質邊際稅率，增加儲蓄與投資 (b) 提高實質邊際稅率，降低儲蓄與投資 (c) 降低實質邊際稅率，降低儲蓄與投資 (d) 對實質邊際稅率、儲蓄與投資都無影響

16. 依據供給學派說法，促使總供給曲線右移的因素為何？ (a) 高度累進所得稅率 (b) 實施嚴格產業管制 (c) 更高通貨率 (d) 低所得稅率

17. 某國政府預算赤字與國家負債累積將會降低經濟成長，何種理由正確？ (a) 由於確定將由未來世代支付負債，從而降低目前儲蓄與投資意願 (b) 因其降低公共投資，減緩資本累積速度 (c) 由於民間儲蓄下降，導致民間投資資金來源匱乏 (d) 民間儲蓄將私人投資轉向

18. 何種政策係屬於供給學派的主張？ (a) 透過減稅或補貼刺激廠商投資誘因 (b) 提高最低工資藉以刺激工作意願 (c) 政府進行債務重整，政府支出配合稅收遞減而降低 (d) 實施貿易保護管制法律

19. 某國經濟環境落在 Laffer 曲線尖峰的右邊，何種說法正確？ (a) 刺激貨幣成長率以降低利率 (b) 緊縮貨幣成長率以提高利率 (c) 降低稅率將會增加稅收 (d) 提高稅率將會增加稅收

20. 有關供給學派關注的焦點，何者正確？ (a) 僅是關注貨幣供給變動的供給面效果 (b) 由於邊際所得稅率非常低，且僅與相對富裕者有關，是以並未過多關注所得稅率變化的供給面效果 (c) 主張降低邊際稅率將有利於供給面效果 (d) 主張政府支出至少與稅率一樣重要

21. 依據供給學派看法，儲蓄率增加將會產生何種效果？ (a) 導致每人產出恆常性遞增 (b) 導致每人產出暫時性遞增 (c) 導致每人產出遞減 (d) 每人產出不受影響

22. 相對於 Keynesian 學派，供給學派關注焦點為何？ (a) 重視所得的重要性甚過於投資支出 (b) 重視稅後報酬作為決定投資的因素 (c) 較不關心政府預算赤字 (d) 重視提高稅率來維持政府預算平衡

23. 就中期而言,何種因素與決定產出成長率無關? (a) 資本形成率的變異性 (b) 來自於工作年齡人口的成長與勞動參與率變動的勞動力成長 (c) 技術進步率的變異性 (d) 金融資產成長率的變異性

24. Laffer 曲線係在描述何者之間的關係? (a) 邊際稅率與租稅收入呈負向關係 (b) 邊際稅率與租稅收入呈正向關係 (c) 邊際稅率與租稅收入之間毫無關係 (d) 稅率與租稅收入間的關係

25. Laffer 曲背後隱含的關鍵假設,何者錯誤? (a) 勞動供給曲線缺乏工資彈性 (b) 投資對高儲蓄與低利率反應敏感 (c) 經濟活動是落在超過租稅收入極大化的邊際稅率之上 (d) 租稅收入將與產出的稅率彈性有關

26. 有關供給學派的關鍵組成部分,何者正確? (a) 沒有過低工資可讓人願意為其工作 (b) 隨著工資愈高,勞工將顯著選擇較少休閒 (c) 勞動供給曲線具有高工資彈性 (d) 隨著工資愈高,勞工愈富裕而將選擇更多休閒

27. 依據 Keynesian 學派觀點,政府降低邊際所得稅率將會導致何種結果? (a) 勞動供給增加,產出增加,而物價下降 (b) 勞動供給增加,產出下降與物價上漲 (c) 勞動供給減少,產出不變,而物價上漲 (d) 勞動供給增加,物價下跌,產出不變

28. 某國通膨誘發的利息所得與資本利得的有效稅率遞增,將會導致何種結果? (a) 儲蓄曲線右移 (b) 儲蓄曲線左移 (c) 儲蓄曲線不受影響 (d) 投資需求曲線右移

29. 依據供給學派說法,所得稅率遞增將會產生何種結果? (a) 稅後實質工資下降,勞動供給曲線因而右移 (b) 稅後實質工資下降,引起勞動供給曲線左移 (c) 稅後實質工資下降,但不影響勞動供給曲線 (d) 稅後實質工資上漲,促使勞動需求曲線左移

30. 依據 Keynesian 學派觀點,政府降低邊際所得稅率不會對總供給產生強烈效果,何者正確? (a) 廠商投資對資本稅後報酬變動將不會有強烈反應 (b) 勞動供給對稅後實質工資變動不會有強烈反應 (c) 勞動需求對稅後實質工資不會有強烈反應 (d) 貨幣政策過於拘束性而無法允許強勁的產出成長

31. 政府降低邊際所得稅率,透過緊縮政府支出以彌補租稅收入減少的損失,供給學派預期將會產生何種結果? (a) 產出遞增 (b) 產出遞減 (c) 產出維持不變 (d) 影響產出,但預算赤字變化不確定

32. 供給學派預期,政府降低邊際所得稅率,在政府支出減少而彌補收入的損失下,將會產生何種結果? (a) 產出遞增 (b) 產出遞減 (c) 產出維持不變 (d) 影響產出,但是預算赤字變化方向不確定

33. 供給學派認為勞動供給將與何者有關? (a) 對稅後實質工資變動沒有反應 (b) 將會強烈回應稅後實質工資變化 (c) 對稅後名目工資無反應 (d) 只在乎名目工資變化,而不考慮工資所得稅率變化

34. 下列敘述,何者正確? (a) 大多數供給學派或許認為總需求在短期決定所得將扮演某

種角色 (b) 供給學派的核心論點是,就中期而言,產出成長是決定於需求而非供給 (c) 僅有少數供給學派支持者同意總需求在短期決定所得具有重要性 (d) 供給學派並未接受總需求在短期決定所得具有的位置

35. 供給學派對儲蓄與投資過程的觀點,本質上類似古典學派的特質為何? (a) 強調所得,而且是總需求 (b) 強調報酬率影響儲蓄率、投資率與資本形成的重要性 (c) 強調通膨率 (d) 強調資本累積與經濟成長

36. 有關供給學派承襲古典學派觀點的說法,何者錯誤? (a) 在中期,因素供給成長與技術變動決定產出 (b) 排斥政府干預經濟活動 (c) 在中期,產出成長是由總需求決定 (d) 強調自由放任,降低政府管制與尊重市場價格機能

37. 有關稅後報酬律的定義,何者正確? (a) 稅前利潤率扣除利潤被課稅的稅率 (b) 稅前利潤率乘上 1 減去課徵利潤稅的稅率 (c) 稅前利潤率除以 1 減去課徵利潤稅的稅率 (d) 稅前利潤率加上投資抵減率

38. 依據供給學派看法,儲蓄率增加將會產生何種效果? (a) 導致每人產出恆常性遞增 (b) 導致每人產出暫時性遞增 (c) 導致每人產出遞減 (d) 每人產出不受影響

39. 某國通膨率遞增引起公司所得的有效稅率上升,將會導致何種結果? (a) 投資需求曲線右移 (b) 投資需求曲線左移 (c) 投資需求曲線不受影響 (d) 儲蓄曲線右移

40. 依據供給學派的說法,在目前稅法下,體系出現高通膨將會產生何種結果? (a) 降低公司所得的有效稅率 (b) 對公司所得的有效稅率無影響 (c) 提高對公司所得的有效稅率 (d) 對公司所得的有效稅率影響不確定

答案:

1. (a)	2. (a)	3. (b)	4. (b)	5. (a)	6. (b)	7. (d)	8. (d)	9. (a)	10. (b)
11. (c)	12. (d)	13. (c)	14. (c)	15. (b)	16. (d)	17. (b)	18. (a)	19. (c)	20. (c)
21. (a)	22. (b)	23. (d)	24. (d)	25. (a)	26. (b)	27. (a)	28. (b)	29. (b)	30. (b)
31. (a)	32. (a)	33. (b)	34. (a)	35. (b)	36. (c)	37. (b)	38. (a)	39. (b)	40. (c)

16.4 Barro-Ricardo等值定理

1. 某國採取短期減稅刺激國內需求,但是預期成效備受質疑,何種理論支持這種看法? (a) Barro-Ricardo 等值理論 (b) 相對所得理論 (c) 乘數原理 (d) 恆常所得理論

2. 依據 Barro-Ricardo 等值定理,在政府支出固定下,預算赤字增加將導致何種結果? (a) 實質利率上升 (b) 實質利率下降 (c) 儲蓄增加 (d) 消費性支出增加

3. 「政府發行公債融通預算赤字,對人們消費決策無影響」,此種論點與何者有關? (a) 貨幣具中立性 (b) Say 法則 (c) Barro-Ricardo 等值定理 (d) 排擠效果存在

4. 依據 Barro-Ricardo 等值理論衍生的內涵,何者正確? (a) 人們將財政部增加發行公債

視同未來租稅負債增加，故非體系內淨財富　(b) 通貨屬於央行負債，卻是體系內淨財富　(c) 公司債是投資人的財產，故屬於體系內淨財富　(d) 支票存款是銀行負債，故非體系內淨財富

5. 在其他條件不變下，某國時間偏好率遞增，何種現象將會發生？　(a) 每人目前消費遞增、未來消費遞減與長期經濟成長加速　(b) 每人目前消費遞減、未來消費遞增與短期經濟成長減緩　(c) 每人目前消費遞增、未來消費遞減與長期經濟成長減緩　(d) 每人目前消費遞增、未來消費遞減與長期經濟成長穩定

6. 針對財政部發行太多公債的看法，何者錯誤？　(a) 不是問題，因為可用未來稅收支付　(b) 不是問題，可以透過公債貨幣化解決　(c) 執政有任期，以後由他人解決　(d) 因為未來可以賴債

7. 在 Barro-Ricardo 等值理論不成立下，財政部增加賦稅，當體系達成一般均衡時，實質利率與物價將如何變化？　(a) 利率不變、物價上漲　(b) 利率上升、物價下降　(c) 利率下降、物價上升　(d) 兩者同時下降

8. 政府採取不同方式融通預算赤字，對體系造成影響，何者錯誤？　(a) 以賦稅融通將會降低民間消費　(b) 以公債融通是對未來子孫課稅　(c) 以發行貨幣融通將造成持續性物價上漲　(d) 以公債融通將會產生財富效果

9. 有關體系內的時間偏好率的敘述，何者正確？　(a) 人們以未來消費財取代目前消費財，所願意額外支付的數量　(b) 人們透過儲蓄購買資本財以取代消費財，對時間寄託的價值　(c) 人們以目前消費財取代未來消費，所願意額外支付的數量　(d) 人們偏好未來消費財甚於目前消費財，體系內時間偏好率將是負值

10. 在何種狀況下，體系內儲蓄將會很少？　(a) 時間偏好率大於投資的社會報酬率　(b) 時間偏好率小於投資的社會報酬率　(c) 投資報酬率大於實質利率　(d) 投資報酬率小於名目利率

11. 體系內人們的時間偏好率將與何者有關？　(a) 人們對休閒與工作的偏好　(b) 公司提存資本財的加速折舊率　(c) 人們以目前消費財取代未來消費財，所願意額外支付的數量　(d) 最適經濟成長率

12. 何種政府赤字支出型態將對未來世代確實造成負擔？　(a) 增加政府支出對產出的比率　(b) 支付未來不會產生利益的商品　(c) 用作對抗景氣循環的財政擴張支出　(d) 支用於資本財

13. 在何種狀況下，Ricardo 等值理論將會成立？　(a) 僅有在年復一年的政府預算變動　(b) 不論多長，直到債券清償　(c) 僅有在政府預算赤字而不是盈餘　(d) 僅有在政府預算出現盈餘而非赤字

14. 依據 Barro-Ricardo 等值定理，政府減稅將促使目前消費如何變化？　(a) 增加　(b) 減少　(c) 不變　(d) 可能增加或減少

15. 有關政府預算赤字產生的 Ricardo-Barro 效果，何者正確？　(a) 民間儲蓄供給不變　(b) 民間儲蓄供給增加　(c) 政府預算赤字將產生較大排擠效果　(d) 政府預算盈餘將產生較大拉入效果

16. 依據 Ricardo 等值理論，政府採取舉債增加支出對經濟活動影響，何者正確？　(a) 可貸資金需求增加，促使實質利率上升　(b) 可貸資金供給減少，導致實質利率上漲　(c) 可貸資金供給與需求等額增加，實質利率不變　(d) 可貸資金供給增加而可貸資金需求減少，實質利率下跌

17. Ricardo 等值理論隱含何種結果？　(a) 增加目前消費　(b) 增加未來租稅負債　(c) 降低國家儲蓄　(d) 人們持有公債增加，將是淨財富增加

答案：
1. (a)　2. (c)　3. (c)　4. (a)　5. (d)　6. (d)　7. (d)　8. (d)　9. (c)　10. (b)
11. (c)　12. (b)　13. (b)　14. (c)　15. (b)　16. (c)　17. (b)

16.5 進階選擇題

1. 有關通膨稅的敘述，何者正確？　(a) 體系發生通膨，導致從金融資產孳生的名目與實質利率的差額　(b) 租稅制度係依據名目所得而非實質所得課徵，政府將因通膨而課徵更多租稅　(c) 政府以準備貨幣購買商品，將導致通膨而不會增加私人資產的實質價值　(d) 隨著政府支出愈大，人們可使用商品將愈少，並且降低商品價格

2. 某國政府在 2003 年分別執行 700 億元的公共就業服務條例與 500 億元的防治 SARS 條例兩項臨時性擴張支出，將會發生何種影響效果？　(a) 結構性預算赤字變化不確定　(b) 循環性預算赤字將會縮小　(c) 總需求將呈現恆常性增加　(d) 政府發行公債融通兩項支出，兩者政策產生結果將具有緊縮性

3. 某國主計總處估計 2020 年的自然產出為 $y^* = 4,000$，而實際產出為 $y = 3,800$，租稅函數為 $T = 0.2(y - D)$，$D = 200$ 是免稅額，實質政府支出 $G = 800$。何者錯誤？　(a) 結構性預算赤字為 40　(b) 循環性預算赤字為 40　(c) 實際預算赤字為 80　(d) 政府預擬增加發放農民年金 260，並以提升稅率為 $t = 0.3$ 支應，則結構性預算赤字將變為 80

4. 在兩期模型中，某國政府的兩期稅收為 (T_1, T_2)、兩期政府支出為 (G_1, G_2)，r 是利率，而政府預算需在第二期結束前達到收支平衡。是以第一期政府稅收 T_1 可表示為何？　(a) $\dfrac{T_2}{(1+r)} + G_1 + \dfrac{G_2}{(1+r)}$　(b) $\dfrac{-T_2}{(1+r)} + G_1 + \dfrac{G_2}{(1+r)}$　(c) $-T_2(1+r) + G_1 + \dfrac{G_2}{(1+r)}$　(d) $T_2(1+r) + G_1 + \dfrac{G_2}{(1+r)}$

5. 依據 Barro-Ricardo 等值定理，政府採取減稅並增加發行公債融通預算赤字，將對總體

經濟活動毫無影響。換言之，在政府支出不變下，減稅的財政政策無法刺激消費，但在何種情況下，該定理將不成立？ (a) 具前瞻性理性預期心態的消費行爲 (b) 資本市場借貸的限制 (c) 對下代子孫的關切 (d) 民間未將公債視爲淨財富增加

6. 依據 Barro-Ricardo 等值定理，何者正確？ (a) 政府採取公債融通較具擴張性 (b) 政府採取課稅融通將會發揮強烈擴張效果 (c) 政府發行公債或增稅方式融通預算赤字，產生的結果將是相同 (d) 政府發行公債融通將會引發財富效果

7. 供給學派相信邊際稅率遞減將會導致稅收增加，何種理由正確？ (a) 稅後所得將隨工作誘因與儲蓄增加而遞增 (a) SAS 曲線右移迫使人們必須適用較高稅率 (c) AD 曲線右移將意味著每單位產出的稅收增加 (d) LAS 曲線左移將意味著每單位產出的稅收上升

8. 有關政府執行財政政策的敘述，何者錯誤？ (a) 政府爲彌補預算赤字而大量發行公債，勢必造成利率大跌 (b) 失業率爲財政政策的重要指標，故降低失業率爲財政政策追求的目標 (c) 在景氣衰退期間，政府降低稅率可刺激民間支出意願，有助於景氣復甦 (d) 調降土地增值稅有助房地產交易活絡並提振景氣

9. 某國在 2019 年底的公債餘額爲 1.8 兆元，而在 2020 年底變成 1.5 兆元，此一現象意味著該國在 2020 年間發生何種狀況？ (a) 支付公債利息 0.3 兆元 (b) 已清償其公債 1.8 兆元 (c) 政府收入超過政府支出 0.3 兆元 (d) 政府預算赤字爲 1.5 兆元

10. 某國政府初始的預算處於平衡狀態，隨著黑天鵝來臨讓景氣邁入衰退，然而政府稅收與支出法則卻未改變，何者最有可能發生？ (a) 政府預算維持平衡 (b) 政府預算陷入赤字 (c) 政府預算產生盈餘 (d) 政府預算有赤字或盈餘決定於景氣衰退的嚴重性

11. 有關政府預算赤字採取不同融通方式的結果，何種可能錯誤？ (a) 政府藉由發行公債融通預算赤字，產生短期效果可能優於採取課稅融通效果 (b) 依據 Keynesian 學派理論，政府採取租稅融通支出增加，勢必衝擊民間消費支出 (c) 依據 Keynesian 理論，政府採取膨脹性融通，將意味著向人們課徵通膨稅 (d) 政府採取公債貨幣化方式融通支出，將會引發財富效果

12. 在何種狀況下，人們會因減稅而或許感覺更富裕？ (a) 人們非常關心未來世代，並將未來世代的消費納入本人的效用函數 (b) 人們預期政府基於預算赤字而發行的公債，將或在其生命時間結束後才會開始清償 (c) 人們的決策係涵蓋到無限期間的消費計畫 (d) 人們在跨期效用函數中涵蓋留下遺產餽贈後代子孫的遺產

13. 有關某國政府實施平衡預算的敘述，何者正確？ (a) 政府實質支出等於租稅毛額 (b) 政府負債的累積爲零 (c) 政府預算的結構性赤字爲零 (d) 政府預算採取貨幣融通將等於公債融通

14. 依據 Laffer 曲線的理論內容，何種說法正確？ (a) 政府降低稅率，有助於提升稅基，必然引起稅收增加 (b) 供給學派主張降低邊際所得稅率，刺激工作意願，將會增加摩

擦性失業　　(c) 根據 Barro-Ricardo 定理，政府降低稅率對增加短期總產出並無效果　　(d) 供給學派主張降低稅率將會提升人工作意願，促使總供給曲線右移，而且稅後所得提高也將引起總需求曲線左移

15. 依據 Barro-Ricardo 等值定理，政府採取發行公債融通預算赤字，何種結果不會出現？
    (a) 人們預期未來租稅負債增加，將會降低目前消費支出　　(b) 人們將因未來租稅負債增加，從而增加目前儲蓄，導致實質利率下降　　(c) 金融市場將因預算赤字增加而引起可貸資金需求增加，而人們也會增加儲蓄而促使可貸資金供給增加，是以實質利率將維持不變　　(d) 可貸資金供給與需求曲線將維持不變，促使實質利率維持不變

答案：

1. (c)　　2. (d)　　3. (d)　　4. (b)　　5. (b)　　6. (c)　　7. (a)　　8. (a)　　9. (c)　　10. (b)
11. (d)　　12. (b)　　13. (b)　　14. (c)　　15. (a)

17.1 政策目標與政策工具

1. 在長期，央行追求穩定通膨，必須關注的變數爲何？　(a) 失業率　(b) 貨幣成長率 (c) 實質經濟成長率　(d) 勞動生產力成長率

2. 下列敘述，何者正確？　(a) 某國目前的通膨率必然是貨幣成長率上升的結果　(b) 某國 貨幣成長率上升將是通膨率上漲引發的結果　(c) 持續高通膨與貨幣成長率兩者間無明 顯關聯性　(d) 若無央行採取貨幣性融通，體系將不可能出現持續高通膨

3. 某國央行公布年通膨率相對年貨幣成長率的比率小於 1，何者正確？　(a) 平均通膨率 將大於平均貨幣成長率　(b) 平均通膨率將小於平均貨幣成長率　(c) 將出現高失業率 (d) 將會滑落蕭條境界

4. 某國央行考慮年通膨率相對年貨幣成長率比率，若貨幣成長率始終超過通膨率，何者正 確？　(a) 該比率小於 1　(b) 該比率大於 1　(c) 該比率趨於無窮大　(d) 需要更多訊息 才能回答

5. 某國央行採取貨幣政策來改變實質產出，有關貨幣政策傳遞過程，何者正確？①貨幣利 率下降，②貨幣供給增加，③銀行準備增加，④可貸資金供給增加，⑤總需求增加 (a) ③②④①⑤　(b) ②①③⑤④　(c) ⑤①②④③　(d) ③④①②⑤

6. 爲穩定貨幣供給不變，央行提高法定準備率，必須搭配何者方能達標？　(a) 在公開市 場買入公債，同時調高重貼現率　(b) 在公開市場賣出公債，並且調高重貼現率　(c) 在

公開市場買入公債，同時調低重貼現率　(d) 在公開市場賣出公債，並且調低重貼現率

7. 央行選擇貨幣成長率作為貨幣政策目標，何者無須存在？　(a) 高度變異性的貨幣乘數　(b) 準備貨幣與貨幣數量兩者間存在穩定連結　(c) 貨幣乘數穩定　(d) 貨幣數量與通膨率間存在可預測關係

8. 某國央行的屬性是國營事業兼具貨幣政策機構，其營運特質為何？　(a) 追求繳庫盈餘極大　(b) 配合財政部執行政策　(c) 決策過程須考慮政府施政限制　(d) 不經營商業銀行業務

9. 每逢農曆春節來臨，台灣金融市場將出現資金需求殷切情景，並在元宵節後趨於寬鬆。面對季節性金融環境變化，央行採取何種操作策略較為適當？　(a) 與銀行承作國庫券附買回交易　(b) 降低存款準備率　(c) 賣即期美元，同時買進遠期美元　(d) 降低重貼現率

10. 某國央行擬定貨幣政策係在追求穩定通膨，何種理由正確？　(a) 通膨將會產生干擾相對價格效果，不利於擬訂未來決策　(b) 人們將因物價穩定而受惠　(c) 穩定通膨將有助於提升央行營運盈餘　(d) 物價波動不利於執行貨幣法則

11. 央行通常被視為「銀行的銀行」，在國內金融安全網中扮演何種角色？　(a) 壟斷鑄幣權　(b) 保管銀行存款準備　(c) 保管黃金及外匯資產　(d) 扮演最後融通資金角色

12. 何種現象將能反映央行決策具有獨立自主性？　(a) 可視狀況隨時調整重貼現率　(b) 將能隨意調整法定準備率　(c) 業務不受行政部門干預　(d) 能夠自由決定通貨發行量

13. 有關央行執行貨幣政策追求的最終目標，何者正確？　(a) 降低通膨率　(b) 縮小自然失業率　(c) 平緩經濟成長率　(d) 擴大自然產出

14. 隨著景氣邁向繁榮，銀行持有各種準備將可能出現何種變化？　(a) 超額準備減少，短期擔保融通增加，自由準備增加　(b) 超額準備增加，借入增加，自由準備增加　(c) 超額準備減少，短期擔保融通增加，自由準備減少　(d) 超額準備減少，重貼現借款減少，自由準備增加

15. 央行執行「最後融通者」角色，通常透過調整何種貨幣工具來落實？　(a) 重貼現率政策　(b) 法定準備率政策　(c) 公開市場操作　(d) 專案融通

16. 央行業務局從事公開市場操作，追求目的為何？　(a) 控制台幣匯率　(b) 配合融通財政政策　(c) 意圖影響銀行準備餘額　(d) 平衡國際收支

17. 為了放鬆金融市場環境，央行採取何種操作策略係屬錯誤？　(a) 調高重貼現率　(b) 收回可轉讓定存單　(c) 降低銀行法定準備率　(d) 在外匯市場買進外匯

18. 某國大都會地區房價飆漲，央行考慮以「量的管制」策略打房，將可選擇何種貨幣工具？　(a) 不動產信用的清償期限　(b) 不動產交易的自備款比率　(c) 重貼現率　(d) 專案融通

19. 為紓緩金融海嘯造成信用市場緊縮的衝擊，央行採取擴張政策因應，何種操作模式錯

誤？ (a) 採取買賣公債策略 (b) 擴大持有黃金準備增加發行通貨 (c) 採取調整法定準備率策略 (d) 採取直接融通銀行策略

20. 央行執行重貼現率政策，可能出現何種狀況？ (a) 無法完全控制重貼現餘額，但能透過公開市場操作影響重貼現餘額 (b) 可以完全控制重貼現餘額 (c) 無法完全控制重貼現餘額，但能透過訂定重貼現利率來影響重貼現餘額 (d) 央行貼現餘額每年以固定比例成長

21. 央行與財政部的共識是維持體系內總需求不變。隨著財政部採取增稅措施時，央行應該採取何種策略因應？ (a) 在公開市場買回央行可轉讓定存單 (b) 提高存款準備率 (c) 提高重貼現率 (d) 要求銀行限制信用

22. 銀行業基於負債管理而向央行貼現窗口申請重貼現放款，何者正確？ (a) 央行透過調整重貼現率，將能完全控制貼現放款餘額 (b) 市場利率將會影響銀行業申請重貼現放款意願 (c) 銀行業增加重貼現貸款，將會造成緊縮效果 (d) 重貼現率對準備貨幣數量將無影響

23. 為因應 2008 年跨國基金大量匯出資金，央行在外匯市場大量拋售美元，此舉對準備貨幣衝擊，將類似何種措施發揮的效果？ (a) 降低重貼現率 (b) 降低法定準備率 (c) 在公開市場買進公債 (d) 在公開市場發行可轉讓定存單

24. 為因應經濟金融局勢變化，央行業務局採取公開市場操作，何種策略正確？ (a) 在春節期間釋金係屬動態性操作 (b) 採取防衛性操作釋金代表寬鬆貨幣政策 (c) 銀行準備因金融海嘯衝擊而減少，央行釋金係屬動態性操作 (d) 景氣衰退即將來臨，央行為刺激景氣而釋金係屬動態性操作

25. 國際金融局勢動盪，央行採取權衡政策因應，勢必面臨各種時間落後，何者正確？ (a) 中期落後係發生在金融機構的反應過程 (b) 貨幣政策所需內在落後時間最長 (c) 貨幣政策的外在落後變異性極小 (d) 實施貨幣政策的內在落後遠高於財政政策

26. 有關央行營運的敘述，何者正確？ (a) 央行為促使台幣貶值而買進美元，將會緊縮準備貨幣 (b) 央行為穩定匯率而賣超美元，將會增加準備貨幣 (c) 央行累積外匯資產係保留盈餘的結果 (d) 央行發行台幣係屬央行負債

27. 在央行掌控的貨幣工具中，何者在精確性、伸縮性與自主性上均具有優勢？ (a) 法定準備率政策 (b) 重貼現政策 (c) 公開市場操作 (d) 選擇性信用管制

28. 穩定的流通速度是決定採取貨幣成長率作為穩定貨幣工具的重要因素，尤其在何種環境下將更形重要？ (a) 如超過 100% 的高速通膨 (b) 如低於 10% 的低通膨 (c) 零通膨 (d) 存在通縮

29. 針對央行能夠影響貨幣餘額與實質利率的說法，何者正確？ (a) 央行可以完全控制貨幣餘額，但僅能部分控制實質利率 (b) 央行能夠完全控制實質利率，但僅能部分控制貨幣餘額 (c) 央行將能完全控制貨幣餘額與實質利率 (d) 央行僅能部分控制貨幣餘額

與實質利率

17.2 法則與權衡

1. 某國央行經研處預估 2021 年預期通膨率為 3%，流通速度的所得彈性為 0，預期實質產出成長率波動區間 3%～6%，則送交理監事會報告中，2021 年貨幣成長率目標區應該訂為何？　(a) 5%～11%　(b) 6%～9%　(c) 8%～12%　(d) 5%～8%

2. 央行追求貨幣政策目標與執行政策間的關係，何者錯誤？　(a) 貨幣政策追求的最終目標，彼此間有時會相互衝突　(b) 在景氣繁榮時，央行採取緊縮政策以避免爆發通膨，此係屬於權衡政策　(c) 央行執行貨幣政策經常存在時間落後　(d) 央行能夠同時釘住利率與貨幣餘額兩種指標

3. 針對身處極端高通膨國家的唯一可用解決方法，何者正確？　(a) 降低貨幣成長率　(b) 提高利率　(c) 將國幣釘住他國貨幣　(d) 回復金本位制度

4. 有關央行選擇法則或權衡政策的看法，何者錯誤？　(a) 貨幣學派認為貨幣餘額隨機變動是景氣循環的來源　(b) 權衡較法則更具有政府信用與政策透明度　(c) Keynesian 學派認為權衡政策可消弭景氣波動　(d) 貨幣學派主張法則政策才能穩定經濟

5. 某國央行若將貨幣成長率釘住消費者物價指數（CPI），貨幣成長率將是過度，何種理由正確？　(a) CPI 不能衡量人們生活水準的通膨　(b) 大部分經濟學者認為 CPI 每年高估通膨 2%～4%　(c) 大部分經濟學者認為 CPI 每年高估通膨 1%　(d) 實證研究建議貨幣成長率不適合與 CPI 連結

6. 在貨幣法則與權衡的爭論中，法則支持者強調採取權衡可能產生的缺點，何者錯誤？　(a) 權衡將會擴大景氣波動性　(b) 權衡將增加政黨干擾經濟活動，引發政治景氣循環　(c) 政策目標發生衝突　(d) 貨幣政策若能配合反景氣循環的財政政策，則效果大增

7. 央行採取權衡政策解決經濟問題，長期受到責難與不信任，主要理由為何？　(a) 存在不確定的時間落後　(b) 宣導不力　(c) 大多不符合行政部門要求的理念　(d) 景氣循環造成權衡效果不確定

8. 央行理監事會決議採取加速貨幣成長率策略，將對體系造成何種影響？　(a) 貨幣利率下降　(b) 預期通膨率上升　(c) 失業率下降　(d) 實質利率上升

9. 農曆春節連續假期來臨，央行預期人們將會增加持有現金餘額，可採何種策略因應？　(a) 在公開市場買入定存單，以抵銷預期準備貨幣數量下降　(b) 在公開市場賣出定存

單，以抵銷預期準備貨幣數量增加　(c) 在公開市場買入定期存單，以抵銷預期準備貨幣數量增加　(d) 在公開市場賣出定存單，以抵銷預期準備貨幣數量減少

10. 2008 年金融海嘯重創國內景氣，央行持續降低重貼現率，意圖發揮何種效果？　(a) 透過影響超額準備與準備貨幣來改變貨幣供給　(b) 透過影響超額準備與貨幣乘數來改變貨幣供給　(c) 透過影響借入準備與準備貨幣來改變貨幣供給　(d) 透過影響借入準備與貨幣乘數來改變貨幣供給

11. 體系內僅有單一銀行、無資金外流、無超額準備與僅吸收支票存款。當央行透過貼現窗口或公開市場操作釋出資金，比較兩者引發貨幣供給擴大幅度，何者正確？　(a) 前者將小於後者　(b) 前者將等於後者　(c) 前者將大於後者　(d) 無法確定兩者大小

12. 財政部決定擴大公共支出，而央行卻堅持穩定利率不變，則應該採取何種政策？
(a) 在公開市場中買回可轉讓定存單　(b) 提高郵匯局轉存央行比例　(c) 提高存款準備率　(d) 提高重貼現率

13. 央行從事公開市場操作要能發揮效果，無須具備何種條件？　(a) 效率金融市場　(b) 銀行持有穩定的準備　(c) 銀行需避免向央行要求重貼現　(d) 銀行需處於準備不足狀況

14. 有關央行執行貨幣政策的效果，何者錯誤？　(a) 存款準備率愈高，銀行創造信用能力愈低　(b) 央行認爲貨幣市場利率偏高，將買回銀行持有之央行定存單　(c) 央行調整重貼現率，主要在於宣示利率政策效果　(d) 採取調整重貼現率所產生的效果最強

15. 央行針對銀行業申請重貼現放款，附帶訂定重貼現的票據資格，其考慮的影響方向爲何？　(a) 影響銀行運用資金方向　(b) 控制銀行借入準備餘額　(c) 影響銀行資金成本　(d) 限制銀行授信能力

16. 央行運用法定準備率控制貨幣供給，將能發揮最大優勢，何者正確？　(a) 提高準備率將讓持有低超額準備的銀行減輕流動性問題　(b) 對全體銀行造成的影響相同，屬於強有力的貨幣工具　(c) 可以消除央行採取動態性操作的需要　(d) 對銀行資產組合衝擊最小

17. 央行針對個別銀行營運狀況，分別訂定其能申請的重貼現額度，主要目的爲何？
(a) 影響銀行運用資金方向　(b) 產生宣告效果　(c) 影響銀行資金成本　(d) 限制銀行擴張授信能力

18. 央行進行公開市場操作，係採取釘住利率策略，體系內貨幣供給將如何變動？　(a) 繁榮期間將會遞增　(b) 蕭條期間將會遞增　(c) 繁榮期間將會遞減　(d) 貨幣供給維持不變

19. 在其他條件不變下，央行在外匯市場買超美元且採取完全沖銷操作，何者可能出現？
(a) 準備貨幣增加且台幣貶值　(b) 準備貨幣減少且台幣貶值　(c) 債券價格上漲且台幣升值　(d) 利率上漲且台幣貶值

20. 某國大都會地區房價狂飆，央行宣示採取選擇性信用管制，想要達成何種目標？

(a) 調整銀行保有準備部位　(b) 管制銀行貼現放款　(c) 調整利率水準　(d) 管制信用市場

21. 面對遏止通膨的呼聲，央行採取何種政策反而釀成火上加油效果？　(a) 放寬重貼現票據資格　(b) 提高法定準備率　(c) 在公開市場發行可轉讓定存單　(d) 實施選擇性信用管制

22. 有關央行執行貨幣政策的內涵，何者錯誤？　(a) 央行發行定存單收縮貨幣供給，此係動態公開市場操作　(b) 重貼現率代表央行對未來金融市場運作的看法與可能採取的動作　(c) 央行降低存款準備率，促使貨幣供給增加，公債價格因而下跌　(d) 央行可透過干預外匯市場而改變利率水準

23. 央行積極向金融業宣示打房政策立場，希望金融機構能夠支持央行政策，何者正確？
(a) 此即公開宣傳政策　(b) 透過宣告效果達成目的　(c) 此即道德說服政策　(d) 此即自動合作政策

24. 央行接受郵匯局或全國農業金庫轉存款，將有助於解決何種問題？　(a) 控制外匯存底
(b) 沖銷金融市場干擾因素　(c) 抑制物價波動　(d) 穩定利率與匯率

25. 在何種狀況下，央行控制貨幣數量能力將遭到削減？　(a) 體系出現高經濟成長　(b) 實施固定匯率制度　(c) 民眾持有通貨意願提高　(d) 銀行持有超額準備增加

26. 央行追求穩定利率，當財政部舉債融通預算赤字，央行應採取的因應措施為何？
(a) 出售債券及擴充貨幣供給　(b) 購入債券及減少貨幣供給　(c) 購入債券及擴充貨幣供給　(d) 出售債券及減少貨幣供給

27. 有些文獻不贊成央行決策具有獨立性，何種理由正確？　(a) 貨幣政策應該避開短期目標，著重長期經濟穩定　(b) 央行決策權若獨立，容易淪為政治性景氣循環的工具
(c) 貨幣政策與財政政策應該相輔相成，而其成敗應該對選民負責　(d) 為配合政府追求自然就業目標，貨幣政策常容易引發通膨

28. 央行通常不情願調整法定準備率，何種理由正確？　(a) 準備率變化對實際貨幣數量影響微弱　(b) 貨幣乘數與法定準備率衝擊　(c) 法定準備率變動與貨幣數量變動之間的時間落後太長　(d) 法定準備率些微變動對貨幣乘數與存款水準將會有重大衝擊

29. 央行採取落後準備會計制度，銀行準備需求將會如何變化？　(a) 高度不可預測　(b) 呈現固定　(c) 可以預測　(d) 取決於央行的每日變動

30. 央行執行量化寬鬆將會產生何種結果？　(a) 增加家計部門與廠商支出，進而增加出口淨額　(b) 提高出口淨額，但是降低家計部門與廠商支出　(c) 降低家計部門與廠商支出，出口淨額也跟著下降　(d) 增加家計部門與廠商支出，但是降低出口淨額

31. 就目前而言，法定準備實際上已非央行執行貨幣政策的直接工具，何種說法錯誤？
(a) 法定準備是以促使準備需求高度可預測方式設定　(b) 使用法定準備作為政策工具可能適得其反　(c) 貨幣政策效果難以預測　(d) 央行無法掌控法定準備餘額

32. 大多數貨幣政策專家不同意何種說法？　(a) 法定準備已非有用的操作工具　(b) 央行放款對確保金融穩定性是必要　(c) 短期利率是穩定短期物價與產出的最佳工具　(d) 法定準備對穩定貨幣餘額是有用的操作工具

33. 央行降低短期利率，將會產生何種結果？　(a) 對家計部門消費決策發揮強烈顯著衝擊　(b) 對家計部門消費決策衝擊幾乎可以忽略　(c) 假設短期利率衝擊長期利率，則將對家計部門消費支出產生某些溫和衝擊　(d) 對廠商投資支出發揮強烈衝擊效果

34. 央行變動短期利率，將對民間支出直接衝擊為何？　(a) 所有傳遞機能的直接強烈衝擊　(b) 並無強大影響力　(c) 僅對消費有效，對投資則無影響　(d) 僅對出口淨額發揮效果，對消費與投資則無影響

35. 下列敘述，何者正確？　(a) 高利率導致蕭條　(b) 央行提高利率將會釀成蕭條　(c) 沒有證據顯示高利率與低經濟成長率相關　(d) 證據顯示，高利率與低經濟成長率相關

答案：

1. (b)	2. (d)	3. (a)	4. (b)	5. (c)	6. (d)	7. (d)	8. (b)	9. (a)	10. (c)
11. (b)	12. (a)	13. (c)	14. (d)	15. (a)	16. (c)	17. (d)	18. (a)	19. (d)	20. (d)
21. (a)	22. (c)	23. (a)	24. (c)	25. (b)	26. (c)	27. (c)	28. (d)	29. (c)	30. (a)
31. (d)	32. (d)	33. (c)	34. (b)	35. (d)					

17.3 最適貨幣指標的選擇

1. 經濟學者質疑央行以實質利率作為貨幣指標的理由，何者正確？　(a) 央行無法完全控制實質利率　(b) 實質利率變動影響景氣有限　(c) 名目利率才是真正的資金成本　(d) 預期通膨率較實質利率容易衡量

2. 央行以台股加權指數作為貨幣指標，當股價指數快速重挫，顯示的訊息為何？　(a) 信用寬鬆　(b) 信用緊縮　(c) 信用既不寬鬆也不緊縮，並不受影響　(d) 無法確定信用是否趨於寬鬆或緊縮

3. 在何種環境下，央行釘住利率將發揮極大的穩定產出效果？　(a) 貨幣需求穩定　(b) 貨幣需求不穩定與商品需求穩定　(c) 貨幣需求與商品需求均不穩定　(d) 貨幣需求與商品需求均穩定

4. 某國民間支出與利率間呈現不穩定關係，造成 IS 曲線隨機波動，何種結果正確？　(a) 貨幣與非貨幣資產需求也將出現不穩定　(b) 央行應該採取釘住貨幣數量指標　(c) 央行應該採取釘住利率指標　(d) 體系的實質部門相對金融部門穩定

5. 央行決議選擇貨幣餘額作為貨幣指標，面對跨國資金瘋狂湧入，引爆國內貨幣需求劇烈波動，將會造成何種結果？　(a) 利率固定不變　(b) 產出不受影響　(c) 貨幣數量波動衝擊經濟穩定性　(d) 利率波動衝擊擴大產出變異性

6. 央行若以利率作為操作目標，係針對何種指標而言？　(a) 重貼現率　(b) 隔夜拆款利率　(c) 基本放款利率　(d) 公債殖利率

7. 央行經研處評估國內景氣復甦不明顯，決議維持未來一季的金融市場利率不變，則須採取何種操作策略？　(a) 穩定貨幣供給　(b) 維持固定貨幣成長率　(c) 除非可以穩定名目產出，否則無法達到控制利率目標　(d) 放棄控制貨幣供給

8. 2008 年爆發金融海嘯，促使金融市場變異性遠遠超越實質部門波動性。央行執行貨幣政策，採取何種指標較佳？　(a) 釘住貨幣餘額　(b) 釘住貨幣利率　(c) 同時釘住貨幣餘額與利率　(d) 貨幣餘額與利率均非央行釘住的指標

9. 央行規定銀行吸收存款必須提存法定準備，何者並非考慮因素？　(a) 提供央行控制貨幣數量工具　(b) 確保銀行體系健全運作　(c) 防止銀行大量持有高風險性資產　(d) 降低銀行營運成本

10. 央行若將重貼現率釘住市場利率，將會產生何種結果？　(a) 提高準備貨幣不穩定性　(b) 提高非借入準備不穩定性　(c) 降低準備貨幣不穩定性　(d) 降低非借入準備不穩定性

11. 央行使用貨幣成長率作為短期貨幣工具，必須認為何者正確？　(a) 準備貨幣與貨幣供給間存在某些穩定聯繫關係　(b) 唯有貨幣重要　(c) 貨幣數量與通膨間存在無法預測的關係　(d) 貨幣乘數是有隨機性且無法預測

12. 央行釘住貨幣成長率目標，可能產生的潛在性成本為何？　(a) 高通膨　(b) 金融創新遲緩　(c) 利率波動　(d) 匯率缺乏穩定性專案融通

13. 央行採取通膨目標機制，必須要有何條件？　(a) 央行強調利率目標更甚於貨幣數量目標　(b) 央行關注焦點全部放在名目利率目標　(c) 央行放棄控制釘住準備貨幣目標　(d) 央行願意忍受更多利率波動性

14. 有關貨幣政策的中間目標的較佳定義內涵，何者正確？　(a) 央行直接控制的工具，而且離開操作工具只有一步距離　(b) 央行無法直接控制的工具，係落在操作工具與目標之間　(c) 貨幣政策的數量或非價物價目標　(d) 貨幣政策的實際目標

15. Taylor 法則的公式內容並未包含在內？　(a) 自然產出　(b) 長期公債利率　(c) 產出缺口　(d) 通膨缺口

16. 央行訂定 Taylor 法則的通膨缺口與產出缺口係數值均為 0.5，此將隱含何種意義？　(a) 央行假設通膨與產出正好落在目標上　(b) 通膨與產出是低於目標的一半　(c) 央行給予通膨與產出目標相同權數　(d) 通膨缺口與產出缺口同時出現正值，央行必須調高利率 0.5%

17. 央行訂定 Taylor 法則內容，其固定項目通常等於何者？　(a) 長期風險性實質資產　(b) 超過長期實質成長率趨勢 1%　(c) 30 天期國庫券利率　(d) 低於長期實質成長率趨勢 1%

18. 央行訂定 Taylor 法則，採取衡量實際通膨率的指標為何？　(a) 個人消費支出指數　(b) GDP 平減指數　(c) 消費者物價指數　(d) 生產者物價指數

19. 有關央行將準備貨幣注入銀行體系的方法，何者錯誤？　(a) 透過購買證券擴大央行資產負債表規模　(b) 降低短期擔保放款利率　(c) 調高法定準備率　(d) 在外匯市場買進美元

20. 下列敘述，何者正確？　(a) 央行可以控制準備數量　(b) 央行可以控制準備貨幣規模與其構成內容的價格　(c) 央行可以控制準備貨幣的構成內容　(d) 央行可以控制基礎貨幣規模，但不是其構成內容的價格

21. 利率與股價間的關係將與何者有關？　(a) 貨幣政策的利率機能　(b) 貨幣政策的投資支出機能　(c) 貨幣政策的財富創造機能　(d) 貨幣政策的資產價格管道

22. 央行提高利率透過貨幣政策的資產價格管道，將意味著何種現象？　(a) 股價下降　(b) 股價不變，但是債券價格上漲　(c) 債券價格將會持平　(d) 股價與債券價格都將下跌

23. 央行降低利率將會引起股價上漲，何者錯誤？　(a) 廠商的未來收益現值增加　(b) 股東預期未來收益增加　(c) 金融市場參與者對未來收益更加樂觀　(d) 廠商的未來收益現值遞減

24. 央行透過公開市場向銀行買進證券，何者正確？　(a) 即使銀行未調整準備，也將會增加收益　(b) 假設銀行什麼事情都未做，但因收益遞減而誘使銀行承作更多放款　(c) 降低銀行體系的存款數量　(d) 降低銀行承作放款意願與能力

25. 有關貨幣政策的資產負債表管道運作敘述，何者正確？　(a) 增加借款者的資產，但不是其負債的負擔　(b) 改變其資產與負債價值，但未改變借款者的淨值　(c) 增加借款者資產，並且降低其負債成本　(d) 降低借款者負債，並且提升其淨值與權益報酬率

26. 對廠商而言，貨幣政策導致利率下降，產生何種結果係屬錯誤？　(a) 增加其資產價值　(b) 降低其負債成本　(c) 降低其淨值　(d) 提升其股東權益報酬

27. A 與 B 廠商的資產與負債規模相同，且以持有金融證券為主。不過 A 廠商持有浮動利率負債，而 B 廠商則是固定利率負債。在其他條件不變下，央行降低利率將會產生何種結果？　(a)B 廠商淨值增加超過 A 廠商　(b)A 廠商淨值增加超過 B 廠商　(c) 兩家廠商淨值都不變　(d) 兩家廠商淨值等額增加

28. 對負債廠商而言，利率上漲將會降低其淨值，何種原因正確？　(a) 較高利息成本將會降低其盈餘　(b) 資產價值將會遞增　(c) 放款的本金將會增加　(d) 資產價值遞減，而負債價值遞增

29. 借款者的淨值遞增將會產生何種結果？　(a) 道德危險可能性遞增　(b) 借款者可能傾向於承擔更多風險　(c) 潛在放款者的道德危險遞減　(d) 放款供給遞減

30. 某國產出遞增係因自然產出增加的結果，則央行採取適當貨幣政策的反應為何？

(a) 採取政策應該與針對擴張性產出缺口的政策相同　(b) 擴大總需求以穩定通膨
(c) 維持總需求固定　(d) 阻止產出成長

31. 某國央行錯誤解讀產出遞增是產出缺口並且進行回應，實際上卻是自然產出增加，何種結果將會發生？　(a) 實質利率將會太低　(b) 總需求高於合理的水準　(c) 實質利率太高　(d) 通膨過高

32. 某國央行將自然產出增加錯誤解讀為擴張性產出缺口，並且進行回應。何種可能政策回應組合與正確政策回應將是正確？　(a) 前者是貨幣政策反應曲線左移，後者是貨幣政策曲線右移　(b) 前者並未移動貨幣政策反應曲線，後者是貨幣政策曲線左移　(c) 前者是貨幣政策反應曲線右移，後者是貨幣政策曲線左移　(d) 兩者均未移動貨幣政策反應曲線

33. 某國歷經通縮而且名目利率為零，何種可能反應正確？　(a) 貨幣政策是追求穩定的選擇工具　(b) 貨幣政策可能無效　(c) 實質利率將會遞減　(d) 總需求可能遞減

34. 某國歷經通縮而且名目利率為零，何者正確？　(a) 財政政策是追求穩定的選擇工具　(b) 貨幣政策可能有效　(c) 實質利率將會遞減　(d) 總需求可能遞增

35. 央行使用貨幣政策的限制因素為何？　(a) 央行將被限制發行貨幣的能力　(b) 央行被限制承作放款能力　(c) 金融體系存在名目利率為零的限制　(d) 實質利率無法降低至零以下

36. 在蕭條期間，廠商面臨難以取得放款，何種原因錯誤？　(a) 通縮惡化訊息問題的方式不同於通膨　(b) 對尋求借款的廠商而言，通縮增加實質負債價值，卻未增加實質資產價值　(c) 通縮降低廠商淨值　(d) 通縮將提升廠商的實質獲利

37. 央行通常不願意轉向非傳統貨幣政策，何種理由正確？　(a) 央行不確定使用的量化經驗　(b) 該類政策是潛在性威力十足　(c) 央行採取此類政策須經國會同意，而國會行動極為緩慢　(d) 央行必須與他國央行進行協調

答案：

1. (a)	2. (b)	3. (d)	4. (b)	5. (c)	6. (b)	7. (a)	8. (b)	9. (d)	10. (b)
11. (a)	12. (c)	13. (d)	14. (b)	15. (b)	16. (c)	17. (d)	18. (a)	19. (c)	20. (b)
21. (d)	22. (a)	23. (b)	24. (d)	25. (c)	26. (c)	27. (b)	28. (a)	29. (c)	30. (b)
31. (c)	32. (a)	33. (b)	34. (a)	35. (c)	36. (d)	37. (a)			

17.4 審慎監理政策

1. 景氣復甦帶動房地產價格上漲，央行召集官股銀行宣告打房政策，意圖遏止房地產市場投機氣氛，何種模式無法達成效果？　(a) 強化總體審慎監理　(b) 大幅提高農業金庫轉存央行額度　(c) 對銀行進行壓力測試　(d) 大幅縮減央行盈餘繳庫額度

2. 某國央行在某季例行理監事會會議中，要求業務局可視金融市場變化，在公開市場拋售公債，此一決議可能產生何種影響？　(a) 利率上漲與準備貨幣減少　(b) 公債價格上漲與準備貨幣增加　(c) 此係寬鬆貨幣政策，將會擴大銀行持有超額準備　(d) 此係個體審慎監理的一環

3. 某國景氣從 2020 年起快速復甦，經濟成長率超越 5%，促使央行決定採取量化寬鬆退場機制，何種操作策略將可配合該決議？　(a) 要求銀行提升持有流動性資產比例　(b) 在貨幣市場發行央行可轉讓定存單　(c) 收回到期的央行可轉讓定存單　(d) 降低銀行提存緩衝資本

4. 跨國資金從 2020 年底起，瘋狂湧入台灣股市，央行外匯局在外匯市場拚命買超美元，穩定台幣匯率，此一動作不會產生何種衝擊？　(a) 金融市場利率趨於下跌　(b) 央行持有外匯準備巨幅累積　(c) 銀行業的資本適足性下降　(d) 銀行信用出現膨脹

5. 金管會對銀行進行個體審慎監理，何者不在監理範圍？　(a) 限制銀行業務範圍　(b) 規定銀行每月必須公開揭露放款對象的財務報表　(c) 強制銀行加入存款保險　(d) 年度金融檢查

6. 政府若要健全銀行存款保險制度，採取何種措施將無濟於事？　(a) 採用共同保險制度　(b) 採用風險基礎的保險費率　(c) 增加存款保險公司監督銀行權限　(d) 採取「太大而不能倒閉」的政策

7. 金管會主委基於維持金融機構健全營運，必須了解何者性質錯誤？　(a) 中長期資金運用制度是矯正金融市場不完全性的政策金融　(b) 財政部從事公債管理活動將影響金融業營運，屬於金融干預型態　(c) 中興銀行負責人違法放款而遭撤換，此係屬於安全性管制　(d) 強化銀行資本適足性，顯然背離金融國際化潮流

8. 資訊不對稱理論運用於解釋金融保險市場活動，何者錯誤？　(a) 保險公司避免調升保險費，係為降低逆選擇　(b) 銀行逾期放款比例偏高，主要係因銀行授信人員與借款者間存在代理問題　(c) 銀行授信特別強調顧客關係，主要係在追求降低道德危險　(d) 銀行信用市場存在資訊不對稱，促使政府需以政策金融矯正

9. 2008 年爆發金融海嘯，導致許多國家深陷金融危機，追究其中原因，顯然與政府採取何種政策有很大關聯性？　(a) 金融監理寬鬆與縱容　(b) 要求銀行嚴格遵守訊息揭露　(c) 金融監理當局隨時對銀行進行金融檢查　(d) 銀行資本適足性管理

10. 在存款保險制度下，銀行經營階層傾向承擔較高風險，此舉卻讓存款人與銀行間的何種問題惡化？　(a) 逆選擇　(b) 搭便車　(c) 道德危險　(d) 羊群效應

11. 歷經 2008 年 9 月金融海嘯衝擊，許多國家的銀行紛紛陷入破產危機，何種政策操作將是關鍵因素？　(a) 金融監理疏鬆　(b) 要求銀行採取標準會計制度　(c) 要求銀行必須揭露營運與財務訊息　(d) 利率與匯率自由化

12. 面對金融海嘯衝擊，某國宣布存款保險制度將全額保障存款人權益。此舉對銀行承受風

險的影響，以及促使存款人與銀行間的何種問題惡化？　(a) 銀行承擔過少風險，卻擴大逆選擇　(b) 銀行承擔過多風險，促使道德危機上升　(c) 銀行承擔過多風險，促使逆選擇上升　(d) 銀行承擔過少風險，但擴大道德危險

13. 政府實施存款保險制度主要追求何種目的？　(a) 保護銀行員工不會失業　(b) 保護銀行股東不會發生損失　(c) 提升銀行的資本適足性　(d) 防止發生金融恐慌

14. 有關央行與銀行活動的敘述，何者正確？　(a) 央行對特定產業信用管制以降低金融風險　(b) 商業銀行調整重貼現率以改變放款數量　(c) 央行發行可轉讓定存單，造成貨幣數量大幅增加　(d) 商業銀行依據自己資金需求，調整法定準備率

15. 政府實施存款保險可能產生何種缺陷？　(a) 降低銀行財務透明度　(b) 促使銀行大者恆大，對區域性中小型銀行發展不利　(c) 擴大銀行間業務競爭　(d) 誘使銀行增加高風險放款，有損財務穩健性

16. 代理理論若運用於詮釋銀行營運，何種說法正確？　(a) 銀行經營階層與股東對銀行營運若有共識，將不會出現逆選擇　(b)《銀行法》規定每人持股比例不得高於 5%，銀行股東負擔的代理成本將大幅躍升　(c) 顧客關係說係反映銀行授信過程中的誘因效果　(d) 金管會若與銀行彼此間存在資訊不對稱，動態信用分配將會出現

17. 央行可以藉由何種方式防止股價與房價泡沫化？　(a) 央行懷疑泡沫出現時，將可提高利率目標　(b) 央行懷疑泡沫出現，將可迅速成立特別解決機制來因應泡沫化危機　(c) 央行採取擴大貨幣供給政策　(d) 央行基於 Basel III 要求銀行增提緩衝資本

18. 當股價與房價泡沫破裂，銀行資產負債表將會受損，何種理由正確？　(a) 銀行持有大量公司股票　(b) 銀行擁有大量房地產　(c) 銀行承作放款的抵押品價值持續貶值　(d) 銀行與廠商持續採取去槓桿化操作

19. 人們認為央行不該解決股價與房價泡沫化，係基於何種論點？　(a) 政府應該遠離私人事務而不應干預　(b) 央行缺乏關於金融市場的經驗　(c) 在價格泡沫化發展過程中，本質上很難認定　(d) 在股價與房價泡沫化過程中，將有助於景氣繁榮

20. 在何種狀況下，股票與房地產價格發展會出現泡沫化？　(a) 金融資產價值低估　(b) 金融資產價格反映公司的帳面價值　(c) 金融資產價格高於合理收益估計的現值　(d) 公司報告的收益偏高

答案：

1. (d)	2. (a)	3. (b)	4. (c)	5. (b)	6. (a)	7. (d)	8. (a)	9. (a)	10. (c)
11. (a)	12. (a)	13. (d)	14. (a)	15. (d)	16. (b)	17. (a)	18. (c)	19. (c)	20. (c)

國家圖書館出版品預行編目資料

總體經濟學題庫／謝德宗著.－－初版.－－
　臺北市：五南圖書出版股份有限公司，
　2021.10
　面；　公分
ISBN 978-626-317-242-5（平裝）

1.總體經濟學　2.問題集

550.22　　　　　　　　　　110016041

1MCS

總體經濟學題庫

作　　者 —	謝德宗
發 行 人 —	楊榮川
總 經 理 —	楊士清
總 編 輯 —	楊秀麗
主　　編 —	侯家嵐
責任編輯 —	吳瑀芳
文字校對 —	許宸瑞
封面設計 —	姚孝慈

出 版 者 — 五南圖書出版股份有限公司

地　　址：106台北市大安區和平東路二段339號4樓

電　　話：(02)2705-5066　　傳　　真：(02)2706-6100

網　　址：https://www.wunan.com.tw

電子郵件：wunan@wunan.com.tw

劃撥帳號：01068953

戶　　名：五南圖書出版股份有限公司

法律顧問　林勝安律師事務所　林勝安律師

出版日期　2021年10月初版一刷

定　　價　新臺幣580元

經典永恆・名著常在

五十週年的獻禮——經典名著文庫

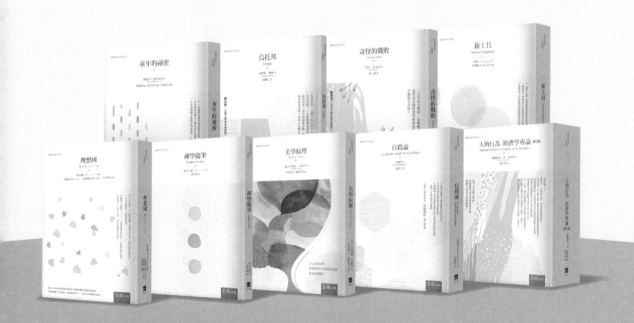

五南，五十年了，半個世紀，人生旅程的一大半，走過來了。

思索著，邁向百年的未來歷程，能為知識界、文化學術界作些什麼？

在速食文化的生態下，有什麼值得讓人雋永品味的？

歷代經典・當今名著，經過時間的洗禮，千錘百鍊，流傳至今，光芒耀人；

不僅使我們能領悟前人的智慧，同時也增深加廣我們思考的深度與視野。

我們決心投入巨資，有計畫的系統梳選，成立「經典名著文庫」，

希望收入古今中外思想性的、充滿睿智與獨見的經典、名著。

這是一項理想性的、永續性的巨大出版工程。

不在意讀者的眾寡，只考慮它的學術價值，力求完整展現先哲思想的軌跡；

為知識界開啟一片智慧之窗，營造一座百花綻放的世界文明公園，

任君遨遊、取菁吸蜜、嘉惠學子！